HERMAEA
GERMANISTISCHE FORSCHUNGEN
NEUE FOLGE

HERAUSGEGEBEN VON HELMUT DE BOOR
UND HERMANN KUNISCH

BAND 32

Problem und Begriff der Umgangssprache
in der germanistischen Forschung

MAX NIEMEYER VERLAG TÜBINGEN

1973

ISBN 3-484-15027-0

VORWORT

Diese Abhandlung wird – bis auf geringe Änderungen in den Anmerkungen – in der Form veröffentlicht, in der sie im Sommer 1969 der Philosophischen Fakultät der Christian-Albrechts-Universität Kiel als Habilitationsschrift vorgelegt worden ist (Datum der Habilitation: 13.6.1970). Wesentliche Teile habe ich bereits 1965 formuliert. Die Arbeit ist also zu einer Zeit entstanden und abgeschlossen worden, als die Germanistik noch nicht von der soziolinguistischen Welle erfaßt worden war und als von Pragmatik noch keine Rede war. Bestrebungen dieser Richtungen berühren sich so weit mit einigen Forderungen, die sich aus der vorliegenden Arbeit ergeben, daß sich unter diesem Aspekt eine weitgehende Überarbeitung einiger Teile anbieten könnte. Der Verzicht darauf hat z.T. äußere Gründe: Der Druck des noch im Jahre 1970 an den Verlag gegangenen Manuskripts verzögerte sich, da dies Buch als eines der ersten im Computer-Satz hergestellt wird und sich in der Ausarbeitung entsprechender Programme unvorhergesehene Verzögerungen ergaben und weil mich selbst die Arbeiten am Sachregister weit mehr Zeit gekostet haben, als ich erwartet hatte. Doch scheint mir der Verzicht auch von der Sache her gerechtfertigt: Wesentlich erscheint mir, daß die Wichtigkeit der genannten bisher vernachlässigten Wissenschaftsbereiche hier von einem ganz anderen Ausgangspunkt her festgestellt wird. Eine Verarbeitung der neuen soziolinguistischen und pragmatischen Forschungsansätze in der vorliegenden Arbeit könnte dies Faktum nur verwischen. Außerdem dürfte es schwerfallen, heute schon tragfähige Brücken zwischen den verschiedenen Ansatzpunkten in diesen großen Arbeitsfeldern zu schlagen. Eine Erschwerung bedeutet es beispielsweise, daß die soziolinguistischen Aktivitäten der letzten Jahre zwar den fruchtbaren Begriff der 'Barriere' von Kurt Lewin als einem der wichtigsten Begründer moderner Gruppenforschung übernommen haben, dennoch aber mit dem Schichtmodell arbeiten, das angesichts der Gruppenforschung eigentlich als veraltet angesehen werden müßte.

Besondere Schwierigkeiten ergaben sich für die Veröffentlichung bei der Herstellung des Sachregisters. Da Werke mit teils sehr unterschiedlicher, teils aber auch sich überschneidender Terminologie den Gegenstand der Untersuchung ausmachen, mußte sich einerseits unter einem Stichwort recht verschiedenes, andererseits unter verschiedenen Stichwörtern fast gleiches sammeln. Darüberhinaus wäre es in vielen Fällen angebracht gewesen, verschiedene metasprachliche Ebenen zu unterscheiden, während sich das in anderen Fällen nicht hätte durchführen lassen. Ein System, das diese Schwierigkeiten in voll befriedigender Weise hätte lösen können, habe ich nicht gefunden. Ich habe versucht, durch vielfältige Verweise Redundanzen zu schaffen. So ist zwar kein exakt arbeitendes System entstanden, aber vielleicht doch ein Systemoid, wie nach Glinz auch die Sprache eins ist. Ich hoffe nur, daß es auch wie die Sprache funktioniert. Beim Namenregister hat der Computer die Hauptarbeit geleistet. Dabei ergaben sich Schwierigkeiten dadurch, daß die Maschine Namensvarianten nur auf genauen Auftrag hin erfaßt und daß Träger gleicher Familiennamen nur mit Zusatzinformationen unterscheidbar sind, zudem kann das Gerät Namen und Appellative nicht unterscheiden. Ich bitte um Nachsicht für die Fälle, in denen meine korrigierende Mithilfe nicht der Exaktheit des Computers gemäß geraten ist.

Dem Verlag, und insbesondere seinem Leiter Herrn Robert Harsch-Niemeyer, sei gedankt, daß er die Kosten und das Risiko der Veröffentlichung voll übernommen hat. Außerdem danke ich den Herausgebern der Reihe 'Hermaea', Professor Dr. Helmut de Boor und Professor Dr. Hermann Kunisch, für die Aufnahme des Buches in diese Reihe. Mein Dank gilt vor allem Herrn Professor Dr. Gerhard Cordes, als dessen Assistent ich mich in weitestem Maße mit dem selbstgewählten Thema befassen konnte (erst als ich mein Vorhaben äußerte, erfuhr ich von Prof. Cordes, daß er selbst einen Vortrag zu diesem Themenbereich ausgearbeitet hatte). Er hat mich auch angesichts der Wandlungen, die die Themenstellung durch den Zwang der Sachlage erhalten hat, nachhaltig unterstützt.

Kiel, im September 1973

Ulf Bichel

VI

INHALTSVERZEICHNIS

VIII

X

XII

Diese Arbeit ist bestrebt, der Forschung im Problembereich der Umgangssprache dadurch zu dienen, daß sie diesen Problembereich für den Ansatz spezieller wissenschaftlicher Untersuchungen durchsichtig macht. Sie verfolgt dieses Ziel, indem sie den terminologischen Gebrauch und das Problemverständnis im Rahmen der verschiedenen Entwicklungsphasen und Arbeitsbereiche der germanistischen Forschung analysiert. Eine zum wesentlichen Teil historische Darstellung soll also – wenigstens indirekt – zur Lösung des aktuellen Problems »Umgangssprache« beitragen.

Der Versuch, durch historische Betrachtung der Lösung eines gegenwärtig anstehenden Problems dienen zu wollen, bedarf einer Rechtfertigung. Sie ergibt sich für den Themenbereich »Umgangssprache« m. E. aus der derzeitigen Forschungslage.

1.1 Die Aktualität des Themas »Umgangssprache«

Die Behauptung, das Thema »Umgangssprache« sei aktuell, benötigt allerdings kaum eine ausführliche Begründung, denn es ist eine seit Jahrzehnten erkannte Tatsache, daß die Erforschung der Umgangssprache eine dringliche Aufgabe der germanistischen Forschung ist. Schon im Jahre 1911 hat Gustav Roethe[1] hervorgehoben, daß für das deutsche Wörterbuch der Zukunft neben Schriftsprache und Mundart ein weiteres Gebiet »als ein wichtiges Drittes« in Betracht komme. Er führt dazu weiter aus:

> Ich meine die Umgangssprache des Alltags, die zwischen jenen beiden von der Wissenschaft bevorzugten extremen Sphären eine Mitte hält, bald dieser, bald jener verwandter ... Sie ist ein Stiefkind, wie der Wissenschaft überhaupt, so auch gerade der Lexikographie, die stets die »besten Schriftsteller« bevorzugt hat.

Seither ist auf den verschiedensten Gebieten von einem Vordringen der Umgangssprache die Rede. So ist es z. B. in der Mundartforschung, wo es wegen zunehmender Ausbreitung der »Umgangssprache« immer schwerer fällt, »reine« Mundart aufzunehmen; in der modernen Literatur wird festgestellt, daß immer mehr Schriftsteller »umgangssprachliche«

---

[1] Roethe, Gustav. Die Deutsche Kommission der Königlich preußischen Akademie der Wissenschaften, ihre Vorgeschichte, ihre Arbeiten, ihre Ziele (in: Neue Jahrb. f. d. klass. Altertum 16, 1913) S. 68

1

Elemente verwenden; in der Sprachpflege sind zunehmend Klagen über Verfallserscheinungen unterschiedlicher Art zu hören, die dem Einfluß der »Umgangssprache« zugeschrieben werden, und Ausländer beklagen sich, daß sie nur ein »künstliches«, ein »literarisches« Deutsch gelernt hätten und darum mit der »Umgangssprache« nicht zurechtkämen. Es ist also keine Frage, daß dem Thema »Umgangssprache« eine zunehmende Aktualität zukommt.

1.2   Die Schwierigkeit einer konkreten Erfassung des Gegenstandes

Trotz der Aktualität des Themas läßt die Bearbeitung des Problems der Umgangssprache auf sich warten. Fast ein halbes Jahrhundert nach Roethe, in der zweiten Auflage des Buches »Schriftsprache und Mundarten« von Werner Henzen,[2] das als Standardwerk auf diesem Gebiet anzusehen ist, finden sich noch ähnliche Aussagen wie bei Roethe:

> Die Sprachwissenschaft beschäftigt sich mit Vorliebe entweder mit der Schriftsprache oder dann mit den Mundarten, indem sie in beiläufigen Bemerkungen auch eine Zwischenstufe anerkennt. Betrachtet man die Dinge aber unvoreingenommen, so muß man feststellen, daß für gewöhnlich von hundert und mehr Millionen Deutschen kaum ein Drittel die Mundart, sozusagen niemand die Schrift- oder Hochsprache und alle übrigen diese Zwischenstufe sprechen. Wir nennen sie heute die *Umgangssprache* (S. 19f.)

In den letzten Jahren hat man sich allerdings verstärkt dieses Problems angenommen. Aber was darüber erschienen ist, wirkt großenteils widersprüchlich oder paßt zumindest nicht recht zusammen.

Dieser Umstand ist ein Hemmnis für die weitere Forschung. Und deshalb wird die vorliegende Arbeit an diesem Punkt ansetzen. Die Gegenüberstellung zweier Beispiele mag verdeutlichen, welcher Art die Unstimmigkeiten im Problembereich der Umgangssprache sind. – Im Klappentext des zur Duden-Reihe gehörenden Synonym-Wörterbuches,[3] eines Werkes also, das weiten Kreisen die sprachlichen Richtlinien gibt, steht folgendes:

> Schließlich ist bei jedem Wort vermerkt, welcher Stilschicht es angehört, ob es z. B. umgangssprachlich, familiär, salopp, derb, vulgär oder gespreizt ist.

Hiernach ist »Umgangssprache« also eine Stilschicht. Umgangssprachliches zeigt sich im wesentlichen darin, daß der Wortschatz von einer normalen Höhenlage des Stils abweicht. Diese Vorstellung ist sehr verbreitet. Sie ist besonders dann bestimmend, wenn vom Eindringen der Umgangssprache in die Literatur- und Schriftsprache gesprochen wird.

---

[2] Bern 1954
[3] Mannheim 1964

2

Von anderen Fragestellungen aus kann der Gedanke der Schichtung bei der Charakterisierung des Phänomens »Umgangssprache« abgelehnt werden. Dafür mögen die Ausführungen von Ulrich Engel als Beispiel dienen. Er bemängelt:[4]

> Der Schichtbegriff erweckt ... die Meinung, Umgangssprache sei etwas »Höheres« als Mundart, ebenso Gemeinsprache etwas »Höheres« als Umgangssprache. (S. 299)

Und er kommt zu dem Schluß:

> Viel wichtiger ist, wenn man Mundart, Umgangssprache und Gemeinsprache vergleicht, das Merkmal der *räumlichen Verbreitung.* (S. 299)

Diese Ansicht, nach der die Umgangssprache in eine horizontale Ebene neben andere Sprachformen zu stellen ist, tritt einem besonders dann entgegen, wenn von der Dialektgeographie her versucht wird, das Problem der Umgangssprache zu erfassen. Aber von hier aus gesehen erscheint nicht nur eine andere Gliederung des Sprachgesamts angemessen als in den zuerst genannten Fällen, auch die als wichtig angesehenen Sprachkennzeichen sind andere. Bei Engel heißt es:

> Mundart und Umgangssprache werden im wesentlichen nach ihrer äußeren Sprachform unterschieden. (S. 299)

Man gewinnt beim Vergleich der Zitate den Eindruck, als sei von verschiedenen Gegenständen die Rede, zwischen denen kaum ein innerer Zusammenhang herzustellen sei. Aber dieser Eindruck entsteht nicht nur hier. Man kann ganze Reihen von Abhandlungen, die sich mit der »Umgangssprache« beschäftigen, nebeneinanderstellen, bei denen von Arbeit zu Arbeit ein Wechsel des Gegenstandes vorzuliegen scheint. Es ist, als seien ganz unterschiedliche Tatbestände mit dem gleichen Namen belegt. Danach läge es nahe zu folgern, das Problem der Umgangssprache sei allein ein Problem des terminologischen Gebrauchs. Das träfe zu, wenn es sich in dem vorliegenden Themenbereich um klar voneinander trennbare Tatbestände handelte, die nur terminologisch unzureichend unterschieden würden, oder wenn es um genau umschriebene identische Fakten ginge, die nur uneinheitlich benannt sind.

Aber es gibt gewichtige Stimmen in der Forschung, denen nicht in erster Linie der terminologische Gebrauch, sondern die Vielgestaltigkeit des Tatbestandes als das Hauptproblem erscheint. So ist es z. B. bei Werner Henzen, der sagt, selbst die Umgangssprache der Gebildeten sei »mit ihren hundert Aspekten das Variabelste, das man sich denken kann, ein wahres Chamäleon« (Henzen, Schriftsprache und Mundarten S. 21). Allerdings ist anzumerken, daß auch er das »Schwammige des Begriffs und Namens Umgangssprache« tadelt.

---

[4] Engel, Ulrich: Sprachkreise, Sprachschichten, Stilbereiche (in: Muttersprache 72, 1962, S. 298–307)

Danach steht einer ungenauen Terminologie ein schwer durchschaubarer Tatbestand gegenüber. Die hier zutage tretende Schwierigkeit des Problembereiches »Umgangssprache« besteht also sowohl in der Verwirrung im Gebrauch des Begriffs als auch in der Schwierigkeit der sachlichen Erfassung des Untersuchungsgegenstandes.

Was ist bei dieser doppelten, d. h. terminologischen und sachlichen, Unklarheit zu tun? Der einfachste und methodisch überzeugendste Weg scheint der zu sein, eine terminologische Einigung auf Grund klarer Definitionen einzuführen und auf diese Weise auch den Sachbereich eindeutig zu gliedern, damit einschlägige Aussagen so genau formuliert werden können, daß sie exakt nachprüfbar sind.

Es ist jedoch die Frage, ob das erstrebte Ziel der Exaktheit auf diesem Wege zuverlässig und ökonomisch erreicht werden kann. Denn der genannte Weg bringt bei dem vorliegenden vielgesichtigen Problembereich Gefahren mit sich: Gerade, wo über die Eigenart des vorliegenden Problems nur wenig sichere Aussagen möglich sind, ist die Definition entscheidend auf ein intuitives Erfassen angewiesen. Es kann infolgedessen sehr leicht geschehen, daß in der Sache Zusammengehöriges getrennt wird, und andererseits, daß von der Sache her notwendige Unterscheidungen nicht erfolgen. Es ist möglich, daß eine Definition nur vermeintlich den in der Sprachwirklichkeit entscheidenden Tatbestand erfaßt, in Wahrheit aber einen anderen Gegenstand bezeichnet, der dann zum Gegenstand der Untersuchung wird. Gewiß wird sich dieser Fehler in der Regel offenbaren, wenn die Ergebnisse der Untersuchung auf die Sprachwirklichkeit angewendet werden.[5] Dann können neue Untersuchungen mit verbesserten Definitionen vorgenommen werden, so daß man - gewissermaßen nach dem Prinzip von Versuch und Irrtum - schrittweise dem wirklichen Tatbestand näher kommen kann. Der Nachteil dieses Weges ist m. E. jedoch der, daß der Variabilität und Komplexität eines Gegenstandes, wie sie beim Problem der Umgangssprache vorhanden zu sein scheinen, nur in sehr langwieriger Annäherung gerecht zu werden ist.

Deshalb erscheint es mir geboten, vorläufig auf exakte Definitionen zu verzichten und stattdessen den *gebräuchlichen* Begriff »Umgangssprache«, der wissenschaftlichen Ansprüchen ganz gewiß nicht genügt, dennoch wissenschaftlich ernst zu nehmen. Mit anderen Worten: Der Begriff »Umgangssprache« muß wissenschaftlich ernst genommen werden, weil er in wissenschaftlichen Arbeiten eine bedeutende Rolle spielt, ohne selbst wissenschaftlichen Ansprüchen zu genügen. Das ist der Grund, weshalb der Begriff »Umgangssprache« in der vorliegenden Arbeit zum Gegenstand der Untersuchung gemacht wird.

---

[5] Es kann allerdings auch der Fall eintreten, daß an sich nicht richtige Ergebnisse, wenn sie von angesehenen Autoritäten für richtig gehalten und propagiert werden, endlich doch richtig werden, wenn sich nämlich der Sprachgebrauch dem Spruch der Autoritäten fügt. Die Sprachwissenschaft und Sprachkritik der Aufklärungszeit bietet manches Beispiel dafür.

Um was für eine Art »Begriff« handelt es sich aber bei »Umgangssprache«, wenn nicht um einen wissenschaftlichen? – Eine – mutatis mutandis – überzeugende Antwort darauf finde ich in Karl Bühlers »Sprachtheorie«.[6] Bühler spricht an Hand des Satzbegriffes als »Musterbeispiel solcher Begriffe« von den »sehr beziehungsreichen und hochgradig *synchytisch* angelegten Zentralbegriffen eines Sachbereiches, wie sie in der Umgangssprache gebildet werden und bis tief in die Wissenschaften hinein undefiniert bleiben.« (S. 356) Es liegt damit auf der Hand, daß eine nachträgliche Klärung dieser Begriffe erforderlich ist.

Die Bedingungen der Begriffserklärung sind allerdings beim Begriff »Umgangssprache« ungünstiger als beim Begriff »Satz«. Denn einerseits gibt es für den Satzbegriff eine Fülle sorgfältig erwogener Definitionsversuche, die eine Auseinandersetzung erleichtern, während Definitionsversuche des Umgangssprachebegriffes selten sind, und andererseits ist der Terminus »Satz« praktisch ohne terminologische Konkurrenz, während es für den Terminus »Umgangssprache« doch eine ganze Reihe konkurrierender Termini gibt, die mehr oder weniger als synonym betrachtet werden können. Wenn also ermittelt werden soll, mit welchem Begriff von Umgangssprache gearbeitet wird, bietet sich allgemein nur die Möglichkeit, den terminologischen Gebrauch zu analysieren. Dabei müssen neben dem Terminus »Umgangssprache« gegebenenfalls auch synonym gebrauchte Termini in die Analyse einbezogen werden.

Wichtig für eine Klärung des gebräuchlichen Begriffs »Umgangssprache« ist vor allem Bühlers Hinweis auf die »synchytische« Anlage derartiger Begriffe, d. h. auf die Vereinigung »aspektverschiedener Merkmale« in den betreffenden Begriffen. Bühler zeigt sie für den Satzbegriff auf Grund der von John Ries zusammengestellten Definitionsversuche auf. Er verteidigt dabei diese Art der Begriffsbildung gegen mögliche kritische Einwände, indem er sagt:

Nein, es ist schon so und liegt in der Natur der Dinge begründet, daß ein philologisch brauchbarer Satzbegriff mit Merkmalen aus mehreren Aspekten ausgestattet sein *muß*. Wer diese Art der Synchyse verwirft, ist gezwungen, den Satzbegriff der Philologen aus der Liste definierbarer Begriffe zu streichen; nur wer sie zuläßt, vermag der logischen Klärung der im Fingerspitzengefühl der Sprachforscher lebendigen *Satzidee* einen Dienst zu leisten. (Bühler, Sprachtheorie, S. 350)

Mir scheint auf Grund der eingangs aufgeführten Äußerungen verschiedener Verfasser zum Thema »Umgangssprache« die Annahme gerechtfertigt, daß die Verhältnisse hier in mancher Hinsicht ähnlich liegen.

Zwar ist der Begriff »Umgangssprache« nicht in dem Sinne als »Zentralbegriff eines Sachbereiches« anzusehen wie der Begriff »Satz«; dennoch handelt es sich um einen immer wieder benötigten Grundbegriff (wofür

---

[6] Bühler, Karl: Sprachtheorie. Die Darstellungsfunktion in der Sprache, 2. Aufl. Stuttgart 1965.

neben den vorher genannten Beispielen der oben angeführte Hinweis Bühlers, daß derartige Begriffe »in der Umgangssprache gebildet werden«, ungesucht eine weitere Bestätigung bietet). Vor allem handelt es sich auch bei »Umgangssprache« augenscheinlich um einen Begriff, der mit »Merkmalen aus verschiedenen Aspekten ausgestattet« ist. Und wenn das so ist, dann ist auch mit der Möglichkeit zu rechnen, daß nicht auf allen Arbeitsgebieten mit derselben Definition zu arbeiten ist: Bühler sagt im obigen Zitat, daß ein »*philologisch brauchbarer*« Satzbegriff synchytisch sein »*muß*«; aber er sagt später, es verhalte sich mit dem Geschenk eines jeden aspekt-synchytischen Satzbegriffes *an die Grammatik* »ungefähr wie mit den meisten Hochzeitsgeschenken: sie sind schön und man kann sie nicht brauchen« (S. 361). Auch dies kann möglicherweise für den Begriff »Umgangssprache« gelten. Ein für die Literaturwissenschaft brauchbarer Begriff »Umgangssprache« kann für die grammatische Forschung unbrauchbar sein und umgekehrt.

Nach alledem erscheint es notwendig, Henzens beiläufiges Wort von den »hundert Aspekten« der Umgangssprache ernst zu nehmen und das bislang nur mit dem wissenschaftlich unbefriedigenden Begriff »Umgangssprache« gedeckte Problem von den verschiedenen Aspekten her zu beleuchten. Dabei ist anzunehmen, daß jede Forschungsrichtung im Rahmen der Germanistik gemäß ihrer besonderen Zielsetzung einen eigenen Aspekt repräsentiert. Wenn das Problem der Umgangssprache in der germanistischen Forschung klarer als bisher erfaßt werden soll, ist es demnach notwendig, vom Problembewußtsein der einzelnen Arbeitsbereiche auszugehen. Deshalb werden in der vorliegenden Arbeit Problem und Begriff der Umgangssprache nach Forschungsrichtungen der Germanistik gesondert untersucht werden müssen.

1.3 Die historische Bedingtheit der erwähnten Schwierigkeiten

Bisher ist davon die Rede gewesen, daß unter verschiedenen Forschungsaspekten mit verschiedenen Fassungen des Begriffs »Umgangssprache« zu rechnen ist. Daneben ist erwähnt worden, daß der Begriff – da ihm eine eindeutige Definition fehlt – nur durch den Gebrauch bestimmt und überliefert worden ist. Daraus ergeben sich Folgerungen, die bedacht werden müssen.

Beim Begriff »Umgangssprache« ist – wie bei allem tradierten Gut – auch ein Wandel *innerhalb* eines Traditionsstranges zu erwarten. Die Frage der Umgangssprache hat also eine historische Seite. Es ist zu prüfen, ob diese Seite im vorliegenden Zusammenhang Beachtung verlangt.

Wenn die historische Seite eine Rolle spielt, genügt es allerdings nicht, allein den Terminus in seiner geschichtlichen Entwicklung zu betrachten. Aus näherer Betrachtung ergibt sich vielmehr, daß nicht nur eine, sondern mindestens drei historische Komponenten wirksam sind.

6

1.3.1 Erstens haben sich die *Sprachgewohnheiten* gewandelt; d. h. die in der Forschung durchgeführten Untersuchungen haben nicht nur deshalb einen unterschiedlichen Untersuchungsgegenstand, weil unterschiedliche Untersuchungsgegenstände *gewählt* worden sind, sondern zu verschiedenen Zeiten angesetzte Untersuchungen haben auch verschiedene Tatbestände zur Grundlage, da zu verschiedenen Zeiten auch unterschiedlicher Sprachgebrauch gültig war. Manche Erscheinungen, die heute als umgangssprachlich charakterisiert werden, waren zu Grimms oder zu Gottscheds Zeiten überhaupt noch nicht vorhanden, und umgekehrt hängen etwa Adelungs Betrachtungen mit ganz anderen gesellschaftlichen Verhältnissen zusammen, als sie heute gültig sind. Unter diesen Umständen könnte es auf den ersten Blick ratsam erscheinen, die historische Betrachtung überhaupt aus dem Spiel zu lassen und nur solche Forschungen zu berücksichtigen, die sich rein synchronisch mit der Gegenwartssprache befassen. Jedoch können im gegenwärtigen Sprachleben und in der gegenwärtigen Sprachbeurteilung Traditionen nachwirken, die allein historisch verstanden werden können. Es können noch heute Begriffsfassungen gebräuchlich sein, die sich auf vergangene Sprachzustände beziehen, und unter diesen Umständen müssen frühere Entwicklungsphasen berücksichtigt werden.

1.3.2 Als zweiter historischer Wandel ist derjenige der *wissenschaftlichen Betrachtungsweise* zu beachten.

Auf zweierlei Weise wirkt sich die Geistesgeschichte auf die Forschung aus. Einerseits im Sinne der Ideengeschichte: Das Wissenschaftsideal der Aufklärung ist ein anderes als das der Romantik, und entsprechend wandeln sich die wissenschaftlichen Zielsetzungen. Auf der anderen Seite entwickeln sich die methodischen Möglichkeiten, bei denen es sich in moderner Zeit zunehmend um technische Möglichkeiten der Untersuchung handelt. Auch durch sie wird der Gegenstand der Untersuchung beeinflußt, genauer gesagt: Es ergibt sich durch sie die Möglichkeit, bestimmte Gegenstände zu erfassen.

Die verschiedenen Richtungen germanistischer Forschung sind nun in verschiedenen Phasen der Geistesgeschichte entstanden, und die Kennzeichen dieser Entwicklungsphasen, die Kennzeichen ihrer Entstehungszeit tragen die einzelnen Forschungsrichtungen großenteils mit sich. Außerdem kann – wie oben erwähnt – das Problembewußtsein von einer früheren Entwicklungsphase des Sprachgebrauchs geprägt sein. Deshalb ist es auch im Hinblick auf die wissenschaftliche Betrachtungsweise nicht angebracht, den historischen Aspekt außer acht zu lassen.

1.3.3 Im Zusammenhang mit den beiden vorher genannten Wandlungen fordert endlich auch die Wandlung des *Wortgebrauchs*, insbesondere des terminologischen Gebrauchs des Wortes »Umgangssprache«, Beachtung, bei der die Frage nach der Relevanz historischer Gesichtspunkte zuerst aufgetaucht war; denn ein großer Teil der terminologischen Verwirrung beruht darauf, daß sich der Wortgebrauch »Umgangssprache« im Laufe der Zeit geändert hat, was zum Teil bedingt ist durch andersartige Verhältnisse im Sprachgebrauch, d. h. in den Sprachgewohnheiten aufeinanderfolgender Epochen, und andererseits in geistesgeschichtlich bedingter verschiedener Blickrichtung innerhalb der Forschung. Dieser Umstand brächte keine Probleme mit sich, wenn es sich um eine nach Epochen klar getrennte Abfolge verschiedener Gebrauchsweisen des Wortes »Umgangssprache« handelte. Tatsächlich ist es aber so, daß dieses Wort sowohl als Terminus in der germanistischen Forschung als auch darüber hinaus weiterhin in verschiedenem Sinne gebraucht wird, wobei dieser Gebrauch zu unterschiedlichen Sprach- und Wissenschaftstraditionen in Beziehung steht, die ihrerseits historisch verstanden sein wollen.

Die drei genannten Wandlungen können demnach nicht gesondert betrachtet werden. Sie sind eng miteinander verflochten: Die Forschung kann nur im Hinblick auf den ihr zugrundeliegenden (historisch variablen) Sprachzustand angemessen beurteilt werden, die Aussagen der Forschung über einen Sprachzustand können nur bei Berücksichtigung der (historisch variablen) Forschungsperspektive adäquat eingeordnet werden, und der terminologische Gebrauch ist als Variable zwischen den beiden Variablen anzusehen.

Ein großer Teil der Schwierigkeit des Themas »Umgangssprache« dürfte in dieser Verflochtenheit begründet sein. Deshalb erscheint es mir notwendig, die Geistesgeschichte – statt sie aus der Betrachtung auszuklammern – zum Ausgangspunkt der Untersuchung zu wählen, wobei der Wissenschaftsgeschichte die zentrale Rolle zufällt; von ihr aus sind auch die Geschichte des Sprachgebrauchs und die Geschichte des Wortes »Umgangssprache« so weit zu erfassen, wie es für das vorliegende Thema notwendig ist.

1.4   Der Zeitraum der Betrachtung

Da es nach dem Gesagten angezeigt ist, historische Gesichtspunkte in die Untersuchung einzubeziehen, erhebt sich die Frage, in welchem Maße dies geschehen soll. Die Antwort ergibt sich im Anschluß an die obigen Überlegungen.

Es ist gesagt worden, daß es notwendig sei, den Wandel im Wortgebrauch zu verfolgen. Für diese Seite der Betrachtung liegt es auf der Hand, daß es sinnvoll ist, mit der Entstehung des Wortes »Umgangssprache« einzusetzen, d. h. in der zweiten Hälfte des 18. Jahrhunderts.

Auch für die Untersuchung des Wandels in der wissenschaftlichen Betrachtung gibt es einen entscheidenden Zeitpunkt, nämlich die Begründung der Germanistik als Wissenschaft, die durch Jacob Grimm erfolgt ist. Erst seit dieser Zeit sind die Voraussetzungen dafür gegeben, daß sich

verschiedene Forschungsrichtungen und wissenschaftliche Schulen innerhalb des Fachgebietes ausbilden konnten. Allerdings wäre es falsch, die
vor Grimm liegende wissenschaftliche Beschäftigung mit der deutschen
Sprache zu ignorieren; denn erstens verhilft die Konfrontation mit der älteren Auffassung zum Verständnis der Einstellung Grimms und seiner
Nachfolger; zweitens aber – und das ist im vorliegenden Zusammenhang
entscheidend – ist gerade in den Jahrzehnten vor dem Wirken Grimms
die Diskussion um das Thema »Umgangssprache« sehr lebhaft. Deshalb
wäre es nicht sinnvoll, diese Jahrzehnte von der Untersuchung auszuschließen.

Für die Frage, von welchem Zeitpunkt ab die Wandlung der Sprachgewohnheiten in die Betrachtung einbezogen werden soll, gibt es keinen so
deutlichen Anhaltspunkt, der in der Sache selbst begründet wäre; denn
Wandlungen der Sprachgewohnheiten hat es immer gegeben. Auch hat
es immer etwas gegeben, was nach heutigem terminologischen Gebrauch
(genauer: nach einer der heutigen terminologischen Gebrauchsweisen) als
Umgangssprache bezeichnet werden könnte und bezeichnet wird. Jedoch
erscheint es sinnvoll, in die eigentliche Untersuchung nur solche Sprachgewohnheiten einzubeziehen, die heute noch in irgendeiner Weise relevant sind. Es erscheint mir demzufolge angebracht, mit der Zeit der Durchsetzung des Neuhochdeutschen als Gemeinsprache einzusetzen; denn der
neuhochdeutschen Gemeinsprache kommt als Hochsprache im Rahmen
des heutigen Sprachgebrauchs eine zentrale Bedeutung zu. Die Durchsetzung des Neuhochdeutschen als Gemeinsprache erfolgte in der zweiten
Hälfte des 18. Jahrhunderts, also in dem Zeitraum, in dem auch das Wort
»Umgangssprache« entstanden ist.

Allerdings erweist es sich in zweierlei Hinsicht als notwendig, Ausblik-
ke über den bezeichneten Zeitraum hinaus nach rückwärts zu tun: 1. ist
für das Verständnis des 18. Jahrhunderts ein Rückgriff auf Wissenschaftstraditionen und Traditionen des Sprachgebrauchs notwendig, die erst die
Fragestellung, die Arbeitsrichtung und die Auseinandersetzungen dieser
Zeit verständlich machen, 2. ergibt sich ein Rückgriff auf frühere Zeiten
aus dem Untersuchungsgegenstand einer der zu behandelnden Forschungsrichtungen, denn die sprachgeschichtliche Forschung befaßt sich
naturgemäß im wesentlichen mit älteren Stufen des Sprachgebrauchs, so
daß von hier aus das Problem der Umgangssprache in Zeiten beleuchtet
werden kann, in denen der Begriff »Umgangssprache« noch nicht geprägt
worden ist.

Die eigentliche Untersuchung wird danach mit der zweiten Hälfte des
18. Jahrhunderts einsetzen müssen, mit jener Zeit, in der sich die neuhochdeutsche Schriftsprache durchsetzt, in der das Wort »Umgangssprache«
entsteht und in der sich die Begründung der Germanistik als Wissenschaft
vorbereitet. Endpunkt ist die Gegenwart.

Im wesentlichen sind die räumlichen Grenzen der Untersuchung durch die Themenstellung gegeben: es geht um germanistische Forschung; damit geht es um den Geltungsbereich der deutschen Sprache, und nur in diesem Bezirk gibt es auch den Terminus »Umgangssprache«. Aber weder das Sprachleben des deutschen Sprachraums noch die Wissenschaft des deutschen Sprachraums sind isoliert. Die Beschränkung auf den deutschen Sprachraum und auf die germanistische Forschung ist deshalb problematisch.

Eine Rechtfertigung dieses Vorgehens läßt sich zum Teil von der Wissenschaftsgeschichte her geben. Denn vorübergehend hat das Bestreben bestanden, eine speziell deutsche Wissenschaft zu betreiben. Die Betonung des Deutschen setzt dabei um 1800 ein und wirkt mit wechselnder Intensität bis in die Mitte unseres Jahrhunderts. Es handelt sich also gerade um den Zeitraum, in dem die Germanistik begründet wird und in dem sie sich entfaltet. Dennoch ist – wie unter dem zeitlichen Aspekt bereits erwähnt worden ist – die Germanistik und ist vor allem das Verständnis des Problems der Umgangssprache vor Begründung der Germanistik nicht zu verstehen ohne den Hintergrund der gemeineuropäischen abendländischen Tradition. Außerdem ist zu berücksichtigen, daß die Germanistik in den letzten zwei Jahrzehnten besonders intensiv die Verbindung zu wissenschaftlichen Entwicklungen außerhalb des deutschen Sprachraums sucht. Der Blick darf deshalb nicht zu starr auf die Grenzen der Germanistik eingeschränkt werden.

Auch im Hinblick auf die in Frage kommenden Sprachtatsachen ist die räumliche Grenzziehung nicht so selbstverständlich, wie sie auf den ersten Blick erscheint; denn es ist nicht zu verkennen, daß der Problembereich, der im Rahmen der Germanistik als Problembereich der Umgangssprache bezeichnet werden kann, auch anderweitig in einigermaßen entsprechender Weise vorhanden ist. So wäre grundsätzlich eine Ausdehnung der Untersuchung über die Grenzen des deutschen Sprachbereiches hinaus wünschenswert.

Allerdings entsprechen sich die Verhältnisse in den verschiedenen Sprachbereichen nicht so genau, daß eine Gleichsetzung vertretbar wäre. Wie weit eine Gleichheit vorhanden ist und wie weit sich Unterschiede zeigen, ließe sich erst bei der Gegenüberstellung einschlägiger Forschungen sagen. Nun sind außer dem Sprachgebrauch auch die Forschungstraditionen im Geltungsbereich der betreffenden Sprachen unterschiedlich. Das erschwert den Vergleich zusätzlich. Deshalb erscheinen mir auf *einen* Sprachraum begrenzte begriffs- und wissenschaftsgeschichtliche Untersuchungen als eine Voraussetzung dafür, daß Vergleiche über den Geltungsbereich einer Sprache hinaus befriedigend durchgeführt werden können.

Die vorliegende Arbeit wird sich deshalb im wesentlichen auf den deutschen Sprachraum beschränken. Vergleiche zwischen deutschen und außerdeutschen Verhältnissen sollen aber berücksichtigt werden, wenn sie im Rahmen der in die Untersuchung einbezogenen Arbeiten von kompetenten Verfassern selbst gezogen werden.

1.6 Die beiden Teile der Untersuchung

Aus dem Vorherigen ergibt sich, welchen Aufbau die vorliegende Untersuchung haben muß. Ein erster Teil muß sich mit der Entstehung des Begriffes »Umgangssprache« befassen (die mit einer Aktualisierung des Problems in Zusammenhang steht), und dieser Teil wird auch zu klären haben, auf welchem geistesgeschichtlichen Hintergrund die Entstehung des Begriffes und die Aktualisierung des Problems stattfinden.

Der zweite Teil muß die germanistische Forschung im engeren Sinne zum Gegenstand haben. Da in ihrem Rahmen die Geschichte jeder Forschungsrichtung ihr eigenes Gepräge hat, ihren eigentümlichen geistesgeschichtlichen Hintergrund, ist es geboten, die germanistische Forschung nach Forschungsrichtungen gesondert zu untersuchen. Der geistesgeschichtliche Hintergrund ist deshalb wichtig, weil er jeweils das Problembewußtsein und die Wahl des Untersuchungsgegenstandes bestimmt.

Der Terminus »Umgangssprache« wird dabei immer wieder den Weg in den Problembereich zeigen, der hier allgemein als Problembereich der Umgangssprache bezeichnet wird. Aber im weiteren Verlauf der Untersuchung wird auch anderer terminologischer Gebrauch zu berücksichtigen sein.

Im Zentrum der Untersuchung wird immer die Identifikation des jeweiligen Untersuchungsgegenstandes liegen.[7] Außerdem wird versucht werden, Verbindungen zum Problemverständnis und zum terminologischen Gebrauch in anderen Forschungsrichtungen zu suchen. Zum Schluß wird sich dann sagen lassen, welche Probleme unter dem Begriff »Umgangssprache« erkannt worden sind, und es werden dann Aussagen über den Zusammenhang oder Nichtzusammenhang der auf diese Weise erfaßten Probleme möglich sein. Auf Grund des sich so ergebenden Befundes kann schließlich die Frage aufgeworfen werden, welche Folgerungen daraus für die weitere Forschung gezogen werden können.

---

[7] Die Formulierung »Identifikation des Untersuchungsgegenstandes« übernehme ich von Narziß Ach, der besonders in seinem Buch »Analyse des Willens« (Berlin/Wien 1935, S. 6ff.) auf die Gefahren mangelhafter Identifikation des Untersuchungsgegenstandes hinweist.

TEIL I

DIE AKTUALISIERUNG DES PROBLEMS UND DIE ENTSTEHUNG
DES BEGRIFFS DER UMGANGSSPRACHE AUF DEM GEISTESGE-
SCHICHTLICHEN HINTERGRUND DES ACHTZEHNTEN UND DES
FRÜHEN NEUNZEHNTEN JAHRHUNDERTS

2. Das Problem der Umgangssprache im Zusammenhang mit der Durchsetzung des Neuhochdeutschen als massgeblicher Gemeinsprache

Es ist oben deutlich geworden, daß von einem »Problemkreis Umgangssprache« vorderhand nur in dem Sinne die Rede sein kann, daß es sich um das erst zu ermittelnde Problemverständnis im terminologischen Anwendungsbereich des Wortes »Umgangssprache« handelt. Welche Probleme jeweils hinter dem terminologischen Gebrauch stehen, ob sie wirklich einen »Kreis« bilden, wie weit sie mit anders benannten Problemen übereinstimmen oder zusammenhängen, das sind Fragen, deren Lösung erst in zweiter Linie ins Auge gefaßt werden kann. Die Auffindung der beteiligten Probleme wird erst möglich durch die Analyse des Problemverständnisses im Rahmen der verschiedenen Untersuchungen, und diese kann nur durch eine Prüfung des terminologischen Gebrauchs geschehen. Der einzig greifbare Ansatzpunkt für diese Arbeit ist also der Terminus »Umgangssprache« selbst. Unter diesen Umständen muß die Entstehungsgeschichte und müssen die Entstehungsbedingungen des Begriffs aufschlußreich sein. Sind diese geklärt, dann ist es späterhin leichter darzulegen, von welchem Standpunkt aus der aufgekommene Begriffsgebrauch aufgenommen und inwiefern er möglicherweise verändert worden ist.

Nun handelt es sich – wie bereits angedeutet – bei »Umgangssprache« nicht um einen für den wissenschaftlichen Gebrauch geprägten Terminus. Das zeigt – außer den vorliegenden und noch zu besprechenden Belegen – schon die Bildungsweise des Wortes: Es stellt ein Kompositum aus zwei Substantiven dar, bei dem das Verhältnis der beiden Wortteile nicht genau festgelegt ist. Auf diese Bildungsweise hat neuerdings Hans Eggers aufmerksam gemacht.[8] Er sagt von einem entsprechend gebildeten Wort:

> Doch liegt hier eine moderne Spracherscheinung zugrunde, die noch viel zu wenig Beachtung gefunden hat. Wir bilden immerfort solche »Augenblickskomposita«, die wie im vorliegenden Falle zu Termini werden können, im allgemeinen aber nur Mittel sind, Sachverhalte in einem »Wort« zusammenzufassen, die eigentlich durch Verknüpfung verschiedener Einzelwörter wiedergegeben werden sollten. Es handelt sich bei den Augenblickskomposita nicht um Elemente des Wortschatzes, sondern um eine syntaktische Erscheinung ... Der jeweiligen Hauptvorstellung wird in solchen Bildungen irgendetwas, was damit in augenblicklicher Denkbeziehung steht, attribuiert ... Da aber diese Raffungen auf alle syntaktischen Verknüpfungsmittel verzichten, sind sie oftmals nicht eindeutig ...

---

[8] In Studium generale 15/1962 S. 58.

15

Der Bildungstypus des Wortes »Umgangssprache« spricht also dafür, daß der Terminus ursprünglich als »Augenblickskompositum« entstanden sein kann. Wenn das richtig ist, dann handelt es sich im Grunde um eine syntaktische Fügung, die nur »gerafft« worden ist, und dann muß es gerade für die Entstehungszeit sinnvoll sein, die dementsprechenden expliziten syntaktischen Fügungen ebenfalls zu untersuchen. Bei diesen wird es auch leichter sein, das Verhältnis von »Sprache« und »Umgang« beim jeweiligen Gebrauch zu bestimmen, als bei der Wortkomposition »Umgangssprache«.

Die Feststellung, daß neben dem Kompositum »Umgangssprache« besonders in der Entstehungszeit des Wortes auch die Fügung »Sprache des Umganges« in die Betrachtung einzubeziehen sei, hat bereits G. Cordes getroffen.[9] Er gibt auch eine Zusammenstellung früher Verwendungen des Begriffs, wobei er von den Belegen des Grimmschen Wörterbuches ausgeht:

> Das Wort erscheint nach Dt.Wb. XI 2, Sp. 897 zuerst in G. A. Bürgers Fragment Hübnerus redivivus 1797/98 (Grisebach, ⁵1894, S. 423) und ist dann bei Campe aufgegriffen, doch ist die Verbindung *Sprache des Umgangs* schon seit der Aufklärung geläufig. Es muß auffallen, daß das Wort von Anfang an meist mit einer Apposition versehen ist: Gottsched spricht von der *täglichen Sprache des Umgangs* (Krit. Dichtkunst S. 652), J. Chr. Blum von *der Sprache des gemeinen Umgangs* (mit dem Zusatz: *ohne jedoch ins niedrige zu verfallen*) (Spaziergänge 1, S. 49. 1774), Bürger nennt sie *unsere neuere Schrift- und höhere Umgangssprache*, auch Friedrich Schlegel kennt *die Sprache des feinen Umgangs* (Fragmente, in Athenäum I 2, 1798, Neuausg. 1960, I S. 302). Herder (Fragmente 2, 1768; Suphan 2 S. 103) setzt sie der philosophischen Fachsprache und der Dichtersprache entgegen, während Bürger sie gegenüber dem *für die Schriftsprache längst veralteten Hochdeutsch* der süddeutschen *Provinzen* verteidigt; für beide ist sie also eine allgemeingültige Sprachform, doch hat Herder in erster Linie den Inhalt, Bürger die an der ostmitteldeutschen und norddeutschen Aussprache geschulte äußere Sprachform im Auge.

Außer den hier genannten Autoren ist im »Deutschen Wörterbuch« noch F. L. Jahn als früher Benutzer des Wortes »Umgangssprache« aufgeführt. Darüberhinaus bin ich bei Adelung und dem sich auf ihn beziehenden Wieland auf eine verhältnismäßig frühe und im vorliegenden Zusammenhang wesentliche Verwendung der Fügung »Sprache des Umgangs« gestoßen.

Es kommt nun darauf an, die Gebrauchsweisen in den hier aufgeführten Beispielen so weit zu analysieren, daß jeweils der Problembereich sichtbar wird, in dem der Begriff »Umgangssprache« (oder die Fügung »Sprache des Umgangs«) als Mittel zur Bezeichnung eines Tatbestandes dient. Dazu ist es notwendig, den jeweiligen Textzusammenhang genau zu berücksichtigen. Das ist allerdings grundsätzlich auch schon bei Cordes ge-

---

[9] G. Cordes: Zur Terminologie des Begriffs »Umgangssprache« (in: Festgabe für Ulrich Pretzel, Berlin 1963, S. 338–354).

schehen. Jedoch zwingt das weitergesteckte Ziel dazu, sich noch eingehender mit der textlichen Umgebung zu befassen als Cordes, der im Rahmen seines Aufsatzes nur Andeutungen hat geben können. Und nicht nur der unmittelbare Textzusammenhang ist zu prüfen. Wenn es darum gehen soll, das hinter dem Terminus stehende sprachliche Problem zu ermitteln, dann muß das Verhältnis der Verfasser zu Sprachproblemen überhaupt in die Untersuchungen einbezogen werden. Der geistesgeschichtliche Hintergrund der einzelnen Auffassungen muß wenigstens in seinen Hauptzügen aufgezeigt werden.

In diesem Sinne sollen die vorliegenden Beispiele geprüft werden. Dabei erscheint es mir angebracht, mit Gottsched einzusetzen, und zwar nicht nur, weil er nach den Belegen in Grimms Wörterbuch die Wendung »Sprache des Umgangs« zuerst gebraucht hat. Wichtiger ist, daß sie hier von einem Manne gebraucht wird, der für die Sprachauffassung seiner Zeit eine zentrale Rolle gespielt hat. Das gleiche gilt eine Generation später von Adelung. Von diesen beiden Persönlichkeiten aus läßt sich deshalb der für das vorliegende Thema wesentliche geistige Zusammenhang, aus dem heraus der Begriff »Umgangssprache« aufkommt, einigermaßen repräsentativ erfassen, und es läßt sich die geistesgeschichtliche Position erkennen, mit der sich spätere Gebraucher des Begriffs auseinanderzusetzen haben.

2.1   Die »tägliche Sprache des Umgangs« bei Gottsched

Gottsched schreibt in seinem »Versuch einer Critischen Dichtkunst« (1751):

> Ein so gedrechselter Ausdruck ist der täglichen Sprache des Umganges gar nicht ähnlich und stellet also ein Stück einer andern Welt vor. (S. 652)

Dieser Satz steht im zweiten Teil des Buches, und zwar im XI. Hauptstück des I. Abschnittes, das die Überschrift »Von Komödien oder Lustspielen« trägt. Es geht Gottsched darum, die Schreibart der Komödien von der Schreibart der Tragödien zu unterscheiden. Dabei leitet er die unterschiedliche Sprachform dieser Dichtungsarten vom Unterschied der jeweils auftretenden Personenkreise her. Für ihn ist es selbstverständlich, daß in der Tragödie »fast lauter vornehme Leute«, in der Komödie aber »Edelleute, Bürger und geringe Personen, Knechte und Mägde vorkommen«. Ebenso selbstverständlich ist es ihm, daß – im Gegensatz zu den »heftigsten Gemütsbewegungen« in der Tragödie – in der Komödie »nur lauter lächerliche und lustige Sachen vorkommen, wovon man in der gemeinen Sprache zu reden gewohnt ist. Es muß also eine Komödie eine ganz natürliche Schreibart haben, und wenn sie gleich in Versen gesetzt wird, doch die gemeinsten Redensarten beybehalten.« Abgelehnt werden dagegen »gekünstelte«, »sinnreiche« und »poetische« Schreibart.

Gottsched stellt hier als Richtpunkt für die Schreibart der Komödie einen Sprachgebrauch heraus, dem er in anderen Zusammenhängen keinen vorbildlichen Charakter einräumt. Sein hauptsächliches Bemühen gilt vielmehr einer vornehmen Sprachform, einer Sprachform also, die eher zu den Personenkreisen Beziehung hat, die er der Tragödie zuordnet. Was ihm vor allem am Herzen liegt, ist das »wahre Hochdeutsche«. Für dieses weist er zwar auch auf einen realen Sprachgebrauch als Richtpunkt hin, auf die meißnische »Mundart«, doch er betont dabei:

> Man meynet hier aber nicht die Aussprache des Pöbels ... sondern der Vornehmen und Hofleute.

Und noch weiter schränkt er ein:

> Doch ist noch zu merken, daß man auch eine gewisse eklektische oder ausgesuchte und auserlesene Art zu reden, die in keiner Provinz völlig im Schwange geht, die Mundart der Gelehrten oder auch wohl der Höfe zu nennen pflegt. Diese hat jederzeit den rechten Kern der Sprache ausgemacht. In Griechenland hieß sie Atticismus, in Rom Urbanitas. In Deutschland kann man sie das wahre Hochdeutsche nennen.[10]

Im großen gesehen ergeben sich dabei die Zuordnungen: *vornehme Personen – hohe Sprachform – Tragödie* und *niedere Personen – gewöhnliche Sprachform – Komödie*. Die hohe Sprachform ist zugleich der Inbegriff, der »Kern« der betreffenden Sprache überhaupt; sie ist eine »auserlesene« Sprachform. Demgegenüber kann die niedere Sprachform, die »Sprache des täglichen Umganges«, keineswegs als auserlesen bezeichnet werden, wenn man sie aus der Sicht Gottscheds betrachtet. Sie gehört nicht zum Kern der Sprache. Sie liegt mehr am Rande der Sprache und bleibt auch am Rande der Betrachtung. Es wird damit im wesentlichen der Sprachgebrauch bezeichnet, den die Komödie »nachahmt«, genauer gesagt, aus dem der Komödienschreiber auslesen soll, denn es gibt genug im täglichen Umgange zu beobachtende Spracherscheinungen, die Gottsched auch für die Komödie nicht zuläßt. So erscheint die Sprache in verschiedene Stufen nach dem Grade ihrer Erlesenheit eingeteilt, wobei die aufsteigende Stufenfolge zugleich ein Fortschreiten vom Natürlichen zum Kunstvollen darstellt. Ein Gesamtbild der deutschen Sprache und Literatur wird aufgestellt mit dem Ziel- und Mittelpunkt des »wahren Hochdeutschen«.

Um zu verstehen, welche Rolle der im täglichen Umgange gesprochenen Sprache in diesem Gesamtbild der Sprache zuerkannt wird, ist es notwendig zu beachten, mit welcher Absicht Gottsched seine Bemühungen um die deutsche Sprache und Dichtung betreibt. Dabei ist folgendes festzustellen: Es geht Gottsched auch in seiner »Dichtkunst« nicht um die Dichtung als Ausdruck einer Dichterpersönlichkeit, sondern es geht ihm hier wie in seinen Werken über die »Sprachkunst« und die »Redekunst«

---

[10] Gottsched, Sprachkunst, S. 2f.

18

darum, die »deutsche Sprache als Trägerin der Bildung« zu fördern, wie es Eugen Wolff formuliert.[11] Er möchte für das Deutsche die gleiche Leistungsfähigkeit gewinnen, wie sie zu seiner Zeit die französische und die lateinische Sprache aufzuweisen haben. Sein Ziel ist es, die »Aufklärung« auch den »Unstudierten«, die er den »größten und edelsten Teil des Volkes« nennt,[12] nahezubringen. Gottscheds literarische Regeln sind – nach den Worten von Hans M. Wolff – »im Grunde nicht ästhetisch, sondern moralisch: sie sollen dem Dichter Anweisungen geben, wie er seine Fähigkeiten, andere zu belustigen, am besten und erfolgreichsten im Sinne des aufgeklärten Lebensideals ausbeuten kann.«[13] In diesen Zusammenhang gehört auch die Erwähnung der »Sprache des täglichen Umganges« als Vergleichsmaßstab für die Komödiensprache. Er will, daß die *Sache* in der Komödie lächerlich ist, daß aber nicht die *Worte* es sind. Deshalb fordert er eine »natürliche«, d. h. weder »gekünstelte« noch »unflätige« Schreibart. Und als Zeugnis für das Natürliche, das für ihn zugleich das Vernünftige ist, verweist er auf die »Sprache des täglichen Umganges«. Der Dichter wird auf diese Weise gemahnt, die Mittel seiner Kunst mäßig, d. h. der Vernunft gemäß zu gebrauchen.

Diese Forderung vertritt Gottsched übrigens nicht nur der Komödie, sondern auch der Tragödie gegenüber:

> Die guten Poeten nun, die ihre Einbildungskraft durch die Vernunft in Schranken zu halten, und die hohe Schreibart durch die Regeln der Wahrscheinlichkeit zu mäßigen gewußt haben, sind auch bey einer vernünftigen hohen Art des Ausdrucks geblieben. (Gottsched, Dichtkunst S. 620)

Doch zum Verständnis seiner Gesamtkonzeption genügt es nicht, Gottsched als Aufklärer zu verstehen. Es ist notwendig zu ergänzen, daß er das aufgeklärte Lebensideal auf den Spuren der Antike und auf den Spuren der Franzosen zu erreichen sucht. Schon die Bezeichnungen seiner Werke, »Sprachkunst«, »Redekunst« und »Dichtkunst«, weisen auf die Tradition der antiken »artes liberales«, und in den Werken selbst beruft er sich immer wieder auf antike Autoren und auf französische Autoren des 17. Jahrhunderts. In der Critischen Dichtkunst verweist er häufig auf Horaz, Aristoteles und Boileau. Im französischen Rationalismus, im Ideal des »guten Geschmacks« findet Gottsched insbesondere seine Maßstäbe für die Kritik an der deutschen Sprache und Dichtkunst. Diesen Vorbildern ist er so weitgehend verpflichtet, daß seine Critische Dichtkunst zum wesentlichen Teil aus getreuen Wiedergaben französischer und (teils durch französische Autoren vermittelter) antiker Gedanken zum Thema besteht.

---

[11] Wolff, Eugen: Gottscheds Stellung im deutschen Bildungsleben. Kiel/Leipzig 1875 S. 3.
[12] Gottsched, Johann Christoph: Lob- und Gedächtnisrede auf den Vater der deutschen Dichtkunst, Martin Opitzen. Zitiert nach Wolff, Gottsched, S. 4.
[13] Wolff, Hans M.: Die Weltanschauung der deutschen Aufklärung in geschichtlicher Sicht. München/ Bern 2. Aufl. 1968 S. 144.

Aus der Abhängigkeit Gottscheds von dieser langen Traditionskette ergibt sich, daß auch die Art, auf die er die »Sprache des täglichen Umganges« in die Betrachtung einbezieht, erst ganz zu verstehen ist, wenn man sie auf dem Hintergrund dieser Tradition sieht. Deshalb wird es notwendig sein, näher auf sie einzugehen. Ehe das geschieht, soll jedoch auf Adelung eingegangen werden, der als Fortsetzer der Gottschedschen Intentionen angesehen werden kann; denn bei ihm ergeben sich noch einige Gesichtspunkte, die späterhin bei der Durchmusterung der Tradition beachtet sein wollen.

2.2. Die »Sprache des gesellschaftlichen Umgangs der oberen Klassen« bei Adelung

Adelung ist in den wichtigsten Zügen seiner Sprachauffassung ein getreuer Jünger Gottscheds. Dennoch zeigen sich gewisse Varianten, die für die Geschichte des Begriffs »Umgangssprache« von Bedeutung sind. In seinem »Umständlichen Lehrgebäude der Deutschen Sprache« (1782) ist folgendes zu lesen:

> Die höhere Schreibart hat zwar das Recht, statt alltäglicher Ausdrücke und Wendungen, von der volltönigen und prächtigen Oberdeutschen Sprache zu borgen, aber das ist keine Provinzial-Sprache, sondern die ehemalige allgemeine Schriftsprache, deren stolzer Gang für die gesellige Sprache des Umgangs zu feyerlich ist, aber für den höhern Ausdruck noch manche ungenützte Schätze hat, sollten sie ihren Werth auch nur dem so lange unterlassenen Gebrauche zu danken haben, der ihnen den Reitz der Neuheit mittheilet. (1. Bd. S. 90)

Hier findet sich eine auf den ersten Blick recht ähnliche Gegenüberstellung wie bei Gottsched. Auch hier ist eine Sprache des Umgangs gegen eine höhere Schreibart gestellt. Aber diese Sprache des Umgangs ist – anders als bei Gottsched – keineswegs eine niedere Sprachform, ihr wird vielmehr ein höherer Wert beigemessen als der alten oberdeutschen Sprache. An anderer Stelle heißt es nämlich:

> Daß die alte Oberdeutsche Mundart bisher in dem südlichen Deutschlande noch immer die gewöhnliche Sprache der Schriftsteller und des gesellschaftlichen Umganges der obern Klassen ist, ist ein Beweis, daß diese Hälfte des Reichs in ihrer Cultur hinter der nördlichern zurückgeblieben ist. So wie Aufklärung und Geschmack auch in diesen Gegenden mehr Platz greifen, so verfeinert sich die Sprache von selbst, und wird an der Donau und an der Iser, – man denke! *hochdeutsch* (Adelung, Lehrgebäude, 1. Bd. S. 86)

Es geht Adelung um die hochdeutsche Schriftsprache, und zwar um eine neuere Schriftsprache, die er gegen eine ältere verteidigt, die sich aus einem anderen Ursprungsgebiet herleitet. Das Vorrecht der Sprachform, für die er hier eintritt, begründet er so:

20

Meißen und Obersachsen blieben noch lange nach der Reformation der vornehmste Sitz des Geschmackes und der Gelehrsamkeit in ganz Deutschland, und daher geschahe es, daß die hier verfeinerte und ausgebildete Sprache, nicht allein die Schriftsprache des ganzen aufgeklärten Theils der Nation, sondern auch die gesellschaftliche Sprache fast aller Personen von Geschmack und Erziehung, besonders in dem mittleren und nördlichen Deutschlande, ward und noch ist. (Adelung, Lehrgebäude, 1. Bd. S. 82)

Alle diese Gedanken sind in ähnlicher Weise schon bei Gottsched vorhanden, aber sie sind bei Adelung konsequenter aufeinander bezogen und konkreter gefaßt. Dabei verschieben sich die Gewichte: Eine »Sprache des Umganges« ist hier mindestens mit gleicher Autorität versehen wie die »Sprache der Schriftsteller«. Adelung bezeichnet sehr genau, welchen sprachlichen Umgang er im Auge hat. Es handelt sich um gesellschaftlichen Umgang, der sich in den oberen Ständen des südlichen Obersachsens vollzieht. Die Sprachform ist also nach ihrem funktionalen, sozialen und geographischen Ort bestimmt. Zu dieser genauen Bestimmung ist Adelung aus einem Zwang heraus gekommen. Er verteidigt nämlich die Maßstäbe, nach denen er gewisse Sprachformen in sein »Grammatisch-kritisches Wörterbuch der Hochdeutschen Mundart« aufgenommen, andere aber – sei es als »niedrig«, als »veraltet« oder »provinziell« – verworfen hat. Ganz offensichtlich ist eine so genaue Bestimmung notwendig, wenn die gewählten Formen gegen alle anderen abgesetzt werden sollen. Dieses Wörterbuch richtet sich nach einer im Umgange gebräuchlichen Sprache, erhebt aber den Anspruch, die neuere Schriftsprache zu repräsentieren. Man könnte zugespitzt sagen: Eine Umgangssprache wird zum Maßstab dafür gemacht, was in eine Schriftsprache gehört und was nicht.

2.3 Der Zusammenhang zwischen hochsprachlichen und umgangssprachlichen Fragen bei Gottsched und Adelung

Wichtiger als die aufgezeigten Unterschiede in den Auffassungen Gottscheds und Adelungs scheinen mir die Gemeinsamkeiten zu sein: Der Hinweis auf im Umgange gebräuchliche Sprache ist bei ihnen nicht Selbstzweck. Beide verweisen auf sprachlichen »Umgang«, um ihre Auffassung von der vorbildlichen Form des Deutschen, vom Hochdeutschen, zu begründen. Das Vorbild soll in erster Linie zum korrekten und angemessenen Sprachgebrauch im Schriftverkehr, im Vortrag und in der Dichtung dienen. Aber in diesen Bereichen fehlt die allgemein anerkannte Tradition, und dieser Umstand macht den Blick auf andere Anwendungsbereiche der Sprache notwendig. Um der einen vorbildlichen Ausprägung der Sprache willen müssen andere Ausprägungen mit betrachtet werden und muß das Verhältnis der verschiedenen Verwendungsweisen zueinander berücksichtigt werden. Welche Art Sprachgebrauch gemeint ist, wenn Gottsched und

Adelung von »Sprache des Umganges« reden, ist wie gezeigt unterschiedlich. Dennoch stimmen sie darin überein, was sie unter »Umgang« verstehen. Das, was Adelung im Artikel »Umgang« seines Grammatisch-kritischen Wörterbuchs schreibt, läßt sich auf den Wortgebrauch beider anwenden:

> Von der R[edens] A[rt] mit jemanden umgehen, ist der Umgang ... eine mehrmalige gesellschaftliche Gegenwart oder Zusammenkunft zwischen zwey Personen, wo Umgang allerdings mehr sagt, als die bloße Bekanntschaft. Personen, welche mit einander in einem und demselben Collegio sitzen, haben Bekanntschaft mit einander, stehen auch auf mancherley Art mit einander in Verbindung; allein daraus folgt noch nicht, daß sie eben Umgang mit einander haben müssen, wozu gesellschaftliche Verbindung gehöret. ... Da es denn wohl auch collective von denjenigen Personen gebraucht wird, mit welchen man gewöhnlich umgehet.

Sprache des Umgangs ist danach Sprachgebrauch in einem gesellschaftlich verbundenen Personenkreis. Und in der Tat lassen sich sowohl die Zitate nach Gottsched als auch die nach Adelung so verstehen. Nur ist nicht unbedingt der gleiche Personenkreis gemeint und nicht die gleiche Art gesellschaftlicher Verbindung.

Die aufgezeigten Problemzusammenhänge sind nicht spezifisch deutscher Art. Sie tauchen vielmehr überall auf, wo um die vorbildliche Form einer Nationalsprache gerungen wird. Früher als in Deutschland hatten entsprechende Bemühungen in Frankreich und in Italien angesetzt. Hier ist vieles vorgedacht worden, was in Abwandlung im Deutschland des 18. Jahrhunderts aktuell geworden ist, und größtenteils bediente man sich dabei aus der Antike überkommener Denkansätze. Manches bei Gottsched und Adelung und in der auf sie folgenden Auseinandersetzung um Fragen der deutschen Sprache, in denen der Begriff »Umgangssprache« entsteht, wird erst recht verständlich, wenn man den Bezug auf antike, italienische und französische Vorbilder in der Argumentation berücksichtigt. Deshalb sollen die wichtigsten Traditionen dieser Art im folgenden aufgezeigt werden.

3

DIE ABENDLÄNDISCHE GEISTESGESCHICHTE ALS HINTERGRUND FÜR DIE
DISKUSSION DER DEUTSCHEN SPRACHVERHÄLTNISSE

Die Schlüsselposition, die Gottsched und Adelung in der deutschen
Sprachgeschichte zweifellos innegehabt haben, beruht, wie oben angedeutet worden ist, nicht auf originaler wissenschaftlicher Leistung. Sie greifen
vorhandene Traditionen auf und fassen sie zusammen. In übersichtlicher
Knappheit hat R. Newald das Verfahren, nach dem Gottsched in seiner
Critischen Dichtkunst die Überlieferung verwertet, folgendermaßen charakterisiert:

> Gottsched verwendet die einzelnen Teile seiner ausgedehnten Lektüre wie Bau-
> steine, d. h. meist ohne kritisches Abwägen gegeneinander. Er holt sie aus den
> Werken jener Verfasser, die für ihn Autoritäten sind. ... Er führt sich mit einer
> Übersetzung und Erklärung der *Ars poetica* des *Horaz* ein. Das zeigt, wie ihm
> Boileau Vorbild war. Im Zeichen der spätantik-mittelalterlichen Wissenschafts-
> lehre gelten hier noch, ehe sich die Aesthetik zur selbständigen Disziplin entfal-
> tet, *Autores* und *Exempla*. ...[14]

Autoritätsgläubigkeit und Kampf für die Vernunft vertragen sich für Gottsched; denn für ihn, wie für seine Zeit überhaupt, gelten die Regeln der
antiken Theoretiker als vernunftgemäß. Wegen der Übereinstimmung mit
der Vernunft wird ihnen dauerende autoritative Gültigkeit beigemessen.
Deshalb ist im Deutschland der Aufklärungszeit die Überzeugung vorhanden, daß sich die aus der Antike (direkt oder über Zwischenstufen in ge-
wandelter Form) tradierten Regeln für die sprachlichen Aufgaben der
Gegenwart verwenden lassen.

Neben den Vernunftgründen ist bei der Übernahme alter Regeln ein
mehr irrationales Moment zu beobachten, nämlich die Bewunderung für
die Leistungsfähigkeit anderer Sprachen, speziell der lateinischen und der
französischen. Das Bemühen jener Zeit um die deutsche Sprache kann
zum größten Teil als das Bestreben verstanden werden, dem Lateinischen
und Französischen ebenbürtig zu werden. Nichts lag deshalb näher, als
sich die Regeln zum Vorbild zu nehmen, die jenen Sprachen zu ihrer Lei-
stungshöhe verholfen hatten. Gottsched und Adelung sind diesen Weg gegangen und folgten damit einer bewährten Praxis. So war man schon im
Lateinischen dem Vorbild des Griechischen gefolgt und im Italienischen
dem Lateinischen, teils auch dem Griechischen in unmittelbarem Rück-

---

[14] De Boor, Helmut und Richard Newald: Geschichte der deutschen Literatur Bd. 5, 3. Aufl.
München 1960, S. 491.

griff. Im Französischen blickte man sowohl zur italienischen als auch zur lateinischen und griechischen Tradition.

Diese Traditionen liefern die Denkmodelle, nach denen sich die Gelehrten des deutschen Sprachraums im 18. Jahrhundert ihre Ansicht von der rechten Form ihrer Sprache gebildet haben; sie geben den Rahmen ab für jene Auseinandersetzungen, in denen der Begriff »Umgangssprache« entstanden ist. So ist das Verständnis dieser Zusammenhänge wichtig für die Einordnung des Begriffs und das Verständnis einschlägiger Probleme. Deshalb geht es im folgenden um aus der Antike herüberwirkende Vorstellungen vom Wesen und von den Aufgaben der Sprache. Es versteht sich, daß dabei insbesondere auf die Rolle zu achten sein wird, die jeweils der im Umgange gesprochenen Sprache zuerkannt wird.

3.1 Die antiken »artes sermonicales« als Grundlage für die Sprachbetrachtung des Mittelalters

Einer der wirksamen Traditionsstränge in der Sprachauffassung Gottscheds und Adelungs reicht von der Antike über das lateinische Mittelalter in ununterbrochener Tradition bis in die Neuzeit. Dabei hat die antike Konzeption durch die Denkweise des Mittelalters Wandlungen erfahren.

Für diesen Traditionsstrang spielt »das antik-mittelalterliche Trivium der artes sermonicales«, wie neuerdings K. O. Apel wieder hervorhebt,[15] »als Vehikel einer kontinuierlichen abendländischen Tradition« eine entscheidende Rolle. Die Sprache wird dabei im Hinblick auf eine lehrbare Kunstausübung betrachtet. Im vorliegenden Zusammenhang kommt es vor allem auf die Grammatik und Rhetorik an, während die Dialektik[16] nur mittelbar eine Rolle spielt. In Verbindung mit der Rhetorik ist daneben die Poetik zu beachten.

Als grundlegende Lehre vom kunstgemäßen Sprachgebrauch ist zunächst die Grammatik als die »Kunst richtig zu sprechen« ins Auge zu fassen. Das entscheidende Werk für die »Ars« der Grammatik ist das des Dionysios Thrax, das im 1. Jh. v. Chr. verfaßt worden ist. Es ist die »erste Grammatik im Abendland«,[17] und aus ihr stammt – in der lateinischen

---

[15] Karl Otto Apel: Die Idee der Sprache in der Tradition des Humanismus von Dante bis Vico. Bonn 1963, S. 13.

[16] Man könnte zwar »Dialektik« mit einem gewissen Recht als Kunst der Wechselrede verstehen und insofern eine nahe Beziehung zur im Umgange gesprochenen Sprache herstellen wollen. Aber die »Ars« befaßt sich gerade nicht mit im Umgange gebräuchlicher, sondern mit logischer Wechselrede, die mit dem Ziel geführt wird, wahr und falsch zu scheiden (vgl. Isidor »Origines« 1, 1,2; zitiert bei Lausberg, Handbuch, § 13), die sich jedenfalls nicht mit dem Begriff »Umgang« verstehen läßt, was bei Gottsched und Adelung der Fall ist.

[17] So wird sie von Hans Arens in seinem Buch »Sprachwissenschaft. Der Gang ihrer Entwicklung von der Antike bis zur Gegenwart«, Freiburg/München 1955, S. 19 bezeichnet. Die folgende Darstellung zum Thema Grammatik stützt sich zu einem wesentlichen Teil auf diese Publikation.

Übersetzung der »Ars grammatica« des Remmius Palaemon – das gesamte terminologische Grundgerüst aller lateinischen Schulgrammatiken im Mittelalter und in der Neuzeit und darüberhinaus der abendländischen Grammatiken bis in die Gegenwart hinein. Es ist also keine Frage, daß dieses Werk die Vorstellungen des Mittelalters über die Sprache entscheidend geprägt hat.

Im Hinblick auf diese Grammatik interessiert hier nicht das Regelwerk selbst, sondern das Ziel, mit dem es abgefaßt ist, und die Umstände, die zu seiner Abfassung geführt haben. Sie lassen sich am ersten Satz dieser Darstellung ablesen. Er lautet (nach der bei Arens gegebenen Übersetzung):

> Grammatik ist die Kunde von dem normalen Sprachgebrauch der Dichter und Schriftsteller. (Arens, Sprachwissenschaft, S. 19)

Es geht also um eine Normalsprache, und zwar um eine geschriebene Sprache, wie auch bereits die Bezeichnung »Grammatik« erkennen läßt. Als Träger des beschriebenen Sprachgebrauchs werden kollektiv »die Dichter und Schriftsteller« aufgeführt. Das Ziel ist mit dem vergleichbar, das Gottsched und Adelung verfolgen. Auch sie erstreben eine Normalsprache (in der weder »Schwulst« noch »niedrige Ausdrücke«, weder »Archaismen« noch »Neologismen« und auch keine »Provinzialismen« geduldet werden), auch sie sind an Dichtern und Schriftstellern orientiert. Allerdings hat Dionysios im Gegensatz zu ihnen keine Veranlassung, auf eine im Umgange gebräuchliche Sprache oder auf die Sprache eines bestimmten Ortes als Vorbild hinzuweisen. Zu seiner Zeit bestand über den von griechischen Dichtern zu verwendenden Sprachtypus längst Einigkeit. Man bediente sich der »Koine«, die sich seit dem 4. Jahrhundert v. Chr. als eine »Gemeinsprache auf der Grundlage des attischen Dialektes« (Arens) entwickelt hatte. Aber auf die ursprüngliche Herkunft aus dem mündlichen Sprachgebrauch einer Landschaft kam es nun nicht mehr an. Sie, die Koine, war seit langem die einheitliche Sprachform der weit über die antike Welt verstreuten Bildungsschicht des hellenistischen Griechentums. Dionysios steht also im Unterschied zu den beiden Deutschen des 18. Jahrhunderts nicht am Anfang, sondern am Ende der Bemühungen um die »richtige« Sprachform. »Er bietet«, wie Arens es formuliert, »auf wenigen Seiten das Ergebnis einer 400jährigen Bemühung um die Sprache«. Das Bestreben, Sprache und Logik zur Deckung zu bringen, hat dabei, besonders im Streit zwischen Analogisten und Anomalisten, eine entscheidende Rolle gespielt.

Für das Lateinische ist nach diesem Vorbild eine entsprechende Musterform entwickelt worden, und sie ist es, die in den Grammatikschulen seit der Spätantike überliefert worden ist. (Bezeichnend ist, daß die Bezeichnungen »grammatice« und »latine« im Mittelalter geradezu synonym gebraucht werden können. Vgl. dazu den folgenden Abschnitt 3.2.) Es lag deshalb nahe, sich bei der Herausbildung der modernen europäischen Nationalsprachen des lateinischen Vorbildes genauso zu bedienen, wie die lateinischen Grammatiker sich des griechischen Vorbildes bedient haben, und das ist immer wieder geschehen. Gottsched mit seiner »Sprachkunst« und Adelung mit seinem »Umständlichen Lehrgebäude der deutschen Sprache« schließen sich fast selbstverständlich diesem Verfahren an. Nur können sie sich, wie schon angedeutet, nicht so wie Dionysius in jeder Hinsicht auf anerkannte Schriftsteller berufen. Das führt sie dazu, sich teils auf Schriftsteller, teils auf gesprochene Sprache zu stützen, nach einem Prinzip, das. H. Jellinek auf folgende Formel bringt:

> Die feststehende Tradition der Schriftsprache hat unbedingte Autorität. Wo die Schriftsprache versagt, tritt die obersächsische Umgangssprache in die Lücke. (Jellinek, Geschichte Bd. I, S. 236)

Im Umgange gesprochene Sprache spielt – nach dieser Formel – bei der Normbestimmung durch die deutschen Aufklärer erst an letzter Stelle eine Rolle. Sicher wird damit für manche Zwecke zu sehr vereinfacht. Aber das wird hier deutlich: Es werden von den Verfassern verschiedene Kriterien zur Normfindung in bestimmter Reihenfolge benutzt.

Das jedoch geschieht nach antikem Vorbild. In recht abgewogener Form hat bereits Quintilian verschiedene normbestimmende Größen nebeneinandergestellt. Er unterteilt die Norm der Latinitas in seiner »Institutio oratoria« (1,6,1) in vier Richtlinien:[18]

> sermo constat ratione, vetustate, auctoritate, consuetudine

Die *ratio* beruft sich dabei auf Analogie und Etymologie, doch haben diese keine Gesetzeskraft, sondern sie bedürfen der Korrektur durch die *consuetudo* ; die *verba vetera* gehören zwar noch in den Bereich der Latinitas, aber ihr Gegensatz zur *consuetudo*, der ihnen auf der einen Seite eine erhöhte *dignitas* gibt, beschränkt den Gebrauch andererseits auf bestimmte literarische Genera.[19] Der Sprachgebrauch anerkannter Autoren bietet eine maßgebliche Richtlinie, »aber vorzugsweise soll man die Sprachformen (Wörter usw.) verwenden, die sich durch die Wirkung der anerkannten Autoren im allgmeinen Sprachgebrauch (consuetudo) durchgesetzt haben«.[20] Damit sind bei Quintilian alle übrigen Richtlinien auf die »consuetudo«, den »usus cotidianus«,[21] bezogen. Lausberg schreibt darüber zusammenfassend:

[18] Vgl. Lausberg, Heinrich: Handbuch der literarischen Rhetorik, München 1960, §§ 464–469.

[19] Lausberg, Handbuch § 546.

[20] So die Interpretation Lausbergs (Handbuch, § 468) zu Quintilian 1,6,42: etiamsi potest videri nihil peccare qui utitur iis verbis quae summi auctores tradierunt, multum tamen refert non solum quid dixerint, sed etiam quid persuaserint.

[21] Andere Bezeichnungen Quintilians für die »consuetudo« sind »usus cotidianus« (10,1,44) oder »cotidiani sermonis usus« (8,6,21; vgl. Lausberg, Handbuch, § 469). Das sind Formulierungen, zu denen Gottscheds »tägliche Sprache des Umganges« als Übersetzung aufgefaßt werden könnte. Überhaupt entsprechen die normbestimmenden Größen Quintilians weitgehend dem, was Gottsched und Adelung berücksichtigen. Das ist nicht zu verwundern, denn auf Quintilian gegründete Traditionen und auch Quintilians Werk selbst sind ihnen geläufig.

Die entscheidende Richtlinie ist die *consuetudo*, »der gegenwärtige, empirische Sprachgebrauch«. Hiermit ist aber nicht der Sprachgebrauch der Majorität des Volkes gemeint, da sich im unkontrollierten Sprachgebrauch wie in den Lebensgewohnheiten des Volkes häufig Fehler einschleichen: Quint. 1,6,44 non si quid vitiose multis insederit, pro regula sermonis accipiendum erit. – Unter *consuetudo* ist vielmehr der übereinstimmende Sprachgebrauch der Gebildeten zu verstehen: Quint. 1,6,45 consuetudinem sermonis vocabo *consensum eruditorum*, sicut vivendi consensum bonorum. (Lausberg, Handbuch, § 469 Abs. 1)

Mit dem Hinweis auf den »consensus eruditorum« ist bereits eine soziologische Abgrenzung des maßgeblichen Gebrauchs eingeschlossen. In gleichem Sinne wirkt der Bezug auf die »artes liberales«. Lausberg schreibt dazu:

Die *artes liberales* legen mit dem Wort *liberalis* den Akzent auf die soziale Schicht, für die sie bestimmt waren: Sie sind Bildungsgut und Erziehungsprogramm der freien Bürger (Sen. ep. 88,2 quare liberalia studia dicta sint, vides: quia, homine libero digno sunt) und werden deshalb auch τέχναι ἐγκύκλιοι (Sen. ep. 88,23) genannt, wobei das Wort ἐγκύλιος »im Kreise der freien Bürger im Reihendienst herumgehend, also keine Spezialausbildung erfordernd (von Ämtern), gewöhnlich alltäglich« auf den allgemeinverbindlich-elementaren (nicht spezialisiert-beruflichen) Charakter dieser *artes* hinweist. (Lausberg, Handbuch, § 12)

Dabei ist zu unterstreichen, daß der Hinweis auf das »Gewöhnliche, Alltägliche« nur auf die Gewohnheiten und den Alltag der Bildungsschicht bezogen ist. Von den *artes vulgares et sordida* (= Handwerke, die dem beruflichen Gelderwerb dienen) und den *artes ludicrae* (= Schaustellungskünste, zu denen Zauberkunststücke und ähnliches gehören) sind die *artes liberales* durch ihren vornehmen Rang unterschieden. (Vgl. Lausberg, Handbuch, § 11) Das wirkt sich auf den Wortgebrauch aus, d. h. darauf, welche Worte im Rahmen der Sprachrichtigkeit – für das Lateinische im Sinne der Latinität – als *verba propria* zugelassen sind und welche als gegen die *proprietas* verstoßend abgelehnt werden. Dies zeigt der folgende Text Quintilians (8,6,15), den ich mit den interpretierenden Übersetzungen Lausbergs wiedergebe:

proprietas ... enim ... est sua cuiusque rei appellatio, qua non semper utemur: nam et *obscena* (»semantisch obszöne Wörter«) vitabimus et *sordida* (»Wörter abstoßend-vulgärer Gebrauchssphäre«) et *humilia* (»Wörter alltäglich-kleinbürgerlicher Gebrauchssphäre«); sunt autem *humilia* infra dignitatem rerum (»Be-

---

Allerdings gibt es einen Unterschied: Sowohl Gottsched als auch Adelung weisen betont auf die Sprachform einer bestimmten Landschaft hin, während dieser Gesichtspunkt bei Quintilian am Rande bleibt. Für ihn gibt es keinen Zweifel, daß Rom maßgeblich sei. (Vgl. Quintilian 8,1: Quare, si fieri potest, et verba omnia et vox huius alumnum urbis oleant, ut oratio Romana plane videatur, non civitate donata.) Über Provinzialismen kann er kurz hinweggehen (1,5,55: taceo de Tuscis et Sabinis et Praenestinis quoque ! ., licet omnia Italica pro Romanis habeam). Im deutschen Sprachraum des 18. Jhs. ist noch kein so unbestrittener »consensus eruditorum« vorhanden, deshalb ist es notwendig, die für die Sprachrichtigkeit als maßgeblich erachtete consuetudo näher zu bestimmen, wie es vor allem Adelung mit möglichster Genauigkeit getan hat.

handlungsgegenstand«...) aut ordinis (»sozialer Rang des Redners« ...). (Lausberg, Handbuch, § 1074).

So ist, durch die besondere, historisch begründete soziologische Definition des maßgeblichen Gebrauchs bedingt, nur ein bestimmter als edel angesehener Ausschnitt aus der Gesamtheit der im Sprachraum üblichen Gebrauchsweisen ausgewählt, während der alltägliche Gebrauch (anders gesagt: die Umgangssprache des Alltags) einfacher Menschen abgelehnt wird.[22] Herausgehoben wird der Abschnitt, der dem »consensus eruditorum« entspricht, zu dessen Hüter allmählich die Lehrer der artes liberales werden. Hier ist der Ansatzpunkt dafür, daß der Redner (wie bei Cicero und Quintilian) zu dem Idealbild des Menschen werden kann, das für den »humanistischen Bildungsbegriff der Sprache« (Apel) entscheidend geworden ist, dem für den Sprachbegriff und die Sprachgeschichte des Abendlandes eine weittragende Bedeutung zukommt.[23]

Die zuletzt behandelten Fragen greifen über den Bereich der Grammatik hinaus und auf den der Rhetorik hinüber.

Aber eine scharfe Trennungsliste zwischen den »artes« läßt sich nicht ziehen. Grammatik, Rhetorik und die nicht unter den artes liberales erscheinende Poetik sind von Anfang an eng aufeinander bezogen. Bereits Aristoteles setzt für seine Poetik seine Bücher über die Rhetorik voraus (Poetik 19), an eben diesem Ort finden sich die ersten Ansätze zu einer beschreibenden Grammatik, die in der abendländischen Überlieferung be-

---

[22] Vgl. hierzu auch Quintilian, Institutio, 12,10,40: »Quidam nullam esse naturalem putant eloquentiam, nisi quae sit cotidiano sermoni simillima, quo cum amicis, coniugibus, liberis, servis loquamur, contenti promere animi voluntatem, nihilque et arcessiti et elaborati requirente... Mihi aliam quamdam videtur habere naturam sermo vulgaris, aliam viri eloquentis oratio.« Interessant ist an dieser Stelle nicht nur, daß hier von einem »sermo cotidianus« gesprochen wird, der »sermo vulgaris« nicht zum Vorbild der Beredsamkeit taugt und also auch nicht dem »consensus eruditorem« entspricht, sondern auch, daß dieser vom Vorbildlichen abweichende Gebrauch durch die Empfängergruppen, nämlich Freunde, Ehefrauen, Kinder, Sklaven charakterisiert wird. Offenbar ist es üblich, daß auch der »eruditus« zu diesen Personengruppen (bei denen es sich z. T. auch um »eruditi« handeln dürfte) im »sermo vulgaris« spricht. »Usus« und »consensus« eruditorum müssen also nicht unbedingt übereinstimmen.

[23] »Im humanistischen Sprachbegriff, der aus einer breiten Bildungsliteratur herauspräpariert sein will, kommt eben dieses wissenssoziologische Verhältnis zum Ausdruck, d. h. nicht die Spracherfahrung der einsamen Einzelnen, sei er mit der Sprache ringender mystischer 'Denker' oder 'Dichter' oder sei er die Sprache als Hindernis und technisches Mittel beurteilender Naturforscher, sondern die Situation des Bürgers, der im öffentlichen Leben, im Briefverkehr, in der Rede, in dem, was man später Publizistik nennt, im Bereich auch einer gelehrten oder höfisch-eleganten literarischen Tätigkeit, eine formale Richtschnur und eine inhaltliche 'Topik' in der gut eingeübten Bildungssprache selbst sucht und findet. Die Sprache als 'Norm' und 'Außenhalt' des bürgerlichen Lebens, als institutionelle 'Form' aller Formen, durch welche die 'humanitas' des 'civis' in der 'res publica' sichergestellt, die 'schreckliche Natürlichkeit' (A. Gehlen) des Menschen gebannt und stilisiert ist – dies ist der bereits vom antiken römischen Rhetor und Politiker vorgeprägte Kern des Sprachhumanismus, der auch in allen neuzeitlichen Rezeptionen und Abwandlungen identisch bleibt. ... Am besten kann man sich noch heute die institutionelle Formkraft des Humanismus an der trotz aller Reformversuche kaum geschwächte Funktion der lateinischen Grammatik klar machen, deren philosophische Wurzeln in der hellenistischen Philosophie auch heute noch nicht eigentlich ausgegraben sind.« (Apel, Idee der Sprache, S. 273).

kannt sind (Poetik 20/21), und die Grammatik dient ihrerseits der kritischen Betrachtung der Dichtungen (vgl. Dionysios Thrax 1; Arens, Sprachwissenschaft, S. 19). Von der späteren Antike an über das Mittelalter bis in die Neuzeit wird das gegenseitige Verhältnis – etwas schematisch gesagt – so gesehen, daß die Grammatik als Lehre von der richtigen Sprachform eine Grundlage der Rhetorik als Lehre von der Sprachgestaltung in ungebundener Form und diese eine Grundlage der Poetik als Lehre von der Sprachgestaltung in gebundener Form darstellt, während das dichterische Werk zusammen mit dem anerkannter Rhetoren wiederum die sprachliche Grundlage für die Grammatik abgibt. Überdies wird die Poetik im Laufe der Zeit mehr und mehr »rhetorisiert«. Der Bezug zur *consuetudo*, zum *usus cotidianus*, tritt dabei in den Hintergrund, denn es gibt schließlich im Mittelalter keinen mündlichen Sprachgebrauch mehr, der für die Latinitas als vorbildlich hätte anerkannt werden können. So könnte man meinen, die Auffassungen vom Sprachgebrauch, die sich in der Rhetorik und Poetik von der Antike zum Mittelalter ausgebildet haben, seinen für das vorliegende Thema bedeutungslos. Das ist aber nicht so. Tatsächlich haben sich in der Entwicklung der Lehren über die *genera dicendi* Schemata für die Einstufung der Gebrauchsweisen einer Sprache ergeben, deren man sich später (z. B. bei Gottsched und Adelung) weiterhin bedient,[24] auch als mündlicher Gebrauch wieder stärker in Betracht gezogen wird. Wenn sich die Darstellung im folgenden mit den *genera dicendi* der Rhetorik und den Gattungsstilen der Poetik befaßt, entfernt sie sich also nur scheinbar vom Thema der Sprache des Umganges.

Ursprünglich stimmen die *genera dicendi* der Rhetorik nicht ohne weiteres mit den Stilebenen bzw. den Gattungsstilen der Poetik überein. Cicero leitet die Aussageweisen der Rhetorik von den »officia oratoris« her. Er nennt eine Rede »eloquens«, wenn sie so gehalten ist, »ut probet, ut delectat, ut flectat«. Von hier ausgehend sagt er weiter (Cicero, Orator 69):

Sed quot officia oratoris, tot sunt *genera* dicendi: subtile in probando, modicum in delectando, vehemens in flectendo.

Aber im Laufe der Überlieferung des Mittelalters werden diese rhetorischen Unterscheidungen des Sprachgebrauchs mit anderen auf einen Nenner gebracht, die von poetologischem und soziologischem Standpunkt aus getroffen worden sind, selbst ein historischer Gesichtspunkt spielt mit. Franz Quadlbauer hat das in seiner Untersuchung über die antike Theorie der genera dicendi im lateinischen Mittelalter[25] ausführlich dargelegt. Er

---

[24] Vgl. E. R. Curtius, Europäische Literatur und lateinisches Mittelalter, 6. Aufl. Bern/München 1967, S. 435: »Dieses Unterrichtssystem, das Quintilian vorfand und kundig erläuterte, bildet die geschichtliche Ursache dafür, daß von der römischen Kaiserzeit bis zur französischen Revolution alle literarische Kunst auf der Schulrhetorik beruht.«

[25] Quadlbauer, Franz: Die antike Theorie der genera dicendi im lateinischen Mittelalter, Wien 1962.

unterscheidet dabei 1. die (ciceronisch)-augustinische Tradition, die von der oben genannten Cicero-Stelle ausgeht, aber die *officia* mit einem Stoff- und Stilschema verbindet: «... erit eloquens, qui, ut doceat, poterit parva submisse, ut delectat, modica temperate, ut flectat, magna granditu dicere», 2. die von Donat und Servius ausgehende Vergil-Tradition, in der als exempla für die Stilarten humilis, medius und grandiloquus die Werke Vergils, Bucolica, Georgica, Aeneis, benutzt sind, die überdies nach der »Ordo-temporum-Theorie« geordnet gedacht und mit den Personentypen pastor, agricola und bellator parallelgestellt sind, 3. die horazisch-pseudocicero-nische Tradition, die die Stillehre der Ars poetica des Horaz und die während des Mittelalters als Werk Ciceros geltende Rhetorica ad Herennium sich gegenseitig erklären läßt. Das letztgenannte Werk kennt neben dem rhetorischen Dreierschema eine Art Zweierschema der Theorie vom hohen Stil der Tragödie und dem niedrigen bzw. mittleren der Komödie. (Vgl. Quadlbauer, Genera dicendi, S. 159f.)

Besonders deutlich wird die »Vorliebe des Mittelalters, möglichst viele Schemata nebeneinander zu stellen und aufeinander zu beziehen« (Quadlbauer, Genera dicendi, S. 27), in der sogenannten Rota Vergilii, wie sie (im Original in radförmiger Anordnung der Kolumnen) bei Johannes von Garland überliefert ist (vgl. Quadlbauer, genera dicendi, S. 113f.). Es werden drei Kolumnen gegeben:

gravis stilus	mediocris stilus	humilis stilus
miles-dominans	agricola	pastor ociosus
Hector Ajax	Triptolemus Celius	Titirus Melibeus
equus	bos	ovis
gladius	aratrum	baculus
urbs castrum	ager	pascua
laurus cedrus	pomus	fagus

Hier tritt der »materielle Stilartenbegriff« hervor, der sich im Mittelalter herausgebildet hat. Nach ihm sind unter »Stil« nicht Aussageweisen verstanden, sondern der Stil ist an Personen und Sachen abzulesen. Diesen werden dann entsprechende »nomina propria« und abgestufte Schmuckformen zugeordnet.

In Verbindung mit dem obengenannten Schema erscheint – allerdings ohne daß eine genaue Übereinstimmung gegeben wäre[26] – eine Dreiteilung nach Personengruppen: curiales, civiles, rurales. Hier zeichnet sich das ab, was Hennig Brinkmann als »ständische Umdeutung« der Stilarten interpretiert hat.[27] Interessant ist dabei der Nachweis Quadlbauers, daß die ständische Umdeutung der Stilarten im Mittelalter nicht – wie Brinkmann annimmt – den Ausgangspunkt darstellt, von dem aus eine Umdeutung der

---

[26] Quadlbauer (Genera dicendi, S. 274) legt dar, daß Johannes die genera hominum – »anscheinend als Personengruppen des wirklichen Lebens« – ausdrücklich von den genera personarum – »den Gruppen, insofern sie im Schema der ars figurieren« – trenne.
[27] H. Brinkmann, Zu Wesen und Form mittelalterlicher Dichtung, Halle/Saale 1928, S. 70.

literarischen Tradition erfolgt wäre, sondern daß die ständische Deutung aus der Vergil-Tradition herauswächst. (Quadlbauer S. 116f.) Wichtig ist die Feststellung, weil daran deutlich wird, wie nun die literarische Überlieferung in der Sprach- und Stillehre dominiert. Der Bezug zum rezenten Sprachgebrauch wird im günstigsten Falle — wie bei Johannes von Garland — nachträglich hergestellt, und das nicht unbedingt in überzeugender Übereinstimmung mit der Wirklichkeit. Der »cotidianus usus«, also mit Gottsched gesprochen, die »Sprache des täglichen Umganges«, ist bei Johannes von Garland noch mehr als bei Gottsched an den Rand der Betrachtung gerückt. Das ist nicht verwunderlich, da – wie gesagt – im Mittelalter kein im Umgange überlieferter Sprachgebrauch Richtschnur für die Sprachrichtigkeit im Lateinischen, d. h. für die Grammatik, sein kann, sondern umgekehrt die Grammatik zur Richtschnur für den Gebrauch, d. h. auch für den mündlichen Gebrauch in den Lateinschulen werden muß.

Dabei ist zu berücksichtigen, daß sich in der lateinischen Literatursprache eine Entwicklung vollzogen hat, die als »Sprachnormung im klassischen Latein« bezeichnet worden ist.[28] Der Normierungsprozeß erreicht mit Cicero seinen Abschluß, und die Kanonisierung dieser Norm bleibt vor allem durch das Wirken Quintilians gültig. Bei der Normierung sind nach G. Neumann vier Tendenzen zu erschließen: »1. ein Streben nach Einfachheit, nach Ökonomie des Sprachsystems, 2. ein Streben nach Präzision, 3. ein Streben nach Durchsichtigkeit auch noch der Wörter, 4. ein Streben nach strenger Logik«. (S. 91) Es ergeben sich u. a. folgende Konsequenzen:»Syntaktische Fügungen, die den Anforderungen der Logik nicht genügen, wie der sogenannte nominativus pendens, Konstruktionen ad sensum und erst recht Satzbrüche (Anakoluthe) und Kontaminationen werden nun gemieden.« (S. 95) Auf solchen Prinzipien ruht in der Folge die lateinische Schulgrammatik, diese Grammatik nimmt nun auch im Schema der verschiedenen Gebrauchsweisen der Sprache jene Rolle ein, die noch bei Quintilian der normalen gesprochenen Sprache zugeordnet worden ist. ·

Welche Auswirkungen das hat, wird deutlich, wenn man das Verhältnis von Normalsprache und Sprache der Dichtung in der Sicht des Aristoteles mit den entsprechenden Vorstellungen des Mittelalters vergleicht. Aristoteles hat in seiner Poetik ausgeführt, daß die Tragödie edlere Menschen nachahme, als sie in Wirklichkeit sind, die Komödie gemeinere (Poetik 2), dementsprechend seien auch die Kunstmittel unterschieden. In diesem Sinne gesteht er der Tragödie auch Wendungen zu, »die niemand in der Umgangssprache verwendet (ἃ οὐδεὶς ἂν εἴποι ἐν τῇ διαλέκτῳ)« (Poetik 22),[29] weil diese Abweichung vom bezeichnenden Sprachgebrauch den

---

[28] Vgl. zum Folgenden den Aufsatz von Günther Neumann, »Sprachnormung im klassischen Latein.« In: Sprache der Gegenwart, Bd. 2, S. 88–97.

[29] Griechischer Text nach: Aristoteles, De arte poetica liber, Hrsg. Johannes Vahlen, Berlin 1874, S. 55. Übersetzung von Olof Gigon (Aristoteles' Poetik, Stuttgart 1961, S. 58). Die Übersetzung »Umgangssprache« liegt vom Kontext her in der Tat nahe, wenn man darun-

Eindruck des Ungewöhnlichen bewirke. Über die Komödie fehlen entsprechende Aussagen, da Aristoteles' Äußerungen über die Komödie nicht überliefert sind.[30] Aber es ist doch die Vorstellung erkennbar, daß man von einer gewöhnlichen Sprachform,[31] von einer »Umgangssprache«, nach verschiedenen Seiten auslenken könne. Die Abweichung vom täglich Gewohnten ist maßgeblich für die Wirkung in der Dichtung.

So ist die Sicht der Zusammenhänge zur Entstehungszeit jener Traditionen, die noch im Mittelalter (und darüber hinaus) wirksam sind. Nun wird an die Stelle des *usus cotidianus* die Grammatik gesetzt, sie wird dabei mit dem mittleren (teils auch dem niederen) Stil gleichgesetzt. (Vgl. Quadlbauer, Genera dicendi, S. 48f.) Damit wird bereits der Ausgangspunkt »kunstmäßig«, es kommt zu Vorschriften wie der, daß man in der schmucklosen Stilform die *perfecta oratio*, den vollständigen Satz, der Grammatik zu verwenden habe. Die von dieser Regelmäßigkeit abweichenden »rhetorischen Figuren« (*Figurae per detractionem* wie *ellipsis* und *asyndeton*) sind nun dem höheren oder niederen Stil als poetische Lizenzen zugeordnet, während sie ursprünglich gerade im alltäglichen Gespräch zu Hause waren und in den »Volkssprachen« weiterhin sind.

Die Lehre der *artes sermonicales* wird zu einem schematisierten Gefüge von Vorschriften über bestimmte Gebrauchsweisen der Sprache. In der Rhetorik wird dabei mancherlei mitgeschleppt, was eigentlich (wie die Dreiheit der Aufgaben: *probare, delectare, flectere*) auf die Gerichtsrede bezogen war, die aber schon seit der Spätantike außer Gebrauch gekommen war. Das macht besonders deutlich, wie wenig die Lehren vom Gebrauch der Sprache auf den wirklichen, (d. h. im Mittelalter gültigen) Gebrauch der Sprache bezogen sind. Der wirkliche Gebrauch, das ist im Mittelalter »volkssprachlicher« Gebrauch, ist für die Beschäftigung der Gelehrten mit der Sprache, die sich allein auf das Lateinische bezieht, nicht aktuell. Von diesem Gesichtspunkt aus könnte man, wie gesagt, diese Entwicklungsphase übergehen. Aber sie wirkt bis zur Aufklärungszeit, ja selbst bis heute nach, sie wirkt schon, wenn heute ein Lehrer von seinen Schülern entgegen anderweitigem Gebrauch und entgegen der Sprachökonomie verlangt: »Antworte im ganzen Satz!« Vor allem aber ist die antik-mittelalterliche Vorstellung von der Einteilung der Stilarten und der

---

ter »im persönlichen Umgange gesprochene Sprache« versteht. Noch enger am Original könnte man etwa übersetzen: «... die keiner beim Miteinander-Sprechen sagen würde«. In den folgenden Sätzen bedient sich Aristoteles übrigens noch der Worte »lexis« und »logos«, um den normalerweise üblichen Sprachgebrauch zu bezeichnen. Gigon setzt auch in diesen Fällen »Umgangssprache«.

[30] Die schon etwas »materieller« gefaßten Definitionen von »Komödie« und »Tragödie «, wonach die Komödie eine Sache privater und niederer Personen, die Tragödie eine Sache der Könige ist, gehen auf den Aristotelesschüler Theophrast zurück. Sie sind dem Mittelalter durch ein wohl um 750 entstandenes »Liber Glossarum« vermittelt worden. Außerdem wirken verwandte Darstellungen in der »Ars poetica« des Horaz, bei Quintilian und bei Seneca. (Vgl. Quadlbauer, Genera dicendi, S. 18, S. 53.)

[31] Es ist keine Frage, daß sich Aristoteles auf den gewöhnlichen Sprachgebrauch 'der bildungstragenden Schicht' bezieht.

Anwendungsbereiche einer Sprache der Hintergrund für die sprachwissenschaftliche Basis, auf der sich die modernen europäischen Nationalsprachen herausbilden. Die hier skizzierten gedanklichen Schemata von der wechselseitigen Beziehung verschiedener Anwendungsbereiche im Rahmen einer Sprache sind Hilfsmittel bei der Ausbildung der Nationalsprachen. Dabei erscheint dann wieder der mündliche Gebrauch der Sprache als Bezugspunkt und als Problem, wie im folgenden zu zeigen sein wird.

3.2 Die Vorbildwirkung der italienischen Bemühungen um eine Gemeinsprache

Für die Entwicklung der modernen europäischen Nationalsprachen haben die Bemühungen um ein »vulgare illustre« im italienischen Sprachraum eine bedeutsame Rolle gespielt. Die besondere Stellung des Italienischen beruht auf kultur- und sprachgeschichtlichen Eigenheiten des italienischen Raumes, die einerseits mit dem nahen Verhältnis der dort gebräuchlichen Sprachformen zum Lateinischen zusammenhängen,[32] andererseits aber damit, daß das Zentrum für die gelehrte Beschäftigung mit der lateinischen Sprache im Hochmittelalter in Frankreich lag (während Italien nur auf den Gebieten des Rechts und der Medizin eine führende Rolle behauptete), und endlich damit, daß sich in Italien erst sehr spät eine volkssprachliche Dichtung herausgebildet hat. Das aufschlußreichste Dokument, das es für die eigentümliche Stellung Italiens im Übergang vom Mittelalter zur Renaissance gibt, ist Dantes Schrift »De vulgari eloquentia«.[33] Die Bedeutung dieses Werkes läßt sich schon daran ablesen, daß sich in neuerer Zeit Arbeiten mit ganz unterschiedlicher Zielsetzung eingehend mit ihm auseinandergesetzt haben. In Franz Quadlbauers schon mehrfach zitiertem Buch wird es vor allem wegen seiner Beziehung zur Tradition der antiken Rhetorik behandelt, in Hans Wilhelm Kleins »Latein und volgare in Italien« wird es wegen seiner Bedeutung für die Geschichte der italienischen Nationalsprache gewürdigt; bei E. R. Curtius wird »De vulgari eloquentia« herangezogen, um nachzuweisen, wie Dantes »Comedia« (auf Grund deren Dante neben Shakespeare und Goethe als einer der »drei Gipfel der neueren Dichtung« gesehen zu werden pflegt) die Gesamtheit der literarischen Überlieferung, »zehn schweigende Jahrhunderte«, in Gestalt gebannt habe; bei K. O. Apel ist dasselbe Werk ein Markstein für die Entwicklung der Sprachidee in der philosophischen Tradition des Humanismus; bei H. Arens stellt es eine Stufe in der Entwicklung der Sprachwis-

---

[32] Vgl. zum Folgenden: H. W. Klein, Latein und volgare in Italien. Ein Beitrag zur Geschichte der italienischen Nationalsprache. München 1957.

[33] Dante Alighieri: De vulgari Eloquentia. Ridotto a miglior Lezione e commentato da Aristide Marigo. Firenze 1938 (= Opere di Dante, Volume VI). Deutsche Übersetzung: Dante Alighieri: Über das Dichten in der Muttersprache. Aus dem Lateinischen übersetzt und erläutert von Franz Dornseiff und Joseph Balogh. 2. Aufl. Darmstadt 1966.

senschaft dar; und endlich bekennen Franz Dornseiff und Joseph Balogh als Übersetzer in ihrer 1925 erschienenen deutschen Ausgabe, daß ihr Interesse für Sprach- und Stilpsychologie sie zu diesem Buch geführt habe.

In diesem aus so vielfältiger Sicht bedeutsamen Werk tritt nun auch das Problem der im Umgange gesprochenen Sprache wieder hervor. Es ist kein Zufall, daß hier ähnliche Fragen auftauchen wie später bei Gottsched und Adelung, denn Dante hat mit ähnlichen Schwierigkeiten zu kämpfen, und nicht nur das. Das Problem wird hier auf eine Weise angefaßt, die als Vorbild gewirkt hat – über manche Zwischenstufen und Modifikationen bis zu Gottsched und Adelung hin. So erscheint es auch unter dem Blickwinkel der Geschichte des Begriffs »Umgangssprache« angebracht, das kleine Werk näher zu betrachten.

Um die hier in Frage kommenden Äußerungen Dantes angemessen einordnen zu können, ist es zunächst notwendig festzustellen, worauf es der Verfasser der Schrift abgesehen hat. Es geht ihm um die »Eloquentia«, um die »Wohlredenheit«, wie Gottsched übersetzen würde, um die »Kunstrede«, wie A. Buck es ausdrückt (nach Klein, Latein und volgare, S. 23). Sein Ziel entspricht damit der rhetorischen Tradition; dabei kann natürlich nicht vom ursprünglichen auf die öffentliche Rede bezogenen Ziel der Rhetorik die Rede sein, vielmehr zielt Dante im Einklang mit der oben (3.1) dargestellten Umgestaltung antiken Gedankengutes durch das Mittelalter auf den Sprachgebrauch in der Dichtung. So kann etwa H. W. Klein sagen, daß das Werk »seinem ganzen Wesen nach eine Poetik« sei (Latein und volgare, S. 23).[34] Das Besondere ist, daß es dabei nicht um das Dichten in der lateinischen Gelehrtensprache geht, sondern in einer Sprachform, die im Lateinischen »vulgare« genannt wird, was im Deutschen mit »Vulgärsprache«, »Volkssprache«, »Muttersprache« oder auch mit »Gemeinsprache« zu umschreiben versucht wird. In diesen Bezeichnungen leuchten schon recht verschiedene Interpretationen der Danteschen Schrift auf, die – wie die aufgeführten Werke zeigen – bis in die neueste Zeit eine Rolle spielen. Hier muß es vor allem darum gehen, Dante von seiner eigentlichen Zielsetzung her zu verstehen und weiterhin zu vergleichen, wie diese Intention im Cinquecento verstanden worden ist, weil von hier aus der Traditionsstrang läuft, der spätere Auffassungen über den Prototyp einer nationalen Sprache und im Zusammenhang damit über die Bedeutung im Umgange gesprochener Sprache wesentlich mitbestimmt hat.

Was also versteht Dante unter dem *vulgare*? Er klärt seinen Darstellungsgegenstand selbst, »ut sciatur quid sit super quod illa versatur«, folgendermaßen:

---

[34] Allerdings faßt Dante – wenigstens zu Anfang seiner Abhandlung – den Begriff »eloquentia« noch wesentlich weiter und geht dabei, wenn auch mit einem einschränkenden »scilicet«, über den Begriff der Kunstrede hinaus, indem er sagt: «... talem scilicet eloquentiam penitus omnibus necessariam videamus.« (I,I,1) Ich verstehe diese Wendung jedenfalls – in Anlehnung an den Kommentar von Marigo – so, daß von einer Art rudimentärer Beredsamkeit die Rede ist. Die Übersetzung von Dornseiff und Balogh »alltägliche Sprache« scheint mir nicht zu treffen.

... dicimus ... quod vulgarem locutionem apellamus eam qua infantes assuefiunt ab assistentibus, cum primitus distinguere voces incipiunt; vel, quod brevius dici potest, vulgarem locutionem asserimus, quam sine omni regula nutricem imitantes accipimus. (Dante, De vulgari eloquentia, I, I, 2)

Es ist also die Sprache, die sich die Kinder «*ab assistentibus*« angewöhnen, »durch ihre Umgebung«, wie Dornseiff und Balogh übersetzen, oder auch »von jenen, mit denen sie Umgang haben«, wie man wohl, ohne den Urtext zu verfälschen, mit deutlicherem Bezug auf das hier zu behandelnde Thema sagen kann. In der näheren Erläuterung sagt Dante, daß diese Sprachform »die Amme nachahmend« angenommen werde. In dieser Formulierung tritt, wie H. W. Klein zeigt, die Abhängigkeit von der römischen Tradition zutage, in der in bezug auf die erste sprachliche Erziehung nicht – wie im späteren Mittelalter – die Mutter, sondern die Amme genannt wird. (Klein, Latein und volgare, S. 23, Anm. 2) Ebenso ist die Charakterisierung »sine omni regula« auf die grammatisch-rhetorische Tradition bezogen. Denn der »ohne alle Regel« angenommenen *vulgaris locutio* wird eine geregelte gegenübergestellt:

Est et inde alia locutio secundaria nobis, quam Romani grammaticam vocaverunt (I,I,3).

Es handelt sich um das der »ars grammatica« entsprechende Latein, wie schon aus einer entsprechenden Gegenüberstellung in Dantes »Convivio« hervorgeht: »Lo volgare seguita uso e lo latino arte«. (s. Klein, Latein und volgare, S. 21) Aber trotz ihres nicht der «*ars*«, sondern dem Gebrauch (*usus*) entsprechenden Charakters wird die *vulgaris locutio* von Dante nicht gering geschätzt. Er hebt vielmehr hervor:

Harum quoque nobilor est vulgaris. (I,I,3)[35]

Dante will versuchen, der Sprache der einfachen, der ungelehrten Menschen zu dienen (locutioni vulgarium gentium prodesse temptabimus (I,I,1).[36] Sein Streben wirkt dabei fast paradox, denn er sucht eine Kunstform der kunstlosen Sprache, er stellt an die «*lingua irregulata*« Ansprüche, die üblicherweise nur an die «*lingua regulata*« gestellt werden, er schreibt ein *Lehrstück* über eine Sprachform, deren Charakteristikum in der *ungelehrten* Überlieferung besteht.

Der ganze Traktat ist durchzogen von der Spannung zwischen intendierter Kunstform und den vorhandenen Gebrauchsformen, die man überwiegend als »im Umgange gebräuchliche Sprache« charakterisieren kann.

---

[35] Das ist wohl entsprechend einer eigentümlichen Etymologie Dantes, in der »nobilior« als »non vilior« gedeutet wird, zu übersetzen mit »Von den beiden ist das Volgare nicht das geringere« (vgl. Klein, Latein und volgare, S. 24), vor allem weil dieses uns natürlich sei, während die andere Sprachform eher als etwas Künstliches vorhanden sei.

[36] Zu dieser Übersetzung vgl. die Erläuterungen Marigos: «- Vulgarium Gentium: la gente volgare. Il plurale è volgarismo: cfr. »Les gens« del francese, e »le genti« in vari passi della Commedia« (Dante, De vulgari eloquentia, S. 5)

Im Blickpunkt der Darstellung steht naturgemäß das erstrebte Ideal, während auf die im Umgange gebräuchlichen Formen nur Seitenblicke treffen. Die vorliegende Arbeit wird dem Gedankengang Dantes folgen müssen, wenn sie seine Sicht, die sich in manchen Grundzügen bei späteren Autoren wiederfindet, verständlich machen will.

Dante will, »da die italienische Volkssprache in sehr viele Verschiedenheiten zerfällt, ... auf die angemessenste und erlauchteste Sprache Italiens (decentiorem atque illustrem Ytalie loquelam) Jagd machen« (I,XI,1).[37] Er durchforstet die Mundarten Italiens und wirft diejenigen aus, die »bei keiner Art der kunstmäßigen Volkssprache (in nulla vulgari eloquentia ratione) in Betracht kommen«. Dabei schließt er sich in einer ganzen Reihe von Fällen Wertungen an, die in volksläufigen Spottversen zum Ausdruck gebracht werden.[38] Auf diese Weise werden »alle Mundarten der Gebirgler und Bauern (montanias omnes et rusticanas loquelas)« ausgeschieden, so daß im wesentlichen die als maßvoller artikuliert empfundenen Stadtdialekte in Frage kommen. Außer diesen findet nur noch eine Form des Sizilianischen Beachtung, die durch den Geist des Hofes von Kaiser Friedrich II. und König Manfred geprägt ist. Diesen rühmt Dante nach, daß sie »den Adel und die Hoheit ihrer Art (nobilitatem et rectidudinem sue forme)« ausgebreitet und nach dem Menschlichen (humana) getrachtet hätten. Die diesem höfisch-humanistischen Vorbild verpflichtete Volkssprache wurde einerseits im Anwendungsbereich der Dichtung und andererseits im persönlichen Umgang eines bestimmten Gesellschaftskreises gebraucht:

> Wenn wir jedoch die nehmen wollen, wie sie aus dem Mund der vornehmsten Sizilianer hervorkommt (quod ab ore primorum Siculorum emanat) und wie sie in den oben angeführten Kanzonen wahrgenommen werden kann, so unterscheidet sie sich in nichts von dem Allerlobenswertesten, wie wir unten zeigen wollen. (I,XII,6)

Die übrige sizilianische Volkssprache, »wie sie von den gewöhnlichen Einheimischen gesprochen wird, nach deren Mund wir urteilen müssen (secundum quod prodit a terrigenis mediocribus, ex ore quorum iudicium eliciendum videtur)«, wird dagegen abgewiesen, und zwar »weil sie nicht ohne einen gewissen Zeitaufwand ausgesprochen wird« (I,XII,6). Doch auch von den Stadtmundarten hält keine ganz den Ansprüchen stand, selbst keine der toskanischen Städte. Es bleibt für Dante »kein Zweifel, daß die Volkssprache, die wir suchen, eine andere ist als die das Volk der Toscaner (populus Tuscanorum) verwendet« (I,XIII,4). Er begründet sein Urteil mit ei-

---

[37] Übersetzung von Dornseiff/Balogh (Dante, Über das Dichten), der ich mich – falls nicht anders angegeben – auch weiterhin bediene. Wo es mir notwendig erscheint, füge ich den Text des lateinischen Originals hinzu.

[38] Jedoch kann Dante die vom Standpunkt anderer Mundarten verspotteten und damit getadelten Eigenheiten nicht immer ins Schriftbild fassen und hilft sich damit, daß er von »grausamer Betonung (crudeliter accentuando)« oder »Maßlosigkeit der Betonung (accentus enormitate)« spricht.

36

nem Argument, das er auch schon im Hinblick auf die gewöhnliche sizilianische Volkssprache und auf einige andere Landschaftssprachen verwendet hat: daß einige hervorragende Dichter auch hier »von der eigenen Sprache abgegangen« seien, und zwar in Richtung auf ein »curiale vulgare«. In der damit angezeigten Richtung findet Dante sein Ziel. K. O. Apel faßt interpretierend zusammen, auf welche Weise das geschieht:

> Dante deduziert hier gewissermaßen aus den Voraussetzungen der scholastischen Ontologie die platonische Idee einer italienischen Hochsprache, die einerseits als Norm und Maßstab über den realen Dialekten schwebt (Kant würde sagen: als regulatives Prinzip, dem nichts Empirisches korrespondieren kann) und die andererseits doch in allem empirischen Sprachverhalten der Italiener mehr oder weniger ihren Widerschein hat (redolet, eigentlich: zurückduftet), und zwar – wie man mit *Aristoteles* sagen kann – je nachdem sie als entelechiale Form in der Materie der munizipialen Dialekte gemäß deren Potenz aktualisiert werden kann. Diese Aktualisierung wiederum ist das Werk der hervorragenden Dichter, die damit zugleich die Wirklichkeit des »vulgare illustre« als gemeinsamer Hochform aller italienischen Dialekte bezeugen. (Apel, Idee der Sprache, S. 120)

Als Abschluß seiner Deduktion erklärt Dante:

> Itaque adepti quod querebamus, dicimus illustre, cardinale aulicum et curiale vulgare in Latio, quod omnis latie civitatis est et nullius esse videtur, et quo municipialia vulgaria omnia Latinorum mensurantur et poderantur et comparantur (I,XVI,6).

Hier sind die Maßstäbe genannt, nach denen das gesuchte »vulgare illustre« aus dem vulgare »quam sine omni regula nutricem imitantes accipimus« ausgelesen wird.

An erster Stelle steht der schon bei der Kennzeichnung des erstrebten Ziels gebrauchte Terminus *illustre*. Dante erläutert ihn näher und sagt, »erleuchtet« bedeute, dieses vulgare sei »erhöht (sublimatum) durch Bildung (magistratu) und Macht«.

> Durch Bildung erhöht ist sie, wenn wir sehen, daß von so vielen rohen italienischen Wörtern (rudibus Latinorum vocabulis), so vielen wirren Satzfügungen (perplexis constructionibus), so vielen bäuerlichen Betonungen (rusticanis accentibus) etwas so Vortreffliches (egregium), so Geschmeidiges (extricatum), so Vollendetes (perfectum), so Urbanes (urbanum) ausgewählt wurde, wie es Cino von Pistoia und sein Freund mit ihren Kanzonen zeigen (I,XVII,2-3).

Das Wort «*magistratus*«, das Dornseiff und Balogh mit »Bildung« wiedergeben, bezieht sich auf die «*artes sermonicales*« der antiken und mittelalterlichen Tradition. Das lassen schon einige der Termini erkennen, wenn auch Dantes Verwendung der Tradition »den Stempel seines eigenwilligen Geistes« (Quadlbauer) trägt. Schon «*illustris*« ist ein solcher Terminus. Er bezeichnet traditionell eine Qualität des «*ornatus*«, nämlich die »mit dem Akzent auf der vereindringlichenden perspicuitas« (Lausberg, Handbuch, § 540), aber wie die Erläuterungen erkennen lassen, besagt er bei Dante noch mehr. Übereinstimmend mit der Tradition wendet er sich gegen das *vitium* der *obscuritas*, indem er die »vielen wirren Satzfügungen« tadelt. Aber er schließt in seinen Begriff des »illustris« auch die »urbanitas« ein, die »städtische Eleganz des Stils« (Lausberg, Handbuch § 1244), wobei er konsequenterweise die ihr entgegengesetzte *«rusticitas«* ablehnt. Diese Ausrichtung an einem Stilideal macht es auch verständlich, daß er bereits I,XI,1 außer vom Erlauchten (illustris) auch vom Angemessenen (decens) der gesuchten Sprachform sprechen kann, ohne zu sagen, welchem »äußeren Bereich des sozialen Faktums« diese angemessen sein solle, während die antike Lehre von der Angemessenheit (decens, quid deceat, aptum, πρέπον) eine solche Zuordnung verlangt. (Vgl. Lausberg, Handbuch, § 1055 und § 1059) Vom Standpunkt der *«praecepta«* der *«artes«* erklären sich auch manche der einzelnen Wertungen, die Dante ausspricht. So betrifft der Tadel des »gewissen Zeitaufwandes« bei den sizilianischen Mundarten einen Verstoß gegen die virtus der »brevitas«, und wenn er (I,XI,5) das *«Ces fastu«* (Was machst du?) der Aquilejer und Istrier tadelt, so ist es deshalb, weil der Zusammenstoß von s und f eine vom rhetorischen Standpunkt aus »zu vermeidende structura aspera« ergibt (vgl. Lausberg, Handbuch, § 968).

Das »vulgare illustre« stellt also eine Sprachform dar, die nach allen Regeln der Kunst aus einer Fülle nicht geregelter Gebrauchsformen des vulgare (»sine regula accepta«), d. h. im wesentlichen aus einer Fülle im Umgange gebräuchlicher Sprachformen, herauspräpariert worden ist. Es ist eine Kunstsprache, eine »lingua regulata«, und sie wird in erster Linie durch den künstlerischen Gebrauch, nämlich durch die Kanzonen des Cino von Pistoia und seines Freundes, d.h. Dantes selbst, repräsentiert. Nur an einer Stelle wird dieser Sprachform — oder etwa dieser Sprachform — auch ein mündlicher Sprachgebrauch (genauer: ein Gebrauch im Umgange) zugerechnet, nämlich beim Hinweis auf die vornehmen Kreise Siziliens; doch davon ist später zu sprechen, wenn es um die Bezeichnungen *«aulicum«* und *«curiale«* geht.

Zunächst ist noch das Beiwort »cardinale« zu betrachten. Dornseiff und Balogh versuchen, es mit »maßgeblich« zu übersetzen, können damit aber nur einen Teil der Aussage erfassen, weil Dante den Ausdruck bildlich versteht:

> Denn wie das ganze Tor seiner Angel (cardinem) folgt, so daß, wohin sich die Angel dreht, sich auch das Tor selbst wendet, und so nach innen oder außen schwingt, so geht die ganze Schar der städtischen Volkssprachen[39] (municipalium vulgarium grex) und kommt, bewegt sich und hält inne wie jene Volkssprache, die wahrlich als ein Familienvater erscheint. (I,XVIII,1)

Hier ist der für alle Landschaften maßgebende Charakter des *vulgare illustre* hervorzuheben. Es handelt sich, wie im Abschnitt I,XIX,1 nochmals be-

---

[39] Dornseiff/Balogh übersetzen »Stadtmundarten«.

tont wird, um jenes *vulgare*, das »ganz Italien gehört« (quod totius Ytalie est), also wirklich um eine Gemeinsprache, und es ist schon nicht ganz abwegig, wenn Dornseiff und Balogh Dantes Bezeichnung »vulgare latium« mit »italienische Nationalsprache« wiedergeben. »Maßgebend« (cardinale) bedeutet hier aber nicht nur, daß die Sprachform für alle Landschaften gültig sei, sondern mehr noch, daß sich alle anderen Gebrauchsweisen nach ihr zu richten hätten wie nach dem bestimmenden »pater familias«. Wie dessen bestimmende Macht sich konkret auswirken soll, ist allerdings nicht ausgeführt.

Am Rande sei noch erwähnt, daß Dante neben der nationalen Gemeinsprache auch Sprachen von Teilgebieten berücksichtigt, z. B. diejenige, die »der ganzen Lombardei«, und diejenige, die »dem ganzen linken Italien« eigen seien. Er kennt also auch eine Art Großlandschaftssprache, so daß sich eine Stufung von Ortssprachen, Landschaftssprachen und einer Gemeinsprache ergibt.

Merkwürdig sind die beiden übrigen Kennzeichnungen, die Dante der von ihm herausgestellten Sprachform gibt: *aulicum*, »bei Hofe gesprochen« und *curiale*, »höfisch«, merkwürdig deshalb, weil es zu jener Zeit, wie Dante sehr wohl weiß, keinen italienischen Königshof gibt. Er erläutert:

Quia vero aulicum nominamus, illud causa est, quod, si aulam nos Ytali haberemus, palatinum foret. (I,XVIII,2)

An dieser Stelle wird der programmatische Charakter von Dantes Traktat, auf den Apel nachdrücklich hinweist, besonders deutlich. Dem Inhalt des Programmes nach fügen sich diese Äußerungen gut zu Dantes Urteil über den Sprachgebrauch der Vornehmen in Sizilien, den er mit dem Hof Kaiser Friedrichs II. und seines Sohnes Manfred in Beziehung bringt. Es zeigt sich, daß in Dantes Sprachprogrammatik neben der antiken Rhetorik die höfische Kultur des Mittelalters mitbestimmend ist für das angestrebte Ideal. Weil das Programm auf ein höfisches Ideal zielt, kann ein im wirklichen höfischen Umgange gültiger Sprachgebrauch zu den Leitbildern des intendierten *vulgare illustre* gerechnet werden.[40]

Dantes Traktat hat, wie eingangs betont, den Charakter einer Poetik. Seine Programmatik zielt nicht eigentlich auf linguistische Fragen. Den-

---

[40] Allerdings ist der Einfluß der höfischen Kultur auf die von Dante als vorbildlich herausgestellte Dichtersprache, auf den »dolce Stil nuovo« in der Hauptsache doch literarischer Art. Hier wirkt vor allem das Vorbild der provenzalischen und der nordfranzösischen Dichtung. (Vgl. H. W. Klein, Latein und volgare, S. 15–18 sowie die Einleitung zur Übersetzung von Dornseiff und Balogh S. 9 und S. 12.) Strittig ist, ob das Beiwort »aulicum« neben der Lokalisation »Königshof« auch den höfischen Gehalt hat ausdrücken sollen oder ob diese Funktion vielmehr dem Beiwort »curiale« zukommt. Die letztgenannte Auffassung vertritt Dornseiff, und schon im 16. Jh. ist so interpretiert worden. Doch verweist Marigo zu I,XVIII,5 auf Dantes Sprachgebrauch im »Convivio«, wo mit »curia« die höfische Gerichtskanzlei bezeichnet wird. In diesem Sinne hat u. a. auch Balogh interpretiert. Danach käme zur Sprache der gelehrten Poeten und der höfischen Umgangssprache noch die Kanzleisprache als Richtpunkt für die intendierte Sprachform.

noch erklärt K. O. Apel mit Recht, daß dieser Programmatik linguistische Relevanz nicht abgesprochen werden könne, mehr noch, daß sich Dante mit diesem Werk »zweifellos zum Inaugurator der italienischen und darüberhinaus der europäischen Instauratio nationaler Schriftsprachen gemacht« habe (Apel, Idee der Sprache, S. 121). Von grundlegender Bedeutung sind die hier angeschlossenen Ausführungen Apels über das Verhältnis von Stil und Sprache (im Sinne von »langue«) in der zuerst von Dante angefaßten sprachgeschichtlichen Aufgabe:

> ... die Sprache gehört zu jenen Grundcharakteren der wesenhaft zukunftsoffenen menschlichen Existenz, die prinzipiell nicht wie ein innerweltlich vorfindliches Ding durch eine empirische Wissenschaft zureichend erfaßt werden können. Diese ontologische Struktur exemplifiziert sich in der abendländischen Geistesgeschichte in dem Umstand, daß die Aufgabe der Sprach-*Programmatik* niemals durch eine empirische Linguistik gelöst wurde. Auch bei vollkommenster Ausbildung der Wissenschaft wäre das nicht möglich: Die »Theoriebildung« muß im Falle des noch unfertigen Seins der Sprache mit Notwendigkeit einen dogmatischen Charakter annehmen, d. h. sie muß sich über einen programmatischen Entwurf des Ideals vermitteln. Eben diese Aufgabe eines im strengen Sinne nicht theoretisch-wissenschaftlichen, dafür aber die Zukunft mitbegründenden Denkens, leistet für Dante der Umweg über die Kunstlehre der hohen Dichtung, genauer über die Propagierung eines bestimmten Stilideals. (Apel, Idee der Sprache, S. 122)

Bedeutsam ist diese Feststellung, weil sie nicht nur Dantes Konzeption betrifft:

> Auf einem ähnlichen Wege dogmatisch-aesthetischer Idealbildung hat die auf Dante folgende Zeit der sich formierenden europäischen Nationalkulturen das praktisch aufgegebene Problem der Sprache in »Akademien« und »Sprachgesellschaften«, in normativen »Grammatiken«, »Poetiken« und »Denkschriften« (Vgl. etwa Leibnizens »Unvorgreifliche Gedanken ...« von 1697) in Angriff genommen. (Apel, Idee der Sprache, S. 122)

Die auf ein Ideal gerichtete Zielsetzung dieser Bestrebungen ist für die Sicht des Problems der im Umgange gesprochenen Sprache und für die Bildung des Begriffs »Umgangssprache« wichtig. Denn diese Zielsetzung entscheidet in der Folge darüber, welche irgendwo im Umgange gebräuchlichen Sprachformen - sei es lobend, sei es tadelnd - beachtet werden und welche außer acht bleiben.

Allerdings hat Dante sich nicht mit der Suche nach dem höchsten Ideal seiner Sprache begnügen, sondern auch die übrigen Gebrauchsweisen würdigen wollen. Am Schluß des 1. Buches seines Traktates verkündet er, er werde in den folgenden Büchern, nachdem er dargelegt habe, wen er für würdig halte, das »vulgare illustre« zu gebrauchen, »auch wo, wann und an wen sich wendend«, bemüht sein, »die untergeordneten Sprecharten zu beleuchten, stufenweise hinabsteigend bis zu der, die einer einzelnen Familie eigen ist.« (I,XIX,3)

Aber diese Ausführungen, die im vierten Buch erscheinen sollten, sind nie geschrieben worden. Die Darstellung bricht noch im zweiten Buch ab, das ganz der höchsten Stilart gewidmet ist. Trotzdem ergeben sich von hier aus einzelne bezeichnende Aufschlüsse im Hinblick auf andere Bereiche. Vor allem ist wichtig, daß sich Dante für die Entscheidung, welche Verwendungsweise den einzelnen Formen des *vulgare* zukomme, der Tradition antiker und mittelalterlicher Rhetoriken und Poetiken anschließt. Marigo und im Anschluß an ihn H. W. Klein vertreten die Auffassung, daß er die Unterscheidung der drei Stilarten wahrscheinlich der Poetria des Johannes de Garlandia entnommen habe, wobei er die genera dicendi *«gravis, mediocris, humilis»* als den *genera hominum* entsprechend aufgefaßt habe (homines curiales, civiles und rurales). »Neu ist«, wie H. W. Klein erläutert, »nur die soziologische Interpretation der Stilarten«. (Marigos in Dante, De vulgari eloquentia, S. LXXX, Klein, Latein und volgare, S. 29) Vor allem aber verbindet er »die Tradition, die in der Tragödie die Darstellung hoher, in der Komödie die gewöhnlicher 'niederer' Personen sah« (Quadlbauer, Genera dicendi, S. 150), mit den Stufen des *vulgare* und zusätzlich noch mit bestimmten Gedichtformen:

> Unter Tragödie verstehen wir die höhere Dichtart (stilus), unter Komödie die niedere, und unter Elegie verstehen wir die Dichtart der Unglücklichen. Wenn etwas tragisch zu besingen ist, so müssen wir die erlauchte Volkssprache (vulgare illustre) dazu nehmen und folglich eine Kanzone binden. Wenn aber komisch, so müssen wir manchmal die mittlere (mediocre), manchmal die niedere (humile) Volkssprache anwenden ... Wenn aber elegisch, so müssen wir allein die niedrige nehmen. (II,VI,6)

Damit ist der Maßstab für den Gebrauch des »vulgare illustre« gegeben, der einzigen Form des vulgare, von der gesagt wird, daß sie dem ganzen Italien zugehöre. Sie gilt nur für die höchste Dichtungsform und für die würdigsten Gegenstände, und sie darf nur von den besten Dichtern für solche Gegenstände verwendet werden. Von daher versteht sich die weitere Lehre:

> ... trachte danach, daß nur die edelsten Wörter in deinem Sieb zurückbleiben. In deren Zahl wirst du auf keinen Fall unterbringen können die kindlichen Wörter wegen ihrer Einfalt, wie mamma und babbo, mate und pate, noch die weibischen (muliebra) ihrer Weichheit wegen, wie dolciada und placevole, noch die wildnisartigen (silvestria) ihrer Rauheit wegen (propter austeritatem), wie greggia und cetra, noch von den stadtlichen die schlüpfrigen und struppigen (neque urbana lubrica et ruburra), wie femina und corpo. Du wirst dann sehen, wie nur die schmucken und die rauhen (pexa yrsutaque) von den Stadtwörtern (urbana) die bleiben, welche die edelsten sind und Teile der erlauchten Volkssprache. (II,VII,3–4)

An dieser Gegenüberstellung wird nochmals deutlich, wie der Idealtyp des vulgare mit Hilfe eines ganzen Bündels verschiedenartiger Kriterien aus dem Sprachgebrauch, genauer: aus der Fülle der im Umgange gebräuchlichen Sprachformen ausgelesen wird. Deutlich ist auch, wie – mit dem von Dante geprägten Bild gesprochen – dem einen *vulgare cardinale* eine ganze Herde (grex) abweichender Sprachformen gegenübersteht, bei denen es sich durchweg um solche handelt, die ausschließlich oder doch fast ausschließlich als im Umgange gesprochene Sprache gebräuchlich sind. Es gibt jedoch nicht nur diese *eine* Gegenüberstellung. Neben der Gegenüberstellung Literatursprache – Umgangssprache sind weitere wirksam: kunstgemäße Sprache – natürliche Sprache, geregelte Sprache – ungeregelte Sprache, edle Sprache – gewöhnliche Sprache, Tragödiensprache – Komödiensprache, Gemeinsprache – regionale Sprache, städtische Sprache – bäuerliche Sprache, ja selbst die Gegenüberstellung Männersprache – Frauen- und Kindersprache spielt mit. Es ist klar, daß die Gesichtspunkte, nach denen diese Gegenüberstellungen erfolgt sind, kein System bilden. Etliche hängen eng zusammen, andere vertragen sich nicht recht miteinander. Strenggenommen haben sie nur das gemeinsam, daß sie Dante geeignet erscheinen, aus dem Vorhandenen das »vulgare illustre« auszusieben; keinesfalls sind sie dazu tauglich, den jenseits des »vulgare illustre« liegenden Bereich mit seiner »Herde« von Sprachvarianten zureichend zu ordnen oder auch nur in groben Zügen zu beschreiben. Auf diesen Bereich angewandt ergeben sich Unstimmigkeiten, und mir scheint, daß diese Unstimmigkeiten mit dafür entscheidend gewesen sind, daß Dante sein Vorhaben, »die untergeordneten Sprecharten zu beleuchten, stufenweise hinabsteigend bis zu der, die einer einzigen Familie eigen ist« (I,XIX,3), nicht zu Ende gebracht hat.

Doch schon in der von Dante entwickelten Idee einer vorbildlichen Nationalsprache selbst führt die Spannung zwischen den verschiedenen herangezogenen Kriterien zu Schwierigkeiten, und weitere Schwierigkeiten ergeben sich, wenn man Dantes Sprach- und Dichtungstheorie mit seiner Sprach- und Dichtungspraxis konfrontiert, auf Grund deren er »schon immer mit Recht als der eigentliche Schöpfer der italienischen Literatursprache bezeichnet worden« ist (Klein, Latein und volgare, S. 18), die aber nicht seiner Theorie vom vulgare illustre entspricht; denn einerseits ist seine Sprache nicht überlandschaftlich, sondern entschieden florentinisch geprägt, und andererseits entspricht seine größte Dichtung den Stoff- und Stilansprüchen des »vulgare illustre« nicht durchgängig, weshalb er ihr den Titel »Comedia« gegeben hat.

Sowohl Dantes Sprachpraxis als auch seine Theorie haben für die spätere Diskussion um die europäischen Nationalsprachen Bedeutung gehabt und sind mitentscheidend gewesen für die Sicht, aus der im Umgange gebräuchliche Sprachformen betrachtet worden sind. Auf welchem Wege das geschehen ist, ist in der Folge zu betrachten.

Dantes Schrift »De vulgari eloquentia« hat nicht oder kaum auf die unmittelbar nachfolgende Zeit gewirkt. Diese wird vielmehr zu einer neuen Blütezeit des Lateins. Erst der Späthumanismus des 16. Jhs. bekennt sich zur Volkssprache, und damit wird auch die Frage nach der idealen Form der Nationalsprache wieder aktuell, eine Frage, die in Italien als die »Questione della lingua« bis ins vorige Jahrhundert heiß umstritten geblieben ist.

Anders als zu Dantes Zeit ist die Situation nun insofern, als es bereits eine anerkannte Literatur in der Volkssprache gibt, nämlich die Dantes selbst und die der beiden anderen Florentiner Boccaccio und Petrarca. Es ist damit möglich, die Sprache dieser Autoren zum Maßstab für die Reinheit der eigenen Sprache zu machen, d. h. es ist nun möglich, »das humanistische Stilprinzip des Ciceronianismus« (Klein) auf die Volkssprache anzuwenden. Diese Forderung hat der einflußreiche Kardinal Pietro Bembo in seiner Schrift »Prose della volgar Lingua« vertreten.[41] Er stellt im Sprachdenken seiner Zeit »den klassizistisch-humanistischen Pol schlechthin« (Apel) dar. Die Entscheidung für die Sprache Boccaccios und Petracas und damit für das literarische Toscanisch des Trecento als Norm begründet Bembo folgendermaßen:

> Nicht immer muß man den Alten folgen, aber jedesmal dann, wenn die Sprache in den Schriften der Alten besser und ruhmvoller ist als die, welche man im Munde oder in den Schriften der Lebenden findet. (Zitiert nach Apel, Idee der Sprache, S. 209)

Apel erkennt hier »einen neuen, höchst zukunftsreichen Begriff des Klassischen« und erklärt, daß die Quintessenz der hier auftretenden Lehre, in der Entwicklung jeder Kultursprache werde ein klassischer Höhepunkt erreicht, der vom Kritiker zum Maßstab der Richtigkeit und Schönheit eingesetzt werden könne, in der europäischen Sprachregulierung und Literaturkritik bis in die Goethezeit hinein wirksam geworden sei. Sprachbegriff und Stilbegriff sind – wie bei Dante – auch in diesem Falle nicht zu trennen. Apel spricht davon, daß Bembos Idee der klassischen Sprachform in ihrer Anwendung auf die Wirklichkeit eine dogmatische Entscheidung bedeute: »Die Kanonisierung der Sprache und – damit verquickt – weitgehend auch des Stils der Trecentisten«. (Apel, Idee der Sprache, S. 210)[42] Irgendeine im Umgange gesprochene Sprache konnte für Bembo demzufolge keine Autorität besitzen. Er trennt »in seinem archaistisch-puristischen Prinzip die Literatursprache, die für ihn allein *la lingua* ist, von der Umgangssprache, der *favella*.« (Klein, Latein und volgare, S. 75)[43]

Gegen diese von Bembos Autorität getragene Auffassung stellten sich andere. Und damit beginnt die eigentliche Wirksamkeit der theoretischen Schrift Dantes, denn nun berufen sich verschiedene Richtungen bei dem

---

[41] Vgl. dazu Klein, Latein und volgare, S. 72–76, Apel, Idee der Sprache, S. 205–212.

[42] Apel betont in diesem Zusammenhang noch einmal verallgemeinernd »die faktische Untrennbarkeit der linguistischen und der aesthetischen Komponente innerhalb der Sprach-Programmatik«. (Apel, Idee der Sprache, S. 211)

[43] Dabei könnte auch eine Unterscheidung mitspielen, die der de Saussures in langue und parole entspricht. Dafür sprechen jedenfalls die Definitionen, die Nicola Zingarelli in seinem Vocabolario della lingua Italiana (Bologna, 8. Aufl. 1964) gibt: *favella* ..., discorsetto. Facolta di parlare. Il discorrere, il parlare. – *lingua* ... Organismo di parole e forme e costrutti ...

Streit um die rechte Norm des Italienischen auf diesen Großen des Geistes, so daß gesagt werden kann, die Schrift »De vulgari eloquentia« habe seit dem Cinquecento die »Questione della lingua« beherrscht, und zwar bis weit ins 19. Jahrhundert hinein. Dantes Traktat ist Anfang des 16. Jhs. von Trissino wiederentdeckt worden, einem »Vorkämpfer der Bezeichnung *lingua italiana* (gegen *lingua toscana* oder *fiorentina*)« (Klein). Er zieht in seinem Dialog »Il Castellano« (1529) Dante mit seiner Schrift »nur als Kronzeugen für sein Ideal einer italienischen Gemeinsprache heran« (Klein, Latein und volgare, S. 69). Wichtiger für den vorliegenden Zusammenhang ist der »Cortegiano« des Baldassare Castiglione (1526), der sich in seinem die Sprache betreffenden Teil ebenfalls auf Dante beruft. Das Buch hat die Darstellung des vollendeten Hofmannes zum Gegenstand, ist also nicht in erster Linie auf die Sprache gerichtet. Jedoch:

> In seiner Darstellung des vollendeten Hofmannes darf auch eine grundsätzliche Erörterung über dessen Sprache nicht fehlen; aber die Sprachbetrachtung des Buches ist nicht rein philologisch oder ästhetisch, sie ist auch keine grundsätzliche Verfechtung der antitoskanischen These, sondern sie geht von gesellschaftlichen Prinzipien aus. Die Frage heißt nur: Welches ist die Sprachform, die der Mann von feiner Bildung in der Gesellschaft pflegen soll? Dem puristischen und historisierenden Sprachideal Bembos setzt Castiglione den lebenden Sprachgebrauch entgegen: La forza e vera regula del parlar bene consistente più nell' *uso* che in altro, e sempre è vizio usar parole che non siano in consuetudine (Lettera Dedicatoria). (Klein, Latein und volgare, S. 72)

Im »Cortegiano« ist Dantes »vulgare aulicum et curiale« als »lingua cortigiana«, als höfische Sprache, verstanden und – hier kann man ohne weiteres die Formulierung Adelungs verwenden – als »Sprache des gesellschaftlichen Umganges der oberen Klassen«. Damit hat sich der Schwerpunkt der Sprachbetrachtung vom Literarischen zum Soziologischen verschoben, vom Geschriebenen zum Gesprochenen, vom Befolgen der Regeln der Kunst zum Beherrschen des höfischen Takts, vom Historisierenden zum Lebendigen. Aus dieser Blickwendung ergibt sich zweifellos ein Unterschied zu den Normvorstellungen Bembos, und um diesen Unterschied ist, wenn auch nicht zwischen Bembo und Castiglione, heftig gestritten worden. Jedoch handelt es sich bei der Diskussion um die »Questione della lingua« trotzdem großenteils um einen »an sich nebensächlichen Streit um die *Benennung* der Volkssprache . . ., der oft ein bloßer Wortstreit war«. (Klein, Latein und volgare, S. 98) Die Sprachrealität liegt nicht so weit auseinander, wie die Heftigkeit des Streites vermuten läßt: »Der Lombarde Castiglione suchte ein ebenso reines Toskanisch zu schreiben wie der Venezianer Bembo« (Klein, Latein und volgare, S. 72), ja, Castiglione hat sich sogar sein Buch vor der Veröffentlichung von seinem Freunde Bembo stilistisch verbessern lassen. (Vgl. Klein, Latein und volgare, S. 71f.) Die gelehrte humanistische und die höfische Bildung haben über eine lange Tradition hin in einem viel zu engen Wechselbezug gestanden, als daß sich die Maßstäbe des Geschmacks für die Auslese des vorbildlichen Sprachgebrauchs grundlegend hätten unterscheiden können. Und so gibt es hier eine Form von Umgangssprache, die als Inbegriff der Sprache der Bildungsschicht gelten kann und im wesentlichen mit der Sprache der angesehensten Schriftsteller übereinstimmt. An diese Vorstellung schließt sich – allerdings über französische Vermittlung – Adelung an.

Von Dantes Erwägungen zum Problem des »vulgare« sind nach alledem fast ausschließlich seine Gedanken über das »vulgare illustre« in die Bemühungen um europäische Nationalsprachen eingeflossen. Seine Denkansätze, die darauf abzielten, auch andere Gebrauchsformen des »vulgare« jeweils im eigenen Geltungsbereich zu betrachten, und seine Vorstellung von einer »Herde« differierender Sprachformen, die auf eine »Kardinalsprache« ausgerichtet sind, sind praktisch unbeachtet geblieben. Weiter wirksam geblieben ist dagegen die aus Ansätzen bei Aristoteles und Theophrast abgeleitete Lehre, daß die Tragödie nur edle Sprachelemente enthalten dürfe – was bei Dante zur Gleichsetzung von »vulgare illustre« und Tragödiensprache führt -, während die Komödie weniger edlen Elementen gegenüber toleranter sein dürfe – was Dante dazu veranlaßt, sein aus mehreren Gebrauchsebenen der Sprache schöpfendes Epos als »Comedia« zu bezeichnen. In diese Tradition gehört (allerdings mit stärkerem Anschluß an die ursprünglichen antiken Texte) die Aussage Gottscheds, daß die Sprache der Komödie der des täglichen Umganges entsprechen solle.

Aber derartige Berücksichtigungen nicht so edler Sprachformen sind stets am Rande der Betrachtung geblieben. Was nicht einem bestimmten Bildungsideal, was nicht der »Sprachideologie des Humanismus« (Apel) und der aristokratischen Lebensform des »Cortegiano« entspricht, wird höchstens – rhetorischer Tradition folgend – lizenzhaft geduldet. In der Regel interessiert alles, was nicht der edlen Sprachform zugerechnet wird, nur insoweit, als es ausgeschlossen werden soll. Wie weit die Vorstellung der Auslese das Bemühen um die italienische Sprache bestimmt hat, läßt schon der Name jener Institution erkennen, die mit dem von ihr geschaffenen und mehrfach erneuerten Wörterbuch bis ins vorige Jahrhundert hinein die größte sprachliche Autorität geblieben ist: die 1583 begründete Accademia della Crusca. »Crusca« heißt »Kleie; Spreu; ... Hülsen; Schalen...; Abfall; Auswurf ... (was beim Sieben des Getreides zurückbleibt)«, und die Accademia ist dementsprechend geschaffen worden »zum Zwecke der Reinerhaltung, Durchsiebung, der italienischen Sprache«. Das von Dante benutzte Bild vom Aussieben ist also in den Namen der Institution eingegangen. Die von der »Crusca« angelegten Maßstäbe für die Reinheit des Italienischen entsprechen dabei — wenn auch in modifizierter Form — den archaistisch-puristischen Prinzipien Bembos. Nur vorsichtig und zögernd werden Neuerungen für die Aufnahme als würdig erachtet.

Von der Perspektive der Umgangssprache her gesehen, ist dabei interessant, wo die Grenzen der Brauchbarkeit dieser im Sinne des Wortes »erlesenen« Sprache liegen. Sie lassen sich u. a. an einer Redensart erkennen: «*scrivere con la Crusca allamano*» und «*parlare in Crusca*» heißt soviel wie »in pedantischer, gezierter Weise schreiben, sprechen«.[44] Bezeichnend sind ferner die Schwierigkeiten, mit denen Manzoni, dessen Sprachleistung der Abschluß des Streites um die »Questione della lingua« im 19. Jh. zu danken ist, bei der Schaffung seines literarischen Werkes zu kämpfen hat:

> Die Schwierigkeiten, die Manzoni zu überwinden hatte, waren genau denen entgegengesetzt, mit denen einst Dante zu kämpfen hatte. Dante hatte es schmerzlich empfunden, daß die Volkssprache nicht wie das Latein imstande war, abstrakte Ideen (cose concepute nella mente; auszudrücken. Diese Fähigkeit hatte die italienische Schriftsprache inzwischen erworben; jetzt aber empfindet Manzoni den Mangel an einheitlichen konkreten Wörtern (Klein, Latein und volgare, S. 108)

So beklagt er sich z. B. in einem Brief, daß in der Bezeichnung der Weintraube nicht einmal in der Toskana eine Einheit bestehe (»Quello che a Firenze si dice Grappolo d'uva, si dice a Pistoja Ciocca d'uva, a Siena Zocca d'uva, a Pisa e in altre città Pigna d'uva. Cosa si fa in un caso simile?« Zitiert nach Klein, Latein und volgare, S. 108).

Daraus wird deutlich, daß die zu seiner Zeit gültige Gemeinsprache nicht nur eine stilistische, sondern auch eine sachliche Auswahl darstellt, und umgekehrt gesagt, daß Bezeichnungen aus Sachbereichen, die – klassischer Tradition gemäß – aus dem Bildungsbereich als banausisch ausgeschlossen sind, nur in dialektal variierenden Sprachformen greifbar sind.[45]

Es ist darauf hingewiesen worden, daß die im Zusammenhang mit der »Questione della lingua« in Italien auftretenden Vorstellungen zu einem wesentlichen Teil denen entsprechen, aus denen heraus bei Gottsched und Adelung von einer »Sprache des Umganges« die Rede ist. Diese Entsprechungen beruhen nicht nur auf einer ähnlichen Lage des Problems, vielmehr wirken die Vorstellungen aus Italien herüber, und zwar auf zwei Wegen.

Zunächst gibt es direkte Einwirkungen des italienischen Vorbildes. Am deutlichsten greifbar sind sie in der Gründung der »Fruchtbringenden Gesellschaft« nach dem Muster der Accademia della Crusca durch den Fürsten Ludwig von Anhalt-Köthen, der selbst Mitglied der Crusca ge-

---

[44] Angaben zu »crusca« nach: Neues italienisch-deutsches und deutsch-italienisches Wörterbuch von Giuseppe Rigustini, Mitglied der Akademie der Crusca, und Oskar Bulle, Doktor der Philosophie, 2. Ausg. Leipzig/Mailand 1897.

[45] Manzoni stand damit vor der Aufgabe, die alte Sprachprogrammatik zu ändern. Er kam zu dem Schluß, daß »nur die Sprache von Florenz, und zwar die lebendige Umgangssprache der Florentiner, maßgebend sein konnte«. (Klein, Latein und volgare, S. 108) So wird hier bei der Änderung der Norm wiederum die »Umgangssprache«, genauer gesagt eine aus der Schar der Umgangssprachen, aktuell, und wiederum eine »gebildete«.

wesen ist. Diese und manche ihr nachfolgende Gründung haben nachhaltig auf die Geschichte der deutschen Literatur und die der deutschen Grammatik gewirkt. Es sei nur an Namen wie Opitz und Schottel erinnert. Bedeutender als diese direkte Wirkung des italienischen Vorbildes ist für das Sprachverständnis des 18. Jahrhunderts jedoch die indirekte Wirkung über Frankreich. Französische Abhandlungen über die Sprache sind unmittelbare Vorbilder vor allem für die Arbeiten Gottscheds, aber auch noch für die Adelungs, in denen die Begriffsprägung des Wortes Umgangssprache vorbereitet wird. Deshalb soll der von Italien ausgehende Traditionsstrang, der über Frankreich schließlich nach Deutschland führt, hier nachgezeichnet werden.

3.3 Die Vorbildwirkung der französichen Bemühungen um eine Gemeinsprache

Schon von Opitz, von dem gesagt werden kann, daß er »die aristokratisch-gelehrte Grundstimmung als Voraussetzung für die neue deutsche Dichtung« festgelegt habe (DeBoor / Newald, Bd. 5, S. 159) und der für Gottsched das erklärte Vorbild ist, gilt, daß er die entscheidenden Anregungen aus dem Westen empfangen hat und nicht aus dem Süden. Zur unmittelbar nach dem Vorbild der italienischen Accademia della Crusca gebildeten Fruchtbringenden Gesellschaft ist er erst später in Beziehung getreten. Vorbilder waren für Opitz: Julius Caesar Scaliger, Ronsard und – z. T. durch Scaligers Vermittlung – die antiken Theoretiker Aristoteles, Horaz, Quintilian sowie einige Humanisten. Er schließt sich damit jener Geisteshaltung an, die sich der aus der Antike überkommenen Lehren als bindender Regeln bedient und die man mit dem Namen »Klassizismus« zu bezeichnen pflegt.

Das repräsentative Werk für diese Einstellung, das nicht nur für Opitz, sondern für die gesamte europäische Literatur des 17. und 18. Jahrhunderts von entscheidendem Einfluß gewesen ist, sind die »Poetices Libri Septem« des Julius Caesar Scaliger.[46] Gewiß, zur Umgangssprache hat dieses Werk keine unmittelbare Beziehung: Es ist lateinisch geschrieben und bezieht sich im Grunde nur auf die »mit dem Humanismus erblühte neulateinische Dichtung«, wie denn auch der aus Italien nach Frankreich eingewanderte Scaliger alle seine Gedichte und literaturkritischen sowie grammatischen Arbeiten lateinisch verfaßt hat. Aber die geistigen Grundtendenzen seiner Zeit bewirken, daß die »Poetria« weit darüber hinaus Bedeutung bekommen hat. August Buck erklärt das in seiner Einleitung zu einer Facsimile-Ausgabe des Werkes:

---

[46] Julius Caesar Scaliger: Poetices Libri Septem. Faksimile-Neudruck der Ausgabe von Lyon 1561 mit einer Einleitung von August Buck, Stuttgart-Bad Cannstatt 1964. Vgl. zum Folgenden die Einleitung von A. Buck.

Wenn trotzdem von Scaligers Poetik eine so starke Wirkung gerade auf die volkssprachlichen Literaturen ausgegangen ist, so erklärt sich das aus der dominierenden Stellung der humanistischen Bildung im zeitgenössischen Geistesleben, die im literarischen Bereich seit dem Ausgang des 15. Jahrhunderts dazu geführt hatte, daß sich die Nationalliteraturen – und zwar zuerst die italienische – in die Schule des Humanismus begeben, denn nur auf diesem Weg konnten sie hoffen, die erstrebte Anerkennung als ebenbürtige Literaturen neben den klassischen zu erreichen. (Scaliger, Poetices Libri, S. XII)

Damit wird das Interesse von der im Umgange gesprochenen Sprache fast völlig abgewendet. Dennoch oder gerade deshalb ist diese Einstellung für das Thema der Umgangssprache wichtig, denn von der hier bezogenen Plattform aus wird in der Folge im Umgang gesprochene Sprache beurteilt. In Scaligers Werk sind nun die späterhin gültigen Maßstäbe gesammelt. Sie sind alle nicht neu, Scaliger hat »eklektisch seine Ideen der gesamten literaraesthetischen Tradition der Renaissance entnommen«; aber gerade darum kann sein Werk als repräsentativ gelten, und gerade darum hat es seine weitreichende Wirkung gehabt. »Was man an ihm schätzte«, sagt Buck, »war die Systematisierung eines überaus umfangreichen und schwer übersehbaren Gedankengutes in einer Art Fazit der jahrzehntelangen dichtungstheoretischen Erörterungen, m.a.W. die Ausmünzung der Tradition in die gängige Münze der für die einzelnen Genera gültigen Regeln«. (Scaliger, Poetices Libri S. XIX).

Als Eigenart der Poetik Scaligers gegenüber anderen ist vor allem hervorzuheben, daß er wieder unmittelbar an Aristoteles' Poetik anschließt, die dem Mittelalter nicht geläufig war. Aber Scaliger hat die mittelalterliche Tradition, die zu immer stärkerer Verflechtung von Poetik und Rhetorik geführt hat, nicht übergangen. Er hat Aristoteles' Poetik »rhetorisiert« und sie mit anderen Lehren harmonisiert (großenteils im Anschluß an Horaz und an Quintilian; vor allem ist auch die Genera-Lehre einbezogen). »Die pädagogische Kunsttheorie triumphiert über Aristoteles« (Buck, in: Scaliger, Poetices Libri, S. XV). Das wird deutlich bei den Anforderungen, die Scaliger an die Sprache des Dichters stellt, die er nach den drei »formae« (= genera dicendi) »Altiloqua, Infima, Media« behandelt. Wichtig sind für die Frage der Umgangssprache diejenigen Forderungen, die er für alle genera und unter allen Umständen als gültig erklärt; denn damit ist ein Maßstab für die Literaturgemäßheit eines Textes gegeben. Die Literaturfähigkeit bzw. Nichtliteraturfähigkeit wird in der Folge für die Einstufung einer Sprachform als umgangssprachlich häufig eine Rolle spielen. Scaliger sagt mit Bezug auf die genera:

Harum omnium quidam affectus communes, quidam proprii. Communes: Perspicuitas, Cultus, Proprietas, Venustas, Numerositas. (Scaliger, Poetices Libri, S. 183)

Hier sind also rhetorische Tugenden aufgezählt. Von ihnen sind »perspicuitas« und »proprietas« von jeher als allgemeingültige Forderungen aufgestellt worden, und auch für die kunstgemäße Regelung des »numerus« (der Abfolge von kurzen und langen Silben) gibt es seit alters Vorschriften, die auf der einen Seite für die ganze Rhetorik, auf der anderen für die ganze Poetik gelten. Aber Scaliger fordert mehr, nämlich auch den »cultus« und die »venustas«. Dabei wird »cultus« von Quintilian bereits als »tertius gradus ornatus« gewertet (s. Lausberg Handbuch, § 1244 nach Quintilian, Institutio, 8,3,61), und die »venustas« wird sonst dem »genus medium« zugeordnet (vgl. Lausberg Handbuch, § 1079,2,c). Diese Forderungen ergeben sich aus Scaligers Einstellung zur Poesie. Er setzt sie mit der »narratio« der Rhetorik gleich, und der »cultus« ist in der rhetorischen Tradition als Schmuckform der »narratio« zugeordnet. Scaliger versteht unter »cultus« vor allem eine Reinigung der Sprache:

> Cultus est amputatio abstersione sordium, ex quo fit nitor. Is evenit in sententiis, ubi non omnia, quaecunque dicere potes, dicis. Itémque in verbis. (Scaliger, Poetices Libri, S. 184)

Die Gewähltheit der Sprache, eine Zurückhaltung in der Ausdrucksweise, wird aus einer ästhetisch bestimmten Haltung heraus gefordert. In ähnliche Richtung weist die Forderung nach »venustas«, nach »Anmut«, die Scaliger als allgemeine Forderung für alle Dichtung aus Horaz herausliest (vgl. Poetices Libri S. 113), sie steht in Zusammenhang mit der Lehre, daß die Dichtung das Angenehme mit dem Nützlichen zu verbinden habe.

Die vorher erwähnte Ausmünzung der Traditionen in die gängige Münze von Regeln ist besonders bei der Behandlung der einzelnen Dichtungsarten zu beobachten. Allerdings sind diese nicht gleichmäßig behandelt: Die Tragödie ist bevorzugt. Das hat sicher Gründe in der Tradition; es sei daran erinnert, daß sowohl bei Aristoteles als auch bei Dante jeweils nur die Tragödie (wenn auch verschiedenes darunter verstanden wird) ausführlich behandelt wird, während die Behandlung der Komödie unterblieben ist. Aber die Bevorzugung der Tragödie hat außerdem einen soziologischen Grund. Sie ist der »durch die höfische Kultur geprägten literaturtragenden Gesellschaft« als edelste Dichtform am ehesten gemäß, und nun werden die Regeln konsequent auf den Blickpunkt dieser Gesellschaft abgestimmt. Diese kann »sich eine überzeugende Wirkung der Tragödie nur vom Untergang eines sozial möglichst hochgestellten Helden« erwarten, und deshalb darf der Rang der handelnden Personen nur im Kreis der »reges, principes ex urbibus, arcibus, castris« gewählt werden, und »ihrem Rang entsprechend befleißigen sich die Personen der Tragödie einer gehobenen Sprache, des 'hohen Stils'«. (Vgl. Buck, in: Scaliger, Poetices Libri, S. XVII) Den Gegenpol stellt die Komödie dar; aber sie hat nicht den einheitlichen Charakter, wie vor allem am Personenkreis zu erkennen ist:

> Personarum distinctiones in Comoedia sunt à conditione, à professione, ab officio, ab aetate, à sexu. Conditionem appello statum cuiusque fortunae. est enim quasi quaedem fabrica: faber autem Fortuna: Servus, Libertus, Liber: Pater aut

Filius familiâs: Virgo, Caelebs, Maritus. Professio est habitudo, qua quis prae se fert aliquid actionis ad vivendi rationem. Miles, Cacula, Agricola, Leno, Trapezita, Meretrix, Mercator, Nauta. (Scaliger, Poetices Libri, S. 20)

Jedoch werden die Unterschiede nicht im einzelnen dargelegt. Die Komödie wird sprachlich insgesamt dem niederen Stil (humile) zugerechnet. Bei Scaliger ist die glatte Gleichsetzung Tragödie = hoher Stil = hochgestellte Personen, Komödie = niederer Stil = Personen in niederer sozialer Stellung gegeben. Das ist die Lehre, wie sie Gottsched übernimmt. Seine Formulierung von der »täglichen Sprache des Umganges« zielt in diesen Bereich, und der Standpunkt, von dem aus er beobachtet, entspricht dem Scaligers.

Auf der Autorität der »Alten« aufbauend, hat Scaliger ein rational durchsichtiges Lehrgebäude der Poetik aufgerichtet. Die Autoren der Antike werden dabei (wie später bei Gottsched) nicht wegen ihrer Altertümlichkeit geschätzt, sondern weil ihre Äußerungen als vernunftgemäße Lehren gelten. Es tritt hier zuerst die Haltung des »Klassizismus« deutlich hervor, die ein Jahrhundert später die Blütezeit französischer Literatur bestimmt hat. Der wichtigste dichtungstheoretische Repräsentant dieser klassischen Zeit ist dann Boileau, der zu den unmittelbaren Vorbildern Gottscheds gehört.

Aber von der aufs Neulateinische gerichteten Poetik des »fondateur du classicisme«[47] J. C. Scaliger bis zur Durchsetzung einer neuen französischen Literatursprache in der französischen Klassik war es noch ein weiter Weg. Einen entscheidenden Anfang gesetzt haben dabei die Dichter der »Pléjade« unter der Führung von Ronsard. Sie haben sich in »sicher für beide Teile fruchtbaren Kontakten« mit Scaliger darum bemüht, »mit Hilfe der Imitation der Antike eine den klassischen Vorbildern ebenbürtige französische Literatur zu schaffen«. (A. Buck in Scaliger, Poetices Libri, S. XIII) Das theoretische Dokument dieser Bemühungen ist eine Abhandlung von Joachim Du Bellay »La Deffence et Illustration de la Langue Françoyse«,[48] die im Jahre 1549 erschienen ist. Bezeichnend ist, daß dieses Werk keineswegs auf die französische Literatur des Mittelalters zurückgreift, die doch für Dante durchaus vorbildlichen Charakter gehabt hat, sondern daß nun italienische Vorbilder maßgeblich sind. Nicht auf Chrestien de Troyes, der schon vor Jahrhunderten die französische Sprache als denen der Alten ebenbürtig angesehen hatte, beruft man sich nun, sondern auf Petrarca. Und italienische Vorbilder hat die neuere Forschung auch für den Text der Abhandlung Du Bellays ermittelt. Vor allem sind ganze Partien aus Sperone Speronis »Dialogo della lingua« (1542) über-

---

[47] E. Lintilhac, Un coup d'état dans la République des Lettres: Jules César Scaliger, fondateur du »Classicisme« cent ans avant Boileau, in: La Nouvelle Revue 64 (1890), 333–346; 528–547. Zitiert nach Buck in Scaliger, Poetices Libri, S. V.

[48] Du Bellay, Joachim: La Deffence et Illustration de la Langue Françoyse. Édition critique par Henri Chamard, 2. Aufl. Paris 1961.

nommen worden,[49] einem Buch, in dem der »Streit zwischen den Vertretern des starren lateinischen Ciceronianismus, den Vertretern eines gemäßigten Vulgärhumanismus und den entschiedenen Vorkämpfern für eine fortschrittliche, unabhängige Volkssprache lebendig und verhältnismäßig objektiv« in Form eines Dialoges dargestellt worden ist, an dem u. a. Bembo, ein Cortegiano und ein Scolare beteiligt sind (S. Klein, Latein und volgare S. 78). Bezeichnend ist nun die Einstellung, mit der Du Bellay aus seinen Vorlagen auswählt. K. O. Apel kennzeichnet sie so:

> Du Bellay liegt vor allem daran, das Problem der Sprache als nicht präjudiziert durch das geschichtlich Gewordene, sondern gänzlich vom vernünftigen Willen der menschlichen Subjekte abhängig vorzustellen. Dieser Gesichtspunkt bestimmt schon seine selektive Auffassung der Bemboschen Argumente (bewußte Sprachpflege, Beschneiden und Aufpfropfen!) ... (Apel, Idee der Sprache, S. 246 f.)

Damit richtet er sich »überspitzt ausgedrückt, gar nicht auf eine schon bestehende geschichtliche Muttersprache, sondern auf die Möglichkeit, eine solche zu schaffen«. (Apel, Idee der Sprache, S. 246) Eine solche Einstellung konnte auf die gegenwärtig im persönlichen Umgange gebräuchliche Sprache keinen großen Wert legen. Für Du Bellay besteht kein Zweifel, »daß Dichter und Redner gleichsam die zwei Pfeiler sind, die das Gebäude der Sprache tragen«.[50] Das heißt, daß die im Umgange gesprochene Sprache nicht nur für die poetische Sprache bedeutungslos ist, sondern – wie bei Bembo – überhaupt nicht zur eigentlichen Sprache gerechnet wird. Nur kann sich Du Bellay nicht wie Bembo auf anerkannte volkssprachliche Literatur stützen. Er hilft sich, indem er fordert, die Autoren der Antike nachzuahmen und auf diese Weise die französische Sprache zu bereichern:

> Je ne puis mieux persuader d'y ecrire [en français], qu'en te montrant le moyen de l'enrichir & illustrer, qui est l'imitation des Grecz & Romains. (Du Bellay, Deffence, S. 90 Anm. 2 u. S. 102)

Dieses teils humanistisch, teils rational bestimmte, ganz und gar literarisch geprägte Bild von der repräsentativen Form einer Nationalsprache hat bedeutende Wirkungen gehabt, hat aber zugleich Protest hervorgerufen. Ein Zeugnis dafür hat Henri Chamard in seine Ausgaben der »Deffence« aufgenommen, nämlich die Pamphlete, die der Prinzipal des »Collège de la Trinité« zu Lyon, Barthélemy Aneau, im Jahre 1550 unter dem Titel »Quintil Horatian« gegen die »Deffence« gerichtet hat. Er wendet sich gegen die Auffassung, daß die Dichtersprache geeignet sei, die französische Sprache überhaupt zu repräsentieren:

---

[49] Nachdem Pierre Villey 1908 diese Beziehungen aufgedeckt hat, hat der Herausgeber der »Deffence« den entsprechenden Text Speronis in den Fußnoten seiner Ausgabe mit abgedruckt.
[50] Vgl. den Einleitungssatz zum 2. Buch von Du Bellay, Deffence S. 87f.

Car pour bien parler, ou mettre par escrit en François, je ne vouldroie escrire
ou dire à la forme des poëtes, sinon que je vousisse [1555: voulusse] faire rire
les gens, & se moquer de moy en parlant poëtiquement en propos cummun, comme tu fais: mais plustost comme les bons orateurs François, tant ceux qui ont
escrit, que ceux qui ont à voix privée & publique tresbien dit, & encores tous
les jours tresbien disent, és grandes cours imperiales, royales, principales & seig-
neurales, és grands conseilz, parlemens & ambassades, és conciles, assemblés des
sages & bien parlans, és sermons & predications, és consulatz, syndicatz & gou-
vernemens politiques: ou en tresbon & pur langage François sont traitées & de-
duites diverses choses graves & honestes, appartenantes & necessaires à la vie
commune & à la conversation de la socialité des hommes & non pas plaisantes
folies & sottes amourettes, fables & propos d'un nid de souriz en l'oreille d'un
chat. (Du Bellay, Deffence, S. 87 f. Anm. 1)

Aneau ist überzeugt, daß mehr für die »deffence« und »illustration« der
französischen Sprache geleistet worden wäre, wenn der Sprachgebrauch
der beredten Männer aus den von ihm erwähnten Personenkreisen bzw.
in den von ihm aufgeführten Anwendungsbereichen der Rede aufgezeichnet worden wäre. Dem *einen* schriftgebundenen Bereich des Sprachgebrauchs, der maßgeblichen Charakter zu haben beansprucht, wird hier
eine Fülle mündlichen Sprachgebrauchs gegenübergestellt, wobei allerdings zu bemerken ist, daß kein Anwendungsbereich genannt ist, für den
der Gebrauch im persönlichen Umgange als typisch gelten kann. Immerhin wird einer intendierten idealen schriftlichen und poetischen Norm
ein vielfältiger mündlicher Sprachgebrauch gegenübergestellt, der dennoch als zu nur einer Sprachform gehörig verstanden wird. Das von der
»Pléjade« vertretene Ideal ist noch zu einseitig, um allgemeine Vorbildlich-
keit erlangen zu können.

Es war noch ein neuer Ansatz notwendig, um das Idealbild der französischen Sprache zu schaffen. Bei diesem Ansatz spielt dann im Umgange
gesprochene Sprache eine größere, ja eine entscheidende Rolle. Es ist das
Sprachideal der französischen Klassik,[51] von dem hier zu sprechen ist; es
ist das Ideal, das schließlich in der »Académie Française« seinen Pfleger
und Wahrer gefunden hat. Ein wesentlicher Reformator der französischen
Sprache (und auch der Verskunst), der in die für die Zukunft maßgebliche
Richtung der Sprachpflege zielt, ist François de Malherbe (1555–1628). Er
sieht sich einem »allgemein herrschenden Bedürfnis nach Sprachreini-
gung und Formenklarheit« (v.Jan) gegenüber, und entsprechend versteht
er die Forderung nach »illustration« der französischen Sprache nicht wie
Du Bellay im Sinne eines Ausbaus der Sprache im Hinblick auf die »copia
verborum«, sondern als ein Hinführen zu größerer Durchsichtigkeit und
Verständlichkeit. Er zielt also in den Bereich der »perspicuitas«.

Sein Vorgehen ist im Prinzip einfach: Er fordert, daß alle Ausdrücke
vermieden werden, die nicht von jedermann verstanden werden. Deshalb

---

[51] Vgl. zum Folgenden W. v. Wartburg, Évolution et structure de la langue française, Bern,
7. Aufl. 1962, E. v. Jan, Französische Klassik, Leipzig 1947, sowie das Kapitel »Klassik« in
»Französische Literaturgeschichte«, Heidelberg, 6. Aufl. 1967 von demselben Autor.

verdammt er Archaismen, Neologismen, Fremdwörter und vor allem Dialektismen.[52] Außerdem ist er bemüht, Doppeldeutigkeiten von Wörtern und Freiheiten in der Satzstellung zu beseitigen.

Die Bemühungen Malherbes hätten kaum den Erfolg haben können, den sie gehabt haben, ohne eine allgemeine Bereitschaft, neue Regeln zu empfangen; vor allem aber wären sie nicht denkbar gewesen ohne den Rückhalt in maßgebenden Kreisen der tonangebenden Gesellschaft. In dieser Hinsicht kommt den Salons eine entscheidende Bedeutung zu, die in jener Zeit zu Pflegestätten gesellschaftlicher Form und zu Zentren für die Bemühungen um Geist und Geschmack geworden sind.

Als erste hat sich die in Rom geborene Mme de Rambouillet erfolgreich darum bemüht, ihren Salon nach italienischem Vorbild zu einem geistigen Mittelpunkt zu machen. In diesem Salon hat Malherbe mündliche Unterweisungen erteilt. Sein vor allem rationales Sprachideal wird hier ergänzt durch ein gesellschaftliches, zu dessen literarischem Repräsentanten vor allem Guez de Balzac (1597–1654)[53] geworden ist. Besonders dessen Briefe, in denen komplizierte Gedankengänge in einfacher und natürlicher Weise Gestalt gewinnen, werden zu vielbewunderten stilistischen Mustern. Außerdem hat er nach einem zweijährigen Aufenthalt in Rom, dessen geselliges Leben als Vorbild gehobenen Lebensstils angesehen wurde, in seinem »Discours« (1646) »gewisse typische Formen gesellschaftlichen Lebens wie die gesellige Unterhaltung, das gebildete Gespräch ... analysiert und in normativen Formen festgelegt« (v. Jan), wobei das Ideal der »urbanité« eine wesentliche Rolle spielt.

Unverkennbar zeichnen sich hier die Maßstäbe ab, die für Adelung gültig sind, wenn er von der »Sprache des gesellschaftlichen Umganges« spricht, unverkennbar ist ebenso die Bedingtheit durch die von der Antike über Italien verlaufende Tradition, die dieses Ideal geprägt hat. Die Wirkung dieses Ideals ist vor allem dadurch gefestigt worden, daß es in seinen wesentlichen Zügen auch für die Académie Française maßgeblich geworden ist, die – nach italienischem Vorbild – unter der Schutzherrschaft des Kardinals Richelieu im Jahre 1634 begründet worden ist.

Als die zwei Schlagworte der Akademie gelten »la règle« und »l'usage«. Die sprachlichen Intentionen der Akademie haben in der Arbeit eines Mannes Gestalt gewonnen, der auch im Salon der Mme de Rambouillet »nach und nach zum Orakel der schönen Sprache geworden war«[54] und die Aufgabe erhalten hatte, das Wörterbuch der Akademie herauszugeben: Claude Favre de Vaugelas (1585–1650). Die entscheidende Zusammenfassung seiner Gedanken steht in der Einleitung zu seinen »Re-

---

[52] Er stellt sich auch hiermit in die Tradition der antiken Rhetorik, denn all diese Erscheinungen werden schon dort als »vitia« getadelt.
[53] Vgl. Wartburg, Évolution. S. 171f, und Jan, Literaturgeschichte S. 107.
[54] Vgl. Jeanne Streicher in ihrer Einleitung zur Faksimileausgabe der Remarques sur la langue Françoise von Claude Favre de Vaugelas, Paris 1934, S. XLI f.

marques sur la Langue Françoise« (1647), die Jeanne Streicher »son teste-
ment de grammairien« genannt hat. Er beruft sich gleich im ersten Satz
seiner »Préface« als Maßstab für die vorbildliche Sprachform ausschließlich auf den Gebrauch:

> Ce ne sont pas icy des Loix que ie fais pour nostre langue de mon authorité
> priuée; Je serois bien temeraire, pour ne pas dire insense; car à quel titre & de
> quel front pretendre vn pouuoir qui n'appartient qu'a *l'Vsage*, que chacun recon-
> noist pour le Maistre & le Souuerain des langues viuantes? (Vaugelas, Remar-
> ques, Préface I)

Die Regel muß dem Gebrauch folgen, nicht der Gebrauch der Regel. Aber
nicht jeder Gebrauch kann vorbildlich sein. Vaugelas unterscheidet:

> Il y a sans doute deux sortes d'Vsages, vn bon & vn mauuais. (Vaugelas, Remar-
> ques, Préface II)

Ihm kommt es dabei allein auf den guten Gebrauch an, und entsprechend
definiert er nur ihn:

> Voicy donc comme on definit le bon Vsage. C'est la façon de parler de la plus
> saine partie de la Cour, conformément à la façon d'escrire de la plus saine partie
> des Autheurs du temps. (Vaugelas, Remarques, Préface II)

Der »Gebrauch« wird also in erster Linie als eine »Art zu sprechen« verstanden, als die des Hofes; aber nicht alles am Hofe Gesprochene wird
als würdig erachtet, nur was der »gesündeste« Teil des Hofes spricht, ist
gültig. Neben diese gesprochene Sprache wird eine schriftliche als damit
übereinstimmend gestellt, die der Autoren der Zeit. Diesen erkennt Vaugelas zwei Aufgaben zu. Auf der einen Seite vermitteln sie eine große Zahl
Redewendungen, die nicht vom Hofe kommen, sondern von den besten
griechischen und lateinischen Schriftstellern hergeleitet sind, und außerdem bedeutet die Zustimmung der Schriftsteller eine Besiegelung, die die
Sprache des Hofes autorisiert, die damit den guten Gebrauch kennzeichnet und über Zweifelhaftes entscheidet. Was auch auf diese Weise nicht
entschieden ist, müssen die »gens scauants en la langue« entscheiden; das
Mittel zur Unterscheidung ist die Analogie. Maßgeblich ist aber immer
der mündliche Gebrauch (l'Vsage de la parole prononcée), auch wenn seine Beschaffenheit ohne Vernunft (»sans raison«) oder gar gegen die Vernunft (»contre raison«) ist.[55] Diesen Gebrauch kann man - mit Adelung
gesprochen - als »die gesellschaftliche Sprache des Umganges« am Hofe
bezeichnen, wie überhaupt Vaugelas als wichtigstes Vorbild für Adelung
angesehen werden muß.

Bei Vaugelas schließt der »gute Gebrauch« für einen Mann von Welt
allen angemessenen Sprachgebrauch des Französischen überhaupt ein:

---

[55] Ganz ähnliche Gedankengänge bietet Adelung. Vgl. Adelung, Lehrgebäude Bd. 1, § 41,
S. 110 f.

Au reste quand ie parle du *bon Vsage*, j'entens parler außi du *bel Vsage*, ne mettant point de difference en cecy entre le bon & le beau; car ces Remarques ne sont pas comme vn Dictionnaire qui reçoit toutes sortes de mots, poureu qu'ils soient François, encore qu'ils ne soient pas du bel Vsage, & qu'au contraire ils soient bas & de la lie du peuple. Mais mon dessein en cet oeuure est de condamner tout ce qui n'est pas du bon ou du bel Vsage, ce qui se doit entendre sainement ... Pour moi i'ay creu iusqu'icy que dans la vie ciuile, & dans le commerce ordinaire du monde, il n'estoit pas permis aux honnestes gens de parler iamais autrement außi que dans le bon Vsage; Ie dis en quelque stile qu'ils escriuent, sans mesmes en excepter le bas; ... Ainsi ce bon Vsage ... comprend tout le langage des honnestes gens, tous les stiles des bons Escriuains. (Vaugelas, Remarques, Préface VII)

Der »gute Gebrauch« ist damit als volle Sprache, nicht als eine Stilart verstanden. Es ist eine aristokratische Sprache, von der die des »Volkes« deutlich abgesetzt wird; diese wird überhaupt nicht zur eigentlichen Sprache gerechnet:

Selon nous, *le peuple n'est le maistre que du mauuais Vsage, & le bon Vsage est le maistre de nostre langue.* (Vaugelas, Remarques, Préface VIII)

Diese aristokratische Sprache weiß sich, obgleich der Gebrauch der Gegenwart als maßgeblich herausgestellt wird, der Antike verpflichtet:

... il n'y auroit point de Nation qui eust le courage d'escrire en sa langue, ny de la cultiuer, ny nous n'aurions pas auiourd'huy ces Ouurages merueilleux des Grecs & des Latins ... (Préface X)

Es ist zugleich eine Sprache der Gebildeten, d. h. an den Werken der Antike Geschulten.

Die Konzeption von Vaugelas weist nicht nur auf die Adelungs voraus, sie erinnert in mancher Hinsicht an die ältere Dantes. Auch bei diesem gilt, daß die Ausformung der Volksprache zur Literatursprache nach antikem Vorbild erfolgt, auch hier geben auf der einen Seite Schriftsteller das Maß an, und auf der anderen Seite wird der mündliche Sprachgebrauch eines vornehmen, höfisch geprägten Personenkreises der mustergültigen Sprachform zugerechnet. – Die in Italien so heiß umstrittene Frage des vorbildlichen Dialektes spielt allerdings für Vaugelas keine Rolle. Paris und der Hof sind für den französischen Sprachbereich (nicht zuletzt dank Malherbes Wirken) unbestritten das Zentrum, während Dante ein solches Zentrum für Italien nur postulieren konnte. Sonst aber gibt es nicht so sehr Unterschiede bei den ins Auge gefaßten *Größen* als vielmehr bei der *Gewichtsverteilung.* Vaugelas betont mehr den mündlichen Gebrauch des Hofes, Dante mehr die Literatur. Dante läßt das einzig als Gemeinsprache verstandene *vulgare illustre* nur für die höchste Dichtungsform gelten, Vaugelas fordert die edle Sprachform für alle Lebensäußerungen des vornehmen Menschen; im Unterschied zu Dante schließt er die Schar der vom Idealtyp abweichenden Sprachformen, bei denen es sich allgemein um im Umgange verwendete Gebrauchsformen handelt, grundsätzlich als wertlosen Bodensatz von der Betrachtung aus.

Mit Bembo ist Vaugelas der Auffassung, daß nur die literaturfähige Sprachform zur eigentlichen Sprache rechne. Im Unterschied zu Bembo beruft sich Vaugelas allerdings auf die Schriftsteller seiner Zeit und nicht auf die einer vergangenen Epoche. Doch ist dieser Unterschied nicht grundsätzlich. Zwar hält er es für möglich, daß die Wandlungen im Sprachgebrauch (le changement de l'Vsage) bewirken könnten, daß seine »Remarques« nur fünfundzwanzig oder dreißig Jahre gültig blieben, aber er fügt hinzu:

> ... vn de nos Maistres ajouste encore vne raison, qui ne peut pas venir d'vn esprit, ny d'vne suffisance vulgaire. Il soustient que quand vne langue a nombre & cadence en ses periodes, comme la Françoise l'a maintenant, elle est dans sa perfection, & qu'estant venuë à ce point, on en peut donner des reigles certaines, qui dureront tousiours. (Vaugelas, Remarques, Préface X)

Hier scheint die von Bembo entwickelte Theorie des Klassischen auf. Wenn ein vollkommener Zustand erreicht ist, dann soll er erhalten werden. Er kann dann auch in eine immerwährende Regel gefaßt werden. Wenn man aus dieser Anschauung die Konsequenzen zieht, heißt das: Bis zur Erreichung des klassischen Zustandes liegt die Entscheidung über das Vorbildliche beim guten Gebrauch, ihm folgt die Regel. Ist der klassische Zustand erreicht, so läßt sich aus ihm eine immerwährende Regel ableiten, und das bedeutet, daß nun auch der gute Gebrauch der Regel folgen muß. Über die Frage der Umgangssprache ergibt sich aus dieser These eine interessante Konsequenz. Aus ihr folgt nämlich, daß die im Umgange gesprochene Sprache unter diesem Blickwinkel für Fragen einer Gemeinsprache bzw. einer Idealform einer Nationalsprache so lange und nur so lange von Interesse ist, bis ein klassischer Zustand erreicht ist. Von diesem Zeitpunkt ab kann die klassische Regel gelten, bis sie einmal in Frage gestellt wird.

Für die französische Sprache hat Vaugelas (bzw. sein ungenannter Gewährsmann) mit seiner Vermutung, gerade zu seiner Zeit sei eine Stufe erreicht, die dauerhafte Geltung haben werde, im wesentlichen recht behalten. Die von ihm beschriebene Sprachform ist in den entscheidenden Zügen die der französischen Klassik geworden, und diese ist bis heute maßgebliches sprachliches Leitbild geblieben, nicht nur für einen aristokratischen Kreis, sondern für die ganze Nation. Der sorgfältig beobachtete Sprachgebrauch im geselligen Umgang eines erlauchten Kreises, ursprünglich aufgezeichnet für Personen, die Zugang zu diesem Kreis suchten,[56] hat Dauer gewonnen und ist schließlich zum Maßstab auch für solche sozialen Gruppen geworden, die dem betreffenden Kreis, d. h. der Aristokratie des Hofes, denkbar fern gestanden haben. Vaugelas hat kein Sprachprogramm aufstellen, sondern – wie er immer wieder betont – nur

---

[56] Dieser Gesichtspunkt wird insbesondere von Karl August Ott herausgearbeitet in seinem Aufsatz: La notion du »Bon usage« dans les Remarques de Vaugelas (Cahiers de l'Association internationale des Études Françaises 14, 1962, S. 79–94).

einen Gebrauch aufzeichnen wollen. Aber seine Darlegungen haben als mustergültig Anerkennung gefunden und haben damit in gewissem Sinne die Wirkung eines Programms gehabt. In der auf Vaugelas folgenden Periode der französischen Sprachgeschichte wird die auf der Basis seines Werkes entwickelte klassische Form in oft polemischen Traktaten propagiert und verteidigt. In diesen Polemiken tritt der programmatische Charakter der Bemühungen um die modernen europäischen Nationalsprachen, auf den – am Beispiel des Italienischen – K. O. Apel hingewiesen hat, deutlich zutage. Vor allem zeigt er sich im Wirken Nicolas Boileaus (1673–1711), für den Descartes vorbildlich geworden ist und der die Forderung des *bon sens* über seine Ausführungen zur Poesie stellt. »Tout doit tendre au bon sens«, heißt es in seiner Art poétique I, 45.[57] Die Sprache wird der Raison untergeordnet. Boileau fordert durchsichtige logische Klarheit, Einfachheit und Natürlichkeit (wobei unter »Natürlichkeit« allerdings Übereinstimmung mit der Vernunft zu verstehen ist) sowie Dämpfung der Leidenschaften. Maßhalten wird verlangt; Weitschweifigkeit und Überschwenglichkeit sind verpönt. Vor allem aber soll das Niedrige vermieden werden:

Quoi que vous écrivez, évitez la bassesse
Le stile le moins noble a pourtant sa noblesse. (Boileau, L'Art poétique I, 79f.)

Derartige Richtlinien bedingen Einschränkungen im syntaktischen und semantischen Gebrauch gegenüber dem, was in der Menge der im Umgange überlieferten Gebrauchsweisen üblich ist. Die Eingrenzung ist nicht nur rational, sondern auch ästhetisch bedingt, was sich für Boileau allerdings weitgehend deckt. Denn sein künstlerisches Glaubensbekenntnis lautet: »Schön ist nur das Wahre, und nur das Wahre ist liebenswert.«[58]

Boileaus Forderungen gelten keineswegs für eine lebensferne »Kunst an sich«,[59] sondern nach seiner Auffassung kann die von ihm verfochtene unter der Herrschaft der Raison stehende und dem Leitbild des »honnête homme« folgende Sprachform ein starkes staatsbürgerliches und gesellschaftliches Band bilden. Entsprechend schreibt er der Dichtung eine volkserzieherische Wirkung zu. Hier wird besonders deutlich, wie bei der Herausbildung der vorbildlichen nationalen Sprachform eine ästhetische, philosophische und politische Sprachprogrammatik im Spiele ist. Es ist die Haltung, die später für Gottsched bei seinem Bemühen um die deutsche Gemeinsprache maßgeblich wird.

Vernunft, Ordnung, Regelmäßigkeit, höfischer Geschmack – das bleiben die sprachlichen Ideale auch weiterhin. Im einzelnen gibt es zwar hef-

---

[57] Boileau-Despréaux, Nicolas: L'Art poétique. Hrsg. E. Hoepfner, Strasbourg 1906.
[58] Vgl. Jan, Literaturgeschichte, S. 125.
[59] Allerdings hält er dennoch die Namen aus der griechischen und römischen Mythologie und die Namen der klassischen Helden als Schmuck für die erhabene tragische Dichtung für unentbehrlich. Vgl. Boileau, L'Art poétique III, Vers 165ff.

tige Fehden zwischen verschiedenen Auffassungen, so z. B. über das Problem, wie weit die Werke der Antike als unübertreffliche Muster angesehen werden müssen und wie weit modernen Werken mit hohem ästhetischem und moralischem Niveau entsprechend dem Fortschrittsgedanken gleiche oder höhere vorbildliche Gültigkeit beigemessen werden dürfe (La querelle des anciens et des modernes). Es wird auch gestritten, wie weit neue oder fremde Begriffe in die Sprache aufzunehmen sind im Interesse der »illustration«, wie weit sie auszuscheiden sind im Interesse der »pureté«. Aber auch wer Neuerungen fordert, bleibt dem an der Antike geschulten aristokratisch geprägten und höfisch verfeinerten Bildungsideal treu, wie z.B. Fénelon (1651–1715), der in seiner an die Französische Akademie gerichteten »Lettre sur l'Eloquence« fordert, daß für Ausdrükke, die in der Sprache fehlen, Wörter neu aufgenommen und »autorisiert« werden, aber dazu vermerkt:

> Il est vrai qu'il faudroi't que des personnes d'un goût et d'un discernement éprouvé choisissent les termes que nous devrions autoriser. Les mots latins paroîtroient les plus propres à être choisis; les sons en sont doux. Ils tiennent à d'autres mots, qui ont déja pris racine dans notre fonds. L'oreille y est déja accoutumée; ils n'ont plus qu'un pas à faire pour entrer chez nous. Il foudroit leur donner une agréable terminaison: quand on abandonne au hasard, ou au vulgaire ignorant, ou à la mode des femmes, l'introduction des termes il en vient plusieurs qui n'ont ni la clarté ni la douceur qu'il faudroit désirer.[60]

Selbst bei Gegnern der Antike wie Fontenelle, der für die Naturwissenschaft eintritt und sich um Popularisierung bemüht, bleibt die Grundhaltung bestehen, denn wenn er etwa das Weltbild des Kopernikus erklärt, so »geschieht es im Tone galanter Salonunterhaltung« (v. Jan), und so ist auch er dem aristokratisch-ästhetischen Bildungsideal verpflichtet, das zum wesentlichen Teil auf der Rezeption antiker Überlieferungen aufbaut.

Es mag zwar problematisch sein, angesichts der vielen vorhandenen Differenzen und Abschattierungen von *einem* Bildungsideal zu sprechen, das den Bemühungen um die italienische und die französische Nationalsprache zugrunde liegt. Aber mir scheint es doch unter einem bestimmten Aspekt berechtigt zu sein, und dieser betrifft gerade die Art und Weise, wie im Umgange gesprochene Sprache angesehen und eingestuft wird: Die Betrachtung wird jedesmal vom Standpunkt eines an klassischen Werken im guten Geschmack gebildeten Menschen aus vorgenommen, und sie erfolgt mit dem Bestreben, mit Hilfe der Maßstäbe der Regelmäßigkeit, Klarheit und Schönheit Abstand vom gemeinen Leben zu gewinnen. Im Umgange gebräuchliche Sprache kann von hier aus gesehen von zweierlei Art sein: Einesteils kann es sich um eine solche handeln, die den sprachprogrammatischen Ansprüchen genügt; dann erscheint sie als eine Anwendungsart des guten Gebrauchs. Andererseits kann sie nicht damit

---

[60] Dialoges sur l'éloquence en général et sur celle de la chaire en particulier; avec une lettre écrite à l'Académie Française. Par Fénelon Paris 1819, S. 141.

übereinstimmen; dann gilt sie als schlechter Gebrauch, als dessen Meister »das Volk« gilt. Dieser »schlechte Gebrauch« wird nur insoweit beachtet, als er abgelehnt oder in gewissen Grenzen lizenzhaft geduldet wird.[61] Es werden dementsprechend auch nur die vom Bildungsstandpunkt aus getadelten Eigenschaften erwähnt, wobei man sich größtenteils der aus der antiken Rhetorik überkommenen Lehre von den »vitia« bedient. Einer eigenen Betrachtung werden diese Sprechweisen nicht gewürdigt. Es besteht ihnen gegenüber nach wie vor die Haltung, die der antike Besitzbürger gegenüber den »Banausen« eingenommen hat. Es geht immer um die *eine* vorbildliche Sprachform, die aus der Fülle vorhandener Gebrauchsformen ausgesiebt wird und dann beansprucht, die Sprache schlechthin zu repräsentieren. Die »Herde« der anderen Gebrauchsformen, von der Dante gesprochen hat, bleibt unberücksichtigt.

In der hier gezeichneten klassizistisch-höfischen Tradition stehen Gottsched und Adelung. Von dieser Position aus beurteilen auch sie den sprachlichen Umgang. Dabei betrachtet Gottsched, wenn er von der täglichen Sprache des Umgangs redet, eine Erscheinung am Rande des vorbildlichen Gebrauchs insofern, als er sich auf den etwas toleranteren Sprachgebrauch in der Komödie bezieht. Allerdings spricht er dabei im Namen der Vernunft. Der natürliche Gebrauch ist ihm hier zugleich der vernünftige Gebrauch, den er (in der Nachfolge Boileaus) gegen den gezierten Gebrauch in der literarischen Tradition ins Feld führt. Der gesellschaftliche Gebrauch, auf den Adelung anspielt, gehört ganz in den Rahmen des Vorbildlichen. Adelung nimmt den Standpunkt von Vaugelas ein und mißt der »Usage de la cour« die maßgebliche Bedeutung bei.

Gottsched und Adelung sind bei ihrem Bemühen um die deutsche Nationalsprache den französischen Vorbildern gefolgt, wie diese dem italienischen und wiederum diese dem lateinischen Vorbild gefolgt sind. Auch die nachfolgende Auseinandersetzung wird sich weitgehend in den hier vorgezeichneten Bahnen abspielen. Dabei wird es teils darum gehen, die Bedeutung des gesellschaftlichen und des literarischen Gebrauchs gegeneinander abzuwägen, teils darum, wie der vorbildliche Umgang genauer zu bestimmen ist. Es werden auch Fälle zur Sprache kommen, bei denen es fraglich ist, ob sie dem mustergültigen sprachlichen Umgange zugerechnet werden dürfen oder nicht. Aber der größte Teil des im wirklichen sprachlichen Umgang Gebräuchlichen bleibt weiterhin im Dunkel.

---

[61] Malherbe läßt z. B. die »mots bas« für die Gattungen Komödie, Satire und Ekloge zu. Vgl. Lausberg, Handbuch § 1174.

4. Die Auseinandersetzung mit der von Gottsched und Adelung repräsentierten Norm und die Rolle des Begriffs »Umgangssprache« in dieser Auseinandersetzung

Mit Adelung sind die Bemühungen um eine Norm der deutschen Gemeinsprache zu einem gewissen Abschluß gekommen. Es ist schon kein Zufall, daß Jellinek sein Werk über die Geschichte der deutschen Grammatik mit Adelung enden läßt.[62] Nach Adelung beginnt etwas Neues, aber nicht in dem Sinne, daß das von ihm und Gottsched Repräsentierte nun ungültig geworden wäre; im Gegenteil: Adelungs Schriften bleiben einflußreiche Werke, in denen – wie A. Bach in seiner »Geschichte der deutschen Sprache« sagt – »sich die Besten der Zeit, auch unsere Klassiker, in sprachlichen Fragen Rats zu holen pflegten«.[63] Zwar hat es schon gegen Gottsched und weiterhin auch gegen Adelung eine heftige Gegenbewegung gegeben, die sich einerseits gegen eine zu weitgehende Reglementierung der Dichter und andererseits gegen die Formung der eigenen Hochsprache nach dem Idealbild fremder Sprachen wendet. Doch führt diese Bewegung nicht zu einem radikal anderen Entwurf von der idealen Form der deutschen Nationalsprache. Die Position, die Adelung erreicht hat, wird zur Plattform für die weitere Auseinandersetzung, bei der es allgemein trotz unterschiedlicher Grundanschauungen nicht um eine völlige Ablehnung dieser Position geht, sondern um Modifikationen. Allerdings sind dabei die Unterschiede in den Auffassungen, die sich im Gebrauch der Begriffe spiegeln, oft wesentlicher, als den Beteiligten selbst bewußt ist, und je nach Auffassung werden unterschiedliche Grenzlinien zwischen verschiedenen Erscheinungsformen der Sprache gezogen. So haben die Autoren oft nicht die gleiche Vorstellung, wenn sie von demselben Gegenstand zu sprechen meinen. Gerade bei diesen Diskussionen, in denen man oftmals etwas aneinander vorbeiredet, kommt es zur Prägung des Begriffs »Umgangssprache«. Es wird also notwendig sein, die für die Zukunft wichtigen Standpunkte möglichst genau zu differenzieren; d. h. sie müssen in ihrem jeweiligen geistesgeschichtlichen Zusammenhang interpretiert werden.

---

[62] Jellinek, Max Hermann: Geschichte der neuhochdeutschen Grammatik von den Anfängen bis auf Adelung. Heidelberg 1913.
[63] Bach, Geschichte S. 272.

4.1 Herders Ablehnung gelehrter Begriffsscheidungen für die Sprache des Umgangs

Einer der geistesgeschichtlich bedeutsamsten Gegner des von Gottsched angestrebten, am französischen Vorbild orientierten Ideals der deutschen Gemeinsprache ist Johann Gottfried Herder. Allerdings ist auch sein Standpunkt durch eine Auffassung bestimmt, die im französischen Sprachraum ihre Ausprägung erhalten hat, nämlich durch die kulturkritische Auffassung J. J. Rousseaus, der dem »Vorwärts zur Kultur« sein »Zurück zur Natur« entgegensetzte.[64] H. A. Korff meint geradezu, es lasse sich »die ideengeschichtliche Stellung Herders nicht klarer charakterisieren, als wenn man ihn als den *deutschen Rousseau* versteht«.[65] Von dieser Basis aus mußten sich andere Ansichten über die rechte Gestalt und Gestaltung der deutschen Sprache ergeben als bei Gottsched, und entsprechend kommt auch die »Sprache des Umgangs« in ein anderes Licht.

Herder verficht seinen Standpunkt in seinen Fragmenten über die neuere deutsche Literatur, in denen er nach seinen Worten am Schluß der zweiten Sammlung »das Genie unserer Sprache, ihren Zustand, die Fehler und Schönheiten unsrer Schriftsteller, und die Mittel, von einander zu lernen«,[66] zeigen will. Zum vorliegenden Thema ist vor allem der erste Teil der dritten Sammlung mit dem Titel »Von der neuen römischen Literatur« wichtig. Hier klagt Herder, daß die auf dem Lateinischen basierende Bildungstradition unsere Bildung fessele. Dabei wendet er sich auch gegen Gottsched. Zwar erkennt er an, daß dieser aus der Sprache alles Latein und Französisch so glücklich weggeschwemmt habe, »daß einem wackeren Deutschen kein lateinisches Wort mehr in die Feder kommen muß«, doch er fährt fort:

> Aber dazu braucht man ja auch blos gesunde Augen und einen guten Kopf, zu sehen, daß er die Deutsche Sprache viel zu Lateinisch behandelt ... Und so ward sie wäßericht, und wenigstens die Deutsche Grammatik wieder nach Lateinischem Leisten: man verachtete die alte deutsche Kernsprache. (Fragmente, 3. Sammlung, 1767, I,2; Herder SW, Bd. I S. 375)

Diese »Kernsprache« kann für Herder keine »lingua regulata« sein. Er stellt den »gemeinen Mann« in den Mittelpunkt seiner Betrachtung:

> Überall, wo ich zum gemeinen Mann rede (ich meine hier jeden, der kein Büchergelehrter ist), muß ich in seiner Sprache reden und ihn zu meiner Sprache nur allmählich gewöhnen ... (Fragmente, 3. Sammlung I,5, Herder SW, Bd. I S. 390)

Als Eigenart dieser »Sprache des gemeinen Lebens« bezeichnet er es, daß in ihr Gedanken und Ausdruck in der Regel unzertrennlich seien, weil

---

[64] Vgl. Korff, Geist der Goethezeit I, S. 71.
[65] Korff, Geist der Goethezeit I, S. 79.
[66] Herders Sämmtliche Werke. Hrsg. von Bernhard Suphan 1. Bd. Berlin 1877 S. 355f.

wir von den ersten Wörtern, die wir lallen, an »mittels Sachen zugleich Worte« lernen. Von dieser Sprachform ausgehend, die wir – mit Dante zu sprechen – ohne alle Regel von unserer Umgebung erlernen, betrachtet Herder die »feinere Sprache des Umganges« und die gelehrte Sprache:

> ... die feinere Sprache des Umganges macht zwar die Zunge freier und bindet sie mehr vom Gedanken los (ich meine hier nicht Moralisch, sondern Psychologisch) dadurch, daß sie sich zum Vernünfteln bildet. In dem großen Reichthume von Ausdrücken über »die Vorfallenheiten des Lebens«, über Dinge, wobei »abstrakte Untersuchungen wegfallen«, wechseln wir mit Worten wie mit Geldstükken: jedes soll seinen bestimmten Werth haben: aber ob es ihn hat, und ob der andre weiß, wie viel es haben soll; das ist eine ganz andere Frage. Ein Frauenzimmer, das gut, nicht aber gelehrt, erzogen ist, ... ist gewohnt, über ihre Welt klar, aber nicht logisch-deutlich zu denken, verständlich und schön, aber nicht gelehrt und abgezirkelt zu sprechen. (Fragmente, 3. Sammlung I, 5, Herder, SW, Bd. I S. 387f).

Einem Schulgelehrten gegenüber, der philosophische Erklärungen und Bestimmungen verlangt und grammatische Zierlichkeiten lehren will, wird eine solche Frau nach Herders Darstellung hilflos sein. So kommt eine Art Dreiteilung der Sprache zustande mit der »Sprache des gemeinen Lebens« (in der Wort und Gedanke eine Einheit bilden) als Grundlage, mit der »feineren Sprache des Umganges« (in der Wort und Gedanke ein wenig voneinander gelöst sind, aber der Kurswert der Wörter nicht sicher bestimmt ist) als Zwischenstufe und der »gelehrten Sprache« (in der der Geltungswert der Wörter genau bestimmt ist, so daß es möglich ist, mit den vom Gedanken gelösten Wörtern zu operieren)[67] als der rational am meisten durchgebildeten Stufe. Aber Herder wehrt sich gegen die Vorstellung der Zergliederung:

> Der Weltweise darf ... nicht ... mit hoher Miene einen Zaun zwischen der *gemeinen*, *Aesthetischen* und *gelehrten* Sprache machen; drei Wörter, die für mich immer unbegreiflich gewesen, wenn man sie nebeneinander stellet. Sie laufen in einander, ihre Zirkel durchschneiden sich, und sie haben ganz und gar einen gemeinschaftlichen Mittelpunkt: jede ihren Zweck, jede ihre ausschließende Schönheiten und Fehler: die Sprache des gemeinen Lebens die ihrige, die philosophische Sprache die ihrige: die höchste Dichtersprache die ihrige ... (Herder, SW, Bd I, S. 388)

Allerdings muß auffallen, daß die zuletzt genannte Dreiteilung nicht ganz der vorher abgehandelten entspricht.[68] An die Stelle der feineren Sprache des Umganges ist hier die ästhetische gerückt, und es gibt weder eine Rangordnung noch einen Maßstab für eine Ordnung. Die vorher ins Auge gefaßte Perspektive wird allerdings sogleich wieder aufgenommen;

---

[67] Vgl. dazu den Gedanken von Leibniz, »Worte als Ziffern oder als Rechenpfennige« zu fassen (»Unvorgreifliche Gedanken betreffend die Ausübung und Verbesserung der deutschen Sprache« § 7. In: Leibniz, Hauptschriften Bd. II S. 521).

[68] Herder übernimmt hier die Terminologie eines Autors der »Briefe, die neueste Literatur betreffend«, zu denen Herders Fragmente als »Beilage« gedacht sind.

doch sind nun die »Sprache des gemeinen Lebens« und die »Sprache des feineren Umganges« nicht gar so weit voneinander entfernt. Sie stehen gemeinsam der Gelehrtensprache gegenüber. Herder schreibt:

> Wenn der ganze Schatz Menschlicher Begriffe durch Worte gesammelt wird: wenn in der ganzen Sprache des gemeinen Lebens Gedanke am Ausdruck klebt: wenn selbst in der Sprache des Umganges nicht eben häufig die Idee ohne Wort gedacht wird – wie muß der Vortrag seyn, der sich in diese Sphäre passen soll? Unmöglich anders als in Worten, die dieser Mundart geläufig sind. (Herder, SW, Bd. I, S. 389)

Die Sprache des gemeinen Lebens und die des Umganges werden zusammen als eine »Mundart« bezeichnet. Das ist aber keineswegs im modernen Sinne, im Sinne eines Dialektes, zu verstehen. Die Frage regionaler Sprachvarianten taucht in diesem Zusammenhang gar nicht auf. »Mundart« ist eher stilistisch zu verstehen, als eine Art zu reden und darüber hinaus als eine Art, mit Begriffen umzugehen, eine Art zu denken. Es scheint so, als sei die »Sprache des Umganges« als eine kultivierte und damit wohl auch ästhetisch veredelte Variante der Sprache des gemeinen Lebens anzusehen. Doch bleiben solche Interpretationen unsicher, da Herder selbst seine Unterscheidungen mehr erfühlt als rational gliedert.

Etwas deutlicher heben sich die Konturen seiner Anschauung in einer Überarbeitung der ersten Sammlung seiner »Fragmente« ab, die im Jahre 1768 erschienen ist. Hier nimmt er Stellung zum Bemühen von Philosophen, die danach trachten, Worten, die normalerweise synonym gebraucht werden, differenzierte Bedeutungen zu unterlegen. Er mißt diesen Bestrebungen nur eine beschränkte Berechtigung zu:

> Schön! das ist die Sprache der Philosophie: Lasset Sulzern, der noch lebende Baumgarten, die Wörter: *angenehm, schön, lieblich, reizend, gefällig*, in seiner Ästhetik bestimmen; die Welt wird ihm vielen Dank wissen: lasset andere auf der Bahn des Baumgartens fortgehen und einen Kant in seinen *Beobachtungen über das Schöne und Erhabene*, feine Unterschiede zwischen beinahe gleichen Wörtern bemerken; sie arbeiten für die Deutsche Philosophie und Philosophische Sprache; aber nicht für die Sprachkunst, überhaupt. Alle kannst du nicht bestimmen, Philologischer Weltweise! Die wirst du vermutlich auswerfen wollen? Aber wirft sie auch die Sprache des Umgangs aus? Nein! So weit reicht noch nicht dein Gebiet, und noch minder ins Land der Dichter – Der Dichter muß rasend werden, wenn du ihm die Synonyme raubst; er lebt vom *Überfluß*. (Herder SW, 2. Bd. S. 103)

Auf diese Weise ist also, wie schon Cordes herausgestellt hat, die Sprache des Umganges der philosophischen Sprache einerseits und der Dichtersprache andererseits gegenübergestellt. Kurz vor der zitierten Stelle hat Herder das Wesen dieses Sprachbereiches zwischen Philosophie und Dichtung näher charakterisiert, ohne jedoch den Ausdruck »Sprache des Umgangs« zu verwenden. Dort heißt es:

> Ich habe zeigen wollen, daß eine Sprache, wie sie die höchste Dichtkunst, und die strengste Philosophie fordert, zween Endpunkte seyn, und mitten inne Platz

zu allen Gattungen bleibe, die ich unter den Namen einer behaglichen, bequemen Sprache setze. So wie Schönheit und Vollkommenheit nicht einerlei ist: so
ist auch die schönste und vollkommenste Sprache nicht zu einer Zeit möglich;
die mittlere Größe, ist unstreitig der beste Plaz, weil man von da aus auf beide
Seiten auslenken kann. (Herder, SW 2. Bd. S. 102)

Nach diesem Zitat umfaßt »Sprache des Umgangs« einen sehr weiten Bereich, im Grunde alle natürliche Sprache, wie man in Anlehnung an Dantes »De vulgari eloquentia« sagen könnte, alle Sprache, die nicht durch
die bewußte Anwendung logischer oder ästhetischer Regeln und Gesetze
durchgeformt ist. Sie ist also nur negativ bestimmt: Es ist eine ungelehrte
Sprachform, die weder auf Schönheit noch auf Genauigkeit zielt. Dennoch ist sie ihm die sichere und »behagliche« Basis, von der aus man hier-
hin und dorthin auslenken kann, so wie schon für Aristoteles die Umgangssprache, die auch er nicht näher kennzeichnet, die Basis ist, an der die Sprache der Tragödie und die der Komödie gemessen werden. (s. o. 3.1)

Man kann sicher nicht sagen, daß das hier herangezogene Werk Herders eine rational befriedigende Konzeption vom Wesen der Sprache und
eine ausreichende Definition der »Sprache des Umganges« böte. Aber das
will es auch nicht. Es will im Namen des Lebendigen und Organischen
überkommene rationale Fesseln sprengen, die Fesseln der auf dem Lateinischen basierenden Bildungstradition. Herder beruft sich dazu einesteils auf die noch weniger dogmatisierten griechischen Verhältnisse und
andererseits auf den »Umgang« als eine kultiviertere Form des gegenwärtigen Lebens[69] und auf das »gemeine Leben«.

Sein Eintreten für die ohne gelehrte Regelung gebrauchte Sprache hat
weitreichende Wirkung gehabt sowohl auf die Dichtung des Sturm und
Drang als auch auf die sprachwissenschaftliche Auffassung der Germanistik, wie sie von Jacob Grimm vertreten worden ist. Von Herders Standpunkt aus eröffnet sich die Möglichkeit der Würdigung im Umgange gebräuchlicher Sprachformen, die nicht mit dem hochsprachlichen Ideal
übereinstimmen. Vor allem für die Mundartforschung ist diese Blickrichtung späterhin bedeutsam geworden.

Der Kampf gegen erstarrte Bildungspositionen führt Herder übrigens
nicht dazu, das von Gottsched verfochtene Ideal insgesamt abzulehnen.
Er geht in seiner Schrift nur auf bestimmte literarische und sprachliche

---

[69] Welche Fülle von Lebensformen gemeint sein kann, wenn in der zweiten Hälfte des 18. Jhs.
von »Umgang« die Rede ist, davon gibt das vielzitierte Buch des Freiherrn Adolph von
Knigge »Über den Umgang mit Menschen« (Hannover 1788, reprograph. Nachdruck Darmstadt 1967) eine Vorstellung. Bei der Häufigkeit im Gebrauch des Wortes »Umgang« und
der Bedeutung des Sprachgebrauches für verschiedene Formen des Umganges ist übrigens
anzunehmen, daß die Formulierung »Sprache des Umganges« weit häufiger gebraucht worden ist, als mir bekannt geworden ist. Es wäre wenig sinnvoll, hier Vollständigkeit anzustre-
ben. Schon bei Herder habe ich mich auf eine Auswahl, die mir charakteristisch erscheint, beschränken müssen. So habe ich auch auf eine nähere Besprechung der Wendung »Sprache
des gemeinen Umganges« bei J. Chr. Blum (Spatziergänge 1, S. 49. 1774), die im Deutschen
Wörterbuch aufgeführt ist, verzichtet, weil sich keine wesentlich neuen Gesichtspunkte ergeben.

Tatbestände ein, die ihm ein Ärgernis sind; andere werden unerwähnt gelassen. So nimmt Herder die gemeinsprachliche Geltung des ostmitteldeutschen Typus offenbar als Selbstverständlichkeit hin, schließt sich also in dieser Hinsicht einem Sprachmuster an, für dessen generelle Durchsetzung sich Gottsched und später auch noch Adelung eingesetzt haben.

4.2 Wielands Eintreten für die maßgebliche Rolle der guten Schriftsteller

Adelung hat, als er eine von höfischem Geist geprägte Form des Meißnischen zur vorbildlichen Form des Deutschen erklärte, Widerspruch erwartet, und zwar vor allem von den Fürsprechern des Oberdeutschen. Außerdem konnte er mit der Gegnerschaft der Stürmer und Dränger rechnen, gegen die er ausdrücklich Stellung genommen hatte. »Aber der Angriff kam nicht von der Seite, von der er ihn wohl erwartete«, stellt Jellinek in seinem Referat der hier zu besprechenden Auseinandersetzung fest.[70] Er kam von Christoph Martin Wieland, der zwar Schwabe war, aber in seinen Schriften keine oberdeutsch geprägte Sprachform verwendete, sondern eine, die der von Adelung verfochtenen durchaus nahestand. Im Jahre 1770 hatte er sich als Wortführer einer selbst noch rationalistischen Gruppe gegen das von den Stürmern und Drängern aufgenommene »Zurück zur Natur« Rousseaus gewandt.[71] Wieland ist in der von Adelung geforderten Richtung wirksam gewesen. Nicht umsonst sagt Goethe (am 18. Januar 1825 zu Eckermann): »Wielanden verdankt das ganze obere Deutschland seinen Stil. Es hat viel von ihm gelernt, und die Fähigkeit, sich gehörig auszudrücken, ist nicht das geringste.« Trotzdem hat sich gerade zwischen Adelung und Wieland eine heftige Kontorverse ergeben. In dieser spielt die Frage, welche Bedeutung eine im Umgange gesprochene Sprachform für die mustergültige Form einer Sprache haben könnte, eine entscheidende Rolle.

Gegen Adelungs Standpunkt[72] wendet sich Wieland im Jahre 1782 und noch einmal im folgenden Jahr in seinem »Teutschen Merkur«.[73]

Verständige Männer, welche die regellosen Anmaßungen vieler neuer und neuesten Buchmacher eben so thöricht finden als Hr. Adelung, aber auch die nachtheiligen Folgen des übertriebenen Purismus der Gottschedischen Secte noch nicht vergessen haben, glaubten, die Sprache des gesellschaftlichen Umgangs der oberen Classen im südlichen Chursachsen könne weder als eine hinlängliche

---

[70] Jellinek, Geschichte Bd. 1 S. 373, 379 (§ 196).
[71] Vgl. Korff, Geist der Goethezeit, I, S. 88.
[72] Adelung hat diesen Standpunkt außer im »Umständlichen Lehrgebäude« gleichzeitig noch in seinem »Magazin für die deutsche Sprache« in zwei Abhandlungen vertreten. Auf diese Abhandlungen bezieht sich Wieland.
[73] 1782 unter dem Pseudonym »Philomusos«, 1783 teilweise unter dem Pseudonym »Musophilus«.

noch zuverlässige Regel für alle Arten von guten Schriftstellern angesehen werden. Denn wenn man auch sagen kann, wo diese obern Classen anfangen: wer getraut sich wohl die Linie zu ziehen, wo sie aufhören? Und wer scheut sich nicht vor dem Gedanken, den Geist der ersten Schriftsteller seiner Nation in die engen Schranken der Gesellschaftssprache einer einzigen Stadt, und wenn es selbst die Hauptstadt eines ganzen Reiches wäre, eingezwängt zu sehen? Was würde aus einem Aeschylus, einem Pindar, einem Aristophanes, geworden seyn, wenn sich die obern Classen in Athen und Theben eines solchen Vorrechts über den Genie ihrer größten Schriftsteller hätten anmaßen wollen? (1783, 2. Vierteljahr S. 22)

Zwar betont er, er sei gewiß,

daß es Hrn Adelungs Meinung niemals war ... ohne alle Einschränkung und Ausnahme kein Wort, keine Redensart, keine Rede-Figur, keine Versetzung, keine Auslassung, keine Wendung u. s. w. gelten zu lassen, die man nicht in der täglichen Gesellschafts-Sprache der Personen von Erziehung und feinerer Lebensart im südlichen Chursachsen zu hören bekommt. (1783, 2. Vierteljahr S. 23)

Aber diese entgegenkommende Formulierung verdeckt nicht den tiefer liegenden Gegensatz in den Auffassungen über die Beziehung der hier in schöner Vollständigkeit gekennzeichneten Sprachform zur Sprache der Dichter und zur allgemeinen Schriftsprache. Es ist deutlich, daß Wieland das Verhältnis der einzelnen Sprachbereiche zueinander wesentlich komplizierter sieht als Adelung. So äußert er sich über die hochdeutsche Sprache folgendermaßen:

Erst alsdann, wenn sie mit *Meisterstücken* in allen möglichen Arten des Styls versehen ist, kann man, so zu sagen, ihr Wörterbuch für *vollzählig* annehmen und eine feste Grenzlinie zwischen der *gemeinen Schriftsprache* (welche zugleich *die Sprache der guten Gesellschaft* in allen Provinzen ist) und den besondern Mundarten der einzeln Provinzen, ziehn; die guten Schriftsteller in jeder Schreibart entscheiden alsdann, was Hochteutsch in der *höhern Redner-* und *Dichter-Sprache*, was Hochteutsch in der *Komischen Sprache*, (die sich wieder in die *edlere*, *launenhafte* und *burleske* abtheilt) was Hochteutsch in der *Sprache der Wissenschaften und Künste*, und was Hochteutsch in der täglichen *Gesellschafts-Sprache der obern Classen* ist. Jeder dieser Sprach-Distrikte (wenn ich so sagen darf) hat wieder sein eignes Gebiet, seine eigne Verfassung, Gesetze und Gerechtsame, so wie seine eignen Grenzen: und nur aus ihnen allen zusammengenommen besteht die Schriftsprache einer durch Künste und Wissenschaften gebildeten Nation. (1782 S. 210)

Bemerkenswert ist, daß neben literarische Stilbereiche auch andere Sprachbereiche wie die Sprache des gesellschaftlichen Umgangs gestellt werden und daß diese Bereiche zusammenfassend als Sprachdistrikte mit eigenen Grenzen und Gesetzen bezeichnet, also jeweils als so etwas wie ein sprachlicher Organismus angesehen werden. Nicht minder bemerkenswert ist es, daß gegenüber der Auffassung Adelungs das Verhältnis zwischen Gesellschaftssprache und Schriftsprache fast umgekehrt erscheint. Wieland hebt die Bedeutung der Schriftsprache hervor und legt insbesondere auf die Sprache der Schriftsteller Wert, aber er lehnt Ade-

66

lungs Standpunkt nicht rundweg ab. Ihm kommt es auf die gegenseitige Bezogenheit an. Entsprechend äußert er sich an anderer Stelle zu Adelungs Meinung:

> So war es auch ... nothwendig, daß Herr A. bei der Beantwortung der Frage, was ist Hochteutsch? oder, welches ist die Sprache, deren sich die Schriftsteller zu bedienen haben? einen Grundsatz aufsuchte und festsetzte, wodurch die Sprache von der *Willkühr der Schriftsteller* unabhängig gemacht würde. Die Verwirrung schien ihm (mit Rechte däucht mich) nicht anders aufhören zu können, als wenn die Schriftsteller aus dem gesezlosen Stande, wo jeder thut, was ihm beliebt, zu einem gemeinschaftlichen Panier zurückgerufen würden. Dieses fand er in der obersächsischen Mundart, vornemlich wie sie von den obern Classen Chursachsens gesprochen wird. Seiner Meynung nach muß für jede lebende Sprache eine Hauptstadt oder wenigstens eine Provinz seyn (und natürlicherweise ist es die cultivierteste und blühendste), welche gleichsam der Depositaire der Sprache ist; und wenn dies auch von Teutschland gilt, welcher andere Kreis desselben könnte dem Obersächsischen diesen Vorzug streitig machen wollen? (1783, 2. Vierteljahr S. 21)

Hier wird eingeräumt, daß in einer lebendigen Sprache ein Sprecherkreis als Sprachträger notwendig sei, aber dieser Kreis wird gleichzeitig als ein Depositaire bezeichnet, d. h. als ein Ort der Sammlung, der nach Wieland zweifellos auch die schriftliche Überlieferung, und zwar nicht nur die obersächsicher Schriftsteller, bewahrt.

Der Hauptunterschied in den Auffassungen Adelungs und Wielands ist der, daß Adelung bestrebt ist, eine einzige verbindliche Norm des Hochdeutschen festzustellen. Varianten im Gebrauch erscheinen entweder als unerheblich (so kann er – wie vor ihm Vaugelas – Literatursprache und Sprache des gesellschaftlichen Umganges als übereinstimmend betrachten) oder als regelwidrig (Ablehnung niedriger, veralteter, provinzieller Begriffe). Sein Programm entspricht dem eines nach möglichst einfachen Regeln strebenden Sprachlehrers. Wieland dagegen spricht aus der Erfahrung des Schriftstellers. Dabei ist wichtig, daß er ein Schriftsteller ist, der nicht nur an den klassischen Werken der Antike und den nach Vernunft und Regel gefügten Leistungen der französischen Klassik geschult ist, sondern auch die englische Dichtung und insbesondere Shakespeare zu würdigen gelernt hat. Wielands Übersetzung der Werke Shakespeares ist es ja, die das Werk des großen Engländers zuerst für den deutschen Sprachraum erschlossen hat. Für ihn kann eine Sprachlehre, für die Sprachleistungen von der Art Shakespeares als unkorrekt erscheinen müßten, nicht annehmbar sein. Aber er sieht durchaus, daß nicht alles, was in der Literatur an einem bestimmten Platz als angemessen erscheint, generell als mustergültig angesehen werden kann. Gewiß hat auch die klassische Auffassung von Gebrauchsweisen der Sprache abhängige Varianten immer in gewissem Maße berücksichtigt. Sie wählt dabei den Standpunkt der einzig anerkannten mustergültigen Form und wertet die Abweichungen als »Lizenzen«, die unter gewissen Bedingungen gestattet sind, während sie sonst als »Fehler« gelten. Bei Wieland wird der Standpunkt der Betrachtung verändert. Er nimmt jede Gebrauchsweise als einen Distrikt mit eigenen Gesetzen,[74] für jeden wird ein eigenes Vorbild, und das heißt im Grunde ein eigenes Programm, gefordert. So kann auch die Sprache des gesellschaftlichen Umganges als eigener Bereich mit gewisser Souveränität betrachtet werden. Offen bleibt, welches Verhältnis die einzelnen Distrikte zueinander haben sollen. Erst an – zum großen Teil noch in der Zukunft liegenden – Leistungen von Schriftstellern werden sie sich ablesen lassen. Sicher ist, daß es sehr viel schwieriger sein würde, die von Wieland ins Auge gefaßten Verhältnisse in Regeln zu fassen, als dies nach dem der klassischen Tradition und dem Ideal der Vernunft folgenden Konzept Adelungs der Fall ist. Deutlich ist auch in dieser Diskussion, wie die Frage der Sprachnorm mit Fragen des Stils verquickt ist.

4.3   Bürgers Verständnis der »neueren Schrift- und höheren Umgangssprache« als Sprache der Gebildeten Norddeutschlands

In den Belegen des »Deutschen Wörterbuchs taucht das Kompositum »Umgangssprache« zum ersten Mal bei Bürger auf, und auch in meinen Unterlagen findet sich kein früherer Beleg. Bürger gebraucht das neue Wort in dem Fragment »Hübnerus redivivus« (entstanden 1791, postum veröffentlicht 1797/98), einer Schrift, von der es im Untertitel heißt: »Das ist: kurze Theorie der Reimkunst für Dilettanten«. In dem hier wesentlichen Abschnitt geht es um die Reinheit der Reime. Nach der Verteidigung der Reinheit einiger im Schriftbild nicht übereinstimmender Reime fährt Bürger fort:

> Ich bin geneigt, ... auch reime, wie diese: *Hals, Salz*; *Gans, Kranz*; *Tag, sprach*; *Pflug, Buch*, – für richtig zu erklären, weil die Verschiedenheit in der echt hochdeutschen Aussprache äußerst ... unmerklich ist ...
> Doch vielleicht denke ich von den Tadlern jener Reime schlimmer, als sie es verdienen. Wie, wenn sie sich wirklich auf ihr Ohr und die Aussprache beriefen? Alsdann aber frage ich wieder: Lieber, was für ein Landsmann bist du? Bist du ein Hochdeutscher, geboren und erzogen unter den höhern und gebildeten Volks-Classen derjenigen deutschen Provinzen, in welchen unsere neuere Schrift- und höhere Umgangssprache seit *Luther's* Zeiten entstanden und fortgebildet worden ? Oder bist du ein Franke, ein Schwabe, ein Elsasser, ein Baier, ein Schweizer, ein Österreicher, mit einem Worte, bist du ein Süd-Deutscher aus einer von denjenigen Provinzen, die noch das für die Schriftsprache längst veraltete Hochdeutsch sprechen? Im ersten Falle bist und bleibst du, Einwändens ungeachtet, entweder der einfältige Tropf oder der eigensinnige Kopf; im zweiten berufst du dich auf ein falsches Ohr, auf eine falsche Aussprache.

---

[74] Immerhin klingt diese Auffassung auch schon bei Herder an, wenn er sagt, daß die Sprache des gemeinen Lebens, die philosophische Sprache und die höchste Dichtersprache jede ihren eigenen Zweck und jede ihre ausschließenden Fehler und Schönheiten hätten. (Vgl. oben 4.1)

Nur ein neu Hochdeutsches Ohr, nur eine neu Hochdeutsche Aussprache können und dürfen hierin entscheiden; und es steht mit Recht zu behaupten, daß
nur die höhern gebildeten Volks-Classen des nördlichen Deutschlands in dem
Besitz dieser Stücke sind. ... Das neue, in Ober-Sachsen entstandene, von den
obern Volks-Classen dieser und anderer sächsischer Provinzen und ihren classischen Schriftstellern fortgebildete Deutsch herrschet nun einmal, und kein Elsas-
ser, kein Schwabe, kein Baier, kein Österreicher wird es mehr wegherrschen ...
Alle vernünftigen und billigen Provinzialen sehen das auch sehr wohl ein, und
fügen sich ohne Widerrede den Hochdeutschen Sprachgesetzen, soweit sie ihnen nur immer bekannt sind. Nur der Pöbel übertritt sie aus grober Unwissen-
heit, oder mit trotzigem Vorsatz. (Bürger, SW, S. 341) ff.)

Schon ein flüchtiger Vergleich der Formulierungen läßt erkennen, daß
Bürger sich weitgehend Adelungs Standpunkt in der Frage »Was ist Hochdeutsch?« zu eigen gemacht hat.[75]

Gezwungen durch sein Thema, muß er jedoch noch weiter als Adelung
in das Gebiet der Lautlehre vordringen und auch Lauterscheinungen berücksichtigen, die nicht im Schriftbild erkennbar sind. Deshalb stellt er mit
noch größerem Nachdruck als Adelung neben das Vorbild der neueren
Schriftsprache ein die rechte Lautung betreffendes Vorbild, das er »höhere Umgangssprache« nennt. Dabei ist aber »unsere neuere Schrift- und
höhere Umgangssprache« eindeutig als einheitliche Sprachform verstanden. Von ihr repräsentiert die »höhere Umgangssprache« im wesentlichen einen Aspekt, nämlich die Lautgestalt (vgl. Cordes). Nach modernen
Begriffen muß man hier von einem in sich geschlossenen Sprachsystem
sprechen, das sich phonetisch und phonologisch beschreiben ließe. – Man
könnte nach dem bisher Gesagten fast versucht sein, »höhere Umgangssprache« dem modernen Begriff »Hochlautung« gleichzusetzen. Das wäre aber nicht richtig. Auch »höhere Umgangssprache« meint das gesamte
System. Es ist die Sprache, die die Gebildeten Norddeutschlands im Umgange miteinander sprechen. Daß der Begriff im wesentlichen für die Lautung steht, beruht darauf, daß Bürger über Spracherscheinungen schreibt,
die in der Schrift nur unvollkommen wiedergegeben werden können, so
daß ihm eine Berufung auf die Schrift nicht möglich ist. Dagegen sind diese Erscheinungen in der Situation des Umganges zu beobachten, und deshalb verweist er auf die in dieser Situation zu hörende Sprache, auf die
»Umgangssprache«.

Obgleich sich Bürger offensichtlich der Ausdrucksweise Adelungs bedient, sind doch einige Unterschiede bemerkenswert: Er legt die gemeinte
Sprachform nicht so genau geographisch fest. Wie Adelung gibt er zwar
an, dies neue Deutsch sei in Ober-Sachsen entstanden; aber er fügt hinzu,
daß es auch »von den obern Volks-Classen ... anderer sächsicher Provinzen und ihren classischen Schriftstellern« fortgebildet worden sei. Ent-

---

[75] R. Newald sagt, die Forschung zusammenfassend, »daß sich Bürger am ästhetischen Gespräch der Zeit nicht mit selbständigen Gedanken beteiligte, sondern nur mit Geschick die
Gedanken anderer in einem bereits geprägten Wortlaut aneinanderreiht ... Er bleibt Adelungs poetischer Auffassung verpflichtet.« (De Boor/Newald Bd. 6,1 S. 218)

sprechend vermeidet er den von Adelung gern gebrauchten Begriff
»Hochdeutsche Mundart«. Außerdem ist der Hinweis auf die Funktion, in
der die gemeinte Sprachform erscheint, nicht so genau wie bei Adelung,
der angibt, daß es sich um die Sprache des *gesellschaftlichen* Umgangs
handele. Diese gesellschaftliche Funktion schätzt Adelung immerhin als
so wesentlich ein, daß sich bei ihm (und bei Wieland) gelegentlich das
Kompositum »Gesellschafts-Sprache« einstellt. Bei Bürger tritt demgegenüber der Gedanke an eine im persönlichen mündlichen Verkehr stehende Gruppe als Träger der Sprachform zurück. Er scheint eher an so etwas
wie eine Bildungsschicht zu denken. Und in dieser Hinsicht besteht in der
Tat ein tiefgreifender Gegensatz zwischen der Auffassung Bürgers und
der Adelungs, der in Bürgers Schrift »Über die deutsche Sprache. An
Adelung« (1783) abgehandelt wird. Hier wendet sich Bürger heftig gegen
die These, daß der wirtschaftliche Wohlstand Obersachsens dieser Landschaft einen besonderen Vorzug in sprachlichen Dingen geben könne, und
vor allem gegen die Ansicht, daß »der Geschmack der obern Klassen die
Sprache zur Schriftsprache[76] mache«. Bürger fragt dagegen:

> Und wodurch bekommen denn die oberen Classen ihren Geschmack? Wieder
> durch Niemand anders als durch die Gelehrten, und zwar hauptsächlich durch
> die schreibenden Gelehrten. (Bürger, SW S. 387)

Hinter dieser Stellungnahme steht Bürgers Überzeugung von der Aufgabe des Dichters und der Dichtung. Er hat nämlich insbesondere die Dichter im Sinn, wenn er von »Gelehrten« spricht, und er denkt nicht an traditionelle Schulgelehrsamkeit, sondern er hofft mit Klopstock, daß bald
»der Natur Recht vor dem Schulrecht« herrsche.[77] Die Dichtung aber soll
sich nicht an eine besondere Klasse wenden. Bürger erklärt – u. a. ermu-
tigt durch die Lektüre Herders – daß er Volkspoesie »als die einzige wahre anerkenne«[78] und sagt:

> ... so kann ich doch nicht aufhören, die Poesie für eine Kunst zu halten, die zwar
> *von* Gelehrten, aber nicht *für* Gelehrte als *solche,* sondern für *das Volk* ausgeübt
> werden muß. In den Begriff des Volkes aber müssen nur diejenigen Merkmale
> aufgenommen werden, worin ungefähr alle, oder doch die ansehnlichsten Clas-
> sen überein kommen. (Vorrede zur zweiten Ausgabe der Gedichte 1789. Bürger,
> SW, S. 328)

Den Ehrentitel eines Volksdichters wünscht Bürger selbst verdient zu haben durch sein

> ... Bestreben nach Klarheit, Bestimmtheit, Abrundung, Ordnung und Zusammen-
> klang der Gedanken und Bilder; nach Wahrheit, Natur und Einfalt der Empfin-
> dungen, nach dem eigenthümlichsten und treffendsten, nicht eben aus der tod-

---

[76] Vielleicht ist an dieser Stelle zum ersten Mal das Wort »Schriftsprache« als Verdeutschung
von »literarische Sprache« gebraucht worden. Vgl. Schwarz, Wortgeschichte, S. 113.
[77] Vgl. die Vorrede zur ersten Ausgabe der Gedichte (1788), wo Bürger aus Klopstocks »Weis-
sagung, an die Grafen Christian und Friedrich Stolberg« zitiert. (Bürger, SW, S. 324).
[78] Vorrede zur ersten Ausgabe der Gedichte (1788) (Bürger, SW, S. 324).

ten Schrift-, sondern mitten aus der lebendigsten Mundsprache aufgegriffenen Ausdrucke derselben, nach der pünktlichsten grammatischen Richtigkeit, nach einem leichten, ungezwungenen, wohlklingenden Reim- und Versbau ... (Vorrede zur zweiten Ausgabe der Gedichte 1789. Bürger, SW, S. 328)

Bei dieser Einstellung ist klar, daß Bürger keine *Gesellschaftssprache* ins Auge fassen und nur in einem weiteren Sinn als Adelung den Gebrauch einer gehobenen Bevölkerungsklasse zum Maßstab für den rechten Reimgebrauch machen konnte. Im Grunde müßte er eine radikal andere Sprachprogrammatik entwickeln als die von Adelung vertretene. Gewisse Ansätze finden sich dazu im letzten Zitat. Aber der letzte Hinweis auf »die lebendigste Mundsprache« gibt doch nur wenig Anhalt. Letztenendes bleibt alles dem Urteil der Schriftsteller,[79] genauer: eines gewissen Kreises dazu befähigter Schriftsteller, überlassen. Und auf diesen kaum recht faßbaren Kreis bezogen ist auch die Wortprägung »Umgangssprache«, als eine – verglichen mit »Gesellschaftssprache« – weniger genau festgelegte Bezeichnung für einen mündlichen Sprachgebrauch. Es ist bemerkenswert, daß die Wortprägung zuerst in einem derart wenig fest umrissenen Zusammenhang auftaucht.

4.4   Campes Gebrauch des Wortes »Umgangssprache« als Bezeichnung für eine Anwendungsweise der Sprache

In der neueren sprachwissenschaftlichen Literatur gilt Campe großenteils als Schöpfer des Begriffes »Umgangssprache«, so z. B. bei Schirmer, Henzen und Moser. Tatsächlich ist er der erste Autor, der ihn häufig verwendet hat, und zwar in Veröffentlichungen, die auf den allgemeinen Sprachgebrauch von nachhaltigem Einfluß gewesen sind. Vor allem sind zwei exponierte Stellen wichtig, an denen das Wort »Umgangssprache« erscheint, nämlich die Einleitungen zu seinen beiden Wörterbüchern. Das erste, das »Wörterbuch zur Erklärung und Verdeutschung der unserer Sprache aufgedrungenen fremden Ausdrücke«, ist 1801 erschienen. Es heißt im Untertitel »Ein Ergänzungsband zu Adelungs Wörterbuche«. In der Einleitung zu diesem Werk hat Campe seine Auffassung über »Grundsätze, Regeln und Gränzen der Verdeutschung« dargelegt. Um die »Grenzen der Verdeutschung« umreißen zu können, gebraucht er neben anderen auch den Terminus »Umgangssprache«:

Die ... Kenntnisse, welche vor allen andern *ganz* Deutsch eingekleidet zu werden verdienen, weil sie für *Alle* Deutsche gehören, lassen sich in folgende acht Fächer ordnen: 1. Die gesammte *Sitten*- oder Tugendlehre 2. Die eigentliche *Gotteslehre* (Religion) ... 3. Die Rechtsprache ... 4. Diejenigen *Theile* der *Vernunftwissenschaft*, die allgemein- oder volksverständlich gemacht werden können und sollten ... 5. Die *Größenlehre*, die *Naturlehre*, *Naturbeschreibung* und

---

[79] Darin ist Bürgers Auffassung also der Wielands ähnlich.

die *Scheidekunst*; 6. Diejenigen Theile der *Arzneiwissenschaft*, welche jedem Menschen nützlich werden können, und daher jedem zu wünschen wären ... 7. Die *Umgangs-* und *Geschäftssprache*, nicht bloß sofern sie in mündlichen Unterredungen, sondern auch in Briefen, schriftlichen Verhandlungen und Volksschriften aller Art, z. B. in Schauspielen, Geschichtsbüchern, Geschichtsdichtungen (Romanen), *Zeitungen* u. s. w. gebraucht wird. ... 8. Die *Dichtkunst*; ... (Campe, Verdeutschung S. 52)

Für die Herkunft der Begriffsprägung »Umgangssprache« ist es bemerkenswert, daß auch dieser Autor von Adelung ausgeht. Der Zusammenhang, in dem die Verknüpfung von »Umgang« und »Sprache« erscheint, ist allerdings neu. Sie wird neben die »Geschäftssprache« gestellt und mit dieser zusammen als ein Fach unter Fächern gewertet. Das legt die Vermutung nahe, daß unter Umgangssprache so etwas wie eine Fachsprache verstanden werden soll. Es ist jedoch fraglich, wie weit das zulässig ist. Gewiß läßt sich im Anschluß an Campes Sprachgebrauch das Augenblickskompositum »Fachsprache« bilden, es ist aber noch zu prüfen, ob hier wirklich eine Fachsprache im modernen Sinne unter dem Namen »Umgangssprache« erscheint. Das hängt davon ab, was Campe unter »Fach« versteht. Da er selbst keine Erläuterungen zum Fachcharakter gibt, ist es notwendig, die Fächer selbst auf ihre Eigenart hin zu befragen. Das soll nun geschehen.

Zunächst ist auffällig, daß mehrere der verwendeten Fachbezeichnungen das Wort »Lehre« als Grundwort enthalten, andere das Wort »Wissenschaft«. Die nähere Prüfung ergibt, daß es sich bei diesen Begriffen um wissenschaftliche Lehrfächer handelt, denen Campe gegen den Gebrauch, aber den Grundsätzen seines Verdeutschungswörterbuches treu folgend, deutsche Namen gegeben hat. »Sitten- oder Tugendlehre« bezeichnet die Ethik (vgl. Campe, Verdeutschung S. 339). Hinter »Gotteslehre« setzt Campe selbst in Klammern »Religion«, andererseits schreibt er im »Wörterbuch zur Erklärung und Verdeutschung ...« (S. 642) unter Theologie: »Gotteslehre würde auch dafür passen«. »Vernunftwissenschaft« steht für Philosophie (Campe, Verdeutschung, S. 460), »Größenlehre« für Mathematik (Campe, Verdeutschung, S. 460), »Naturlehre« für Physik (Campe, Verdeutschung, S. 526) und »Arzneiwissenschaft« für Medizin (Campe, Verdeutschung, S. 461). In diese Reihe wissenschaftlicher Lehren fügen sich auch noch die »Naturbeschreibung« für Naturhistorie (vgl. Campe, Verdeutschung, S. 478) und die »Scheidekunst« für Chemie (vgl. Campe, Verdeutschung, S. 226), obgleich hier bei der Verdeutschung andere Grundwörter benutzt worden sind. Etwas anders ist es mit dem Begriff »Rechtssprache«. Er steht nicht für ein Fremdwort, wie sich aus dem »Verzeichnis der zum Ersatz fremder Ausdrücke vorgeschlagenen Wörter« dieses Wörterbuches entnehmen läßt, und außerdem bezeichnet er keine Lehre, sondern eine Sprachform, nämlich die »der Gesetze, der Gerichtshöfe, der Landesverordnungen und der öffentlichen Staatsverhandlungen«, eine Sprachform also, die sich nicht so sehr auf die Rechtslehre als vielmehr auf das Rechtsleben bezieht. Aber immerhin ist eine Wissenschaft der Hintergrund, und so steht es hier doch recht ähnlich wie bei den anderen bisher genannten Fächern, bei denen zum Teil ausdrücklich vermerkt ist, daß es nicht um die ganze wissenschaftliche Lehre geht, sondern nur um »Diejenigen Theile ... die allgemein- oder volksverständlich gemacht werden können und sollten« oder »welche jedem Menschen nützlich werden können«. Für die bisher genannten Fächer, die Fächer 1-6, läßt sich danach sagen, daß mit ihnen diejenigen Teile wissenschaftlicher Lehren gemeint sind, die Bedeutung haben. Es handelt sich bisher also durchaus um Fächer, denen charakteristische Fachsprachen eigentümlich sind.

Nun ist außer der Umgangs- und Geschäftssprache noch ein Punkt nicht berücksichtigt: Punkt 8, die Dichtkunst. Man könnte zunächst meinen, daß hier ebenfalls eine Lehre, nämlich die Poetik, gemeint sei. Doch das Verdeutschungswörterbuch gibt die Auskunft, daß »Dichtkunst« nicht wie etwa bei Gottsched als Übersetzung für »Poetik« gedacht ist, sondern als Übersetzung für »Poesie« (Campe, Verdeutschung S. 533), diese aber unterscheidet sich durch ihre »gebundene Form« und ihre »Zier« von anderen Sprachformen, nicht durch eine eigene Terminologie. Immerhin erklärt Gottsched noch, die Poesie sei »eine von den wichtigsten freyen Künsten, ja der vornehmste Teil der Gelehrsamkeit«. (Gottsched, Dichtkunst S. 67) Insofern mag man sie als ein Fach bezeichnen; aber es ist doch wohl kein Zufall, daß sie nicht im Anschluß an die anderen Lehren aufgeführt ist, sondern erst nach der »Umgangs- und Geschäftssprache«. Das erinnert an die Einteilung Herders, der die durch Genauigkeit der Definition vollkommene Sprache der Philosophie auf der einen, die durch Schönheit ausgezeichnete Sprache der Dichtung auf der anderen und die Sprache des Umganges im Raume dazwischen sieht (s. o. 4.1). Wenn »Umgangssprache« auch hier so verstanden würde, so wäre sie eigentlich kein besonderes Fach, sondern der Normalbereich, von dem die Sonderformen in verschiedener Richtung abweichen, wobei diesen erst die Abweichung den Fachcharakter gibt.

Aber dieser Schluß kann voreilig sein. Es bleibt noch zu fragen, ob aus den näheren Angaben, die Campe selbst zum »Fach« »Umgangs- und Geschäftssprache« macht, nicht doch etwas über den Fachcharakter dieses Bereiches ausgesagt wird, was dem Fachcharakter der anderen Bereiche vergleichbar wäre.

Bei den übrigen Fächern haben sich einige wesentliche Feststellungen dadurch ergeben, daß genauer definierbare Fremdwörter als Grundbegriffe ermittelt werden konnten. So erscheint es nicht aussichtslos, auch hier zu versuchen, ob ein entsprechender Weg gangbar ist. Und in der Tat: »Umgangssprache« ist als Verdeutschung genannt, und zwar als Übersetzung von »Conversationssprache«, wobei »Conversation« als »das Gespräch, die Unterredung, Unterhaltung« aufgeführt ist. Das ist eine Kennzeichnung von der Funktion der Sprache her, nicht vom Inhalt wie bei den Fächern 1–6 und nicht von der Form her wie in Fach 8. Das ergänzende Wort »Geschäftssprache« läßt sich schon eher inhaltlich verstehen, jedoch kaum als *ein* Fach. Man könnte sich unschwer so viele geschäftliche Bereiche denken, jeden mit eigenem Fachwortschatz, wie oben wissenschaftliche Bereiche genannt worden sind. Es müßte demnach eine Gruppe von Fachsprachen gemeint sein. Aber es ist doch nicht so, daß das ganze hier umschriebene Sprachfeld nach »Geschäften« in Fachsprachen aufgegliedert werden könnte. »Schauspiel«, »Geschichtsbuch« und »Geschichtsdichtung (Roman)« haben keine eigene Terminologie, und einem Geschäftsbereich wird man sie auch nicht zuordnen wollen. Der Doppelbegriff »Umgangs- und Geschäftssprache« kann demnach nicht so gemeint sein, daß etwa »Umgang« die Funktion, »Geschäft« den Inhalt fassen sollte. Auch die Funktionsbezeichnung »Umgangssprache« soll anscheinend etwas Inhaltliches decken. Dabei wäre wohl zunächst an das zu denken, was bei dem korrespondierenden Fremdwort »Conversationssprache« im engeren Sinn unter Conversation verstanden zu werden pflegt, nämlich die Unterhaltung im gehobenen gesellschaftlichen Umgang (vgl. »Gesellschafts-Sprache« bei Adelung und Wieland). Bei solchen gesellschaftlichen Zusammenkünften müssen strenge Regeln beachtet werden, die über die »Gesellschaftsfähigkeit« von Gesprächsgegenständen und von Worten entscheiden. Insofern kann man einen gesonderten Sprachraum erkennen, den man vielleicht als eine Art »Fach« bezeichnen könnte, wenn auch nicht in demselben Sinne wie ein wissenschaftliches oder berufliches Fach.

Einige Gebrauchsweisen des Wortes »Umgangssprache« in den Artikeln des Wörterbuches selbst lehren jedoch, daß das Wort von Campe keineswegs nur in dem obengenannten Sinn verstanden wird. Da findet sich z. B. folgender Artikel:

> Pauvre (spr. Power), arm. In der Umgangssprache einiger Gegenden wird es auch für krank und elend gehört. Ich war gestern sehr pauvre sagt man, wenn man zu erkennen geben will, daß man sich sehr übel befunden habe. (Campe, Verdeutschung, S. 515)

Die Kennzeichnung mit dem Wort »Umgangssprache« soll hier sicher nicht anzeigen, daß »Pauvre (spr. Power)« dem Sprachgebrauch der »guten Gesellschaft« zuzurechnen sei. Aber es ist auch auf keine andere Gesellschaftsschicht Bezug genommen. Stattdessen überrascht der Hinweis auf eine geographische Begrenzung, und es fällt die Bemerkung auf, daß das Wort dort in dieser Bedeutung »gehört« werde. Wiederum zielt »Umgangssprache« also auf die Funktion des Gesprächs. Über die Zuordnung zu einem Fach- oder Lebensbereich ist in diesem Falle nichts gesagt.

Unter dem folgenden Stichwort erscheint »Umgangssprache« noch in einem wesentlich anderen Zusammenhang:

Rendez-vous (spr. Rangdewuh) ... Für die scherzende Schreibart und für die leichte Umgangssprache (aber auch nur für diese) habe ich den nachahmenden Ausdruck, Stell-dich-ein, wie Vergiß-mein-nicht, Spring-ins-Feld u. dergl. gebildet, vorzuschlagen gewagt; und diese scherzhafte Verdeutschung ist von einigen Schriftstellern angenommen worden. (Campe, Verdeutschung, S. 579)

Da ist weder von einem Fachgebiet noch von einer bestimmten Gegend noch von einer Gesellschaftsschicht die Rede. Immerhin läßt die Gegenüberstellung zu einer Schreibart erkennen, daß mit »Umgangssprache« die Zugehörigkeit zu einer Art der gesprochenen Sprache gemeint sein muß. Aber diese Gegenüberstellung ist für Campe an dieser Stelle nicht so wichtig. Hier kommt es ihm auf eine stilistische Eingrenzung an, und die gilt in gleicher Weise für den schriftlichen und den mündlichen Bereich. »Scherzende Schreibart« und »leichte Umgangssprache« sind als einander korrespondierende Stilbereiche anzusehen. Als solche stellen sie zwar keine eigenständigen Sprachformen dar, aber sie können doch im Sinne Wielands als »Sprachdistrikte« mit eigenen Gesetzen verstanden werden.

In einem weiteren Artikel des Verdeutschungswörterbuches finde ich die Umgangssprache der Büchersprache gegenübergestellt, und zwar so:

Dame und Demoiselle, für welches letzte man im Deutschen Mamsell zu sagen, jetzt auch zu schreiben, pflegt. Diese Französischen Wörter schon jetzt aus der Umgangssprache verbannen zu wollen, würde ein vergebliches Unternehmen sein. Allein was hindert uns, den Anfang zu ihrer Verbannung in der Büchersprache zu machen. (Campe, Verdeutschung, S. 282)

Hier gehören »sagen« und »schreiben« eng zusammen. »Umgangssprache« könnte sich auf beide beziehen. In diesem Falle wäre der briefliche Umgang mit dem mündlichen zusammen auf die eine Seite gestellt, während auf der anderen Seite als Gegenpol zum Bereich des Umganges die für die Dauer bestimmte Schrift stünde. Nach dieser – allerdings nicht ganz gesicherten – Interpretation liegt die Grenze zwischen den Sprachbereichen wiederum anders als bei den zuvor besprochenen Beispielen.

Die von Campe gebrauchte Bezeichnung der Umgangssprache als »Fach« scheint nach alledem eine Verlegenheitslösung zu sein. Wenn es im konkreten Einzelfall gelingt, den Begriff »Umgangssprache« auf so etwas wie ein Fach zu beziehen, dann haben das zusätzliche Hinweise ermöglicht, die dem Begriff »Umgangssprache« an die Seite gestellt worden sind. In diesen Fällen zeigen aber die verschiedenen Hinweise in verschiedene Fachrichtungen. Nur eins ist überall gemeinsam: »Umgangssprache« meint immer in der Funktion des Umganges angewendete Sprache, immer geht es um Sprache, die im Dienst eines gegenseitigen persönlichen Kontaktes gebraucht wird.

Von diesem Standpunkt aus lassen sich auch die späteren Darlegungen Campes verstehen, die er in der Einleitung zu seinem Wörterbuch von 1807 vorbringt:

Es sollte ... aus *allen* Quellen, die für die *allgemeine Deutsche Sprache, Hochdeutsch* genannt, etwas zu liefern haben, geschöpft werden. Kein Theil unseres gemeinsamen Vaterlandes ... soll sich anmaßen, seine besondere Mundart den andern Theilen als *Gemeinsprache* aufzudringen. ... In allen (Landschaften) ohne Ausnahme, wird in allgemeinen nur landschaftliches Deutsch geredet, aus welchem die gebildeteren Menschen und die Schriftsteller aller Gegenden das Beste, Edelste und Sprachrichtigste für die *allgemeine Deutsche Umgangs- und Schriftsprache* ausgehoben haben ... (Campe, Wörterbuch, S. VIII)

Eduard Brodführer zitiert diese Sätze im Artikel »Gemeinsprache« von Trübners Deutschem Wörterbuch und beklagt dabei, daß hier von Campe Gemeinsprache, Hochdeutsch und Schriftsprache gleichbedeutend gebraucht seien und noch Umgangssprache mit eingemischt werde. Diese Klage erscheint unberechtigt, wenn man »Umgangssprache« als Funktionsbezeichnung erkennt. Dann nämlich sieht man, daß mit Umgangs- und Schriftsprache zwei Anwendungsarten der Sprachform bezeichnet sind, die im deutschen Sprachraum die Rolle der Gemeinsprache spielt und als »Hochdeutsch« bezeichnet zu werden pflegt. Die Kritik am terminologischen Gebrauch Campes beruht auf falschem Verstehen. Aber daran ist Campe selbst nicht schuldlos. Die vorhergehenden Betrachtungen zeigen, daß auch er nicht immer sauber unterscheidet, ob eine Sprachform oder eine Sprachfunktion gemeint ist. Offenbar ist eine klare Unterscheidung nicht immer leicht, und eine Verwechslung scheint oft sehr nahe zu liegen. Vielleicht spiegeln die terminologischen Schwierigkeiten sachliche Schwierigkeiten bei der Sprachbeobachtung wider. Die Vermutung liegt nahe, daß Sprachform und Sprachfunktion oft so sehr miteinander verflochten sein können, daß eine Trennung der Aspekte kaum gelingt. Es ist zu bedenken, ob nicht hier ein Hauptgrund für die Schwierigkeiten der wissenschaftlichen Bewältigung im Umgange gebräuchlicher Sprachformen liegt.

4.5   F. L. Jahns Einschätzung des Hochdeutschen als einer »sich über das gemeine Leben erhebenden Umgangs-, Schrift- und Büchersprache«

Im Gebrauch des Begriffes »Umgangssprache« bestehen zwischen J. H. Campe und F. L. Jahn manche Parallelen, es finden sich aber bei Jahn doch noch neue Aspekte. Gleichartig ist dies: Das Wort steht beim einen wie beim andern zuerst in der Einleitung zu einer Art Wörterbuch. Bei beiden verweist der Untertitel der Veröffentlichung auf Adelung. Jahns Buch heißt »Bereicherung des Hochdeutschen Sprachschatzes versucht im Gebiete der Sinnverwandtschaft, ein Nachtrag zu Adelung's und eine Nachlese zu Eberhard's Wörterbuch«. Dieser Titel zeigt auch eine ähnlich sprachprogrammatische Ausrichtung.[80] Wie Campe stellt sich Jahn gegen den

---

[80] Vgl. Schwarz, Wortgeschichte, S. 123 f.: Über 1000 Fachausdrücke hat Jahn geschaffen, so

Anspruch einer Mundart, alleinige Richtschnur für die Gemeinsprache zu sein. Neu ist aber Jahns Argumentation gegen Adelungs geographisch verstandenen Gebrauch des Wortes »Hochdeutsch«. Und im Rahmen dieser Argumentation verwendet er das Wort »Umgangssprache«:

Die meisten mit *hoch* zusammengesetzten Wörter bezeichnen keine wirklich physische Höhe, sondern nur eine Außerordentlichkeit, eine Vorzüglichkeit in seiner Art, und besonders die Hauptwörter meinen fast immer nur eine *moralische Erhabenheit*. Dies ist auf ganze Redensarten übergegangen, von denen um einige anzuführen «*er will hoch hinaus, sich höchlich verwundern, sich hoch und theuer verschwören, hoch leben*« in jedermanns Munde sind. Noch haben die mittlern und die geringern Menschenklassen des Deutschen Volks die Ausdrücke «*er spricht hoch, er schreibt hoch, er predigt hoch*«. Darunter verstehen sie, die sich über das gemeine Leben erhebende Umgangs-Schrift- und Büchersprache,[81] wo sie nur schwer den wahren Sinn fassen, oft ihn nur ahnen. Wer aber zu ihnen spricht, predigt und schreibt, daß sie ohne Mühe seinen Vortrag verstehen, seiner Gedankenreihe folgen können, ach! den rühmen sie als *schön platt*. *Platt* ist bei ihnen was der Gelehrte populär nennt. Ich spreche hier im Allgemeinen von Deutschland, nicht bloß vom Norden. (Jahn, Bereicherung, S. 43)

Die Formulierung erlaubt es, auch Umgangs-, Schrift- und Büchersprachen anzunehmen, die sich nicht über das gemeine Leben erheben, aber hier geht es um die hochdeutsche, also nach dem Verständnis Jahns hohe Sprachform. Das war zwar auch bei Adelung und Wieland der Fall, aber dort war Zugehörigkeit zur guten Gesellschaft und Gebrauch durch Personen, die in diesem Sinne Geschmack und Erziehung hatten, als Kriterium für die Höhe der Sprachform genommen. Hier wird dagegen eine Sprachform als »hoch« bezeichnet, die nur einem Kreis Eingeweihter verständlich ist, einem Kreis, den man mit einem zum Schlagwort gewordenen Begriff der modernen Soziologie als »Bildungsminderheit« bezeichnen könnte, so daß man diese sich über das gemeine Leben erhebende Umgangs-, Schrift- und Büchersprache vielleicht als deutsche Bildungssprache bezeichnen könnte. – Die Bestimmungswörter Umgang, Schrift und Buch können wie bei Campe – keine Charakterisierung der Sprachsubstanz meinen, sondern nur Formen der Sprachrealisation: durch den Mund, durch die Handschrift, durch den Druck. Der Inhalt des Wortes »Umgang« ist gegenüber dem Sprachgebrauch Adelungs sehr abgeblaßt. Für Adelung waren noch Personenkreis und Gelegenheit des Umganges entscheidende Angaben zur Kennzeichnung und Abgrenzung der hoch-

---

daß seine sprachschöpferische Kraft zu bewundern ist. Daneben ist er auch ein Sprachreiniger ... Er erreicht nicht die Gewandtheit Campes, aber manches setzt sich durch.

[81] Seltsam ist an dieser Stelle allerdings die Schreibweise, in der die Umgangssprache auftaucht. Dem Druckbild nach müßte von einer Umgangs-Schrift die Rede sein. Aber das erscheint nicht sinnvoll. Man wird auch hier so lesen müssen, wie es in Jahns späterer Schrift »Deutsches Volkstum« im Kapitel über die »Einheit des Staates und Volkes« klar zu lesen ist: »Ohne eine allgemeine Umgangs-, Schrift- und Büchersprache herrscht im Volke eine Verwirrung. Das *Hochdeutsch* ist eine Gesamtsprache und hat eine unendliche Bildsamkeit in sich; jeder Deutsche sollte es als eine notwendige Bürgererfordernis lernen ...« (Jahn, Volkstum, S. 197)

deutschen Sprachform. Jahn verzichtet auf eine so genaue Bestimmung. Und wenn er sich zum Zwecke der Argumentation angeblich auf den Standpunkt Adelungs stellt, dann kommt er infolge dieser Einstellung doch zu einem anderen Ergebnis wie in diesem Artikel seiner »Bereicherung des Hochdeutschen Sprachschatzes«:

> «Hundsfott« verwirft *Adelung* in seinem Auszuge als ein niedriges Wort. Aber nach seinen oftmals und noch neuerdings in seiner Antikritik gegen *Voß* geäußerten Grundsätzen kann es das nicht sein. Die Umgangssprache des ersten deutschen Standes hat es; man hört es von Leipzig bis Dresden. Der Wehrstand braucht es beständig; nicht bloß seine untern Glieder führen es im Munde, sondern selbst die hochadligen Herren, in Cadettenhäusern und Militärschulen erzogen. (Jahn, Bereicherung, S. 93)

Hier ist scheinbar sehr prägnant von der »Umgangssprache des ersten deutschen Standes« die Rede. Diese Formulierung ließe sich auch im Sinne Adelungs verstehen, wenn man sie als einen anderen Ausdruck für »gesellschaftliche Sprache fast aller Personen von Geschmack und Erziehung« nähme. Aber gerade die für Adelung entscheidenden Kriterien kommen bei Jahn nicht zum Tragen. Beim Umgang fehlt der Hinweis auf das Gesellschaftliche und beim Personenkreis der auf den Geschmack, der sich nach Adelung darin äußert, »nicht nur edel, schön und wohlanständig zu denken, sondern auch das Gedachte auf die edelste, beste und wohlanständigste Art auszudrücken.« Adelung hat also eine sehr schöngeistige Vorstellung vom ersten Stande und dessen gesellschaftlichem Umgange, Jahn scheint ihn mit dem Wehrstand oder wenigstens mit dessen oberen Chargen zu identifizieren, deren geistige Bildung sich in der rauhen Atmosphäre von »Cadettenhäusern und Militärschulen« vollzieht, und er scheint an einen Umgang dieser Herren miteinander zu denken. Wollte man dieser Interpretation der Kriterien, die über die Zugehörigkeit zum Hochdeutschen entscheiden, bis ins Extrem folgen, dann könnte der Casino-Ton der Offiziere als Maßstab für das Hochdeutsche gelten.

Diese Gegenüberstellung macht deutlich, wie leicht es zu Mißverständnissen kommen kann, wenn man versucht, »Umgangssprache« als Bezeichnung für eine Sprachform zu benutzen. Sie können nur vermieden werden, wenn bis ins einzelne Einigkeit darüber besteht, *wer* am Umgang teilhat, *wo* der Umgang stattfindet und *zu welchem Zweck* man miteinander umgeht.

4.6 Zusammenfassende Feststellungen über Problem und Begriff der Umgangssprache um die Wende vom 18. zum 19. Jahrhundert

Die bisherige Darstellung hat sich mit den Entstehungsbedingungen des Begriffs »Umgangssprache« befaßt. Es hat sich dabei als notwendig erwiesen, das Bemühen um die Herausbildung der neuen europäischen Nationalsprachen verhältnismäßig ausführlich zu behandeln. Notwendig war es, weil der Ausdruck »Umgangssprache« bzw. »Sprache des Umganges« in der Literatur jeweils Bezeichnungen für andere Verwendungsformen derselben Sprache gegenübersteht und weil es in den betreffenden Abhandlungen allgemein darum geht, die vorbildliche Form des deutschen Sprachgebrauchs zu bestimmen. Da die deutsche Sicht der entsprechenden Probleme bis hin zu Adelung fast völlig und auch über ihn hinaus in beachtlichem Maße von einer wissenschaftlichen Tradition geprägt ist, die in Griechenland begründet, über Rom dem europäischen Mittelalter weitergereicht, in Italien durch Rückgriff auf Ursprüngliches belebt und in Frankreich weiterentwickelt worden ist, war es notwendig, diesen Traditionsstrang so weit zu verfolgen, wie er auf deutsche Autoren, die zur Herausbildung des Begriffs »Umgangssprache« beigetragen haben, gewirkt hat.

Es ist nun an der Zeit für eine Besinnung darauf, welche Aufgabe die Untersuchung der Entstehungsbedingungen des Begriffs der Umgangssprache erfüllen kann, wenn es gilt, den Gebrauch des Begriffs und die Sicht des Problems der Umgangssprache in der germanistischen Forschung darzulegen. Wichtig war die Betrachtung der Entstehungsbedingungen und die Berücksichtigung der Tradition, weil es sich um einen undefiniert überlieferten und gebrauchten Begriff handelt und dabei der traditionelle Zusammenhang den Begriffsgebrauch unkontrolliert beeinflußt. Die Analyse des Begriffsgebrauchs ist aber notwendig, wenn das widersprüchliche Bild des Problembereichs »Umgangssprache« in der gegenwärtigen germanistischen Forschung geklärt werden soll. Sind die bisherigen Darlegungen bereits in der Lage, etwas Licht in diese Verhältnisse zu bringen, bieten sie eine Handhabe für die Entscheidung, ob zwischen den beiden extremen modernen Begriffsfassungen von »Umgangssprache«, die eingangs aufgeführt worden sind, Zusammenhänge bestehen oder nur äußere Gleichheit des Wortbildes vorhanden ist, ob also zwischen der Auffassung der Umgangssprache als Stilschicht und der Auffassung der Umgangssprache als eines in sich geschlossenen Sprachsystems ein für das Sprachganze wichtiger Zusammenhang besteht?

In dieser Hinsicht gibt das hier vorgelegte Material in der Tat Aufschlüsse. Das gilt vor allem für Adelung und für die Gruppe von Autoren, die von ihm ausgeht. Bei ihnen wird schon bei flüchtiger Betrachtung klar, daß für sie stilistischer und sprachsystematischer Aspekt untrennbar sind. Das beruht darauf, daß es sich nicht um Sprachwissenschaft im modernen

Sinn handelt, sondern um Sprachprogrammatik, wie es K. O. Apel am Beispiel der italienischen Sprache eindrucksvoll herausgearbeitet hat. Am deutlichsten wird das bei Adelung selbst. Es geht ihm um die hochdeutsche Sprache, wie sie von Schriftstellern gebraucht und in der Schule gelehrt werden soll, also durchaus um ein in sich geschlossenes Sprachsystem. Aber was lexikalisch zu diesem System gehören soll und was nicht, das wird zum wesentlichen Teil nach stilistischen Kennzeichen entschieden. Vor allem werden »niedrige« Ausdrücke verworfen. Außerdem spielt noch ein geographischer Gesichtspunkt mit: Provinzielle Ausdrücke werden abgesondert. Ein historischer Gesichtspunkt wird ebenfalls berücksichtigt: Veraltete Ausdrücke werden gekennzeichnet. – Wenn diese Auswahlprinzipien nacheinander aufgezählt werden, dann scheint es so, als sei hier eine Summe nicht zusammenhängender Kriterien benutzt worden. Aber Adelung ist zu ihnen – weiterschreitend auf den Denkbahnen eines Vaugelas und ihm nahestehender Sprachmeister – von einem bestechend konsequenten, in sich geschlossenen Gedankengang aus gekommen, den man vereinfacht etwa so darstellen könnte: Eine Sprache ist nur dort lebendig, wo sie von persönlich sich begegnenden Menschen gebraucht wird (Schrift gibt nur einen Teil der Spracherscheinungen wieder). Wenn also die maßgebliche hochdeutsche Sprachform ermittelt werden soll, dann muß der hierfür maßgebliche Personenkreis festgestellt und sein Sprachgebrauch aufgezeichnet werden. Bei der Anerkennung, die das »Meißnische« schon seit dem 16. Jh. genießt, kann dieser Personenkreis nur im südlichen Kursachsen gesucht werden. Dabei muß es sich um Personen handeln, die auf ihre Sprache Wert legen, da nur ein solcher Sprachgebrauch vorbildlich sein kann. Bewußte Sprachzucht findet sich aber nur in sozial hochstehenden Kreisen, und sie wird im wesentlichen dann geübt, wenn Personen dieser Kreise miteinander gesellschaftlichen Umgang pflegen. Die in diesem Kreise bei dieser Gelegenheit zu hörende Lautung muß also die maßgebliche hochdeutsche Lautform sein, und Entsprechendes muß für Wort- und Satzformen gelten. Worte, die in diesem Kreis gebraucht werden, müssen hochdeutsche Worte sein, Worte, die hier nicht mehr gebräuchlich sind, müssen im Hochdeutschen veraltet und Worte, die in diesen Kreisen nicht laut werden dürften, müßten im Hochdeutschen verschmäht werden. – So wird für Adelung die Sprache einer Gesellschaft, die sich durch einen gepflegten Umgangsstil auszeichnet, zum Vorbild für die allgemeine Sprache. Die Stilhöhe ist durch den Personenkreis und die Funktion des gesellschaftlichen Umgangs bestimmt, und der in diesen Kreisen bei solchen Gelegenheiten befolgte Sprachgebrauch entscheidet ebenso darüber, was als grammatisch richtig angesehen werden kann. Bei dieser engen Bindung an ein klar erfaßbares soziales Gebilde entfällt die Alternative »Stilschicht oder Sprachsystem«. Genauso entfällt für Adelung die Alternative »Sprache des Umganges oder Schriftsprache«; denn ihm ist die Sprache des gesellschaftlichen Umganges der so-

zialen Oberschicht des südlichen Kursachsens ja Richtschnur der Schriftsprache.

Es ist ein verlockend einfaches Bild der Sprachzusammenhänge, das
hier gezeichnet wird. Aber diese Einfachheit entspricht nicht der Wirklichkeit. Und daraus entspringen die Schwierigkeiten des Begriffs »Umgangssprache«. Sie beginnen schon, ehe das Wort als Kompositum überhaupt
gebildet worden ist, als noch in umständlicher Ausdrucksweise von der
»Sprache des Umganges« die Rede war.

Inwiefern das von Adelung gezeichnete einfache Bild sich nicht mit der
Wirklichkeit verträgt, ist am besten an der Auseinandersetzung Wielands
mit Adelungs Thesen abzulesen.[82] Wieland erfaßt die Sprache aus der
Sicht des Schriftstellers. Für ihn erweist sich der Sprachschatz einer einzigen Gruppe als zu eng, um alles aussagen zu können, was es in verschiedenen Dichtungsgattungen auszusagen gibt; außerdem denkt er an die
Wissenschaften, deren Sprachgebrauch sich ebensowenig auf eine Auswahl aus einer Gesellschaftssprache beschränken kann. So erscheint Wieland die Sprache des gesellschaftlichen Umgangs als nur ein »Sprach-Dis-
trikt« neben anderen, die er teils von der Funktion, teils vom Stil, teils vom
Gegenstand des »Distriktes« her charakterisiert. Vom Verhältnis dieser
Distrikte zueinander ist nichts gesagt. Für eine solche Charakterisierung
bietet ihm die Tradition auch kaum Anhaltspunkte, da diese entweder nur
eine Musterform, eine »lingua regulata«, ins Auge faßt oder sich bestenfalls mit den drei genera dicendi der Rhetorik behilft. Über die Stellung
der von Wieland genannten Distrikte in der Gesamtsprache ist immerhin
herauszulesen, daß sie insgesamt von den Mundarten zu trennen sind und
der Schriftsprache zugerechnet werden. Dieser letzte Gedanke wird
allerdings nicht mehr ganz konsequent durchgeführt, denn die allgemeine
Schriftsprache, zu der doch alle genannten Distrikte gehören sollen, wird
einmal der »Sprache der guten Gesellschaft in allen Provinzen«, die sonst
nur einem Distrikt innerhalb des Ganzen zugerechnet ist, schlichtweg
gleichgesetzt. Hier durchkreuzen sich zwei Aspekte: Im ebengenannten
Fall ist die Gegenüberstellung von örtlichen Sondersprache und einer allgemeinen Sprache wesentlich, vorher kam es auf die Unterscheidung
zweckbedingter »Sprachdistrikte« im Rahmen der allgemeinen Sprache
an.

Daneben ist noch die Gegenüberstellung von Rede und Schrift wichtig.
Welche Rolle jedes Kriterium im gesamtsprachlichen Zusammenhang
spielt, bleibt offen und ebenso, welche sprachlichen »Distrikte« sich im
Gesamtbild der Sprache näher oder ferner stehen.

---

[82] Einen ausführlichen Überblick über diese Auseinandersetzung gibt Jellinek, Geschichte
Bd. 1, S. 373–380. Die zusammenfassende Wiedergabe ist allerdings für die hier in Frage stehenden Zusammenhänge nicht immer genau genug. Bezeichnend ist, daß Jellinek das Kompositum »Umgangssprache« zur Wiedergabe der Gedanken Adelungs und Wielands ausgiebig verwendet, während die beiden Kontrahenten diese Wortbildung vermeiden.

Aus der Darstellung Wielands ergibt sich im Gegensatz zu dem festum-
grenzten Gefüge bei Adelung ein erschreckend unfestes Bild für jemanden, der nach festen Regeln für den richtigen Gebrauch einer Sprache
sucht. Aber es ist ein Bild, das aus der Erfahrung eines bedeutenden Mei-
sters der Sprache erwachsen ist, dem man kaum vorwerfen kann, daß er
willkürlich Schwierigkeiten erfinde. Gewiß hat auch Wielands Beitrag zur
Diskussion programmatischen Charakter, aber er ist – verglichen mit dem
Adelungs – weniger an den traditionellen Forderungen und mehr an den
Verschiedenheiten des tatsächlichen Gebrauchs orientiert. So nähert sich
Wieland um einen, wenn auch nur kleinen, Schritt einer Theorie von den
Gebrauchsweisen einer Sprache. Dabei wird immerhin so viel deutlich, daß
nach Wielands Auffassung für die Beschreibung einer Sprache nicht die
Beschreibung eines repräsentativen »Distriktes« genügen kann, auch nicht
die Aufzeichnung eines Nebeneinanders von »Sprachdistrikten«, vielmehr
müssen die Sprachdistrikte in ihrer gegenseitigen Abhängigkeit erfaßt werden.

In mancher Hinsicht ähnliche Konzeptionen wie Wieland vertreten
schon vor ihm Herder und später Campe. Die Ähnlichkeit besteht darin,
daß sie alle mit zweckbedingt verschiedenen Anwendungsbereichen der
Sprache rechnen und die Sprache des Umganges bzw. die Umgangssprache als einen Bereich einordnen. Aber die jeweils als Umgangssprache bezeichneten Erscheinungen sind nicht identisch, wenn sie sich auch ähneln.
Die Grenzen sind unterschiedlich gezogen. Mit etwas Derartigem wird
auch im Rahmen der germanistischen Forschung im engeren Sinne zu
rechnen sein.

Besonders sorgsam wird auf fast identische Aspekte zu achten sein, auf
untereinander sehr ähnliche Blickrichtungen, die auch sehr ähnliche Bilder von sprachlichen »Distrikten«, Abgrenzungen und Zusammenhängen
ergeben, die sich aber genau besehen doch nicht gleichen. Hier können
Gleichsetzungen bedenklich sein.

Ein Beispiel für die Bedeutung einer solchen leichten Aspektverschie-
bung findet sich schon in dem bisher behandelten Material: Nur ein leichtes Mißverständnis dessen, was unter »gesellschaftlichem Umgang« zu verstehen ist, führte zu gegensätzlicher Beurteilung eines Wortes, nämlich
»Hundsfott«, bei Adelung und Jahn. Es ist klar, daß noch viel mehr Möglichkeiten zu Mißverständnissen auftreten müssen, wenn – wie bei Campe
und Jahn – auf die gesellschaftliche Festlegung des Umganges ganz verzichtet wird und stattdessen der Gesichtspunkt des »Gebildeten« in den
Vordergrund tritt. Gewiß ist schon »gesellschaftlich« (wie bereits Wieland getadelt hat und am Mißverständnis zwischen Adelung und Jahn zu
erkennen war) kein genügend abgegrenzter Begriff; aber »gebildeter Umgang« ist noch weniger konkret zu fassen. Verschiedene Bildungsbegriffe
müssen verschiedene Aspekte, verschiedene Bilder einer gebildeten Umgangssprache ergeben.

82

Wenn auch in den hier untersuchten Schriften immer wieder die gesellschaftliche oder gebildete Umgangssprache im Vordergrund steht, so ist doch schon von Anfang an zu erkennen, daß auch an andere Umgangssprachen zu denken ist. Gelegentlich bezeichnet der Begriff »Sprache des Umganges« oder »Umgangssprache« geradezu ein Sammelbecken für die zentralen, für die allgemeinsten »Sprachdistrikte« (vgl. die zitierte Stelle von Herder und das »Fach« Umgangssprache bei Campe). Es ergibt sich so unter dem Titel Umgangssprache eine von Personen, Landstrichen und Situationen bestimmte Fülle von Spracherscheinungen, die sich teils sehr nahe stehen, teils aber nur wenig Beziehung zueinander haben.

In dieser Fülle gibt es immerhin einen gemeinsamen Bezugspunkt: In jedem Falle handelt es sich um Sprache, die in der Funktion des persönlichen Umganges gebraucht wird. Die Funktion des Umganges ist der Ort, auf den sich alle Erscheinungen beziehen lassen. Und noch ein Gemeinsames ist zu erkennen: Allgemein wird der jeweils als Umgangssprache ins Auge gefaßte Sprachgebrauch in Beziehung zur repräsentativen Norm der Sprache gesehen, sei es nun als Grundlage, als Variante oder als Abweichung. Das machte das Thema aktuell in der Zeit, in der sich im Ringen zwischen verschiedenen Sprachprogrammen der für die Folgezeit gültige Typus des Neuhochdeutschen durchgesetzt hat. Dieser Typus hat sich dank der Autorität unserer Klassiker durchgesetzt. Ihre Sprache hat damit auch Bedeutung für die Entwicklung des Begriffs »Umgangssprache«, allerdings nicht in dem Sinne, daß der Gebrauch des Begriffs selbst bei Goethe und Schiller eine Rolle spielte, aber die Anerkennung ihrer Sprache machte der Diskussion vorläufig ein Ende, und als das Thema »Umgangssprache« späterhin unter verschiedenen Aspekten wieder aktuell wurde, war es dieser Sprachtyp, der immer wieder als Vergleichsmaßstab dienen mußte. Deshalb soll die Sprache der deutschen Klassik unter dem Blickwinkel der ihr innewohnenden Sprachprogrammatik im folgenden besprochen werden.

DIE ANERKENNUNG DER SPRACHLICHEN VORBILDLICHKEIT DER DEUTSCHEN KLASSIK UND DAS DADURCH BEDINGTE ZURÜCKTRETEN DER AKTUALITÄT UMGANGSSPRACHLICHER FRAGEN

Die Männer, die auf der Höhe ihres Lebens Werke geschaffen haben, die als repräsentativ für die neuhochdeutsche Sprache anerkannt worden sind und – zum Teil bis heute – als Maßstab für den angemessenen Sprachgebrauch des Deutschen gelten, Goethe und Schiller, haben in früheren Perioden ihres sprachlichen Schaffens durchaus im Gegensatz zu den Bestrebungen gestanden, die auf eine am klassischen Vorbild der Antike orientierte neuhochdeutsche Sprache zielten. Goethe ist ein Hauptvertreter der Sturm-und-Drang-Literatur, und Schiller ist ebenfalls, wenn auch als »Nachzügler«,[83] dieser Bewegung verpflichtet, die Adelung leidenschaftlich bekämpft, weil er in ihren Vertretern mutwillige Sprachzerstörer, »Herostrate ihrer Muttersprache« fürchtet:

> Wenn auf der einen Seite die Neigung zu den gründlichen Wissenschaften veraltet, wenn Philosophie in leeres Geschwätz oder brausende Schwärmerey ausartet, wenn man, anstatt sich deutlicher Begriffe zu befleißigen, nach Bildern und Figuren hascht, wenn man, bloß um neu zu scheinen, und was Neues zu sagen, auf Empfindeley, Künsteley und Witzeley verfällt, und sich aus Genie-Kitzel über alle Regeln und Vorschriften hinaus setzt; wenn man auf der andern Seite Sprache und Ausdruck zu arm findet, und, unter dem Vorwande, die Sprache zu bereichern, aus fremden Sprachen und Mundarten borgt, alltägliches Geschwätz, dunkle Vorstellungen, mit unter auch wohl Unsinn zur Schau auszulegen, wenn der Geschmack so weit verfällt, daß die Musen nicht mehr erröthen, die Sprache des Pöbels zu reden, wenn das alles, sage ich, allgemeiner Geschmack wird, dann ist der Verfall der Sprache da.[84]

Die hier zutagetretende gegensätzliche Einstellung beruht auf einer gegensätzlichen Auffassung darüber, was »Sprache« schlechthin sein soll, was sie leisten soll. In der von Adelung vertretenen Sicht steht die Gesellschaft im Mittelpunkt, und die Sprache in ihrer idealen Ausprägung ist tragendes Element dieser Gesellschaft. Für den einzelnen ist die Hinbildung zu dieser Sprachform – der von der Antike herüberwirkenden Tradition, der »geheimen Philosophie der Rhetoren« (Apel) folgend – zugleich Menschenbildung, die ihn für die maßgebende Gesellschaft tauglich macht. Für die Stürmer und Dränger geht es aber nicht um Hinbildung zu einem vorgegebenen Ideal, sondern im Sinne Rousseaus um eine Entfaltung von der

---

[83] Vgl. Langen, Sprachgeschichte, Sp. 1139.
[84] Adelung, Lehrgebäude Bd. I, S. 70f.

Natur angelegter Fähigkeiten, um die Ausbildung der eigenen Persönlichkeit, und die Sprache hat vor allem den vollen Ausdruck der originalen Persönlichkeit zu leisten.[85] Im Hinblick auf diese Aufgaben kann den verschiedensten im Umgange gebräuchlichen Sprachformen eine Bedeutung zukommen, auch und gerade wenn sie im Kreise der tonangebenden Gesellschaft nicht geduldet werden. So ist für Goethe in seiner Sturm-und-Drang-Zeit eine »ältere oberdeutsche Umgangssprache« (Burdach)[86] mitbestimmend, bei Schiller »macht sich in der Frühzeit die Mundart bemerklich«,[87] und beide haben sich der volkstümlichen Derbheit von Kraftworten bedient. Darüber hinaus muß die Neigung zu neuen Wortprägungen, die bei beiden zutage tritt, im Hinblick auf das Ideal einer gemeinverbindlichen Gesellschaftssprache verurteilt werden. Nach alledem scheint ein unüberwindlicher Graben zwischen der Auffassung Gottscheds und Adelungs und der der nachmaligen Klassiker der deutschen Sprache zu liegen, und in der Tat sind deren frühe Werke nicht als Musterbeispiele für einen allgemein verbindlichen Sprachgebrauch geeignet. Ihre Haltung mußte sich mindestens der vermittelnden Haltung Wielands nähern, ehe ihr Werk den Charakter des Klassischen – im Sinne des sprachlich Repräsentativen und Vorbildlichen – erreichen konnte. Bezeichnenderweise führt die Entwicklung, die Goethe und Schiller zu Klassikern hat werden lassen, über eine neue Auseinandersetzung mit der Tradition des klassischen Altertums, und sie vollzieht sich mit Bezug auf eine aristokratische Gesellschaft, ohne daß allerdings der gesellschaftliche Umgang ausdrücklich eine Rolle als sprachlicher Maßstab gespielt hätte.

5.1 Das Verhältnis der Klassik zur Auseinandersetzung um die vorbildliche deutsche Sprachform

Es hat sich in den bisherigen Abschnitten dieser Arbeit immer wieder gezeigt, daß die Beachtung im Umgange gesprochener Sprache und das Bild, das man sich von einem Sprachgebrauch dieser Art macht, abhängig ist von einer Sprachprogrammatik, von einem Leitbild einer Sprache, wobei »Sprache« allgemein als vorbildliche Ausprägung einer Nationalsprache verstanden ist. Goethe und Schiller sprechen in solchen Zusammenhängen meines Wissens nicht von »Umgangssprache« oder von im Umgange gesprochener Sprache.

---

[85] Wie sehr diese Auffassung von Wesen und Aufgabe der Sprache lebendig geblieben ist, zeigt besonders deutlich das Buch von Paul Hankamer: Die Sprache. Ihr Begriff und ihre Deutung im sechzehnten und siebzehnten Jahrhundert, in dem »der Weg zur Sprache als seelischer Mundart, als seelischer Schöpfertat« als der Weg zum eigentlichen Wesen der Sprache erscheint, während die der Rhetorik zugeschriebene »zerstörende Anschauung, daß Sprachkunst nicht Dichtung der Wahrheit, sondern Wortspiel und -kunst sei«, scharf verurteilt wird. (Vgl. Hankamer, Sprache, S. 49, S. 88 u. a.)

[86] Vgl. den Burdach gewidmeten Abschnitt 6.3 dieser Arbeit.

[87] Langen, Sprachgeschichte, Sp. 1142.

Zwar sagt Goethe einmal von der französischen Sprache, sie sei »die Sprache des Umganges und besonders auf Reisen unentbehrlich«,[88] aber dieser Ausspruch ist für die vorliegende Themenstellung nur am Rande wichtig, als Hinweis darauf, daß die Bezeichnung »Sprache des Umganges« nicht in jedem Fall auf eine Variante der eigenen Nationalsprache bezogen sein muß, daß auch übernationaler Sprachgebrauch ins Auge gefaßt sein kann.

Die maßgebenden Repräsentanten der deutschen Klassik sind demnach für den terminologischen Gebrauch des Begriffes »Umgangssprache« nicht von entscheidender Bedeutung. Dagegen ist ihre Sprachprogrammatik wichtig, weil sie die Position markiert, von der aus späterhin im Umgange gesprochene Sprache beurteilt wird, was wiederum auf den späteren terminologischen Gebrauch Einfluß hat. Die Betrachtung der Sprachprogrammatik der deutschen Klassiker ist auch deshalb aufschlußreich, weil sie sich zur älteren Sprachprogrammatik, insbesondere der Adelungs, in Beziehung setzen läßt, bei der eine im Umgange gesprochene Sprache die entscheidende Rolle gespielt hat.

Allerdings dürfen wir bei den Dichtern der klassischen Epoche keine offenliegende Sprachprogrammatik erwarten, kein bindendes Gesetz; denn in einem starren Regelwerk mit gesetzgeberischem Anspruch, das der Sprachforscher der Aufklärungszeit anstrebt, können sie nur den Tod der Sprache sehen, wie es in dem auf Adelung gemünzten Xenion »Der Sprachforscher« zu lesen ist:

> Anatomieren magst du die Sprache, doch nur ihr Kadaver; Geist und Leben entschlüpft flüchtig dem groben Skalpell.[89]

Ihnen war die Sprache entscheidend, wie sie im Werk Gestalt gewonnen hat,[90] und so sind kritische Äußerungen zu literarischen Werken am aufschlußreichsten für ihre Auffassung von vorbildlicher Sprache.

Ein entscheidendes Dokument für die Sprachprogrammatik der Deutschen Klassik ist Schillers Rezension der zweiten Auflage der Gedichte von G. A. Bürger (1789), die zu Anfang des Jahres 1791 erschienen ist. Sie ist eine der drei großen literarischen Rezensionen, die Schiller »innerlich mit Goethe zusammenführen« sollten (Kohlschmidt).[91] Schiller berichtet bald nach der Veröffentlichung an seinen Freund Körner: »In allen Zirkeln las man sie vor, und es war ein guter Ton, sie vortrefflich zu finden, nachdem Goethe öffentlich erklärt hatte, er wünschte Verfasser davon zu sein.«[92] So darf man die hier vertretene Auffassung als für beide gültig betrachten.

---

[88] Nach Grimm, DWB XI, 2, Sp. 891.
[89] Goethe, GW, S. 213. Vgl. dazu den Kommentar S. 520.
[90] Vgl. Goethes Gedicht »Sprache«: Was reich und arm! Was stark und schwach!/Ist reich vergrabner Urne Bauch?/Ist stark das Schwert im Arsenal?/Greif milde drein, und freundlich Glück/Fließt, Gottheit, von dir aus!/Faß' zum Siege, Macht, das Schwert,/Und über Nachbarn Ruhm!// (Goethe, GW Bd. 1, S. 63).
[91] Kohlschmidt, Klassik, S. 271.
[92] Schiller, Bd. 5, SW, S. 1223.

In dieser Rezension heißt es über die Dichtkunst:

Die Sitten, den Charakter, die ganze Weisheit ihrer Zeit mußte sie, geläutert und veredelt, in ihrem Spiegel sammeln und mit idealisierender Kunst aus dem Jahrhundert selbst ein Muster für das Jahrhundert erschaffen. Dies aber setzte voraus, daß sie selbst in keine andre als *reife* und *gebildete* Hände fiele. (Schiller, SW Bd. 5, S. 971 f.)

Hier ist – ähnlich wie bei Vaugelas – auf die eigene Zeit als Ausgangspunkt verwiesen, aber fast noch stärker als in der bisher betrachteten Tradition wird die Aufgabe der Auslese hervorgehoben. Jedoch wird der Maßstab über das Mustergültige von Schiller nicht in einem so eindeutig festlegbaren Personenkreis gefunden, wie ihn der französische Königshof darstellt; und nicht einmal die weniger gut faßbare Verknüpfung mit der »Sprache des gesellschaftlichen Umganges im südlichen Chur-Sachsen« findet hier eine Entsprechung. Am ehesten scheint Schiller noch seinem Gegenpart in dieser Rezension, nämlich Bürger, nahezustehen, da auch dieser auf die Bildung als entscheidendes Kriterium hinweist. Aber gerade in Hinsicht auf das, was unter »gebildet« zu verstehen ist, tut sich der Gegensatz auf. Dabei ist interessant, aber noch nicht entscheidend, daß Bürger – wie oben gesagt (4.3) – noch von der Vorstellung eines Personenkreises ausgeht, auf den sich das Individuum hinbildet, während für Schiller, der subjektivistischen Auffassung des Sturm und Dranges entsprechend, das Individuum des Dichters im Mittelpunkt steht: »Alles, was der Dichter uns geben kann, ist seine *Individualität*«.[93] Entscheidend für den Gegensatz der Auffassung ist der Unterschied im Leitbild des Vollkommenen.

Bürger hat immer wieder betont, daß für ihn Popularität das Siegel der Vollkommenheit darstelle. Hier setzt Schiller an und erklärt, ein Volksdichter von der Art Homers (in dem Bürger das Idealbild des Volksdichters sieht) sei nur in einer Zeit möglich, »wo alle Glieder der Gesellschaft im Empfinden und Meinen ungefähr *dieselbe* Stufe einnahmen«, nicht aber in der Gegenwart: »Jetzt ist zwischen der *Auswahl* einer Nation und der *Masse* derselben ein sehr großer Abstand sichtbar.« Deshalb folgert er:

Ein Volksdichter für unsere Zeiten hätte bloß zwischen dem *Allerleichtesten* und dem *Allerschwersten* die Wahl; entweder sich ausschließlich der Fassungskraft des großen Haufens zu bequemen und auf den Beifall der gebildeten Klasse Verzicht zu tun – oder den ungeheuren Abstand, der zwischen beiden sich befindet, durch die Größe seiner Kunst aufzuheben und beide Zwecke vereinigt zu verfolgen! (Schiller, SW Bd. 5, S. 973 f.)

Schiller fordert dementsprechend vom Dichter und insbesondere vom Volksdichter:

... den milden, sich immer gleichen, immer hellen, männlichen Geist ... der, eingeweiht in die Mysterien des Schönen, Edlen und Wahren, zu dem Volke bildend

---

[93] Schiller, SW Bd. 5, S. 972. Hervorhebung in diesem sowie in den folgenden Zitaten dieses Abschnitts von Schiller.

herniedersteigt, aber auch in der vertrautsten Gemeinschaft mit demselben nie seine himmlische Abkunft verleugnet. (Schiller, SW B. 5. S. 976)

Das Ideal des klassischen Maßes, wie es in Winckelmanns Griechenbild verkörpert worden ist, wird hier als Leitbild greifbar. Von neuem erfolgt eine Orientierung am antiken Vorbild, zwar nicht im traditionellen Sinne einer strikten Bindung an die Autorität der »Alten«, sondern im Bestreben, den alten Idealen neu Gestalt zu verschaffen.[94] Dennoch bedeutet diese Wendung in wesentlichen Merkmalen eine Wiederaufnahme der Bestrebungen, die von Gottsched und Adelung vertreten worden sind. Deutlich ist vor allem der aristokratische Zug der neuen Programmatik. »In der Tat geht es für den Ästhetiker der Klassik um eine aristokratische Möglichkeit des Menschlichen«, erläutert W. Kohlschmidt Schillers Auffassung anHand seiner späteren Schriften.[95] In der Bürger-Rezension zeigt sich diese Haltung u. a. in dem Vorwurf:

Hr. B. *vermischt* sich nicht selten mit dem Volk, zu dem er sich nur herablassen sollte, und anstatt es scherzend und spielend zu sich hinaufzuziehen, gefällt es ihm oft, sich mit ihm gleich zu machen. (Schiller, SW Bd. 5, S. 976)

Insbesondere wird »ein ins Platte fallender Ausdruck«, der in fast allen Bürgerschen Gedichten störe, getadelt, und als Beispiele werden genannt:

... die faulen Äpfel und Eier – Mir nichts, dir nichts – Lumpenkupfer – Schinderknochen – Schurken – Fuselbrenner – Galgenschwengel – Mit Treue umspringen, wie die Katze mit der Maus – Hui und Pfui – u. d. m.

In derartigen Ausdrücken – die übrigens nach verbreitetem modernem Sprachgebrauch als »umgangssprachlich« eingestuft werden – sieht Schiller »Versündigungen gegen den guten Geschmack« und verwendet damit ein Kriterium für die Angemessenheit der Sprache, mit dem wiederum der Anschluß an die von Frankreich herüberwirkende klassizistische Tradition gegeben ist. – Die Einhaltung »immer gleicher ästhetischer und sittlicher Grazie« ist für Schiller notwendig, wenn »die höchste Krone der Klassizität« errungen werden soll.

So ist in entscheidenden Punkten der Anschluß an die von der klassischen Rhetorik ausgehende Sprachprogrammatik, wie sie von Gottsched und Adelung vertreten worden ist, hergestellt. Daß unseren Klassikern diese Gemeinsamkeiten weniger bewußt waren als die Gegensätze, liegt an deren historischem Standpunkt. E. Wolff sagt dazu:

Unserer klassischen Literaturperiode fehlte die nötige historische Gesichtsweite zur Würdigung dieser Wirksamkeit Gottscheds. So sahen unsere Klassiker nur den Abstand ihrer sprachlichen Geschmeidigkeit von der steifen Gravität des

---

[94] Besonders Herder hat schon früh eine weniger reproduktive als schöpferische Auseinandersetzung mit der Antike verlangt. Allerdings weisen auch schon einzelne Tendenzen in der »Querelle des Anciens et des Modernes« (Vgl. Abschnitt 3.3) in die Richtung einer Lösung von bloßer Nachahmung der Antike.

[95] Kohlschmidt, Klassik, S. 281.

einstigen Sprachdiktators. Sie wußten nicht, daß die ihnen vorausgehende Generation unter schwerer Mühe und Bedrängnis das Instrument abstimmen mußte, auf dem die glücklichen Nachkommen mit Meisterschaft spielen sollten. (Wolff, Gottsched Bd. 1, S. 82)

Ein Hauptunterschied zu den klassizistischen Bestrebungen Gottscheds und Adelungs ist der, daß Schiller auf keinen die Idealform der Sprache tragenden Personenkreis verweist. Immerhin kann man darauf hinweisen, daß ein solcher Kreis vorhanden war, ein höfischer Kreis, wenn man auch nicht gerade sagen kann, daß er in der »blühendsten Provinz« des deutschen Sprachraumes lag; es war der Weimarer Hof, insbesondere der Kreis um die Herzogin Anna Amalia, der außer von ihr von Persönlichkeiten wie Wieland, Knebel und Merck bestimmt war, die fest in klassischer Bildungstradition standen. Wie sehr dieser Hof die Entwicklung Goethes zu klassischer Haltung bestimmt hat, ist besonders in seinem »Tasso« Gestalt geworden, wo an die Stelle der Aussage

> Erlaubt ist, was gefällt

die abgewandelte tritt:

> Erlaubt ist, was sich ziemt,

mit dem bezeichnenden Zusatz:

> Und willst du wissen, was sich ziemt, so frage nur bei edlen Frauen an.

Das erinnert durchaus an die in Frankreich geschilderten Verhältnisse, in denen der Sprachgebrauch der »femmes de la cour« maßgeblich wurde und die Salons adliger Damen als Hüter des guten Geschmacks und Wahrer der vorbildlichen Sprache wirkten.

Weshalb treten aber keine Hinweise auf derlei Kreise in der Sprachprogrammatik der deutschen Klassik hervor? Die Antwort läßt sich aus einem schon zu Anfang dieses Abschnittes genannten Hinweis Schillers ableiten. Er sagt da, es gelte für einen guten Ton, seine Rezension gut zu finden, seit Goethe gesagt habe, daß er der Verfasser sein möchte. Dieser Ausspruch zeigt, welche Autorität der Spruch Goethes mittlerweile erhalten hatte. Und bald sollte auch Schiller an dieser Autorität teilhaben. Nun wurden *sie* Vorbilder des guten Geschmacks. Und in der Tat messen sie selbst nun dem Umgang unter den führenden Köpfen eine entscheidende Bedeutung zu, wie aus einem Brief Goethes an Schiller vom 18. 6. 1795 zu ersehen ist, in dem die Rede von Jean Paul ist:

> Es ist wirklich schade für den Menschen; er scheint isoliert zu leben und kann deswegen bei manchen guten Partien seiner Individualität nicht zur Reinigung seines Geschmacks kommen.

Der Zeitpunkt der Klassizität im Sinne Bembos war erreicht, der Zustand, von dem in bezug auf das Französische Vaugelas zu seiner Zeit vermutete, daß er sich erfüllt habe. Die Sprache des Umganges »aller Personen von

Geschmack und Erziehung« konnte sich in der Folge an der Sprache der Klassiker ausrichten, und auch die nachfolgende Literatur hatte hier ihren Maßstab. So wurde die Frage nach einer vorbildlichen im Umgange gebräuchlichen Sprachform unerheblich.

5.2 Das Verhältnis der Romantik zur Sprachform der Deutschen Klassik

Das Verhältnis der Romantik zur Klassik kennzeichnet H. A. Korff in seinem Buch »Geist der Goethezeit« folgendermaßen:

> Die Romantiker sind durchaus die Söhne unserer Klassiker, und sie gehören derselben großen Familie an, deren klassische Repräsentanten Herder und Goethe, Kant und Schiller sind. Aber sie sind die zweite Generation, und das heißt: sie leben zwar aus derselben seelisch-geistigen Substanz, aber diese ist bei ihnen übersteigert und brandet darum übermütig gegen die Grenzen, mit denen sich die Klassik umgeben hatte. Eben dies ist ihr romantischer Zug. (Korff, Geist der Goethezeit III, S. 20)

Diese Standortbestimmung[96] macht nicht nur die ideengeschichtliche Stellung der Romantik deutlich, sondern vermag auch ein Licht auf das Verhältnis der Romantiker zur Sprache zu werfen. Maßstab ist nun die Sprache der Klassiker, vor allem die Goethes, einerlei, ob man dieser Sprachform uneingeschränkt als Leitbild folgt oder ob man von diesem Maßstab abweicht.

Ein Abweichen vom klassischen Muster vollzog sich weniger auffällig als zu Zeiten Gottscheds, denn der Bereich des guten Gebrauchs war jetzt minder scharf umrissen. Für Gottsched und seine Anhänger sollten, den Leitgedanken der französischen Klassik folgend, Vernunft und Regel herrschen. Er strebte nach festen Lehrsätzen für die Sprachrichtigkeit. Diese Starrheit hatte ihm den Zorn der nachfolgenden Generation eingetragen, und Goethe hat auch in seiner klassischen Zeit keine starre Grenze des Zulässigen ziehen wollen.[97] Nicht die Vorschrift, sondern das Vorbild wurde seit der klassischen Zeit entscheidend, und so ist von vornherein ein gewisser Toleranzbereich gegeben, in dem sich die verschiedenen Dichter-

---

[96] Recht ähnlich formuliert W. Kohlschmidt: »Herder ist Vorbild, Schiller Pate, Goethe Idol jener jüngeren Dichtergeneration, die Mitte der 90er Jahre, örtlich in engster Beziehung zu Weimar, auf den Plan tritt.« (Kohlschmidt, Romantik, S. 306)

[97] Vgl. den Bericht in »Dichtung und Wahrheit«, 6. Buch über die erste Leipziger Zeit mit den bekannten Worten: »Jede Provinz liebt ihren Dialekt: denn er ist doch eigentlich das Element, in welchem die Seele ihren Atem schöpft. Mit welchem Eigensinn aber die meißnische Mundart die übrigen zu beherrschen, ja eine Zeitlang auszuschließen gewußt hat, ist jedermann bekannt. Wir haben viele Jahre unter diesem pedantischen Regime gelitten, und nur durch vielfachen Widerstreit haben sich die sämtlichen Provinzen in ihre alten Rechte wieder eingesetzt.« Dabei ist allerdings zu bemerken, daß Goethe in seiner klassischen Zeit provinzielle Eigenarten durchaus meidet und damit praktisch der von Gottsched angestrebten Linie im wesentlichen folgt.

persönlichkeiten entfalten konnten, ohne mit den Maßstäben des guten Gebrauchs in Konflikt zu geraten.

Im Sprachgebrauch führt die romantische Bewegung also zu keinen Änderungen, durch die das Problem der Umgangssprache in eine neue Phase käme. Wichtig für die Behandlung dieses Problems in der germanistischen Forschung ist aber die Begründung der germanistischen Wissenschaft in dieser geistesgeschichtlichen Phase.

Welche Bedeutung die grundlegenden Ansichten vom Wesen der Sprache, wie sie sich in dieser Zeit herausgebildet haben, für die Sicht des Problems der Umgangssprache haben, läßt sich am besten an einer Schrift ablesen, die mit gutem Recht als »Gründerschrift« der nun einsetzenden Epoche der Sprachwissenschaft angesprochen worden ist, nämlich an der Vorrede zur Deutschen Grammatik von Jacob Grimm.[98]

Diese Vorrede beginnt mit einer entschiedenen Absage:

> Seit man die deutsche Sprache grammatisch zu behandeln angefangen hat, sind zwar schon bis auf Adelung eine gute Zahl Bücher und von Adelung an bis auf heute eine noch fast größere darüber erschienen. Da ich nicht in diese Reihe, sondern ganz aus ihr heraustreten will, so muß ich gleich vorweg erklären, warum ich die Art und den Begriff deutscher Sprachlehren, zumal der in dem letzten halben Jahrhundert bekannt gemachten und gutgeheißenen für verwerflich, ja für töricht halte. (Grimm, Vorreden, S. 1)

Er hält es für überflüssig und darum für schädlich, »die eigene Landessprache unter die Gegenstände des Schulunterrichts zu zählen«. – Damit steht er allerdings in krassem Gegensatz zu dem Streben Gottscheds und Adelungs, deren ganzes Bemühen der Durchsetzung einer gemeinsamen Landessprache für alle Deutschen gegolten hat, und auch zu F. L. Jahn, der noch wenige Jahre zuvor die Forderung erhoben hatte, daß jeder Deutsche das »Hochdeutsch«, das er eine »allgemeine Umgangs-, Schrift- und Büchersprache« nennt, »als ein notwendiges Bürgererfordernis lernen« solle,[99] was er damit begründete, daß alle Mundarten unmöglich Lehr- und Büchersprache sein könnten. – Bei J. Grimm taucht dieses Problem überhaupt nicht auf. Das ist bemerkenswert und kann nach meiner Ansicht nur so erklärt werden, daß der von ihm selbst in seiner Schrift verwendete hochdeutsche Sprachtypus (er entspricht dem von Gottsched und Adelung vertretenen und von den Klassikern in minder pedantischer Form gepflegten und entwickelten Typus) zu einem selbstverständlichen Bildungsbesitz geworden ist.

Ohne die Frage der Gemeinsprache zu berühren, fährt Grimm in der Begründung des Standpunktes fort:

---

[98] Ich zitiere nach der Ausgabe: Jacob Grimm, Vorreden zur Deutschen Grammatik von 1819 und 1822. Mit einem Vorwort zum Neudruck von Hugo Steger. Darmstadt 1968 – Die Bezeichnung »Gründerschrift« steht im Vorwort dieser Ausgabe.
[99] Jahn, Volkstum, S. 99. Vgl. Abschn. 4.5 der vorliegenden Arbeit.

Ich behaupte nichts anderes, als daß dadurch gerade die freie Entfaltung des Sprachvermögens in den Kindern gestört und eine herrliche Anstalt der Natur, welche uns die Rede mit der Muttermilch eingibt und sie in dem Befang des elterlichen Hauses zu Macht kommen lassen will, verkannt werde. (Grimm, Vorreden, S. 1)

Das sind nun Gedanken, die sichtlich an Rousseau und den jungen Herder anknüpfen, an den Kulturpessimismus, der sich gegen den Fortschrittsglauben der späten Aufklärung wendet, und an die Vorstellung vom organischen Wachstum auch der Sprache. Die Wendung gegen den Regelzwang und die Grammatik findet sich bereits in Herders »Fragmenten über die neuere deutsche Literatur« (vgl. Abschnitt 4.1) und vor allem in seiner Preisschrift »Über den Ursprung der Sprache« von 1770.[100] In dieser Schrift betont er auch schon »die Fortbildung des Unterrichts durch den Geist der Familie«.[101] Man könnte danach erwarten, daß Grimm sich, da er sich gegen jene Sprache wendet, die nur nach Regeln gelernt wird, nun auf die andere richtet, die »im lebendigen Umgange gebraucht wird«,[102] und damit zu dem in der vorliegenden Arbeit behandelten Thema unmittelbar beitrüge, doch das ist nicht der Fall. Das hängt mit der historischen Wendung zusammen, mit der in der Romantik aufsteigenden neuen Wertschätzung der Vergangenheit, die Grimm vor allem durch seinen Lehrer Savigny vermittelt worden ist,[103] für den »die Geschichte der einzige Weg zur wahren Erkenntnis unseres eigenen Zustandes« geworden ist,[104] der im Brauch der Vergangenheit (d. h. für Savigny als Juristen insbesondere im Rechtsbrauch) das Wesen des eigenen Volkes verkörpert sieht.

Bei Jacob Grimm finden wir die entsprechende Auffassung auf die Sprache angewendet, wenn er etwa erklärt:

Mein Hauptzweck, die Führung des Beweises: daß und wie alle deutsche Sprachstämme innigst verwandt und die heutigen Formen unverständlich seyen, wo man nicht bis zu den vorigen, alten und ältesten hinaufsteige, daß folglich die gegenwärtige grammatische Structur nur geschichtlich aufgestellt werden dürfe, scheint mir nicht ganz mißlungen. (Grimm, Vorreden, S. 16)

Doch ist ihm – und das ist für sein Verhältnis zu im Umgange gebräuchlichen Sprachformen wichtig – nicht jedes historische Sprachzeugnis gleich wert. Zentral ist für ihn die Entdeckung, daß ältere Sprachstufen, insbesondere in der Flexion, reichere Formen aufzuweisen haben. Diese Beobachtung hat ihn zu der folgenden oft zitierten Bemerkung geführt:

Vor sechshundert Jahren hat jeder gemeine Bauer Vollkommenheiten und Feinheiten der deutschen Sprache gewußt, d. h. täglich ausgeübt, von denen sich die besten heutigen Sprachlehrer nichts mehr träumen lassen. (Grimm, Vorreden, S. 2)

[100] Herder, Ursprung, S. 88 f.
[101] Herder, Ursprung, S. 92 ff., wo er allerdings daneben auch das Forterben der Bildung von Volk zu Volk würdigt.
[102] Diese Formulierung steht bei Herder, Ursprung, S. 98 f.
[103] Vgl. Erich Rothacker, Einleitung in die Geisteswissenschaften, Tübingen 1920 S. 37 ff.
[104] Rothacker, Einleitung, S. 48.

Das scheint auf den ersten Blick zwar auf ein besonderes Interesse an der Sprache des täglichen Umganges in älteren Zeitstufen zu weisen. Aber der Schein trügt. Entscheidend für das Interesse Grimms ist die Suche nach edleren und reineren Formen, wie aus diesem Zitat deutlich wird:

> Da die hochdeutsche Sprache des dreizehnten Jahrhunderts edlere, reinere Formen zeigt, als unsere heutige, die des achten und neunten wiederum reinere, als des dreizehnten, endlich das Gothische des vierten oder fünften noch vollkommenere; so folgt, daß die Sprache, wie sie die deutsche Völker im ersten Jahrhundert geredet haben, selbst die gothische übertroffen haben werde. (Grimm, Vorreden, S. 18)

Varianten der Sprache, die die edle Vollkommenheit der Flexion weniger zeigen als andere derselben Zeitstufe, werden dagegen mit tadelnden Worten bedacht, und diese treffen gerade manche Sprache des täglichen Umganges:

> ... die der Sprache des gemeinen Mannes eigene Rohheit und Verwilderung zeigt sich ebenfalls in dem Verlust der Flexionsfähigkeit, der jederzeit merklicher und entschiedener als in der edleren Schriftsprache stattfindet. (Grimm, Vorreden, S. 25)

Der Tadel kann sich aber auch auf den Schriftgebrauch einer Epoche beziehen, wie es im Vorwort zur zweiten Auflage der Deutschen Grammatik im Hinblick auf die Lücke der Darstellung zwischen dem Mittelhochdeutschen und dem Neuhochdeutschen geschieht:

> ... da sich aber keine blühende poesie gründete, konnten niedersetzungen der sprache, wie sie zur aufstellung eigner perioden nöthig sind, auch nicht erfolgen. Die schriftsteller dieser zeit vergröbern stufenweise die frühere sprachregel und überlaßen sich sorglos den einmischungen landschaftlicher mundart; oft weiß man nicht, ob ihre besonderheit von der alten reinen sprache her übrig geblieben oder aus dem gebiete der volksdialekte eingedrungen ist. (Grimm, Vorreden, S. 36)

Das Interesse Grimms gilt letzten Endes doch einem Ideal der Sprache, einem Ideal, das sich in verschiedenen Epochen in unterschiedlicher Vollkommenheit verkörpert, wobei er die größte Vollkommenheit in den ältesten Sprachstufen sieht. Er sieht einen dauernden Verfall der Sprache, sieht aber auch Ausgleich:

> Die Sprache hat mancherlei Schaden erlitten und muß ihn tragen. Die wahre, allein zuträgliche Ausgleichung steht in der Macht des unermüdlich schaffenden Sprachgeistes, der wie ein nistender Vogel wieder von neuem brütet, nachdem ihm die Eier weggethan worden; sein unsichtbares Walten vernehmen aber Dichter und Schriftsteller in der Begeisterung und Bewegung durch ihr Gefühl.[105] (Grimm, Vorreden, S. 7)

---

[105] Er beruft sich bei dieser Aussage auf Goethe, den er in einer Anmerkung zum oben stehenden Text zitiert: »Es gibt gar viele Arten von Reinigung und Bereicherung, die alle zusammengreifen müssen, wenn die Sprache lebendig wachsen soll. Poesie und leidenschaftliche Rede sind die einzigen Quellen, aus denen dieses Leben hervordringt, und sollte sie in ihrer Heftigkeit auch etwas Bergschutt mitführen, er setzt sich zu Boden und die reine Welle fließt darüber her.« (S. 7. Anm.)

Der Sprachgeist und der Volksgeist sind die Richtpunkte für Jacob Grimm, aber deren eigentliche Verkörperung wird nicht in der Gegenwart gesehen, sondern in der ideal gesehenen Vergangenheit. So schreibt er an Arnim:

> Die alten Menschen sind größer, reiner und heiliger gewesen als wir, es hat in ihnen und über sie noch der Schein des göttlichen Ausgangs geleuchtet, etwa wie helle, reine Körper noch eine Weile fortleuchten oder -glänzen, wenn man sie unmittelbar aus den grellen Sonnenstrahlen in die dichte Dunkelheit versetzt.[106]

Diese Auffassung hat nicht nur die sprachtheoretische Auffassung Jacob Grimms und seines Bruders Wilhelm bestimmt, sondern auch ihre Sprachpraxis, die vor allem in den Kinder- und Hausmärchen zu weitreichender Wirksamkeit gekommen ist. Sie waren der Überzeugung, die Märchen seien der »sich selbst dichtenden Volkspoesie« entsprungen, und so mußte deren Gestalt der hohen Meinung entsprechen, die die Grimms vom Wesen dieser Volkspoesie hatten. So sind ihre Märchen, wie Korff sagt, »keine phonographischen Wiedergaben, sondern der Form nach poetische Leistung hohen Ranges«.[107] Die Verwendung »landschaftlicher gemeiner Mundart«, die J. Grimm bei der Periode nach der mittelhochdeutschen Blütezeit getadelt hat (vgl. oben), konnte dem hohen Ziel nicht gerecht werden. Wilhelm Grimm, der eigentliche Märchenerzähler unter den Brüdern, hat die Schwierigkeit, daß die Volksdichtung nicht in den Volksmundarten[108] gestaltet werden sollte, auf eine Weise überwunden, die im vorliegenden Zusammenhang recht aufschlußreich ist. Korff schreibt dazu:

> Aber Wilhelm hat die schwierige Aufgabe gelöst, unter äußerer Preisgabe der eigentlichen Mundart einen Stil zu schaffen, der von dem »Geiste des Mundartlichen«, das heißt der volkstümlichen Sprechsprache überhaupt, soviel wie irgend möglich bewahrt. (Geist der Goethezeit Bd. IV, S. 169)

[106] Zitiert nach Korff, Geist der Goethezeit, Bd. IV, S. 187.
[107] Korff, Geist der Goethezeit, Bd. IV, S. 168.
[108] Es gibt allerdings Ausnahmen. Neben vereinzelten in hochdeutscher Mundart belassenen Märchen (Häsichenbraut, Spielhansl, Der alte Hildebrand, Der Vogel Greif, Das Bürli im Himmel, Die Brosamen auf dem Tisch), die aber insgesamt gesehen nicht ins Gewicht fallen, sind vor allem die niederdeutschen Märchen in landschaftlich eindeutig lokalisierbaren Mundarten geschrieben. Ein anderer Weg war bei den zuletzt genannten auch kaum möglich, da hier keine allgemein angenommene überlandschaftliche Form vorhanden ist. Merkwürdig und beachtenswert ist es, daß in der mundartlich-niederdeutschen Form Derbheiten verwendet werden können (besonders extrem der »Pißputt« in »Von dem Fischer un syner Fru«), die in der hochdeutschen Form als »nicht salonfähig« befremden müßten, während sie in der vorliegenden Gestalt den poetischen Wert keineswegs verdunkeln. Vielmehr sind die von Philipp Otto Runge beigesteuerten in pommerschem Niederdeutsch erzählten Märchen vom Machandelboom und Von dem Fischer und syner Fru zweifellos »zwei der schönsten Märchen«, wie auch Korff hervorhebt, der zudem noch erklärt, gerade diese Märchen seien »für Wilhelm Grimm ... ein wichtiges Vorbild gewesen«. (Geist der Goethezeit, Bd. IV, S. 169) Die gewohnte Gleichsetzung: Sprache eines vorbildlichen Erzählwerkes = edle Sprache = salonfähige Sprache = Gemeinsprache = Schriftsprache geht hier nicht auf. Daraus wird zum mindesten deutlich, daß diese Gleichsetzung nicht so selbstverständlich ist, wie sie nach dem klassischen Ideal erscheint.

In diesem Zitat wird das Wort »Mundart« in zweierlei Sinn verwendet. Mit der »eigentlichen Mundart« ist zweifellos die landschaftsgebundene Sprachform gemeint, während der »Geist des Mundartlichen« mit »volkstümliche Sprechsprache« interpretiert wird. Es gibt danach also für die Mundarten bezeichnende Eigenarten des Sprachgebrauchs, die dennoch von der mundartlichen Lautgestalt abgelöst werden können. Gemeint sind vor allem syntaktische Eigenarten des volkstümlichen Erzählens (das volkstümliche Gespräch, also die im Umgange gesprochene Sprache und insbesondere Mundart, wird hier gar nicht berücksichtigt). Diese werden von W. Grimm in die gemeinsprachliche Form übernommen, ohne daß damit ein Konflikt mit der allgemein anerkannten Norm entstünde. W. Grimm hat aus den eingebürgerten hochsprachlichen Möglichkeiten diejenigen ausgewählt, die mit volkstümlicher, d. h. im wesentlichen mit mundartgebundener Erzählprosa übereinstimmen. Was Wilhelm Grimm geleistet hat, ist letzten Endes das, was Schiller in seiner Bürger-Rezension vom Volksdichter verlangt hat: Die Schaffung einer Form, die sowohl den »Ungebildeten« als auch den ästhetisch im klassischen Sinne Gebildeten befriedigt. Das Volkstümliche kommt durch die romantische Verklärung, die es erfährt, durch die idealisierende Projektion in die Vergangenheit, in unmittelbare Nähe des klassischen Ideals. So sind die Grimmschen Märchen durchaus Vertreter desselben Sprachtyps, der durch das Ansehen der Klassiker allgemeine Anerkennung gefunden hat, und die Entsprechung betrifft nicht allein die Lautgestalt, sondern auch die Tendenz zum Edlen.

In welchem Maße übrigens Goethe als sprachliches Vorbild von den Grimms geschätzt worden ist, zeigt die Vorrede zu ihrem Deutschen Wörterbuch, wo es im Hinblick auf Goethes Schriften heißt: «... besser ist, dasz aus anderm vieles als aus ihm weniges abgehe.« (Grimm, DWB Bd. I, S. XXXVI)

Daß die Ablösung vom »Gemeinen« durch eine Verklärung der Vorzeit eine allgemeine in der Romantik verbreitete Tendenz darstellt, zeigt auch das folgende Zeugnis von Joseph von Eichendorff:

> Heidelberg ist selbst eine prächtige Romantik, da umschlingt der Frühling Haus und Hof und alles Gewöhnliche mit Reben und Blumen, und erzählen Burgen und Wälder ein wunderbares Märchen der Vorzeit, als gäbe es nichts Gemeines auf der Welt.[109]

Allerdings gibt es auch gegen diese idealisierende Tendenz gerichtete Bestrebungen in der Romantik, von denen man auf den ersten Blick eine stärkere Hinwendung zu gewissen im Umgange gebräuchlichen Sprachformen erwarten könnte. Es sind solche Tendenzen, die man mit dem Terminus »Realismus« zu charakterisieren versucht. Aber das Verhältnis dieser Bestrebungen zur Sprachwirklichkeit ist anders, als man erwarten sollte. Das wird besonders augenfällig bei dem Fazit, das Korff im Hinblick auf diese Richtung zieht:

---

[109] Zitiert nach Kohlschmidt, Romantik, S. 317.

Allein was heißt »Realsimus« in diesem sehr tiefen stilgeschichtlichen Sinne? Das ergibt sich nur aus einem historischen Gegensatz, und dieser ist der Gegensatz gegen den *idealischen* Stil klassizistischer Kunst und Dichtung. Realismus ist daher nichts anderes als «*charakteristische Kunst*«, und das heißt eine Dichtung, die dem *Idealischen widerstrebt*, weil sie das *Individuelle* sucht. Das Individuelle aber ist ästhetisch das Abweichende von der Norm, der Regel, vom Ideal, kurz das *Ausnahmehafte, Sonderbare* und *Abnorme*. Sowenig das logisch in dem Begriffe Realismus zu liegen scheint, daß er die Sucht nach dem »Sonderbaren« bedeuten soll – im Zusammenhang der abendländischen Kunstgeschichte erhält er gerade diese Bedeutung, ohne die er so leer bliebe wie der Begriff der Wirklichkeit ... (Korff, Geist der Goethezeit, Bd. IV, S. 336)

In dieser Darstellung tritt die gegenüber dem 18. Jh. veränderte Situation im Geltungsbereich der deutschen Sprache, die für die Sicht des Problems und den Gebrauch des Begriffs »Umgangssprache« ausschlaggebend ist, in aller wünschenswerten Deutlichkeit hervor. Der entscheidende Unterschied ist der, daß nun eine Norm als selbstverständlich angesehener Maßstab für den Sprachgebrauch vorhanden ist. Diese Norm repräsentiert die Deutsche Sprache schlechthin.[110] Die Beziehung zu einer bestimmten soziologischen Gruppe und einer bestimmten Verwendungsart wie der Gesellschaftssprache der oberen Klassen der angesehensten Provinz ist nicht mehr erforderlich. Sie ist nicht einmal mehr möglich, denn die Sprache der Klassiker, die auf antiker Bildungstradition erwachsen und an einem aristokratischen Leitbild ausgerichtet war, konnte für Romantiker wie die Grimms über Standes-, Bildungs- und Landschaftsunterschiede hinweg das ganze Volk repräsentieren; das vom Streben nach »edler Einfalt und stiller Größe« geprägte Ideal der Klassik berührte sich mit dem Idealbild des Edlen und Reinen, das von Romantikern der »Historischen Schule« (Rothacker) in eine mythische Vergangenheit des Volkes projiziert worden ist. Nur unter diesen Voraussetzungen war es möglich, daß die Sprachpraxis Wilhelm Grimms bei der Wiedergabe der Volksdichtung mit der Sprachprogrammatik der Klassik im Einklang war. Damit aber hatte sich eine Verselbständigung der Sprachform vollzogen, so daß der gesellschaftliche Sprachgebrauch, der bei den Klassikern immer noch als maßgeblicher Hintergrund vorhanden war, nun seine Bedeutung verliert. Die allgemein anerkannte Sprachform herrscht nun aus eigenem Recht, sie ist zur Selbstverständlichkeit geworden, an der alles andere gemessen wird.

---

[110] Allerdings hat die Norm des Deutschen nie die Festigkeit und den Grad der Allgemeinverbindlichkeit erhalten, wie sie etwa im Französischen zu beobachten sind. So erklärt Hugo von Hofmannsthal in seinem Vortrag »Das Schrifttum als geistiger Raum der Nation«, daß die geistigen Repräsentanten Deutschlands zwar um die Sprache ringen, «- aber nicht mitzuwirken an der Schöpfung der Sprachnorm, in der die Nation zu wahrer Einheit sich bindet, sondern als magische Gewalt ...« (Hofmannsthal, GW, Prosa IV. S. 402), und Jean Fourquet sieht in den Gedanken dieses Vortrags auch heute noch die treffendste Charakterisierung der Sprachwirklichkeit beim Vergleich der beiden Nationen (Vgl. Jean Fourquet: Inwiefern ist das Individuum frei beim Gebrauch der Sprache. In: Sprache der Gegenwart 2, S. 98 f.). Aber bei der Herausarbeitung des Gegensätzlichen wird leicht übersehen, daß es auch in Deutschland seit der Klassik einen umfassenden Fundus anerkannter Normen gibt; nur fallen sie nicht so sehr ins Auge, weil sie als Selbstverständlichkeiten genommen werden.

Alles andere ist nun Abweichung, durch die Abweichung wird es »charakteristisch«, ohne daß damit von vornherein gesagt wäre, ob dieser von der repräsentativen Norm abweichende Gebrauch irgendwo als normaler Gebrauch, etwa als im Umgange gesprochene Sprache, gilt. Diese Frage nach der »Realität« im eigentlichen Sinne ist für die literarische Aussage nicht unbedingt relevant, und so kommt es dazu, daß das »Ausnahmehafte, Sonderbare und Abnorme« die Stelle einnimmt, an der sonst die »Sprache des täglichen Umganges« gegenüber der gehobenen Sprache der guten Gesellschaft erscheint.

Sowohl in der literarischen Praxis als auch in der Sicht der nun sich entfaltenden, von der Persönlichkeit Jacob Grimms geprägten, wissenschaftlichen Germanistik tritt also das Problem der Umgangssprache in den Hintergrund. Es taucht erst wieder auf als Problem verschiedener Forschungsrichtungen, und dabei in verschiedener Gestalt. Das wird im folgenden zu untersuchen sein.

Naheliegend ist es, daß zunächst auch der Terminus »Umgangssprache« keine entscheidende Rolle spielt. Zu erwähnen wäre vielleicht, daß Friedrich Schlegel einmal - ganz ähnlich wie Goethe - »das Französiche ... als gesellschaftliche Umgangssprache«[111] bezeichnet und daß der Begründer der wissenschaftlichen Geographie, Carl Ritter, einmal schreibt, die Asamesen hätten »die Sprache der Bengalis angenommen, als Umgangssprache«,[112] aber diese Zitate sind für die vorliegende Arbeit nur am Rande von Interesse, und zwar als Belege dafür, daß das Wort »Umgangssprache« auch weiterhin im Gebrauch geblieben ist als Bezeichnung für eine Anwendungsart der Sprache, wobei die als »Umgangssprache« verwendete Sprachform nicht unbedingt in den Rahmen der in Frage kommenden Nationalsprache gehören muß. Zu erwähnen wäre außerdem, daß das Wort »Umgangssprache« auch weiterhin im Hinblick auf den nunmehr allgemein anerkannten repräsentativen Sprachtypus des Deutschen gebraucht wird, insofern nämlich als er im Gespräch unter « Gebildeten« benutzt wird. So sagt der Historiker Treitschke im Jahre 1864:

Seit nahezu hundert Jahren reden unsere Gebildeten jene gemeinsame Umgangssprache, welche Italien noch nicht besitzt.[113]

Die Vorstellung einer »Umgangssprache der Gebildeten« gilt hier also in einer ganz ähnlichen Weise wie schon bei Bürger.

Nach alledem steht es zur Zeit der Begründung der Germanistik als Wissenschaft folgendermaßen um Problem und Begriff der Umgangssprache:

Es hat sich - ursprünglich in naher Beziehung zu einer Gesellschaftssprache eines vornehmen Kreises - ein der antiken Tradition und dem

---

[111] Nach Grimm, DWB XI, 2. Sp. 897.
[112] Ritter, Erdkunde 4. Teil, 2. Buch, Asien Bd. III S. 331.
[113] Treitschke, Aufsätze 2. Bd. 5. Aufl. S. 239.

Vorbild der französischen Klassik verpflichteter Sprachtypus herausgebildet, der, gestützt auf die Autorität der deutschen Klassiker, zum allgemein anerkannten repräsentativen Typ des Deutschen geworden ist. Dieser Typus dient auch als Leitbild für den größten Teil des Schriftgebrauchs und für das Gespräch unter Gebildeten. Andere als diese repräsentative Sprachform werden nun als Abweichungen von dieser Norm verstanden. Für das Problem der Umgangssprache heißt das: Die Frage nach einer im Umgange gebräuchlichen Sprachform, die als Vorbild für die Norm der Nationalsprache geeignet wäre, ist zurückgetreten. Da eine allgemeine Norm existiert, wird nun auch die im Umgange gesprochene Sprache an ihr gemessen. Damit ergibt sich die Unterscheidung in Umgangssprache, die diesem Standard entspricht (Umgangssprache der Gebildeten), und in Umgangssprache, die diesem Standard nicht entspricht. Diese letzte wird allerdings zunächst nur wenig beachtet.

Zum Wortgebrauch ist zu vermerken, daß »Umgangssprache« noch durchweg als »im Umgange gesprochene Sprache« zu verstehen ist, das Wort bezeichnet also eine Gebrauchsweise einer Sprachform und höchstens indirekt eine Sprachform selbst, wie denn »Umgangssprache der Gebildeten« jene Sprachform ist, die von Gebildeten im Umgange untereinander gebraucht wird.

Es wird nun zu unterscheiden sein, in welcher Weise das Problem der im Umgange gebräuchlichen Sprachformen und der terminologische Gebrauch des Wortes »Umgangssprache« im Rahmen der verschiedenen Richtungen der germanistischen Forschung hervortreten, einer Forschung, die - ihren ursprünglichen Intentionen nach - unter wissenschaftlicher Betrachtung im wesentlichen historische Betrachtung versteht und im Ursprung das Echte sucht, während die Abweichungen vom Ursprung hauptsächlich als Verfall gewertet werden.

Teil II

Problem und Begriff der Umgangssprache in den einzelnen Forschungsrichtungen der germanistischen Wissenschaft

6. Problem und Begriff der Umgangssprache in der sprachgeschichtlichen Forschung

6.1 Der geistesgeschichtliche Hintergrund der sprachgeschichtlichen Forschung

Für die sprachgeschichtliche Forschung gilt noch in besonderem Maße, was Dünninger im Hinblick auf Jacob Grimm als Schöpfer der Germanistik sagt:[114]

> Die dt. Ph[ilologie] trägt seinen Prägestempel. Bei allem Weiterschreiten, bei aller Abkehr oft, bei aller Spezialisierung gewinnt man immer wieder bei ihm Anschauung des Ganzen und berichtigende Wegspur. Generationen von Forschern ziehen ihre beste Kraft von ihm und vermögen sich selbst dort, wo die Bewegung der Zeit und die Entfaltung der Wissenschaft sie auf neue Wege führt, seiner Einwirkung nicht zu entziehen.

Vor allem ist Grimms Wort von der »Unverletzlichkeit und Notwendigkeit der Geschichte«[115] viele Jahrzehnte als leitender Gedanke maßgeblich geblieben. Seine Auffassung, daß die Größe der Sprache in ihren naturhaften schöpferischen Anfängen liege, während an ihrem Ende Erstarrung und Abstraktion ständen,[116] bestimmt den Inhalt des germanistischen Studiums zum Teil bis in die Gegenwart.

Dieser Ausgangspunkt ist, wie oben erörtert, für die Berücksichtigung umgangssprachlicher Probleme nicht günstig. Aber es haben sich Modifikationen ergeben, für die die Frage im Umgange gebräuchlicher Sprachformen in ein neues Licht tritt. Sie haben sich zum Teil entwickelt aus der Gegenstellung gegen J. Grimms romantische Auffassung vom Sprachgeist, vom Wesen der Sprache als einem Organismus, die er mit Herder und W. v. Humboldt geteilt hat. Einer der ersten, die sich gegen den abstrakten »Sprachgeist« gewandt haben, ist Rudolf von Raumer, der betont, die Sprache sei eine menschliche Einrichtung und lebe demzufolge nur in der Seele und auf den Lippen derer, die sich mit ihrer Hilfe verständigten; die Veränderungen würden nur durch den Menschen selbst hervorgebracht werden.[117] Er hat deshalb bereits 1837 gefordert, daß man sich

---

[114] Dünninger, Geschichte, Sp. 148.
[115] Widmung des ersten Bandes seiner »Deutschen Grammatik« an Savigny.
[116] Vgl. Dünninger, Geschichte, Sp. 155f.
[117] Vgl. Delbrück, Indogermanische Sprachen, S. 114f. Einzelne Hinweise zum Folgenden ver-

mehr der Erforschung der lebenden Sprache zuwenden solle.[118] Diese Forderung ist geeignet, im Umgange gesprochene Sprache stärker zu berücksichtigen. Dagegen ist es zunächst nicht naheliegend, daß sie auf die sprachhistorische Forschung einen fördernden Einfluß haben könnte. Über Zwischenstufen ist diese Wirkung dennoch eingetreten, wobei das Vorbild der Naturwissenschaften zunehmend eine Rolle gespielt hat. Ein wichtiger Markstein ist das Werk von Heymann Steinthal »Grammatik, Logik, Psychologie, ihre Prinzipien und ihre Verhältnisse zueinander«. Er hat – gestützt auf die Psychologie Herbarts – die Auffassung vertreten, die lautlichen Äußerungen seien Abbilder von psychischen Bewegungen,[119] und da die Seele als Quellpunkt unserer Äußerungen immer dieselbe bleibe, könne von einer prinzipiellen Scheidung der Sprachgeschichte in eine Phase des Jugendalters und eine des Greisenalters, wie sie in der Romantik vorgenommen worden war, keine Rede sein.[120] Von hier aus führt die Entwicklung zur Annahme unveränderlicher Gesetze, die die gesamte Sprachgeschichte beherrschen, und solche Gesetze können in der Gegenwart und in zeitlich nahestehenden Perioden sicherer erforscht werden als in ferner Vergangenheit. Auf Grund derartiger Gedanken ist es vor allem durch den mitreißenden Einfluß Wilhelm Scherers[121] dazu gekommen, daß der physiologischen Beschreibung der Sprachvorgänge die Aufmerksamkeit zugewandt wird, daß man nicht mehr nur die Sprachen, sondern auch den sprechenden Menschen erforscht. Der sprechende Mensch wird als bewegendes Element in der Sprachgeschichte verstanden, der Sprachgebrauch von Mensch zu Mensch. Das ist einer der Wege, auf dem im Umgange gesprochene Sprache in das Blickfeld sprachgeschichtlicher Forschung gelangt ist. Hermann Paul ist ein wesentlicher Vertreter dieser Richtung.

Ein anderer, zum Teil gegensätzlicher Weg führt von Jacob Grimms Gegenposition gegen die normative Grammatik zur Beachtung der im Umgange üblichen Sprache bei sprachgeschichtlichen Betrachtungen. Die entscheidende Vermittlergestalt ist der Fortsetzer der Grimmschen Wörterbucharbeit Rudolf Hildebrand,[122] der außerdem mit seinem Buch »Vom deutschen Sprachunterricht«[123] weitreichenden Einfluß ausgeübt hat. Er

danke ich einem Referat von Holger Reinitzhuber über »Wilhelm Braune: Althochdeutsche Grammatik«, das am 4. und 11.12.1967 im Rahmen eines Seminars von Prof. G. Cordes »Übungen zur strukturellen Grammatik älterer Sprachsysteme« in Kiel gehalten worden ist.

[118] Vgl. Burdach, Wissenschaft, S. 108.
[119] Vgl. B. Delbrück, Indogermanische Sprachen, S. 108 f.
[120] Vgl. Burdach, Wissenschaft, S. 104. – In ähnliche Richtung wie die Arbeit Steinthals hat das 1876 in der Übersetzung von A. Leskien erschienene Werk des Amerikaners William Dwight Whitney: Leben und Wachstum der Sprache (Life and Growth of Language) gewirkt. Vgl. Delbrück, Indogermanische Sprachen, S. 112f., Arens, Sprachwissenschaft, S. 260 ff.
[121] Über das Verhältnis W. Scherers zu J. Grimm siehe Rothacker, Einleitung, S. 207ff. und Dünninger, Geschichte, Sp. 178ff.
[122] vgl. J. Dünninger, Geschichte, Sp. 186f.
[123] Hildebrand, Rudolf: Vom deutschen Sprachunterricht in der Schule und von deutscher Erziehung und Bildung überhaupt. [1.Aufl. 1867] 5. Aufl. Leipzig/ Berlin 1896.

hat aus Grimms Auffassung, daß sich jeder Deutsche, der sein Deutsch schlecht und recht wisse, eine selbsteigene, lebendige Grammatik nennen könne, Konsequenzen für den Schulunterricht gezogen und fordert, daß der Unterricht von der natürlichen Sprache der Kinder auszugehen habe. Damit wird die »Werkeltagssprache«[124] höher gewürdigt als bei J. Grimm; sie wird als Grundlage des Geistigen verstanden. In seiner Gedächtnisrede von 1895 sagt Konrad Burdach von Hildebrand: »Er suchte allewege in der Sprachentwicklung das Schöpferische: das Geistige, Seelische, das nach Ausdruck verlangt.«[125] Da in diesem Zusammenhang nun auch die im Umgange gesprochene Sprache einbezogen wird, ergibt sich eine neue Möglichkeit, das Problem der Umgangssprache in sprachgeschichtlicher Arbeit zu berücksichtigen. In diese geisteswissenschaftlich eingestellte und bildungsgeschichtlich orientierte Entwicklungsrichtung kann man Konrad Burdach stellen, obgleich er sich (ebenso wie die dem Ideal der Naturwissenschaften nacheifernden »positivistischen« Forscher) dem Vorbild seines Lehrers Scherer verpflichtet fühlt.[126]

Die durch das Wirken Wilhelm Diltheys und Karl Voßlers nachhaltig geförderte geistesgeschichtliche Strömung hat sich vor allem in der ersten Hälfte des 20. Jahrhunderts entfaltet und hat besonders die Literaturwissenschaft an Bedeutung gewinnen lassen. Von hier aus öffnet sich ein weiterer Weg, im Umgange gesprochene Sprache ins Blickfeld sprachgeschichtlicher Untersuchungen kommen zu lassen: als Kontrast zum literarischen Gebrauch. August Langen vertritt diese Sichtweise.

Mehrfach finden sich Versuche, die Gesichtspunkte der verschiedenen Richtungen zu vereinigen und dabei auch soziologische und sprachgeographische Betrachtungen einzubeziehen. Auch dabei liegt die Berücksichtigung im Umgange gesprochener Sprache nahe. Schon bei Otto Behaghel finden sich Ansätze zu derartigen Verknüpfungen. Hugo Moser hat diesen Weg bewußt beschritten. Die Verbindung mehrerer Aspekte ergibt sich fast zwangsläufig bei der handbuchmäßigen Zusammenfassung Adolf Bachs.

Endlich eröffnet sich noch ein Weg zur Berücksichtigung im Umgange gebräuchlicher Sprache in historischen Betrachtungen aus sprachkritischer Sicht, die sich in der zweiten Hälfte des 19. Jahrhunderts gegen Grimms Ablehnung normativer Bemühungen um die Sprache erhoben hat. Von dieser Warte aus werden sprachliche Entwicklungen, die oft zunächst im persönlichen Umgang gebräuchlich sind, auf ihren förderlichen oder »schädlichen« Charakter hin beurteilt. Von dieser Bewegung ist Lutz Mackensen beeinflußt.

---

[124] R. Hildebrand, Sprachunterricht, S. 32. An anderer Stelle (S. 71) spricht er von der »Alltagsrede (Haussprache)« als dem »herrlichsten Stoff zur Bildung des Geschmacks«.
[125] Zitiert nach Dünninger, Geschichte, Sp. 186.
[126] Vgl. Dünninger, Geschichte, Sp. 202f.

Es gibt also recht verschiedene Standpunkte in der sprachgeschichtlichen Forschung, von denen aus das Problem der Umgangssprache in den Blick kommen kann. Die entsprechenden Auffassungen gilt es jetzt zu interpretieren.

6.2   Umgangssprache als bewegendes Element der Sprachgeschichte (H. Paul)

Wie kaum ein anderer Sprachwissenschaftler hat Paul betont, daß Sprachwissenschaft geschichtliche Wissenschaft sein müsse. Aber er gehört zu denen, die dabei nicht nur in die Vergangenheit blicken – wenn auch der größte Teil seiner Forschung auf sie gerichtet ist -, sondern er sieht geschichtliches Wirken auch in der Gegenwart. Er ist überzeugt:

> Sobald man über das bloße Konstatieren von Einzelheiten hinausgeht, sobald man versucht den Zusammenhang zu erfassen, die Erscheinungen zu begreifen, so betritt man auch den geschichtlichen Boden, wenn auch vielleicht ohne sich klar darüber zu sein ...
> Das einzige, was nun etwa noch von nichtgeschichtlicher Betrachtung übrigbliebe, wären allgemeine Reflexionen über die individuelle Anwendung der Sprache, über das Verhalten des Einzelnen zum allgemeinen Sprachusus. Daß aber gerade diese Reflexionen aufs engste mit der Betrachtung der geschichtlichen Entwicklung zu verbinden sind, wird sich im folgenden zeigen. (Paul, Prinzipien, S. 20 u. 21 f.)

Er verweist damit auf seine an späterer Stelle ausgesprochene These:

> Die eigentliche Ursache für die Veränderung des Usus ist nichts anderes als die gewöhnliche Sprechtätigkeit. (S. 32)

Hier wird der Sprachusus als das Element gesehen, das Sprachgeschichte macht. Deshalb wird der Usus von Paul in seiner Bedeutung ähnlich stark betont wie von Adelung. Damit bekommt, wenn auch aus anderem Grunde als bei Adelung, ebenfalls bei ihm die im Umgange der Menschen miteinander auftretende Sprechtätigkeit ein erhebliches Gewicht. Von hier aus gesehen, ist es nicht verwunderlich, daß im Schlußkapitel von Pauls »Prinzipien der Sprachgeschichte« das Wort »Umgangssprache« eine zentrale Rolle spielt. Andererseits ist es bemerkenswert, daß gerade dieses Kapitel von der ersten Auflage (1880) bis zur letzten (der 5. 1920)[127] praktisch unverändert geblieben ist: ein Zeichen dafür, daß der hier dargestellte Gegenstand im wesentlichen außerhalb der wissenschaftlichen Diskussion jener Jahre geblieben ist.

Das eigentliche Thema des Kapitels, in dem bei Paul die Umgangssprache erscheint, ist die Gemeinsprache. Von der nationalen Gemeinsprache sagt er, sie bedürfe nicht nur einer schriftsprachlichen, sondern auch einer

---

[127] Seither unveränderte Neuauflagen. Studienausgabe der 8. unveränd. Aufl. Tübingen 1970.

umgangssprachlichen Norm. Er unterscheidet damit eine für die Schrift und eine für den mündlichen Gebrauch bestimmte Sprachform. Aber er grenzt noch weiter ein, was er unter »Umgangssprache« versteht, indem er sie gegen die Bühnensprache absetzt. Dazu begründet er zunächst die Eignung der Bühnensprache als Idealnorm für die Aussprache und zeigt dann die Grenzen ihrer Leistung, die einesteils darin begründet sind, daß der Schauspieler an das Wort des Dichters gebunden ist, andererseits darin, daß das für das Sprechen über einen größeren Raum hinweg notwendige angespannte Streben nach Deutlichkeit im persönlichen Umgang affektiert wirken müßte. Auf Grund dieser Feststellungen erklärt Paul die Notwendigkeit einer eigenen umgangssprachlichen Norm. An diese für das Gespräch geltende gemeinsprachliche (nationalsprachliche) Norm ist meistens gedacht, wenn bei Paul von Umgangssprache die Rede ist. Aber es gibt für ihn nicht nur diese Form der Umgangssprache. Im Gegenteil, er sagt:

> ... in der Regel ist die dem Einzelnen zunächst als Muster dienende Umgangssprache schon durch ein Zusammenwirken der eigentlichen Normalsprache mit dem heimischen Dialekt gestaltet. Das beruht darauf, daß der Einzelne in der Regel seine künstliche Sprache von Heimatgenossen lernt, deren Sprache bereits auf der Unterlage des ... Dialektes aufgebaut ist. (S. 415)

Damit begegnet bei Paul eine ähnliche Unterscheidung in natürliche und künstliche Sprache, wie sie schon bei Dante zu finden ist. Der Dialekt ist in den Fällen, an die hier gedacht ist, die »natürliche Sprache«, d. h. die Sprache, mit der ein Mensch ursprünglich aufwächst; die Umgangssprache ist dann eine »künstliche Sprache«, eine Sprachform, die dazugelernt wird. Wenn ein Dialekt als »natürliche« Sprache vorhanden ist, werden Dialekteigenheiten bei der Anwendung der neu aufgenommenen »künstlichen« Sprachform unterlaufen, selbst wenn es möglich wäre, den neuen Usus von dialektfreien Sprechern zu erlernen. Oft wird die »künstliche Sprache« aber von Personen übermittelt, die ebenfalls zuerst Dialekt gesprochen haben und einige Eigenheiten ihrer natürlichen Sprache im Gebrauch der künstlichen erkennen lassen. Aus diesem Grunde bildet sich leicht ein eigener Usus aus, nach dem die künstliche Sprache auf der Grundlage der natürlichen realisiert wird, eine Regelung, die dann schon selbst so etwas wie eine Norm darstellt, die Paul deshalb von der »eigentlichen Normalsprache« unterscheiden muß (vgl. oben). Auf diese Weise ergeben sich vielfältige »Abstufungen der Umgangssprache«, die »ein Individuum zu der bis dahin allein angewendeten natürlichen Sprache« als »eine der Norm näher stehende künstliche« lernen kann. Diese »Abstufungen« sind also sprachlich eigenständig. Sie haben normative Gültigkeit, besonders wenn ein »Verkehrskreis« sich ihrer bedient. Der Usus in so einem Verkehrskreis kann zwingend sein. An den Zwang durch ein derartiges soziales Gebilde denkt Paul offenbar, wenn er sagt:

... durch besondere Umstände kann mancher auch im späteren Alter veranlaßt werden, eine von der Norm weiter abweichende Sprache zu erlernen und sich ihrer zu bedienen. (S. 411)

Das hier nachgezeichnete Bild ist allerdings noch zu einfach. Paul weist darauf hin, daß nicht nur die Mundart natürliche Sprache sein könne. Wenn ein Mensch in einem Personenkreis aufwächst, in dem eine der Norm näherstehende Umgangssprache gebraucht wird, dann wird für ihn diese Umgangssprache zur natürlichen Sprache. Es kann also dieselbe Sprachform für den einen künstliche, für den andern natürliche Sprache sein. Logischerweise kann eine Umgangssprache nur dann zur natürlichen Sprache werden, wenn sie nicht nur im Verkehr mit Fremden gebraucht wird, sondern auch im Familienkreis, in dem ja das Kind seine erste Sprache lernt. Das ist aber zunächst nur in jenem Teil des Volkes denkbar, der sich am meisten in den an der »eigentlichen Normalsprache« ausgerichteten Verkehrsformen bewegt, »der am meisten durch Literatur, Schule etc. beeinflußt wird«. Das heißt, bei den Gebildeten kann diese Verkehrsform als natürliche Sprache auftreten, und damit kann sie »zur allgemeinen Umgangssprache der Gebildeten« werden. Hier ist ein Ausgangspunkt für weitere Entwicklung.

Erst auf dieser Entwicklungsstufe natürlich kann der Gebrauch der Mundart im Umgange für ein Zeichen von Unbildung gelten, erst jetzt tritt die Mundart in der Wertschätzung hinter der künstlichen Sprache zurück. (S. 416)

Das kann aber wiederum dazu führen, daß die bisherige Gebildetensprache zur Sprache der Allgemeinheit wird.

Auch über das Verhältnis umgangssprachlicher Probleme zu Stilproblemen finden sich bei Paul zwei Bemerkungen. In der ersten heißt es, »daß zwischen Schriftsprache und Umgangssprache immer ein stilistischer Gegensatz« bestehe (S. 410), in der zweiten, bei der die Umgangssprache als ein Teil der Gemeinsprache zu denken ist, wird gewarnt:

Man darf ... eine technische Sprache oder einen poetischen Kunststil ebensowenig mit einer Gemeinsprache wie mit einer Mundart auf gleiche Linie setzen. (S. 411)

Das wirkt zunächst widersprüchlich. Nach dem einen Zitat erscheint es angemessen, die Umgangssprache als Stilform zu betrachten, nach dem anderen nicht. Die Aussagen beziehen sich jedoch auf verschiedene Aspekte des Sprachlichen: Im einen geht es um Spracherscheinungen, die von Anwendungsart und Zweck bestimmt sind, um Sprache für den Schriftverkehr, für den Umgang, für die Technik oder für die Poesie. Unter diesem Blickwinkel könnte man die Umgangssprache durchaus neben die Stiloder Zweckformen der Sprache stellen, die im Anfang des zweiten Zitats genannt sind. Wird die Umgangssprache jedoch als Teil der Gemeinsprache begriffen, dann wird die Sprache unter einem anderen Aspekt betrachtet. Sie muß anders gegliedert werden, und zwar nun nach lautlichen Gesichtspunkten, nach geographisch bestimmbaren Lauterscheinungen. Stilistische Erscheinungen sind dabei nicht relevant.

So scheinen durch die Scheidung nach Aspekten die Schwierigkeiten behoben. Aber sie tauchen wieder auf: Es ist vorher schon davon die Rede gewesen, daß sich in bestimmten Gegenden auch bestimmte Lautformen für den Zweck des Umgangs durchsetzen können. Unter diesen Umständen erscheint unter dem Aspekt des Zwecks zugleich der lautliche Aspekt der Umgangssprache wesentlich.

Paul zeichnet ein sehr bewegtes Bild der Zusammenhänge. Das liegt an seiner Blickrichtung, an seiner Auffassung von Sprachgeschichte, bei der es ihm sehr auf die bewegenden Elemente ankommt. Bemerkenswert ist es, daß der Terminus »Umgangssprache« gerade im Zusammenhang mit diesen bewegenden Elementen gebraucht wird.

Dabei ist jedoch bezeichnend, daß nach diesen Darlegungen, die im einzelnen recht präzise sind, keine Definition des Begriffes »Umgangssprache« gelingen will. Immer wieder stößt man auf Widersprüche: Umgangssprache bezeichnet die Sprache des Gesprächs, aber sie wird großenteils »durch Lektüre erlernt«, also aus der Schrift. Sie ist Gemeinsprache (oder strebt wenigstens zu ihr hin), aber sie kann dialektgebunden, ortsgebunden sein. Umgangssprache ist eine künstliche Sprache, sie kann aber zur natürlichen werden. Sie ist die Sprache der Gebildeten, kann aber auch Sprache der Allgemeinheit sein. Sie ist eine Stilform, kann aber auch eine eigene Lautgestalt haben. Und endlich kann mit »Umgangssprache« eine Funktion der Sprache oder aber ein Sprachsystem gemeint sein. Den Leitfaden durch diese Verwirrung kann nur der Gedanke des Geschichtlichen geben. Es sind Sprachformen im Entstehen oder in der Verwandlung, von denen hier die Rede ist, Sprachformen, die erst zu einer Norm hintendieren oder sich von einer Norm entfernen. Und oft findet man gar beides nebeneinander. Nach Paul gelten diese Feststellungen nicht nur für Umgangssprachen, sondern grundsätzlich für alle Spracherscheinungen einer lebenden Sprache:

> Von Anfang an haben wir uns klar gemacht, daß wir dabei mit dem, was die deskriptive Grammatik eine Sprache nennt, mit der Zusammenfassung des Usuellen, überhaupt gar nicht rechnen dürfen als einer Abstraktion, die keine reale Existenz hat. (S. 404)

Es muß auffallen, daß die zur Aufstellung eines Sprachsystems notwendigen Abstraktionen bei den von Paul als »Umgangssprache« bezeichneten Sprachformen wesentlich schwerer gelingen als etwa bei einer Schriftsprache. Nur wenn sich einem gut faßbaren Verkehrskreis eine für ihn maßgebende Sprachform zuordnen läßt, wird das überzeugend gelingen. Bei weniger klar abzugrenzenden Anwendungsbereichen der Sprache ist eine durchgängige Beschreibung der hier gültigen Sprachmittel schwer erreichbar. Da läßt sich kaum mehr fassen als einige auffällige Merkmale, die dem Sprachgebrauch eines solchen Anwendungsbereiches eigentümlich sind.

In der Hauptsache kann das Problem der Umgangssprache bei Hermann Paul als das Problem sich wandelnder Zwischenbereiche zwischen zwei Sprachformen aufgefaßt werden, in denen nur zum Teil bindende Vorschriften für den Sprachgebrauch bestehen, während in anderer Hinsicht ein Schwanken zwischen dem Brauch der Herkunftsform und dem der Zielform zu beobachten ist. Diese Auffassung Pauls bietet eine Möglichkeit, manche Schwierigkeiten zu erklären, die für die wissenschaftliche Erfassung von Umgangssprachen bestehen. Ein anderer Teil der Schwierigkeiten läßt sich mit der Existenz funktionsbedingter Varianten der Sprache in Zusammenhang bringen, auf die Paul ebenfalls hingewiesen hat. Paul bietet damit wesentliche Ansatzpunkte zur Klärung der anstehenden Probleme.

6.3   Umgangssprache unter dem Aspekt der Bildungsgeschichte (K. Burdach)

Ähnlich wie bei Paul betont Burdach die Bedeutung der Geschichte für die Sprachwissenschaft. Aber bei ihm bekommt die Sprachgeschichte eine andere Ausrichtung: Er versteht sie als Bildungsgeschichte. Zu dieser Einstellung ist er durch die Beschäftigung mit der Dichtersprache Goethes gekommen, in deren Entwicklung er die letzte Phase der »Einigung unserer modernen Literatur- und Schriftsprache« sich vollziehen sieht. Von diesem Gesichtspunkt aus ist es zu verstehen, daß Burdach nicht bei der Bearbeitung der Sprache Goethes geblieben ist. Er sagt selbst:

> Leider konnte ich mich damit nicht beruhigen. Statt das ungeheure Material völlig auszuarbeiten und allgemeiner Benutzung zuzuführen, zog es mich weiter nach rückwärts ins Grenzenlose. (Burdach, Vorspiel Bd. 1, 2. Teil, S. 35)

So wird der Übergang vom Mittelalter zur Renaissance und wird das »gemeine Deutsch« sein wichtigstes Arbeitsfeld, eine Sprachform, die er für diese Zeit gegen die Sprache des Umganges ausdrücklich absetzt. Über ihren Geltungsbereich sagt er:

> Von den öffentlichen Kanzleien drang es in den Privatverkehr, wurde zunächst zur Gerichts- und Geschäftssprache, später erst und wohl nur sehr langsam zur Sprache der Gelehrten und Gebildeten. Man könnte diese Gemeinsprache ganz gut eine Staatssprache heißen: sie galt jedenfalls zunächst und viel mehr im öffentlichen Verkehr des Staates und der Privatleute mit diesem, es war eine Sprache der Beamten und des Geschäfts, aber keine des Hauses, der Familie, des geselligen Umgangs.[128]

---

[128] Burdach, Konrad, Die Einigung der neuhochdeutschen Schriftsprache. Einleitung. Das sechzehnte Jahrhundert. Halle 1884, S. 2.

Dabei ist es nicht so, daß Burdach diese zuletzt genannten Sprachbereiche als unwesentlich ansähe. Aber im Katalog der Forschungsaufgaben, die sich ihm eröffnen, erscheinen sie als die letzten und werden als die schwierigsten bezeichnet. Dies ist die Fülle der Aufgaben, die Burdach sieht:

> Eine Geschichte dieser Kanzleisprache wäre von höchster Wichtigkeit und höchstem Interesse: ihre locale Verschiedenheit nach den einzelnen Landschaften, ihr Verhältnis zum Latein, zu Luthers Sprache, zur Rechtssprache, zum Briefstil, zu der Verkehrssprache des täglichen Lebens wäre zu erforschen. ... Die schwierigste Aufgabe aber wäre es, festzustellen, in wie weit nun im Laufe des 16. Jahrhunderts zwischen der Bibelsprache und der Kanzleisprache und über der lebendigen Volksmundart und der Umgangssprache der Gebildeten sich selbständig eine teils neue, teils auf älterer Grundlage ruhende *poetische* und *prosaische Gemeinsprache* herausbildet, die natürlich in sich wieder weit entfernt ist von einer durchgehenden Einheit. (Burdach, Einigung, S. 12 f.)

Immerhin ist aus diesen Belegen deutlich zu erkennen, in welcher Weise er »Umgangssprache« versteht. Zunächst ist eine Anwendungsart der Sprache gemeint. Aber die in dieser Funktion auftretenden Sprachformen werden auch wertend geordnet. Die Umgangssprache der Gebildeten, die ja seit der Antike immer wieder hervorgehoben ist, wird mit der »lebendigen Volksmundart« zusammengefaßt, und ihnen beiden wird als »darüber« sich entwickelnd eine poetische und prosaische Gemeinsprache gegenübergestellt; die Umgangssprache erscheint danach als eine vergleichsweise niedere Sprachform und als nicht einheitlich, wobei es offenbleibt, ob nur an landschaftliche Uneinheitlichkeit gedacht ist oder ob es noch andere Unterschiede innerhalb der gebildeten Umgangssprache gibt.

Näheres über eine bestimmte Umgangssprache ist einer Abhandlung Burdachs zu entnehmen, die der Sprache in den Dichtungen des jungen Goethe gewidmet ist.[129] Hier erklärt er, in Goethes Sturm-und-Drang-Zeit sei die Sprache Gottscheds – der im Hinblick auf die äußere Form die Zukunft als Einheitsprache gehören sollte – durch eine andere, von Frankfurt und Straßburg her bestimmte Sprachform zurückgedrängt worden. Er bezeichnet diese Sprachform als eine ältere oberdeutsche Umgangssprache. Nach dieser Bezeichnung sieht es so aus, als denke Burdach hier an dieselbe Sprachform, auf die es Adelung abgesehen hat, wenn er von der älteren oberdeutschen Schriftsprache redet, die im Süden auch noch im geselligen Umgang verwendet werde. Eine Stütze für diese Annahme ist die Tatsache, daß beide Autoren gelegentlich auf altdeutsche Schriftsteller, wie etwa Otfrid, verweisen, um Belege für den älteren Sprachgebrauch beibringen zu können. Dennoch gibt es andere Beobachtungen, die es unmöglich erscheinen lassen, daß Adelung und Burdach dieselbe Sprachform meinen. Adelung nennt die ältere Sprache die prächtigere, deren hoher Gang für den geselligen Umgang zu feierlich sei. Burdach rühmt

---

[129] Burdach, Konrad: Die Sprache des jungen Goethe. In: Vorspiel, Bd. 2, S. 38–60.

der von ihm gemeinten Sprachform dagegen Natürlichkeit nach. Völlig unvereinbar wirken die Auffassungen, wenn man bedenkt, daß Burdach die alte Tradition in der Sprache des Sturm und Dranges lebendig sieht, während Adelung zu seiner Zeit gegen die Sprache derselben Literaturströmung zürnend Stellung genommen hat.[130] Dennoch dürften die beiden Autoren mindestens in einem wichtigen Punkt, nämlich im Lautsystem, und sicher auch in einem Teil des Formsystems, im wesentlichen die gleiche Sprachform im Auge haben. Sonst wäre es nicht zu erklären, daß sich beide auf den gleichen alten Schriftgebrauch berufen, und sonst wäre es auch kaum möglich, ihn als oberdeutsch zu charakterisieren. Es scheint sich um Sprachformen zu handeln, die sich im Lautsystem gleichen, aber nach anderen Kennzeichen unterschiedlich sind. Entscheidend für die gegensätzliche Wertung der im Sturm und Drang auftretenden Spracheigentümlichkeiten sind einige Erscheinungen des Formsystems, vor allem aber solche der Syntax und der Semantik. Bei diesen ist weniger die Herkunft aus dem oberdeutschen Raum bedeutsam, sondern wichtig ist, daß der hier in die Literatur eingeführte Sprachgebrauch – wie Burdach gelegentlich auch vermerkt – nicht *nur* der gebildeten Umgangssprache entstammt, nicht überall dem an der Antike geschulten »consensus eruditorum« entspricht, sondern zum Teil den sorglosen Sprachgebrauch ungebildeter Sprecher widerspiegelt. Solche Erscheinungen konnten von Adelung nur negativ beurteilt werden. Man könnte danach vermuten, es gebe eine gehobene und eine abgesunkene Tradition der älteren oberdeutsch geprägten Großraumsprache. Wieweit eine solche Vermutung den Tatsachen gerecht werden kann, wage ich nicht zu entscheiden. Wichtiger erscheint mir eine ganz andere Beobachtung: Offenbar kommt man zu anderen Einteilungen und zur Beobachtung anderer Bezüge im Sprachgesamt, wenn man nach lautlichen Kriterien vorgeht, als wenn man von der Morphologie, der Syntax oder gar der Semantik aus urteilt.

Bei Burdach tritt, unter seinem bildungsgeschichtlich bestimmten Aspekt, die Frage nach lautlichen Entwicklungen weit weniger hervor als bei anderen Forschern. Die Zusammenhänge, die für ihn wesentlich sind, lassen sich nicht leicht auf eine Formel bringen. Vielleicht sind sie am ehesten an einem Beispiel klarzumachen, etwa an dem folgenden Auszug aus einer Buchbesprechung Burdachs:

> das verbum eröffnet den satz: jetzt gewöhnlich nur in entscheidungsfragen, befehls- und wunschsätzen, in conjunktionslosen conditional- und concessivsätzen, in der älteren, auch noch nhd. sprache auch im aussagesatz. Otfrids *fuar tho druhtin thanana, gisah tho druhtin einen man* entspricht genau und unmittelbar dem Goethischen *sah ein knab ein röslein stehn* (wie schon Erdmann a.a.O. S. 193 bemerkte) oder unserem, von Bergk so gröblich verkannten von Strehlke und Düntzer nicht verstandenen *vergingen ihr die sinnen.*

---

[130] Vgl. das im Abschnitt 5 der vorliegenden Arbeit angeführte Zitat aus Adelung, Lehrgebäude Bd. I, S. 70f.

Diese wortstellung lebt heute nur in der familiären umgangssprache und in der rede des gemeinen mannes. Goethe brauchte sie meist in gedichten volkstümlichen stils, nach Hans Sachs außerdem im prosaischen drama zur charakteristik, also besonders zur wiedergabe der ausdrucksweise ungebildeter leute; im Götz sagt Franz: *so gehts in der welt; weiß kein mensch, was aus den dingen werden kann.*

Ich muß mir versagen, an anderen fällen nachzuweisen, wie unmöglich ein würkliches verständnis unserer neueren klassiker ist ohne kenntnis der älteren sprache.
...

Noch unmöglicher aber ist es ... zu einem guten deutschen stil anzuleiten, wenn man dem schüler nicht einige kenntnis von der historischen entwicklung unserer sprache und deren älterer gestalt durch lecture altdeutscher denkmäler verschafft, freilich handelt es sich hierbei nicht um lautlehre, nicht um lautverschiebung und accentlehre, auch weniger um die flexion als um die syntax. (Burdach, Unterricht S. 154–155)

Hier wird eine syntaktische Erscheinung 1. einer vergangenen Zeit zugeordnet, wo sie in dichterischer Verwendung erscheint, 2. wird sie für die Gegenwart als in bestimmter Situation (nämlich im familiären Umgange) gebräuchlich gekennzeichnet, 3. erscheint sie als der Rede einer sozialen Gruppe zugerechnet, und schließlich wird 4. ihr charakteristisches Auftreten in der Dichtersprache Goethes herausgestellt.

Das sieht nach unheilvoller Vermischung der Bereiche und Gesichtspunkte aus. Dennoch gehören die aufgezählten Punkte zusammen: Eine früher allgemeine Spracherscheinung wird heute nur noch in einem bestimmten Personenkreis »in der rede des gemeinen mannes« allgemein, in einem anderen nur in bestimmter Funktion »in der familiären umgangssprache«, in der Dichtersprache Goethes in Anlehnung an den Sprachgebrauch beider genannten Personenkreise verwendet: Vergangenheit und Gegenwart stehen in einem vielverflochtenen Zusammenhang. Der letzte Absatz zeigt gar von der Vergangenheit programmatisch in die Zukunft. Übrigens ist die Sprachform, um die es hier geht, diejenige, die in der Schule gelernt werden soll, also die, die man als Schriftsprache zu bezeichnen pflegt.

Allgemein ist festzustellen, daß die Umgangssprache auch unter dem geistesgeschichtlichen Aspekt Burdachs kein klar umrissenes Sprachgefüge darstellt. Er unterscheidet zumindest eine gebildetere und eine ungebildetere. Dabei können offenbar auch die Gebildeten in bestimmten Funktionsbereichen, z. B. dem der Familie, die für Ungebildete typischen Formen gebrauchen.[131] Man darf, wenn man dieser Auffassung folgt, nicht Personengruppe und Sprachform in unlösbarer Einheit sehen. Es wäre danach ungenau, von der »Umgangssprache der Gebildeten« zu reden; man müßte den jeweils in Frage kommenden Funktionskreis benennen. Weiter ist festzustellen, daß – nach Burdachs bildungsgeschichtlich bestimmter Auffassung – die sprachlichen Kennzeichen für Bildung und Unbildung

---

[131] Diese Auffassung ist schon Quintilian nicht fremd. Vgl. die bereits in einer Anmerkung zum Abschnitt 3.1 zitierte Stelle der »Institutio oratoria« 12.10.40.

nicht ein für alle Mal feststehen müssen. Sie können sich mit dem Bildungsbegriff wandeln. Der Sturm und Drang hat ein anderes Bildungsideal als die Klassik, und mit diesem Ideal wandelt sich auch die Sprache, wie sich am Beispiel Goethes besonders deutlich erkennen läßt, und zwar beeinflußt das Bildungsideal im wesentlichen den Stil und in diesem Zusammenhang die syntaktischen Formen, während Lauteigenarten aus dieser Sicht eher durch historische Zufälligkeiten mit den geistesgeschichtlichen Wandlungen verbunden erscheinen.

6.4   Umgangssprache als »vornehmste Form des gesprochenen Wortes« (O. Behaghel)

In ausdrücklicher Gegenstellung zur bildungsgeschichtlichen Betrachtungsrichtung der Sprachgeschichte befindet sich Otto Behaghel. Er äußert im Vorwort zur 5. Auflage seiner »Geschichte der deutschen Sprache«:

> Ich habe mich bemüht, die Ergebnisse der Forschung bis auf die jüngste Gegenwart zu verwerten. Aber so sehr ich bereit bin, mich keinem Neuen zu verschließen, so entschieden beharre ich in der Ablehnung der »idealistischen« Richtung, die heute ihr Wesen treibt und die ohne tiefer schürfende Begründung das Wort geprägt hat: »Sprachgeschichte ist Bildungsgeschichte, ist Geistesgeschichte.« (Behaghel, Geschichte S. VII f.)

Und weiterhin führt er nachdrücklich Klage:

> Wir leben in einer Zeit der stärksten Abkehr von dem, was noch vor kurzer Zeit für heilig galt, was ehedem im Mittelpunkt unserer Lebensaufgaben stand. Wenn man früher auch geistige Dinge nach der Art der Naturwissenschaften zu erfassen suchte, ist jetzt Beobachten, Beherrschen der Tatsachen in Verruf gekommen. Es ist sehr bemerkenswert, daß die Vertreter dieser »idealistischen« Philologie meist solche Gelehrte sind, deren Hauptarbeitsfeld die Literaturgeschichte ist, während die eigentlichen Sprachforscher ihr zum großen Teil ablehnend gegenüberstehen. (Behaghel, Geschichte S. VIII)

Aus dieser Haltung resultiert eine starke Betonung der Einzelfakten und eine ausgesprochene Abneigung gegen die Synthese. Dementsprechend behandelt Behaghel Aspekte der Umgangssprache im wesentlichen im Zusammenhang mit sprachlichen Einzelfragen, die andere Autoren aufgeworfen haben.

In Behaghels Sprachgeschichte ist das Stichwort »Umgangssprache« erst in der 4. Auflage eingefügt worden. Seine erste Äußerung zu diesem Thema liegt über ein Jahrzehnt früher. Sie geschah — soweit ich sehen kann — in einem Vortrag vor dem Allgemeinen Deutschen Sprachverein. Hier nimmt er Stellung zu der damals weithin verkündeten Forderung: Schreibe, wie du sprichst!

112

Mit dem Schlachtruf: hie Schriftsprache hie Mundart, ist die ganze Fülle des Sprachlebens auch nicht annähernd erschöpft. In der Mitte zwischen beiden gibt es eine ganze Reihe von Abstufungen, von Mischungen, von denen besonders eine Abart Ihnen wohl bekannt ist, das Missingsch des Hochdeutschen, das in Reuters Onkel Bräsig einen unvergänglichen Vertreter gefunden hat. An der Spitze dieser Zwischenstufen steht eine Form, die erst neuerdings ihren festen Namen erhalten hat, die sogenannte Umgangssprache. ... Das ist die Sprache des gebildeten Verkehrs, eine Sprache, die in Lauten und Formen den Gesetzen der Schriftsprache sich unterwirft, die aber in der Auswahl der Wörter ihre eigenen Wege geht und namentlich in der Satzfügung meist auf der Seite der Mundart steht, zur Schriftsprache einen scharfen Gegensatz bildet. Diese vornehmste Form des gesprochenen Wortes ist es, die neuerdings den Anspruch erstrebt, auch für die geschriebene Rede den Maßstab abzugeben; nur das soll *schriftlich* gelten was in der *mündlichen* Rede sein Gegenbild findet. Allerdings, die solche Anschauungen vertreten, sind sich der Tragweite ihrer Forderungen wohl nicht immer klar bewußt. ... Denn was das eigentliche Wesen unserer Schriftsprache ausmacht, daß sie uns die Einheit gebracht hat, die einheitliche Grundlage für den Gedankenaustausch, das würde zerstört werden: die Einheit würde in die Brüche gehen durch die Regelung nach dem Vorbild der Umgangssprache. Denn wie die Mundarten, so ist auch die Umgangssprache nach Gegenden verschieden, wenn auch lange nicht in gleichem Maße. Am meisten im Wortschatz, weniger auf dem Gebiete, in dem die Mundarten selbst einander näherstehen, in der Fügung der Worte und Sätze. (Behaghel, Festvortrag, S. 12ff.)

Hier ist Umgangssprache – der Tradition aus der Zeit der Begriffsentstehung entsprechend – recht klar als »Sprache des gebildeten Verkehrs« definiert. Sie wird charakterisiert als dem Laut- und Formenstand der Schriftsprache gleichend, während sie in Wortwahl und Satzbau auf der Seite der Mundarten steht, die in dieser Hinsicht ziemlich einheitlich sind (vgl. unten bei Wunderlich, Abschnitt 7.3.1, auf den sich Behaghel hier bezieht). Die Umgangssprache müßte demnach eine nach Laut, Form und Syntax recht einheitliche Sprachform sein, die nur im Wortbestand wesentlichere landschaftliche Unterschiede aufweist. Insofern muß Behaghels Warnung, die Einheit werde durch den Anspruch der Umgangssprache in die Brüche gehen, verwundern, besonders da die Forderung zu schreiben, wie man spricht, sich im wesentlichen auf den Satzbau richtet.

Ob die von Behaghel charakterisierte Umgangssprache in dieser Form existiert, hat er nicht untersucht. (Wunderlich, auf den er sich beruft, sagt, sie sei als einheitliche Form *noch nicht* vorhanden). Das gilt auch für seine spätere Charakterisierung in der »Sprachgeschichte«, in der es heißt, die Umgangssprache sei eine »verhältnißmäßig einheitliche Form der Mischung« zwischen Mundart und Schriftsprache.[132] Bemerkenswert ist, daß er dieser »einheitlichen« andere »grundsatzlose Mischungen« gegenüberstellt. Er meint damit das Schweizer »Großratsdeutsch« und das schon oben genannte »Missingsch«.

---

[132] Merkwürdigerweise spricht er aber in seiner Fußnote von lautlichen (!) Eigenarten der süddeutschen Umgangssprache.

Ein klar umrissenes Konzept vermögen diese Äußerungen Behaghels nicht zu liefern,[133] aber es wird deutlich, daß systematische oder systemlose Mischungen zwischen Schriftsprache und Mundart denkbar sind und daß nach diesem Kriterium gewisse Sprachformen im umgangssprachlichen Bereich unterschieden werden könnten. Wichtig ist auch, daß für Lautstand, Formenstand und Satzbau unterschiedliche Abstände zur Mundart einerseits und zur Schriftsprache andererseits denkbar sind.

6.5 Umgangssprache als Grundlage für die Entstehung einer Hochsprache (H. Moser)

Seine »Deutsche Sprachgeschichte« ([2]1955) charakterisiert Moser selbst als Versuch einer soziologisch gerichteten Betrachtungsweise und stellt sie der an der Entwicklung des Sprachkörpers orientierten einerseits und der an der Entwicklung der Sprachinhalte orientierten andererseits gegenüber.[134] Die gleiche Zielsetzung zeigen seine »Deutsche Sprachgeschichte der älteren Zeit« in der »Deutschen Philologie im Aufriß« und seine Utrechter Antrittsvorlesung »Mittlere Sprachschichten als Quellen der deutschen Hochsprache«. Die für ihn als wesentlich hervortretenden Erscheinungsformen der Sprache faßt Moser folgendermaßen zusammen:

> Hier wird also der soziologische, gesellschaftskundliche Gesichtspunkt in den Vordergrund gestellt. Die Sprache ist ein mehrschichtiges Gebilde. Sie erscheint in der Form von gesprochener und geschriebener Sprache, von gesprochenen landschaftlichen Sprachen (Mundarten und Umgangs- und Verkehrssprachen) und geschriebenen hochsprachlichen Bildungen (landschaftlichen und überlandschaftlichen Schreibsprachen, einheitlicher Schriftsprache, geschriebener und gesprochener Einheitssprache), von Sondersprachen (beruflichen Fachsprachen, »erhöhten« Sondersprachen der Religion, der Dichtung, der Wissenschaft usw.). Jede dieser Formen hat aber auch einen sozialen Geltungsbereich: die »Volkssprache« als Teil der Grund- und Volkskultur umfaßt die gesprochenen Mundarten und die Fachsprachen der grundschichtlichen Berufe (Bauern, Schäfer, Fischer, Handwerker, Arbeiter usw.), die Hochsprache als Teil der Hochkultur die verschiedenen hochsprachlichen Bildungen und die »erhöhten« Sondersprachen. Dazwischen erstreckt sich eine umgangssprachliche Schicht. Doch können alle sozialen Schichten, die Grund-, Mittel- und die Oberschichten, in einer

---

[133] Hugo Steger lobt in seinem Aufsatz »Gesprochene Sprache« (in Sprache der Gegenwart Bd. 1, S. 260f.) gerade den obengenannten Vortrag Behaghels: »Nicht immer sind in der seitherigen Diskussion die Probleme so vielseitig, scharfsinnig und ausgewogen betrachtet worden wie bei Behaghel, und die durch ihn bereits erhärtete methodische Nützlichkeit, ja Notwendigkeit einer Zweiteilung in gesprochene und geschriebene Sprache als Gliederungsprinzip setzte sich gegenüber der methodisch weniger exakten herkömmlichen Dreigliederung Schriftsprache – Umgangssprache – Mundart nicht durch«. Das Zitat zeigt jedoch, daß Behaghel ohne exakte Trennung der Sichtweisen Zweiteilung und Dreiteilung nebeneinander gebraucht. Die Zweiteilung stammt übrigens nicht von ihm, sondern von Wunderlich (Umgangssprache – Schriftsprache) und ist dort weit konsequenter eingehalten worden.

[134] In späteren Auflagen([6]1969) tritt der soziologische Gesichtspunkt weniger deutlich hervor. Moser stellt das Streben nach einer Verbindung der Aspekte als seine Absicht heraus; dabei gibt er der Sprachinhaltsforschung ein besonderes Gewicht.

zu verschiedenen Zeiten verschieden abgestuften Form an Volks-, Umgangs- wie Hochsprache Anteil haben. (Moser, Ältere Zeit, Sp. 624)

Es ist nicht überraschend, daß die Umgangssprache, wenn man sie als im Umgange gesprochene Sprache versteht, bei soziologischer Betrachtung der Sprachgeschichte eine bedeutende Rolle spielt: denn der Umgang der Menschen miteinander vollzieht sich ja innerhalb sozialer Gebilde. Überraschend ist dagegen, daß Umgangssprache von vornherein als landschaftliche Sprache charakterisiert und zwischen Volks- und Hochsprache eingeordnet wird. Diese Charakterisierung und Einordnung wirft einige Probleme auf. Sie ist aber nicht in der Eigenart der sprachhistorischen Sicht begründet und auch nicht in erster Linie von der Soziologie her; sie entstammt der Mundartgeographie.[135] Deshalb sollen diese Probleme zunächst noch zurückgestellt und erst im Zusammenhang mit der Mundartgeographie eingehend erörtert werden. Wichtig ist im vorliegenden Zusammenhang, daß Moser den »Mittleren Sprachschichten« wesentliche Bedeutung beimißt. Er äußert sich darüber in einer eigenen Darstellung, und zwar formuliert er seine spezielle Fragestellung so:

Aus welchen sprachlichen Schichten wurde die jeweilige Form der deutschen Hochsprache gespeist? (Moser, Mittlere Sprachschichten S. 6)

Diese Frage sucht er für die verschiedenen Perioden, in denen es eine Schrifttradition im deutschen Sprachraum gibt, gesondert zu beantworten.

Als Träger des uns schriftlich überlieferten frühmittelalterlichen Deutschen bestimmt er Benediktinermönche und Kleriker. Der Vergleich mit den Sprachformen der Pariser Gespräche, die man als einen Sprachführer des 10. Jhs. bezeichnen kann, gibt ihm die Möglichkeit, die Sprache der literarischen Denkmäler dagegen als stilistisch erhöht, lautlich als konservativer, altertümlicher abzuheben. Er stellt fest, daß sie damit nicht zur »Volkssprache«[136] gehöre. Dennoch könne man sich bei den seelsorgerischen und lehrhaften Zwecken dieser in literarischen Denkmälern überlieferten Sprache, wie Moser sagt: »eine nur papierne Sprachform schwer vorstellen.« Deshalb fährt er fort:

So erscheint es doch wahrscheinlicher, zunächst hinter der Sprache der frühdeutschen Literaturwerke die Laut- und Flexionsformen der Rede zu suchen. Man wird an die Rechtssprache, eher an die Predigtsprache und die Umgangssprachen der Adelskreise denken, zu denen die schreibenden Geistlichen ja in der Regel gehörten; die Sprache der Schriftdenkmäler würde also teils auf adeligen

---

[135] Charakteristisch ist, daß Moser (Mittlere Sprachschichten S. 3f.) über frühere Ansätze zu soziologischer Betrachtung in der Sprachwissenschaft feststellt: »Namentlich die Sprachgeographie hatte je länger je mehr auch soziologische Gesichtspunkte übernommen.« So ist die Sprachsoziologie zeitweise in die Rolle einer Hilfswissenschaft der Dialektgeographie geraten, und dieser Umstand haftet ihr z. T. noch heute an.
[136] Auf die Problematik dieses besonders von Friedrich Maurer behandelten Begriffes wird noch an anderer Stelle (Abschnitt 8. 6) zurückzukommen sein.

Landschaftssprachen, teils auf klösterlichen Ausgleichssprachen beruhen. In der Sprache des Helands vermutet Mitzka aus triftigen Gründen die sächsisch-fränkische »Umgangs- und Verhandlungssprache« des sächsichen Adels. (Moser, Mittlere Sprachschichten S. 8)

Das Streben nach einer »überlandschaftlichen Sprache der gelehrten Kommunikation« sieht Moser in dem Kloster von Fulda und dem auf der Reichenau (Hraban und Walahfrid) wirksam. Es führt zu einer »Mischung ostfränkischer und alemannischer Elemente«. Als »einen ungleich weiterreichenden sprachlichen Einigungsversuch« bezeichnet Moser die »sog. mittelhochdeutsche Dichtersprache«. Die Tendenz zur Einheit betrifft allerdings nicht gleichmäßig alle Spracherscheinungen, sondern sie ist »bei den mittelhochdeutschen höfischen Dichtwerken« viel leichter »für Wortschatz, Satzbau und Stil zu erkennen als für Laut- und Flexionsformen«. Es sind diejenigen Sprachelemente, die »Ausdruck der ständischen höfischen Welt der Dichter« sind, und damit ist die soziale Bezogenheit für die Aspekte deutlich. Schwieriger steht es um die Frage nach dem lautlichen Charakter der mhd. Dichtersprache. Immerhin sieht Moser in der »Behandlung der Vokale in den Nebensilben«, die entgegen älterer (und in einer Gruppe alemannischer Urkunden auch noch gleichzeitiger) Schrifttradition einheitlich mit e wiedergegeben werden, ein charakteristisches Kennzeichen. Er räumt zwar ein: «... dabei bleibt allerdings nach wie vor die Schwierigkeit, daß wir nicht wissen, wieweit das Auftreten des unbetonten e auf Schreibtradition zurückzuführen ist«, meint dann aber doch:

Immerhin ist der Schluß erlaubt, daß ihre unbestrittene Herrschaft auch phonologische Bedeutung hat, d. h. daß sie in den Dichtwerken des 13. Jahrhunderts auch wirklich gesprochen wurden. Der Reimgebrauch kann diese Auffassung stützen. Darum wird man ihrer Sprache den Charakter einer Umgangssprache zusprechen dürfen. (Moser, Mittlere Sprachschichten S. 12)

Etwas später folgert er:

Da die mittelhochdeutsche Dichtersprache eine Adelssprache ist, dürfen wir in ihr Formen der Umgangssprache höfischer Kreise suchen. (Moser, Mittlere Sprachschichten S. 12)

Die in Frage kommenden höfischen Kreise sucht Moser näher an Hand lautlicher Kriterien und historischer Überlegungen zu bestimmen. Das führt ihn zu folgendem Ergebnis:

In engem Zusammenhang mit der politischen Macht der Staufer entwickelte sich wohl aus der alemannisch-fränkischen Umgangssprache des staufischen Adels eine Dichtersprache, die im Zuge der Auflösung der sie tragenden ständischen Gruppe selbst nach 1250 allmählich wieder erlosch. (Moser, Mittlere Sprachschichten S. 14)

Zur Herausbildung der neuhochdeutschen Einheitssprache äußert Moser:

116

> Der sprachliche Ausgleich und Austausch kann sich auf mehreren Wegen vollzogen haben: mündlich und schriftlich, über die Schreibstuben wie über die Umgangssprachen der Gebildeten und über die Volkssprache: aber entscheidend für die Ausbildung der Hochsprache war doch wohl auch jetzt die Umgangssprache der Gebildeten. (Moser, Mittlere Sprachschichten S. 16)

Die Herausbildung hochsprachlicher Formen zeigt nach Moser also in den verschiedenen Sprachperioden deutliche Parallelen. Er faßt selbst folgendermaßen zusammen:

> Die deutschen hochsprachlichen Formen sind also ein Werk der Oberschichten. Sie sind es unbestritten nach Syntax, Stil und Wortwahl. Aber auch Lautung und Flexion, die einmal aus der Grundsprache, der Volkssprache kamen, gehen offenbar meist nicht direkt in die Hochsprache ein, sondern über das Medium der Gebildetensprache, in der Regel über die Umgangssprache der Oberschichten, die, je nach der Situation, landschaftlicher oder überlandschaftlicher Art sein kann. (Moser, Mittlere Sprachschichten S. 17)

Bei den hier als »Umgangssprache« bezeichneten Erscheinungen handelt es sich jeweils um die im persönlichen Gespräch gebrauchte Sprache einer als gebildet geltenden Personengruppe, die sich im Dienst an einer als wertvoll angesehenen Sache um eine angemessene Sprachform bemüht. Dabei erscheinen Wortschatz, Satzbau und Stil als die in erster Linie wichtigen Seiten der Sprache. Nur sekundär ist die Bedeutung der lautlichen Aspekte, die sich aus den überlandschaftlich ausgerichteten Zielsetzungen der jeweiligen Gruppen ergeben.

Von besonderer Wichtigkeit für das Problem der Umgangssprache ist der Grundgedanke Mosers, daß die Hochsprachen der verschiedenen historischen Epochen in jedem Falle auf Umgangssprachen zurückzuführen seien, und zwar immer auf die Umgangssprache der Gebildeten. Die Bedeutung des bildungsgeschichtlichen Aspektes wird damit unterstrichen; denn »Umgangssprache der Gebildeten« meint in verschiedenen Zeiten Verschiedenes, je nach der führenden Gruppe und deren Bildungsideal.

Vieles muß bei Mosers in entfernte Zeiträume zurückgreifenden Untersuchung Vermutung bleiben, weil er es bei den gebildeten Umgangssprachen mit erschlossenen Sprachformen zu tun hat. Möglicherweise sind die Unterschiede zwischen schriftlicher und mündlicher Sprachäußerung größer, als er annimmt. Hinweise darauf enthalten die Untersuchungen Sondereggers über die St. Galler Vorakte,[137] bei denen schon in frühester Zeit des Schriftgebrauchs im deutschen Raum Unterschiede in den Namensformen zwischen Konzept und Reinschrift zu beobachten sind. Aber ganz sichere Schlüsse auf eine Umgangssprache vergangener Zeiten lassen auch solche Beobachtungen nicht zu.

Moser befaßt sich nicht allein mit vergangenen Perioden in sprachhistorischer Sicht, sondern er wendet sich auch der Gegenwartssprache unter diachronischem Aspekt zu, besonders in seinem Vortrag »Wohin

---

[137] Zeitschrift für Mundartforschung 28, 1961, S. 251–286.

steuert das heutige Deutsch?«[138] Jedoch erweist sich ihm auch dieses Gebiet nicht als sicherer Boden. Er betont, es sei »nicht leicht, Gültiges zur Gegenwartssprache auszusagen, schon deshalb, weil diese im Vergleich zu früheren Sprachzeiten einen ausgesprochen dynamischen Charakter hat.« (S. 15) Er betrachtet »nur die deutsche Hochsprache«, die er näher als »Durchschnittshochsprache« oder »allgemeine Hochsprache« charakterisiert. In diesem Bereich sieht er »Zeichen eines schwankenden oder schwindenden sprachlichen Normempfindens« (S. 29) und »Wandlungen in der Geltung des Systems« (S. 30). Er verzeichnet dabei Ausgleichsbewegungen vertikaler und horizontaler Art, wobei jeweils das Problem der Umgangssprache ins Spiel kommt. Über den »Ausgleich vertikaler Art« äußert er:

> Dieser zeigt sich darin, daß die sprachlichen Schichten sich annähern, daß also etwa die Mundarten sich auf die Hochsprache zu entwickeln und Umgangssprachen neben sie und an ihre Stelle treten. Aber solche Ausgleichsvorgänge vertikaler Art berühren auch die Hochsprache, vor allem insofern, als sie in zunehmendem Maße von der Alltagsrede beeinflußt wird. Ihre Einwirkung zeigt sich ... in bildhaften, wenngleich nicht selten saloppen Ausdrücken wie im Satzbau. (Moser, Heutiges Deutsch, S. 31)

In dieser Aussage findet sich in ähnlicher Weise wie schon bei Behaghel eine Verbindung von Aspekten, die in den Bereich der im Umgange gesprochenen Sprache gehören; allerdings bemüht sich Moser, durch terminologische Scheidung einer Aspektvermischung vorzubeugen. Mit »Umgangssprache« dürften hier im Umgange gebräuchliche Sprachformen gemeint sein, die nach Lauten und Flexionsformen zwischen Mundarten und Hochsprache stehen, mit »Alltagsrede« eine ebenfalls im Umgange übliche Gebrauchsweise der Sprache, die vor allem von der Wortwahl und vom Satzbau her charakterisiert ist.[139] Danach werden in lautlicher und flexivischer Hinsicht »höhere« Formen in »niedrigere« Schichten übernommen, während in der Wortwahl und im Satzbau »niedere« Formen in »höhere« Schichten aufsteigen. Neben diesen vertikalen Bewegungen sieht Moser einen »Ausgleich horizontaler Art«:

> Die andere Form des Ausgleichs ist geographisch bestimmt. Sie zeigt sich z. B. sehr deutlich in einem horizontalen Ausgleich der Mundarten und darin, daß sich großräumige landschaftliche Umgangssprachen entwickeln, aber wiederum auch innerhalb der Hochsprache. Gerade sie weist im deutschen Sprachgebiet landschaftliche Eigentümlichkeiten vor allem des Wortschatzes auf. (a.a.O. S. 31)

Der Terminus »Umgangssprache« wird hier unter anderem Gesichtspunkt als vorher gebraucht. Es ist zu beachten, daß er in diesem Fall nicht ohne weiteres als »im Umgange gesprochene Sprache« interpretiert wer-

---

[138] Moser, Hugo: Wohin steuert das heutige Deutsch? Triebkräfte im Sprachgeschehen der Gegenwart. In: Sprache der Gegenwart Band 1, S. 15–35.
[139] Vgl. die Besprechung von Mosers 1960 erschienenem Aufsatz »Umgangssprache« im Abschnitt 8. 6 der vorliegenden Arbeit.

118

den kann.[140] Allerdings liegt es nahe, die genannten Aspekte zueinander in Beziehung zu sehen: Die Beispiele, die Moser als landschaftliche Eigenheiten des Wortschatzes aufführt – Mappe/Aktentasche, Flaschner/Klempner/Installateur, Blumenkohl/Karfiol, Buße/Strafe, Bedienerin/Aufwartefrau -, gehören dem alltäglichen Bereich an, und bei den zwischen Mundarten und Hochsprache stehenden Formen wird es sich häufig um »großräumige landschaftliche Umgangssprachen« handeln.

Es hat danach den Anschein, als stünden in Mosers Sicht soziale Geltung, Lebensbereich des Gebrauchs und geographischer Geltungsbereich bei der Einwirkung auf die Sprachentwicklung im Zusammenhang. In der Tat läßt sich eine kombinierte Betrachtung dieser Gesichtspunkte auch in den vorher besprochenen Arbeiten Mosers über frühere Sprachperioden beobachten. Der Problembereich der Umgangssprache erscheint in Mosers sprachhistorischen Arbeiten als ein Bereich miteinander verflochtener Formen des »Sprachbrauchs«, die auf den hochsprachlichen Gebrauch einwirken oder von diesem beeinflußt werden.[141]

6.6   Umgangssprache als ungenormte Sprachform (L. Mackensen)

Im Unterschied zu anderen sprachgeschichtlichen Untersuchungen beschränkt sich Lutz Mackensen auf die Sprachgeschichte der neuesten Zeit. Zwar nennt auch er in seinem Vorwort die Jahrhunderte, in denen »die Schriftsprache allmählich aus der Vielzahl der Mundarten emporwuchs«, »entscheidende Abschnitt unseres Sprachlebens«, aber er sagt dann: »Indessen ist seine letzte Stufe nicht minder wichtig, zumal sich in ihr, wie es scheint, aus gewandelten Grundgegebenheiten neue Formen des sprachlichen Seins ergeben«. Damit spielt er auf die Tatsache an, daß man die deutsche Sprache meistenteils als einen »Zwiegesang aus Mundart und Hochsprache« angesehen hat. Dazu entgegnet er:

Aber man hatte bei dieser Zweigliederung übersehen, daß seit geraumer Zeit, etwa seit einem Jahrhundert, der Begriff »Hochsprache« (unter dem man also die Sprechform der Schriftsprache verstand) fragwürdig geworden war. Die Kraft der Mundart war zu groß noch, als daß sie den Sprechern bedingungslos die Umsetzung von Geschriebenem in Gesprochenes erlaubt hätte. Es bildeten sich großräumigere und vielgeschichtete Sprachformen, die zwar von der Mundart weg und zur Hochsprache hin strebten, aber je nach Herkunft, Alter, Geschlecht und Schrifttumsnähe des Sprechers im magnetischen Feld der Mundart, dichter zu seiner Grenze oder dichter zu seinem Kern hin, blieben. Wenn wir uns jetzt gewöhnt haben, sie als »Umgangssprache« zu bezeichnen, tun wir ihrer Vielfalt Gewalt: sie klingt, natürlich, beim Hamburger anders als beim Münchener, beim Pfarrer anders als beim Monteur, beim Greis anders als beim Schul-

---

[140] Dieser terminologische Gebrauch entstammt der sprachgeographischen Forschung und wird in den entsprechenden Abschnitten der vorliegenden Arbeit näher untersucht. (vgl. insbesondere 8.5, 8.6 und 8.8).

[141] Weitere Erörterungen Mosers werden im Abschnitt 8.6 berücksichtigt.

mädchen. Aber jedenfalls steht sie, in all ihren Erscheinungsformen, zwischen Schriftsprache und Mundart. Das ist ihr Schicksal.
Sie hat sich, nach vorsichtigem Ansatz im 18., im 19. Jahrhundert, entfaltet und gefestigt, ohne damals wissenschaftlich beobachtet, ja auch nur bemerkt zu werden. (Mackensen, Deutsche Sprache, S. 9)

»Umgangssprache« ist in Mackensens Buch überhaupt ein zentraler Begriff. Das zeigt auch das Inhaltsverzeichnis, in dem »Umgangssprache« jeweils der Bezugspunkt ist, auf den die sprachlichen Wirkungen verschiedenster Lebensbereiche bezogen werden. Der zitierte Abschnitt macht andererseits deutlich, daß Umgangssprache hier kein klar erfaßter Begriff ist. Auf seine Vielfalt wird hingewiesen, aber es wird nicht der Versuch gemacht, diese Vielfalt zu gliedern oder deutlich zu begrenzen. So können auch recht verschiedene Phänomene der neuesten Sprachgeschichte unter dem Titel »Umgangssprache« erscheinen. Unter der Kapitelüberschrift »»modern« – 1889 – Dichter- und Umgangssprache« geht es um die Einführung der »ungenormten« oder »unbeeinflußten« oder »wahren« Sprache, des täglichen Umgangs« in die naturalistische Dichtung. Mackensen kommentiert diesen Vorgang so:

Damit entsprachen sie dem Stand ihrer Muttersprache tatsächlich besser als die andern Dichter, die ihrem Anliegen nur die Hochform gemäß hielten. Sie weiteten der Kunst ihr Feld; sie schlossen ihr einen großen neuen Raum auf. Aber sie beglichen diesen Gewinn mit der Aufgabe des Sprachlehramtes. Gerade in dem Abschnitt, der am wenigsten berechenbar schien, und just in der Stunde, da sich dieser gefährliche Sprachbereich ganz unübersichtlich entwickelte, überließ man ihn sich selbst und beschränkte sich darauf, ihn zu beobachten. (S. 10)

Diese Gedanken werden im folgenden Kapitel (»Arbeit (um 1890) Technik und Umgangssprache«) weitergeführt:

Alle Wege verließen den Garten der Dichtung. Das konnte kaum anders sein. Nicht nur, weil viele der Dichter am hohen Sprachstil zweifelten ... Längst nicht mehr war, das Schrifttum zu verwalten und zu genießen, Vorrecht einer schmalen Führerschicht. ... Der Bezirk des Schrifttums wurde im Reiche der Bildung einer neben anderen, er verlor seine Monopolstellung ... Zwischen Tatbildung und Schriftbildung entstand ein Graben ... Der Aufschwung der Technik wurde das Kennmal des Jahrhunderts. ... Sein Bedarf an Begriffen und Bezeichnungen schien unersättlich ... (S. 21f.)

In der Folge geht es im wesentlichen um neue Begriffe, die durch die Technik notwendig geworden sind, es geht um die Herleitung dieser Begriffe und um ihren steigenden Anteil im allgemeinen Sprachgebrauch. Dabei wird ein Wandel in der Einstellung zur Sprache vermerkt:

Die »Ehrfurcht vor der Sprache«, die man früher gepredigt hatte, wich einer nüchternen Prüfung auf Zweckmäßigkeit. Handlichkeit, Eindeutigkeit, Eingängigkeit, Allgemeinverständlichkeit wurden sprachliche Werte; hinter ihnen sanken Schönheit, Ausgewogenheit und andere ästhetische Maße zurück ... schon begann auch im Sprachlichen die Maschine über den Menschen zu triumphieren. (S. 28)

120

Als Belege führt Mackensen eine Fülle von Neuwörtern auf, die im Umkreis der Technik aufgekommen sind und nun auch im menschlichen Bereich angewendet werden. Im Kapitel »Großstadt und Umgangssprache« fragt er dann im Hinblick auf die hier zusammenkommenden Menschen verschiedener Herkunft: »Was sprachen sie eigentlich?« Er antwortet:

> Ein Deutsch, dessen Lautstand weitgehend hochsprachlich war, dessen Tonart womöglich an die Mundart der alten oder die der neuen Heimat anklang, dessen Wortschatz sich aus den drei oder vier Lebensringen speiste, denen sie angehörten: Spielkreis, Schule, Elternhaus oder im Reifealter: Fabrik, Sportverein, Elternhaus, oder noch später: Fabrik, Sprechweise der Frau und eigene Sprecherfahrung. Sie sprachen »Umgangssprache«.
> Auch *sie* hatte also ihr Gefüge gewandelt. Solange die deutschen Sprecher ortsfest waren, hatte sie zwischen Mundart und Schriftsprache ihren Standort. Nun fächerten sich die Lebenskreise und ihre Bezüge: es gab mundartnahe und mundartferne Umgangssprache (Schweiz-Hamburg), solche, die sich gern an eine bestehende Überlieferung anlehnten (Stuttgart) und andere, die selbstbewußt ihre Unabhängigkeit zur Schau trugen (Berlin). (S. 43)

Er spricht aber andererseits beispielsweise von den »grellen Farben, die Berlin der Umgangssprache beisteuerte« (S. 47), so daß also von *einer* Umgangssprache die Rede ist, die den vielen räumlich bestimmten übergeordnet zu sein scheint.

Die nachfolgenden Ausführungen Mackensens beziehen sich vor allem auf diese nicht weiter bestimmte Umgangssprache, auf »die« Umgangssprache. Noch im Kapitel über die Großstadt wird von Einfluß der Verwaltungssprache auf sie gesprochen, danach von der Eigenart und der Einwirkung der Sprache der Werbung. Weiter wird versucht, die sprachlichen Auswirkungen der Jugendbewegung, der Ausbreitung des Sports und der Gesundheitspflege zu verzeichnen, und schließlich geht der Verfasser noch dem Einfluß von Kriegs- und Nachkriegszeit nach.

Gewiß handelt es sich bei den aufgeführten Spracherscheinungen durchweg um solche, die man heutzutage im deutschen Sprachgebiet beim zwischenmenschlichen Umgang beobachten kann. Dabei ist jedoch klar, daß diese Erscheinungen nicht überall und nicht bei jeder Gelegenheit auftreten. Es ist nicht möglich, sie angemessen zu erfassen, ohne daß die jeweils maßgebenden Bedingungen für die Sprachäußerung ermittelt werden.

So bleibt es bei der Aufzählung von Einzelbeobachtungen vor allem auf semantischem Gebiet, Wörter aus Technik, Wirtschaft, Sport und Politik, deren Gebrauch sich über ihren Ursprungsbereich hinaus ausgebreitet hat, werden in langen Reihen aufgeführt. Aber meistens wird nichts darüber gesagt, wo und bei welcher Gelegenheit sie nun gebräuchlich sind. Der Sprachbereich, in den hinein der vorher fachgebundene Sprachgebrauch übernommen wird, hat mit dem Namen »Umgangssprache« zwar eine Bezeichnung, aber keine Erklärung bekommen. Es läßt sich kaum ein Einblick in den Aufbau eines Teilbereiches oder in die Struktur des Ganzen gewinnen. Mackensen urteilt zwar gelegentlich über komplexe Vorgänge der Sprachentwicklung in diesem Bereich, jedoch weniger aus dem Streben nach wissenschaftlicher Einsicht als aus sprachpflegerischem Ethos heraus.

So sind aus dieser Darstellung kaum Ansatzpunkte für eine Ordnung umgangssprachlicher Erscheinungen zu entnehmen, aber es sind wichtige Hinweise auf beteiligte Kräfte und es sind viele Beispiele gegeben, die nützlich sein können, wenn erst ein Ordnungsprinzip umgangssprachlicher Erscheinungen gefunden ist.

6.7   Umgangssprache als literarisch nicht anerkannter Sprachgebrauch (A. Langen)

Die als Teil der »Deutschen Philologie im Aufriß« erschienene »Deutsche Sprachgeschichte vom Barock bis zur Gegenwart« von August Langen ist von anderen Sprachgeschichten dadurch unterschieden, daß sie zum wesentlichen Teil aus »Einzelcharakteristiken« über die Sprache einzelner Dichter zusammengefügt ist. Darin zeigt sich schon die überwiegende Ausrichtung an der Literatursprache, die für diese Darstellung bezeichnend ist. Langen folgt der in der Vorklassik aufgekommenen Auffassung, daß in der Literatursprache die persönliche Ausprägung die größte Beachtung verdiene.

Es handelt sich also um eine literaturwissenschaftliche Sicht der Sprachgeschichte. Aber wenn auch die Dichtersprache, genauer die Sprache einzelner Dichter, im Vordergrund steht, so werden doch andere Sprachbereiche mit erfaßt. Dabei ist das Thema »Schriftsprache und Mundart« mehr am Anfang des hier behandelten Zeitraums berücksichtigt, wo es um die Durchsetzung des auf ostmitteldeutscher Grundlage ruhenden Neuhochdeutschen in der Dichtersprache geht. Dem Thema »Volkstümliche Sprache und Mundart« ist ein Abschnitt im Kapitel »Romantik« gewidmet: Die »Umgangssprache« wird erst im letzten Kapitel zum Thema eines eigenen kurzen Abschnitts:

Die Umgangssprache des 20. Jahrhunderts unterliegt in gesteigertem Maße dem Einfluß derjenigen Kräfte, die in der vorhergehenden Epoche zu wirken begonnen hatten. Der »Fortschritt« und die »Errungenschaften« der Zivilisation hinterlassen ihre Spuren: Politik, Wirtschaft und öffentliches Leben, Technik und Sport und begrenzt auch die Einzelwissenschaften. Das Äußerlichste ist die Bereicherung des Wortschatzes durch eine Unzahl neuer Sachbezeichnungen. Geistesgeschichtlich lehrreicher ist die bildliche Verwendung solcher Ausdrücke. Man kann hier von einer Entseelung und Materialisierung des modernen Lebens sprechen, wenn Ausdrücke aus Sport oder Technik auf andere, oft auf geistige Gebiete übertragen werden. ...
Ebenso haben die politischen und militärischen Ereignisse der letzten Jahrzehnte Anlaß zu sehr zahlreichen, oft kurzlebigen sprachlichen Neubildungen gege-

ben, aus denen der Geist oder Ungeist ihrer Entstehungszeit deutlich spricht. Von den wissenschaftlichen Fachsprachen dringen mit dem steigenden Interesse der Zeit für seelische Fragen psychologische Ausdrücke in breitere Kreise ein, so aus der Psychoanalyse. ... (Langen, Sprachgeschichte, Sp. 1376)

Die Beziehung der Umgangssprache zur Dichtung wird hier nicht untersucht. Vielmehr äußert Langen im anschließenden Abschnitt unter der Überschrift »Dichtung der Gegenwart«:

Die Dichtersprache der Gegenwart ist in der Mannigfaltigkeit und Gegensätzlichkeit ihrer Richtungen und Bestrebungen der histrischen Betrachtung kaum zugänglich. Aus ihrer Fülle heben sich als abgeschlossene Erscheinungen die Personalstile von Hans Carossa, Thomas Mann und Hermann Hesse vielleicht am deutlichsten heraus. Alle drei gehören der älteren Generation an und zeigen in Traditionsverwurzelung und individueller Prägung bedeutende Möglichkeiten deutscher Sprachkunst. (Langen, Sprachgeschichte, Sp. 1377)

Abschluß dieses Abschnittes und auch der gesamten Darstellung sind folgende Sätze:

Die sichtbarsten Gestalten der deutschen Gegenwartsdichtung sind Abschluß, nicht Neubeginn: Carossa, der reinste Bewahrer humanistischen Sprachgutes aus dem Geiste Goethes und Stifters, Hermann Hesse, der Zerrissene aus romantischem Erbe, Thomas Mann, der Virtuose der Parodie und Ironie. Wer unter den Jüngeren berufen ist, der Erneuerer unserer Dichtersprache und damit der deutschen Sprache überhaupt zu werden, wird eine spätere Zeit erkennen. (Langen, Sprachgeschichte, Sp. 1384)

Hier wird noch einmal deutlich, wie in dieser Darstellung deutsche Dichtersprache und »deutsche Sprache überhaupt« als weitgehend identisch betrachtet werden. Die »Umgangssprache des 20. Jhs.« erscheint demgegenüber als ein feindliches, bedrohliches Element. Definiert wird der Begriff vom Standpunkt eines Beurteilers aus, der vom absoluten Wert des humanistischen Kulturlebens zutiefst überzeugt ist. »Umgangssprache« wird als eine zusammenfassende Bezeichnung für Sprachelemente außerdichterischer Lebensbereiche gebraucht, die auf die sprachhistorische Entwicklung Einfluß gewinnen, indem sie in »breitere Kreise« eindringen.

Allerdings erscheint der Begriff »Umgangssprache« bei Langen auch in anderen Zusammenhängen, und dann nicht immer in gleichem Sinn. So heißt es im Kapitel »Das 17. Jahrhundert« unter der Überschrift »Schriftsprache und Mundart«:

Sogar in der Umgangssprache beginnt die Herrschaft des Niederdeutschen im 17. Jh. zu wanken. (Langen, Sprachgeschichte Sp. 944)

Unter »Dichtersprache« steht im selben Kapitel im Hinblick auf die Neigung der Zeit zu »höfisch gesellschaftlicher, pathetischer Repräsentation«:

Dies Pathos äußert sich zunächst in der ganzen Sprachebene sowohl der gesellschaftlichen Umgangssprache wie der Dichtung. (Langen, Sprachgeschichte Sp. 966)

Im Abschnitt über Grimmelshausen heißt es:

> Er schöpft aus Lutherbibel, Sprichwort und Umgangssprache, aus Berufs- und Sondersprachen bis zum Landsknechtsjargon und Rotwelsch. (Langen, Sprachgeschichte, Sp. 988)

Und in den Darlegungen zu der als Beispiel für sprachliche Bestrebungen der Frühaufklärung angeführten Denkschrift des Ratichius über die Einführung der deutschen Sprache an niederen und höheren Schulen steht der Satz:

> Diese Pflege des Deutschen soll der Einheit der deutschen Schrift- und Umgangssprache dienen. (Langen, Sprachgeschichte Sp. 1013)

Von Leibniz wird wenig später gesagt:

> Er fordert die systematische Untersuchung des deutschen Wortschatzes, und zwar sowohl der Schrift- und Umgangssprache als auch der Standes- und Sondersprachen und aller deutschen Mundarten.[142] (Langen, Sprachgeschichte, Sp. 1017 f.)

Im Kapitel »Aufklärung« heißt es unter der Abschnittsüberschrift »Fremdsprachen«:

> So wie das Latein auch dem deutschsprachlichen Schrifttum syntaktisch seinen Stempel aufdrückt, wirkt diese Herrschaft des Französischen auf den deutschen Stil der Umgangssprache. (Langen, Sprachgeschichte, Sp. 1022)

Etwas später im Abschnitt »Schriftsprache und Mundart« wird über Gottsched festgestellt:

> Was er anerkennt, ist einzig die Umgangssprache der Oberschicht (Langen, Sprachgeschichte Sp. 1023),

und ähnlich ist die auf ihn zurückgehende Auffassung Adelungs wiedergegeben:

> Hochdeutsch ist die Umgangssprache der gesellschaftlichen Oberschicht dieser Provinz mit Ausschaltung des Dialekts der unteren Stände. (Langen, Sprachgeschichte Sp. 1040)

Im Abschnitt über Lessing wird, nachdem die »Minna von Barnhelm« als einziger Höhepunkt im Lustspiel des Jahrhunderts hervorgehoben worden ist, die Auffassung des österreichischen Aufklärers Sonnenfels zum Mangel an guten Komödien folgendermaßen formuliert:

> Den Deutschen fehle die Sprache für das feinere Lustspiel, weil sie keine wirkliche Umgangssprache hätten; da die gute Gesellschaft nur Französisch rede, sei die Vorbedingung für den feineren Konversationston im Theaterstück nicht gegeben; die Dichter seien provinziell gebunden und kennten die große Welt nicht. (Langen, Sprachgeschichte Sp. 1064)

---

[142] Von dieser Forderung meint Langen »erst das Deutsche Wörterbuch der Brüder Grimm brachte die Erfüllung.«

Über die »Sprache des Sturm und Drangs« wird dann später diese Angabe gemacht:

> Die Sprache der von der Aufklärung verpönten Schichten dringt jetzt ein, das breite Gebiet des Volkstümlichen, Dialektformen, Provinzialismen, Lässigkeit der Umgangssprache, Vulgarismen und Derbheiten bis zum stärksten Kraftwort. (Langen, Sprachgeschichte, Sp. 1097)

Im Kapitel über das 19. Jh. ist den »Zeitungen« ein Abschnitt gewidmet. Hier referiert Langen Ferdinand Kürnbergers Auffassung von der Zeitungssprache, indem er schreibt:

> Sie wird zum wichtigsten Bildner und Träger des Neologismus im 19. Jh. Was den größten Schriftstellern – Kürnberger nennt Voltaire, Goethe, Jean Paul – nicht gelungen ist: die Einführung von Neuerungen in die Umgangssprache, das leistet die Tageszeitung spielend. (Langen, Sprachgeschichte, Sp. 1286)

Zur Sprache Grabbes heißt es weiter unten:

> Die wohl auffälligste Sprachschicht in Grabbes Dramen ist die realistische der Volks- und Umgangssprache, der Kraftausdrücke und Derbheiten. (Langen, Sprachgeschichte, Sp. 1301)

Wenig später wird zur Sprache Hebbels erklärt:

> Man hat einen gewissen, nicht sehr großen Einfluß der niederdeutschen Umgangssprache auf Hebbels Dramenstil erwiesen.

Und nur einige Zeilen danach steht folgender Satz:

> Im Widerspruch zur stilisierten Dramensprache stehen ferner die zahlreichen oft platten und stilstörenden Wendungen aus der Umgangssprache, am stärksten in »Herodes und Mariamne«. (Langen, Sprachgeschichte, Sp. 1307)

Im Kapitel »Vom Naturalismus zur Gegenwart« ist das Wort »Umgangssprache« zunächst unter der Überschrift »Naturalismus« zu finden, und zwar im Hinblick auf die literarisch wenig bedeutenden Werke des Frühnaturalismus:

> Die mit starker ethischer Wendung gegen jede Idealisierung des Lebens aufgestellte Forderung nach Wahrheit der Schilderung äußert sich in einer Einzelheiten häufenden Milieuschilderung und einer nur dem Grade nach gesteigerten Annäherung an die Umgangssprache auch der niederen Stände. Von Objektivität der Darstellung kann dabei nicht die Rede sein. ... Unrealistisch sind auch direkte Rede und Dialoge. Trotz reichlicher Verwendung von Lässigkeiten der Umgangssprache und Vulgarismen drängen sie oft zu thesenhafter Verallgemeinerung. ... (Langen, Sprachgeschichte, Sp. 1355/56)

Der oben angeführte eigene Abschnitt »Umgangssprache« (Langen, Sprachgeschichte, Sp. 1376/7) stellt also den Abschluß einer langen Reihe verschiedener Gebrauchsweisen des Begriffes »Umgangssprache« bei Langen dar.

Bei der Prüfung dieser Gebrauchsweisen fällt sofort auf, daß sich hier die oben behandelten frühen Verwendungen von »Umgangssprache« spiegeln. Es wird in dieser Raffung auch eine sich im Laufe der Zeit wandelnde Tendenz im Gebrauch des Begriffs deutlich, nämlich die, daß »Umgangssprache« zunächst mehr für gehobene, später mehr für niedere Sprachformen gebraucht wird. Mehr noch: Es läßt sich auch der Grund für diese Begriffsentwicklung aus dem von Langen vorgelegten Material ermitteln. In dieser Hinsicht erweist es sich für das Problem der Umgangssprache als Vorzug, daß für diese Darstellung die Dichtersprache Richtschnur ist und daß auf Grund der historischen Fragestellung den sprachlichen Neuerungen ein besonderes Gewicht beigemessen werden muß. Wenn nämlich eine Neuerung in der Literatursprache ein außerliterarisches Vorbild hat, so besteht das Bedürfnis, den Umstand auszudrücken, daß dieses Wort, diese Satzstellung oder diese lautliche Eigentümlichkeit sich nicht auf die Autorität des Schriftgebrauches berufen, sondern sich lediglich darauf stützen kann, daß sie im Umgange gewisser Menschen gebräuchlich ist. Hier liegt der Grund dafür, daß sich die Vorstellungen über den Inhalt des Begriffs »Umgangssprache« wandeln, denn je nach der geistesgeschichtlichen Entwicklung sind es andere Erscheinungen, die aus mündlichem Sprachgebrauch aufgegriffen werden. Entsprechend erscheint jeweils anderes unter dem Begriff »Umgangssprache«. Einmal geht es um eine gepflegte Sprachform, die in die Literatur eingeführt wird, ein andermal um eine nachlässige, einmal um eine weitläufige, einmal um eine provinzielle. Außerdem bleibt bei diesem Begriffsgebrauch eine einmal als umgangssprachlich bezeichnete Erscheinung nicht ein für alle Mal umgangssprachlich. Wenn sie durch literarischen Gebrauch genügend Ansehen gewonnen hat, wird sie schriftsprachlich, und der Begriff »Umgangssprache« wird für andere Erscheinungen frei. So ist das Auftauchen des Begriffes »Umgangssprache« oft geradezu ein Anzeichen dafür, daß hier ein Sprachgebrauch aus bisher nur gesprochener Sprache in die Schriftsprache übergeht. Zweifellos ist das ein wichtiger Gesichtspunkt für das Problem, mit dem sich diese Arbeit beschäftigt. Es wird deutlich, daß das Problem der Umgangssprache für verschiedene geistesgeschichtliche Phasen gesondert untersucht werden muß. Die Darstellung Langens kann dazu einige Ansatzpunkte liefern. Für die vorliegende Arbeit ist vor allem das von der humanistischen Bildungstradition abhängige Kriterium der Literaturfähigkeit wichtig, das bei Langen und bei vielen Autoren, deren Sprachgebrauch sich in Langens Ausführungen spiegelt, über die Zuordnung zur Umgangssprache entscheidet. Umgangssprache ist hier im wesentlichen zwar literarisch zu belegender, aber literarisch nicht unbestritten anerkannter Sprachgebrauch.

6.8 Umgangssprache als gebildete landschaftliche Sprachform (A. Bach)

In seiner »Geschichte der deutschen Sprache« will Bach keine eigene Konzeption vorlegen. Er sagt in der Einleitung zu diesem Buch:

> Die Geschichte der deutschen Sprache ist die Zusammenfassung der Ergebnisse der verschiedenen unter geschichtl. Gesichtspunkten bearbeiteten Einzelfelder der Wissenschaft von der dt. Sprache und der Versuch einer Deutung der Gesamtentwicklung nach den in ihr wirksamen Kräften. Als Einzelfelder der gen. Art treten uns die histor. Laut-, Formen-, Wortbildungs- und Satzlehre entgegen, ... ferner die Wortforschung ... und schließlich die dt. Dialektgeographie, die Geschichte des dt. Stils und der dt. Verskunst. (Bach, Geschichte, S. 15)

Es geht ihm also um eine Zusammenfassung im Sinne eines Handbuchs, das keiner bestimmten wissenschaftlichen Richtung verpflichtet ist, sondern alle zu umfassen sucht.

Dennoch erscheint die Umgangssprache in den ausdrücklich ihr gewidmeten Paragraphen unter einem bestimmten Aspekt. So schon in § 7:

> Der Durchschnitt der Gebildeten gelangt bei uns nie zu vollem Besitz einer von jeder landschaftl. Bindung freien Sprache, wie sie in der dt. *Bühnensprache* (§ 211) erstrebt wird. Er spricht die *gebildete landschaftl. Umgangssprache* seiner Heimat, die in Wortschatz und Aussprache die Beziehungen zum heimischen Sprachraum nicht verleugnet. Der für gewöhnlich nur *Mundart* redende Mann aus dem Volk aber erhebt sich, auch wo er bewußt und mit Anstrengung seinen Dialekt verläßt, kaum je völlig zur Höhe der landschaftl. Umgangssprache. Dennoch haben alle Kreise und Schichten in einem Volk von der Bildungshöhe des unsrigen Anteil an dem Idealtyp der Hochsprache, da sie ihn zum mindesten zu verstehen vermögen. (Bach, Geschichte, S. 20/21)

Im § 211 finden sich dann noch nähere Erläuterungen:

> In der Auseinandersetzung der hd. Schriftsprache mit den Mundarten haben sich in den verschiedenen dt. Sprachräumen mehr oder weniger feste Sprachtypen herausgebildet, die wir als »*Halbmundarten*«, als »*landschaftl. Umgangssprachen*«, in gepflegterer Form als »*gebildete landschaftl. Umgangssprachen*« bezeichnen. In ihnen spielen lautl. und formale Erscheinungen der Mundart, spielt auch der mundartl. Wortschatz eine Unterschiede bedingende Rolle. Wie die Volkssprache, wie die gesprochene Sprache überhaupt halten sich jene Sprachtypen fern von verwickelten Satzgebilden und damit von stärkerer gedanklicher Gliederung der Rede; abstrakte Ausdrücke treten in ihnen vor den konkreten erheblich zurück. Unter den in verschiedenen Landschaften ausgebildeten Sprachtypen wurden dem Honoratiorenschwäbisch, dem Großratsdeutsch in der Schweiz ..., dem Pfarrerdeutsch im Elsaß besondere Namen gegeben. (Bach, Geschichte, S. 316)

Es herrscht bei Bach also augenscheinlich die schon bei Hugo Moser erwähnte und später (im Abschnitt 8.5) noch zu untersuchende sprachgeographische Betrachtungsweise vor, die auch, wenigstens im Ansatz, soziologische Betrachtung einschließt. Dementsprechend gehört lokalen Eigenarten der Lautung, der Form und des Wortschatzes das Hauptaugenmerk. Erst in zweiter Linie werden die so erfaßten Sprachtypen der syntaktischen Gestalt nach zu Volkssprache und gesprochener Sprache überhaupt in Beziehung gesetzt. Hier zeichnet sich die Gefahr der Verquickung zweier nicht notwendig zusammengehöriger Gesichtspunkte ab, die in dem gleich an das eben Zitierte anschließenden Absatz ganz deutlich zutage tritt:

> Neuerdings hat man sich gegen den allzu sehr ins Abstrakte hineinwachsenden Wortschatz der Schriftsprache, auch gegen ihre entwickeltere Satzfügung gewandt und eine »volkstümliche Hochsprache« gefordert, die die gen. Eigenschaften nicht besitzt. Es ist dies im Grunde nichts anderes als der Sprachtyp, den man seit langem als »(gebildete) landschaftl. Umgangssprache« bezeichnet. (Bach, Geschichte, S. 316)

Dagegen ist einzuwenden, daß eine Sprachhaltung, die um einfachen Satzbau bemüht ist und eine abstrakte Ausdrucksweise möglichst vermeidet, sich durchaus an gemeinsprachlich bereits gültige und gebräuchliche Formen und Wörter halten kann; volkstümliche Einfachheit muß nicht unbedingt mit landschaftlicher Bindung gekoppelt sein. Deshalb müssen die Gesichtspunkte »Volkstümlichkeit« und »Landschaftlichkeit« sorgfältig auseinandergehalten werden.

Neben diesem schon in sich zwiespältigen Gebrauch des Begriffes »Umgangssprache« kommt in Bachs Buch noch ein weiterer vor, der im Register unter dem Schlagwort »Fremde Sprachen als Umgangssprache in Deutschland« zu finden ist. Allerdings taucht das Wort »Umgangssprache« in den angegebenen Paragraphen teils gar nicht auf. Stattdessen ist in einem Fall vom Französischen als ritterlicher Sondersprache die Rede (§ 96) und in einem zweiten von der lateinischen Kirchensprache, aus der Termini in ein erstes deutsches Fremdwörterbuch aufgenommen werden (§ 141). Ein andermal wird dann allerdings das Französische als Umgangssprache der gebildeten Kreise bezeichnet (§ 167). Von landschaftlicher Gebundenheit der gemeinten Sprachformen kann dabei nirgends die Rede sein. Die vorstehenden Fälle haben nicht viele gemeinsame Kennzeichen, aber immerhin eines: Die Sprachformen sind alle gebildeten Personenkreisen zuzuordnen. Das ist in dem folgenden – nicht im Register aufgeführten – Fall nicht mehr so. Da heißt es:

> Das Judendeutsch hat eine Reihe von Ausdrücken hebr. Herkunft in die dt. Umgangssprache gelangen lassen. (Bach, Geschichte, S. 243)

Daß diese Ausdrücke keiner gebildeten Sprachform angehören, zeigen die Beispiele: »Mackes ..., schäkern, schmusen, Stuß, kapores, Schmiere stehen« u.a. (§ 159). Ebensowenig ist der Gebrauch dieser Wörter an eine bestimmte Landschaft gebunden. Hier soll der Begriff »Umgangssprache« offenbar nicht *mehr* bedeuten als das, was eine nur wenige Zeilen später folgende Wendung besagt, nämlich daß diese Ausdrücke »in allgemeineren Gebrauch gelangt« sind.

128

Das Bemühen um eine Sprachgeschichtsdarstellung, die alle Aspekte vereinigt, hat, was die Umgangssprache angeht, zur Verwendung verschiedener Umgangssprache-Begriffe geführt, die sich miteinander nicht vertragen. Bachs Handbuch spiegelt die Begriffsverwirrung in der von ihm verarbeiteten Literatur. Er selbst scheint unter Umgangssprache vor allem die »(gebildete) landschaftliche Umgangssprache« zu verstehen. Der Gesichtspunkt des Landschaftlichen ist für ihn eng gekoppelt mit dem des Volkstümlichen und auch mit dem des Gesprochenen. Ich habe darauf hingewiesen, daß diese Koppelung nicht notwendig und allgemein der Sprachwirklichkeit entspricht und daß deshalb die Gesichtspunkte sorgfältig unterschieden werden müßten. Andererseits ist es beachtenswert, daß eine solche Koppelung mit so einer Selbstverständlichkeit angenommen werden kann, wie es bei Bach geschieht. Offenbar handelt es sich um eine sehr häufig anzutreffende Koppelung. Jedenfalls legen diese Beobachtungen die hypothetische Annahme nahe, daß ein relevanter Zusammenhang zwischen den verschiedenen Spracherscheinungen, die mit dem Terminus »Umgangssprache« belegt werden, besteht. Eine Prüfung dieser Hypothese verspräche einige Klärung im Problembereich der Umgangssprache.

6.9   Zusammenfassung: Umgangssprache in sprachgeschichtlicher
       Forschung – Umgangssprache als nichtliterarische Tradition

Die für die vorliegende Untersuchung wichtigste Feststellung über das Auftreten des Begriffs »Umgangssprache« in sprachgeschichtlichen Darstellungen ist die, daß der mit diesem Terminus bezeichnete Bereich mehrfach als derjenige erscheint, in dem sich sprachgeschichtliche Entwicklung eigentlich vollzieht. Dieser Bereich erscheint demnach als ein der historischen Behandlung durchaus würdiger Gegenstand. Dennoch ist in keiner der besprochenen Arbeiten (und, so weit ich sehe, auch in keiner anderen sprachhistorischen Arbeit) das Problem der Umgangssprache der eigentliche Untersuchungsgegenstand. Das ist leicht zu erklären, wenn »Umgangssprache« als »im persönlichen Gespräch gebräuchliche Sprache« aufgefaßt wird; denn derartiger Gebrauch ist nicht für die Dauer bestimmt, während sprachgeschichtliche Forschung auf Material angewiesen ist, das die Zeiten überdauert hat, d. h. im wesentlichen auf schriftliches Material. Diese Schwierigkeit spiegelt sich in allen besprochenen Arbeiten. Denn wie unterschiedlich der dem Terminus »Umgangssprache« zugeordnete Begriffsinhalt in den einzelnen Fällen auch ist, es handelt sich überall um Nicht-Schriftsprache. Dabei ist die Schriftsprache jedoch immer in irgendeiner Weise berücksichtigt. Sie ist der Bezugspunkt bei fast allen hier betrachteten historischen Sprachbewegungen, sei es, daß die Bewegung auf eine Schriftsprache zugeht – in dem Sinne, daß eine Schriftnorm erst entstehen soll (Burdach, Moser, Langen) oder daß eine bestehende verändert wird (Burdach, Mackensen, Langen, Bach) – sei es, daß sich eine Bewegung in entgegengesetzter Richtung vollzieht, indem sich eine anerkannte Schriftnorm auf den mündlichen Gebrauch auswirkt (Paul, Burdach, Behaghel, Moser, Mackensen, Langen, Bach), oder ein ehemals anerkannter Sprachgebrauch nur noch im mündlichen Sprachverkehr anzutreffen ist (Burdach). Schriftsprache ist dabei überall als Bildungsgut verstanden und wird oft mit »Sprache der Gebildeten« gleichgesetzt. Die mit »Umgangssprache« bezeichneten Erscheinungen können dabei in den meisten Fällen als im Umgange gesprochene Sprache verstanden werden. Unterschiede im Begriffsgehalt ergeben sich in diesen Fällen durch die Personenkreise, in denen sich der Umgang vollzieht. Häufig handelt es sich dabei – wie in der Zeit der Entstehung des Wortes »Umgangssprache« – um »gebildete« Kreise (Paul, Burdach, Behaghel, Moser, Bach), nur wenige der genannten Autoren bringen mit dem Terminus »Umgangssprache« Kennzeichen in Zusammenhang, die mit dem Bildungsanspruch nicht verträglich sind (Burdach: familiär, Langen: lässig). Dagegen setzen fast alle »Umgangssprache« – durchgängig oder gelegentlich – in eine Beziehung zum »Dialekt« bzw. zur »Mundart« (Paul, Behaghel, Moser, Mackensen, Langen, Bach), wobei in der Regel die von den Gebildeten im Umgange gesprochene Sprache dem »Gebrauch der Mundart im Umgange« (Paul) gegenübergestellt erscheint oder eine Zwischenstellung zwischen Mundart und Schriftsprache gesehen wird. In derartigen Fällen wird »Umgangsprache« gelegentlich zugleich als »landschaftliche Sprache« verstanden, als Sprache einer Region, die größer als ein Mundartbereich und kleiner als der der Gemeinsprache ist (Behaghel, Moser, Bach). In einem Fall (Moser) erscheint der letztgenannte Gesichtspunkt verabsolutiert, so daß mit dem terminologischen Gebrauch des Wortes »Umgangssprache« eine Landschaftssprache bezeichnet ist, die nicht unbedingt durch den Gebrauch im persönlichen Umgange charakterisiert ist.

Für bestimmte Erscheinungsformen im Umgange gesprochener Sprache werden vielfach besondere Bezeichnungen verwendet. Für die »Umgangssprache der Gebildeten« wird »Gebildetensprache« gesetzt (Moser), eine als literarisches Vorbild erwünschte, aber im Deutschen fehlende Variante wird als »Konversationston« bezeichnet (Langen); für außerhalb der Bildungskreise im Umgange gebräuchliche Sprache kommen »Sprache des täglichen Lebens« und »Rede des gemeinen Mannes« vor (Burdach); eine bestimmte Form wird als »Missingsch« herausgestellt (Behaghel), der gesamte Bereich des Nicht-Gebildeten wird als das »Gebiet des Volkstümlichen« bezeichnet, dem »Dialektformen, Provinzialismen, Vulgarismen, Derbheiten«, also eine ganze Skala rhetorischer vitia, zugeordnet erscheinen (Langen). Der gleiche Bereich kann aus anderer Sicht als der der »unbeeinflußten, ungenormten, wahren Sprache« gefaßt werden (Mackensen). Dieser Bezeichnung scheint der Terminus »natürliche Sprache« bei Paul nahezustehen, doch besteht ein entscheidender Unterschied: Für Paul bezeichnet »natürliche Sprache« nicht einen bestimmten Sprachgebrauch, sondern die von einem Individuum zuerst erlernte Sprache, bei der es sich allerdings in der Regel um eine Art »ungenormter« Sprache handelt, während die später erlernte »künstliche Sprache« der Bildungsnorm näherzustehen pflegt.

Bei allen genannten Unterscheidungsversuchen spielt direkt oder indirekt die Bildungsnorm eine entscheidende Rolle als Bezugspunkt. Insofern scheinen die von Behaghel getadelten Vertreter der idealistischen Richtung für den Problembereich der Umgangssprache recht zu haben mit ihrer Behauptung, Sprachgeschichte sei Bildungsgeschichte. In der Tat kommt auch Behaghel selbst nicht ohne diesen Gesichtspunkt aus, wenn er erklärt, die Umgangssprache sei die Sprache des gebildeten Verkehrs, die sich in Lauten und Formen der Schriftsprache unterwerfe. Sprachgeschichte im Problembereich der Umgangssprache erscheint danach als Sprachgeschichte in Relation zur Bildungsnorm, die in der Regel mit der literarischen Norm gleichgesetzt wird. Was jeweils nicht als literaturfähig gilt, wird als umgangssprachlich gewertet. Selbst bei der »gebildeten Umgangssprache« werden insbesondere jene Erscheinungen als umgangssprachlich bezeichnet, die vom Literaturbrauch abweichen. Mit dem Bildungs- und Literaturideal – von der klassizistischen Strenge Gottscheds über die Lockerung im Namen des Lebendigen bei Herder und die Anerkennung des edlen Ideals der Klassiker bis zur Infragestellung dieses Ideals seit dem Naturalismus – wandeln sich die Relationen zu den nicht-literarischen Formen, die sich selbst wiederum wandeln, nicht zuletzt durch den Einfluß von Bildungsgut. Gerade auf dieses wechselnde Beziehungsgefüge kommt es in den meisten Fällen an, wenn aus sprachgeschichtlicher Sicht von »Umgangssprache« die Rede ist. Das ist nun allerdings ein Bereich, in dem ein »Beherrschen der Tatsachen« mit einem an den Naturwissenschaften orientierten Exaktheitsanspruch, wie es Behaghel fordert, mit den damaligen Mitteln, und selbst mit den heutigen, noch kaum möglich ist, es sei denn, man beschränkt sich auf einzelne aus dem Gesamtzusammenhang gelöste Erscheinungen. Für die Erfassung größerer Zusammenhänge ist man vorläufig auf die intuitive Methode angewiesen, auf Verfahrensweisen, die literaturwissenschaftlicher Interpretation nahestehen.

Allerdings gibt es einen sprachgeschichtlichen Vorgang im Bereich der Umgangssprache, der zum Teil ohne Berücksichtigung bildungsgeschichtlichen Geschehens untersucht werden kann. Es ist jener Bereich, auf den Paul hinweist, wenn er sagt, die eigentliche Ursache für die Veränderung des Usus sei nichts anderes als die gewöhnliche Sprechtätigkeit. Hier erscheint nicht der Anschluß an anderweitigen Gebrauch als bewegendes Element, sondern das Sprechen von Mensch zu Mensch selbst, mit anderen Worten: der Sprachgebrauch im persönlichen Umgange. Solche durch das Sprechen selbst bewirkten Änderungen innerhalb einer durch äußere

131

Einflüsse nicht oder nur wenig gestörten Überlieferung lassen sich eher als »Tatsachen« im Sinne Behaghels fassen. Es handelt sich dabei in erster Linie um Wandlungen im Laut- und Formensystem. Es ist sicher kein Zufall, daß die am Exaktheitsideal der Naturwissenschaften orientierten Junggrammatiker gerade diese Erscheinungen historisch behandelt haben, und ebenso ist es kaum zufällig, daß ihre Untersuchungen allgemein vor Beginn der Neuzeit enden. Denn seit sich die Durchsetzung des Neuhochdeutschen ankündigt, sind bildungsgeschichtliche Einflüsse von solcher Bedeutung, daß sie sich nicht mehr vernachlässigen lassen. Bei dem Versuch genauer Erfassung der auf diese Weise entstehenden Erscheinungsfülle gerät man leicht »ins Grenzenlose«, wie Burdach sagt. Mit welcher Vielfalt von »Tatsachen« hier zu rechnen ist, läßt die neueste Veröffentlichung von L. E. Schmitt ahnen,[143] und welches Maß an Arbeit noch geleistet werden muß, wird deutlich, wenn man bedenkt, daß mit der Erforschung der Zeit Adelungs noch kaum ein Anfang gemacht worden ist.[144] Wie weit es nach Ausschöpfung aller Möglichkeiten gelingen kann, die »Sprache des Hauses, der Familie, des geselligen Umganges«, von der Burdach spricht, als historische Erscheinungen vom eigenen Zentrum her zu erfassen und nicht nur vom Bildungsstandpunkt aus als Nicht-Literatursprache, muß vorläufig offenbleiben, da es sich ja durchweg um nicht direkt überlieferte, sondern nur um mehr oder weniger zu erschließende Sprachformen handelt.

---

[143] Schmitt, Ludwig Erich: Untersuchungen zu Entstehung und Struktur der »Neuhochdeutschen Schriftsprache« Bd. 1, Sprachgeschichte des Thüringisch-Obersächsischen im Spätmittelalter, Köln/Graz 1966.

[144] Vgl. Henne, Helmut: Das Problem des Meißnischen oder »Was ist Hochdeutsch« im 18. Jahrhundert. In: Zeitschrift für Mundartforschung 35, 1968, S. 109–129, besonders S. 109f. und S. 129.

7. PROBLEM UND BEGRIFF DER UMGANGSSPRACHE AUS DER PERSPEKTIVE DER GRAMMATIK

7.1 Die geistesgeschichtlichen Grundlagen der grammatischen Bemühungen im 19. und 20. Jahrhundert

Deutsche Grammatik ist bis zu Jacob Grimm hin – wie gezeigt – Adaption der griechisch-lateinischen Grammatik-Tradition für die Verhältnisse der deutschen Sprache gewesen, und sie ist es in der Praxis zum großen Teil bis heute geblieben. In Analogie zum Ideal, zur »virtus«, der »latinitas« wurde eine Musterform aus dem tatsächlichen Gebrauch ausgelesen und diese als vorbildliche Norm gesetzt. In der Diskussion um diese Norm war es als notwendig erschienen, das Verhältnis zu verschiedenen im Umgange gebräuchlichen Sprachformen zu klären, und im Zusammenhang mit dieser Diskussion war das Wort »Umgangssprache« gebildet worden.

J. Grimm hat dagegen die Auffassung vertreten, es gebe »keine Grammatik der einheimischen Sprache für Schulen und Hausbedarf«, hat alle theoretischen Bemühungen um eine vorbildliche Norm abgelehnt und hat nur noch »ein streng wissenschaftliches«, d. h. für ihn letztlich ein historisches, grammatisches Studium zugelassen. Auch Sprachkritik, die den gegenwärtigen Gebrauch regeln will, läßt er nicht zu, denn:

> Sobald die Critik gesetzgeberisch werden will, verleiht sie dem gegenwärtigen Zustand der Sprache kein neues Leben, sondern stört es gerade auf das empfindlichste.[145]

Auch die Sprachkritik wird auf ein historisches Arbeitsfeld verwiesen, nämlich darauf, alte Texte »von den Flecken fehlerhafter Abschriften zu säubern«. – Die wissenschaftliche Beschäftigung mit der deutschen Sprache ist dieser Wegweisung gefolgt. Wissenschaftliche Analyse und wissenschaftliche Kritik der Gegenwartssprache unterbleiben, und damit ist auch die zu jener Zeit im Umgange gesprochene Sprache kein Thema für germanistische Forschung.

In der zweiten Hälfte des 19. Jahrhunderts breiten sich jedoch Unsicherheiten im Sprachgebrauch aus. In verschiedenen Kreisen von Sprachgebrauchern steigt das Bedürfnis, eine Entscheidung darüber zu erhalten,

---

[145] Vorreden zur Deutschen Grammatik von 1819 und 1822. Hrsg. H. Steger, S. 7.

welche von verschiedenen im Umlaufe befindlichen Gebrauchsweisen als guter Gebrauch zu gelten habe, und von manchen wird der Zustand jener Zeit als der einer Sprachverwilderung empfunden. Die Sprachwissenschaftler weigern sich – Grimms Grundsätzen getreu – derartige Entscheidungen zu bieten. Die Folge ist, daß sich Laien der Frage annehmen und sie nach bestem Können lösen. Markantes Ereignis ist die Gründung des »Allgemeinen Deutschen Sprachvereins« (1855). Er hat sich als eine Art »Selbsthilfe der Sprecher«, wie Mackensen sagt,[146] die Sprachpflege zur Aufgabe gemacht. Von hier aus wird gegenwärtig im Umgange gesprochene Sprache wiederum zum Gegenstand der Auseinandersetzung, und in diesem Zusammenhang findet auch der Terminus »Umgangssprache« wieder Verwendung.

Im Gegenzug zu dieser Bewegung kommt es dazu, daß sich ein Germanist mit der Syntax des Gesprächs befaßt (Wunderlich), und dabei wird der Terminus »Umgangssprache« in die Germanistik eingeführt. Späterhin sind, dem Bedürfnis folgend, Grammatiken der deutschen Gegenwartssprache geschrieben worden (Sütterlin, Duden-Grammatik), in denen eine Berücksichtigung im Umgange gebräuchlicher Sprache eher in Frage kommt als in Grammatiken vergangener Sprachstufen.

Ein weiterer Weg zur Berücksichtigung im Umgange gesprochener Sprache in der grammatischen Forschungsrichtung der Germanistik führt über die Mundartforschung. Dort spielt die Erarbeitung mundartlicher Ortsgrammatiken eine wesentliche Rolle, und es bietet sich an, nach diesem Vorbild auch nicht-mundartlichen im Umgange üblichen Sprachbrauch[147] zu erfassen (Baumgärtner, Scheel, Kufner).

Vereinzelt steht in der neueren germanistischen Forschung ein Versuch, gerade jene Ausdrucksformen mündlicher Sprache zu erfassen, in denen das »Verhältnis von Sprecher und Hörer zur Rede«, d. h. die Funktion des sprachlichen Umganges, in den Mittelpunkt des Interesses tritt (Zimmermann).

Wird in diesem Einzelfall versucht, »den Zusammenhang der Sprache mit dem Menschen« zu berücksichtigen, so besteht in den meisten neueren Arbeiten zur Grammatik das Bestreben, Sprache als ein für sich existierendes System zu verstehen.

Von größter Bedeutung für diese Richtung sind die »Grundfragen der allgemeinen Sprachwissenschaft« von Ferdinand de Saussure.[148] Das Werk bezeichnet einen »Neuanfang«, mit dem, wie P. v. Polenz sagt,[149] »die mo-

---

[146] Mackensen Lutz: die deutsche Sprache unserer Zeit, Heidelberg 1956, S. 11.
[147] Über das Verhältnis des Problems der Mundart zum Problembereich der Umgangssprache vgl. insbsondere den Abschnitt 8.8 der vorliegenden Arbeit.
[148] Saussure, Ferdinand de: Cours de linguistique générale. Publié par Charles Bally et Albert Sechehaye. 1. Aufl. Lausanne/Paris 1916, Nachdruck der 3. Aufl. Paris 1965. Deutsche Übersetzung unter dem Titel »Grundfragen der allgemeinen Sprachwissenschaft« von Herman Lommel, Berlin und Leipzig 1931 (Die Seitenzahlen beziehen sich auf diese Ausgabe). 2. Aufl. mit Nachwort von P. v. Polenz, Berlin 1967.
[149] Nachwort zur Neuauflage der Übersetzung. Auch in: Muttersprache 78, 1968, S. 152.

derne europäische Sprachwissenschaft begonnen hat.« Dieser Neuansatz ist im Rahmen der germanistischen Forschung nur zögernd aufgenommen worden. Die von ihm ausgehenden Anregungen bestimmen aber zu einem wesentlichen Teil die grammatische Diskussion der Gegenwart, in der das Problem der Umgangssprache in neuer Sicht erscheint.

De Saussures Ansatz bedeutet eine radikale Blickwendung gegenüber der Sicht Grimms. Es erscheint mir notwendig, diese Wendung im Umriß nachzuzeichnen, um verständlich zu machen, aus welcher Perspektive im Umgange gesprochene Sprache in der Folge beurteilt wird. De Saussure geht von einer grundlegenden Unterscheidung aus, die schon bei Hermann Paul angelegt ist. Paul unterscheidet den »Sprachorganismus« des Einzelmenschen als etwas »in der Seele Ruhendes«, das die »Sprache der Einzelnen« ausmacht, von der »Sprechtätigkeit«.[150] De Saussure unterscheidet »langue« (in Lommels Übersetzung »Sprache«) und »parole« (in Lommels Übersetzung »Rede«). Die »langue« erklärt de Saussure nun zum eigentlichen Thema der Sprachwissenschaft, und er zieht aus dieser Entscheidung Folgerungen, die der Auffassung Grimms und auch der Pauls strikt zuwiderlaufen:

> Die statische Sprachwissenschaft oder Beschreibung eines Sprachzustandes kann Grammatik genannt werden .... Die Grammatik untersucht die Sprache in ihrer Eigenschaft als System von Ausdrucksmitteln; mit dem Wort grammatikalisch sagt man zugleich synchronisch und bedeutungsvoll, und da kein System zu gleicher Zeit in verschiedenen Epochen gilt, so gibt es meiner Ansicht nach keine historische Grammatik; was man so nennt, ist in Wirklichkeit nur diachronische Sprachwissenschaft. (Saussure, Grundfragen, S. 160)

Mit dem »Nur« ist seine Vorstellung von einer Rangordnung verschiedener Zweige der Sprachwissenschaft angedeutet, die an anderen Stellen noch ausdrücklicher hervortritt, wie z. B. hier:

> Es ist nämlich klar, daß die synchronische Betrachtungsweise der andern übergeordnet ist, weil sie für die Masse der Sprechenden die wahre und einzige Realität ist. (Saussure, Grundfragen, S. 107)

Nicht nur die Sprachgeschichte wird in ihrer Bedeutung zurückgedrängt, sondern auch die Frage der gegenseitigen Beeinflussung verschiedener Sprachbereiche. Diese gehören »nur dem äußeren Bezirk der Sprachwissenschaft an« (Saussure, Grundfragen, S. 24). Es wird zwar eingeräumt:

> Der Sprachforscher hat auch die gegenseitigen Beziehungen der Buchsprache und der Umgangssprache[151] zu untersuchen; denn jede literarische Sprache trachtet, als Produkt der Kultur, ihr Gebiet gegen das der freien Natur abzugrenzen, und dieses ist das der gesprochenen Sprache. (Saussure, Grundfragen, S. 25)

---

[150] Paul, Prinzipien § 15.
[151] Französisch »la langue courante«, hier, wie der aufgeführte Text erkennen läßt, im Sinne von gesprochener Sprache gebraucht.

Dieses Zugeständnis wirkt jedoch schwach gegenüber dem eindringlich immer wieder in Abwandlungen wiederholten Dogma:

> Das einzig wahre Objekt der Sprachwissenschaft ist das normale und regelmäßige Leben eines schon vorhandenen Idioms. (Saussure, Grundfragen, S. 84)

Diese nachdrückliche Betonung der Bedeutung des zu bestimmter Zeit bestehenden in sich geschlossenen Sprachsystems als Gegenstand der Sprachwissenschaft war zu ihrer Zeit vielleicht gegen die Einseitigkeit der nahezu alleinherrschenden historischen Sprachbetrachtung (vgl. Saussure, Grundfragen, S. 97) notwendig. Aber im Hinblick auf manche umgangssprachlichen Probleme, erscheint es nützlich, gegenüber diesem dogmatischen Standpunkt eine Äußerung de Saussures hervorzuheben, die zu seiner Zeit nur als eine Art Zugeständnis erscheinen mochte, heute aber gesteigerte Bedeutung erhält:

> Eine Sprache ändert sich etwa kaum während eines langen Zeitraumes und erleidet dann in einigen Jahren beträchtliche Umgestaltungen. Von zwei Sprachen, die in einem gleichen Zeitraum nebeneinander bestehen, kann die eine sich sehr stark, die andere sich fast gar nicht entwickeln: im zweiten Fall muß die Untersuchung notwendigerweise synchronisch sein, im ersten diachronisch. (Saussure, Grundfagen, S. 121)

Bei den starken Verwandlungen, denen unsere heutige Sprache offenkundig unterliegt[152] (am deutlichsten ist das im Wortschatz, dessen Betrachtung de Saussure ausdrücklich mit in die grammatische Betrachtung einbezieht), kann danach für den heutigen Zustand der Sprache keinesfalls auf die diachronische Betrachtung verzichtet werden, und auch bei grammatischen Betrachtungen erscheint es nicht angängig, vom Gesichtspunkt der Entwicklung ganz abzusehen. – Überhaupt gibt de Saussure zu, daß die zeitliche und auch die räumliche Abgrenzung eines Sprachzustandes schwierig sei. Er versucht, diese Schwierigkeit mit der folgenden Bemerkung aus dem Weg zu räumen:

> Kurz, der Begriff des Sprachzustandes kann nur ein annähernder sein. In der statischen Sprachwissenschaft ist, wie bei den meisten Wissenschaften, kein Beweis möglich ohne eine konventionelle Vereinfachung der gegebenen Verhältnisse. (Saussure, Grundfragen, S. 122)

Mit dieser Äußerung ist de Saussure gar nicht mehr weit von H. Paul entfernt, der das, »was die deskriptive Grammatik eine Sprache nennt«, als eine »Abstraktion, die keine reale Existenz hat«, bezeichnet (vgl. oben Abschnitt 6.2). Wenn de Saussure von dem geschlossenen »System«, das nach seiner Forderung den eigentlichen Gegenstand der Sprachwissenschaft darstellt, sagt:

> Die Sprache besteht in einer Sprachgemeinschaft in Gestalt einer Summe von Eindrücken, die in jedem Gehirn niedergelegt sind, ungefähr so wie ein Wörter-

---

[152] Vgl. Moser, Heutiges Deutsch, S. 15.

buch, von dem alle Exemplare, unter sich völlig gleich, unter den Individuen verteilt wären. (Saussure, Grundfragen, S. 23),

so ist das nach dem vorher Gesagten als eine Konstruktion anzusehen, die für bestimmte methodische oder praktische Zwecke zu rechtfertigen ist, aber nur einen künstlichen Ausschnitt aus dem Ganzen darstellt.

Trotz der Zugeständnisse bleibt aber grundsätzlich die Annahme eines einheitlichen in sich geschlossenen Systems einer Sprache. Dabei ist im wesentlichen an eine Nationalsprache wie das Französische, das Englische oder das Deutsche gedacht. Varianten des Gebrauchs – etwa solche, die im persönlichen Umgange gebräuchlich sind – erscheinen als der »parole« zugeordnet oder bleiben als Größen, die vernachlässigt werden können, außer acht.

Die von de Saussure ausgehende Wirkung verbindet sich mit anderweitigen wissenschaftlichen Entwicklungen, besonders solchen in der Philosophie, in der sich Richtungen herausbilden, die sich von der Metaphysik abkehren und stattdessen bestrebt sind, in nahem Kontakt zur theoretischen Mathematik eine allgemeine Wissenschaftstheorie zu entwickeln (vor allem Rudolf Carnap und der »Wiener Kreis«).[153] Die von de Saussure in den Vordergrund gerückte Aufgabe der Beschreibung eines Sprachsystems wird von hier aus verstanden als die Aufgabe, die Theorie einer Sprache aufzustellen, d.h. ein aus exakt formulierten Sätzen aufgebautes System zu entwerfen, auf Grund dessen jeder korrekte Satz der betreffenden natürlichen Sprache beschrieben werden kann. In den meisten Fällen wird dabei das Vorhandensein eines allgemein anerkannten korrekten Sprachgebrauchs innerhalb einer Nationalsprache vorausgesetzt. Jenes Problem, das zur Zeit der Herausbildung des Begriffs »Umgangssprache« im Zentrum gestanden hat, die Auslese des Allgemeingültigen aus dem vielfältigen Gebrauch, wird ausgeklammert und damit die Frage der Gebrauchsvarianten überhaupt und auch das Problem der im Umgange gesprochenen Sprache als besonderes Problem. Für die Entwicklung des terminologischen Gebrauchs des Wortes »Umgangssprache« hat die Anlehnung an die allgemeine Wissenschaftstheorie dennoch wesentliche Bedeutung. Jene Forschungsrichtung, deren Hauptrepräsentant Rudolf Carnap ist, sieht es nämlich als notwendig an, »die Sprache des Alltags durch formalisierte Sprachsysteme zu ersetzen«.[154] Von dieser Warte aus ergibt sich eine Einteilung in künstliche, formalisierte »Wissenschaftssprache« auf der einen und natürliche, alltägliche »Umgangssprache« auf der anderen Seite. »Umgangssprache« umfaßt damit jegliche natürliche Sprache einschließlich derer, die von Dante und Paul als »künstlich« bezeichnet werden. Dieser terminologische Gebrauch hat – teils durch die Vermittlung kybernetischer Forschung – in zunehmendem Maße auch in der germanistischen Forschung Verwendung gefunden.

[153] Vgl. Stegmüller, Wolfgang: Hauptströmungen der Gegenwartsphilosophie. 3. Aufl. Stuttgart 1965, S. 347ff.
[154] Stegmüller, Gegenwartsphilosophie, S. 360.

Innerhalb der Bemühungen, die Sprachwissenschaft zu einer exakten Wissenschaft zu formen, gibt es neben den oben erwähnten Arbeiten, die das Vorhandensein einer einheitlichen Norm als Voraussetzung annehmen, auch solche, die es auf Differenzen im Sprachgebrauch abgesehen haben (Eggers, Leska, Steger). In derartigen Arbeiten begegnet dann auch der Terminus »Umgangssprache«, doch wird er hier meist mit Vorbehalt gebraucht. Teils wird er dabei durch den Terminus »gesprochene Sprache« ersetzt, weil die Einteilung in »geschriebene Sprache« und »gesprochene Sprache« augenscheinlich eine exaktere Einteilung zuläßt, als wenn man sich des Wortes »Umgangssprache« etwa im Sinne von »im Umgange gesprochene Sprache« bediente. Der Begriff »gesprochene Sprache« ist in diesen Fällen enger gefaßt als der Begriff »Umgangssprache« vom Standpunkt der Wissenschaftstheorie aus, aber weiter als der Begriff »Umgangssprache« im traditionellen Sinn von »im Umgange gesprochene Sprache« (wie er z.B. von Wunderlich gebraucht wird).

Auf die Relationen zwischen Schriftgebrauch und mündlichem Gebrauch im deutschen Sprachraum kann ein bezeichnendes Licht fallen, wenn sie mit den Verhältnissen in einer nahe verwandten Sprache verglichen werden. Eine derartige Arbeit, die auch den Terminus »Umgangssprache« verwendet, soll deshalb hier berücksichtigt werden (Johannesson).

Ein einziger Versuch ist mir bisher bekannt, die für das Deutsche charakteristischen Varianten des Sprachgebrauchs als Teile eines zusammenhängenden Systems zu begreifen. Dieser Versuch gilt dem phonologischen System des Sprachgebrauchs, mit Hilfe dessen sich gebildete Deutsche, die aus verschiedenen Landschaften zusammenkommen, unterhalten, ohne von ihrem landschaftlichen Gebrauch zu lassen. Es handelt sich also wie in der älteren Tradition um »Umgangssprache der Gebildeten«, sie wird auch terminologisch entsprechend bezeichnet, doch wird sie nicht als phonetisch einheitlicher Sprachgebrauch verstanden, sondern als ein Sprachbrauch mit regelmäßig auftretenden Varianten, der somit trotz seiner Variabilität als zusammenhängende Struktur beschreibbar wird (Pilch). Von hier aus könnte sich ein Weg finden lassen, manche als umgangssprachlich bezeichnete Erscheinungen, die wegen ihrer Variabilität Schwierigkeiten machen, in systematische Untersuchungen einzubeziehen.

7.2 Bemühungen um die Sprachpflege und ihr Verhältnis zur Umgangssprache

Um 1880 herum gewann die Auffassung Raum, daß »die Unsicherheit und Willkür der Sprachgestaltung immer schlimmer« werde.[155] Die von Jacob Grimm in der Vorrede zur 1. Ausgabe seiner »Deutschen Grammatik« geäußerte Überzeugung:

> Jeder Deutsche, der sein Deutsch recht und schlecht weiß, d. h. ungelehrt, darf sich nach dem treffenden Ausdruck eines Franzosen: eine selbsteigene, lebendige Grammatik nennen und kühnlich alle Sprachmeisterregeln fahren lassen (Grimm, Vorreden, S. 3).

erschien im Lichte der Erfahrung dieser Zeit als fragwürdig, und damit wurde auch Grimms in dieser Überzeugung gegründeter Standpunkt fragwürdig, der nur eine wissenschaftliche Beschäftigung mit Grammatik zulassen und auch hier nur die historische Richtung anerkennen wollte. Es hatte sich das praktische Bedürfnis nach Auskunftsmöglichkeiten über die »Sprachrichtigkeit« immer stärker bemerkbar gemacht. Auf diesem Hintergrund sind die auf ein größeres Publikum berechneten Bemühungen dieser Jahre um die deutsche Grammatik zu sehen und zu verstehen. In dieser Situation wird nicht nach vollständigen Darstellungen der Gesamtgrammatik gefragt, sondern es werden »vollständige Wegweiser durch die *unsichern Gebiete* deutscher Sprachgestaltung« (Matthias, Sprachleben, S. IV) gesucht; es entstehen deshalb Bücher, in denen »Sprachschäden« oder »Sprachdummheiten« gekennzeichnet und verbessert werden, Bücher also, die in mancher Hinsicht den »Remarques« von Vaugelas gleichen. Ein markanter Punkt auf dem Weg der Sprachpflege war die Gründung des »Allgemeinen Deutschen Sprachvereins«, dessen erklärtes Ziel »die Pflege und Hebung der deutschen Sprache« war. Es ging also nicht um Erforschung der Grammatik, sondern um Anwendung; d. h. das Vorhandensein einer »richtigen« Grammatik gehörte zur Voraussetzung und war nicht Ziel der Bestrebungen. Damit ist auch schon gesagt, welche Art der Grammatik hier eine Rolle spielen mußte: es mußte sich um normative Grammatik handeln. Das hebt der seiner Breitenwirkung nach erfolgreichste Autor dieser Bestrebungen, Gustav Wustmann, auch hervor:

> Wir leben aber in einer Zeit der ärgsten Sprachverwilderung. Da noch den kühlen »wissenschaftlichen« Beobachter zu spielen hat doch wahrlich keinen Sinn; es wäre gerade so, als wenn sich der Gärtner mit dem Handbuch der Botanik und dem Mikroskop in der Hand in einen verwilderten Garten setzen wollte. Das Mikroskop thuts nicht, die Schere thuts. Es wird die höchste Zeit, daß neben die beschreibende Grammatik wieder die gesetzgebende tritt.[156]

---

[155] Matthias, Theodor: Sprachleben und Sprachschäden. Ein Führer durch die Schwankungen und Schwierigkeiten des deutschen Sprachgebrauchs. 3. Aufl. Leipzig 1906, S. III. Das Zitat entstammt dem »Vorwort zur ersten Auflage« von 1892.

[156] Wustmann, Gustav: Allerhand Sprachdummheiten. Kleine Grammatik des Zweifelhaften, des Falschen und des Häßlichen. 2. Aufl. Leipzig 1896, S. vii.

Allerdings besteht über die zu bekämpfenden Sprachschäden mehr Einigkeit als über die Norm, an der die Sprachrichtigkeit gemessen werden soll. Ebensowenig besteht Klarheit darüber, was unter »Umgangssprache« verstanden werden soll und welche Rolle den als Umgangssprache benannten Erscheinungen beim Kampf um die Verbesserung des Sprachgebrauchs zukommen soll. Wenn man der modernen Darstellung dieser Bestrebungen in dem schon erwähnten Buch von L. Mackensen folgt, gelten alle Bemühungen der Sprachpfleger der Umgangssprache. Mackensen sagt, daß H. Riegel mit der Gründung des Sprachvereins auf »Betreuung der Umgangssprache« abgezielt habe. Er versteht die Äußerungen jener Jahre so, daß man den Sprechern gesagt habe, »daß sie künftig der schriftlichen Vorbilder entraten müßten. Man empfahl ihnen, stattdessen ihre Sprache – die Umgangssprache! – zu »pflegen« und zu »heben«. Hiernach erscheint »Umgangssprache«, womit im wesentlichen gesprochene Sprache gemeint ist, als Quelle für die Besserung des gesamten Sprachlebens. Der terminologische Gebrauch in den für die Bestrebungen dieser Zeit repräsentativen Büchern (Andresen, Sprachgebrauch und Sprachrichtigkeit im Deutschen, 1884; Wustmann, Allerhand Sprachdummheiten, 1891; Matthias, Sprachleben und Sprachschäden, 1892) läßt sich aber vielfach nur schwer mit dieser Deutung Mackensens vereinbaren. Das erklärte Ziel der Verfasser ist die Verbesserung der Schriftsprache. Die »Umgangssprache« kann ihnen als ein Herd schädlicher Einflüsse erscheinen. Das läßt etwa dieser Absatz bei Wustmann erkennen:

> Noch schlimmer freilich als die Unterdrückung von *ich* und *wir* ist die unglaubliche Albernheit, die jetzt in den Kreisen unserer Geschäftsleute eingerissen ist, wenn man nicht recht verstanden hat, zu fragen *Wie meinen?* Hier mordet man grammatisch gar den Angeredeten! Ein solcher Blödsinn aus der Umgangssprache dringt ja nicht in die Schriftsprache, er soll aber doch hier festgenagelt werden. (Wustmann, Sprachdummheiten, 2. Aufl., S. 86)

Hier wird »die« Umgangssprache (genau besehen handelt es sich jedoch um einen Sprachgebrauch in einer bestimmten Berufsgruppe) voll Zorn aus dem Bereich der eigentlichen Betrachtung herausgeschoben. Nach diesem Zitat könnte es sogar scheinen, als werde »die Umgangssprache« gegenüber der Schriftsprache von Wustmann grundsätzlich negativ beurteilt. Das ist aber nicht so. Er kann auch im positiven Sinne auf sie verweisen, nämlich, wenn er findet, daß sie »gebildet« ist und mit »gutem Schriftdeutsch« übereinstimme, wie im folgenden Zitat:

> In gutem Schriftdeutsch nicht nur, sondern auch in der gebildeten Umgangssprache ist bisher aufs strengste unterschieden worden zwischen zwei Sätzen wie folgenden: auf dem Königsplatze sind junge Linden angepflanzt worden, und: auf dem Königsplatze sind junge Linden angepflanzt. (Wustmann, Sprachdummheiten, 2. Aufl., S. 101)

Eindeutig ist, daß es ihm hier ebenfalls in erster Linie um die Schriftsprache geht. Entsprechendes gilt für Matthias, der bekennt: »... auch mein

Ziel ist ... Einigung auf dem Boden einer allen gleichverständlichen, alle verbindenden Schriftsprache ...«, und auch Andresen will »die Sprachrichtigkeit in unserer Schriftsprache bestimmen«. (Andresen, Sprachgebrauch, 11. Aufl. S. 2)

Dennoch spielt die gesprochene Sprache oftmals eine entscheidende Rolle bei der Begründung der jeweils gegebenen Richtlinien für die Schriftsprache. Häufig wird sie gegen den »papiernen Stil«[157] ins Feld geführt. In solchen Fällen stimmen die Darstellungen mit der Auffassung Makkensens überein. So schreibt z. B. Matthias im Hinblick auf eine von anderer Seite gerügte Fügung mit »und«, die statt einer Nebensatzkonstruktion gebraucht wird:

> Ähnliche Ausdrucksweisen ... verdienen aber alle Förderung auch in der Schriftsprache. Geboren sind sie freilich nicht in dieser, sondern in der gesprochenen Rede; aber wir dürfen wohl hoffen, daß sie von dieser aus vordringen und jene von der fast ausschließlich herrschenden Nebensatzwut befreien werden; wenigstens mit der Zeit, wenn der Deutsche das Wort der Rede immermehr handhaben lernt und erst in der Schule der in der Luft liegende Grundsatz anerkannt ist, daß das gesprochene Wort größeren Wert hat als das geschriebene. (Matthias, Sprachleben, 3. Aufl., S. 335)

Bei der weiteren Ausführung dieser Gedanken wird auch das Wort »Umgangssprache« gebraucht. Allerdings führt der Verfasser zunächst literarische Zeugen auf: Schiller, C. F. Meyer, Hauff. Im Anschluß an das Hauff-Zitat »Was treibt dich schon so früh aus dem Neste und bist kaum flügg?« heißt es dann: »Solche Ausdrucksweise deckt sich ganz mit dem gesprochenen Wort in der guten Umgangssprache«.

Der Gebrauch des Begriffes »Umgangssprache« bei den Sprachpflegern ist – das dürfen die vorstehenden Beispiele bereits deutlich genug gezeigt haben – schwankend, ebenso schwankend wie die Entscheidungsgründe für die Empfehlung der einen und die Ablehnung einer anderen grammatischen Form. Es fehlt ihnen der feste Bezugspunkt in der Sprachwirklichkeit, auf den sich Vaugelas in seinen »Remarques« hat beziehen können. Grundsätzliche Erkenntnisse über Zusammenhänge zwischen »umgangssprachlich« genannten Erscheinungen lassen sich hier deshalb kaum gewinnen. Nur eine Gemeinsamkeit läßt sich überall finden, wo bei den Sprachpflegern von Umgangssprache die Rede ist. Es ist dieselbe, die schon mehrfach in dieser Arbeit beobachtet worden ist: Auch hier handelt es sich jeweils um in der Funktion des Umganges gebrauchte Sprache.

Merkwürdig ist der Umstand, daß die Sprachpfleger normative Grammatik treiben, also im Namen einer Norm auftreten, ohne jedoch einen festen Maßstab für diese Norm zu besitzen. Immerhin läßt sich im ganzen sagen, daß sie bestrebt sind, das bisher Anerkannte zu verteidigen. Aber gerade der Umstand, daß sie ohne allzu tiefe theoretische Begründung für

---

[157] Die Bezeichnung wird im Anschluß an den Titel des Buches von O. Schröder »Vom papiernen Stil« (1889) gern gebraucht.

die Sprachrichtigkeit eintreten, macht sie in anderer Hinsicht wichtig: Die Verfasser fühlen sich als das Sprachgewissen ihrer Zeit. Ihr Urteil wird durch auffallende Tendenzen im Sprachleben herausgefordert, und aus der Richtung dieser von Fall zu Fall unterschiedlichen Tendenzen ergibt sich die Richtung der Abwehr. So können die Reaktionen der Sprachpfleger wertvolle Hinweise auf Sprachtendenzen ihrer Zeit geben. Dabei geht es vielfach um den Einfluß eines Teilbereiches der Sprache auf andere, und die Sondererscheinungen solcher Teilbereiche werden dann mit dem Terminus »Umgangssprache« belegt. Insofern kann der Terminus »Umgangssprache« hier und da auf Zusammenhänge und auf Veränderungen im Gefüge der Gesamtsprache hinweisen.

7.3 Der Terminus »Umgangssprache« in Arbeiten über die Syntax des Gesprächs

7.3.1 Hermann Wunderlich

Die mangelhafte Begründung der Entscheidungen über Sprachrichtigkeit, die bei manchen Sprachpflegern, am stärksten in der ersten Auflage von Wustmanns Buch »Allerhand Sprachdummheiten«, auffällt, hat mittelbar zur ersten speziellen Beschäftigung mit der »Umgangssprache« geführt. Der Widerspruch zu Wustmanns Argumentationen hat nämlich Hermann Wunderlich dazu gebracht, sein Buch »Der deutsche Satzbau« zu schreiben. Er wollte damit eine fundiertere Darstellung der deutschen Syntax entwerfen, als sie infolge der Vernachlässigung dieses Gebietes in der damaligen Sprachwissenschaft vorhanden war (vgl. Vorwort zur 2. Aufl. 1896). Hier liegt der Ausgangspunkt für die Entstehung eines Werkes, das auch in neuerer Zeit noch zu den grundlegenden auf diesem Gebiet gerechnet wird (heute allgemein nach der 3. von H. Reis besorgten Auflage von 1924/25 aufgeführt). Die Beschäftigung mit dem Problem der Syntax wiederum hat H. Wunderlich die Umgangssprache als etwas der Schriftsprache gegenüber Eigenständiges erkennen lassen, und auf diese Weise ist er dazu gekommen, der Umgangssprache[158] erstmalig eine spezielle Untersuchung zu widmen. Wesentlich ist, daß Wunderlich – verglichen mit früheren Äußerungen zum Problem – eine grundsätzliche Wendung der Blickrichtung bei der Untersuchung vorgenommen hat. Er macht das selbst schon in den ersten Sätzen seines Vorwortes deutlich:

> Die Umgangsprache im Gegensatz zur Schriftsprache ist bis jetzt nur mit einzelnen Äusserlichkeiten gestreift worden, je nachdem gerade eine Fügung auffiel und als Sondergut des mündlichen Verkehrs erschien. Auch des Verfassers

---

[158] Wunderlich selbst schreibt allerdings »Umgangsprache«, er verzichtet ausdrücklich (vgl. Vorwort S. XI) auf das Genetiv-S in der Kompositionsfuge, offenbar Wustmann zum Tort, der ähnliche Zusammensetzungen als Sprachdummheit rügt.

»Satzbau« (Stuttgart, Cotta 1892), der reichlich Gelegenheit fand, solche Ausnah-
mefälle ins Licht zu rücken, musste sich natürlich damit begnügen, sie im Sinne Jacob Grimms zu deuten, der in den kleinen Schriften I, S. 327 schreibt »alle
grammatischen ausnahmen scheinen mir nachzügler alter regeln, die noch hier
und da zucken, oder vorboten neuer regeln, die über kurz oder lang einbrechen
werden«. Aber so wertvoll auch gerade von diesem Gesichtspunkt aus die Freiheiten des mündlichen Verkehrs für die Erkenntnis unserer Schriftsprache sind,
so muß doch in erster Linie für alle diese Einzelzüge der Mittelpunkt gewonnen
werden, von dem sie ausgehen; der innere Kern muß erschlossen werden, dem
die äusseren Erscheinungen entkeimen. (Wunderlich, Umgangsprache, S. VII)

Es geht also darum, Spracherscheinungen, die bis dahin nur Beachtung gefunden hatten, wenn sie als störendes Element (d. h. als Ausnahme oder
gar als Fehler) in der Schriftsprache aufgetaucht waren, nun in einem Zusammenhang aufzusuchen, in dem sie selbst regelmäßig sind. Der Funk-
tionszusammenhang, in dem diese Erscheinungen ihr urspüngliches Recht
haben, ist dadurch angegeben, daß sie als »Sondergut des mündlichen Verkehrs« charakterisiert werden können. Gegenstand der Darstellung ist
demnach die mündliche Sprache, und zwar nicht die Vortragssprache, in
der es auf der einen Seite den Sprecher, auf der anderen die Hörer gibt,
sondern eine Sprache, in der die Rede hin und her geht (denn das ist letzten Endes mit dem Ausdruck mündlicher *Verkehr* gesagt). Hier ist also
wieder die Funktion des sprachlichen Umganges entscheidend. Darin
deckt sich Wunderlichs Begriff mit dem fast aller anderen bisher aufgeführten Autoren. Entscheidend neu ist, daß dieses charakteristische Kennzeichen zum Ausgangspunkt für die Untersuchung gemacht worden ist. Um
die von dieser Funktion her bestimmten Sprachformen geht es Wunderlich in erster Linie. Sein Thema ist die Syntax. Von dem damit gegebenen
Standpunkt aus gesehen, steht die Umgangssprache nicht zwischen
Schriftsprache und Mundart. Sie steht der Schriftsprache gegenüber, während die Mundarten auf ihrer Seite stehen. Die Mundarten zeigen in syntaktischer Hinsicht eine im wesentlichen gleiche Struktur wie die Umgangssprache. Das hebt Wunderlich hervor, indem er das Folgende
schreibt:

Wer die mundartliche Litteratur namentlich auf dem Gebiete der Prosa über-
blickt, dem wird es nicht entgangen sein, wie nahe sich oft gerade in der Satzfügung einzelne Mundarten berühren, die in ihrem Lautstande schroff von einander abstehen. Und wer diese Einheitspunkte der Satzfügung verbindet, wird finden, dass sie im Grunde nur dieselben Linien ergeben, die wir in der Umgangsprache gegenüber der Schriftsprache gezogen finden; in allen diesen verschiedenen Erscheinungsformen prägt sich eben immer wieder die mündliche Mitteilung gegen die geschriebene aus, die Rede gegen die Schrift. (Wunderlich, Umgangsprache, S. 6)

Er tadelt das auf die Unterschiede zwischen den Mundarten gerichtete
Interesse der Mundartforschung:

143

Die Aufmerksamkeit der Forscher richtet sich mit wachsender Ausschliesslichkeit auf die Mannigfaltigkeit des Lautstandes; in den zahllosen Spielarten der Aussprache zersplittert die Mundartforschung ihre Kräfte und neigt somit dazu, über den Äusserlichkeiten ganz und gar den inneren Kern aus dem Auge zu verlieren. (Wunderlich, Umgangsprache, S. 5)

Auch Bemühungen darum, den Wortschatz der Mundarten für die Schriftsprache fruchtbar zu machen, hält er für fragwürdig und stellt demgegenüber die Bedeutung der mundartlichen Satzfügungen heraus, in denen er die »tiefer liegende Quelle« sieht, die für die Schriftsprache wertvoll sein könnte:

Im Wortschatz tritt aber die äussere Form, die Mannigfaltigkeit des Lautstandes, viel zu grell hervor; hier überwiegen die Trennungspunkte der einzelnen Mundarten über die Ausgleichungsmittel, und Berührungen zwischen Mundart und Schriftsprache sind hier an besonders wirksame Anlässe gebunden, an einzelne litterarische oder rhetorische Leistungen. Ganz anders die Satzfügung. Ihre Erscheinungen spielen unterhalb der bunten Decke des Lautstandes, sie bleiben sich gleich, wenn auch die Laute und Formen wechseln. (Wunderlich, Umgangsprache, S. 6)

Damit ist die wesentlichste Eigenart der Untersuchung Wunderlichs deutlich hervorgetreten: Er bezieht sich nicht auf ein durchgängig bestimmbares Sprachsystem, sondern auf strukturelle Gleichheiten bei verschiedenen Systemen.[159] Es geht um Strukturelemente, die nicht unbedingt (wie es bei den von der vergleichenden Grammatik betrachteten der Fall ist) von gemeinsamer Sprachtradition bestimmt sind, sondern zum wesentlichen Teil von der Funktion abhängen.

Entsprechend bestimmt Wunderlich auch die Grenzen seines Untersuchungsgegenstandes von der Funktion her:

Die Umgangsprache ist Rede. Ihre Fügungen jedoch grenzen sich von denen der Rhetorik ab, wie die Verkehrsform gegen die Kunstform, wie die Scheidemünze gegen die Schaumünze. Es ist das derselbe Gegensatz der auf dem Gebiete der Schrift den Brief, die Anzeige und die Inschrift von Prosa und Poesie der Litteratur abheben.
Der Gegensatz von Rede im engeren Sinne und Schrift beruht im wesentlichen auf einem Gegensatze der receptiven Organe. Hier das Ohr, dort das Auge! Auch die Umgangsprache spricht allerdings zum Auge, aber nicht mit Wortsymbolen sondern mit Geberden. (Wunderlich, Umgangsprache, S. 7)

Die einseitige Herausstellung des Rezeptiven wird allerdings der Funktion des Umganges, bei der gerade die *wechselseitige* Bedingtheit von Äußerung und Aufnahme kennzeichnend ist, nicht ganz gerecht. Jedoch geht Wunderlich bei seiner weiteren Untersuchung nicht vom Wortlaut der obenstehenden Formulierung aus, sondern von der wirklichen Situation, in der die Sprecher unmittelbaren Kontakt miteinander haben. Das wird z. B. in dem folgenden Abschnitt deutlich:

---

[159] Gewiß handelt es sich dabei um verwandte Formen, aber bezeichnenderweise ist es möglich, einmal auf die französische und einmal auf die römische Umgangssprache zum Vergleich hinzuweisen. (S. 170)

Das Streben und Bedürfnis nach Äußerungen und Besserungen selbst, so lebhaft es sich auch in der Umgangsprache geltend macht, entspringt hier aus anderen Quellen als in der Schriftsprache. Während dort das Auge des Schreibenden die Kontrolle ausübt über das Geschriebene, ist es hier mehr die Wirkung des Gesprochenen, die vom Hörenden auf den Redenden zurückspringt. Überdies sieht sich ja der Mann, der mit Worten nach Gedanken ringt, ganz anders zu Nachträgen, Berichtigungen, Einschränkungen und Erweiterungen veranlaßt als ein anderer, der all das in sich selbst verarbeitet, ehe er den wohldurchdachten Satz zu Papier bringt. Wenn schon hieraus für die Schriftsprache ein kunstvollerer Aufbau ermöglicht wird, indess die Rede lose und locker sich ausbreitet (vgl. Kapitel IV und VI), so kommt von der andern Seite hinzu, dass diese lockeren Formen auch von einer nachträglicheren Kontrolle nicht mehr berührt werden und dass ihr Wirkungskreis und Geltungsbereich von vornherein ein beschränkter ist. Was unterscheidet die Rede des täglichen Lebens von dem Kunstbau der Rhetorik? Nichts anderes als der Geltungsbereich, der auf beide gestaltend zurückwirkt, das Publikum, das sich beide zum Ziel nehmen. Die Umgangsprache wendet sich – als Verkehrsmittel betrachtet – an kleine Verkehrskreise und erlaubt sich deshalb auch bequeme und nachlässigere Toilette. Aber nicht bloss dieser Punkt, der beim Aufbau in Frage kommt, springt aus dem Verkehrskreise heraus, auch die Geltung, die das einzelne Wort, der einzelne Satz hat, wird durch ihn bedingt. Worte und Sätze sind wie Münzen. Sie haben ihren wirklichen und ihren Tauschwert. Und der Tauschwert ist beweglich je nach den Verkehrskreisen, durch die er läuft. Da nun die Schriftsprache ihren Verkehrskreis möglichst in die Weite ausdehnt und die Umgangsprache umgekehrt eher die Neigung hat den ihrigen zusammenzuziehen, so ergeben sich auch hieraus Unterschiede aller Art, die nicht bloss im Wortschatz sondern auch im Satzbau interessante Erscheinungen zeitigen. (Wunderlich, Umgangsprache, S. 20f.)

Von diesem Standpunkt aus kann Wunderlich dann die syntaktischen Eigenarten der Umgangssprache, also der in der Funktion des Gesprächs verwendeten Sprache, herausarbeiten.

Allerdings ist es bezeichnend, daß dabei keine systematisch aufgebaute Syntax entsteht. In den Kapitelüberschriften ist kein Ausdruck aus der Satzlehre zu finden. Sie lauten vielmehr so:

Die Eröffnungsformen des Gespräches - Der sparsame Zug unserer Umgangsprache - Der verschwenderische Zug unserer Umgangsprache - Der Tauschwert unserer Formen und Formeln - Die Altertümlichkeit der Prägung.

Es ist nicht leicht möglich, die in den Kapiteln beschriebenen Erscheinungen nachträglich in ein überschaubares System zu bringen. Wunderlich selbst schreibt dazu in den letzten Sätzen seines Buches:

Wir sind am Ende. Die viel verschlungene Gestaltung des Weges, den wir durchmessen haben, hindert uns, in einem Überblicke das Ergebnis zusammen zu fassen. Eine Aufzählung der gewonnenen Resultate würde fast einem neuen Durchwandern gleich kommen. Darum müssen wir uns darauf beschränken, mit einem Hinweis auf die Überschriften der einzelnen Kapitel das Bewusstsein noch einmal wachzurufen, wie weit in der That Schriftsprache und Umgangsprache auseinanderführen. (Wunderlich, Umgangsprache, S. 262)

Unter diesen Umständen ist auch hier nichts anderes möglich als ein »Durchwandern« des Weges, den Wunderlich gegangen ist, wobei der

Kürze halber nur auf die auffälligsten der begegnenden Erscheinungen hingewiesen werden kann:

Im Kapitel über die *Eröffnungsformen des Gesprächs* zeigt Wunderlich, daß die Umgangssprache unmittelbar an die Situation anknüpfen kann, während es in der Schriftsprache notwendig ist, die Situation erst sprachlich zu schaffen. Damit hängt zusammen, daß die Gesprächseinleitung in der Umgangssprache nicht sogleich den Ausdruck einer Reflexionstätigkeit darzustellen pflegt, sondern Ausdruck des äußeren Eindrucks und der inneren Empfindung ist. Auf diese Gegebenheit führt Wunderlich die hervorragende Rolle zurück, die Interjektionen bei der Gesprächseinleitung spielen. Dabei kann es sich sowohl um aus Ausdruckslauten bestehende echte Interjektionen handeln als auch um unechte, die »aus allen Lagern des Wortschatzes« in eine ähnliche Funktion übergegangen sind. Daneben führt Wunderlich vielerlei Redeformeln an, wie z. B. Anredeformeln, die einen ähnlichen Zweck erfüllen.

In den folgenden beiden Kapiteln befaßt er sich mit zwei gegensätzlichen Tendenzen in der Umgangssprache: mit dem Zug zur Sparsamkeit und dem zur Verschwendung. Den *sparsamen Zug in der Umgangssprache* sieht er vor allem durch die ergänzende Funktion von Gebärdensprache und Situation bedingt. Ein großer Kreis der Fügungen von prägnanter Kürze werde, erklärt er, von dem Begriff der Ellipse erfaßt, einer Erscheinung, die — obgleich auch in der Schriftsprache vorhanden — den eigentlichen Erklärungsgrund doch nur in der mündlichen Rede finde. Von der Ellipse setzt Wunderlich eine Erscheinung ab, die er als »Verwitterungsprozeß« bezeichnet, »der ganze ausgebildete Sätze in eins oder wenige Worte zusammenschrumpfen läßt«. Bei diesen Worten handelt es sich (wie z. B. die Begrüßungsformeln erkennen lassen) mit wenigen Ausnahmen um Nomina. Eine besondere Bedeutung mißt er in diesem Zusammenhang den Verbalnomina, also den Infinitiv- und Partizipialformen bei, deren Hervortreten mit einem Verblassen des Verbs Hand in Hand geht. Die Ersparung des verblaßten Verbs vermerkt er ebenfalls, allerdings nicht als allgemein umgangssprachliche Erscheinung, sondern er rügt sie als Mode »in der sogenannten guten Gesellschaft«. Als besondere Form der Sparsamkeit weist er endlich noch auf die Aposiopese hin, auf das Abbrechen der Rede, das entweder durch die Situation oder durch innere Gründe bedingt sein kann.

Diesem sparsamen Zug der Umgangssprache wird *der verschwenderische Zug* als ein der äußeren Erscheinung nach entgegengesetzter, in seinen Entstehungsgründen aber vielfach ähnlicher Zug gegenübergestellt. Wesentliche Ursache der Verschwendung ist nach Wunderlich die Gedankenbildung. Diese aber ist wieder bedingt durch »die subjektive Disposition des Redenden, die objektive des Hörers«. Mit diesen Bedingungen hängen die Erscheinungsformen der Verschwendung zusammen, bei denen Wunderlich die synthetischen, wo ein Vorstellungsinhalt aus Einzelzügen zusammengetragen wird, von den analytischen unterscheidet, wo ein Vorstellungsinhalt in Einzelzüge auseinanderfällt. Unter den analytischen Formen widmet er dem Nachtrag und in diesem Rahmen wiederum dem einschränkenden Nachtrag seine besondere Aufmerksamkeit. Den synthetischen Aufbau sieht er vor allem bei der Steigerung verwirklicht, und zwar wenn absichtliche Häufung vorgenommen wird oder die Häufung durch die Suche nach kräftigeren Ausdrücken zustandekommt. Einen eigenen ausführlichen Abschnitt widmet Wunderlich dem Anteil der einzelnen Wortklassen am verschwenderischen Zuge. Im vorliegenden Zusammenhang sei nur darauf hingewiesen, daß das Verb im Hinblick auf den verschwenderischen Zug der Sprache eine ähnlich geringe Bedeutung hat wie beim sparsamen Zug, während nominale und pronominale Formen, aber auch Partikel eine größere Rolle spielen.

Im Kapitel über den *Tauschwert unserer Formen und Formeln* äußert sich Wunderlich über die schnelle Abnutzung von Redewendungen und über ähnliche Erscheinungen. Dabei kommt er auf die schon angedeutete »Zerrüttung des Zeitworts« zurück, jenen Prozeß, als dessen Gewinner er die Verbalnomina herausstellt. Hier geht Wunderlich Einzelerscheinungen dieses Vorgangs nach. Er sieht die Abstufung der Zeitformen des Verbs vernachlässigt und ebenso das Verhältnis Indikativ – Konjunktiv. Auch beim Eigenschaftswort stellt er Einbußen fest, nämlich im Gebrauch als Prädikatsnomen, wo stattdessen ein Hauptwort gebraucht wird. Beim Hauptwort findet er wiederum die Kasusformen durch den Gebrauch von Präpositionen zerrüttet. Bei den Adverbien vermerkt er eine Tendenz zum Übertritt in die Reihe der Adjektiva, bei den Konjunktionen ein Vordringen des »wie« gegenüber dem »als«. Am Rande weist er noch auf Verschiebungen im Bedeutungsgehalt einzelner Worte hin, wie etwa bei »gut« und »schön« als Steigerungsformen in ironischem Gebrauch. Diesen Neuerungen in der deutschen Umgangssprache stellt Wunderlich im letzten Kapitel ihren *altertümlichen Zug* gegenüber. Hier wird z. B. die reichliche Verwendung des Pronomens »es« hervorgehoben, vor allem aber die Lockerheit der Satzverknüpfung, in der demonstrative Mittel und einfache Wiederholungen besondere Rollen spielen. In diesem Zusammenhang wird weiterhin die Abneigung gegen Nebensätze genannt. Als Freiheiten der Satzstellung werden Abweichungen von der Endstellung des Verbs im Nebensatz und der häufigere Gebrauch der Anfangsstellung des Verbs im Hauptsatz besonders herausgestellt.

Diese geraffte Überschau macht deutlich, daß die Darstellung Wunderlichs wirklich »nur ein Versuch« ist, wie es der Verfasser auch selbst im Vorwort sagt, und dieser Versuch bezieht sich nur darauf, die »Eigenart der Satzfügung« in der Umgangssprache zu erläutern, und nicht etwa darauf, den Satzbau der Umgangssprache durchgängig zu beschreiben. Entsprechend sind Abweichungen vom schriftsprachlichen Gebrauch der Untersuchungsgegenstand und nicht die inneren Strukturen der Umgangssprache. Deshalb handelt es sich auch bei dieser Untersuchung wie bei den Veröffentlichungen der Sprachpfleger um Einzelbeobachtungen, deren genaue Beziehungen zueinander weithin fraglich bleiben. Ein wesentlicher Unterschied zwischen der Darstellung Wunderlichs und den Arbeiten der Sprachpfleger besteht jedoch darin, daß bei ihm mit dem Typus der gesprochenen Sprache ein funktioneller Bezugspunkt gegeben ist, von dem aus die einzelne Abweichung vom Schriftgebrauch erklärt werden kann. Damit ist auch zweifellos ein strukturbestimmtes Element der im Umgange gebräuchlichen Syntax gegenüber der schriftlichen Syntax aufgezeigt worden. Aber die Regeln der Syntax ergeben sich nicht alle zwangsläufig aus der Funktion. Die Funktion läßt vielmehr oftmals mehrere Möglichkeiten zu, die zu verschiedenen Zeiten und an verschiedenen Orten unterschiedlich in Gebrauch sind. Es gibt einige Erscheinungen, wie etwa die typischen Einleitungsformeln oder die Nachträge, die sehr eng mit der Funktion des Gespräches zusammenhängen. Diese wird man überall erwarten dürfen, wo Sprache im Umgange verwendet wird. Andere Erscheinungen sind nicht in dieser Art Ausdruck der Funktion, werden aber vom Gebrauch in dieser Funktion beeinflußt. Hierher gehören alle die Erscheinungen, bei denen Wunderlich von Zerrüttung spricht. Diese Erscheinungen sind historisch bedingt und sind dementsprechend nur zu bestimmter Zeit an bestimmten Orten zu beobachten. Ein geschlossenes System ergibt sich also auch für den Teilbereich der Syntax nur für eine Zeit und einen Ort. Wesentlich ist nach den Feststellungen Wunderlichs aber, daß die Systeme des mündlichen und schriftlichen Sprachgebrauchs jeweils charakteristische Unterschiede aufweisen, die wenigstens für bestimmte Fragestellungen gesonderte Behandlung erfordern. Für das Verhältnis dieser beiden Bereiche zueinander ist noch eine weitere Beobachtung wichtig: Wunderlich stellt mehrfach fest, daß eine im mündlichen Gebrauch die Regel darstellende Erscheinung im schriftlichen Gebrauch ebenfalls vorkommt, dann aber als vom Üblichen abweichende Stilform. Diese Beobachtung verdient besondere Aufmerksamkeit bei der Betrachtung der Umgangssprache von der Stilistik her. – Abschließend sei noch vermerkt, daß die Wertung umgangssprachlicher Erscheinungen bei Wunderlich nicht unter dem Gesichtspunkt der Funktion geschieht, wie nach seinem Ansatzpunkt zu erwarten wäre, sondern von einem historisierenden Standpunkt aus. Das lassen vor allem die Ausdrücke erkennen, die in den Kapiteln über Neuerungen und über den altertümlichen Zug in den Vordergrund treten. Hier stehen nämlich »Zerrüttungen« auf der einen Seite, während auf der anderen von der Bewahrung alter Freiheiten die Rede ist. In diesen Wertungen spricht die Tradition der romantischen Sprachwissenschaft. Sie hindert Wunderlich daran, die Spracherscheinungen seiner Zeit konsequent von ihrem eigenen Zentrum her zu begreifen.

148

Eine Untersuchung der *lateinischen* Umgangssprache scheint auf den ersten Blick nicht in den vorliegenden Zusammenhang zu gehören, in dem es um Problem und Begriff der Umgangssprache in der *germanistischen* Forschung geht. Aber die im vorhergehenden Abschnitt besprochene Arbeit Wunderlichs zeigt bereits, daß unter bestimmtem Aspekt des Problems gerade solche Kennzeichen der Sprache als wesentlich erscheinen, die von den Sonderformen der Einzelsprachen unabhängig sind, und zwar ist das gerade bei jenem Aspekt der Fall, der bei der Begriffsbildung des Wortes »Umgangssprache« Pate gestanden hat, nämlich dem der Funktion. Zudem ist die Aufmerksamkeit Hofmanns in seiner Arbeit nicht allein auf die lateinische Umgangssprache gerichtet. Daneben wird die deutsche Umgangssprache sehr stark berücksichtigt. Allerdings geschieht das meistenteils *im Anschluß* an Wunderlich, aber es geschieht auch mit der Absicht, Wunderlich zu *ergänzen*. Das wird aus den folgenden Sätzen deutlich, in denen eine über die Einzelsprache hinausgreifende Erforschung der Umgangssprache als das Fernziel herausgestellt wird, dem diese Arbeit dienen will.

> Wir dürfen nicht vergessen, daß wir überhaupt erst die Augen schärfen müssen für die Probleme, die hier liegen. Aus diesem Grunde sind auch die neueren deutschen Mundarten sowie Wendungen der Alltagsrede des öfteren herangezogen in Fällen, an denen Wunderlich versagt; diese Beobachtungsstützen können später wegfallen, wenn es gelungen ist, einen Grundstock allgemeingültiger umgangssprachlicher Erscheinungen als Vorstufe einer vergleichenden Grammatik der indogermanischen Umgangssprache festzustellen. (J. B. Hofmann, Lateinische Umgangssprache, S. VIII)

Ein Bearbeiter der deutschen Umgangssprache kann unter diesen Umständen durchaus als »Vorgänger« eines Wissenschaftlers gelten, der die lateinische Umgangssprache untersucht. Und tatsächlich wird Wunderlich auch gelegentlich von Hofmann so bezeichnet. Manchmal hat es den Anschein, als sei von beiden ein gleichartiger Gegenstand jedoch mit verschiedenen Materialien untersucht worden. Eine genaue Prüfung läßt aber genau erkennen, daß die Auffassungen über den Untersuchungsgegenstand doch etwas verschieden sind. Gewiß stellt Hofmann ähnlich wie Wunderlich »Rede und Schrift« einander gegenüber; er gibt dem ersten Abschnitt seiner Einleitung auch diese Überschrift. Aber dennoch enthüllt sich im Text ein in wesentlichen Zügen abweichender Ausgangspunkt. Es erscheint deshalb nützlich, den entsprechenden Abschnitt ausführlich zu zitieren:

> Wenn wir versuchen wollen, eine Abgrenzung zwischen Schrift- und Umgangssprache, zwischen der für das Auge berechneten Schrift und der für das Ohr bestimmten Rede zu gewinnen, so ist zunächst von der Definition des Satzes auszugehen. Für uns ist ein Satz eine von einem einheitlichen Affektstrom be-

herrschte sprachliche Äußerung, deren Sinn durch rein sprachliche und dynamisch-musikalische Mittel (die dem Hörenden und Sprechenden gemeinsame Seelensituation sowie mimische und pantomimische Gesten und Gebärden) zu einem abgeschlossenen Ganzen vervollständigt werden kann ... Damit ist gesagt, daß eine sprachliche Äußerung unter völliger Abwesenheit des Affekts nicht denkbar ist, denn ohne eine persönliche Interessiertheit, ohne das Bedürfnis auf den anderen durch die sprachliche Äußerung irgendwie einzuwirken, würde kein Satz ausgesprochen werden. Es handelt sich aber hier um große Gradunterschiede: Die Schrift- und Gemeinsprache in ihren verschiedenen Unterarten wie wissenschaftliche Rechts-, Verwaltungs-, Verkehrssprache usw., die sich mitteilend, erörternd, aufklärend an die breiten Schichten des Volkes wendet, enthält ein Minimum von affektischen, ein Maximum von intellektuellen Elementen; die Umgangssprache in allen ihren Spielarten, dem sermo familiaris der gebildeten Konversation, dem sermo vulgaris des gemeinen Mannes und dem sermo plebejus der Gasse, die in den kleinen und kleinsten Verkehrskreisen Kurswert hat, besitzt ein Höchstmaß affektischer, subjektiver, individuell anschaulicher, ein Mindestmaß logisch durchdachter, kunstvoll aufgebauter, weite Gedankengebiete klar überschauender und ordnender Elemente. Dort wo die Schriftsprache affektische und subjektive Ausdrucksweisen kennt, ist ihre Herkunft aus der gesprochenen Sprache stets nachweisbar (vgl. Bally [Traité de] S[tylistique] F[rançaise], S. 310); das allein rechtfertigt die Notwendigkeit des Studiums der lebendigen Umgangssprache, des Bodens, auf dem sich jede Sprachentwicklung vollzieht. Diese Grundtatsache, daß die Umgangssprache in erster Linie Affektsprache ist gegenüber der mehr oder weniger intellektualisierten Schriftsprache ..., wird uns den Maßstab an die Hand geben, an dem wir zu messen haben was wesentlich umgangssprachlich, was schriftsprachlich ist. (Hofmann, Lateinische Umgangssprache, S. 1f.)

Die von Wunderlich und Hofmann herausgestellten Kriterien für die Bestimmung dessen, was Umgangssprache sei, sind also durchaus unterschiedlich. Wunderlich stellt die Aufnahme durch das Ohr als entscheidend in den Mittelpunkt, Hofmann die Beteiligung des Affekts bei der sprachlichen Äußerung; das eine Kriterium bezieht sich auf die physiologische Rezeption, das andere auf psychische Bedingungen der Produktion. Beide Kriterien sollen dazu dienen, den »Sprachdistrikt« der Umgangssprache zu umgrenzen. Aber dabei können keinesfalls sich deckende Grenzen herauskommen. Deshalb scheint sich zwangsläufig die Frage zu ergeben, welches der Kriterien denn das wesentliche oder gar welches »richtig« sei. Und so verteidigt Hofmann auch sein Kriterium gegenüber dem des Sprachmediums, bei dem nach sichtbarer und hörbarer Sprache unterschieden wird:

Letzterer Gesichtspunkt kann niemals Haupteinteilungspunkt sein; denn niedere und höhere Sprache ist sui generis, ob geschrieben oder gesprochen. (S. 186 in einer Stellungnahme zu einer brieflichen Mitteilung M. H. Jellineks, die in den Nachträgen der 2. Aufl. von Hofmann, Lateinische Umgangssprache, abgedruckt ist.)

Damit hat er allerdings ein weiteres Kriterium ins Spiel gebracht, das der Sprachhöhe, also ein im wesentlichen stilistisches Kriterium, nach dem sich wiederum eine etwas andere Grenzziehung um den zu betrachtenden Sprachdistrikt ergeben muß.

150

Unter diesen Umständen muß es überraschen, daß es Hofmann dennoch im wesentlichen auf die gleichen grammatischen Erscheinungen ankommt wie Wunderlich; er behandelt in ähnlicher Weise die Funktion verschiedener Interjektionen, es geht um Satzverkürzungen, um Verschwendungen (Abundanzen), um Freiheiten des Satzbaus, um die Herausbildung von Allerweltsverben. Danach scheint es fast, als würden mit Hilfe verschiedener Kriterien doch wenigstens beinahe dieselben Tatbestände erfaßt. Aber schon bei Wunderlich war festzustellen, daß er nicht nur sein ausdrücklich hervorgehobenes Kriterium benutzt, sondern auch andere Momente berücksichtigt. Etwas Ähnliches ist auch bei Hofmann festzustellen. Gegen sein Kriterium des Affektgehaltes ließe sich jedenfalls dasselbe ins Feld führen, was er gegen das Kriterium des Aufnahmeorgans vorbringt: Auch von hier aus ist eine Scheidung zwischen höherer und niederer Sprache nicht möglich; denn die doch zweifellos von Affekten getragene Sprache der Tragödien gehört gewiß zur höheren Sprache. Das Kriterium des Affekts reicht also offenbar nicht aus, um den Sprachbereich zu bestimmen, den Hofmann mit »Umgangssprache« meint.

Aus der Gegenüberstellung der Arbeiten von Wunderlich und Hofmann lassen sich drei Schlüsse ziehen: 1. Es gibt grammatische Erscheinungen, die (wenigstens im indogermanischen Bereich) unabhängig von der in Frage kommenden Einzelsprache bei der Anwendung der Sprache im persönlichen Gespräch gleichartig sind. 2. Über den Kernbestand dieser grammatischen Erscheinungen kann Einigkeit bestehen, auch wenn über die Definition der Umgangssprache keine Einigkeit besteht. 3. Eine Definition nach nur einem Kriterium reicht offenbar nicht aus. Es müssen gegenüber verschiedenartigen Spracherscheinungen Grenzen nach verschiedenen Kriterien gezogen werden.

Mit diesen Feststellungen tritt schon deutlicher hervor, worin die Schwierigkeit einer wissenschaftlichen Untersuchung des Problems der »Umgangssprache« liegt. Es wird jedenfalls nicht möglich sein, in einer einzigen Definition den Schlüssel zur Klärung zu finden, sondern es wird notwendig sein, die Beziehung verschiedener, nach verschiedenartigen Definitionen umgrenzter Sprachbereiche zueinander zu bestimmen, um in deren Überschneidungsbereich den Kern des Problems »Umgangssprache« zu ermitteln.

7.4   Das Problem der Umgangssprache als Randproblem in Grammatiken der deutschen Gegenwartssprache

7.4.1   Ludwig Sütterlin

Wunderlich und Hofmann richten ihr Augenmerk hauptsächlich auf grammatische Erscheinungsformen im umgangssprachlichen Bereich, die allgemeine Gültigkeit haben, also nicht nationalsprachlich gebunden sind. Diese Ausrichtung führt sie dazu, vor allem die Syntax zu beachten. Es fragt sich, ob weitere grammatische Gebiete in die Darstellung einbezogen werden können, wenn die Betrachtung weniger grundsätzlich ist und sich darauf beschränkt, die im Umgange gesprochene deutsche Sprache als Variante der deutschen Nationalsprache zu behandeln. Unter diesem Gesichtspunkt ist der Versuch Ludwig Sütterlins bemerkenswert, in seinem Handbuch für Lehrer und Studierende »Die deutsche Sprache der Gegenwart« auch »die Umgangssprache« wenigstens am Rande einzubeziehen. Der Gegenstand des Buches wird von Sütterlin selbst so charakterisiert: »Unsere Darstellung betrachtet im Grunde nur das Hochdeutsche« (S. 2). Dabei geht es ihm um die Sprache der Gegenwart. Mit »Hochdeutsch« ist der gegen das Niederdeutsche abgesetzte Sprachbereich gemeint, der »Mitteldeutsch« und »Oberdeutsch« zusammenfaßt, also keine Sprachschicht. Richtschnur ist ihm die »geschriebene Gemeinsprache«, die für ihn jedoch kein in der Wirklichkeit vorhandenes Einheitsgebilde darstellt, sondern etwas Gedachtes, »denn jede Schriftsprache besteht nur als gedachter Durchschnitt der mannigfaltigen Färbungen einer lebendigen Sprache.« Von dieser Einstellung her ergeben sich die Art und das Maß, mit denen die Umgangssprache im Rahmen des Ganzen berücksichtigt wird. In der Vorrede zur ersten und zweiten Auflage heißt es dazu:

Auf die verschiedenen Spielarten der Sprache habe ich so viel Rücksicht zu nehmen getrachtet, als mit der Ausdehnung des Buches verträglich war. Es sollten die Hinweise auf die dichterische Ausdrucksweise, die Umgangssprache und die Mundart auch keine erschöpfende Darstellung eines dieser drei Gebiete oder aller drei sein, sondern nur Fingerzeige für den verständigen Benutzer ... (Ludwig Sütterlin, Die deutsche Sprache der Gegenwart, 5. Aufl., Leipzig 1923, S. IX)

In der Einleitung ist der Umgangssprache dann ein eigener kurzer Abschnitt gewidmet:

Das Mittelding zwischen Schriftsprache und Mundart, das besonders in den Städten gesprochen wird, nennt man *Umgangssprache*. Sie ist in mehreren Abstufungen vorhanden, je nachdem sie sich mehr an die Schrift oder mehr an die Mundart anlehnt. Teil an diesen Abstufungen haben sämtliche Teile der Grammatik, die Laute (*habṃ* = *habən*: 70), die Wortbildung (Lauferei = Gelaufe), die Abwandlung (Mehrz. *Dinger*: 191 a, *haute* hieb), der Satzbau (Vorliebe für Hauptsätze, Abneigung gegen den Genetiv: *das Ende von der Sache*: 328, Bevorzugung des Konjunktivs der Vergangenheit: *Man* sagt, *er wäre krank* = *er sei krank* 447–45) u. dgl., aber der Wortschatz (im Ndd. *Stulle* »belegtes Brötchen«, im Hochd. *als* »gewöhnlich« usw.) (Sütterlin, Deutsche Sprache, S. 19)[160]

---

[160] Die Abneigung gegen den Genetiv im Sprachgebrauch des persönlichen Umganges ist vielfach bemerkt worden. H. Paul verzeichnet den »Ersatz des Gen. durch den Dativ mit Possessiv-Pron. ... in volkstümlicher Rede« (Deutsche Grammatik, Halle 1919 IV, 5, § 241), Behaghel sagt, der Dativ dieser Art sei »heute fast im ganzen Gebiet verbreitet« (Deutsche Syntax, Heidelberg 1923, I, § 449), Peter Jørgensen erklärt, man treffe diese Verbindung »in der allgemeinen hd. Umgangssprache« an (Die dithmarsche Mundart von Klaus Groths »Quickborn«, Kopenhagen 1934, § 152). Dagegen äußert Winfried Weier: »Wohl am gebräuchlichsten im Umgangs- und Zeitungsdeutsch ist der Genetivus subjectivus ... z. B.

Die angegebenen Abschnitte der Darstellung enthalten weitere Hinweise, z. T. ohne Verwendung der Bezeichnung »Umgangssprache«. Im Abschnitt 70 heißt es beispielsweise:

In den Endsilben -el, -en, -em, -er endlich sollte in gewählterer Sprache -əl, -ən, -əm, -ər, in zwangloserer silbisches ḷ, ṇ, ṃ, ṛ (oder ɐ) vorliegen. (Sütterlin, Deutsche Sprache, S. 65)

Eine etwas spätere Ergänzung dazu bringt dann die in der Einleitung erwähnte Form, allerdings nur als in Klammern beigefügte Variante:

Für die Endsilbe -en liegt wieder allgemein -ən oder ṇ vor: *gebən* und *gebṇ (gebṃ)*, *gabən* und *gabṇ (gabṃ)*. (Sütterlin, Deutsche Sprache, S. 68)

Im Abschnitt 191 werden die Mittel zur Pluralbezeichnung in der deutschen Sprache als nicht völlig ausreichend charakterisiert. Dabei wird kurz erwähnt, daß die Endung -er im Gegensatz zur Mehrdeutigkeit anderer Pluralzeichen einzig und allein Mehrheitszeichen sei. Im übrigen wird auf Abschnitt 192 verwiesen. Dort heißt es dann:

Die heutige Sprache, vor allem die *Umgangssprache* und die Mundarten, fühlen deutlich, wenn auch unbewußt, die Grenzen, die die Beschränktheit der Mittel dem Ausdrucksvermögen steckt, und suchen diesen beengenden Zwang abzustreifen. Sie verwerten dabei oft alte Schwankungen in Geschlecht oder Flexion. Zunächst wird der Umlaut verwendet, wo es lautlich geht ... Wo der Umlaut unzulässig ist, treten die Endungen -en und -er ein ... Das Ndd. und unter seinem Einfluß zunächst die norddeutsche Umgangssprache verwenden in diesen Fällen oft die Endung -s als Mehrheitszeichen und sagen *Kerls, Jungens, Mädchens*. Klopstock und Lessing gebrauchten derartige Bildungen, besonders in vertraulichen Briefen ... (Sütterlin, Deutsche Sprache, S. 207f.)

Der Abschnitt 328 enthält Äußerungen über Genetivfügungen wie »die Schlüssel des Himmelreichs« oder »Buch der Bücher«:

Die Umgangssprache jedenfalls, die hierhergehörige bildliche Redeweisen weniger liebt, kennt, auch wenn sie den Genitiv noch anwendet, diesen freieren Gebrauch kaum. (Sütterlin, Deutsche Sprache, S. 324)

Im Abschnitt 447 wird in dem Absatz, der vom Wechsel zwischen Präsens und Präteritum im Konjunktiv handelt, zunächst der Gebrauch »in der reinen, streng gewählten Schriftsprache« dargestellt. Dann steht unter der Überschrift »Ausnahmen«:

Auffällig und nur als Anlehnung an mundartlich gefärbte Redeweise erklärbar sind Beispiele wie: Am Morgen kam die Magd mit der Nachricht gelaufen, der Brunnen *wäre* offen (Gustav Freytag). Der Geheimrat Costenoble, der die Protokolle zu führen hatte, sagte, der König *hätte* gemeint. (Bismarck ...) (Sütterlin, Deutsche Sprache, S. 415f.)

'Ansichten des Verteidigungsministers' ... (W. Weier, Der Genetiv im neuesten Deutsch. In: Muttersprache 78, 1968, S. 285), allerdings stammen seine Beispiele durchweg aus Zeitungen und nicht aus persönlichen Gesprächen.

Der Abschnitt 452 endlich hat »Die Bedeutung verknüpfender Wörter und Wortformen. Die Korrelativa« zum Gegenstand. Hier schreibt Sütterlin zunächst im Hinblick auf die Schriftsprache:

> Im *nachgestellten Hauptsatz* sind besonders *dann, da* und *so* beliebt, und zwar hauptsächlich, wenn der Nebensatz etwas *begründet*, bedingt oder *einräumt*, aber auch sonst in gewissen Fällen ...

Und nachdem er einzelne Beispiele beigebracht hat, fährt er fort:

> Es ist ganz dasselbe, wie wenn die Umgangssprache und die Mundart schon einzelne *Satzglieder* mit *da, dann* und *so* wieder aufnimmt: In Frankreich, da ist das ganz anders. Nach 14 Tagen, dann fragen Sie wieder einmal nach. Ohne Geld und krank, so kam er zurück. (Sütterlin, Deutsche Sprache, S. 420f.)

Das hier vorgelegte Material wirkt uneinheitlich. Gewiß ist in allen großen Abteilungen der Grammatik auf »umgangssprachliches« Sondergut hingewiesen. Insofern findet sich die anfangs geäußerte Vermutung bestätigt, daß sich bei der Beschränkung auf den besonderen Fall der deutschen Sprache mehr grammatische Erscheinungen als »umgangssprachlich« erfassen lassen als in Darstellungen, die das Problem der Umgangssprache mehr grundsätzlich behandeln. Die Erscheinungen lassen sich auch auf den in der vorliegenden Untersuchung vielfach bewährten Nenner bringen, daß es sich immer um Formen handelt, die im persönlichen Gespräch üblich sind, jedoch im Schriftgebrauch nicht als korrekt gelten. Aber »Umgangssprache« wird keineswegs von ihrer Funktion her definiert. Die Zuordnung zur Umgangssprache wird vielmehr nach ganz unterschiedlichen Kriterien vorgenommen: nach ihrer Zwischenstellung zwischen Schriftsprache und Mundart, nach ihrem Gebrauch meistenteils in der Stadt, nach ihrer Gegenüberstellung zur »gewählteren« oder gar »reinen«, streng gewählten Schriftsprache. Der Wechsel der Kriterien vom einen Fall zum andern ist hier noch auffälliger als bei J. B. Hofmann, und wie bei Hofmann ist zu betonen, daß die aufgeführten Kennzeichen nicht notwendig zusammengehören. Mundart braucht nicht weniger gewählt zu sein als Schriftsprache, und so sind auch beim Zwischenglied gewählte Sprachformen denkbar. Andererseits braucht eine weniger sorgfältig gefügte Form kein mundartliches, also irgendwie regional bestimmtes Element zu enthalten. Selbst aus dem nach Sütterlin »nur als Anlehnung an mundartlich gefärbte Redeweise« erklärbaren Beispiel ist kein Hinweis auf eine bestimmte Mundart zu gewinnen. Allerdings ist zuzugeben, daß die aufgeführten Kriterien in der Erfahrung großenteils gekoppelt auftreten. Aber da sie nicht unlöslich zusammengehören, erhebt sich die Frage, auf Grund welcher Zusammenhänge die so unterschiedlichen Kriterien dennoch im typisch erscheinenden Fall weitgehend gleichartige Sprachbereiche zu erfassen vermögen.

Eine Antwort auf diese Frage läßt sich aus den beiläufigen Hinweisen Sütterlins nicht ermitteln. Aber der Forschung im Problembereich der

Umgangssprache ist die Aufgabe gestellt, eine Anwort auf diese Frage zu suchen.

7.4.2 Die Duden-Grammatik der deutschen Gegenwartssprache

Ein ähnliches Ziel wie das besprochene Grammatikwerk Sütterlins verfolgt für die neueste Zeit die 1959 in erster Auflage von der Dudenredaktion in Mannheim herausgegebene »Grammatik der deutschen Gegenwartssprache«.[161] Sie kann für einen wesentlichen Teil der neueren Bemühungen um die Grammatik der deutschen Sprache als repräsentatives Werk gelten, nämlich für die inhaltsbezogene Sprachforschung.[162] Die »neue Sprachauffassung« dieser Richtung wird folgendermaßen charakterisiert:

> Nach ihr gibt es keine Sprache schlechthin, sondern nur eine Fülle von Einzelsprachen (etwa 3000). Jede Einzelsprache (Muttersprache) aber ist ein gegliedertes Sinngefüge, hat also bis zu einem gewissen Grade eine eigene Struktur. Diese Struktur ist das Ergebnis des sprachlichen Zugriffs der Sprachgemeinschaft gegenüber dem Seienden in der Welt. (Duden-Grammatik, 1. Aufl., S. 6)

Hier ist also von den von F. de Saussure ausgehenden Anregungen vor allem die Auffassung angenommen worden, daß die Einzelsprache (langue) in ihrer inneren Struktur der eigentliche Gegenstand der Sprachforschung sei. Entsprechend wird als Aufgabe dieser Grammatik das Folgende herausgestellt:

> «... die innere Form des Deutschen« bewußt zu machen, d.h. die Grundstrukturen zu verdeutlichen, die sich aus der Zuordnung von Form und Inhalt über lange Zeiträume hinweg ergeben haben ...« (Duden-Grammatik, 1. Aufl., S. 6)

Es handelt sich um eine Aufgabe der Sprachbeschreibung. Aber dabei bleibt diese Grammatik nicht stehen. Es wird daneben hervorgehoben, daß der Sprachpflege besondere Aufmerksamkeit gelte. Zu diesem Gesichtspunkt äußert der Herausgeber in seinem Vorwort:

> Der Benutzer unserer Grammatik wird also nicht nur erfahren, daß es in der Sprache große Leitbilder gibt, die weithin gelten, sondern auch, daß daneben Zonen des Übergangs und sogar des Behelfes bestehen, die außerhalb der »logischen Ordnung« liegen. Eine Volksgrammatik mußte diesen Zonen besondere Aufmerksamkeit zuwenden, weil sich die Sprachgemeinschaft außerhalb der festen Leitbilder am unsichersten fühlt und deshalb beraten sein will. Der Sprachfreund wird diese Zonen besonders lieben, weil sie das Gestern und Morgen unserer Sprache offenbaren. (Duden-Grammatik, 1. Aufl., S. 7)

---

[161] Duden. Grammatik der deutschen Gegenwartssprache. Hrsg. von Paul Grebe. 1. Aufl. Mannheim 1959, 2. Aufl. 1966.
[162] Im Vorwort nennt der Herausgeber, Paul Grebe, die Namen derjenigen, »deren Gedankengut am stärksten auf unsere Darstellung eingewirkt hat«: Leo Weisgerber, Hans Glinz, Hennig Brinkmann und Walter Porzig.

Bei den Hinweisen auf die Zonen des Übergangs, die hier angekündigt sind, wird sehr häufig das Wort Umgangssprache oder auch die Abkürzung ugs. (umgangssprachlich) gebraucht. Eine genaue Bestimmung dessen, was unter Umgangssprache verstanden wird, findet sich allerdings nicht. Der Grund dafür ist in dem von Helmut Gipper beigesteuerten Kapitel »Der Inhalt des Wortes und die Gliederung des Wortschatzes« dargelegt. Dort heißt es in der »Vorbemerkung über Stil- und Sprachschichten«:

> Die Schichten sind nicht leicht abzugrenzen. Die Wörterbücher pflegen den Stilwert eines Wortes mit poetisch, vulgär, familiär u. ä. anzugeben. Für die Sprachschichten stehen Bezeichnungen wie Mundart, Alltagssprache, Umgangssprache, Gemeinsprache, Verkehrssprache, Fachsprache, Sondersprache, Schriftsprache, Literatursprache, Hochsprache und Bühnensprache zur Verfügung. Diese Ausdrücke weisen auf eine vielfältige Gliederung unserer Sprachgemeinschaft hin, aber sind keineswegs alle ausreichend geklärt ... Besonders für die Varianten des Hochdeutschen reichen die begrifflichen Unterscheidungen nicht aus. Wenn man mit W. Porzig *Alltagssprache* für die hochdeutsche Sprachform vorbehält, die im täglichen Umgang der Menschen angewendet wird, *Gemeinsprache* für die gemeinsame Sprache, die verschiedene Mundarten zu höherer Einheit verbindet, *Umgangssprache* für die Mittelstufen zwischen Mundart und Gemeinsprache und *Hochsprache* für die gehobene Sprachform, die die Begriffe Schriftsprache und Literatursprache mit umgreift, so sind damit noch nicht alle Feinheiten erfaßt. Es gibt z. B. bestimmte Sprachformen, die ein Du-Verhältnis voraussetzen, andere, die die Höflichkeitsform wahren, ohne den vertraulichen Charakter zu verlieren. Im Umgang mit Menschen anderer Gesellschaftsschichten können bestimmte Zwischenformen auftreten usw. Solange darüber noch keine eingehenden Untersuchungen vorliegen, ist eine begriffliche Regelung nicht möglich. Jedenfalls ist jeder Sprecher in mehreren Sprachformen zu Hause. Er wechselt sie je nach Bedarf. (Duden-Grammatik, 1. Aufl., S. 392f., fehlt in der 2. Aufl.)

Hier wird anstelle einer Begriffsbestimmung der Hinweis gegeben, daß diese zur Zeit nicht möglich sei, und es wird gesagt, daß eine Regelung der Begriffe erst möglich sein werde, wenn eingehende Untersuchungen zu diesem Thema vorlägen. Solche Untersuchungen können aber erst systematisch durchgeführt werden, wenn über den Charakter der zu untersuchenden Bereiche und deren Stellung im Sprachgesamt schon einige Klarheit gewonnen ist. An dieser Stelle wird besonders deutlich, daß die Klärung der anstehenden Fragen so etwas wie das Eindringen in einen hermeneutischen Zirkel erfordert. Die unbestimmt gebrauchten Begriffe müssen selbst dazu verhelfen, eine genaue Begriffsbestimmung zu ermöglichen; aus der Beobachtung der Gebrauchsweisen aller dieser Begriffe und der Zusammenhänge und Unstimmigkeiten, die sich dabei ergeben, wird es erst möglich, zu klaren Begriffen zu kommen.

Als wesentlich für die Unterscheidung und Gliederung der als umgangssprachlich benannten Erscheinungen hat sich gerade bei den zuletzt besprochenen Werken die Frage nach den Kriterien erwiesen, nach denen Spracherscheinungen für umgangssprachlich erklärt werden; sie können feste Anhaltspunkte geben, wo die Definition fehlt. Deshalb soll auch bei der Duden-Grammatik nach solchen Kriterien gesucht werden.

Gleich im ersten Kapitel, das die Überschrift »Der Laut« trägt und sich zum wesentlichen Teil mit der Aussprache befaßt, findet sich im Abschnitt 7 (Überschrift: »Nichthochsprachliche Aussprache«) nach dem Unterpunkt a) »Landschaftliche Aussprache« ein Unterpunkt b) »Umgangssprache«. Hier stehen einleitend die beiden Sätze:

> Die Hochsprache (HS) ist eine offiziell festgelegte Norm, die von ihr abweichende lässige Umgangssprache (US) benutzt keine Norm. (S. 37; die 2. Aufl. verwendet an entsprechender Stelle, S. 55, den Terminus »Umgangslautung«)

Daraus lassen sich zwei Kriterien entnehmen: *Lässigkeit* und *Abweichung von einer offiziellen Norm.* Wie schon bei Dante und nach ihm noch öfter wird dem Geregelten das »ohne Regel« Gesprochene gegenübergestellt. Außerdem wird deutlich, daß Umgangssprache und landschaftliche Sprache auseinandergehalten werden.

Allerdings kann die aufgeführte Aussage nicht uneingeschränkt als repräsentativ für das Gesamtwerk genommen werden; denn sie bezieht sich nur auf einen besonderen Aspekt: den der Aussprache, und hier ist im »Siebs« eine offizielle Norm festgelegt, während es in der übrigen Sprachlehre jene »Zonen des Übergangs und sogar des Behelfs« gibt, von denen oben schon die Rede gewesen ist; außerdem stammt gerade dieses Kapitel nicht von einem Mitglied der Duden-Redaktion (nämlich von Max Mangold),[163] und es wäre möglich, daß seine Auffassung über diesen ohnehin nicht sicher faßbaren Gegenstand nicht genau mit der der Redaktion abgestimmt wäre. Deshalb ist es notwendig, weitere Belege heranzuziehen.

Zunächst seien einige Zitate aus verschiedenen Kapiteln angeführt:

> 1. Das Perfekt ist ferner die familiäre, umgangssprachliche (bes. süddeutsche) Zeitform des Erzählens auch bei abgeschlossener Handlung gegenüber dem schriftsprachlich korrekten (norddt.) Präteritum. (S. 110; fehlt an entspr. Stelle der 2. Aufl. [S. 98.] Stattdessen Hinweis auf die Rolle des Perfekts in oberdt. Mundarten)
> 2. Wenn Klassiker wie Goethe oder Herder die dem Infinitiv angeglichenen Formen [des Imperativs] mit e (trete, verspreche, schelte, nehme usw.) gebrauchen, so ist dies aus dem noch nicht fest gewordenen Gebrauch zu erklären. Heine und Börne gebrauchen sie sogar ausschließlich. Auch die heutige Umgangssprache bevorzugt sie, sie gelten aber als nicht schriftsprachlich. (S. 127; 2. Aufl. S. 121f.) 3. Bemerkungen zu einzelnen Personalformen der starken Verben 1. Pers. Sing. Indik. Präs. Akt.
> Das »e« der Endung fällt bei starken (und schwachen) Verben nur in der Mundart, in der Umgangssprache und in poetischer Sprache weg: ... (S. 129; 2. Aufl. »... kann ... wegfallen« S. 124)
> 4. Süddeutsche Umgangssprache ist: ein *gestandener* [= gesetzter] Mann. (S. 135;

---

[163] Auch die oben aufgeführten grundsätzlichen Überlegungen von Helmut Gipper sind Beitrag eines Außenstehenden.

2. Aufl. S. 132)
5. Zur Substantivierung der Partizipien
... Dabei werden gelegentlich auch 2. Partizipien, die an sich passivisch sind, in aktiver Bedeutung verwendet: der Bediente ... Andere Substantivierungen dieser Art gelten noch weithin als inkorrekt oder als umgangssprachlich: der Unterzeichnete ... Ebenso (ugs.): ein Studierter. (S. 137; 2. Aufl. leicht verändert S. 133)
6. Der Artikel fehlt vor allem in folgenden Fällen
... Norddeutsch umgangssprachlich bei Verwandtschaftsbezeichnungen, die als Eigennamen aufgefaßt werden ...
... Bei der Anrede und im Ausruf: Gnade, Königin! ...
In salopper Umgangssprache begegnet man hier auch dem Artikel: »Hoppla, Achtung, *die* Herren!« sagte Behrens (S. 156–159; 2. Aufl. leicht verändert S. 154–157)
7. Zur Verschmelzung des Artikels mit bestimmten Präpositionen.
Die Grenze zwischen schriftsprachlicher und umgangssprachlicher Verschmelzung ist fließend. Im allgemeinen gelten Verbindungen wie »außerm, hinterm, hintern, überm, übern, unterm, untern, unters, vorm, vors« schon als umgangssprachlich, kommen aber schriftsprachlich vor. Sie werden alle ohne Apostroph geschrieben. Reine Umgangssprache dagegen sind: An'n, auf'm, auf'n, aus'm, durch'n, für'n, gegen's, nach'm, in'n, vor'n, zu'n. (S. 162f.; 2. Aufl. verändert: »Reine Umgangssprache (Mundart) dagegen sind: ...« S. 161f.)
8. Maß-, Mengen- und Münzbezeichnungen
... Umgangssprachlich wird heute auch oft nur die Zahl genannt, weil die Maßangabe aus der Sprechsituation hervorgeht: Hier kann man nicht schneller als *60* fahren. Mein Sohn ist *fünfzehn*. (S. 167f; 2. Aufl. S. 167f.)
9. Die Kasus (Fälle)
... So kam es, daß der Präpositionalfall den reinen Fall immer mehr verdrängte. Alltags- und Umgangssprache gehen auf diesem Wege der Schriftsprache voran, die ja traditionsgebundener ist und daher stärker an alten Formen hängt. So ist z. B. der Genitiv in Mundart und Umgangssprache fast völlig ausgestorben. Ähnlich (wenn auch noch nicht in gleichem Umfang) muß auch dem Dativ der Präpositionalfall weichen. Bei dem großen Einfluß, den die Umgangssprache heute auf die Schriftsprache ausübt, bleibt auch diese nicht unberührt von solchem Wechsel. (S. 175; 2. Aufl. leicht verändert S. 176)
10. Die flexionslose Form [des Adjektivs] kennzeichnet entweder eine altertümliche oder eine volkstümliche Redeweise und wird ... angewendet: ... 7. Bei bestimmten Adjektiven, die meist aus Substantiven hervorgegangen sind, besonders Farbadjektiven: ... In der Umgangssprache wird aber oft die Flexion gewagt ...: ein beig*es* Kleid ... (S. 216–218; 2. Aufl. leicht verändert S. 222–224)
11. Der Superlativ ist nur dort sinnvoll, wo ein Wesen oder ein Ding mit mehreren anderen verglichen wird. ... Früher war man hier unbedenklicher (wie heute noch in der Umgangssprache) ... (S. 229; 2. Aufl. S. 236)
12. Die Verbindung »Es waren so einige zwanzig« ... ist veraltet oder umgangssprachlich. (S. 266; 2. Aufl. S. 279)
13. Ein schwacher Dativ »jemanden« (niemanden) kommt schriftsprachlich selten vor; er gehört vorzugsweise der gesprochenen Umgangssprache an. (S. 269; 2. Aufl. S. 282)
14. Die Verbindung Präposition + Pronomen gilt allerdings oft noch als umgangssprachlich, weil die Schriftsprache das Pronominaladverb als kurze prägnante Zusammensetzung vorzieht. ... (S. 294. In der 2. Aufl. fehlt der Hinweis auf Umgangssprachliches: »Die Fügung Präposition + Pronomen ... steht vornehmlich dann, wenn das Bezugssubstantiv eine Person nennt« S. 306. Nur interrogatives und relatives »was« nach Präposition werden in Unterabschnitten als »ver-

158

altet oder umgangssprachlich« bezeichnet.)

15. Die Adverbendung -e (althochdt. -o, mittelhochdt. -e) hat sich in Resten erhalten. Sie ist zum Teil veraltet, zum Teil noch umgangssprachlich. (S. 295; 2. Aufl. S. 309 »veraltet, dichterisch oder umgangssprachlich«)

16. Statt (anstatt) hat den Genitiv nach sich. Der Dativ gilt als veraltet oder als umgangssprachlich. (S. 307; 2. Aufl. S. 223)

17. Das Suffix -e in Verbindung mit der Vorsilbe Ge- ... Jünger und daher meist ohne Umlaut sind kollektive Bezeichnungen für wiederholte Tätigkeiten. Sie haben oft einen verächtlichen Sinn und sind besonders in der Umgangssprache und in den Mundarten beliebt. (S. 355; 2. Aufl. S. 379)

18. Häufig gebrauchte Zusammensetzungen werden in der Umgangssprache gern um ein Glied gekürzt, damit sie bequem auszusprechen sind. ... (S. 389; 2. Aufl. S. 416)

19. *Beachte*: Der Bezug von *wo* auf Substantive, die nicht Ort oder Zeit bezeichnen, ist sehr stark umgangssprachlich oder mundartlich. Also niemals: Das Geld, *wo* auf der Bank liegt. (S. 511; 2. Aufl. S. 555)

20. *Beachte*: ... Bei der Vergangenheit steht schriftsprachlich im allgemeinen *als*: *Als* wir nach Haus kamen, war die Tür geöffnet. *Wie* ist hier zwar auch literarisch zu belegen; im ganzen ist es jedoch bei der Vergangenheit stärker auf den umgangssprachlichen Bereich beschränkt (S. 517; 2. Aufl. S. 261. Statt »schriftsprachlich« wird der Terminus »hochsprachlich« verwendet)

21. Sätze mit Zweit- oder Anfangsstellung der Personalform ohne Klammerbildung ... Schriftsprachlich sind sie im Vergleich zu den Klammersätzen ziemlich selten, umgangssprachlich allerdings recht häufig. (Es wäre deshalb lohnend, die Umgangssprache einmal auf das Gesetz der Umklammerung hin gesondert zu untersuchen.) (S. 585; in der 2. Aufl. ersetzt durch einen größeren Abschnitt S. 636–638, in dem der Hinweis auf »umgangssprachlichen« Gebrauch fehlt.)

Das Bild, das sich aus diesen Zitaten ergibt, ist recht bunt. Dennoch ist ein Kriterium durchgängig zu beachten: Was hier als umgangssprachlich bezeichnet wird, gilt als schriftsprachlich nicht ganz korrekt. Ausdrücklich ist die Umgangssprache zwar nur im 1. und 5. Zitat auf die Seite des Inkorrekten gestellt, aber die gleiche Einschätzung spricht ebenso deutlich aus den verweisenden Bemerkungen unter der Überschrift »Beachte« in den Zitaten 19 und 20, und auch in den anderen Belegen geht es um Abweichungen vom schriftsprachlichen Gebrauch, der bei aller Einsicht in das Vorhandensein von Zonen des Übergangs doch als Norm gesetzt wird. Helmut Gipper sagt Näheres über diese Norm:

> Für uns ist aber die Sprachform wichtig, die man als die für die Sprachgemeinschaft verbindliche *hochsprachliche* Norm bezeichnen kann. Es ist die Schicht, die in der Literatur, in Presse und Rundfunk als korrekt und richtungweisend anerkannt ist. Diese deutsche Hochsprache ist, auch wenn sie von keinem Angehörigen der Sprachgemeinschaft in voller Reinheit gesprochen wird, keine Fiktion, sondern eine Wirklichkeit im vollen Sinne des Wortes. Sie gewinnt ständig an Einfluß, besonders auf Kosten der Mundarten, die langsam, aber ständig zurückgehen, so sehr man das auch bedauern mag. (S. 393; in der 2. Aufl. weggelassen).

Die Norm wird hier als etwas zwar nicht am konkreten Gegenstand zu Beobachtendes,[164] aber dennoch als Wirklichkeit (als »Energeia« im Sinne

[164] Konkretere Angaben über die für Duden entscheidende Norm und über den heutigen Stand

Humboldts und Weisgerbers) dargestellt, als etwas Anerkanntes und sich Ausbreitendes. In dem unter 9 aufgeführten Zitat[165] erscheint diese Wirklichkeit jedoch bedrängt von einer anderen, und diese andere wirkende Kraft, die der Hochsprache (Schriftsprache) gegenüber fortschrittlich erscheint, wird als Umgangssprache bezeichnet. Im 10. und 14. Zitat findet diese Ansicht Bestätigung, und es lassen sich noch mehr Belege dieser Art beibringen. Doch nicht nur als Vorfeld der Sprachentwicklung wird die Umgangssprache angesprochen, sondern auch als Rückzugsgebiet (vgl. Zitat 2, 11, 12, 15 und 16). »Umgangssprache« erscheint danach als ein Sammelbegriff für das noch nicht oder nicht mehr schriftsprachlich Anerkannte.[166] Aber noch anderes wird unter demselben Terminus mit erfaßt: landschaftlich bedingte Inkorrektheiten (Zitat 1, 4, 6) werden ebenfalls nicht ganz selten genannt. Wunderlichs Kriterium, das der Mündlichkeit, spielt gelegentlich, jedoch nur selten eine Rolle (Zitat 8 u. 13). Auch Hofmanns Kriterium, das der Affektbetontheit, ist zu finden (Zitat 17).

macht Paul Grebe in der vom Bibliographischen Institut herausgegebenen Veröffentlichung »Geschichte und Leistung des Dudens« (Mannheim 1968). Er nennt da Konrad Dudens 1880 erschienenes »Vollständiges orthographisches Wörterbuch der deutschen Sprache« ein »sichtbares Zeichen für die endlich gewonnene Festigkeit der Schrift- und Lautformen der neuhochdeutschen Sprache« und erklärt weiter: »Die deutsche Klassik hatte zu Beginn des 19. Jahrhunderts die Voraussetzungen geschaffen, aus dem nationalstaatlichen Erlebnis nach 1870 wuchs der Wille, dieses sprachliche Ergebnis zu normieren« (S. 19). Über die neuere Arbeit am »Duden« sagt Grebe: »Ihr Material gewinnt die Dudenredaktion zunächst wie jede wissenschaftlich arbeitende Stelle aus dem Schrifttum, dann aber vor allem ... durch ihre umfangreiche Sprachberatung und schließlich durch ihre 10 bis 20 Sammler, alles pensionierte Studienräte mit der Fakultas Deutsch, die Tageszeitungen und Schrifttum auf neues Wortgut hin durchsehen und die gesamte moderne Literatur auf den Verwendungsbereich unserer Wörter hin exzerpieren.« (S. 22) Dabei bekennt sich die Dudenredaktion zu ihrer »stilpädagogischen Aufgabe«. Sie möchte verhindern, daß etwa die »saloppe Umgangssprache«, wie sie in großen Passagen der Bild-Zeitung erscheint, als Norm empfunden wird. (Vgl. Wolfgang Müller auf S. 85f. der obengenannten Veröffentlichung)

[165] Es stammt aus dem von R. Köster bearbeiteten Teil über die Wortarten und steht unter der Überschrift »Die Kasus (Fälle)« in einer grundsätzlichen Betrachtung über die Deklination der Substantive.

[166] Mit dem hierbei zentralen Problem zwischen Sprachnorm und Sprachentwicklung setzt sich Paul Grebe in seinem Aufsatz »Sprachnorm und Sprachwirklichkeit« (in: Sprache der Gegenwart 2, Düsseldorf 1968, S. 28–44) auseinander. Im Hinblick auf zwei grammatisch strittige Fragen sagt er dort: »Beide untersuchten Fälle, der doppelte Akkusativ und die Verwendung des modalen Verbs *brauchen*, ließen uns zu dem Schluß kommen, eine sprachliche Erscheinung, die im Widerspruch zur bisherigen Norm steht, dann anzuerkennen, wenn sie *sprachgerecht* ist, d. h. wenn sie sinnvoll in das geltende Bezugssystem unserer Sprache eingeordnet werden kann. Bis hierher steht der wissenschaftlich geschulte Sprachpfleger auf verhältnismäßig festem Grund, denn die Sprache kann keinen Schaden erleiden, wo sie im Rahmen ihres eigenen Systems gefördert wird. Daß aber Sprache als »langue« im Sinne von Saussure ein jeweils geltendes System von sprachlichen Grundbildern und Grundformen ist, dürfte beim derzeitigen Erkenntnisstand der Sprachwissenschaft unbestritten sein. Was in einem solchen System sinnvoll ist, kann, ja darf deshalb für den Sprachpfleger und Sprachkritiker nicht sinnlos sein. Wir wagten deshalb in unserer Grammatik in den besprochenen Fällen die Freigabe der bisherigen Norm, selbst auf die Gefahr hin, daß hinter dem aufgestoßenen Tor, wo der Dativ der Person oder der reine Infinitiv ihre Chance haben sollten, scheinbar 'umgangssprachlich' zugeht.« (S. 40f.) Interessant ist dabei, daß die ursprünglich wissenschaftlicher Erkenntnis dienende Theorie, Sprache sei als einheitliches geschlossenes System aufzufassen, hier zum sprachprogrammatischen Auswahlkriterium wird. Außerdem wird hier besonders deutlich, daß »umgangssprachlich« für Grebe gleichzusetzen ist mit Nicht-Norm, und das heißt zugleich mit Nicht-»langue«.

Eins dürfte jedenfalls die oben aufgeführte Reihe typischer Zitate, die noch wesentlich verlängert werden könnte, deutlich genug zeigen: daß durch das Kriterium der Inkorrektheit in der Schriftsprache keine in sich auch nur einigermaßen einheitliche Sprachform erfaßt wird, die sich systematisch beschreiben ließe. Unter »Umgangssprache« ist hier ganz offensichtlich nicht *eine* »Wirklichkeit« erfaßt, sondern ein Sammelbecken verschiedener sprachlicher »Wirklichkeiten«. Trotzdem verdient das Kriterium der Inkorrektheit in der Schriftsprache Beachtung: Recht besehen spielt es bei allen Kriterien, mit denen in neuerer Zeit versucht wird, im Umgange gebräuchliche Sprachformen zu erfassen und einzuordnen, eine Rolle. Erst wenn eine Erscheinung als nicht schriftsprachegemäß auffällt, pflegt sie die Bezeichnung »umgangssprachlich« zu erhalten. Was die Schriftsprache und das jeweils »Umgangssprache« Genannte gemeinsam haben, bleibt in der Regel außer Betracht. Gewiß fördert das Kriterium der Korrektheit nur unvollständige Bilder des Vorhandenen zutage, und daraus können sich falsche Beurteilungen ergeben. Das ist eine Gefahr, die die Benutzung dieses Kriteriums mit sich bringt. Aber es ist offenbar unentbehrlich. Es ist immer wieder das erste Hilfsmittel, das benutzt wird, wenn »Umgangssprachliches« im oben gebrauchten Sinne zum Untersuchungsgegenstand gemacht wird, weil es überhaupt erst dazu verhilft, Material in die Hand zu bekommen. Nur darf man es bei der Anwendung dieses Kriteriums nicht bewenden lassen. Die Bruchstücke verschiedener »Wirklichkeiten«, die auf diese Weise erfaßt werden, müssen nun voneinander geschieden und jede in ihren natürlichen Zusammenhang gestellt werden.

Aus den dargestellten Gründen ist es klar, daß die Duden-Grammatik nicht weit in die Probleme der Umgangssprache hineinführen kann. Aber gerade durch das Kriterium der Inkorrektheit umgangssprachlicher Erscheinungen vom Standpunkt des Schriftgebrauchs aus vermag sie feste Ausgangspunkte zur Untersuchung zu geben.

7.5   Umgangssprache als Sprache einer Großstadt

7.5.1   Klaus Baumgärtner (Umgangssprache in Leipzig)

Die Untersuchung der Hinweise auf die Umgangssprache in der Duden-Grammatik hat gezeigt, daß von hier aus kein direkter Weg zur Beschreibung einer konkreten »Umgangssprache« führt, da unter diesem Blickwinkel nur erkannt wird, was unter dem Gesichtspunkt einer anerkannten Norm Ausnahmen sind, aber nicht genau erfaßt werden kann, unter welchen Umständen die hier als Ausnahmen oder Fehler verzeichneten Erscheinungen selbst die Regel darstellen. Auskunft über solche Umstände ist eher auf dem umgekehrten Weg zu erwarten, also nicht dort, wo Besonderheiten vom Allgemeingültigen aus betrachtet werden, sondern wo man zunächst das Besondere erfaßt und dies dann zu dem Allgemeingültigen in Beziehung zu setzen sucht. Diesen Weg geht Klaus Baumgärtner in seiner Dissertation »Zur Syntax der Umgangssprache in Leipzig«. Sein ursprünglicher Plan war es, »die Fachsprache der Leipziger Metallarbeiter zu untersuchen«. Die Sache selbst hat ihn dann dazu geführt, sich von diesem ganz eng gefaßten Thema zu lösen und größeren Zusammenhängen nachzuspüren. Baumgärtner stellt diesen Vorgang im Vorwort folgendermaßen dar:

> Aber schon ein erster Ansatz auf diesem Gebiet erbrachte, daß die Sprache der Leipziger Arbeiter kaum noch Eigenständigkeit verriet im Hinblick auf den Fachwortschatz, um so mehr jedoch beim Blick auf ihren allgemein-volkssprachlichen Wortschatz und ihre ausgeprägt volkssprachlichen Fügungsweisen. Seitdem galt meine Aufmerksamkeit der Syntax der Leipziger Arbeiter. Die Beschränkung im Soziologischen ließ sich vor dem Material nicht lange aufrechterhalten: sehr bald war meine Arbeit erweitert zu fassen als Arbeit zur Syntax der Leipziger Umgangssprache. (Baumgärtner, Umgangssprache, S. 3)

In der ersten Phase der Herausbildung des Arbeitsthemas ergibt sich eine *Verschiebung* des Untersuchungsgegenstandes vom Fachwortschatz zum »allgemein-volkssprachlichen« Wortschatz einer Arbeitergruppe. Nun schließt sich eine thematische Erweiterung an. Zum Wortschatz treten die typischen »Fügungsweisen«, die in dieser Gruppe zu beobachten sind. Die festgestellten Spracherscheinungen erweisen sich als nicht auf die ursprünglich betrachtete soziologische Gruppe beschränkt, und so wird der Beobachtungskreis erweitert, und zwar gemäß dem Gültigkeitsbereich der zu beobachtenden Sprachformen. Erst in diesem Zusammenhang taucht der Begriff »Umgangssprache« auf.[167] Baumgärtner hat also zunächst die Spracherscheinung erfaßt und erst dann den Namen für sie gewählt: »Leipziger Umgangssprache«. Es scheint auch so, als habe der Verfasser erst in diesem recht späten Stadium eine Auseinandersetzung mit spezieller Literatur über Umgangssprachen vorgenommen. Notwendig wäre sie zur Fixierung der erfaßten Sprachform jedenfalls nicht gewesen; denn von den bei umfassender Betrachtung auftauchenden Schwierigkeiten sieht er ab. Für seinen Zweck genügt die Feststellung:

> »Umgangssprache« wird hier allgemein gesetzt als die Sprache der unteren Schichten, als die Verkehrssprache und namentlich die Haussprache ganz allgemein des Industriearbeiters, dessen usuelle Sprechhaltung der Bearbeiter über längere Zeit beobachten konnte. (Baumgärtner, Umgangssprache, S. 12)

---

[167] In seinen neueren Arbeiten verwendet Baumgärtner »Umgangssprache« in anderem Sinn. Er sagt z. B. zur Begründung seiner Forderung nach einer »Mathematisierung der Grammatik«, ein derartiger Versuch müsse unternommen werden, »weil wir bei immer gründlicheren Zusammenfassungen mit einer umgangssprachlichen, nicht formalen Beschreibungsweise einfach nicht mehr auskommen.« (Der Deutschunterricht 16, 1964, H. 4, S. 25f.) Hiernach wird jede nicht formale Sprache als Umgangssprache gefaßt.

Der Verfasser sieht zwar durchaus, daß diese soziologische Gruppe gegenüber anderen nicht abgeschlossen ist und daß solche Relationen Beachtung verdienen. Aber er stellt fest:

> Eine Soziologie mit strenger Zuordnung sprachlicher Schichten ist so, ohne auf grundlegende Vorarbeiten aufbauen zu können, nicht möglich. (Baumgärtner, Umgangssprache, S. 12)

Deshalb kann er nur in Anmerkungen auf Probleme dieser Art hinweisen. Eine gründliche Gegenüberstellung wird dagegen nach zwei Sprachformen hin unternommen, die sich deutlicher gegen die hier untersuchte absetzen: nach Schriftsprache und Mundart hin. Unter Schriftsprache wird dabei jene Sprachform verstanden, »die jedem Glied der Sprachgemeinschaft als bildungsmäßige Forderung entgegentritt«. Der Verfasser findet sie in der Duden-Grammatik (Leipziger Duden 1953) repräsentiert. Damit ist in umgekehrter Richtung die Brücke von der Umgangssprache (oder genauer: einer Umgangssprache) zur Schriftsprache geschlagen, wie es von den Bearbeitern der im vorigen Abschnitt besprochenen Duden-Grammatik versucht worden ist. Nach der anderen Seite wird mit der Mundart verglichen. Für so einen Vergleich sind die Verhältnisse in Leipzig günstig, denn hier ist die ursprüngliche Mundart ausgestorben, und damit entfällt die leidige Schwierigkeit, in der lebendigen Sprache eine Grenze zwischen Mundart und Umgangssprache ziehen zu müssen. Baumgärtner kann sich also nur auf historisch gewordene Mundartgrammatiken beziehen.[168] Für diesen Zweck bietet ihm das Buch von K. Albrecht »Die Leipziger Mundart« und daneben das von O. Weise »Syntax der Altenburger Mundart« das Vergleichsmaterial.

Allerdings gibt Baumgärtners Arbeit keine vollständige Grammatik der Leipziger Umgangssprache. Sie ist nur der Syntax gewidmet, und auch diese ist nicht als vollständige Darstellung angelegt. Baumgärtner interpretiert den Titel seiner Arbeit selbst folgendermaßen:

> Der Titel hält fest, daß die Arbeit nicht auf eine vollständige Syntax der Umgangssprache in Leipzig zielt. In der Beschränkung trifft aufeinander: ein umfassendes System hätte nicht bloß auf einer methodischen Materialsammlung aufbauen dürfen, sondern sich über lange Zeit auf den zufälligen Beleg einstellen müssen; aber es hätte zugleich über weite Strecken die schriftsprachliche Norm überflüssig wiederholt. Also wurden hier zunächst die deutschen umgangssprachlichen Abweichungen aufgenommen. (Baumgärtner, Umgangssprache, S. 14)

Auch hier ist also die Abweichung von der Schriftnorm erstes Kriterium. Insofern ist die untersuchte Sprachform doch noch nicht von ihrem eige-

---

[168] Die Schwierigkeit ist damit allerdings nicht grundsätzlich beseitigt. Die verglichenen Grammatiken können ihrerseits bereits als umgangssprachlich gelten, oder ihnen können wenigstens umgangssprachliche Elemente zugesprochen werden. Baumgärtner hilft sich damit, daß diese Arbeiten dennoch »dem heutigen Sprachstand methodisch als Mundart gegenübergestellt« werden. Das Problem bleibt also auch hier. In der vorliegenden Arbeit soll es aber erst bei der Besprechung der Mundartforschung (insbesondere Abschnitt 8.5) untersucht werden.

nen Zentrum her erfaßt. Das Argument für die Beschränkung auf das von der Schriftnorm Abweichende wirkt einleuchtend: Eine Aufzeichnung des Übereinstimmenden müßte als überflüssige Wiederholung des allseits Bekannten erscheinen. Doch ein Umstand ist dabei nicht berücksichtigt: Einerseits kann es in der Schriftnorm Erscheinungen geben, die im Sprachgebrauch der Leipziger Arbeiter nicht zu finden sind, für die hier aber auch kein von der Schriftsprache abweichender Ersatz besteht, andererseits kann die in Leipzig übliche Fügung in der Schriftsprache ebenfalls üblich sein. Über diese Fälle läßt sich aus Baumgärtners Arbeit keine Auskunft gewinnen. Darum ist es nicht möglich, die in ihr verzeichneten Ausnahmen dadurch zu einer umfassenden Syntax der Leipziger Umgangssprache zu ergänzen, daß man die Regeln der schriftsprachlichen Syntax einsetzt, wo eine Abweichung nicht ausdrücklich vermerkt ist. Wenn man versuchte, nach einem solchen Verfahren eine vollständige Grammatik der Leipziger Umgangssprache zu schreiben, dann müßte nach deren Regeln mancher Satz als »richtig« erscheinen, über den jeder Leipziger Arbeiter als unangemessen lachen würde. Erst wenn man umgangssprachliche Sonderformen, umgangssprachlich und schriftsprachlich gemeinsamen Formenbestand und schriftsprachliche Sonderformen systematisch nebeneinanderstellte, wäre das Bild in dieser Hinsicht vollständig. Eine solche Vollständigkeit ist bei Baumgärtner gar nicht angestrebt. Das bleibt zu beachten, wenn man die Einzelfeststellungen dieser Arbeit benutzt.

In einer »Zusammenfassung« am Schluß der Arbeit sucht Baumgärtner die Stellung der Leipziger Umgangssprache gegenüber Schriftsprache und Mundart zu bestimmen. Seine Ergebnisse seien gekürzt angeführt:

1. Umgangssprache und Mundart stimmen, wenn auch mit nachweisbaren Abstufungen, stets überein, soweit ihre Eigenheiten auf der besonderen Struktur der mündlichen Rede aufbauen ...
2. Die Umgangssprache zeigt Fortentwicklung von der Mundart in vielen lexikalischen Erscheinungen, die sich syntaktisch auszuwirken vermögen, so insbesondere im angewachsenen Bestand der Präpositionen und der Konjunktionen, in der Zunahme der Partizipialbildungen, im Rückgang der Reflexivbildungen ... u. v. a., Fortentwicklung von der Mundart entspricht hier zunehmendem schriftlichen Einfluß.
3. Die Umgangssprache zeigt Fortentwicklung von der Mundart in drei historisch breit angelegten Erscheinungen, im Verlust des Genitivs, ... im Verlust des Konjunktiv Präsens ... und im Vorgang des Perfekts vor dem Präteritum ...[169] Allen drei Erscheinungen steht starker schriftsprachlicher Einfluß entgegen.
4. Die Umgangssprache zeigt ausgeprägte Fortentwicklung von der Mundart im Gebrauch leistungsleerer Formdifferenzen, also in der Angleichung der nominalen Genera an die schriftsprachliche Norm. (Baumgärtner, Umgangssprache, S. 108f.)

---

[169] Diese Erscheinungen als »Fortentwicklung von der Mundart« zu bezeichnen erscheint fragwürdig, denn in den heutigen Mundarten sind ebenfalls Verlust des Genitivs und des Konjunktiv Präsens sowie vielfach der Vorrang des Perfekts vor dem Präteritum zu beobachten.

An diesen Ergebnissen ist mindestens zweierlei bemerkenswert: Erstens tritt das Kriterium des mündlichen Gebrauchs in den Vordergrund, obgleich die Untersuchung nicht vom Gegensatz mündlich – schriftlich ausgeht.[170] Zweitens treten Erscheinungen hervor, die sich weder von der Mundart noch von der Schriftsprache herleiten. Daraus ergibt sich, daß hier eine eigene Sprachwirklichkeit im Sinne der Sprachinhaltsforschung erfaßt ist, die nicht einfach als eine Kompromißform zwischen Schriftsprache und Mundart angesehen werden kann. Wenn Baumgärtner auch keine vollständige Grammatik der Leipziger Umgangssprache geschrieben hat, läßt seine Arbeit doch erkennen, daß die von ihm untersuchte Sprachform sich ebensogut wie eine Mundart oder die Schriftsprache als ein Sprachsystem beschreiben ließe.

7.5.2   Käthe Scheel (Hamburger Missingsch)

Für Baumgärtner war die Benennung der von ihm beschriebenen Leipziger Sprachform als Umgangssprache deshalb unproblematisch, weil weder die Bezeichnung »Mundart« in Frage kam (denn was in Leipzig einst Mundart genannt worden ist, ist ausgestorben) noch die Benennung »Hochsprache« (denn der anerkannten Norm gegenüber erscheint sie als inkorrekt). Andernorts ist die Einordnung und Benennung einer vergleichbaren Sprachform meist fragwürdiger und anfechtbarer. Das gilt besonders, wenn neben einer solchen Sprachform eine Mundart lebendig ist, zu der hin sich keine eindeutige Grenze ziehen läßt. Dann kann man darüber streiten, ob die erfaßte Sprachform nicht selbst noch Mundart sei. Dieser Streit wäre aber ohne eine von beiden Parteien des Streits anerkannte Definition der Begriffe nicht beizulegen, und eine solche Definition gibt es nicht. Wie vielschichtig die Probleme sind, in die man sich bei einem Definitionsversuch einläßt, dürfte aus den bisherigen Darlegungen schon deutlich geworden sein. Zur Klärung der beteiligten Probleme können Untersuchungsmöglichkeiten nützlich sein, die eine Verwechslung zwischen Mundart und Umgangssprache trotz definitorischer Unklarheiten ausschließen. Diese Bedingungen sind in jenem Gebiet erfüllt, in dem niederdeutsche Mundarten lebendig sind, daneben aber ein Hochdeutsch gebraucht wird, das von anerkannten hochsprachlichen Regeln in vergleichbarer Weise abweicht wie die von Baumgärtner beschriebene Leipziger Umgangssprache. Eine Verwechslung mit einer Mundart ist in diesem Fall ausgeschlossen, weil die hier vorhandene einem anderen Sprachtypus, dem Niederdeutschen, angehört.

Die wohl bekannteste der Parallelerscheinungen zu der von Baumgärtner beschriebenen Sprachform ist das Hamburger Hochdeutsch, das häu-

---

[170] Ein großer Teil dieser Beobachtungen stimmt, wie Baumgärtner auch selbst feststellt, mit denen Wunderlichs überein.

fig auch als »Missingsch« bezeichnet wird.[171] Über diese Sprachform hat Käthe Scheel in der Festschrift für Ulrich Pretzel einen Aufsatz veröffentlicht.[172] Allerdings spricht K. Scheel dieser Sprachform keine wirkliche Eigenständigkeit neben Mundart und Hochsprache zu. Sie schreibt vielmehr:

> Zu Unrecht wird gelegentlich gesagt, es gebe neben Hochdeutsch und Plattdeutsch in Hamburg noch eine dritte Sprache; Missingsch ist nur eine Sprachschicht zwischen Mundart und Hochsprache. Während diese ihre eigenen Formgesetze haben, liegt für den Missingschsprecher das sprachliche Ideal außerhalb seiner eigenen Sprachform, in der hd. Umgangssprache, soweit er sich überhaupt Gedanken über seine Sprache macht. I. allg. ist ihm die Unterscheidung von sprachlich richtig oder falsch ganz gleichgültig ... Missingsch hat also kein festes System. Jeder Sprecher hat die Freiheit, sich dem Vorbild der norddeutschen Umgangssprache bald mehr und bald weniger anzunähern. Hier gibt es keine feste Grenze. Viele der im folgenden beschriebenen Eigenarten und Unarten reichen bis weit in die Sprache der Gebildeten hinein. (Scheel, Missingsch, S. 381)

Wenn man diese Aussage auswerten und sie mit den Beobachtungen Baumgärtners vergleichen will, gerät man in eine Vielzahl von Problemen hinein. Kaum zu bezweifeln ist allerdings, daß die beiden ins Auge gefaßten Sprachformen in ähnlichen soziologischen Gruppen zu beobachten sind. Ganz gewiß ist für den Hamburger Industriearbeiter (oft allerdings neben seiner niederdeutschen Mundart) die »Missingsch« genannte Sprachform typisch, und ebenso wie die Leipziger Umgangssprache beschränkt sie sich nicht auf einen Berufsstand. K. Scheel sagt von den Missingschsprechern: »In Hamburg wie in allen großen Städten bilden diese Sprecher heute eine breite Schicht.«

Übereinstimmung herrscht auch darin, daß beide Sprachformen zwischen Mundart und Schriftsprache eingeordnet werden, ferner darin, daß sie nicht als gebildet gelten. Terminologische Schwierigkeiten gibt es aber schon bei der Bezeichnung der gebildeten Sprache, die bei beiden Autoren als über der untersuchten Sprachform liegend betrachtet wird. Bei Baumgärtner heißt es:

> Also ist heute über der Umgangssprache eine wirkliche Schicht von Schriftsprache anzusetzen, eine aufzeichenbare »Wiederverwendung jener schriftlichen Fixierung der gesprochenen Sprache als gesprochene Sprache.«[173] (Baumgärtner, Umgangssprache, S. 10)

---

[171] »Missingsch. Studien in Hamburger Hochdeutsch« nennt Dirks Paulun eine seiner Veröffentlichungen, in denen er mit dieser Sprachform spielt. Allerdings wird der Begriff »Missingsch« auch für andere Spracherscheinungen gebraucht und ist überhaupt kaum weniger umstritten als der Begriff »Umgangssprache«. Vgl. dazu: Conrad Borchling, »Sprachcharakter und literarische Verwendung des sogenannten 'Missingsch'«. In: Beihefte z. Zschr. d. Allg. Dt. Sprachvereins, Reihe 5 H. 37, 1916, S. 193–222. Hermann Teuchert, »Missingsch«. In: Beitr. zur Gesch. d. dt. Sprache u. Literatur. Festschr. E. Karg-Gasterstädt. Halle 1961, S. 245–261. Alexander Strempel, »Missingsch, eine Anregung«. In: Mitteilungen a. d. Quickborn 50, 1960, S. 119–124.

[172] Scheel, Käthe: Hamburger-Missingsch. In: Festgabe für Ulrich Pretzel, Hrsg. von W. Simon u. a. Berlin 1963, S. 381–389.

[173] Das Zitat stammt von F. Maurer in DU 1956 H. 2, S. 5. Dort steht jedoch »Weiterverwendung«.

Bei K. Scheel ist statt der mündlich verwendeten Schriftsprache die »hd. Umgangssprache« oder auch die »norddeutsche Umgangssprache« gesetzt (vgl. oben). Hier haben sich die beiden Autoren also im Gebrauch des Terminus »Umgangssprache« gegensätzlich entschieden.[174] Daraus ergibt sich allerdings bei der nötigen Vorsicht im Umgang mit den Begriffen noch keine sachliche Schwierigkeit. Beide Autoren zielen auf den Bereich zwischen Schriftsprache und Mundart, nur verwendet der eine das Wort »Umgangssprache« für den schriftnäheren, der andere für den mundartnäheren Bereich. Aber es gibt auch grundsätzlich unterschiedliche Auffassungen: Baumgärtner stellt die gewisse Eigenständigkeit der Leipziger Umgangssprache gegenüber Mundart und Hochsprache als ein Hauptergebnis seiner Untersuchung heraus. Käthe Scheel bestreitet die Eigenständigkeit der von ihr beschriebenen Sprachform. Es erscheint wichtig zu untersuchen, worauf diese unterschiedliche Auffassung beruht, ob auf unterschiedlichen Verhältnissen oder unterschiedlicher Sichtweise. Deshalb muß geprüft werden, worauf K. Scheel ihre These gründet. Als schlagendes Argument für die Auffassung, »Missingsch« habe kein eigenes Sprachideal, wirkt die Aussage, daß hier »sprachlich richtig oder falsch ganz gleichgültig« sei. Darum scheint es mir sinnvoll, gerade diese Aussage genau unter die Lupe zu nehmen. K. Scheel zitiert als Beleg für die Gleichgültigkeit den Satz: »Ich liebe dir, ich liebe dich, das ist mich ganz pomade«. Unmittelbar im Anschluß an dies Zitat folgert sie: »Es gibt daher keinen Idealtyp oder auch nur den Normalfall des Hbg. Missingsch«. Dazu ist zunächst festzustellen, daß das Zitat gar nicht ursprünglich aus Hamburg kommt. Es wird dort bereits als ein Zitat gebraucht, das aus Berlin stammt.[175] Allerdings geht es in dem Gedicht, dem das Zitat entnommen ist, um das Verhältnis eines nicht hochsprachlichen Sprachgebrauchs zum Ideal der Hochsprache. Damit ist aber noch nicht gesagt, daß die von diesem Ideal abweichende Sprachform keine eigene Regel habe. Für den Berliner ist sie sogar in diesem Fall recht leicht zu fassen. H. Schöffler[176] hat

---

[174] Baumgärtner ist hier indessen nicht ganz konsequent. So sagt er in den letzten Sätzen seiner Zusammenfassung von der Leipziger Umgangssprache: »Sie nähert sich insgesamt, besonders unter dem sprachsoziologischen Blick auf eine untere und eine weitergerückte obere Schicht, den Verhältnissen der Schriftsprache, steht aber in dieser Entwicklung zuletzt an der Grenze der unumstößlichen Notwendigkeiten gesprochener Sprache. Diese Notwendigkeiten ... verbieten es, die Leipziger Umgangssprache, obgleich vom Lautlichen her geboten und vom Wortschatz her zunehmend möglich, in ihrer Gesamtheit von der neuhochdeutschen Schriftsprache abzuleiten.« Wenn eine so unumstößliche Grenze zwischen Schrift und Rede vorhanden ist, kann es keine einfache Wiederverwendung der schriftlich fixierten Sprache als gesprochene Sprache geben. Nach der Aussage des letzten Satzes müßte auch noch die der Schriftnorm am nächsten kommende Sprechform unter die Bezeichnung »Umgangssprache« fallen.

[175] Aus dem Gedicht »Mir und mich« im »Museum komischer Vorträge« des Berliner Hofschauspielers Rüthling. Angabe nach Büchmann, Geflügelte Worte, Neuausgabe München/Zürich 1959.

[176] H. Schöffler, Kleine Geographie des deutschen Witzes, Göttingen 1955, S. 75. Vgl. zum vorliegenden Thema die gründlichere Darstellung von Lasch, Agathe: »Berlinisch«. Eine Berlinische Sprachgeschichte. Berlin 1928, reprograph. Nachdruck Essen und Darmstadt 1967, § 32 Abs. 2 (S. 275–283).

sie in überzeugender Kürze so formuliert: »Der Berliner sagt immer dir, auch wenn's richtig ist.« Die Gleichgültigkeit besteht hier also nicht der eigenen Sprachform gegenüber, sondern gerade der Hochsprache gegenüber. Im Glauben an die Richtigkeit seines eigenen Sprachgebrauchs ist der Berliner – wie Schöffler an der herangezogenen Stelle betont – ganz selbstsicher. Hört er einen Opernsänger »Ich liebe dich!« singen, so lacht er darüber. Gewiß, dieses Beispiel bezieht sich auf Berlin, nicht auf Hamburg, und es trifft nicht einmal für alle Berliner zu, sondern nur für einen bestimmten Kreis. Aber es spricht dennoch eher dafür, daß Sprachformen wie das »Missingsch« ihren eigenen Maßstab für Richtigkeit haben, und das heißt: ein eigenes System.

Auch aus weiteren Äußerungen von K. Scheel läßt sich diese Auffassung stützen, so aus dieser:

> Gelegentlich trifft man Sprecher, die sowohl Mundart wie hochdeutsche Umgangssprache beherrschen, daneben aber bewußt Missingsch gebrauchen. (Scheel, Missingsch, S. 381)

Das wäre wohl kaum möglich, wenn solche Sprecher ihre Sprechweise nicht nach bestimmten Regeln dem jeweiligen Gebrauch anpaßten. Zudem gibt es schriftliche Fixierungen des Missingsch, auf die sich K. Scheel auch stützt. Sie erscheinen beispielsweise in Zeitungen und werden von Hamburgern als treffende Spiegelung ihrer Sprachform angesehen. Das spricht ebenfalls für Regelhaftigkeit. Ein vergleichbares Material aus Münchener Zeitungen erscheint H. L. Kufner sogar geeignet, darauf seine strukturelle Grammatik der Münchener Stadtmundart zu gründen, die im folgenden Abschnitt (7.5.3) dieser Arbeit besprochen werden soll. – Außerdem ist ein Sprechertyp, »der oft gar nicht mehr Platt sprechen kann, dessen normale Sprachform das Missingsch ist« (S. 381), nicht denkbar, wenn diese »normale Sprachform« nicht ihre eigenen Regelhaftigkeiten hätte, die sie von anderen Sprachformen unterscheidet.

Es gibt Gründe genug, das »Hamburger Missingsch« als eigene Sprachform anzusehen. Aber auch K. Scheels These, daß das Missingsch keine eigene Sprache neben Hochdeutsch und Plattdeutsch sei, ist nicht unbegründet: Diese Sprachform ist bei dem Bemühen plattdeutscher Hamburger entstanden, hochdeutsch zu sprechen. Dies Bemühen hat sein Ziel zunächst nicht erreicht, aber über mehrere Generationen hin ist zu beobachten, wie sich eine zunehmende Annäherung an die erstrebte Sprachform ergibt. Insofern kann man mit einigem Recht sagen, das sprachliche Ideal liege außerhalb der eigenen Sprachform; aber wenn man von dieser über Generationen sich erstreckenden Entwicklung absieht, wenn man etwa an die Situation des sprechenlernenden Kindes denkt, sieht die Lage anders aus: Für dies Kind ist die Äußerungsweise der Umwelt Vorbild und Regel. Der Sprachgebrauch der »Missingsch« sprechenden Erwachsenen ist das Ideal, dem es nacheifert, wenn es auch »ohne Regel aufgenommen«

wird in dem Sinne, wie es Dante vom »vulgare« sagt. So ist es eine Frage des Aspekts, ob man eine solche Sprachform als eigenständig anerkennt oder nicht. Unter synchronischem Aspekt muß man ein eigenes System annehmen.

Offen bleibt noch die Frage nach der Festigkeit des Systems. Beide hier verglichenen Autoren verneinen sie. Baumgärtner schreibt (im Anschluß an Große) von einer Variationsbreite, Scheel von der Freiheit des Sprechers, sich mehr oder weniger der norddeutschen Umgangssprache anzunähern. Aber: Handelt es sich dabei um einen Spielraum, in dem man sich völlig willkürlich bewegen kann, oder gibt es Regeln für die Anwendung der einen oder anderen Variation, an die sich die Glieder einer Sprachgemeinschaft halten müssen?

Diese Frage ist für das Problem der Umgangssprache von großer Bedeutung, insbesondere wenn es gilt zu ergründen, wie weit die Umgangssprache oder eine Umgangssprache in dem hier gemeinten Sinne als eigenes grammatisches System betrachtet werden kann. Eine Antwort kann an dieser Stelle nicht versucht werden. Vorläufig ist es nur möglich, aus dem Vergleich der Darstellungen von Baumgärtner und Scheel die Summe zu ziehen: Beide behandeln soziologisch und funktional ähnliche Spracherscheinungen. Nach dem Sprachgebrauch bei Baumgärtner wäre auch das Hamburger Missingsch als eine Umgangssprache zu bezeichnen. Beide erkennen über der jeweils beschriebenen Sprachform eine höhere Stufe der gesprochenen Sprache an, die bei Scheel die Bezeichnung »Umgangssprache« trägt. Beide Autoren sehen keine klare Grenze zwischen diesen Schichten. Für beide ist das Auftreten von Erscheinungen, die schriftsprachlich nicht als korrekt gelten, Kriterium für die Zuordnung zum niederen Bereich. In beiden Fällen ist aber die Möglichkeit gegeben, die beschriebenen Sprachformen als eigene Gebrauchsform und insofern als eigenes Regelsystem anzusehen. Beide Autoren betonen die in ihrem Beobachtungsbereich auftretende Variationsbreite der Spracherscheinungen; es ist aber noch nicht zu erweisen, ob sich die Glieder der Sprachgemeinschaft innerhalb dieser Variationsbreite beliebig bewegen können oder sich dabei Regeln anpassen müssen.

Zu den Einzelbefunden ist noch nachzutragen, daß sich die im Aufsatz von K. Scheel besprochenen syntaktischen Erscheinungen allgemein mit denen Baumgärtners (und damit auch Wunderlichs) decken. Das gilt für die Wortstellung ebenso wie für die Neigung zur Parataxe, die Abneigung gegen Fügungen mit dem Genitiv und die Tendenz zu weitgehenden Kürzungen. Lokal bedingt sind dagegen die von K. Scheel besonders sorgfältig herausgearbeiteten Erscheinungen, die durch plattdeutschen Einfluß zu erklären sind. Hierbei handelt es sich im wesentlichen um Eigenheiten des Lautsystems (in diesem Zusammenhang spricht K. Scheel übrigens selbst von »System«) und der Flexion.

7.5.3 Herbert L. Kufner (Münchner Stadtmundart)

In München kann man weder – wie in Leipzig – sagen, daß die Mundart ausgestorben sei, noch gehört die Mundart – wie in Hamburg – einer anderen Sprache an als die Hochsprache. Deshalb läßt sich hier nicht so leicht etwas Drittes ausgliedern, das weder Hochsprache noch Mundart wäre und als Zwischenglied zwischen beiden seinen Platz hätte. Es ist hier möglich, sich mit einer Zweiteilung der gebräuchlichen Sprachformen in Mundart und Hochsprache zu begnügen. Von dieser Zweiteilung geht die im folgenden zu besprechende Arbeit »Strukturelle Grammatik der Münchner Stadtmundart« auch aus. Bei strenger Einhaltung des Prinzips, von dem ich ausgegangen bin, nämlich den Gebrauch des Wortes Umgangssprache zu verfolgen und von hier aus zu prüfen, wie weit zwischen den so bezeichneten sprachlichen Phänomenen Zusammenhänge bestehen, dürfte Kufners Arbeit also gar nicht herangezogen werden. Aber die von Kufner untersuchten sprachlichen Gegebenheiten haben doch so viel Ähnlichkeit mit denen Leipzigs und Hamburgs, daß sich an Hand eines Vergleiches die Frage beantworten läßt, ob sich mit der von Kufner angewandten Methode eine strukturelle Grammatik der Leipziger Umgangssprache oder des Hamburger »Missingsch« erarbeiten ließe.

Diese Ähnlichkeit wird besonders in Kufners Abschnitt 1.5 »Trennung von Hochsprache und Stadtmundart« deutlich, der übrigens der einzige ist, in dem das Wort »Umgangssprache« erscheint, aber nicht als Terminus des Verfassers, sondern als ein durch Anführungsstriche kenntlich gemachter fremder Ausdruck:

Im Vorausgehenden wurde möglicherweise der Eindruck erweckt, als ob in München zwei Sprachen gesprochen würden, die mit Hilfe der verschiedenen linguistischen Kriterien klar und eindeutig voneinander getrennt werden könnten. Das trifft jedoch nicht zu. Nicht nur in München ist dies unmöglich, nicht nur in allen Großstädten und kleineren Provinzstädten, sondern heutzutage sogar schon in ländlich-bäuerlichen Gegenden. Im besten Fall kann der untersuchende Mundartforscher die beiden Extreme trennen: reine Hochsprache versus reine Mundart. Nun mag es möglich sein, in abgeschiedenen Dörfern unter den ältesten Bauern, eher noch deren Frauen, sogenannte »reine« Mundartsprecher zu finden, deren Sprache von allen verkehrsmundartlichen Einflüssen frei ist. Es wäre dies ein ganz seltener Fall, und jeder Mundartforscher würde ihn zu schätzen wissen: Kundfahrten in entlegene Dörfer zeigen immer wieder, daß nur mit Mühe ein »guter« Mundartsprecher zu finden ist, da der sprachliche Einfluß der Städte kein Gebiet verschont. Die Verbindung zum Elternhaus bleibt auch bei den Dörflern bestehen, die in der Fabrik arbeiten, und gleichzeitig mit allen materiellen Errungenschaften wird auch die »moderne Umgangssprache« zurück ins bäuerliche Dorf gebracht. Dies ist aber nur eine der vielen Möglichkeiten, die die reine Mundart verdrängen. – Die Situation in München wurde aber gerade deshalb Diglossie genannt, weil Mundart und Hochsprache in ständigem Wechsel von ein und demselben Sprecher benützt werden, in dem Maße, daß »rein« mundartliche oder »rein« hochsprachliche Äußerungen nur in sehr seltenen Ausnahmefällen zustandekommen. Es wäre deshalb zu verteidigen, wenn

170

man von einer »Polyglossie« spräche, denn der Übergang von Hochsprache zur Stadtmundart kann nur als ein Kontinuum angesehen werden. (Kufner, München, S. 11f.)

Die Entsprechungen zwischen der von Kufner untersuchten Sprachform und denen, die Baumgärtner und Scheel beschrieben haben, sind deutlich. Auch hier handelt es sich um eine Sprache einer Großstadt, auch sie bietet sich in einer großen Variationsbreite dar, auch sie ist eine Sprachform zwischen »reiner« alter Mundart und Hochsprache. Die Aussichten, unter diesen Bedingungen das geschlossene System einer strukturellen Grammatik erarbeiten zu können, erscheinen nicht ganz günstig, jedenfalls nicht günstiger als bei Baumgärtner oder Scheel. Kufner hat sich trotzdem an die Aufgabe gewagt. Er hat die bestehenden Schwierigkeiten dabei durchaus nicht übersehen:

> Jedem, der mit den Münchner Sprachverhältnissen vertraut ist, ist klar, daß es nicht eine einheitliche Münchner Stadtmundart gibt, sondern daß viele Unterschiede sowohl geographischer wie auch vor allem soziologischer Art bestehen. Es ist in allen Großstädten so, daß man den Sprechern der Aussprache nach ihren Wohnsitz in einem bestimmten Stadtteil mit einiger Sicherheit zusagen kann. Aus diesem Grunde ist eine Entscheidung darüber, welche bestimmte Spielart untersucht werden soll, recht schwer zu fällen. (Kufner, München, S. 1)

Aber er findet eine – offenbar auch für ihn selbst verblüffende – Möglichkeit, dennoch ein homogenes Material zu bekommen, das man als repräsentativ für München ansehen kann. Er entdeckt nämlich folgendes:

> Andererseits besteht eine – den Kenner der Münchner Psyche geradezu überraschende – fast völlige Einstimmigkeit unter den Münchnern, was die Aufsätze anbelangt, die von Siegfried Sommer in der SÜDDEUTSCHEN ZEITUNG veröffentlicht werden. Man findet allgemein, daß dort ein echtes Münchnerisch zur Sprache kommt. (Kufner, München, S. 1)

Das Bekenntnis zu der Sprachform, die einhellige Erklärung, sie sei »richtig«, schafft allerdings ganz andere Verhältnisse, als sie sich für Baumgärtner und Scheel geboten haben, bei denen die jeweils in Frage kommende Sprachform allgemein als außerhalb der Regelhaftigkeit liegend charakterisiert worden ist.

Die in den Aufsätzen Sommers in der Süddeutschen Zeitung vorkommenden mundartlichen Sätze hat Kufner über sieben Jahrgänge hin gesammelt. Diese insgesamt 611 Sätze bilden die Grundlage für sein Korpus. Er führt seine Untersuchung aber nicht an diesem geschriebenen Text durch, er läßt ihn vielmehr von geeigneten Mundartsprechern auf Band sprechen und von anderen überprüfen, »um alles falsch klingende auszuscheiden«. Er kann deshalb nicht nur »Die Laute«, »Die Formen« und »Die Sätze« nach streng strukturalistischem Verfahren untersuchen, sondern auch Aussagen über »Prosodische Eigenschaften« gewinnen. Seine Ergebnisse kann Kufner exakt, zum Teil in einer bis zur Formel verdichteten Form, vorlegen.

Das ist durchaus merkwürdig bei einem Untersuchungsgegenstand wie der Großstadtsprache, deren schillernder Charakter auch aus den einleitenden Bemerkungen in Kufners Arbeit deutlich wird, merkwürdig vor allem deshalb, weil die Einheitlichkeit des Materials auf der Zustimmung der Glieder einer sprachlich uneinheitlichen Bevölkerung zu dieser einheitlichen Form beruht. Wie ist das zu erklären? Mir scheint, daß es kaum auf andere Art möglich ist als folgendermaßen: Hier hat der Verfasser der Artikel – seiner Absicht und Aufgabe entsprechend, zu allen Münchnern in ihrer Mundart zu sprechen – eine besondere Leistung vollbracht, indem er genau erspürt hat, was allgemein anerkannt werden und was von diesem oder jenem Bevölkerungsteil als anstößig oder unecht empfunden werden würde. Auf diese Weise muß eine idealisierte Sprachform entstanden sein. Sommer stellt also leibhaftig den idealen Sprecher dar, der nach dem Urteil der »mit ihrer Sprache vertrauten Sprecher« ein Korpus von »wohlgeformten Sätzen« zur Verfügung stellen kann, das sich als Grundlage für eine grammatische Theorie eignet.[177]

Das vorliegende Beispiel zeigt, daß eine solche Idealisierung nicht der Realität widersprechen muß. Es scheint doch allgemeinere Vorstellungen darüber zu geben, welche der gebräuchlichen Formen die »sprachrichtigeren« sind. Andererseits kann ein einhellig zustimmendes Urteil einer nicht ganz homogenen Sprachgemeinschaft z.T. dadurch erreicht werden, daß man solche Formen vermeidet, über die keine Einigkeit besteht. Es handelt sich danach um eine Auslese aus der vorhandenen Sprache, die jedoch nicht vom Untersuchenden, sondern von Sprachträgern vorgenommen ist. Das Verfahren ähnelt dem Auslesevorgang, wie er immer wieder bei der Herausbildung der modernen europäischen Nationalsprachen zu beobachten ist: Ein Schriftsteller wählt aus dem Gebräuchlichen aus, ein Beobachter verzeichnet den *consensus* der sprachtragenden Gruppe und gründet hierauf seine Beschreibung.

Wäre es in ähnlicher Weise für die Leipziger Umgangssprache und für das Hamburger Missingsch möglich, eine Grammatik auszuarbeiten wie für die Münchener Stadtmundart? Für das »Missingsch« scheint es denkbar, denn auch in Hamburg gibt es Veröffentlichungen in Zeitungen und in Büchern, die als typisch anerkannt werden. Trotzdem ist Vorsicht geboten. Die Auslese ist, wenigstens zum Teil, anderer Art als die, auf die sich Kufner in München stützt. Dirks Paulun sagt z.B. von sich selbst, er schreibe ganz deutlich auf, wie undeutlich die meisten sprächen.[178] Die be-

---

[177] Vgl. die Darlegungen über »Aufgaben der Sprachwissenschaft« und »Grammatikalität und Normalsprache« bei Wolfgang Motsch »Studia Grammatica III. Syntax des deutschen Adjektivs«, Berlin 1964, sowie die für seine Auffassungen grundlegenden Werke von Noam Chomsky, vor allem »Syntactic Structures«, The Hague [5] 1965. Diesen Vertretern der generativen Grammatik erscheint allerdings »die Beschreibung eines bestimmten Korpus ... als ein zu begrenztes Ziel der Sprachwissenschaft« (Motsch, Adjektiv, S. 5).

[178] Vgl. Dirks Paulun »Missingsch«, Studien in Hamburger Hochdeutsch, 4. Aufl. Hamburg o. J. S. 5, und den Werbetext auf dem Rücktitel »... ein köstliches Sammelsurium sinnvollen Unsinns in der unmöglichen Syntax und immer neuen Varianten der Hamburger Alltagssprache.«

obachtete Sprachwirklichkeit wird von ihm (und in der Regel ebenso von den anderen Autoren, auf die sich Käthe Scheel stützt) in Richtung auf eine Parodie stilisiert. Gewiß kann eine so stilisierte Sprachform als typisch anerkannt werden, aber nicht als eine, die von einem mit seiner Sprache vertrauten Sprecher anerkannt wird. Sie wird als typisch dafür angesehen, wie am Ort von anderen gesprochen wird, während jemand, der auf sich hält (und dazu wird sich der Befragte normalerweise rechnen), nicht so spricht. Die Sprachform gilt als typisch, aber nicht als richtig![179]

Das Ansehen einer zu untersuchenden Sprachform wirkt, wie es scheint, auf zweifache Weise ein, wenn man das Untersuchungsmaterial auf die Art gewinnt, wie Kufner es getan hat: 1. in der Stilisierung, die ein Autor vornimmt, 2. in der Stellungnahme des Publikums zu dieser Stilisierung. So erfaßt man jedesmal nur ein stilisiertes Bild der Sprachwirklichkeit, wobei die Tendenz zur Stilisierung in verschiedene Richtungen gehen kann, nämlich entweder in die Richtung der Idealisierung oder in die der Karikierung. Ein idealisiertes Bild entsteht, wenn eine anerkannte Sprachform dargestellt werden soll, ein karikiertes, wenn eine nicht anerkannte Sprachform der Gegenstand ist. In einem Großteil der vorhandenen Literatur ist zu beobachten, daß es Anerkennung bedeutet, wenn eine Sprachform »Mundart« genannt wird, und daß ein Tadel mitschwingt, wenn von »Umgangssprache« die Rede ist.

Wenn ein solches Werturteil in den Bezeichnungen vorhanden ist, dann wird es sich auch auf die Stilisierung des Materials auswirken, auf deren Grund eine geschlossene grammatische Beschreibung erst möglich wird. Das Werturteil kann demzufolge auch die Gestalt einer auf Grund derartigen Materials erarbeiteten Grammatik mit bestimmen.

7.6 Umgangssprache als Sprachform des spontanen Gesprächs (Heinz Zimmermann)

Vier Jahre nach der Arbeit Kufners über die Münchner Stadtmundart ist eine Arbeit erschienen, die die Basler Stadtsprache zum Gegenstand hat. Der Verfasser, Heinz Zimmermann, ist ein Schüler Heinz Rupps. Er kennt die Arbeit Kufners; aber obgleich es um die Erforschung eines recht ähnlichen Gegenstandes geht, unterscheidet sich diese Arbeit in Zielsetzung und Auswertung grundsätzlich von der vorgenannten. Das läßt schon der Titel erkennen: »Zu einer Typologie des spontanen Gesprächs. Syntaktische Studien zur baseldeutschen Umgangssprache«. Wie bei Baumgärtner taucht der Begriff »Umgangssprache« gleich im Titel auf. Hier ist je-

---

[179] Kufner erwähnt selbst Beispiele dafür, daß man von Sprechern, die eine angesehene »Hochsprache« neben einer minder angesehenen »Tiefsprache« sprechen, oft keine Auskunft über diese Tiefsprache erhalten kann: »Diese Art des Empfindens der Tiefsprache gegenüber kann dazu führen, daß ihre Existenz oft glattweg geleugnet wird.« (Kufner, München, S. 6).

doch nicht »Umgangssprache« im Gegensatz zu »Mundart« gemeint. Es geht für Zimmermann überhaupt nicht um regional bedingte Spracherscheinungen wie für Baumgärtner, Scheel und Kufner. Das Baseldeutsche ist nur aus äußeren Gründen der Gegenstand: Der Verfasser kennt diese Sprachform am besten. Er hätte sonst mit dem gleichen Recht eine Leipziger, Hamburger oder Münchner Sprachform nehmen können. Denn ihm geht es um die Polarität des Mündlichen zum Schriftlichen. Bei ihm deckt sich der Begriff »Umgangssprache« im Untertitel seines Buches weitgehend mit dem des »spontanen Gesprächs« im Obertitel. Er selbst formuliert seine Absicht folgendermaßen:

> Das Ziel der vorliegenden Arbeit ist es, an Hand einer speziellen Sprachform (der baseldeutschen Umgangssprache) einige typische Wesenszüge der mündlichen Sprache aufzuzeigen, die jeder sozialen, regionalen und charakterologischen Verschiedenheit übergeordnet sind. (Zimmermann, Spontanes Gespräch, S. 15).

Die Ausrichtung dieser Arbeit entspricht also eher der Wunderlichs. Das von Zimmermann bearbeitete Material ist jedoch andersartig. Während Wunderlich sich auf literarische Zeugnisse stützt, die als Wiedergabe mündlichen Sprechens gedacht sind, verwendet Zimmermann Tonbandaufzeichnungen von Alltagsgesprächen, die ohne Wissen der Beteiligten und ohne Einflußnahme des Untersuchenden gemacht worden sind. Die Ergebnisse sind trotzdem in wesentlichen Zügen gleich, und ähnlich ist die Art, in der der Stoff abgehandelt wird. Auch Zimmermann verzichtet auf eine im strengen Sinn grammatische Beschreibung. Als seine Erfahrung formuliert er dies:

> Der mündlichen Rede – so zeigte sich immer wieder neu – ist mit grammatikalischen Regeln nicht beizukommen. (Zimmermann, Spontanes Gespräch, S. 88)

Dementsprechend beschreibt er einige Erscheinungen, die für das spontane Gespräch typisch sind. Als typisch fallen jedoch nur solche Formen auf, die von einer geläufigen Form abweichen. Deshalb beschränkt sich die Beschreibung Zimmermanns – wie die Wunderlichs – auf solche Spracherscheinungen, die Sondererscheinungen des spontanen Gesprächs sind. Ausdrücklich heißt es:

> Der Vergleich unserer Belege mit der von der Sprachlogik und normativen Syntax geforderten Form, der Zusammenhang des Gesprochenen mit der Gesprächssituation und schließlich das Verhältnis der Rede zu der Psyche des Sprechers werden unsere Betrachtungsgrundlage bilden. (Zimmermann, Spontanes Gespräch, S. 17)

Zimmermann untersucht also Erscheinungen außerhalb des Bereichs, der durch strukturalistische Untersuchungen bearbeitet zu werden pflegt. Kufner würde nicht zögern zu sagen, daß er sich im Bereich des Stils befinde. Dennoch kann hier nicht von »Stil« im Sinne der Stilistik gesprochen werden, im Sinne einer bewußten Durchformung der Sprache im Rahmen der

Regelhaftigkeit. Bei Zimmermann geht es um situationsbedingte Spracherscheinungen, die ohne bewußte Gestaltung zustandekommen, die außerhalb des von den Sprachträgern anerkannten Bereichs der »Sprachrichtigkeit« stehen, aber doch in bestimmter Situation mit gewissem Regelmaß
zu beachten sind und hier als normal hingenommen werden. Man könnte
vielleicht – mit einem neueren Begriff der Linguistik – sagen, daß man sich
hier in einem »halbgrammatischen«[180] Bereich befinde, in einem Bereich,
in dem zwar nicht mehr alle grammatischen Erfordernisse erfüllt sind, in
dem aber dennoch Verständigung möglich ist. Unter diesem Gesichtspunkt könnte es vielleicht doch gelingen, einem Teil der von Zimmermann
untersuchten Erscheinungen mit grammatischen Methoden beizukommen.
Allerdings ist es fraglich, ob man für den hier in Frage kommenden Bereich den Begriff »halbgrammatisch« verwenden sollte oder ob man nicht
vorsichtiger »halbkorrekt« sagt; denn ein Vergleich zwischen den Phänomenen, die in den von Zimmermann bearbeiteten Texten als abweichend
von der »korrekten« grammatischen Norm erscheinen, und denen, die
vom Standpunkt der generativen Grammatik (Chomsky) als »halbgrammatisch« beurteilt werden, läßt erkennen, daß nur entfernte Beziehungen
zwischen den betreffenden Erscheinungen bestehen. Das beruht darauf,
daß im einen Falle vom Standpunkt der Sprachtheorie und im andern von
dem der Sprachpraxis aus geurteilt wird. Für die Sicht der Praxis ist etwa
die folgende Kritik charakteristisch:

> Die meisten »abweichenden« Äußerungen, mit denen die generative Grammatik
> zu exemplifizieren pflegt, sind nicht solche, die der normale Sprecher in Gefahr
> ist zu produzieren (»Jakob sitzt den Durst«).[181]

Die in der Praxis vorkommenden Abweichungen bedeuten aber für den
an einer generativen Grammatik arbeitenden Forscher eine cura po-
sterior, denn:

> Der Gegenstand einer linguistischen Theorie ist in erster Linie ein idealer
> Sprecher-Hörer, der in einer völlig homogenen Sprachgemeinschaft lebt.[182]

Die generative Grammatik untersucht den Aufbau der »Sprachkompetenz«, und zwar interessieren dabei solche »grundlegenden Regularitäten
der Sprache«, die in traditionellen Grammatiken unberücksichtigt bleiben,
weil sie jeder normale Sprecher beherrscht, ohne sich Rechenschaft darüber abzulegen. Abweichungen von *diesen* Regularitäten werden als »halbgrammatisch« oder »ungrammatisch« gefaßt. Anders ist das bei den im
Gespräch zu beobachtenden Abweichungen von der idealen grammatischen Norm. Nach einer Unterscheidung Chomskys ist dabei nicht »die

---

[180] Vgl. Chomsky, Noam: Some Methodological Remarks on Generative Grammar. In: Word
17, 1961, S. 219–239, besonders S. 235–237.
[181] Frey, Emmy: Lage und Möglichkeiten der Schul- und Volksgrammatiken. In: Der Deutschunterricht 18, 1966, H. 5, S. 5–46, Zitat S. 44.
[182] Chomsky, Noam: Aspekte, S. 13.

Sprachkompetenz (competence; die Kenntnis des Sprecher-Hörers von seiner Sprache)« das eigentliche Thema, sondern »die Sprachverwendung (performance; der aktuelle Sprachgebrauch in konkreten Situationen)«.[183] Und von diesem Bereich ist zu sagen:

> Bei der Erforschung der aktuellen Sprachverwendung muß man die wechselseitige Beeinflussung einer Vielzahl von Faktoren in Betracht ziehen, von denen die zugrunde liegende Kompetenz des Sprecher – Hörers nur einen darstellt. (Chomsky, Aspekte, S. 14)

Eine Analyse des in der Sprachwirklichkeit vorkommenden spontanen Gesprächs hat also weitaus komplexere Verhältnisse zu berücksichtigen als eine Untersuchung, die allein die Sprachkompetenz betrifft. Immerhin kommen aber bestimmte für das Gespräch typische Abweichungen vom idealen Standard, wie z.B. solche, die traditionell als »Ellipsen« gefaßt werden, mit einer solchen Regelmäßigkeit vor, daß sie auf Grund von Transformationsregeln aus den Sätzen des gedachten idealen Sprechers zu erzeugen sein müßten. Man müßte einen eigenen Regelbereich annehmen, für den gewisse am idealen Standard gemessen »halbkorrekte« Gebrauchsformen allgemein anerkannt werden. In diesem Bereich müßte der Aussage der Prosodie (Kufner spricht von »prosodischen Morphemen«) und dem Situationskontext besondere Aufmerksamkeit geschenkt werden.

Leider bewegt sich die Arbeit Zimmermanns nicht entschieden auf diesem Weg, der von der Themenstellung her naheliegen könnte. Immerhin lassen seine Beispiele einzelne Feststellungen zu, die bei gründlicherer Untersuchung zu beachten wären. So fällt es auf, daß die in den Beispielen angeführten grammatisch unvollständigen Aussagen sich meistenteils an eine im Rahmen des Gesprächs aufgetretene grammatisch vollständige Aussage anlehnen. Hier wäre ein Ansatz für die Ermittlung von Regelhaftigkeiten im Bereich des spontanen Gesprächs. Zimmermann geht es jedoch, wie gesagt, nicht hauptsächlich um diese formalen Fragen. Für ihn ist die Gegenüberstellung mündlicher und schriftlicher Sprache ein Gegenstand inhaltbezogener Sprachforschung, und so wendet er sich mehr der Gedankenabfolge als der Sprachform zu:

> Wir können diese Folge jeweils innerhalb einer Bildeinheit beobachten: 1. Gefühlsausdruck; 2. Benennung der aussagebestimmenden Vorstellung, die das Gefühl erzeugt hat; 3. sprachliche und inhaltliche Ergänzung der Rede auf Grund einer reflexiven Gesprächshaltung. Wir nannten diesen Weg vom Standpunkt des Hörers aus die »mündliche Spannungsfolge«: Der Partner kann den Anfang erst vom Schluß her verstehen. (Zimmermann, Spontanes Gespräch, S. 89)

Es bleibt allerdings fraglich, ob er seinem Thema damit wirklich gerecht wird. Die »mündliche Spannungsfolge«, ein für Zimmermann zentraler Begriff, die sich in einem Vorgehen vom Unbekannten zum Bekannten manifestieren und sich u.a. »im Gegensatz zur normativen schriftsprachli-

---

[183] Chomsky, Aspekte, S. 14.

chen Syntax« in der Abfolge Pronomen – entsprechendes Nomen zeigen soll, findet sich ebensogut in schriftlicher wie in mündlicher Sprache, nur in ausgesprochen theoretischen Abhandlungen ist sie wohl selten. Der Gedanke einer von der Schriftnorm abweichenden mündlichen Spannungsfolge müßte deshalb eingeschränkt werden. Es ist aber schwer zu sehen, wie das geschehen könnte, weil es unklar bleibt, auf welche Weise eine mündliche Gedankenabfolge und die schriftsprachliche Syntax zueinander in ein Verhältnis gesetzt werden sollen. Denn über die Gedankenfolge kann kein syntaktisches Regelsystem etwas aussagen, und auch im mündlichen Sprachgebrauch kann die Gedankenabfolge höchstens einige syntaktische Erscheinungen beeinflussen, aber nicht die insgesamt zu beachtenden Regeln bestimmen.

Wichtig sind Zimmermanns Vorüberlegungen, die es ihm ermöglicht haben, Sprache in der natürlichen Gesprächssituation aufzufassen. Die von ihm als Beispiel angeführten Gesprächsteile aus seinem Material lassen auch erkennen, daß auf solcher Grundlage Aufschlüsse über die im Gespräch zu beachtenden syntaktischen Regeln zu gewinnen sein müssen. Für die grammatische Erschließung des Materials wird es jedoch notwendig sein, andere Wege zu finden.

Auf welchem Wege die grammatische Erschließung eines Materials, wie Zimmermann es verwendet hat, möglich sein könnte, zeigt ein Versuch über »Satzbaupläne in der Alltagssprache« von Ulrich Engel.[184] Er untersucht vergleichend ein Korpus von »Gesprächen« und eines von »Zeitungstexten« auf das Vorkommen von Satzbauplänen hin. Allerdings sind in dieser Arbeit die meisten Schwierigkeiten ausgeklammert, mit denen Zimmermann zu kämpfen hat, denn Engel beschränkt sich »auf den einfachen Satz, zunächst den Hauptsatz«, und außerdem faßt er unter »Gespräche« recht heterogenes Material, nämlich »Unterhaltungen, Verhöre, Erzählungen.« In dieser Hinsicht – und nicht nur in dieser – können Überlegungen wichtig sein, die Hennig Brinkmann, z.T. in unmittelbarem Anschluß an die Arbeit Zimmermanns, anstellt.[185] Er fordert die konsequente Unterscheidung von »einseitiger Rede« mit den Unterarten »partnerbezogene, sachbezogene und regelnde Rede« und »Wechselrede«, die er in vier Arten aufgliedert. Unter die »einseitige Rede« fällt dabei auch die Erzählung, die Engel mit unter den Obertitel »Gespräch« faßt. Die erste und für das vorliegende Thema wichtigste Unterart der Wechselrede nennt Brinkmann das »Kontaktgespräch« und erläutert: »Die Sprechhandlung hat nichts anderes zum Ziel als den Kontakt unter diesen Partnern« (s. 76). Hierher gehören die von Zimmermann untersuchten »spontanen Gespräche«. Brinkmann nennt als Beispiele Begegnung, Besuch, Unterhaltung und Tischgespräch und führt weiter aus:

---

[184] Engel, Ulrich: Satzbaupläne in der Alltagssprache. In: Sprache der Gegenwart Bd 1, S. 55–73.
[185] Brinkmann, Hennig: Die Syntax der Rede. In: Sprache der Gegenwart Bd 1, S. 74–94.

Bei einem solchen Kontaktgespräch ist die Situation von Bedeutung, in der es zum Kontakt kommt, und natürlich auch der Horizont, den die Partner mitbringen, wobei es aber bei solchem Kontaktgespräch nicht von Bedeutung ist, daß der Horizont expliziert wird; es genügt im allgemeinen seine Präsenz. Gewisse Formen des gesellschaftlichen Gesprächs verlangen geradezu, daß der Horizont nicht vollständig expliziert wird. Das Wesentliche bei dieser ersten Variantenreihe der Wechselrede wäre also dies, daß die Sprechhandlung sich in der Kommunikation erschöpft. Sie kann dabei naturgemäß durch gesellschaftliche Formen geregelt sein. (Brinkmann, Syntax der Rede, S. 77)

Es handelt sich also um Gespräch in der Situation des Umganges, um »Sprache des Umganges«, im engsten Sinn. Unter dem »Horizont« versteht Brinkmann dabei das, »was den Partnern der jeweiligen Rede bekannt ist, oder das, woran sie jeweils denken. Dabei ist gemeint, daß das, was ihnen bekannt ist, und das, woran sie jeweils denken, jederzeit sprachlich verfügbar wäre, so daß also in gewisser Weise dieser Horizont dann eine indirekte sprachliche Bedeutung hat.« (S. 78) Außerdem verweist Brinkmann auf die »Gesprächssituation« als Begriff für »alles das, was außersprachlich bei der Rede präsent ist«, und auf die »Redefolge«, was etwa als »erweiterter sprachlicher Kontext« zu verstehen ist. Auf diesem Hintergrund sieht Brinkmann ein »Zusammenwirken der Partner«, das es angezeigt sein läßt, nicht einzelne Äußerungen, sondern deren Zusammenhang zur Grundlage der Untersuchung zu machen. Brinkmann kommt zu der Überzeugung:

Fast alle Abweichungen der Alltagssprache, auch bei Zimmermann, lassen sich auflösen durch den Bezug auf das System und insbesondere unter Zuhilfenahme dieses Momentes des Zusammenwirkens. (Brinkmann, Syntax der Rede, S. 89)

Allerdings nennt er seine Erwägungen selbst nur einen »unvorgreiflichen Versuch« und sagt:

Die Wissenschaft steht vor einer neuen Aufgabe. Auch wer sich schon seit Jahrzehnten mit der Sprache befaßt hat, sieht sich vor einem neuen Beginn. (Brinkmann, Syntax der Rede, S. 89)

Es ist noch nachzutragen, daß Brinkmann neben das »Kontaktgespräch«, die erste Unterart der »Wechselrede«, als zweite Art der Wechselrede jene Formen stellt, deren Richtung durch einen Partner bestimmt wird (»die Auskunft, die Beratung, das Kaufgespräch, die Sprechstunde, eine Unterredung, um die man nachsucht, ein Verhör, ein Interview, eine Prüfung«). Als dritte Unterart faßt Brinkmann jene Wechselreden, die »durch das Zusammenwirken mehrerer Partner« bestimmt werden (Meinungsaustausch, Aussprache, Beratung, Besprechung, Konferenz), als vierte jene, die in festen Formen verlaufen (Verhandlung, Debatten, Diskussion, Erörterung, Gerichtsverhandlung, Unterricht). – Es erscheint mir einleuchtend, daß derartige Unterscheidungen für eine zureichende Beschreibung der sprachlichen Erscheinungen im Wechselgespräch von Belang sein können. Es liegt nahe, daß für bestimmte Fragestellungen Unstimmigkeiten

178

entstehen können, wenn sie außer acht gelassen werden. Doch bleiben alle diesbezüglichen Aussagen vorläufig im Bereich der Vermutung.

7.7 Gleichsetzung des Terminus »Umgangssprache« mit »Gesprochene Sprache« oder sein Ersatz durch diesen Terminus

7.7.1 Hans Eggers

In den bisher besprochenen Arbeiten, die sich unter grammatischem Aspekt mit der Umgangssprache befassen, stellt die schriftsprachliche Norm allgemein einen festen Bezugspunkt dar, der einen sicheren Vergleichswert bietet. In der nun zu besprechenden Arbeit von Hans Eggers, die den Titel »Zur Syntax der deutschen Sprache der Gegenwart« trägt,[186] geht es dagegen um einen Strukturwandel innerhalb dieses scheinbar festen Bezugssystems. Er sagt dazu am Schluß seiner Ausführungen:

> Nur auf die Syntax war unser Augenmerk gerichtet, und wir haben auf diesem Gebiet eine ganze Reihe von sprachwandelnden Faktoren beobachtet, die das Gefüge unserer Gegenwartssprache beeinflussen: Nähe zur gesprochenen Umgangssprache,[187] ein Nominalstil besonderer Art, vermehrte Bildung von Adjektiv- und Verbalabstrakta und von Augenblickskomposita, parataktischer Satzbau mit wenigen, zur Blockbildung neigenden Gliedern. (Eggers, Syntax, S. 59)

Unter »Gegenwartssprache« ist hier die »heutige Schriftsprache« zu verstehen. Eggers sieht sie allerdings nicht durch die »Sprache der schönen Literatur« repräsentiert. Er vertritt folgende Auffassung:

> Zur Gewinnung gesicherter Grundlagen, auf denen man dann weiter bauen kann, ist eine möglichst allgemein verbreitete Sprachschicht vorzuziehen, und die Sprache von Autoren, die nicht allzusehr nach einem persönlichen Stil streben. (Eggers, Syntax, S. 51f.)

Eggers hat deshalb die »populärwissenschaftliche Prosa« der Schriftenreihe »Rowohlts Deutsche Enzyklopädie« (rde) zur Grundlage seiner mit statistischen Methoden arbeitenden Untersuchung gemacht. Diese Gegenwartssprache hat er »inhaltlich vergleichbaren Stücken klassischer Prosa« von Lessing, Goethe und Schiller gegenübergestellt. Das zusammenfassende Ergebnis ist oben bereits aufgeführt. In ihm ist dem Hinweis auf die Nähe unserer Gegenwartssprache zur gesprochenen Umgangssprache der erste Platz gegeben worden. Was ist nun in diesem Zusammenhang unter »Umgangssprache« zu verstehen? Eggers sagt dazu:

---

[186] Erschienen in: Studium Generale 15, 1962 Heft 1, S. 49–59.
[187] Als auf Umgangssprache beruhende Kennzeichen stellt Eggers folgende heraus: Häufigkeit der »Setzungen« (d. h. grammatisch unvollständige Sätze), die Vorliebe für den Einfachsatz und die Reihung und Abneigung gegen logische Unterordnung. – Ähnliche Kennzeichen führen auch Wunderlich und Hofmann auf. Aber bei Eggers fehlen die emotional bedingten Eigenheiten. Das dürfte auf der Zweckbestimmung seiner Texte beruhen.

> Wir fassen also den Begriff »Umgangssprache« in einem sehr weiten Sinne, in-
> dem wir die »Hochsprache« nur als ihre höchste Schicht ansehen, und alle ge-
> sprochene Rede als umgangssprachlich bezeichnen. ... Umgangssprache ist ...
> die ganz allgemeine Sprache unseres täglichen Alltags. Sie ist in sich sehr viel-
> fältig geschichtet, nicht nur nach dem sozialen Rang derer, die sie sprechen, son-
> dern sogar bei jedem einzelnen Sprecher ... Aber so vielfach geschichtet unser
> Sprechen auch sein mag, solange wir mehr oder minder unbewußt, formlos und
> sorglos in unseren Alltagstönen »daherreden«, solange bewegen wir alle uns in
> der Umgangssprache. (Eggers, Syntax, S. 50)

In einer Anmerkung setzt er hinzu, daß er eine Abgrenzung der Umgangssprache von den Mundarten nicht versuchen werde, und ebensowenig
macht er einen Unterschied zwischen einseitiger Rede und Wechselrede.
Er zielt nicht auf raum- oder situationsgebundene Varianten, sondern allgemein auf »alle gesprochene Rede«, speziell »die sorglose Alltagsrede«,
auf »gewisse Konstanten ihrer allgemeinen Struktur, die anscheinend in
allen Sprachen und zu allen Zeiten die gleichen sind«. Seine Blickrichtung
ist insofern der von H. Wunderlich und J. B. Hofmann ähnlich, denen es
bezeichnenderweise ebenso wie Eggers hauptsächlich um die Syntax geht.
Anders als jene stellt er aber die Schriftsprache in den Mittelpunkt der
Untersuchung und beobachtet in ihr einen Strukturwandel auf die Umgangssprache zu. Daraus ergibt sich ein neuer Gesichtspunkt: Es wird deutlich, daß das Verhältnis zwischen gesprochener und geschriebener Sprache nicht in jedem Sprachgesamt und nicht zu jeder Zeit gleich sein muß.
Sie können sich näher oder ferner stehen. Es müßten also für jeden Raum
und für jede Zeit gesonderte Untersuchungen angestellt werden.

   Man muß jedoch berücksichtigen, daß der Begriff »die Umgangssprache« bei Eggers zugegebenermaßen einen Sammelbegriff darstellt. Der
verhältnismäßig einheitlich gesehene Typus »Schriftsprache« steht einem
variantenreichen Gesamt gesprochener Sprache gegenüber. Aber gerade
das von Eggers verwendete Material scheint mir darauf hinzuweisen, daß
auch im schriftsprachlichen Bereich nicht nur mit diachronischen Wandlungen, sondern auch mit synchronischen Varianten gerechnet werden
muß. Der Vergleich seines Materials mit »Prosa unserer Klassiker« erscheint mir wegen der Vermischung dieser Gesichtspunkte nicht in jeder
Hinsicht angemessen. Eggers selbst rechnet sein Material der »populärwissenschaftlichen Prosa« zu, also einer Darstellungsweise, die sich um
Verständlichkeit für einen möglichst großen Leserkreis bemüht, während
die Klassiker nach der Verwirklichung edler Sprache trachten. An Hand
eines solchen Vergleiches der heutigen Schriftsprache allgemein den Vorwurf zu machen, sie habe »sich auf das niedrigere Niveau einer mittleren
Umgangssprache herabgelassen«, erscheint mir nicht ganz unbedenklich.
Man müßte im Grunde sich besser entsprechende, also der Absicht und
dem Empfängerkreis nach ähnlichere Texte zum Vergleich wählen. Wahrscheinlich ist wirklich gut Vergleichbares schwer zu finden. Die Tendenz,
»Wissen für alle« zu verbreiten, ist erst in unserer Zeit groß geworden.

180

Nun aber spielt sie eine beachtliche Rolle, und es ist die Neigung zu beobachten, die in ihr gebräuchliche Sprachform als Muster einer schriftsprachlichen Norm gelten zu lassen, während früher unstreitig die schöngeistige Literatur das Muster abgegeben hat.

Die Gegenüberstellung, die Eggers vorgenommen hat, ist dennoch, trotz der Ungleichwertigkeit des Materials, nicht unbegründet. Aber die Verhältnisse erscheinen mir komplizierter, als er sie in seiner Untersuchung darstellt. Es handelt sich nicht um Entwicklungen innerhalb einer homogenen Sprachform, sondern um Verschiebungen in einem Sprachgesamt. Gewisse Gebrauchsweisen der Schriftsprache gewinnen, andere verlieren an Bedeutung im Sprachgesamt. Zur Zeit treten solche stärker hervor, für die das Streben nach leichter Faßbarkeit wesentlich ist. Am leichtesten faßbar erscheinen nun jene Sprachmittel, mit denen man beim alltäglichen Sprechen umgeht. Es ist also naheliegend, daß sich populärwissenschaftliche Prosa einer Sprachform nähert, die Eggers als »das niedrigere Niveau einer mittleren Umgangssprache« charakterisiert. Setzt sich diese Gebrauchsweise als vorbildhafte Sprachform für den Schriftgebrauch durch, dann haben wir allerdings eine Schriftsprache zu verzeichnen, die gewissen Formen mündlichen Sprachgebrauchs nähersteht als die Schriftsprache der deutschen Klassiker.

7.7.2   Christel Leska

In ihrer Arbeit »Vergleichende Untersuchungen zur Syntax gesprochener und geschriebener deutscher Gegenwartssprache«[188] setzt Christel Leska die Hypothese von einer Zweiteilung in gesprochene und geschriebene deutsche Gegenwartssprache an den Anfang. Sie begründet diesen Ansatzpunkt folgendermaßen:

> Eine Zweiteilung in gesprochene und geschriebene Sprache gehört zum Wesen des Sprachgebrauchs bei allen Kulturvölkern. In einigen Sprachen ist die Trennungslinie klar und scharf gezogen, wie im Arabischen und Japanischen, in anderen verwischt und undeutlich, wie im modernen Englisch, wo beide Formen sanft und unmerklich ineinanderübergehen. Diese Unterschiede zwischen gesprochener und geschriebener Sprache beschäftigen die Sprachwissenschaft zwar schon seit langem, doch konnte sich eine Zweiteilung als Gliederungsprinzip nicht durchsetzen. Dem Syntaktiker aber erscheint eine solche Einteilung wünschenswert, denn die herkömmliche Dreiteilung der Vollsprache in Schriftsprache (bzw. Hochspr.) – Umgangssprache – Mundart ist primär von der Lautform bestimmt und erweist sich für syntaktische Untersuchungen eher störend als nützlich. Mundart, Umgangssprache und Hochsprache gelten in der Regel als gesprochene Sprache und haben daher auf syntaktischem Gebiet wichtige Gemeinsamkeiten, die durch die Dreiteilung verwischt werden. (Leska, Gegenwartssprache, S. 428)

[188] In: Beitr. z. Gesch. d. dt. Spr. u. Lit. 87, Halle, 1965, S. 427–464. Die Arbeit wird von der Verfasserin als »noch nicht abgeschlossene Dissertation« gekennzeichnet.

Die Verfasserin schließt sich also an die von Wunderlich ausgehende Tradition an;[189] das betrifft sowohl die Zweiteilung des Sprachgesamts als auch die Ausrichtung auf die Syntax. Anders sind die Terminologie und die Untersuchungsmethode, und damit im Zusammenhang ist auch ein gewisser Unterschied im Untersuchungsgegenstand gegeben. Wunderlich benutzt Beobachtungen über Eigenarten des Sprachgebrauchs im persönlichen Gespräch und interpretiert sie, für ihn ist die Funktion des Umganges wichtig. Leska geht methodisch strenger vor. Sie benutzt ein Korpus für ihre Untersuchung. Sie will statistisch arbeiten; deshalb benötigt sie »vergleichbare Einheiten« in gesprochener und geschriebener Sprache. So wählt sie aus den ihr vorliegenden 50 geschriebenen Texten (Lehrbücher, Fachbücher, Zeitungsartikel und -aufsätze, Reportagen, wissenschaftliche Werke u.ä.) sowie den 50 gesprochenen Texten (Tonbandaufnahmen der DAW Berlin, selbstangefertigte Aufnahmen und einige Aufnahmen der vom Deutschen Spracharchiv herausgegebenen Lautbibliothek) »zusammenhängende Abschnitte von je 100 Teilsätzen« aus. Der Zwang, für eine statistische Untersuchung genügend umfangreiche Textteile suchen zu müssen, wirkt sich auf den Untersuchungsgegenstand aus. Leska schreibt:

> Um die Vergleichbarkeit des Materials zu sichern, beschränkt sich die Untersuchung der gespr. Spr. auf die zusammenhängende Äußerung. Gespräch und stark situationsentlastete gespr. Spr. werden nicht erfaßt... (Leska, Gegenwartssprache, S. 428)

Auf diese Weise wird der Ausschnitt aus der insgesamt gebräuchlichen gesprochenen Sprache stark eingeschränkt, vor allem wird die »im Umgange gesprochene Sprache« ausgeklammert. »Die Sprecher erörtern Probleme bzw. berichten aus ihrem Lebensbereich«, d.h. es handelt sich durchweg, mit Brinkmann zu sprechen, um einseitige, sachbezogene Rede (vgl. Abschn. 7.6). Der Untersuchungsgegenstand steht damit dem »spontanen Gespräch« bei Zimmermann, bei dem es sich um »Kontaktgespräch« (Brinkmann) handelt, recht fern. Leska meint allerdings im Hinblick auf »Gespräch und stark situationsentlastete gespr. Spr.«, man solle hier »gesonderte Untersuchungen ansetzen, die zur Sicherung der Ergebnisse der vorliegenden Arbeit herangezogen werden könnten«. Aber mit gleicher Methode wäre eine solche Untersuchung kaum möglich, und es erscheint mir fraglich, ob man einen Bereich der Sprachanwendung, durch den sich eine so deutliche Barriere in bezug auf die Anwendbarkeit gewisser methodischer Mittel zieht, von vornherein als Einheit ansehen darf, wie es Leska tut, indem sie von Untersuchungen des Gesprächs nur erwartet, daß sie die Ergebnisse ihrer Arbeit sichern könnten. Beim derzeitigen Unter-

---

[189] In einer Anmerkung verweist sie auf Wunderlich, nennt aber vor ihm merkwürdigerweise Behaghel, der sich selbst auf Wunderlich beruft (vgl. Abschn. 6.4 der vorliegenden Arbeit). Außerdem nennt sie als Vorläufer den Schweden Kåre Kaiser und Hans Eggers mit seinem im vorangehenden Abschnitt besprochenen Aufsatz.

suchungsstand scheint mir mindestens die Gegenhypothese erlaubt, daß mündliche Erzählung und Erörterung mit entsprechenden schriftlichen Darstellungen auch syntaktisch enger zusammengehören als mit den syntaktischen Erscheinungen der »stark situationsentlasteten gespr. Spr.« bzw. des »spontanen Gesprächs« oder der »im Umgange gesprochenen Sprache«. Für die Prüfung von These und Gegenthese müßten erst noch methodische Möglichkeiten gefunden werden. Was problematisch an Leskas Arbeit ist, ist die generalisierende Unterscheidung in »gesprochene Sprache« und »geschriebene Sprache«, die als repräsentativ gedachte Gegenüberstellung, bei der es sich um »Kernbereiche« der beiden sprachlichen Gebrauchsweisen handeln soll. Die Bedenken schwinden, wenn man die Untersuchung als Vergleich mündlicher und schriftlicher Erörterung bzw. Erzählung faßt. Unter diesem Aspekt werden gesicherte Ergebnisse erarbeitet, die sich auf »Zahl, Länge und Form der Sätze-Struktur der Gefüge-Zahl und Form der satzwertigen Gliedteile« beziehen.[190] Aufschlußreich sind vor allem Hinweise auf eine gewisse »Schichtung« in der gesprochenen Sprache, die sich bei einer Ordnung der Sprecher »nach der Zahl der Sätze, die sie aus 100 Teilsätzen bauen«, ergeben hat. Leska bezeichnet als Schicht I eine »schriftferne sprachliche Grundschicht« und erläutert dazu:

> Eine Beziehung bestimmter Personenkreise zu dieser Grundschicht zeichnet sich ab. Dieser Strukturformen bedienen sich durchaus nicht nur Mundartsprecher, sondern ganz allgemein Sprecher, die unter geringem Einfluß der geschriebenen Sprache stehen. Das sind entsprechende soziale Schichten, auch ältere Menschen und Kinder. Nachdrücklich zu betonen ist jedoch, daß diese Schicht I als Grundschicht nicht nur sprachsoziologisch, sondern auch sprachpsychologisch erscheint, in den dem Einzelnen zur Verfügung stehenden sprachlichen Mitteln. Jeder Sprecher, auch der sprachlich Gebildete, der die Strukturformen der Schriftspr. beherrscht, wird sich in entsprechender Situation, bei entsprechender Aussageabsicht der Formen dieser Grundschicht bedienen müssen, so z.B. in der situationsentlasteten Rede. (Leska, Gegenwartssprache, S. 456)

Über dieser »schriftfernen Grundschicht« werden eine »mittlere Sprachschicht« (II) und »schriftnahe« Schicht III angeordnet. Wie so oft dient also wiederum die Schrift als Maßstab. Wichtiger noch und besonderer Aufmerksamkeit wert erscheinen mir die Hinweise über Beziehungen der Grundschicht zu bestimmten Personenkreisen und Situationen: Auffällig ist, daß die Mundartsprecher, also die Gebraucher vom Lautstand her charakterisierter regionaler Sprachformen dieser Schicht zugerechnet werden. So stehen sich praktisch auch in dieser Darstellung »Mundart« und »Schriftsprache« gegenüber, allerdings erst auf Grund einer nachträglichen Zuordnung und mit dem notwendigen ergänzenden Hinweis, daß auch anderweitiger Sprachgebrauch, der aus sozial oder situativ bedingten Gründen nicht oder wenig an schriftsprachlicher Bildung orientiert ist,

---

[190] Vgl. Abschn. X A in Leska, Gegenwartssprache, S. 453/454.

zu derselben Schicht zählt. Die Unterscheidung geschrieben-gesprochen bezeichnet einen Aspekt der Sprache, die Unterscheidung regional – überregional einen anderen, sozial hoch – sozial niedrig einen dritten, gebildet – nicht gebildet einen vierten und situationsabhängig – situationsunabhängig einen fünften. Es zeigt sich hier, daß diese Aspekte nicht identisch sind, aber es zeichnet sich ab, daß es so etwas wie Korrelationen zwischen diesen Einteilungen gibt. Die Annahme derartiger Korrelationen könnte manche Schwierigkeiten begrifflicher und sachlicher Art im Problembereich der Umgangssprache erklären. Eine exakte Nachprüfung dürfte allerdings der Vielfalt der Materie wegen einige Schwierigkeiten bereiten.

7.7.3   Hugo Steger

Von einer von außen an den Germanisten herangetragenen Forderung geht Hugo Steger bei seinen Bemühungen im Problembereich der Umgangssprache aus. Er schreibt:

> »Mehr natürliche deutsche Umgangssprache« ist … die Forderung an den Deutschunterricht, die seit langem praktisch denkende Ausländer wie ihre Sprachlehrer stellen, die nicht allein die Sprache GOETHES und THOMAS MANNS verstehen und lehren wollen, sondern die sich gern in der Lage sähen, eine Unterhaltung mit deutschen Gastgebern oder Gästen im natürlichen »Stil« zu führen und im täglichen Leben zu bestehen.[191]

Dieser Forderung möchte Steger nachkommen. Er hat im Auftrage des Instituts für deutsche Sprache in Mannheim »die Erforschung der Grundstrukturen des überregionalen gesprochenen Deutsch« übernommen. Über die Zielsetzung erläutert er:

> In diesem Unternehmen … geht es zunächst darum, die grundlegenden grammatischen und semantischen Regularitäten des Deutschen so zu beschreiben, daß sie besonders für den Ausländerunterricht des Goethe-Instituts didaktisch ausgewertet werden können. Wir legen dabei die gesprochene Sprache des gebildeten Deutschen zugrunde, der über 30 Jahre alt sein soll, also voll in den sozialen Prozeß eingegliedert ist. Damit soll auch erreicht werden, daß der Raumfaktor irrelevant wird, da wir auf interlandschaftliche Sprache ausgehen. (Steger, Gesprochenes Deutsch, S. 32)

Die Beschäftigung mit dem Problembereich »Umgangssprache« führt bei Steger sehr bald zu einer Lösung vom Begriff »Umgangssprache«:

> Wir mußten im Zuge einer Theoriebildung für die gesprochene Sprache zu geeigneten Segmentierungsmethoden innerhalb des außerordentlich kompliziert strukturierten Systemoids Sprache kommen. Dies führte zur Lösung von alten Begriffen wie etwa »Umgangssprache«, die sich als wissenschaftlich unbrauchbar erwiesen. Exakte Kriterien für die Abgrenzung von gesprochener und ge-

---

[191] Steger, Hugo: Die Erforschung des gesprochenen Deutsch. In: Christiana-Albertina, Kieler Universitäts-Zeitschrift Heft 4, November 1967, S. 31.

184

schriebener Sprache mußten beschrieben werden. (Steger, Gesprochenes Deutsch, S. 33)

Von Stegers Bemühen, bisher hauptsächlich als »umgangssprachlich« bezeichnete Probleme »exakter« zu fassen, zeugt sein Aufsatz »Gesprochene Sprache. Zu ihrer Typik und Terminologie«.[192] Im Anschluß an Hans Eggers und vor allem an Christel Leskas im vorhergehenden Abschnitt besprochene Arbeit ersetzt er die »herkömmliche Dreigliederung Schriftsprache – Umgangssprache – Mundart« durch die Zweiteilung »gesprochene und geschriebene Sprache«, wobei er auf die »methodisch schärfere Prozedur zur Trennung der beiden Bereiche« in der Arbeit Leskas hinweist.[193] Jedoch kritisiert er an dieser Arbeit, daß sie noch zu wenig Daten berücksichtigt, wenn sie etwa erzählende und Redetexte vermische oder gar vergleiche. Deshalb verlangt er noch weitergehende Unterscheidungen. Die »Segmentierung« des Untersuchungsbereiches wird zum Hauptproblem des Aufsatzes:

Wir haben große Schwierigkeiten, aus dem gleichsam mehrdimensionalen sprachlichen Kontinuum, d.h. aus einem sehr kompliziert strukturierten Systemoid (Glinz), Typen und Segmente von entsprechender innerer Einheitlichkeit und möglichst scharfem Umriß auszugrenzen, die zur weiteren Untersuchung geeignet wären. (Steger, Gesprochene Sprache, S. 265)[194]

Steger strebt als »Methode für das Auffinden von Segmenten« die »Gewinnung einer Prozedur« an, mit der Einzelfaktoren und Faktorengruppen stets von neuem isoliert werden können, und er gibt eine »Liste der Faktoren«. Dabei unterscheidet er:

... auf der Materialseite ... 00 Formen der sprachlichen Prozesse 01 Inhalte, Themen / 02 Stile / 03 Offenheit oder Geschlossenheit der Sprechabläufe / 04 Länge der Sprachausschnitte ...
Auf der Seite der Sprecher ... 10 Geistes- und Körperzustände / 11 Geschlecht / 12 Altersstufen / 13 Begabungsstufen / 14 Ausbildungsgrade / 15 soziale Stellung / 16 Formen sozialer Bindungen / 17 Sprechintention / 18 Sprech-(Aufnahme-) Situation / 19 Situationskontext / außerdem / 20 der Raumfaktor / 21 das Zeitkontinuum
30 die Zahl und Art der Versuchspersonen ...
40 wissenschaftliche Beobachtungsblickpunkte, je nachdem ob sich das wissenschaftliche Fragen richtet auf die Syntax oder Morphematik (Morphosyntax),

---

[192] Steger, Hugo: Gesprochene Sprache. Zu ihrer Typik und Terminologie. In: Sprache der Gegenwart Bd 1, Düsseldorf 1967, S. 259–291.

[193] Steger, Gesprochene Sprache, S. 261.

[194] Im Text ist der Name »Glinz« infolge Druckfehlers als »Ganz« wiedergegeben. Allerdings verwendet Steger den Terminus »Systemoid« in einem anderen Sinne als Glinz. Glinz versteht darunter die »stets nur erstrebte, nie ganz erreichte Systemnatur« der wirklichen Sprache, den Umstand, daß sie ein Gebilde ist, »das wohl dem Willen und der Funktion, aber nicht mehr der regelmäßigen Form nach noch ein System ist« (Glinz, Innere Form, S. 21); er zielt auf Unstimmigkeiten innerhalb einer Gebrauchsform, auf den seit jeher beobachteten Umstand, daß der »Gebrauch« in etlichen Fällen gegen sonst befolgte Regeln verstößt (vgl. die Anomalisten in der Antike sowie Vaugelas und Adelung in neuerer Zeit), während es Steger offenbar auf das Vorhandensein verschiedener Gebrauchsformen innerhalb eines Sprachgesamts abgesehen hat.

Phonologie (Morphonematik), Phonetik, Akzentuation und Intonation, Ideomatik, Lexik oder auf soziale oder psychische Fakten. (Steger, Gesprochene Sprache, S. 266f.)

Die Erläuterungen zu diesen Faktoren machen es deutlich, welche Schwierigkeiten auftreten, wenn es gilt, der skizzierten Vielfalt des Gegenstandes und der Forderung nach Anwendung exakter Methoden, zu der sich Steger bekennt, gleichzeitig gerecht zu werden. So weist er zu Punkt 01 »Inhalt und Themen« auf die Beobachtung hin, »daß vorgetragene Inhalte jeweils bestimmte Formen der Sprache nach sich ziehen«. Das macht es schwierig, vergleichbares Material zu gewinnen, wie es für exaktes, quantifizierendes Arbeiten notwendig ist. Er erklärt zudem:

> Es kann gewiß von der methodischen Forderung nach frei gesprochenem Text nicht mehr abgegangen werden. (Steger, Gesprochene Sprache, S. 268)

Es müssen demnach »echte« Sprachprozesse durch die Aufnahmegeräte gespeichert werden. Welche Schwierigkeiten sich daraus ergeben, läßt sich erahnen, wenn man die von Steger zu Punkt 18 aufgeführte »ganze Skala von Möglichkeiten« bei den Sprechsituationen ins Auge faßt, die z.T. an die Kapitelüberschriften in Knigges »Umgang mit Menschen« erinnert.

> Vorgesetzter und Untergebener – Arzt und Patient – feindliche Partner – stummer und skeptischer Partner – Partner mit bestimmten Absichten: beispielsweise bei Paaren, zwischen denen sich eine Beziehung anbahnen will – Gespräche zwischen einzelnen, die sich fremd sind – Erzählung vor mehreren, vor vielen usw. (Steger, Gesprochene Sprache, S. 274)[195]

Steger meint dazu, es müßten »Versuche eingeleitet werden, wie man ›echte‹ Sprachprozesse, die unsere Forderung nach Vergleichbarkeit und Spontaneität erfüllen, simulieren kann«.[196] Auf das Vorhandensein der Problematik außersprachlicher Situationskontexte, das für Zimmermann im Mittelpunkt steht und bei Leska dazu geführt hat, situationsabhängige Sprache wegen ihrer Unvergleichbarkeit mit der situationsunabhängigen Schriftsprache von der Untersuchung auszuschließen, weist Steger in seiner Erläuterung zu Punkt 19 nur hin, ohne näher darauf einzugehen. Zu Punkt 30 merkt er an:

> Wichtig sein kann endlich noch die Frage nach der Zahl und Zusammensetzung der Versuchspersonen, die notwendig sind, um relevante Ergebnisse zu erhalten. (Steger, Gesprochene Sprache, S. 275)

Damit ist darauf hingewiesen, daß nicht nur überhaupt vergleichbare Texte von genügendem Umfang, sondern vergleichbare Texte in genügend großer Zahl mit genügend repräsentativer Verteilung vorhanden sein müssen.

---

[195] Vgl. Knigge, Adolph Freiherr von: Über den Umgang mit Menschen. Hannover 1788, Reprint Darmstadt 1967.

[196] Steger, Gesprochene Sprache, S. 268f.

In dem späteren der beiden hier besprochenen Aufsätze verweist Steger noch darauf, daß das Verhältnis von »Gebrauchsnormen« zu »leitbildbezogenen idealen Normen« berücksichtigt werden müsse.[197] Er nennt das selbst ein besonders schwieriges Problem für die Analyse der vorhandenen Texte:

> ... denn nur das darf zur Grundlage unserer grammatischen und stilistischen Auswertung gemacht werden, was als grammatisch wohlgeformt betrachtet werden kann. (Steger, Gesprochenes Deutsch, S. 34)

Bei einem Befragen der Personen, ob eine Äußerung als wohlgeformt zu gelten habe, besteht die Gefahr, daß andere Normvorstellungen zur Anwendung kommen als beim Gebrauch.[198]

Trotz der überall hervortretenden Spannungen zwischen der Beschaffenheit des Materials und den Anwendungsmöglichkeiten der von Steger angestrebten exakten Verfahrensweisen ist er der Überzeugung, »daß die im Augenblick in allen Bereichen der Sprachwissenschaft vor sich gehende Schärfung des Methodenbewußtseins, auf der ein großer Teil der Fortschritte der Linguistik in der Gegenwart beruht, auch vor einem so komplexen Forschungsgegenstand wie dem der gesprochenen Sprache nicht haltmachen kann und wird«, weil »allein die Anpassung an gewandelte Forschungsmethoden uns noch im Gespräch halten kann mit einer Reihe von Disziplinen, die ebenfalls an der Entschlüsselung der Möglichkeiten und Leistungen des Menschen in der Welt beteiligt sind. . . .«[199] Er sagt, daß man ein Zurückschrecken vor den in diesem Zusammenhang auftretenden Schwierigkeiten »angesichts teilweise viel schwierigerer Aufgaben im naturwissenschaftlichen Bereich, etwa in der Biologie« nicht werde für richtig halten können.[200] Der einzelne Bearbeiter werde dabei »nur noch Teile des Feldes übersehen können; denn um der methodischen Strenge willen wird der jeweilige Untersuchungssektor stark beschränkt werden müssen«,[201] und wegen der Menge der Daten sei »von vornherein der Blick auf eine maschinelle Datenspeicherung zu richten«.[202]

An diesen Thesen und Forderungen ist zweifellos richtig, daß sich mit Hilfe der exakten Methoden und technischen Hilfsmittel in dem Gebiet der Sprachwissenschaft – und sicher auch im besonderen Bereich der gesprochenen Sprache – Ergebnisse erreichen und sichern lassen, wie es sonst nie möglich gewesen wäre. Eine Hypothese, die erst noch bewiesen werden müßte, ist jedoch nach meiner Ansicht die Aussage, daß es etwa in der Biologie viel schwierigere Aufgaben gebe; denn das Ausmaß der

---

[197] Steger, Gesprochenes Deutsch, S. 34. Inzwischen hatten Steger die Ausführungen des Verfassers über »Gebrauchsnormen« und »Idealnorm« in einer früheren Fassung der vorliegenden Arbeit vorgelegen. (vgl. Abschnitt 7.10 der vorliegenden Arbeit)
[198] Vgl. vorliegende Arbeit Abschnitt 7.10.
[199] Steger, Gesprochene Sprache, S. 287f.
[200] Steger, Gesprochene Sprache, S. 285.
[201] Steger, Gesprochene Sprache, S. 285.
[202] Steger, Gesprochene Sprache, S. 285.

Schwierigkeiten, die sich bei einer Erforschung der gesprochenen Sprache auf dem vorgeschlagenen Wege ergeben, muß sich erst erweisen.

Vor allem ist auf eine Gefahr hinzuweisen, die sich aus dem Streben nach methodischer Strenge ergeben kann, wenn sich Teile des zu untersuchenden Bereiches einer Erfassung mit den derzeit verfügbaren methodischen Mitteln widersetzen. In der Arbeit von Christel Leska ist diese Gefahr bereits zu erkennen: Sie ersetzt um der Exaktheit willen »Umgangssprache« durch »gesprochene Sprache« und beschränkt die Untersuchung dann aus methodischen Gründen auf jenen Ausschnitt, der nicht »im Umgange gesprochene Sprache«, sondern einseitige Rede ist. So kann es aus methodischen Gründen zu einer Verschiebung des ursprünglich intendierten Untersuchungsgegenstandes kommen, man könnte sagen: zu einer anderen Art von Unexaktheit. Für die von Steger eingeleiteten Forschungen ist dieser Gesichtspunkt von wesentlicher Bedeutung; denn er strebt es ja an, daß seine Ergebnisse »besonders für den Ausländerunterricht des Goethe-Instituts didaktisch ausgewertet werden können«,[203] und zwar in dem Sinne, daß sich die Schüler auf Grund des Unterrichts in der Lage sehen, »eine Unterhaltung mit deutschen Gastgebern oder Gästen im natürlichen »Stil« zu führen und im täglichen Leben zu bestehen.«[204] Eine entsprechende Anwendung der Forschungsergebnisse in der Realität wird zeigen müssen, ob das angestrebte Ziel auf dem vorgeschlagenen Weg erreicht wird.

7.8   Ture Johannisson

Bei dem Versuch, zu einer Grammatik der deutschen – oder auch einer deutschen – Umgangssprache zu kommen, stößt man, wie die vorstehenden Abschnitte gezeigt haben, immer wieder auf die Schwierigkeit, daß sich die ins Auge gefaßte Sprachform nicht klar genug gegen andere absetzt, um sie als eigenständiges System erfassen zu können. Die mühsame Suche nach Kriterien für die Abgrenzung ist ein Zeichen für diese Schwierigkeit. Als verläßliches Kriterium erscheint auf den ersten Blick immer wieder die Abweichung von der Schriftnorm (vgl. Wunderlich, Duden, Baumgärtner, Scheel). Aber wenn man nach diesem Kriterium die gewisse Eigenständigkeit der Umgangssprache (oder einer Umgangssprache) bestimmt hat und die dabei gefundene Sprachform dann von ihrem eigenen Zentrum her zu erfassen sucht, stößt man auf die große Variationsbreite des Sprachgebrauchs in diesem Bereich und muß feststellen, daß die mit der Schriftnorm übereinstimmenden Formen in dieser Variationsbreite auch zu finden sind. Und damit ist der sichere Anhalt wieder verloren. Diese Schwierigkeit ist nicht in allen Sprachen so groß wie im Deutschen.

---

[203] Steger, Gesprochenes Deutsch, S. 32.
[204] Steger, Gesprochenes Deutsch, S. 31.

Leska verweist beispielsweise darauf, daß die Trennungslinie zwischen gesprochener und geschriebener Sprache im Arabischen und Japanischen »klar und scharf gezogen« sei.[205] Derartige klare Trennungen gibt es aber auch im Bereich germanischer Sprachen. So schreibt Ture Johannisson in einem Aufsatz »Entwicklungstendenzen im heutigen Schwedisch«:[206]

> Zwischen Schriftsprache und Umgangssprache bestehen nämlich in Schweden von jeher erhebliche Unterschiede, die nicht nur die Laute und ihre Bezeichnung, sondern auch den Wortschatz und den Satzbau betreffen. Die Schriftsprache hat viel mehr als die gesprochene Sprache ihr Gepräge unter fremdem Einfluß bekommen. (Johannisson, Schwedisch, S. 93)

Beobachtungen unter solchen günstigeren Bedingungen können den Blick auf deutsche Sprachverhältnisse schärfen. Deshalb sollen sie hier berücksichtigt werden.

Ein Vergleich mit deutschen Verhältnissen ist deshalb gut möglich, weil die schwedische Sprache der deutschen nicht nur der Herkunft nach verwandt ist, sondern auch in der Gegenwart in einer ähnlichen Entwicklung steht, und zwar gerade im Hinblick auf die Beziehungen zwischen Schriftsprache und Umgangssprache. Johannisson hebt diese Gleichheiten selbst hervor:

> Die Umgangssprache befindet sich seit langem in einer ständigen Entwicklung zu größerer Einheitlichkeit. Zwei Faktoren wirken da zusammen; die Verdrängung und Auflösung der Mundarten und der Einfluß des Schriftbildes auf die Aussprache.
> Die zunehmende Kenntnis des Lesens – Schulpflicht besteht in Schweden seit 1842 – und der unerhörte Zuwachs der Literatur haben dem gedruckten Wort eine immer größere Bedeutung gegeben. Dies ist ja nicht nur für die Schweden typisch; es scheint hier jedoch besonders deutlich an den Tag zu treten. (Johannisson, Schwedisch, S. 93)
> Auch die Verdrängung der Mundarten durch die »hochschwedische« Umgangssprache hat ja überall in Europa ihre Parallelen. Bei uns wird der Vorgang vor allem durch die Landflucht beschleunigt. Die Mundartsprechenden sind heutzutage im allgemeinen zweisprachig ... Die Umgangssprache zeigt bei ziemlich großer Einheitlichkeit recht viele landschaftliche Abstufungen. (Johannisson, Schwedisch, S. 94)

Das Vorbild der Schriftsprache spielt also für die schwedische Umgangssprache wie für die deutsche eine wichtige Rolle, so daß man auch hier auf den Gedanken kommen könnte, ihr die Eigenständigkeit abzusprechen, da ihr Ideal außerhalb ihrer selbst liege. Aber die folgenden Ausführungen Johannissons verbieten das:

> Oben war von dem Einfluß der Schrift auf die Aussprache die Rede. Der umgekehrte Vorgang ist aber häufiger und tritt in mehrfacher Gestalt auf. (Johannisson, S. 96)
> Einige Verben, die oft betont auftreten, sind seit langem in der Umgangssprache

---

[205] Beitr. z. Gesch. d. dt. Sprache u. Lit. 87, Halle 1965, S. 428.
[206] In: Festschrift für Ludwig Wolff, 1962, S. 93–106.

verkürzt worden: ... Normalerweise schreibt man *sade* (sagte) und *lade* (legte). Die Hochsprache verwendet auch diese Formen, während die Umgangssprache fast ausschließlich die Kurzformen *sa*, *la* kennt. In der erzählenden Prosa seiner ersten Bücher benutzt Pär Lagerquist *sa* und *la*, und heute begegnet man diesen Formen bei vielen Schriftstellern.

Die bestimmten Formen der Substantive, die auf betontes *-i* ausgehen, haben bis jetzt in der Schriftsprache ... die Endungen *-en* (»Utrum«) bzw. *-et* (Neutrum) bekommen: *teorien* »die Theorie« (en teori) ... *bageriet* »die Bäckerei« ... Heute werden, in Übereinstimmung mit der mittel- und nordschwedischen Aussprache, Formen ohne *-e* immer häufiger, vor allem beim ersten Typ: *teorin* ... (Johannisson, Schwedisch, S. 97)

Eine der größten Veränderungen in der Geschichte der schwedischen Schriftsprache findet vor unseren Augen statt: das Aufgeben der Pluralformen des Verbs. In der Umgangssprache ist dies zum Teil schon seit ein paar Jahrhunderten durchgeführt; da gibt es also für alle Personen eines Tempus nur eine Verbalform. Die Schriftsprache hat aber allgemein bis Anfang des 20. Jahrhunderts an der alten Flexion festgehalten ...

Vor etwa fünfzig Jahren begannen einzelne Schriftsteller, die Formen des Singulars auch bei pluralem Subjekt zu verwenden. Schon in der ersten Ausgabe von »Nils Holgersson« (1906-07) führt Selma Lagerlöf die vereinfachte Beugung durch, aber nur in der direkten Rede. In »Liljecronas hem« (1911) und »Kejsaren av Portugallien« (1914) fehlen die Pluralformen auch in den erzählenden Partien. So radikal ist die Dichterin sonst nur in ihren letzten Werken aus den dreißiger Jahren. In späteren Ausgaben ihrer frühesten Romane führt sie die Formen der Sprechsprache ein. Pär Lagerkvist verwendet seit Beginn der zwanziger Jahre durchgehend die Singularformen, und dies ist bei den meisten jüngeren Schriftstellern Regel geworden.

In den dreißiger Jahren wurden die einheitlichen Formen in den Unterricht und in die Lehrbücher der Schulen eingeführt. Im Jahre 1945 gingen die Nachrichtenagenturen der Tagespresse und die meisten Zeitungen zu dem neuen Stil über, und 1962 folgte der offizielle Druck des Reichstags. (Johannisson, Schwedisch, S. 98)

Das sind Angaben, die in mehrfacher Hinsicht zu denken geben. Der Hauptunterschied zu deutschen Verhältnissen besteht offenbar darin, daß im Schwedischen klarere formale Unterschiede vorhanden sind, die eine Handhabe zu deutlichen Gegenüberstellungen geben und es möglich machen, gegenseitige Einflüsse besser zu erfassen als im Deutschen.

Am auffälligsten ist, daß sich hier die Schriftsprache ohne jeden Zweifel in wesentlichen Zügen des grammatischen Regelsystems nach der Umgangssprache richtet. Diese Beobachtung widerlegt die Auffassung, es sei für die Umgangssprache bezeichnend, daß ihr Ideal außerhalb ihrer selbst liege (bei K. Scheel spielt, wie schon dargelegt, diese Auffassung eine Rolle, und noch grundsätzlicher hat sie R. Große in seinem Buch über die Meißnische Sprachlandschaft formuliert, vgl. Abschn. 8.5).

Bemerkenswert ist der Weg, auf dem sich die umgangssprachlichen Formen schriftsprachliche Geltung erwerben. Nicht nur daß sie zuerst in dichterischer Prosa Fuß fassen, verdient Beachtung, sondern auch, daß der Weg über zwei Stufen geht: Zuerst erscheinen die umgangssprachlichen Formen nur in bestimmter Funktion innerhalb eines Werkes und dann erst durchgängig in einem literarischen Werk. Eindrucksvoll ist weiterhin, wie sich das Fortschreiten der umgangssprachlichen Formen von einem schriftsprachlichen Funktionsbereich zum anderen genau belegen läßt.

Diese Beobachtungen geben wichtige Hinweise für die Untersuchung der Beziehung zwischen Umgangssprache und Schriftsprache im deutschen Sprachraum. Sie zeigen, daß die Untersuchung an nur einem schriftsprachlichen Funktionsbereich, etwa dem der populärwissenschaftlichen Sachprosa, wie ihn Hans Eggers für seine Untersuchungen zugrunde gelegt hat, keineswegs repräsentativ für die Gesamtentwicklung sein muß. Es wird deutlich, daß die dichterische Prosa nach wie vor besondere Aufmerksamkeit verdient, daß man ein dichterisches Werk keineswegs als sprachlich einheitliches Gefüge ansehen darf, sondern oftmals innerhalb des einzelnen Werkes nach Funktionen unterscheiden muß.[207]

Neben den eben hervorgehobenen auffälligen und darum besonders aufschlußreichen umgangssprachlichen Kennzeichen vermerkt Johannisson noch weitere, deren Einfluß auf die Schriftsprache er ebenfalls feststellt. Dabei handelt es sich um die Neigung zum einfachen Bau der Syntax, um das Zurücktreten des Genitivs und des Konjunktivs, um die Vorliebe für Kurzwörter u.ä., um Erscheinungen also, die in den wesentlichen Zügen mit dem übereinstimmen, was bereits Wunderlich als umgangssprachlich hervorgehoben hat und von anderen öfter bestätigt worden ist. Auf Schritt und Tritt finden sich in Johannissons Aufsatz Feststellungen, die es lohnend erscheinen lassen, das Problem der Umgangssprache in einem über die Einzelsprache hinausgreifenden Rahmen zu betrachten. Jedoch halte ich es für ratsam, das Beobachtungsfeld erst dann derart auszuweiten, wenn einige Klarheit über das Problem der Umgangssprache im Rahmen einer Einzelsprache gewonnen ist. In der vorliegenden Untersuchung darf außerdeutschen Verhältnissen deshalb lediglich ein Seitenblick gelten, und das auch nur, wenn er für das Problem der deutschen Umgangssprache aufschlußreich ist. Im übrigen scheint es angezeigt, sich vorerst auf die Auswertung von Arbeiten zur deutschen Umgangssprache zu beschränken.

7.9   Die hochdeutsche Umgangssprache als Sprache mit regional variablem Lautsystem (H. Pilch)

In seiner Abhandlung »Das Lautsystem der hochdeutschen Umgangssprache« geht Herbert Pilch[208] von dem Phänomen aus, daß hochdeutsche Sprecher aus verschiedenen Gegenden einander verstehen, obgleich sie sich unterschiedlicher Lautsysteme bedienen. Über die von ihm untersuchte Sprachform bzw. Gruppe von Sprachformen sagt Pilch näher:

---

[207] Vgl. die Untersuchungen von W. Winter, die in Abschnitt 10.7 besprochen werden.
[208] In: Zeitschr. f. Mundartforschg. 33, 1966, S. 247–266.

Hier soll vom Hochdeutschen die Rede sein, so wie wir es tatsächlich sprechen. Ich meine also Hochdeutsch nicht als eine von einer Autorität gesetzte Norm, sondern Hochdeutsch als natürliche Sprache, in der wir wissenschaftliche Vorträge halten und sie hinterher diskutieren. Mit dieser Bestimmung – die Sprache in der wir uns täglich unterhalten – möchte ich die hochdeutsche Umgangssprache abgrenzen einerseits gegen die deutsche Bühnensprache, andererseits gegen die deutschen Mundarten. (Pilch, Umgangssprache, S. 247)

»Umgangssprache« ist also im ursprünglichen Sinne als im Umgange gesprochene Sprache gemeint. Die speziell genannten Verwendungsbereiche lassen darauf schließen, daß es sich um »gebildete Umgangssprache« handeln soll. Allerdings werden einige Unterscheidungen vernachlässigt, die bei anderen Autoren als wichtig hervortreten: Die einseitige Rede der Vorlesung, bei der es sich zudem um zuvor schriftlich fixierte Sprache handelt, die in festen Formen verlaufende Diskussion und die als Kontaktgespräch zu deutende Unterhaltung werden zu einer Einheit gefaßt.[209] Pilch kann diese Unterscheidungen vernachlässigen, denn bei seiner auf das Lautsystem zielenden Arbeit fallen sie kaum ins Gewicht, während sie z.B. für syntaktische Betrachtungen wichtig sind. Darüber hinaus ist auffällig, daß Pilch eine Dreiteilung der Gesamtsprache verwendet, die der von Leska und Steger abgelehnten Teilung in Mundart, Umgangssprache und Schriftsprache ähnlich sieht. Doch läßt sich Pilchs Dreiteilung nicht durch die Zweiteilung geschrieben/gesprochen ersetzen, denn Pilch bezieht sich von vornherein nur auf mündlichen Sprachgebrauch. Zudem erstrebt Pilch keine exakte Einteilung des Sprachgesamts, in das sich jede Einzelerscheinung genau einordnen ließe. Er sagt vielmehr:

Die Dreiteilung »Deutsche Bühnensprache, hochdeutsche Umgangssprache, deutsche Mundarten« möchte ich als Orientierungsschema auffassen. Ich leugne nicht etwa, daß es Zwischenformen und Grenzfälle gibt und daß diese Zwischenformen und Grenzfälle häufig vorkommen. Hochdeutsch wird mit mehr oder weniger starkem mundartlichen Einschlag gesprochen. (Pilch, Umgangssprache, S. 248)

Pilchs Kriterium für die Ausgrenzung der Mundarten ist, daß mit ihnen keine Verständigung im gesamten Sprachraum möglich ist. Auf der anderen Seite schließt er unter der Bezeichnung »Bühnensprache« jene im »Siebs« festgelegte einheitliche Bühnenaussprache von der Betrachtung aus, »von der eines sicher ist: Kein Deutscher spricht sie.« Es ist klar, daß der verbleibende Bereich, die »hochdeutsche Umgangssprache«, »nicht ein einheitliches Lautsystem hat, sondern verschiedene Lautsysteme.« (S. 250). Trotzdem will Pilch eine systematische Beschreibung liefern, genauer: er will »wenigstens einige Teile des hochdeutschen Lautsystems *in ihrer regionalen Variabilität* analysieren.« (S. 250) In einer Anmerkung äußert er sich näher zu diesem Vorhaben:

---

[209] Vgl. die Ausführungen Hennig Brinkmanns, die bei der Besprechung der Arbeit von Heinz Zimmermann (Abschnitt 7.6) herangezogen worden sind.

192

Wir stellen uns also eine Aufgabe, die bisher als unlösbar galt ... Methodologisch stützt sich unser Vorgehen auf die von K.L. Pike vorgeschlagene Theorie der topologischen Variation (Language in relation to a unified theory of the structure of human behavior, II, Glendale, California 1955, 20 f.). Hierbei werden verschiedene phonematische Systeme auf ihre Isomorphie (Kongruenz) hin untersucht. Entweder entsprechen die Phoneme der verschiedenen Systeme einander ein-eindeutig, oder eine Opposition aus dem einen System ist in einem anderen System aufgehoben. Verglichen werden können die Phonemsysteme einmal phonematisch, d.h. nach ihren Unterscheidungsmerkmalen (z. B.: existiert die Stimmhaftigkeitskorrelation für die labialen Verschlüsse und in welchen Stellungen?) zum anderen morphonematisch, d.h. nach der Vertretung gegebener Morpheme durch einander entsprechende Phoneme (z.B. mögen die Morpheme mit anlautendem /p/ in einem System in einem anderen mit /f/ anlauten). (Pilch, Umgangssprache, S. 250)

Auf dieser Grundlage untersucht Pilch zuerst die Stimmhaftigkeitskorrelation, wobei er – größtenteils auf Grund eigener Beobachtung – feststellt, ob die Oppostion stimmhaft/stimmlos in den vier Stellungen a) Silbenanlaut vor Vokal, b) Silbenanlaut vor Konsonant, c) Silbeninlaut, d) Silbenauslaut jeweils in den verschiedenen Regionen vorhanden oder neutralisiert ist. Dabei findet er beispielsweise diese Opposition für den Silbenauslaut nur im Nordosten realisiert (Grat = Grad), während sie in allen anderen Regionen neutralisiert ist.

Neben der Stimmhaftigkeitskorrelation behandelt Pilch den Vokalismus. Dabei arbeitet er nicht von vornherein mit der herkömmlichen Opposition zwischen kurzen und langen Vokalen, sondern setzt zunächst ohne Festlegung relevanter Eigenschaften zwei Reihen nebeneinander. Dazu erklärt er:

Alle mir bekannten Spielarten des Hochdeutschen haben die Silbenschnitt-, Abglitt- oder Quantitätskorrelation
a) i e ɑ o u ü ö
b) ɪ ɛ a ɔ ʊ ʏ œ
Die phonetischen Merkmale dieser Korrelation sind komplex und in verschiedenen Dialektgebieten verschieden, und mancherorts ... besteht ... kein Längenunterschied. Ich habe daher in der Umschrift verschiedene Zeichen gewählt und die für die Länge üblichen Diakrita vermieden. Diese Zeichenwahl hat einen wichtigeren Grund. Es gibt nämlich außerhalb der Silbenschnittkorrelation phonetisch echte Quantitätskorrelationen ... (Pilch, Umgangssprache, S. 257)

Mit »phonetisch echten Quantitätskorrelationen« meint Pilch u.a. solche, die im nordwestdeutschen Raum zwischen den »durch Ersatzdehnung des Vokals bei Ausfall des silbenauslautenden /r/« entstandenen Lauten und den »sogenannten 'kurzen Vokalen'« zu beobachten sind (z.B. Bett /bɛt/ ≠ Bert /bɛ̄t/; Spott /spɔt/ ≠ Sport /spɔ̄t/).[210]

---

[210] Pilch sagt, derartige Oppositionen gebe es zu den sogenannten »kurzen Vokalen«, fügt aber hinzu, »außer /a/« und erläutert: Die Gruppe /ar/ fällt in diesem Falle mit /ɑ/« zusammen, z.B. Karl/kɑl/ = kahl/kɑl/.« In meiner Heimatstadt Kiel ist die entsprechende Opposition jedoch durchaus vorhanden: Kahl/kɑl/≠Karl /kāl/ oder – um alle drei a-Laute gegeneinanderzusetzen-: Fahne/fɑne/≠Pfanne /fane/≠Farne /fāne/.

Pilch arbeitet nach alledem praktisch mit einem idealen Bezugssystem, in dem alle im Gesamtraum vorkommenden Oppositionen in jeder vorkommenden Stellung berücksichtigt sind. Die einzelnen in der Realität vorzufindenden Varianten müssen demgegenüber als minder vollständig erscheinen.

Das ideale Bezugssystem, dessen sich Pilch als eines methodischen Werkzeugs bedient, ohne sich näher darüber zu äußern, ist aber nicht als bloße Konstruktion zu verstehen. Die Sprecher bedienen sich der von diesem Bezugspunkt her beschreibbaren Relationen, wenn sie sich trotz der Verschiedenheit der benutzten Lautsysteme miteinander verständigen. Vielleicht wird von hier aus auch eine Anschauung erklärbar, die während der Herausbildung der deutschen Gemeinsprache immer wieder eine Rolle gespielt hat, nämlich die, daß jede Mundart ihre »Fehler« habe. Der Maßstab für die Beurteilung könnte dabei ein derartiges ideales Bezugssystem sein, das zwar nicht – wie bei Pilch – explizit entwickelt wird, aber doch praktisch – »im sprachlichen Umgange« – funktioniert.

Mit Hilfe eines solchen idealen Bezugssystem müßten sich manche als »umgangssprachlich« bezeichnete Erscheinungen, deren Variabilität der genauen Erfassung Schwierigkeiten bereitet, besser beschreiben lassen, als es bisher möglich gewesen ist.

7.10 Zusammenfassung: Umgangssprache als Problem der Grammatik – Umgangssprache als Abweichung von der sprachlichen Norm

Im Rahmen der grammatischen Forschung läßt sich die terminologische Verwendung des Begriffs »Umgangssprache« nur schwer auf einen Nenner bringen. Dieser Forschungsbereich ist auch derjenige, in dem am meisten Neigung und Bedürfnis besteht, den Begriff »Umgangssprache« durch andere, durch »exaktere« Begriffe zu ersetzen.

Im allgemeinen läßt sich jedoch sagen, daß mit dem Terminus »Umgangssprache« ein Bereich von Erscheinungen bezeichnet wird, der für die Normvorstellungen Schwierigkeiten bringt. In einer Reihe von Fällen ist »Umgangssprache« Sammelbezeichnung für Abweichungen von einem als mustergültig angesehenen Gebrauch (Sprachpfleger, Sütterlin, Dudengrammatik). In weiteren Darstellungen wird »Umgangssprache« als Bezeichnung für Eigenheiten in der Syntax des Gesprächs gebraucht, die von der als Norm anerkannten schriftüblichen Syntax unterschieden sind (Wunderlich, Hofmann, in ähnlichem Sinne auch Eggers); zum Teil wird dieser Bereich dabei sogar derart beschrieben, daß seine Normfähigkeit überhaupt in Frage gestellt erscheint (Zimmermann). Bei wiederum anderen Autoren ist unter »Umgangssprache« eine eigene Sprachform verstanden, die jedoch an der anerkannten Norm orientiert ist (Baumgärtner,

Scheel). In einem einzigen Fall, der aber nicht das Deutsche, sondern das Schwedische betrifft, steht »Umgangssprache« für eine eigene Norm, an der sich mehr und mehr der Schriftgebrauch orientiert. In einem weiteren Einzelfall wird ein ähnlicher Gebrauchsbereich wie im Schwedischen auch für den deutschen Sprachraum als »Umgangssprache« beschrieben, jedoch nicht im Sinne einer verbindlichen Norm, sondern als ein Bereich mit tolerierten regelmäßigen Varianten (Pilch). Umgangssprache kann dabei überall als ein irgendwo im persönlichen Umgange üblicher Sprachgebrauch verstanden werden.

Auffällig ist jedoch die Tendenz, den anderweitig als »Umgangssprache« bezeichneten Bereich terminologisch auf andere Weise zu fassen, sobald dieser Bereich nicht als Randerscheinung betrachtet, sondern selbst zum Untersuchungsgegenstand wird. So spricht K. Scheel vom »Hamburger Missingsch«, Kufner von der »Münchner Stadtmundart«, womit Sprachformen gemeint sind, die nach manchen der vorher erwähnten Bezeichnungsgrundsätze als »Umgangssprachen« zu fassen wären, und H. Zimmermann wählt den Terminus »spontanes Gespräch«, um die Anwendungsart der Sprache im persönlichen Umgange zu charakterisieren. Am konsequentesten verfahren Ch. Leska und H. Steger beim Ersatz des Begriffes »Umgangssprache«; sie verwerfen diesen Terminus ausdrücklich und aus grundsätzlichen Erwägungen, nämlich um die mehrdeutige Dreiteilung Mundart – Umgangssprache – Schriftsprache zu überwinden. Sie entschließen sich zu der auf den ersten Blick eindeutigen Scheidung in gesprochene und geschriebene Sprache, sind damit aber zugleich zu weiteren Unterscheidungen gezwungen. Leska trennt die »situationsentlastete Rede«, d.h. anders gesagt das »spontane Gespräch« oder die »im Umgange gesprochene Sprache«, von der übrigen gesprochenen Sprache und scheidet sie bei ihrer eigentlichen Untersuchung aus, während Steger zunächst bemüht ist, die bei näherer Betrachtung doch unscharfe Grenze zwischen »gesprochen« und »geschrieben« genauer zu bestimmen, indem er die mündliche Wiederverwendung geschriebener Sprache und für die Schrift bestimmte Rede sowie jegliche Form des gebundenen Sprachgebrauchs aus seinem Untersuchungsbereich ausschließt. Für den verbleibenden Bereich bemüht er sich um eine »Segmentierung« mit Hilfe verschiedener Faktoren, wobei Vorstellungen, die sonst mit dem Begriff »Umgangssprache« verbunden werden, in verschiedene Faktoren aufgeteilt erscheinen. Mit Hilfe eines solchen Segmentierungsverfahrens hofft er zur Ausgrenzung beschreibbarer Einheiten kommen zu können, d.h. zu solchen, die als eigener Regelbereich gefaßt werden können.

So verschieden die einzelnen Standpunkte auch sind: Immer wieder erscheint im Umgange gesprochene Sprache als Problem, und immer wieder wird der Terminus »Umgangssprache« herangezogen, wenn die Vorstellung von der Sprache als einem durchgängig bestimmten grammatischen Regelwerk, wie sie am klarsten in der Konzeption de Saussures von dem geschlossenen, einheitlichen und auf das innersprachliche beschränkte System Gestalt gewonnen hat, nicht vollständig zum Ziele führt.

Schwierigkeiten macht an erster Stelle die Vorstellung von der Geschlossenheit des Sprachsystems, die vorausgesetzt werden muß, wenn eine durchgängige und vollständige Beschreibung einer Sprache möglich sein soll. Hier begegnet man wieder der alten Streitfrage zwischen Analogisten und Anomalisten. Ins Moderne gewandt heißt die Frage, ob Grammatik als wissenschaftliche Theorie einer Sprache möglich ist. Es gibt Stimmen, die das bestreiten. So sagt W. Winter, natürliche Sprachen seien » a conglomerate of an undetermined number of subsystems«, und folgert: »to write a grammar is essentially an utopian undertaking.«[211] Andere wenden sich entschieden gegen diese Auffassung wie z.B. Wolfgang Motsch,[212] der sich nachdrücklich auf den Boden der »Regularitätshypothese« stellt, d.h. der »Annahme, daß alle Erscheinungsformen der Sprache auf ein System von invarianten Eigenschaften zurückzuführen seien«, die »zwangsläufig die Konstruktion von exakten Grammatiktheorien nach sich ziehen« müsse. Er begründet seinen Standpunkt damit, daß »einem erkenntnistheoretischen Skeptizismus« nicht Vorschub geleistet werden dürfe, da dieser »der Spekulation Tür und Tor« öffne, indem er an entscheidenden Stellen auf begriffliche Klarheit verzichte. Begriffliche Klarheit sei jedoch die Grundlage für wissenschaftlich stichhaltige Aussagen über einen Gegenstand. Sie könne nur dann erreicht werden, wenn man die Forderung, möglichst alle Begriffe einer Wissenschaft im Rahmen einer Theorie zu definieren, zum methodologischen Prinzip erhebe.

In dieser Argumentation ist das Bestreben deutlich, die Sprachwissenschaft an die von Carnap und seinem Kreis erarbeitete Wissenschaftstheorie anzuschließen, und zwar nicht nur in dem Sinne, daß erforscht werden soll, wie weit es auf dieser Grundlage möglich ist, eine Sprache zu beschreiben, sondern auch mit dem Anspruch, daß nur die Arbeit auf dieser Grundlage zulässig sei. Im Mittelpunkt des Interesses der von Motsch vertretenen Forschungsrichtung der »generativen Grammatik« stehen die »wohlgeformten Sätze« (well-formed sentences) eines gedachten »idealen Sprechers« einer Nationalsprache, also nach dem Maßstab der Korrektheit ausgewählte Äußerungen aus einer Sprachform, die selbst das Produkt langwieriger Auslesevorgänge ist, bei denen Tendenzen zur Logisierung und zur Rationalisierung (vgl. die virtutes der puritas und der perspicuitas) immer wieder beteiligt sind. Diese Forscher erfassen damit in erster Linie Sprachformen, bei denen die Bedingungen für die Möglichkeit einer Beschreibung als geschlossenes System von vornherein günstiger sind als bei anderen Spracherscheinungen, die vom Standpunkt der Standardform einer Nationalsprache als Abweichungen erscheinen.[213] Ge-

---

[211] Winter, Werner: »Transforms without Kernels?«, Language 41, 1965, S. 484–489.
[212] Motsch, Wolfgang: »Können attributive Adjektive durch Transformationen erklärt werden?« Folia Linguistica I, 1967, S. 23–48.
[213] Die Situation für die wissenschaftliche Beschreibung als geschlossenes System wird natur-

rade diese werden jedoch besonders häufig terminologisch als »Umgangssprache« gefaßt; vom Standpunkt der Sprachform des idealen Sprechers handelt es sich dabei um Äußerungen, die zwar nicht grammatisch, aber trotzdem noch verständlich sind. Derartiges könnte in Anlehnung an Chomsky als »halbgrammatisch« bezeichnet werden, doch werden in der Forschungspraxis nicht solche Äußerungen unter diesem Terminus gefaßt, die in der Sprachwirklichkeit vorkommen, vielmehr wendet man hier die Bezeichnung »halbgrammatisch« eher auf Fehlkonstruktionen an, die entstehen können, wenn mit einem noch unzureichenden Regelsystem versucht wird, grammatisch richtige Sätze zu erzeugen. (Vgl. Absch. 7.6) Bei den Konstruktionen, die von manchen Grammatikern mit dem Wort »umgangssprachlich« als nicht ganz korrekt gekennzeichnet werden, handelt es sich jedoch um Gebrauchsweisen, die nur vom Standpunkt des idealen Sprechers her »halbgrammatisch« sind, aber von den Mitgliedern der aufnehmenden Gruppe unter bestimmten Bedingungen als völlig (und nicht nur halb) korrekt aufgenommen werden. Grundsätzlich wird zwar gelegentlich die Forderung anerkannt, daß derartige Strukturen nicht als »abweichend« angesehen werden dürften,[214] doch bietet z.Zt. selbst der strenger geregelte Sprachgebrauch des idealen Sprechers so viele ungelöste Probleme, daß es noch nicht abzusehen ist, wie weit es einmal gelingen kann, etwa auf dem von der generativen Grammatik eingeschlagenen Weg Regeln für die »Unregelmäßigkeiten« außerhalb des idealen Standards zu erarbeiten, d.h. die Regularitätshypothese für diesen Bereich als zutreffend zu erweisen.

Ob für die natürlichen Sprachen mit der Existenz geschlossener Systeme im Sinne logisch exakt beschreibbarer Regelsysteme gerechnet werden kann, ist im übrigen auch in der Philosophie unserer Zeit eine offene Frage. Neben der erwähnten auf eine allgemeine Wissenschaftstheorie zielenden Richtung findet die Philosophie Ludwig Wittgensteins stärkste Beachtung.[215] Die Auffassung, die im Spätwerk dieses Philosophen vertreten wird, läßt sich zur Äußerung des Kontrahenten von W. Motsch, W. Winter, in Beziehung setzen: Wittgenstein, der in seinem Jugendwerk »Tractatus logico-philosophicus« wie Carnap und sein Kreis in der Konstruk-

---

gemäß verbessert, wenn von seiten der Sprachpflege die Systemgerechtheit zum Kriterium für Anerkennung oder Nichtanerkennung von Innovationen gemacht wird – wie es P. Grebe, der Leiter der Duden-Redaktion, tut (vgl. Grebe, Paul: Sprachnorm und Sprachwirklichkeit. In: Sprache der Gegenwart Bd.2, erst S. 41). Allerdings müssen derartige Entscheidungen durch den Gebrauch in bestimmten Personenkreisen Anerkennung gefunden haben, die dann als Informanten für die Wissenschaftler dienen.

[214] So äußert Roman Jakobson im Jahre 1961: »Incidentally, neither ellipsis nor reticence or anacoluthon could be considered as deviant structures; they, and the slurred style of speach, brachylogical subcode to which they belong, are merely lawful deviations from the kernel forms embedded in the explicit standard.« (Nach Revzin in Word 19, 1963, S. 399).

[215] In der Neubearbeitung der »Hauptströmungen der Gegenwartsphilosophie« von Helmut Stegmüller aus dem Jahr 1967 (d. h. in der 3. Aufl.) wird der Philosophie Wittgensteins beispielsweise die ausführlichste Analyse, nahezu ein eigenes Buch, gewidmet. Wittgenstein bildet hier den Abschluß der Gesamtdarstellung.

tion exakter Sprachen den einzig für die Philosophie gangbaren Weg gesehen hat,[216] kommt in seinen ein Menschenalter später entstandenen »Philosophischen Untersuchungen« zu Darlegungen, die als ein näheres Durchdenken der später von Winter geäußerten These verstanden werden können, natürliche Sprachen seien ein Konglomerat aus einer unbegrenzten Anzahl von Subsystemen. Ich möchte auf diese Darlegungen Wittgensteins etwas näher eingehen, und zwar nicht in erster Linie deshalb, weil er »natürliche Sprache« terminologisch als »Umgangssprache« faßt, sondern vor allem weil sich daraus Gesichtspunkte für die Möglichkeit und Schwierigkeit der grammatischen Beschreibung sprachlicher Erscheinungen ergeben, die aus grammatischer Sicht als »umgangssprachlich« angesprochen werden.

Wittgenstein geht aus von einer Absage an seine im »Tractatus« vertretenen Auffassung, in dem auch die natürliche Sprache mit dem Maßstab der Logik gemessen wird. In den »Philosophischen Untersuchungen« sagt er nun, ihm sei später aufgegangen:

> ...daß wir nämlich in der Philosophie den Gebrauch der Wörter oft mit Spielen, Kalkülen nach festen Regeln, *vergleichen*, aber nicht sagen können, wer die Sprache gebraucht, *müsse* ein solches Spiel spielen. – – – Sagt man nun aber, daß unser sprachlicher Ausdruck sich solchen Kalkülen *nur nähert*, so steht man damit unmittelbar am Rande des Mißverständnisses. Denn so kann es scheinen, als redeten wir in der Logik von einer *idealen* Sprache. Als wäre unsere Logik eine Logik, gleichsam, für den luftleeren Raum. – – – Während die Logik doch nicht von der Sprache – – bzw. vom Denken – – handelt, in dem Sinne, wie eine Naturwissenschaft von einer Naturerscheinung, und man höchstens sagen kann, wir *konstruierten* ideale Sprachen. Aber hier wäre das Wort »ideal« irreführend, denn das klingt, als wären diese Sprachen besser, vollkommener, als unsere Umgangssprache; und als brauchte es den Logiker, damit er den Menschen endlich zeigt, wie ein richtiger Satz ausschaut. (Wittgenstein, Untersuchungen, § 81)

So versucht Wittgenstein, der natürlichen Sprache gerecht zu werden, also der Umgangssprache, in der nicht jeder Begriff eindeutig definiert ist. Der entscheidende von ihm neu eingeführte Begriff ist der des *Sprachspiels*. Solche Sprachspiele vollziehen sich zwar – wie andere Spiele – auch nach Regeln; aber nicht jeder Zug des Geschehens ist exakt bestimmt. Wittgenstein vergleicht sie an einer Stelle (§ 87) mit einem Wegweiser, der in Ordnung ist, »- wenn er, unter normalen Verhältnissen, seinen Zweck erfüllt«. In Verfolg dieser Überlegungen nähert sich der Philosoph geradezu volkskundlicher Betrachtungsweise, wenn er sagt:

> Einer Regel folgen, eine Mitteilung machen, einen Befehl geben, eine Schachpartie spielen sind Gepflogenheiten (Gebräuche, Institutionen). (Wittgenstein, Untersuchungen, § 199)

---

[216] Vgl. Wittgenstein, Ludwig: Tractatus logico-philosophicus. Tagebücher 1914–16. Philosophische Untersuchungen. Frankfurt/M. 1960 (= Schriften Bd. 1), Tractatus...3.323 – 3.325.

Die Gesamtheit der gebräuchlichen Sprachspiele wäre danach der Umgangssprache zuzurechnen. Unter diesem Gesichtspunkt muß es aufschlußreich sein, wie Wittgenstein den Begriff des Spiels bestimmt. Denn so besehen muß eine Aussage über das Wesen des Spiels auch eine Aussage über das Wesen der Umgangssprache enthalten. Wittgenstein führt den Leser auf folgende Weise an die Gemeinsamkeit dessen, was »Spiel« heißt, heran:

> Betrachte z.B. einmal die Vorgänge, die wir Spiele nennen. Ich meine Brettspiele, Kartenspiele, Ballspiel, Kampfspiele usw. Was ist diesen allen gemeinsam? – Sag nicht: »Es *muß* ihnen etwas gemeinsam sein, sonst hießen sie nicht ›Spiele‹« – sondern *schau*, ob ihnen etwas gemeinsam ist. – – Denn, wenn du sie anschaust, wirst du zwar nicht etwas sehen, was *allen* gemeinsam wäre, aber du wirst Ähnlichkeiten, Verwandtschaften, sehen, und zwar eine ganze Reihe.

Wittgenstein belegt das nun mit Beispielen; dann schließt er:

> Und das Ergebnis dieser Betrachtung lautet nun: Wir sehen ein kompliziertes Netz von Ähnlichkeiten, die einander übergreifen und kreuzen. Ähnlichkeiten im Großen und Kleinen.
> Ich kann diese Ähnlichkeiten nicht besser charakterisieren als durch das Wort »Familienähnlichkeiten«; denn so übergreifen und kreuzen sich die verschiedenen Ähnlichkeiten, die zwischen den Gliedern einer Familie bestehen: Wuchs, Gesichtszüge, Augenfarbe, Gang, Temperament etc. etc. – – Und ich werde sagen: die 'Spiele' bilden eine Familie. (Wittgenstein, Untersuchungen, §§ 66 u. 67)

Wittgenstein erklärt hier übrigens am Beispiel der Verwandtschaft von Spielen, was er unter Verwandtschaft der »Sprache« genannten Erscheinungen verstehen will. Er vermeidet dabei eine Definition, die dazu zwänge, die einzelnen Erscheinungen in einen »luftleeren« Raum zu stellen (vgl. oben). Stattdessen »charakterisiert« er einen Zusammenhang, der sich zwar nicht exakt in einem logisch einwandfreien Obergriff erfassen läßt, der aber dennoch Berücksichtigung verlangt, wenn man der Wirklichkeit gerecht werden will.

Diese Ausführungen können für die Erfassung des Problems der Umgangssprache von großer Bedeutung sein. Überzeugend wirkt vor allem die Charakterisierung der natürlichen Sprache (also der Umgangssprache) als ein Spiel, das zwar nach Regeln verläuft, aber von diesen nicht durchgängig bestimmt ist, so daß es mit den Mitteln der Logik nicht vollständig erfaßt werden kann. Wenn dieser Gedanke richtig ist, kann es für Umgangssprachen nur eine Art Rahmengrammatiken geben, während die Aufstellung eines geschlossenen Systems nicht möglich erscheint.[217] Beachtung verdient daneben, daß die Sprache von Wittgenstein als eine Art

---

[217] Einen verwandten Gedanken entwickelt Hans Glinz in seinem Buch »Die innere Form des Deutschen« (Bern und München 2. Aufl. 1961). Auch er rechnet nur mit unvollkommenen Regeln; er beobachtet sogar konkurrierende Ansätze zu Regelsystemen in der Sprache und bezeichnet sie deshalb nicht als System, sondern als »Systemoid«. Gerade für die oft widersprüchlich oder regellos wirkenden umgangssprachlichen Erscheinungen könnte dieser Gedanke als Erklärung geeignet sein.

Brauch gewertet wird. Dieser Gedanke ist zwar nicht durchaus neu – in der Volkskunde ist er gang und gäbe –, doch erhält er bei Wittgenstein ein neues Gesicht, indem er zu einer anderen Brauchtumsform, dem Spiel, in Beziehung gesetzt wird. Das Spiel hat den Vorzug, ein einfacheres Modell brauchtümlicher Zusammenhänge zu bieten als die Sprache. Deshalb kann das Spiel in manchen Fällen gewiß Zusammenhänge erkennen lassen, die in verwickelterer Art auch in der Sprache wirksam sind. Dabei dürfte der Begriff »Familienähnlichkeiten« für einige der Zusammenhänge treffend sein.

Nicht weniger Schwierigkeiten als die Vorstellung, die Sprache sei ein geschlossenes, durchgängig bestimmtes System, macht angesichts der Erscheinungen, die von seiten der Grammatiker als »umgangssprachlich« bezeichnet werden, die Vorstellung von der Einheitlichkeit dieses Systems, mit anderen Worten die Annahme, die Sprache sei in der Sprachgemeinschaft als eine Summe von Eindrücken niedergelegt, die in jedem Gehirn völlig gleich sei (vgl. Saussure, Grundfragen, S. 23). Von »Umgangssprache« ist aber gerade dann die Rede, wenn mit Varianten gerechnet werden muß. Die obengenannte Vorstellung ist offensichtlich zu starr für die Erfassung auch solcher Erscheinungen. Es fragt sich deshalb, ob eine Grammatik einer »Umgangssprache« oder die Einbeziehung einer »Umgangssprache« in eine Grammatik grundsätzlich unmöglich ist. Sollte eine solche grammatische Beschreibung möglich sein, dann müßte sie sich auf eine weniger starre Grundvorstellung vom Wesen einer Sprache stützen, in der auch für unterschiedlichen Sprachgebrauch im Rahmen einer Sprache Raum ist. Von einer solchen Konzeption geht André Martinet[218] aus. Es bietet sich deshalb an zu prüfen, ob sich seine Methode zur »Beschreibung der Sprache« auf »umgangssprachliche« Gegebenheiten anwenden läßt. Seine Grundauffassung ist folgende:

> Keine einigermaßen ausgedehnte Gemeinschaft ist sprachlich homogen. Aber nachdem man den Bereich, den man beschreiben will, einmal nach Belieben abgegrenzt hat, müssen die Unterschiede, die man darin feststellt, als Varianten ein und desselben Sprachgebrauchs dargestellt werden und nicht, als läge jeweils ein eigener Sprachgebrauch vor. (Martinet, Grundzüge, S. 38)

Es entspricht dabei durchaus den Forderungen Martinets, auch solche Erscheinungen zu berücksichtigen, die häufig als »umgangssprachlich« charakterisiert werden:

> Der heutige Sprachwissenschaftler aber wird Formen wie *das hat noch einmal gut gegangen, dem Peter sein Buch, ich kann das nicht ab* ohne die edle Entrüstung des Puristen, aber auch ohne die Begeisterung des Neuerers begegnen: Er sieht in ihnen nichts als Tatsachen, die er zu verzeichnen und im Rahmen der Sprachgewohnheiten, unter denen sie auftreten, zu erklären hat. (Martinet, Grundzüge S. 14)

---

[218] Martinet, André: Grundzüge der Allgemeinen Sprachwissenschaft (Ich benutze die dt. Verhältnissen angepaßte vom Verf. durchges. Übersetzung)

Die Berücksichtigung seiner letzten Forderung würden gerade Ausländer sehr begrüßen.[219]

Wichtig ist der Grundsatz Martinets, daß der zu beschreibende Bereich »nach Belieben« abgesteckt werden kann. Daraus ergibt sich, daß Umgangssprache auf zweierlei Art in eine grammatische Untersuchung einbezogen werden kann, nämlich als Variante oder als eigener Regelbereich. Ist der zur Untersuchung abgesteckte Bereich der Schriftsprache oder einer Mundart zuzuordnen, dann hängt es von der Enge oder Weite der willkürlich gezogenen Grenzen ab, ob als umgangssprachlich bezeichnete Erscheinungen als Varianten innerhalb des Systems aufgeführt werden oder ob sie als fehlerhaft gekennzeichnet sind, d.h. als außerhalb des Systems stehend aufgefaßt werden. Ein grundsätzlich anderes Bild muß entstehen, wenn der Untersuchungsbereich so abgegrenzt wird, daß die sonst als Varianten oder Fehler bezeichneten Erscheinungen selbst im Zentrum des Untersuchungsbereiches stehen. Aber wie der Untersuchungsbereich auch abgesteckt wird, immer wird die Relation der »umgangssprachlichen«, d.h. hier der nicht mustergültigen, Form zur »grammatischen«, d.h. mustergültigen, Form beachtet werden müssen. Wird der zu beschreibende Bereich weit gefaßt, dann genügt es nicht, die Formen »Peters Buch« und »dem Peter sein Buch« nebeneinanderzustellen. Das würde etwa einem Ausländer, der angemessen sprechen will, nicht helfen, und daran zeigt sich, daß ein notwendiges Element der Beschreibung fehlen würde. Es muß also zusätzlich angegeben werden, unter welchen Bedingungen die eine, unter welchen die andere Form zulässig ist. Eine solche Beschreibung müßte jedoch ein Vielfaches an Schwierigkeiten bieten, gemessen an der Beschreibung einer in sich einheitlichen Literatursprache.

Auf den ersten Blick könnte es so scheinen, als wären diese Schwierigkeiten dadurch zu beseitigen, daß man jeden Gebrauch für sich als isoliert und einheitlich beschreibt. Aber auch hier wird man durch die Praxis eines anderen belehrt. Das zeigen schon die Ausführungen von H. Pilch (Abschn. 7.9). Der Sprachgebrauch, der zwischen gebildeten Deutschen üblich ist, ist gewiß als *ein* Sprachgebrauch zu betrachten; aber in diesem Rahmen gibt es gleichberechtigte Varianten, und außerdem ist es unverkennbar, daß dieser Gebrauch auf den als mustergültig angesehenen Schriftgebrauch bezogen ist. Auch beim enggezogenen Beschreibungsbereich kann es demnach angemessen sein, keine eindeutig bestimmten Angaben zu machen, sondern Toleranzgrenzen zu ziehen. Außerdem kann es notwendig sein, eine Relation zu anderen Sprachbereichen zu berücksichtigen. Das gilt besonders, wenn ein Sprachgebrauch in dem Ruf steht, regellos zu sein, wie es ja immer wieder (wohl nicht zuerst bei Dante und nicht zuletzt bei Zimmermann) gerade im Hinblick auf im Umgange ge-

---

[219] Vgl. Lindgren, Kaj B.: Methodische Probleme der Syntax des Infinitivs. In: Sprache der Gegenwart Bd.1, Düsseldorf 1967, S. 95–108, besonders S. 96.

sprochene Sprache der Fall ist, und dieser »Regellosigkeit« ein anerkannter geregelter Sprachgebrauch gegenübergestellt wird. Man kann in solchen Fällen den Eindruck bekommen, daß eine solche Sprachform keine eigene Regel habe, sondern – wie das »Missingsch« nach K. Scheel – einer fremden Regel folge,[220] und so scheint es, daß man diesen Ausschnitt aus der Sprachwirklichkeit gar nicht als eigene Sprache betrachten könne. K. Scheel hat diesen Schluß gezogen. Bei der Besprechung ihres Aufsatzes ist diesem Schluß schon widersprochen worden. Es erscheint wichtig, diese Frage noch grundsätzlicher zu klären, da sich an ihr entscheidet, ob Umgangssprache in diesem Sinne überhaupt zum eigenen Gegenstand der Sprachwissenschaft im Sinne de Saussures gemacht werden kann.

> Sprache ist ein System von klanggetragenen Zeichen, die sich gegenseitig bestimmen und begrenzen und mit deren Hilfe die Menschen sich verständigen, durch die sie vital und geistig aufeinander wirken können.

Mit diesen Worten versucht H. Glinz in »Das Ringen um eine neue deutsche Grammatik«, hrsg. von H. Moser, (S. 43) die Auffassung der modernen Linguistik von »Sprache« auf eine möglichst einfache Formel zu bringen. Etwas später sagt er ergänzend:

> Sprache ist also geistige Ordnung in einer Gemeinschaft ... Aber diese geistige Ordnung ist, so sehr sie überall wirkt, den Gebrauchern der Sprache meistens gar nicht bewußt. (Glinz, Grammatik, S. 47)

Auch das ist eine wohlbegründete und allgemein anerkannte Auffassung. Im vorliegendem Fall ist sie wichtig, weil sich aus ihr Folgerungen ergeben, an die nicht immer gedacht wird: Wenn der Bestand der Regel vom Bewußtsein der Regel unabhängig ist, dann ist nicht gewährleistet, daß auf das Bewußtsein gegründete Aussagen über die Regel mit der Wirklichkeit des Regelgebrauches übereinstimmen. Danach können Regeln innerhalb des Sprachgebrauchs einer Gemeinschaft selbst dort bestehen, wo die Glieder der Sprachgemeinschaft Regeln nur außerhalb des eigenen Sprachgebrauchs sehen. Im Grunde ist das selbstverständlich, es *müssen* sogar Regeln da sein. Sonst wäre eine Verständigung unmöglich. Dementsprechend muß ein solcher Ausschnitt aus der Sprachwirklichkeit wie eine eigenständige Sprache untersucht werden können. Auf mehr theoretischem Weg bestätigt sich damit, was sich schon aus der praktischen Überlegung ergibt, daß für ein sprechenlernendes Kind jede in seiner Umgebung gebräuchliche Sprachform als erstrebtes Ideal fungiert. Ob es sich dabei um eine bewußt gepflegte oder um eine ungepflegte Sprachform handelt, ist unter diesem Aspekt gleichgültig. Eine in einem überschaubaren Kreis gebräuchliche Umgangssprache muß beschreibbar, ihre Regeln müssen feststellbar sein, sie hat in diesem Sinne eine Norm, ohne daß eine

---

[220] Nach einer später (im Abschnitt 8.5) zu besprechenden Äußerung von Rudolf Große ist es ein wesentliches Kennzeichen der Umgangssprache, daß sie ihre Norm nicht in sich trägt, sondern nach einem Ziel der Sprachrichtigkeit außerhalb ihrer selbst strebt.

bewußte Normierung an ihr vorgenommen wäre. Insofern ist das Vorhandensein einer *bewußten Norm* unwesentlich. Aber in anderer Hinsicht ist ihre Existenz für die Forschung doch wesentlich, denn nur eine bewußte Norm kann direkt erfragt werden. Klaffen die beobachtbare *Gebrauchsnorm* und die bewußt erstrebte *Idealnorm*[221] auseinander, dann wird sich der Befragte bei seiner Antwort nicht am wirklichen Gebrauch, also nicht am praktisch gültigen System orientieren, sondern an dem, was nach seiner Meinung gültig sein sollte. Damit sind die Untersuchungsbedingungen für Sprachformen, die keine eigene Idealnorm haben, anders als für solche, in denen es innerhalb der untersuchten Sprachform ein anerkanntes Ideal der Sprachrichtigkeit gibt. Wo sich der Untersuchende auf die Aussage verläßlicher Personen einer Sprachgemeinschaft stützen kann, wird er nach deren Urteil aufzeichnen, was richtig ist. Und damit faßt er eine durch bewußte Pflege erstrebte Idealnorm, nicht den gesamten Sprachbrauch. Mancherlei kann Kurswert haben, was von einem über seine Sprache Nachdenkenden getadelt wird. Was auf Grund eines sprachpflegerisch wertenden Urteils als »häufiger Fehler« bezeichnet wird, muß bei der neutralen Beobachtung des Gebrauchs als regelhaft erscheinen. Jede Wertung entspricht einer normativen Tendenz. Eine Grammatik, die sich auf Aussagen von Gliedern einer Sprachgemeinschaft über richtig und falsch stützt, ist also in gewissem Sinne immer noch eine normative Grammatik, zwar nicht in dem krassen Sinne, daß hier vom Grammatiker gesetzt wird, was Regel sein sollte; aber die Haltung sprachpflegerisch eingestellter Glieder einer Sprachgemeinschaft ist im Grunde gar nicht so sehr unterschieden von der eines normativen Grammatikers, immer wird eine Auslese aus den vorhandenen Erscheinungen geboten, und damit ist immer eine – wenn auch oft verborgene – Sprachprogrammatik am Werk. So könnte man sagen, daß die normierende Tendenz nur in eine andere Ebene gerückt sei, wenn auch andererseits einzuräumen ist, daß hier keine von außen herangetragene Willkür vorliegt. Es handelt sich immerhin um eine Repräsentation der Sprachgemeinschaft, und insofern darf man eine auf dieser Grundlage beruhende Sprachbeschreibung mit Fug wissenschaftlich nennen. Aber wichtig ist es festzustellen, daß unter diesen Umständen vielfach zwei unterschiedliche Sprachbeschreibungen von derselben Sprachform möglich sein müssen, eine, die die Idealnorm und eine, die die Gebrauchsnorm repräsentiert. Für den Vergleich von umgangssprachlichen Grammatiken mit hochsprachlichen oder mundartlichen

---

[221] Neuerdings verwendet auch Hugo Steger die Unterscheidung »Gebrauchsnorm« und »ideale Norm« in seinem Aufsatz: Die Erforschg. d. gespr. Dt. – Vgl. Abschn. 7.3.3 der vorliegenden Arbeit. Zu einer etwas anderen Gliederung verschiedener Typen von Sprachnormen kommt man, wenn man die Frage institutioneller Sprachnormung in den Mittelpunkt der Betrachtung stellt. Dabei wird dann »Gebrauchsnorm« (auch »Verkehrsnorm« oder »Geltungsnorm«) einer »Institutionsnorm« gegenübergestellt. Bei dieser Einteilung müßte auch der hier »Idealnorm« genannte Standard der »Gebrauchsnorm« zugerechnet werden. (Vgl. Ischreyt, Sprache und Technik, S. 59).

kann dieser Gesichtspunkt für den hier besprochenen Fall ungemein bedeutsam sein, also für den, daß unter Umgangssprache eine solche Sprachform verstanden wird, deren sprachliches Ideal außerhalb ihrer selbst liegt. Unter solchen Umständen kann sich eine umgangssprachliche Grammatik nur auf die Gebrauchsnorm beziehen, während andere Grammatiken eine Idealnorm aufzuzeichnen pflegen. Auch für Mundartgrammatiken gilt das, denn sie sind allgemein bemüht, möglichst »echte« und »reine« Mundart zu erfassen. Eine angemessene Vergleichsebene zwischen hochsprachlichen und mundartlichen Grammatiken einerseits sowie umgangssprachlichen andererseits wäre erst vorhanden, wenn man sich auf gleichartige Normen stützen könnte, und das bedeutet im vorliegenden Fall auf Gebrauchsnormen, da ja für den einen Vergleichsteil keine Idealnorm vorhanden ist. Dabei taucht sogleich eine neue Frage auf: Würde man nicht geneigt sein, die mündliche Gebrauchsnorm der Hochsprache selbst als Umgangssprache zu bezeichnen, und wäre es bei einem nicht ganz »reinen« Mundartgebrauch nicht ebenso? Vielfach scheint das Wort »Umgangssprache« überhaupt für das gebraucht zu werden, was hier »Gebrauchsnorm« genannt worden ist.

In den eben beschriebenen Fällen, in denen ein nicht als vorbildlich anerkannter Sprachgebrauch einem vorbildlichen gegenübersteht, ist es offensichtlich nicht angängig, den nicht anerkannten Sprachgebrauch zu untersuchen, ohne den anerkannten mehr oder weniger zu berücksichtigen. Unter diesem Gesichtspunkt finden die vielen Versuche eine gewisse Rechtfertigung, »Umgangssprachliches« dieser Art von der Vorbildform her zu erfassen. Aber das Nebeneinander verschiedenen Sprachgebrauchs wirkt sich nicht nur in diesen besonderen Fällen aus. Wir stehen heute vor der Tatsache, daß wir nicht eindeutig von »der Sprache« einer Person sprechen können; es ist vielmehr so, daß sich praktisch jedes Individuum verschiedener Gebrauchsweisen bedient, je nach dem, welche Rolle es als Sprechender übernimmt. Hermann Bausinger führt dazu neuerdings aus:

> ... der *Rollenwechsel* setzt ein Springen nicht nur von einem Gegenstand zu einem ganz anderen, weit entfernten – das fordert die Situation heute ganz allgemein -, sondern auch von einer Form der Sprache zu einer ganz anderen voraus. Die Schwierigkeit, die geistige Anstrengung dieses Rollenwechsels erklärt es, warum wir heute nicht ganz selten nahezu reine Mundart eher bei relativ Gebildeten antreffen als bei geistig Unbeweglichen; ...[222]

Wenn diese »hypothetischen Feststellungen«, wie Bausinger selbst sie nennt, richtig sind, dann ist es notwendig, nicht nur eine Form der Sprache für sich zu betrachten, sondern auch im Verhältnis zu den beim Rollenwechsel benachbarten. Am ehesten läßt sich auf eine Berücksichtigung benachbarten Sprachgebrauchs verzichten, wo eine deutlich faßbare Norm vorhanden ist, also – wenn man wiederum den Ausführungen Bausingers

---

[222] Bausinger, Hermann: Bemerkungen zu den Formen gesprochener Sprache. In: Sprache der Gegenwart Bd.1, S. 292–312; Zitat S. 305.

folgt – einerseits in der Hochsprache und andererseits in der Mundart, denn: »Unter dem Aspekt der Norm rücken Mundart und Hochsprache zusammen«.[223] Hier ist es dem Sprecher leichter möglich, »das sichere Gefühl der sprachlichen Beherrschung seiner Welt« zu haben (und der Wissenschaftler kann sich auf das »Gefühl« des native speaker verlassen). Im »Zwischenbereich«, den Bausinger wie viele andere mit dem Terminus »Umgangssprache« belegt, ist die Lage für den Sprecher anders:

> Da er sich dabei aber an keiner festen Norm orientieren kann und da seine Welt sehr viel unübersichtlicher und komplizierter geworden ist, gelingt ihm das nicht mehr in gleichem Maße. (Bausinger, Gesprochene Sprache, S. 302f.)

Diese Kompliziertheit erklärt Bausinger zu einem Teil mit dem zuvor genannten »Rollenwechsel«. Die gesteigerte Notwendigkeit, einen solchen Rollenwechsel vorzunehmen, kann man als dadurch bedingt ansehen, daß – wie Edda Schrader neuerdings sagt – »jeder Sprecher im täglichen Leben Mitglied mehrerer Gruppen« ist, »also auch mehrerer Sprachgruppen, die durch verschiedene Verhaltens- und Aktionsarten, so auch durch verschiedenes Sprachverhalten gekennzeichnet wird«.[224] Kompliziert wird die Lage dadurch, daß – wie die Arbeit von Pilch (vgl. Abschn. 7.9) gezeigt hat – nicht jede Sprachgruppe durchgängig bindende Regeln hat: In der Sprachgruppe der Gebildeten ist nach dieser Darstellung ein Spielraum für den Sprachgebrauch gelassen, in dem sich der einzelne Sprecher gemäß seiner Zugehörigkeit zu anderen (in diesem Falle landschaftlichen) Sprachgruppen bewegen kann. Zieht man dazu noch in Betracht, daß sich die Gruppen unseres heutigen Gesellschaftssystems nicht ohne weiteres zu übergeordneten Gruppeneinheiten zusammenschließen lassen, daß eher mit einem Kontinuum als mit einer hierarchischen Ordnung zu rechnen ist,[225] dann ergibt sich ein Bild der Verhältnisse, das sich von de Saussures Vorstellung von dem in allen Köpfen innerhalb der Sprachgemeinschaft gleichen System der »langue« erheblich unterscheidet. Man muß nach den obenstehenden Überlegungen mit einem Beziehungsgefüge von Gruppensprachen rechnen, bei dem für die einzelnen Gruppensprachen nur Rahmenforderungen abgesteckt sind, während der Spielraum den Gewohnheiten anderweitigen Gruppengebrauchs entsprechend gefüllt werden kann. Wo aber hätte man unter diesen Umständen die Existenz der »langue« einer Sprachgruppe anzusetzen? Man müßte wohl weiterhin mit de Saussure sagen: in den Köpfen der Mitglieder dieser Sprachgemeinschaft. Nur dürfte man nicht mehr annehmen, daß das Bild bei allen Mitgliedern gleich sei. Es gäbe nach dieser Annahme – zugespitzt gesagt – gar keine Gruppensprachen als in sich geschlossene Systeme, sondern nur Bilder von den Gruppensprachen in den Köpfen der Gruppenmitglieder.

---

[223] Bausinger, Gesprochene Sprache, S. 302.
[224] Schrader, Edda: Sprachsoziologische Aspekte der deutschen Wortgeographie. In: Zeitschr. f. Mundartforschg. 34, 1967, S. 127.
[225] Vgl. Bahrdt, Hans Paul: Wege zur Soziologie. München 1966, S. 60f.

Die Bilder müßten nur genügend ähnlich sein, um miteinander funktionieren zu können. Aus der Beobachtung des Funktionierens (aus der »parole«) baute sich danach jeder sein eigenes System. Jedes Bild der Gruppensprache wäre danach das Ergebnis einer eigenen Abstraktion, Ergebnis eines schöpferischen Aktes, Ergebnis eines Normierungsversuches. An diesem Punkt wäre der Gegensatz zwischen beschreibender und normierender Grammatik aufgehoben. Es ist naheliegend, daß unter solchen Umständen differierende Normierungsversuche entstehen könnten, die in Konkurrenz treten müßten, wenn sie miteinander funktionieren sollen. Dabei könnte sich ein Gebrauch in der Gruppe durchsetzen,[226] während ein anderer abgelehnt würde. In diesem Punkt würden sich Synchronie und Diachronie begegnen. Auf diesem Wege langt der Gedankengang übrigens wieder bei Hermann Paul an, der im Unterschied der »psychischen Organismen«, wie er mit etwas romantisch klingender Terminologie die Sprachsysteme in den Köpfen der einzelnen Angehörigen einer Sprachgruppe benennt, die Ursache für den Sprachwandel sieht.[227] Wenn »Umgangssprache« – wie es in grammatischen Arbeiten weithin geschieht – gleichgesetzt wird mit Sprachgebrauch außerhalb als vorbildlich anerkannter Normen, so bedeutet das nach den obigen (naturgemäß hypothetischen) Darlegungen zugleich, daß Umgangssprache in diesem Sinne der Bereich ist, in dem die relativ einfache Annahme de Saussures, die Sprache sei als einheitliches und geschlossenes System anzusehen, nicht als Untersuchungsgrundlage dienen kann. Stattdessen wäre mit einem komplizierten System zu rechnen, bei dem häufig die Beschreibung von Toleranzgrenzen an die Stelle eindeutiger Angaben treten müßte.

Aber damit sind noch nicht alle Schwierigkeiten genannt. De Saussure fordert für die eigentliche Sprachwissenschaft die Beschränkung auf das »Innersprachliche«. Bei der »im Umgange gesprochenen Sprache« kann jedoch – wie insbesondere die Arbeit von H. Zimmermann gezeigt hat – auf die Berücksichtigung des Situationskontextes nicht verzichtet werden, und außerdem ist – wie H. Brinkmann ergänzend ausgeführt hat[228] – der sprachlich formulierbare »Horizont« der Sprachgruppe als Bezugspunkt zu beachten. Der jeweilige Sprachbrauch kann hier also nicht ohne weiteres isoliert betrachtet werden, sondern er muß vielfach als Teil eines Kommunikationsgesamts aufgefaßt werden. In dieser Hinsicht - und nicht nur in dieser - ist die Untersuchung eines Schriftgebrauchs leichter, denn dieser zwingt dazu, im wesentlichen auf außersprachliche Kommunikationsmittel zu verzichten. Daraus erklärt sich z. T., daß sich vor allem die durch Schriftgebrauch legitimierten Vorbildformen der Nationalsprachen zu einer »innersprachlichen« Untersuchung eignen, und es fällt ein bezeichnendes Licht auf die Methode Kufners, der Mundartliches (oder Umgangs-

---

[226] Vgl. den Abschnitt »Der Ausgleich in der Gruppe« in Hofstätter, Gruppendynamik, S. 85ff.
[227] Paul, Prinzipien, § 15. Vgl. Abschn. 7.1 der vorliegenden Arbeit.
[228] Vgl. Abschn. 7.6 dieser Arbeit.

sprachliches – je nach Terminologie) zunächst durch das Medium der Schrift gehen läßt, um es besser grammatisch fassen zu können. Ob eine »Grammatik der Umgangssprache« unter den gegebenen Umständen grundsätzlich eine Utopie ist, wage ich nicht zu entscheiden. Eine Theorie der Umgangssprache müßte nach dem Vorstehenden alle nicht als vorbildlich anerkannten Gebrauchsweisen einer Sprache und als wichtige Bezugspunkte auch die vorbildlichen Formen umfassen. Sie müßte eine Theorie einer Gesamtsprache darstellen. Es liegt damit auf der Hand, daß das Problem der Aufstellung einer Theorie der Umgangssprache um ein Vielfaches komplizierter sein muß als das Problem der Aufstellung einer Theorie im Hinblick auf eine als vorbildlich anerkannte Sprachform.

8. Problem und Begriff der Umgangssprache aus der Sicht der Mundartforschung und der sprachsoziologischen Forschung

8.1 Die geistesgeschichtlichen Grundlagen der Mundartforschung

Offenbar besteht zwischen Umgangssprache und Mundart ein enger Zusammenhang. Das läßt sich schon an den vorangehenden Kapiteln ablesen. Von mehreren der dort zitierten Autoren wird die Umgangssprache in eine Beziehung zur Mundart gebracht. Allerdings geschieht das auf unterschiedliche, zum Teil sogar widersprüchliche Art. Deshalb verdient die Betrachtung der Umgangssprache von der Mundartforschung her besondere Beachtung. Auch in diesem Fall ist eine kurze wissenschaftsgeschichtliche Einleitung notwendig, denn der Aspekt, unter dem die deutsche Mundartforschung ihren Gegenstand betrachtet, ist zum wesentlichen Teil wissenschaftsgeschichtlich zu verstehen. Nur wenn der dadurch bedingte Standpunkt erfaßt ist, wird es möglich sein, die von hier aus geäußerten Ansichten zur Umgangssprache richtig einzuschätzen.

Am Anfang der deutschen Mundartforschung steht das Werk Johann Andreas Schmellers über die Mundarten Bayerns. Diese Darstellung, die etwa zur selben Zeit erarbeitet worden ist, in der Jacob Grimm seine Deutsche Grammatik geschrieben hat, ist nach dem Urteil Hermann Pauls »das Muster für alle späteren wissenschaftlich gehaltenen Dialektgrammatiken gewesen, die in der Behandlungsweise lange Zeit nicht über ihr Vorbild hinausgekommen, vielfach dahinter zurückgeblieben sind«.[229] Die Einstellung dieses maßgebenden Werkes zu seinem Gegenstand muß deshalb auch für die vorliegende Fragestellung besonders wichtig sein. Die in diesem Zusammenhang aufschlußreichsten Feststellungen lassen sich aus seinem dritten Kapitel gewinnen, das die Überschrift trägt: »Bezeichnung der heutzutage beym gemeinen Volke des Landes übliche Aussprache«. Dort heißt es:

> Die im vorigen Capitel dargestellte etymologische Schreibung ist, so viel möglich, gleichsam aus den organischen Fäden geflochten, welche, wenn gleich unter verschiedenen Farben, alle Abtheilungen des hochdeutschen Haupt-Dialektes verbindend durchlaufen, und durch welche dieser, trotz einer mehr als tausendjährigen Absonderung, noch lebendig mit dem älteren Stamm-Dialekte zu-

---

[229] Paul, Geschichte, S. 88.

208

sammenhängt.

Nach ihr, nicht nach der jetzt herrschenden gemischten, übrigens hiedurch keineswegs angefochtenen neuhochdeutschen Orthographie, wenn diese gleich für alle Gebildeten zur Regel der Aussprache geworden ist, muß jeder heutige Dialekt Hochdeutschlands, d.h. die beym Landvolk in ununterbrochener Tradition fort erhaltene Aussprache bemessen und beurtheilt werden, wenn sie nicht ein schiefes Resultat ergeben, und diesen Dialekten ein auffallendes Unrecht widerfahren soll.

Nur beym gemeinen Manne, besonders auf dem Lande, und wieder vorzugsweise in abgelegenen Wald- oder Gebirgsgegenden haben sich die meisten der oben erwähnten Aussprach-Analogien rein und lebendig erhalten; in Märkten und Städten und bey den Gebildeten sind sie durch Vermengungen aller Art, besonders mit dem Schrifthochdeutschen immer mehr oder weniger vermischt worden. Es darf in diesem Sinne die Sprache der Bürger-Classe, obschon sich diese gerne etwas auf dieselbe herausnimmt, meistens für corrupter als die des Landvolkes erklärt werden.

Die Aussprache der Gebildeten ist gewöhnlich ganz passiv nach dem Buchstaben der einmal zum Gesetz gewordenen Orthographie gemodelt, doch so, daß fast überall die Hauptfarben des Provinzialdialektes durchscheinen.

In der folgenden Darstellung bezeichnet ein beygesetztes:

L. das, was blos von der gemeinen *ländlichen* Aussprache,

St. das, was von der Bürgerclasse in *Städten*,

G. das, was von der Aussprache der *Gebildeten*, oder von der provinciellen Art und Weise, das Schriftdeutsche zu lesen, gilt. (Schmeller, Bayern, S. 20f.)

Das in erster Linie sprachhistorisch gerichtete und lautbezogene Interesse dieser Mundartdarstellung und der ihr zugrundeliegenden Forschung tritt in diesen Sätzen deutlich hervor. Das lautgeschichtliche Interesse bestimmt bereits wesentlich das Untersuchungsmaterial. Denn für Fragen der historischen Lautentwicklung müssen solche Sprachformen am wichtigsten sein, in denen sich eine Lautentwicklung vollziehen konnte, ohne von Lauterscheinungen anderer Sprachformen gestört zu werden. Im Interesse der Reinheit der Erscheinungen gilt der Sprache des Landvolkes in möglichst abgelegenen Dörfern das Hauptaugenmerk. Man kann geradezu sagen, daß damit die sonst bei hochsprachlichen Bestrebungen wirksame Idee der »Puritas« auf den Mundartbegriff und den Volksbegriff angewandt wird. Von diesem Standpunkt aus muß die Sprache in den Städten und besonders bei den Gebildeten als »corrumpiert« angesehen werden. Es geht also im wesentlichen um die Sprachformen innerhalb einer Bevölkerungsschicht, einer soziologischen Gruppe; diese Sprachformen sind im wesentlichen nur als im persönlichen Umgange üblicher Sprachgebrauch vorhanden. Sie könnten unter diesem Gesichtspunkt als »Umgangssprachen« bezeichnet werden, was aber weder bei Schmeller noch bei späteren Autoren üblich ist. Sprachformen anderer Bevölkerungsschichten werden bei Schmeller nur am Rande erwähnt. Gerade deren Sprache, die der »Bürgerclasse in Städten« und die der »Gebildetern«, ist es jedoch, die in der späteren Mundartforschung häufig mit dem Namen »Umgangssprache« bezeichnet wird. In der Mundartforschung wird also durch den Bereich im Umgange üblicher Sprachformen eine Grenze gezogen, wobei auf der einen Seite mundartliche Formen, auf der andern nicht-mundartliche oder nicht »rein« mundartliche liegen. Nur die letzten werden in der Regel als »Umgangssprache« bezeichnet. Jedoch werden sie in der Frühzeit der Mundartforschung kaum berücksichtigt. Immerhin vermerkt Schmeller diese Sprachformen gelegentlich. Die meisten seiner Nachfolger lassen sie ganz außer acht. Eine Ausnahme macht Wilhelm Viëtor mit seiner Untersuchung der Umgangssprache Nassaus.

Die erste Entwicklungsphase der deutschen Mundartforschung war also der Berücksichtigung außermundartlicher Sprachformen, die im persönlichen Umgange gebräuchlich sind, nicht günstig. Nicht günstiger war unter diesem Blickpunkt die folgende Entwicklung. Das lassen schon diese kurzen Angaben von Ferdinand Wrede erkennen:

> Zusammenfassend glaube ich in der Entwicklungsgeschichte der deutschen Mundartforschung bisher drei Epochen unterscheiden zu können: erstens die statistische, die mit Schmeller vor hundert Jahren einsetzt; zweitens die phonetische seit 1876, die mit Winteler zur anthropologischen, am naturwissenschaftlichen Vorbild geschulten Beschreibung führt; drittens die dialektgeographische des 20. Jahrhunderts, die die historische und politisch-geographische Erklärung auszubauen sucht. Mit ihr entgeht die Dialektologie der Gefahr individual-linguistischer Einseitigkeit, sie wird wieder vorwiegend soziallinguistisch und bestätigt für ihr Teil Jacob Grimms Wort, daß unsere Sprache auch unsere Geschichte ist. (Wrede, Mundartforschung, S. 18)

Zwar könnte man bei dem Hinweis auf die Wendung zum Soziallinguistischen vermuten, daß nun das Untersuchungsfeld auch auf andere soziale Gebilde als die des Landvolkes ausgedehnt worden wäre. Aber Wrede versteht etwas anderes darunter. Die soziologische Begrenzung des Gegenstandes bleibt bestehen, er wird nur nach anderer Seite hin ausgewertet. Die Aufmerksamkeit gilt nun den räumlichen Grenzen, in denen sich die Überlieferung der Mundarten vollzogen hat. Es handelt sich im Grunde um ein neues Hervortreten des historischen Gesichtspunktes. Für Wrede ist es selbstverständlich, daß die Aufgabe der Mundartforschung darin besteht, »die Geschichte unserer Mundarten zu verstehen«. So schreibt er:

> Um die Geschichte unserer Mundarten zu verstehen, hat also der Phonetiker durch den Historiker abgelöst werden müssen; Zungenmuskel und Gaumensegel haben ihre führende Rolle an den historischen Atlas abgetreten. Die historisch-politische Kleingeographie der letzten fünf oder sechs Jahrhunderte hat die Bilder der heutigen Dialektkarten geschaffen, Territorien, Grafschaft, Herrschaft, Kirchspiel, Amt, Kreis bilden die Rahmen, in denen das Leben der Dialektsprecher sich abgespielt hat und noch immer abspielt. (Wrede, Mundartforschung, S. 10)

Sprachformen, die Produkt einer neueren Entwicklung sind, und solche, die in größeren Bereichen verbreitet sind (d. h. jene, die vom Standpunkt der Mundartforschung aus als »umgangssprachlich« bezeichnet zu werden pflegen), gehören nicht zum Untersuchungsgegenstand. Wenn sie trotzdem im Untersuchungsbereich begegnen, müssen sie als störend erscheinen, und das gilt – von Jahrzehnt zu Jahrzehnt zunehmend – für die Arbeiten der dialektgeographischen Schule.

Der terminologische Gebrauch des Wortes »Umgangssprache« innerhalb dieser Richtung der Mundartforschung verdient besondere Beachtung. Er ist wichtig im Hinblick auf die führende Rolle, die die Dialektgeographie in der deutschen Sprachwissenschaft des 20. Jahrhunderts spielt. Dünninger bezeichnet die Bedeutung dieser Forschungsrichtung in seiner Darstellung der »Geschichte der deutschen Philologie« so:

> Was Wenker einstmals zur Stützung und Prüfung der Theorie der Lautgesetze unternommen hatte, der deutsche Sprachatlas, hat die Sprachforschung in völlig neue Bahnen gelenkt... Von den ersten Arbeiten von F. Wrede über die zahlreichen Arbeiten von Th. Frings rückte die Dialektgeographie mehr und mehr in den Mittelpunkt der sprachgeschichtlichen Forschung. (Dünninger, Geschichte, Sp. 209)

Die Wirkung der dialektgeographischen Schule reicht also weit über den Bereich der Mundartforschung hinaus. Ihre Blickweise hat die Sicht sprachgeschichtlicher Forschung und die Bearbeitung regionaler Grammatiken bestimmt. Daraus erklärt sich, daß schon in den vorhergehenden Kapiteln gelegentlich dialektgeographisch bestimmte Auffassungen berücksichtigt werden mußten.

Verschiedentlich verbinden sich volkskundliche Betrachtungsweisen mit den dialektgeographischen. Das liegt nahe, da für beide die bäuerliche Bevölkerung im Mittelpunkt des Interesses steht; doch führt die volkskundliche Betrachtung mehr zur Berücksichtigung anderweitigen Sprachbrauchtums als die dialektgeographische, und so kommen gerade von der Volkskunde her beeinflußte Arbeiten dazu, Probleme der im Umgange gesprochenen Sprache grundsätzlicher und in größerem Zusammenhang zu sehen (Hübner, Grund, Moser, Bausinger). Zur Erklärung fremder Elemente im mundartlichen Sprachgebrauch sind zunehmend sprachsoziologische Betrachtungen als Ergänzung zu den sprachgeographischen herangezogen worden. Dabei wird die mundartfremde »Schicht« gern als »Umgangssprache« bezeichnet (Grund, Else Hofmann u. a.).

Hauptsächlich auf diesem Weg hat die Sprachsoziologie Eingang in die deutsche Sprachforschung gefunden. Als eigenständiger Zweig ist sie nicht hervorgetreten (Ansätze bei Steger und Witting), und deshalb muß sie hier im Zusammenhang mit der Mundartforschung behandelt werden, obgleich sie von der Sache her eine eigene Behandlung verdiente.[230]

---

[230] In neuester Zeit hat die Diskussion sprachsoziologischer Fragen im Rahmen der Germanistik allerdings erheblich zugenommen. Der Anstoß dazu kommt von soziologischer Seite. Er ist von sozialem Engagement und bildungspolitischer Zielsetzung geprägt. Im Mittelpunkt des Interesses stehen dabei Arbeiten von Ulrich Oevermann (neben der erst seit Ende 1970 im Druck zugänglichen Frankfurter Dissertation von 1967 »Sprache und soziale Herkunft. Ein Beitrag zur Analyse schichtenspezifischer Sozialisationsprozesse und ihrer Bedeutung für den Schulerfolg«, vor allem »Schichtenspezifische Formen des Sprachverhaltens und ihr Einfluß auf ddie kognitiven Prozesse« in: Roth, Heinrich (Hrsg.) »Begabung und Lernen. Ergebnisse und Folgerungen neuer Forschungen«, Stuttgart 1968, S. 297–356).

8.2 Umgangssprache als landschaftstypische »Sprache der besseren Stände in engeren Kreisen« (Wilhelm Viëtor)

Noch in die Zeit der ersten Phase der Mundartforschung fällt eine Arbeit von Wilhelm Viëtor über »Die rheinfränkische Umgangssprache in und um Nassau« (1875). Hier befaßt sich Viëtor, der sich später um die Phonetik der Hochsprache und um die Reform des Fremdsprachenunterrichtes, besonders von der orthoepischen Seite her, verdient gemacht hat, mit dem »Dialekt« seiner Heimat. Er sieht in der von ihm beschriebenen Sprachform jene, auf die sich Goethe bezogen hat, als er sagte:

> Jede Provinz liebt ihren Dialekt, denn er ist doch eigentlich das Element, in welchem die Seele ihren Athem schöpft.

Diesen Satz stellt er dementsprechend seiner Schrift voran. Aber die dialektische Sprachform, um die es ihm geht, entspricht nicht der, die sonst Gegenstand der Mundartforschung ist. Das machen schon die ersten Sätze des Vorwortes deutlich:

> Mitten inne zwischen dem Bereiche unserer jetzigen Schriftsprache und dem der Volksmundarten liegt das Gebiet der dialektischen Umgangssprache; ein Gebiet, das manche der beiderseitigen Eigentümlichkeiten und Vorzüge in sich vereinigt, gleichwohl aber (oder vielleicht eben deshalb) von den Forschern, wel-

---

Diese Arbeiten schließen an englische und amerikanische Untersuchungen, vor allem an Veröffentlichungen von Basil Bernstein an. Von diesem übernimmt Oevermann die Themenstellung, das Schema der soziologischen Einteilung sowie die Terminologie, und er begnügt sich dementsprechend mit einer Stufung nach dem »sozioökonomischen Status« in »Unterschicht«, »Mittelschicht« und »Oberschicht«, wobei aber nur die beiden unteren sprachlich untersucht werden. Es geht Oevermann um die Klärung charakteristischer sprachlicher Schwierigkeiten, die vor allem bei Kindern aus Arbeiterkreisen auftreten, wenn sie sich in Konkurrenz mit »Mittelschicht«-Kindern um die Bewältigung von Anforderungen der Schule bemühen. Dieser Fragestellung entsprechen die berücksichtigten linguistischen Kriterien. Es sind solche, die für eine differenzierte Begriffsbildung und für die Fähigkeit zur Problemlösung von Bedeutung sind. Dabei wird von Oevermann die Wichtigkeit der »syntaktischen Organisation« für dieses Ziel besonders hervorgehoben. In der Schule und in höher bewerteten Berufen wird die Beherrschung eines »elaborierten Kodes« gefordert, dessen Pflege in der »Mittelschicht« üblich ist und demgegenüber der Sprachgebrauch der »Unterschicht« als ein »restringierter Kode« erscheint. Es wird also im Grunde wieder vom Standpunkt der »lingua erudita« aus geurteilt, der ein Bereich ungebildeter Sprache gegenübergestellt wird. Für die linguistische Beschreibung dieses Sprachbereiches selbst, der sonst häufig – und auch bei Oevermann gelegentlich – als »Umgangssprache« bezeichnet wird, kann sich unter diesen Umständen nur wenig ergeben. Es werden lediglich Mängel aufgezeigt, die bei dem Versuch offenbar werden, »sich an die Standard-Sprache situationsgerecht anzupassen«. So kommt auch dieser neue Ansatz zu sprachsoziologischer Forschung kaum dem Problembereich der Umgangssprache zugute. – Über den Stand der Bemühungen um das Problem der »Sprachbarrieren« vgl. Jäger, Siegfried: Theoretische und praktische Projekte zur kompensatorischen Spracherziehung in der BRD. In: Muttersprache 81, 1971, S. 41–62. Von linguistischer Seite kritisiert Dieter Wunderlich die bisher vorliegenden Arbeiten dieser Richtung. Im vorliegenden Zusammenhang ist dabei vor allem folgende Bemerkung interessant: »Viele linguistische Merkmale, die evtl. als typisch für Arbeitersprache vermutet wurden, sind in Wirklichkeit nur typisch für mündliche Rede. Bevor nicht überhaupt die Prinzipien und Strategien (und damit die Sprachformen) von mündlicher Rede detailliert untersucht sind, scheint es verfrüht, auf diesem Gebiet kontrastive Untersuchungen Unterschicht vs. Mittelschicht vorzunehmen.« (Wunderlich, Pragmatik, S. 37).

che in den Nachbarbezirken eine so reiche Ausbeute gemacht haben, kaum in den Bering ihrer Untersuchungen gezogen worden ist. (Viëtor, Rheinfränkisch, S. III)

In welcher Hinsicht diese Sprachform »mitten inne« zwischen Schriftsprache und Volksmundart stehen soll, ist nicht genau zu erkennen. Jedenfalls geht es dabei offenbar nicht allein um Formales, sondern es werden funktionale oder wertbezogene Gesichtspunkte mit berücksichtigt; denn sonst könnte nicht von Vorzügen gesprochen werden. – Über das Vorkommen der von ihm beschriebenen Sprachform gibt Viëtor genauere Auskunft:

> Zu Grunde gelegt ist die Umgangssprache »in und um Nassau«. Wie weit sich dieselbe unverändert über die Grenzen des nassauer Landes nach denjenigen des alten Rheinfranken (unter den sächsischen und fränkischen Kaisern) hin erstreckt, war nicht leicht genau zu bestimmen: jedenfalls wird gerade dieses Idiom als die eigentliche rheinfränkische Umgangssprache zu betrachten sein. Es ist die Sprache der besseren Stände in engeren Kreisen. Fremden gegenüber bedient man sich natürlich des Neuhochdeutschen; letzteres im gewöhnlichen Verkehr peinlich zur Anwendung zu bringen, verräth oft den Halbgebildeten, dem Volke gilt die dialektische Umgangssprache geradezu für »vornehm«. (Viëtor, Rheinfränkisch, S. IIIf.)

Zunächst wird eine regionale Angabe gemacht: Die Sprachform soll im Nassauer Land und mehr oder weniger im Gebiet des »alten Rheinfranken« gültig sein. Aber Viëtor weist selbst auf die Unsicherheit dieser Grenzbestimmung hin. Sicherer ist eine soziologische Angabe: Das beschriebene Idiom ist eine Sprachform der »besseren Stände«, aber es ist nicht die einzige Sprachform, die in diesen Ständen gebräuchlich ist. Viëtor fügt eine Funktionsangabe hinzu: Beim Verkehr »in engeren Kreisen« wird so gesprochen. Erst diese drei Angaben zusammen bestimmen ausreichend, wo und wann die dargestellte Sprachform gebraucht wird. Die Beschreibung selbst hält sich an das übliche Schema einer mundartlichen Grammatik. »Lautlehre« und »Wortbiegungslehre« nehmen den Hauptteil ein; es folgt ein kurzer Abschnitt über Partikeln. Zum Schluß werden eine »Dialektprobe« und ein sieben Seiten umfassendes Wörterbuch geboten. Im eigentlichen grammatischen Teil werden die Abweichungen vom Hochdeutschen verzeichnet. Aufschlußreich für den Charakter der beschriebenen Sprachform ist eine Bemerkung über die Vokale:

> Unsere Umgangssprache lässt die im Neuhochdeutschen erhaltenen Grundvocale [damit bezeichnet Viëtor a, i und u] wohl überall unangetastet, vorausgesetzt, dass sie betont sind. Auch o bleibt durchgehends. Die übrigen Vocallaute aber, die ja zwischen jenen festen Endpunkten [d. h. des Viëtorschen Vokaldreiecks] ohne rechten Halt dastehen, werden alle weitergerückt und zwar nach i hin. Ganz natürlich: denn bei diesem Vocal sind die Sprachwerkzeuge ihrer Ruhelage (bei geschlossenem Munde) verhältnismäßig am nächsten, und die Sprache strebt überall nach Erleichterung. (Viëtor, Rheinfränkisch, S. 2)

213

In diesem Abschnitt kommt noch eine Angabe über die persönliche Sprechhaltung zu den vorher genannten charakterisierenden Angaben hinzu. Allerdings ist diese zuletzt genannte nicht notwendig, um den Ort zu bestimmen, an dem diese Sprachform vorzufinden ist, sie stellt vielmehr schon einen Teil der Beschreibung der vorher umgrenzten Sprachform dar. Aber die Tendenz, die hier beschrieben wird, ist gleichzeitig als »überall« vorhandenes Streben der Sprache gekennzeichnet. Damit müssen mindestens alle in etwa entsprechender Situation verwendeten Sprachformen gemeint sein und damit auch alle jene, die nach Viëtors Sprachgebrauch als Umgangssprache gelten. Es ist einleuchtend, daß sich diese Haltung auf den Lautstand der Sprachform auswirken kann.[231]

Auch in den folgenden Abteilungen des Büchleins finden sich neben Angaben über Erscheinungen, die bei vergleichbaren Sprachformen allgemein verbreitet sind, solche, die nur eine regional begrenzte Gültigkeit haben. Die allgemein verbreiteten stimmen im wesentlichen mit denen überein, die Wunderlich später aufgezeichnet hat (z. B. Ersatz des Genitivs durch präpositionale Fügungen, Reichtum an Interjektionen, Verdeutlichung des Plurals durch Umlaut oder die Bildung auf -er). Regional gebunden, aber dem ganzen süddeutschen Raum zugehörig ist etwa der Verlust des Präteritums, auf einen engeren Bereich begrenzt die Bevorzugung der Interjektion ei als Gesprächseinleitung und noch enger die Beliebtheit des »im Nhd. nicht vorhandenen Adverbiums als«.

Die obenstehenden Gesichtspunkte erfassen noch nicht alle Probleme, die diese kleine Arbeit Viëtors aufwirft. Aus einer Besprechung, die Richard Heinzel im Anzeiger für deutsches Altertum 1876 veröffentlicht hat, ergeben sich weitere:

Das wesentliche verdienst dieses schriftchens liegt in dem thema, das herr Viëtor sich gewählt hat. wie das volk spricht in den verschiedensten gegenden Deutschlands, ist verhältnismäßig leicht zu ermitteln, wenn wir auch lange nicht überall vollständige specialgrammatiken und idiotica nachschlagen können, so doch durch die fülle veröffentlichter proben und durch die bequeme sammlung Firmenichs. die sprache der gebildeten hat man bis jetzt nur selten einer ähnlichen aufmerksamkeit gewürdigt, gewis mit unrecht. die sprache der gebildeten gewisser stämme hat doch im dreizehnten wie im fünfzehnten jahrhundert eine deutsche gemeinsprache erzeugt. und kein geringer reiz deutscher conversation und litteratur liegt in dem leisen durchklingen mundartlicher formen, welche die heimat des sprechenden oder schreibenden verraten.
Allerdings zeigt dies, wie weite grenzen die sprache der gebildeten hat, es gibt gewis viele Nassauer, welche nicht ww für b, s für z, f für pf, nn für nd sagen, und welchen geübte doch sofort den nassauschen tonfall, wie man das nennt, oder nassauschen wortschatz, nassausche syntax abhören, ja an deren stil sogar

---

[231] Merkwürdig ist, daß Viëtor eine Verschiebung unbetonter Vokale zum *i* hin aus anatomischen Gründen für natürlich hält. Das ließe eine gleiche Tendenz in allen funktional ähnlichen Sprachen erwarten. In Norddeutschland führt aber die Tendenz zur Bequemlichkeit eher dazu, daß unbetontes *i* sehr offen ausgesprochen wird. Es ist also gar nicht immer leicht zu unterscheiden, ob eine Spracherscheinung im wesentlichen aus lokalgebundener Tradition oder aus einer Sprachhaltung zu erklären ist.

einiges nassausche wird herauszulesen sein. andere Nassauer werden wieder
kaum ein wort genau so aussprechen, wie es die neuhochdeutsche gemeinsprache vorschreibt, ohne darum in den nassauschen volksdialect zu verfallen.
Herr Viëtor hat sich auf eine vergleichung seiner umgangssprache mit der nassauschen volkssprache nicht eingelassen ...
Aber die vergleichung mit dem volksdialect war unerläßlich, wenn der verfasser
beweisen wollte, dass sein dialect kein »verdorbenes neuhochdeutsch« sei, die
frage ist in der tat aufzuwerfen. (Heinzel, Viëtor, S. 134f.)

In dieser Besprechung wird diese Umgangssprache also sogleich als eine
Spielart der Gemeinsprache gefaßt, die sich von der »Vorschrift der deutschen Gemeinsprache« durch ein »leichtes Durchklingen mundartlicher
Formen« unterscheiden läßt. Aber die mundartlichen Formen möchte
Heinzel nicht auf den Lautbestand einschränken. Er nennt daneben Wortschatz, Syntax und Stil, vor allem aber den »Tonfall«. Diesem letzten Wort
fügt er die Bemerkung »wie man das nennt« hinzu und deutet damit an,
daß es sich um eine Erscheinung handele, die mit diesem Wort zwar benannt, aber nicht ihrem Wesen nach bestimmt sei. Hier sind also weitere
Kennzeichen genannt, die erst zusammen mit den anderen die Eigenart
der Sprachform vollständig beschreiben. Besonders wichtig wird dieser
Umstand dadurch, daß es nach Heinzels Formulierung den Anschein hat,
als seien diese Elemente in verschiedener Weise in der Sprache verschiedener Nassauer vertreten. Schon hier wird also die Variationsbreite angenommen, die bei späteren Darstellungen oft hervorgehoben wird. Das Besondere an dieser Bemerkung ist, daß eine Variationsbreite auf verschiedenen Ebenen angenommen wird, wobei sich im Prinzip verschiedene
Kombinationen der Stellung zwischen Volkssprache und Gebildetensprache bei den verschiedenen Ebenen ergeben können. Unter diesem Gesichtspunkt muß eine Darstellung, die sich nur auf eine Ebene beschränkt,
von vornherein als unvollständig erscheinen. Bemerkenswert ist andererseits die Gegenüberstellung von Volkssprache und Gebildetensprache. Es
handelt sich um eine etwas andere soziologische Unterscheidung als bei
Viëtor selbst. Heinzel setzt »gebildet« da, wo Viëtor die »besseren Kreise« setzt; er folgt der alten Tradition, wie sie etwa bei Adelung hervortritt,
wonach »vornehm« gleich »gebildet« ist. Doch dürfen diese Termini ab-
solut gleichgesetzt werden? Einig sind sich beide, was den Gegenpol angeht: Diesen bildet »das Volk«. Aber – wer ist das Volk, wer sind die Gebildeten und die »besseren Kreise«? Diese Bezeichnungen haben schon
bei Adelung, Bürger und Jahn zu Mißverständnissen geführt. Sie erweisen
sich als zu allgemein, als daß man unter ihnen klare soziologische Gruppen verstehen könnte, auf deren sprachliches Verhalten man sich beziehen könnte. Offenbar ist jedoch eine solche soziologische Festlegung notwendig, wenn man zu den Anmerkungen Heinzels Stellung nehmen will;
denn anders könnte man wohl kaum zu einer Zuordnung der angesprochenen Sprachformen kommen. Es wird deshalb bei allen zu besprechenden Äußerungen über Umgangssprache mit dialektgeographi-

scher Themenstellung von vornherein darauf zu achten sein, auf welche soziologische Gruppe sich diese Äußerungen jeweils beziehen.

8.3   »Umgangssprache« als Bezeichnung für »eine ganze Kette von Übergängen und Zwischenstufen« zwischen Dialekt und Hochsprache (Arthur Hübner)

Die hier zu besprechende Schrift ist ein halbes Jahrhundert jünger als die vorige, ist also zu einer Zeit erschienen, als die Mundartforschung im Zusammenhang mit der Arbeit am Deutschen Sprachatlas schon einen beachtlichen Aufschwung genommen hatte. Hübner kannte und schätzte diese Arbeiten. Er bekennt:

> Mich hat in den Bezirken der Sprachwissenschaft seit je die Mundartenkunde besonders angezogen, zumal seit ich am deutschen Sprachatlas gelernt habe, welche Aufschlüsse sie für die deutsche Sprachgeschichte und die allgemeine Sprachwissenschaft zu geben berufen ist. (Hübner, Kleine Schriften S. 24)

Aber seine Aufmerksamkeit galt nicht allein der Mundartenkunde, sie stand nicht einmal im Mittelpunkt seines Interesses. Hermann Kunisch bezeugt vielmehr, daß er sich ausdrücklich zur größeren Bedeutung und zum größeren Wert der Schriftsprache bekannt habe (vgl. Einl. zu Kl. Schriften). Auch ist er im Rahmen der Mundartkunde nicht allein lautgeographisch ausgerichtet. Er sagt selbst dazu im Anschluß an das obenstehende Zitat:

> Als ich in Münster meine erste ordentliche Professur antrat, als Nachfolger eines Heimatforschers vom Range Franz Jostes', sah ich es als eine meiner Hauptaufgaben an, dem Plan eines großen Westfälischen Wörterbuches, der von ihm stammt, die sachgemäße und durchführbare Gestalt zu geben. In Münster habe ich zwei zusammenfassende und prinzipielle Darstellungen über Teilgebiete der Volkskunde, über die Mundart und das Volkslied, gegeben ... (Kl. Schriften, S. 24)

Für ihn spielte also neben dem Laut das Wort eine wesentliche Rolle. Die Bedeutung des Wortes war ihm als Mitarbeiter am Grimmschen Wörterbuch deutlich geworden, dessen Herausgeber er als Nachfolger seines Lehrers Gustav Roethe werden sollte. Dementsprechend ist er immer wieder für die Schaffung des Deutschen Wortatlasses eingetreten. Weiter ist wichtig, daß er die Mundartforschung in Verbindung mit volkskundlicher Forschung sieht. Aber wichtig ist auch, daß sich Hübner, der später noch die Bearbeitung des Atlasses der deutschen Volkskunde organisiert hat, dagegen wehrte, als Volkskundler »abgestempelt« zu werden:

> ... ich habe als Literarhistoriker begonnen und denke als Literarhistoriker fortzufahren. Mein erstes Arbeitsfeld war die Dichtung des deutschen Ordens bald nach 1300, mein zweites die Dramen des Thomas Naogeorgus, des bedeutendsten neulateinischen Dramatikers aus Luthers Zeit. Damit sind etwa die Grenzen des Zeitalters abgesteckt, in dem ich mich wissenschaftlich angesiedelt habe

216

... In diesen Zeitraum gehört auch mein letztes größeres Buch, das an Hand der deutschen und außerdeutschen Geißlerlieder das geistliche Volkslied des Mittelalters untersucht, soziologischen und stilkritischen Gesichtspunkten folgend, die mir besonders am Herzen liegen. (Kl. Schriften, S. 25)

Es treten also noch soziologische und stilistische Fragen als Interessenschwerpunkt hervor. Arthur Hübner hatte ein weitgespanntes Forschungsfeld. Diese Weite des Blicks bestimmt auch seine Betrachtungsweise in der Mundartforschung. Sie hat u. a. dazu geführt, daß bei ihm auch Probleme der außermundartlichen im Umgange gesprochenen Sprache beachtet werden. Diese treten in seiner äußerlich bescheidenen und im Ton für Laien bestimmten Schrift »Die Mundart der Heimat« früher als wesentlich hervor als in den Arbeiten der dialektgeographischen Schule. Bezeichnend ist, daß er erst das zweite Kapitel seines Büchleins unter die Überschrift »Die Mundart als sprachlicher Bezirk« stellt, vorher aber »Die Mundart als Sprachschicht« betrachtet. In diesem ersten Kapitel kommt er verhältnismäßig ausführlich auf »Umgangssprache« zu sprechen. Dort heißt es:

Offenbar falsch wäre es, wenn man alles, was nicht Schriftsprache ist, als Mundart hinstellen wollte. Schon unser gesprochenes »Hochdeutsch«, wie wir unsere Gebildetensprache im Gegensatze zur Mundart gemeinhin nennen, ist ja selbst in seiner gepflegtesten Form besonders im Satzbau, aber auch etwa in der Wortwahl keineswegs identisch mit der Schriftsprache. Gewisse Wendungen und Satzfügungen lassen wir nur geschrieben oder gedruckt zu, gesprochen wirken sie geschraubt oder geziert. So gibt es also zwischen Schriftsprache und Mundart eine dritte Sprachform, die zwar auch überdialektisch, die im Zusammenhang mit der Schriftsprache entstanden ist und Anlehnung an sie sucht, sich aber durchaus nicht mit ihr deckt. Das ist die sog. Umgangssprache, die lange ein Stiefkind wissenschaftlicher Sprachbetrachtung gewesen ist. Man definiert sie wohl als die Gemeinsprache der Gebildeten und bezeichnet sie dementsprechend als das Gemeindeutsche. Aber es bedarf nur geringen Aufmerkens, um zu erkennen, daß sie alles andere als einheitlich ist. Auch diese Umgangssprache weist vielmehr deutliche Schichtungen auf. Derselbe Gebildete spricht anders, wenn er einen wissenschaftlichen Vortrag oder eine Festrede hält, anders in beruflichem, geschäftlichem, gesellschaftlichem Verkehr, wieder anders in privatem, intimem Kreise... So zerfiele die Umgangssprache etwa in die Schichten der Vortragssprache, der Verkehrssprache und der familiären Sprache. Jene kann sich der Schriftsprache nähern fast bis zum Zusammenfall, diese pflegt Mundartlichem unbedenklich Zutritt zu gewähren. (Hübner, Mundart, S. 11 f.)

Hübner bringt damit Gedanken vor, wie sie zum Teil schon bei Adelung vorhanden sind, wie sie zum anderen H. Wunderlich entwickelt hat. In den Angaben über die Schichtung der Umgangssprache stützt er sich ausdrücklich auf P. Kretschmer, dessen Buch über die »Wortgeographie der deutschen Umgangssprache« in der vorliegenden Arbeit im Zusammenhang mit Problemen der Wortforschung Gegenstand eingehender Untersuchung sein muß (vgl. Abschn. 9.3). Aber diese schon geläufigen Gedanken reichen Hübner nicht aus, um der Wirklichkeit gerecht zu werden. So fährt er fort:

Man mag diese Scheidung gelten lassen. Aber welche Sprache spricht dann der Eckensteher Nante oder der Rentier Blimchen oder Reuters Onkel Bräsig? Das ist doch nichts Individuelles, sondern ein Typus, der weder in unserer Definition der Umgangssprache Platz hat noch eine Gleichsetzung mit der Mundart im üblichen Verstande, d. h. der unverfälschten Sprache des platten Landes gestattet. Man führt in ähnlichen Fällen wohl den Notbegriff »Halbmundart« ein; aber wer ihn nach oben und unten abgrenzen sollte, käme bald in Verlegenheit. Die Wahrheit ist eben: es gibt zwischen der Schriftsprache und der Mundart im eben angedeuteten engsten Sinne eine ganze Kette von Übergängen und Zwischenstufen, die sich nur sehr im Groben gegeneinander abgrenzen lassen. Und in diese Kette gehört als notwendiges Glied auch die niedere Sprechweise der Städte, die man gewöhnlich abschätzig »Jargon« nennt, die aber ernsthafter Betrachtung und Erforschung durchaus nicht unwürdig ist. (Hübner, Mundart, S. 12f.)

Auf diese Weise zeichnet er ein erweitertes Schichtungsmodell, bei dem die Schriftsprache oben liegt, darunter die in sich mehrfach geschichtete Umgangssprache, dann noch eine weitere Schicht von Zwischenstufen und zu unterst die Mundart. Aber auch bei dieser Erweiterung bleibt er nicht stehen. Er fügt neue Beobachtungen hinzu, die zeigen, daß ihm dieses Bild noch zu einseitig ist:

Daß unsere hochdeutsche Umgangssprache verschiedene Höhenlagen kennt, die sich bis ins ausgesprochen Dialektische senken können, ist eine ohne weiteres einleuchtende, jedem Aufmerksamen bewußte Tatsache. Viel weniger beachtet ist, daß auch die Mundart selber Schichtungen aufweisen kann, und das ist ein Punkt, den der Dialektforscher sorgfältig im Auge zu behalten hat. (Hübner, Mundart, S. 13)

Er führt sogleich ein Beispiel an, aus dem hervorgeht, wie wichtig dieser Gesichtspunkt ist:

In Württemberg sprechen auch die Gebildeten unter sich nicht hochdeutsch, sondern eine Sprache, die dem Hochdeutschen gegenüber durchaus als Mundart erscheint, das sog. Honoratiorenschwäbisch. Aber diese Mundart kommt mit keinem der heutigen schwäbischen Volksdialekte überein, sondern stellt ein halb künstliches, wenn auch offenbar ziemlich altes Gebilde dar, das entsprossen ist aus einer Verschmelzung der Stuttgarter Lokalmundart mit dem Hochdeutschen. Diese Sprachform zeigt ausgesprochen mundartliche Züge, im Rhythmischen, in der Wortbiegung, im Konsonantenstand; dagegen im Wortbestand und -gebrauch ist sie schriftdeutsch, und auch in ihrem Vokalismus zeigt sich die Tendenz, die Schriftform wiederzugeben. Man kann in dieser Mundart wohl noch den württembergischen Schwaben von dem württembergischen Franken unterscheiden; im ganzen aber zeigt sie eine Einheitlichkeit, wie sie eben das Resultat eines mehr oder minder künstlichen Ausgleichs verschiedener Sprachschichten ist ... Jedenfalls kann man, was so entstanden ist, wohl als eine mundartliche Umgangssprache bezeichnen. (Hübner, Mundart, S. 13f.)

Neben dem Honoratiorenschwäbisch weist Hübner in diesem Zusammenhang auf das Schweizerdeutsche und den zwischen der »reinen Mundart des flachen Landes« und dem »sog. Pfarrerdeutsch« liegenden Dialekt der gebildeten Städter im Elsaß hin, aber auch auf »Züge einer Zersetzung der reinen Mundart« bei Fritz Reuter, die er ebenfalls als einen »Zug mundartlicher Umgangssprache« wertet, als »Merkmal einer besonderen Dialektschicht ..., wie denn auch ihre Sprecher einen besonderen Kreis der Bevölkerung darstellen werden«. In diesem Fall geht es um »Bildungen wie *ehr schönes Bild, ein unbestänniges, hastiges Wesen,* auch *jedes enzelne Hart«.*

Schon diese Aussagen vertragen sich nicht recht mit der Vorstellung eines einfachen Schichtmodells, in dem in kontinuierlicher Folge waagerechte Schichten einander überlagerten. Noch problematischer erscheint die Brauchbarkeit dieses Modells, wenn man außerdem die folgenden Ausführungen in Betracht zieht.

> Und über dieser mundartlichen Umgangssprache erhebt sich noch eine andere Form der Mundart, die man als mundartliche Schriftsprache bezeichnen kann, freilich in etwas anderem Verstande, als wenn man von einer hochdeutschen Schriftsprache redet. Wir besitzen heute ja ein mundartliches Schrifttum, das namentlich auf niederdeutschem Boden immer weitere Kreise zieht ... Es gibt heute, durchaus als eine besondere Schicht, literarische Mundart, eine dialektische Kunstsprache, die zu Unrecht den Anspruch erhebt, der »echten« Mundart gleichgesetzt zu werden, eine Kunstsprache, die in allem Äußern, im Lautlichen und Grammatischen eine Mundart sehr getreu wiedergeben kann, in Wortgebrauch, Stil und Empfindung durchaus andere, und zwar vom Hochdeutschen bestimmte Wege geht. Diese mundartliche Schriftsprache beherrscht heute ziemlich die ganze Dialektliteratur; auch die besten Dialektschriftsteller zollen ihr ihren Tribut. (Hübner, Mundart, S. 15)[232]

Gewiß lassen sich auch die hier aufgeführten Erscheinungen auf die Formel bringen, daß es sich um Zwischenformen zwischen Mundart und Schriftsprache handele. Folglich müßte man auch die mundartliche Schriftsprache zur Umgangssprache rechnen, wenn man »Umgangssprache« als Zwischenform zwischen Mundart und Schriftsprache definierte.

Hübner definiert allerdings nicht so. Er vermeidet überhaupt eine Definition dessen, was er unter Umgangssprache versteht. Er referiert nur, was unter Umgangssprache verstanden wird, und stellt seine Beobachtungen daneben. So wahrt er sich den freien Blick auf die Tatbestände und gerät nicht in Gefahr, durch eine enge Definition den Beobachtungskreis voreilig einzuschränken. Aber nach den ersten Sätzen Hübners zu diesem Thema scheint diese Definition auf der Hand zu liegen, und Hübners eigene Gedankengänge sind zum Teil auch von einer entsprechenden Vorstellung bestimmt. Am deutlichsten wird diese Vorstellung von der Zwischenstellung der Umgangssprache zwischen Hochsprache und Mundart in dem Bild, in dem von einer »ganzen Kette von Übergängen und Zwischenstufen« zwischen diesen beiden Polen die Rede ist. Hier hebt er die

---

[232] Zu den Varianten im Gebrauch niederdeutscher Mundart vgl. neuerdings Wesche, Heinrich: »Die plattdeutsche Sprache in veränderter Welt«, wo er neben der »ganz gewöhnlichen plattdeutschen Gebrauchs- und Umgangssprache« und der »dichterischen, also überhöhten Sprache« noch etwas Drittes beobachtet: »eine ... Art von Missingsch ... mit umgekehrten Vorzeichen. Das ist dann hochdeutsch gedachtes und konstruiertes Plattdeutsch.« (Bericht der 21. Bevensen-Tagung, 1968 S. 12–33).

mundartliche Schriftsprache jedoch als eine zwischen Hochsprache und Mundart stehende Sprachform ausdrücklich aus dem Bereich der Umgangssprache heraus. Er ordnet sie über diesen Bereich. Diese Einordnung will sich indessen nicht mit der Vorstellung einer Kette zwischen den beiden Polen Hochsprache und Mundart vertragen. Denn nach dieser Vorstellung müßte die mundartliche Schriftsprache auch etwas über dem Honoratiorenschwäbisch liegen, das aber im Lautstand der Hochsprache viel näher sein kann als die mundartliche Schriftsprache, von der Hübner ja sagt, sie könne »im Lautlichen und Grammatischen eine Mundart sehr getreu wiedergeben«. Es wird hierbei klar, daß es sich in diesen beiden Fällen um jeweils andersartige Verbindungen zwischen Mundart und Schriftsprache handelt. Im einen Fall entstammen die schriftsprachlichen Elemente dem lautlichen und grammatischen Bereich, im anderen dem Bereich der Wortwahl, der Stilistik und der Empfindung. In eine einzige Kette oder in eine einzige Schichtenfolge passen sich diese Erscheinungen nicht ein. Das so bequeme Schichtmodell scheint danach nicht geeignet zu sein, die Sprachwirklichkeit zwischen Hochsprache und Mundart zu erfassen. Die Bestimmung des lautlichen Abstandes zur Mundart einerseits und zur Hochsprache andererseits reicht für eine angemessene Ordnung der Sprachformen nicht aus. Die Erscheinung der mundartlichen Literatursprache zeigt, daß der *Zweck* des Sprachgebrauchs eine wesentliche Rolle spielt, und das Honoratiorenschwäbische, die bei Reuter festgestellten Sprachtypen u. a. zeigen, daß *gruppengebundene Traditionen* wichtig sind. Dabei ist noch zu beachten, daß sich die Erscheinungen in verschiedenen Landschaften offenbar nicht genau entsprechen, so daß ein in einer Landschaft vorgefundenes Gefüge von Sprachformen nicht auch für andere Landschaften gültig sein müßte.

So bietet Hübners Schrift kaum feste Ergebnisse, aber äußerst wichtige Ansatzpunkte zur Klärung der Probleme der Umgangssprache.

8.4   Die »hochdeutsche Umgangssprache« als Gruppensprache der Intellektuellen einer Stadt (H. Grund)

Auch der Beitrag, den Heinrich Grund zu den vorliegenden Fragen aus dem Blickwinkel der Mundartforschung beisteuert, entstammt nicht der dialektgeographischen Schule. Grund verfolgt auch andere Ziele als diese. Er betont:

> Vorliegende Arbeit will keine dialektgeographische sein, ... sie zielt nicht auf die Erfassung des sprachlichen Lebens im Raume, sondern innerhalb einer sozial stark gegliederten Gemeinschaft; sie vergleicht nicht horizontal, sondern gewissermaßen vertikal, indem sie von einem neueren Gesichtspunkt, dem der sprachlichen Schichtung, ausgeht. (Grund, Pfungstadt, S. 5)

Dennoch handelt es sich bei seiner 1931 erschienenen Arbeit »Die Mundart von Pfungstadt und ihre sprachliche Schichtung« um eine echte Mundartuntersuchung, da sie sich auf die Mundarterscheinung eines Ortes konzentriert, wie es manche Arbeit aus der Reihe »Deutsche Dialektgeographie« auch tut. Der Unterschied zu den meisten anderen Arbeiten besteht darin, daß sie nicht nur *eine* an dem untersuchten Ort vorgefundene Mundart auswählt, sondern die gesamten am Ort zu beobachtenden Mundarterscheinungen zu erfassen sucht. Grund geht dabei von der Vorstellung sprachlicher Schichtung aus, aber seine oben zitierte Formulierung im Vorwort zeigt schon, daß er dieser Vorstellung gegenüber zurückhaltend ist. Er schreibt nur davon, daß seine Blickrichtung »gewissermaßen« vertikal sei. Nicht umsonst setzt er in den auf das obige Zitat folgenden Ausführungen die Angaben über die Höhe einer Sprachschicht in Anführungsstriche, und nicht umsonst spielt bei dieser Äußerung über die Sprachschichten der Begriff der Gemeinschaft eine wesentliche Rolle:

> Es zeigt sich dabei, daß die »unteren« Sprachschichten nicht entstehen durch das »Sinken« von Laut- und Wortformen, – so oft auch im einzelnen solche Übernahmen zu beobachten sind – sondern daß sie der Ausdruck einer allgemeineren geistigen Haltung sind, die im wesentlichen durch eine stärkere Bindung an die Gemeinschaft bedingt ist, während die »oberen« Sprachschichten (Halbdialekt und Umgangssprache) sich in starkem Maße hinsichtlich des Wortschatzes und der Lautformen an die Schriftsprache anlehnen, in ihrer Struktur aber durch die Mundart wesentlich bestimmt sind. Die Betrachtung der »Volkssprache« vermag so über die sprachlichen Einzeltatsachen hinaus einen Beitrag zum Problem »Volk«, zur Volkskunde zu liefern. (Grund, Pfungstadt, S. 5)

Eine Klärung der Begriffe »Volkssprache« und »Volk« muß für eine Untersuchung des Problems der »Umgangssprache« allerdings wesentlich sein. Aber die generelle Antwort, die man auf diese Frage wünschen möchte, gibt auch Grund nicht. Er beschreibt stattdessen das Volk, das an seinem Untersuchungsort lebt. Nur so kann er die Phänomene fassen, auf die es in seinem Zusammenhang ankommt. Er berichtet zunächst über die »Bevölkerungsschichten« von Pfungstadt:

> Mit der Industrialisierung vollzog sich im 19. Jh. eine starke Bevölkerungsvermehrung und -verschiebung, so daß aus einem ursprünglich bäuerlich-handwerklichen Gemeinwesen fast ein Arbeitervorort von Darmstadt wurde. Ein starker Verkehrsstrom (Arbeiter, Angestellte, Schüler) geht heute täglich nach Darmstadt, teils weiter ins untermainische und in geringerem Maße ins Mannheimer Industriegebiet. – Die Bauern bilden heute nur noch ein Zehntel der Bevölkerung, die »Geschäftsleute« (Handwerker und Kaufleute) ebenfalls gut ein Zehntel, die Arbeiter gut drei Fünftel. Dazu kommt eine kleine Schicht von Beamten und geistigen Arbeitern. (Grund, Pfungstadt, S. 10)

In Beziehung zu diesen »Schichten«, bei denen es sich im Grunde eher um funktionsbestimmte Bevölkerungsgruppen handelt als um eine streng geschichtete Ordnung, sieht Grund die Spracherscheinungen, die er unter der Überschrift »Sprachschichten« näher erläutert. Aber er hebt selbst das Problematische seines Begriffs hervor:

Es ist natürlich, daß sich bei dieser Gliederung der Bevölkerung und bei der Nähe der Stadt alle sprachlichen Schattierungen von der ursprünglichen Mundart bis zur hochdeutschen Umgangssprache finden. In diesem kontinuierlichen Übergang lassen sich Stufen unterscheiden, die wir als sprachliche Schichten bezeichnen. Wie jede begriffliche Erfassung tut diese Betrachtung nach Schichten der organischen Einheit einer Sprachgemeinschaft einen gewissen Zwang an, da sie die natürlichen Zusammenhänge zerreißt und die Unterschiede der Schichten gegenüber den fließenden Übergängen stärker hervorhebt. Aber sie ist ein Hilfsmittel, um die Vielfalt des sprachlichen Lebens und die dahinterstehenden Kräfte näher zu kennzeichnen. (Grund, Pfungstadt, S. 11)

Diese letzten Angaben sind besonders wichtig. Sie zeigen, daß Grund in seiner Schichteneinteilung nicht die sprachliche Wirklichkeit repräsentiert sehen will. Die Einteilung in Schichten ist für ihn ein methodischer Schritt, der zum Erkennen der hinter dem Sprachleben stehenden Kräfte führen soll. Man könnte sein Verfahren danach etwa dem beim Mikroskopieren üblichen vergleichen, wo durch ein organisch gewachsenes Gebilde zwar wohlüberlegte, aber doch willkürliche Schnitte gelegt werden, deren Betrachtung dann das Erkennen eines wesentlichen Teils der Lebenszusammenhänge erlaubt. Grund sagt zu seiner Schichteinteilung weiter:

Innerhalb der Mda. lassen sich drei Sprachschichten unterscheiden, deren Grenzen und Übergänge – es sei nochmals betont – fließend sind:
1. Die unterste, die »bäuerliche« Schicht (I), gewissermaßen der Mutterboden der Mda. hat den ursprünglichen Lautstand am treuesten bewahrt und ist durch einen bodenständigen, oft altertümlichen Wortschatz und eine bildhafte Ausdrucksweise gekennzeichnet.
2. Die »bürgerliche« Schicht (II), die sich im Lautstand von der bäuerlichen nur wenig abhebt, mehr im Wortschatz, in dem bodenständige Wörter durch schriftsprachliche in bodenständiger Lautform ersetzt sind, z. B. »Tischkasten« durch »Schublade«. – Beide Schichten zusammen können auch kurzweg als »Pfungstädter Mundart« bezeichnet werden.
3. Die »Halbmundart« (III), eine Sprach- und Ausdrucksweise, die sich besonders im Verkehr mit der Stadt, mit Sprechern der Umgangssprache entwickelt hat, die sich im Lautlichen stark der Gemeinsprache nähert und die Abweichungen der Mda. von der Schriftsprache meidet und eine halbwegs in die Mda. übersetzte Umgangssprache darstellt. Sie ist mit der Darmstädter Stadtmundart fast identisch und wird von einem kleineren Kreis von Beamten, Kaufleuten und Angestellten gesprochen, die im täglichen Verkehr mit der Stadt und der Schriftsprache stehen.
Dazu kommt die hochdeutsche Umgangssprache (IV), die von einer kleinen Gruppe von Intellektuellen gesprochen wird. Sie weist im Wortschatz und in der Aussprache einheimischer Sprecher typische Merkmale des Darmstädter Sprachraums auf, so schwindet z. B. *r* nach Vokalen, oder es wird vokalisiert, *sche*- und *ich*-Laut fallen zusammen. (Grund, Pfungstadt, S. 11)

Der Begriff »Umgangssprache« erscheint an dieser Stelle in der Verbindung »hochdeutsche Umgangssprache« und faßt einen verhältnismäßig engen Sprachbereich, nämlich die Sprachform, die Grund weder als Mundart oder wenigstens Halbmundart noch uneingeschränkt als »hochdeutsch« zu bezeichnen wagt. Im Prinzip befolgt er damit, wie auch schon A. Hübner, einen weithin üblichen Sprachgebrauch,[233] nämlich den, einen Zwischenbereich zwischen Schriftsprache und Mundart als »Umgangssprache« zu bezeichnen. Da Grund jedoch nicht nur die »echteste« Form der Mundart einer Betrachtung würdigt, sondern zwei weitere Sprachformen als mundartlich oder wenigstens halbmundartlich anerkennt, schrumpft für ihn der Zwischenbereich auf eine sehr schmale »Schicht« zusammen. An diesem Beispiel wird deutlich, wie das Begreifen der Umgangssprache als Zwischenschicht dazu führt, daß die Grenzen dieses Zwischenbereiches jeweils an den Rand des eigenen Arbeitsbereiches geschoben werden. So kann denn der Zwischenbereich entweder mehr in Schriftsprachennähe oder mehr in Mundartnähe und entweder schmal oder breit angesetzt werden. Solange – wie Grund es tut – eine solche Einteilung nur als eine methodische Handhabe dient, läßt sich dieses Verfahren rechtfertigen. Unter dieser Voraussetzung darf aber die Einteilung (auch wenn sie nicht beliebig, sondern an Hand entsprechender Beobachtungen zustandegekommen ist) nicht schon selbst als sprachliche Realität angesehen werden. Sie ist nur ein Mittel, diese Realität zu suchen. Grund benutzt seine Einteilung auf diese Weise und macht dabei Beobachtungen, die für manche umgangssprachlichen Probleme erhellend sind, auch wo sie nicht in den vom ihm als umgangssprachlich bezeichneten Bereich fallen. So hat er z. B. festgestellt:

Eine stärkere Abhebung der bürgerlichen Sprachschicht von der bäuerlichen scheint erst im Laufe des 19. Jahrhunderts erfolgt zu sein im Zusammenhang mit dem wachsenden Selbstbewußtsein des Bürgertums, das sich z. B. in der Gründung bürgerlicher Vereine (Bürgerkasino, Gesangvereine, Turnverein) und dem entsprechenden gesellschaftlichen Leben ausdrückte ...
Der bäuerlichen Schicht gehört die überwiegende Mehrzahl der Bauern an, ferner ein sehr großer Teil der Gewerbetreibenden und Arbeiter, besonders sofern diese aus dem einheimischen (Klein–)Bauernstand hervorgegangen sind. Der bürgerlichen Schicht gehören vorzugsweise Gewerbetreibende an, die schon einige Generationen Handwerker sind, Kaufleute und Beamte, ferner eine kleine wohlhabende Oberschicht der Bauern (»Manschettenbauern«) und meist auch der bewußte Arbeiter, der »etwas auf sich hält«. (Grund, Pfungstadt, S. 12)
Die sprachliche Schichtung ist jedoch nicht so zu verstehen, daß jeder Mundartsprecher immer und ausschließlich einer Sprachschicht angehört, vielmehr ergibt sich aus den Verhältnissen (Gesprächspartner) oft ein Übergang der Mundartsprecher in eine andere Schicht bzw. eine Einigung auf einer mittleren Linie. Die bäuerliche Sprachschicht hält hierbei am meisten an der ihr eigenen Sprechweise fest, während der Übergang von II zu III oft zu beobachten ist.
Außer diesem gelegentlichen Übergang der Sprachschichten ineinander findet verhältnismäßig oft ein dauernder Übergang der Mundartsprecher von einer Schicht in eine höhere statt, und zwar bei sozialem Aufstieg und beim Erreichen eines höheren Bildungsgrades. (Grund, Pfungstadt, S. 13)

---

[233] Ziemlich genau deckt sich der terminologische Gebrauch von H. Pilch (vgl. Abschn. 7.9) mit dem von H. Grund.

Hier dringt Grund über das Feststellen sprachlicher Unterschiede zur Erfassung der Personengruppen vor, die Träger dieser unterschiedlichen Erscheinungen sind, und sagt noch einiges über die Eigenart der Gruppen und über das Verhältnis der Gruppenglieder zu den Gruppen aus. So verdient es unterstrichen zu werden, daß sich ein besonderer »bürgerlicher« Sprachcharakter offenbar erst herauskristallisiert hat, als sich ein gesellschaftlicher Ansatzpunkt gefunden hatte, an dem sich die Möglichkeit zur Herausbildung eigener sprachlicher Traditionen ergab und der die Entstehung eines Gruppenbewußtseins fördern konnte, das die Eigenart der Sprachtradition bestimmen konnte. Bezeichnend ist auch, daß die Bauern, die sprachlich dieser Schichtung zugerechnet werden, »Manschettenbauern« genannt werden. Der Spottname macht deutlich, daß diese Bauern sich nicht nur sprachlich nach der »bürgerlichen« Gruppe ausrichten, sondern selbst in der Kleidung deren Gruppenkennzeichen angenommen und sich damit demonstrativ vom übrigen Teil ihrer Berufsgruppe abgesetzt haben. Bemerkenswert sind weiterhin die Angaben über die Festigkeit der Beziehung zu den Gruppen. So ist es auffällig, daß sich die Kleinbauern offenbar fester an die gruppentypische Sprachform halten als die anderen Gruppen, obgleich diese Gruppe in der soziologischen Einschätzung am niedrigsten steht und der als Zeichen eines sozialen Aufstiegs vorgenommene Sprachformenwechsel von der Mundart weg in Richtung auf die Schriftsprache führt. Grund dringt hier also folgerichtig zu in modernem Sinne soziologischen und gruppenpsychologischen Betrachtungen vor. Er kommt, von der Sache geleitet, zur Betrachtung jener Grundeinheiten, von denen auch eine im modernen Sinne soziologische Sprachuntersuchung ausgehen müßte: zur sprachtragenden soziologischen Gruppe.

8.5   Die Umgangssprache in den Arbeiten der dialektgeographischen Schule

Zwei Jahre nach der eben besprochenen Dissertation von Heinrich Grund, die ähnlich wie die Schrift Arthur Hübners in der neueren Mundartforschung verhältnismäßig wenig beachtet worden ist, ist eine Untersuchung erschienen, deren Fassung des Begriffes »Umgangssprache« für eine ganze Reihe von späteren Veröffentlichungen maßgeblich geworden ist. Es handelt sich um die Arbeit von Horst Becker »Mundart und Geschichte im Osterzgebirge«, die im Jahre 1933 als Heft 4 der »Mitteldeutschen Studien, Arbeiten aus dem germanischen Seminar der Universität Leipzig unter Leitung von Theodor Frings und Fritz Karg« erschienen ist. Der Titel läßt bereits erkennen, daß das Phänomen »Umgangssprache« eigentlich nicht zum Gegenstand der Untersuchung gehört. Vielmehr sollen Mundart und Geschichte in ihrem Zusammenhang betrachtet werden. Schon darin zeigt sich die in dieser Arbeit wirksame Tradition der deutschen Dialektgeographie, die in der Marburger Schule ihren Ursprung hat, von Theodor Frings wesentlich ausgebaut und nach Leipzig getragen worden ist. Die ersten Sätze der Einleitung unterstreichen diese Ausrichtung:

> Die Betrachtungsweise ist dialektgeographisch; sie sieht die Sprache mit dem Blick auf ihre räumliche Verbreitung. Im Hinblick auf geographische Verwertbarkeit ist auch das bearbeitete Sprachmaterial ausgewählt, das besonders aus der Lautlehre, weniger aus der Formenlehre und dem Wörterbuch geschöpft ist. (Becker, Osterzgebirge, S. 1)

Die Ausrichtung auf die horizontale Dimension ist also mit der gleichen wünschenswerten Deutlichkeit ausgesprochen wie bei Grund die auf die vertikale Dimension. Der Zielsetzung Beckers nach könnte eine Berücksichtigung der Umgangssprache als entbehrlich erscheinen. Aber in seinem Untersuchungsgebiet ist das doch nicht ganz möglich. Ehe er zur Darstellung seines Anliegens kommen kann, muß er einen Abschnitt über »Soziale Sprachgliederungen. Umgangssprache« einschieben. Dort heißt es:

> Das sprachliche Leben im oe. [d. i. »osterzgebirgischen«] Raum darzustellen ist das Ziel, das diesem Teil der Arbeit gesteckt ist. Ehe wir aber an diese eigentliche Aufgabe herangehen, das räumliche Zu- und Gegeneinanderstehen der einzelnen Sprachgemeinschaften zu betrachten, bleibt uns ein Wort zu sagen von den sozialen Sprachgliederungen innerhalb des behandelten Sprachraums, die zum Teil räumlich nicht sichtbar werden.
> Wir wissen, daß sich in jedem mitteldeutschen Dorf gegenüber dem Gros der Bauern die dünne Schicht der Staatsbeamten, der Lehrer, Eisenbahner, Postbeamten sprachlich absetzt, daß es in den Industriedörfern sprachliche Unterschiede gibt zwischen Arbeitern und Bauern, daß endlich die Sprache der Stadt absticht von der Sprache des Landes. Alle diese Unterschiede lassen sich auf einen gemeinsamen Nenner bringen: Hier steht Umgangssprache gegen Dialekt. (Becker, Osterzgebirge, S. 22)

Der Grund für die Berücksichtigung auch dieser Sprachform ist hauptsächlich der, daß sich diese »soziologisch bedingten Sprachschichten ... zum Teil, so durch den Gegensatz Stadt/Land, auch räumlich aufweisen lassen«. Zum anderen kann Becker diese Umgangssprache nicht umgehen, weil manche Erscheinungen im Dialekt nicht ohne ihren Einfluß zu erklären sind. Aber die Umgangssprache wird aus der Betrachtung ausgeklammert, wenn es irgend geht. So sagt Becker: »Soweit die umg. Beimischungen nicht in die Sprache aller Schichten übergegangen sind, bleiben sie im folgenden unberücksichtigt.« (Becker, Osterzgebirge, S. 25)

Aus diesen Zusammenhängen ist die Definition der Umgangssprache, die Becker gibt, zum einen Teil zu verstehen. Daneben spielt ein weiterer Gesichtspunkt mit: Becker ist getreu den Bestrebungen von Theodor Frings bemüht, die Spracherscheinungen im Verhältnis zu historischen Territorialgrenzen zu sehen. Unter diesen Umständen sind moderne Einflüsse Störfaktoren. Eine Definition der Umgangssprache muß sich deshalb für ihn vor allem dazu eignen, die neuen Einflüsse von der »echten« Mundart abzugrenzen, um den störenden Faktor möglichst sicher eliminieren zu können. Auf diese Weise kommt er zu folgender Definition:

> Dieser sprachliche Gegensatz stellt sich in kurzen Worten so dar: Dialekt ist Sprache ohne Schrift (vor der Schrift), Umgangssprache ist Sprache mit Schrift (nach der Schrift). Ein Dialekt ist abzuleiten und zu verstehen immer nur aus vorangegangenen Dialekten, dagegen ist Umgangssprache abgeleitet nicht von einem Dialekt, sondern von der Schriftsprache, ausgesprochen mit einem dialektischen Lautsystem und dialektischer Intonation. So entsteht die obs. Umg. dadurch, daß die nhd. Schriftsprache in obs. Mund-Art ausgesprochen wird. Das heißt: Die obs. Umg. entnimmt aus dem obs. Dial. dessen Lautsystem als ein System von Ausspracheregeln. (Becker, Osterzgebirge, S. 22)

Das ist eine bestechende Formulierung und eine bestechende These. Sie erlaubt es, scharfe Grenzen zu ziehen, und statuiert ein entschiedenes Entweder-Oder zwischen Mundart und Umgangssprache. Klare Definitionen begründen diese Gegenüberstellung. Auch einen Zeitpunkt für die Entstehung der Umgangssprache kann Becker unter dieser Voraussetzung geben: Sie konnte erst ausgebildet werden, als die Schriftsprache allgemein verbreitet wurde, also erst mit der Einführung der Schulpflicht.

Die Prägnanz dieser Formulierung hat gewiß dazu beigetragen, daß sie immer wieder zur terminologischen Grundlage späterer Arbeiten gemacht worden ist.[234] Aber im Grunde zeigen sich schon in Beckers eigener Arbeit ihre Schwächen. Da läßt er beispielsweise (in der militärischen Metaphorik Fringsscher Diktion) einen Leipziger und einen Dresdener Stoß gegen die alten Mundarten anmarschieren. Das wirkt sich so aus, daß einzelne Erscheinungen der in Leipzig und Dresden herrschenden »Umgangssprache« in die umgebenden Mundarten eindringen. – Damit ist schon die Klarheit der Scheidung untergraben. Gesetzt den Fall, diese Formen seien zureichend umschrieben, indem man sie als mit dem Lautsystem obersächsischer Mundart ausgesprochene Schriftsprache ansieht, dann wären die von diesem Einfluß betroffenen Sprachformen keine Mundarten mehr, denn sie hätten auch andere als mundartliche Ahnen, aber Umgangssprache wären sie auch nicht, denn abgesehen von diesen Einflüssen sind sie nicht an der Schriftsprache orientiert, entsprechen also selbst nicht der Definition »Schriftsprache, ausgesprochen mit einem dialektischen Lautsystem«. – So macht es schon Schwierigkeiten, gleichzeitige Sprachformen nach der hier entwickelten Terminologie angemessen zu erfassen. Nicht besser steht es bei der historischen Betrachtung. Wie

---

[234] Etwas allgemeiner ist die Definition, die A. Bretschneider etwa zur gleichen Zeit gibt. Sie schreibt in ihrem Buch »Deutsche Mundartenkunde« (Marburg 1934) »Umgangssprache ist die Sprachform, die sich einzelörtlich aus der Vermischung von schriftsprachlichen oder hochsprachlichen Bestandteilen mit der Mundart ergibt und bei den einzelnen Mundartsprechern in zahlreichen Mischgraden auftritt« (S. 14). Auch diese Sichtweise der Umgangssprache, die ähnlich deutlich wie die Beckers von der Sicht der Mundartforschung bestimmt ist (sie wird bezeichnenderweise »Mundartsprechern« zugeordnet), findet sich häufiger in der Literatur, teils wohl unabhängig von A. Bretschneider.

es darum steht, läßt sich ebenfalls aus einer Leipziger Veröffentlichung entnehmen, die den Titel »Die Grundlagen des Meißnischen Deutsch«[235] trägt und von Frings selbst stammt. Er faßt seine Ausführungen folgendermaßen zusammen:

> Unser Weg führte uns von der Mundart zur Siedlung, von der Siedlung zum Staate, vom Staate zur Landessprache, in unserem Falle zum gesprochenen Meißnisch. Das geschriebene Meißnisch soll ja erst von der Mundart und ihrem geschichtlichen Aufbau her begriffen werden.[236] Die Hintergründe des geschriebenen Meißnisch, der Geschäfts- und Verkehrssprache des ausgehenden Mittelalters, gehen bis auf die Linie Würzburg – Bamberg – Nürnberg – Eger – Prag hinab. Sie liegen in der gleichen Richtung, aus der seit der Siedlerbewegung die Mainlande ihre Sprache gegen Norden drückten. Aufbauend auf der kolonialen Durchschnittssprache hat das geschriebene Meißnisch weiter ausgewählt, und zwar aus gesprochener Mundart und gefestigter schriftlicher und mündlicher Überlieferung des Mittelalters, die von Süden kam; danach hat es, in Rückwirkung auf die Mundart, südlichen Erscheinungen zum Durchbruch verholfen, andererseits wieder Meißnisch-Mundartliches verdrängt. Im 15. Jahrhundert wird die Linie Nürnberg – Leipzig ausschlaggebend. Am Ende des Ausscheidungsvorganges finden sich die Reste der meißnischen Mundart dann in der Gebirgszone, vereint mit dem mainfränkischen Einzug der Siedlungszeit. An die Abfolge koloniale Durchschnittssprache, Geschäfts- und Verkehrssprache des ausgehenden Mittelalters schließt sich als letztes die heutige obersächsische Umgangssprache an; alle drei sind miteinander verhakt. Auch die obersächsische Umgangssprache greift tiefer in die Mundarten ein. Die Entstehung der meißnischen Geschäfts- und Verkehrssprache, ihre Wirkung auf das geschriebene und gesprochene Deutsch des Ostens; ihr Eingang in die neue deutsche Hochsprache ist nunmehr im einzelnen zu untersuchen. Der Weg ist freigelegt. (Frings, Grundlagen, S. 22)

Frings' Ausführungen lassen erkennen, daß, lange bevor die Kenntnis der Schrift allgemein verbreitet war, von Rückwirkungen schriftlicher Traditionen auf die Mundart die Rede sein muß. Diese Rückwirkung ist nicht etwa eine Erscheinung, die sich nur im meißnischen Sprachraum beobachten ließe. Durch genaue Urkundenstudien hat Rudolf Schützeichel[237] nachgewiesen, daß sich im Mittelrheingebiet schon früher etwas Ähnliches vollzogen hat. Hier haben sich zunächst in der Urkundensprache südliche Formen nach Norden hin ausgebreitet, und die Mundarten sind dem Vorgang der Urkundensprache gefolgt. Ähnliches ist auch im niederdeutschen Bereich festzustellen, wo sich der Schriftgebrauch der hansischen Sprache auf die Mundarten ausgewirkt hat, wie vor allem Arbeiten von Karl Bischoff[238] zeigen. Selbst im Hinblick auf das lautliche Gebiet verliert die

---

[235] Frings, Theodor Die Grundlagen des Meißnischen Deutsch. Ein Beitrag zur Entstehungsgeschichte der deutschen Hochsprache. Halle 1936.

[236] L.E. Schmitt, Schüler von Th. Frings, sagt dazu, die Ansicht von Frings, das Neuhochdeutsche sei »ein Gewächs des neudeutschen Volksbodens, eine Schöpfung des Volkes, nicht des Papiers und des Humanismus« könne nur als Arbeitshypothese des Dialektgeographen gelten, der die geschriebene Überlieferung zunächst einmal auslasse (Schmitt, Ludwig Erich: Entstehung und Struktur der »Neuhochdeutschen Schriftsprache« I. Band S. XXI).

[237] Schützeichel, Rudolf: Mundart, Urkundensprache und Schriftsprache. Studien zur Sprachgeschichte am Mittelrhein. Bonn 1960.

[238] Bischoff, Karl: Über die Grundlagen der mittelniederdeutschen Schriftsprache. In: Jahrbuch des Vereins für niederdeutsche Sprachforschung 85, 1962 S. 9–31.

Scheidung in »Sprache vor der Schrift« und »Sprache nach der Schrift« damit ihre Schlüssigkeit, im Hinblick auf ein Gebiet also, für das ein Forschungsbericht aus der Leipziger Schule von 1956[239] noch die Beckersche Definition gelten läßt. Unter anderen Gesichtspunkten kann sie jedoch schon gar nicht weiterhelfen. Das wird in dem ebengenannten Forschungsbericht auch ausdrücklich gesagt:

> ... schon bei der Betrachtung der Syntax und der Wortbildung, mehr noch der inneren Sprachform ergeben sich andere Fragen. Aber ein Grundsatz ist festzuhalten: die obersächsische Umgangssprache entwickelt sich seit Festigung der neuhochdeutschen Schriftsprache; ihre Breitenwirkung erlangt sie erst mit der Popularisierung von Schreiben und Lesen. (Frings, Sprache und Geschichte III, S. 186)

Aber das sind noch nicht alle Gesichtspunkte. Schon Becker selbst hat darauf hingewiesen, daß in seiner Arbeit die Begriffe Umgangssprache und Dialekt in zweierlei Bedeutung auftauchen. Die bisher besprochene nennt er eine sprachphilosophische. Daneben sieht er eine soziologische. Diese erläutert er in einer Anmerkung so:

> ... soziologisch meint diese Gegenüberstellung das, was Franke ... als Gegensatz Landmundart/Stadtmundart bezeichnet. Wir verwenden auch für das dort Stadtmundart genannte die Bezeichnung Umgangssprache, weil diese städtische Sprache die sprachphilosophische Kategorie Umgangssprache nahezu erfüllt. (Becker, Osterzgebirge, S. 24)

Noch ein weiterer Gesichtspunkt ist im Forschungsbericht von 1956 genannt: Die »obersächsische Umgangssprache« wird als Beispiel einer Provinzialsprache (Landschaftssprache, Gegendsprache) aufgeführt. So stehen also Dialekt und Umgangssprache einesteils – wie es z. B. Becker herausgearbeitet hat – im Raum nebeneinander, andererseits überdeckt die Umgangssprache einen größeren Raum, in dem es örtlich auch Mundarten gibt.

Wie sich diese verschiedenen Aspekte vertragen, ist nicht leicht zu übersehen. Das Bestreben, hierüber Klarheit zu gewinnen, ist zum Teil schon für die genannten Arbeiten charakteristisch, es kennzeichnet vor allem auch die neueste hier anknüpfende Forschung. Den festen Anhaltspunkt im Verfließen der Erscheinungen bietet der in Obersachsen nach Lauten und Formen ziemlich klar erfaßbare Sprachtypus, den Becker »Obersächsische Umgangssprache« genannt hat.[240] Leidlich fest steht also der formale Aspekt. Schwieriger ist es mit den funktionalen Aspekten. Hier macht v. Polenz den wohl wichtigsten Versuch einer Zuordnung.[241] Er stellt drei Aspekte nebeneinander und trifft innerhalb der

---

[239] R. Große und H. Protze in Frings, Sprache und Geschichte III, S. 186f.

[240] Allerdings ist auch in dieser Hinsicht nicht ganz die Festigkeit zu beobachten, wie sie meistenteils bei Mundarten vorzufinden ist. Vgl. H. Fleischer »Namen und Mundart im Raum von Dresden« I, S. 161, der auf eine »Variationsbreite« auch im Lautlichen bei diesem Sprachtypus hinweist.

[241] Polenz, Peter von: Die altenburgische Sprachlandschaft. Untersuchungen zur ostthüringi-

Aspekte eine Unterscheidung nach Schichten: (Polenz, Altenburgisch, S. 100).

	Zweck	soziale Unterscheidung	geographischer Geltungsbereich
oberste Schicht	Hochsprache im engeren Sinne	Gebildetensprache	Gemeinsprache
mittlere Schicht	Verkehrssprache		Landschaftssprache
unterste Schicht	Alltags- und Haussprache	Volkssprache	Ortssprache

Zu diesen drei funktionalen Aspekten setzt er nun die Schichten des formalen Aspekts, die er mit »Mundart«, «(obersächsische) Umgangssprache« und »nhd. Hochsprache« bezeichnet, in Beziehung. Die Bezeichung »Umgangssprache« wird also radikal von ihrem funktionsbezogenen Sinn getrennt und rein auf das Formale bezogen. Für die Kennzeichnung der Funktion bedient er sich anderer Termini:

> Ihrer Funktion nach ist die obsä. US in erster Linie »Landschaftssprache«, und zwar im Gebiet des Landes Sachsen (mit Ausnahme der Oberlausitz) und in Ostthüringen. »Volkssprache« oder »Alltags- und Haussprache« ist sie dort, wo die Ma. ausgestorben ist, also in den Städten und bei der nichtbäuerlichen Bevölkerung auf dem Lande. »Verkehrssprache« ist sie in den Kleinstädten allgemein und auf dem Lande im öffentlichen Leben und im Verkehr mit Ortsfremden und Zugezogenen. Alle anderen Funktionen kann die obsä. US heute nicht mehr ausüben. Aber noch im vorigen Jh. war sie im Lande Sachsen auch »Gebildetensprache« und wurde auch in den oberen Berufs- und Gesellschaftsgruppen, von Lehrern und Beamten bis hinauf zu den letzten sächsischen Königen gesprochen und ist oft als »Sächsische Staatssprache« bezeichnet worden. Seitdem ist sie also in die nächst tiefere funktionelle Schicht gesunken, weil sich in ihrer alten Funktion eine höhere Sprachform, die nhd. Hochsprache, durchgesetzt hat, ebenso wie in den Städten die US als mittlere Schicht zur untersten herabgesunken ist und sie deren Funktionen übernommen hat. (Polenz, Altenburgisch, S. 100)

Als Funktion der obersächsischen Umgangssprache sind alle in der Tabelle angegebenen außer »Hochsprache im engeren Sinne«, »Gemeinsprache« und »Ortssprache« aufgeführt (wenn auch teils nur für eine frühere Zeit). Darüber hinaus wäre zu überlegen, ob nicht gewisse Varianten der obersächsischen Umgangssprache so charakteristisch für einen bestimmten Ort wären, daß man sie auch als »Ortssprache« einstufen müßte. Die Zusammenhänge erscheinen in dieser Darstellung also verhältnismäßig kompliziert, und dabei gibt v. Polenz ein bewußt vereinfachtes und auch einseitiges Bild. Das hebt er selbst hervor und wiederholt:

---

schen Sprach- und Siedlungsgeschichte. Tübingen 1954 (= Mitteldeutsche Forschungen Bd. 1).

Es sei noch einmal darauf hingewiesen, daß die scharfe Abgrenzung der Sprachschichten voneinander aus *methodischen* Gründen notwendig war, da nur der
usuelle Gebrauch von Lauten und Formen unterscheidbarer Sprachschichten,
nicht der okkasionelle Gebrauch von sehr häufig und vielfältig auftretenden
Mischformen berücksichtigt werden konnte. Ferner sei noch einmal betont, daß
alle Angaben zur Sprachsoziologie nur auf die Verhältnisse im Untersuchungsgebiet und nur auf die Laut- und Formenlehre bezogen sind. (Polenz, Altenburgisch, S. 105)

Diese Begrenzung entspricht durchaus der Aufgabenstellung seiner Arbeit. In der Einleitung schreibt er dazu:

Eine Dialektgeographie des Altenburgischen im weiteren Sinne also setzt die
Reihe gleichartiger Arbeiten fort, die in den dreißiger Jahren aus dem Germa-
nischen Seminar der Universität Leipzig und der Landesstelle für Thüringische
Mundartforschung in Jena hervorgegangen sind. (Polenz, Altenburgisch, S. 11)

Die Materialsammlung ist dementsprechend auch noch ganz von der
durch Schmeller begründeten Tradition bestimmt:

Die Aufnahmen wurden im allgemeinen bei älteren, ortsgebürtigen Personen gemacht, mitunter aber auch bei Personen mittleren Alters, die dank eines guten
Sprachbeobachtungsvermögens oft über noch ältere Lautformen Auskunft geben konnten als manche Alte, die ihre Mundart zwar sicherer, aber nur unbewußt sprachen und deshalb meist nicht imstande waren, hochsprachliche Sätze
und Worte in die Mundart zu übertragen. Um überhaupt erkennbare Sprachli-
nien aufnehmen zu können, mußte jeweils die älteste Sprachform erfragt werden. (Polenz, Altenburgisch, S. 11)

Das Ziel bleibt die Erhellung dialektgeographischer Gegebenheiten, und
diesem Zweck dient auch die Berücksichtigung sprachsoziologischer Gesichtspunkte. Wie wichtig sie sind, zeigt die Interpretation mancher
Kartenbilder wie z. B. der Karte 5 »sagen«, wo ein von Süden in das durch
g-Schwund charakterisierte thüringisch-obersächsische Mundartgebiet
hineinreichender Keil mit g-Formen dazu verführen könnte, von einem
Südnordvorstoß der oberdeutsch-vogtländischen Formen zu sprechen. P.
v. Polenz kommt zu einem anderen Ergebnis. Er sagt am Ende seiner
Überlegungen:

Der Vergleich dieser scheinbaren g–«Einbruchsgebiete« in den beiden äußer-
sten Randlandschaften des Thür. bestätigt noch einmal die Beobachtung, daß es
sich im Abg. nicht um »Sprachströmung« aus dem Süden handelt, sondern um
sprachsoziologisch zu erklärenden «*Sprachanschluß*«. (Polenz, Altenburgisch,
S. 113)

Gemeint ist dabei der Anschluß an die obersächsische Umgangssprache,
die – wie vorher dargestellt worden ist – im ganzen Untersuchungsgebiet
gebraucht wird, wenn auch z. T. in verschiedenen Funktionen.

Überall ist deutlich: Nicht die Absicht zur Erforschung einer Umgangssprache, sondern eine Wandlung der dialektgeographischen Verhältnisse
führt zur Einbeziehung soziologischer und funktionaler Betrachtung. Es

230

ist deshalb nicht verwunderlich, daß die hier verwendeten Funktionsbegriffe für die Klärung umgangssprachlicher Verhältnisse noch nicht ganz befriedigen können. Vor allem die »soziale Unterscheidung« in »Gebildetensprache« und »Volkssprache« ist unklar. »Volkssprache« kann dabei jedenfalls nicht ganz dem entsprechen, was Maurer meint, der »Volk« im Sinne der Volkskunde als noch in festen Bindungen lebende Gemeinschaften versteht. In diesem Falle erschiene »Gebildetensprache« jedenfalls nicht als der geeignete Gegenpol, und die Gesamtheit sozialer Unterscheidungen wäre so gewiß nicht faßbar.

Peter v. Polenz hat sich mit diesem ersten Griff nach dem Problem der Umgangssprache auch nicht zufriedengegeben. Ein zweites Mal hat er es bei der Bearbeitung der wortgeographischen Karte »voriges Jahr« zu Walther Mitzkas Deutschem Wortatlas angefaßt. Er berichtet:

> Während »dies Jahr« vergleichsweise einfache räumliche Verhältnisse bietet, ist die Wortkarte »voriges Jahr« derart mehrschichtig, daß vielfach die Beschriftung eingegrenzter Wortflächen mit zwei oder gar drei Leitformen unumgänglich ist. Wortvarianten der Mundart sind, mehr oder weniger gleich streuend, neben solchen der regionalen Umgangssprache und der nhd. Hochsprache belegt. (Polenz, »Voriges Jahr«, S. 224–234).

Er zeichnet eine mehrschichtige Wortkarte. Bei der Zuordnung der einzelnen Wortformen zu einer Schicht kann er sich allerdings nicht auf direkte Beobachtung stützen, sondern ist auf ein Material angewiesen, das bei einer allein auf die Mundart gerichteten Befragung zusammengekommen ist. Das Prinzip seiner Zuordnung hat v. Polenz zwar nicht ausdrücklich genannt, aber aus seiner Darstellung ist zu entnehmen, daß für ihn im wesentlichen zwei Kriterien entscheidend gewesen sind: die räumliche Ausdehnung des Vorkommens einer Wortform oder Fügung und die rationale Durchsichtigkeit der Fügungen. Die überall begegnende rational durchsichtige Fügung »voriges Jahr« repräsentiert die Hochsprache, etwas mehr regional begrenzte, aber auch durchsichtige Fügungen wie *vergangenes* und *letztes Jahr* ordnet er der Umgangssprache zu, in kleineren Räumen gültige, in ihrer Bildung undurchsichtige Worte wie *fern* und *fert* der Mundart. Aus dem kartographischen Befund, der sich auf diese Weise ergibt, glaubt er nun folgende Aussagen über die Sprachschichten ableiten zu können:

> Schriftsprache ist hier also *Hochsprache* im Sinne von »gehobener« (d. h. rational gereinigter) Sprache. In lexikalischer Hinsicht hat die [schriftsprachliche Auswahl aus mündlichem Sprachgebrauch] sich nach regionalem unterschiedlichem Wortgebrauch gerichtet, nach der mittel- und oberdeutschen Mehrheit, in diesem Falle hat die Schriftsprache den Charakter einer *Gemeinsprache*. Die Entstehung der sprachlichen Oberschicht ist also ein dreidimensionaler Vorgang: Horizontale (sprachräumliche) Kräfte und vertikale (sprachsoziologische) haben hier zusammengewirkt.
> Auf die Mittelschicht, die regionale *Umgangssprache*, hat nur einer dieser beiden Faktoren eingewirkt: die hochsprachliche Tendenz zur attributiven Wortfü-

gung des analytischen Sprachbaus. Ja, in ihnen ist diese Entwicklung eigentlich erst für die Schriftsprache vorbereitet worden. Die Umgangssprachen sind nicht so sehr Kompromißprodukte aus der Annäherung der jeweiligen Mundarten an die Schriftsprache als vielmehr Ergebnisse der polygenetischen Entwicklung zur gehobenen, d. h. rationalisierten und damit analytisch strukturierten Redeweise. (Polenz, »Voriges Jahr«, S. 233f.)

Bemerkenswert ist, daß sich v. Polenz mit dieser Darstellung in einen deutlichen Gegensatz zu H. Becker stellt, indem er die Umgangssprachen als Vorstufen und nicht als Folgeerscheinungen der Schriftsprache ansieht.[242] Damit fällt die alte Definition oder zum mindesten deren Eindeutigkeit. Aber er bietet kein Kriterium, das ähnlich handfest wäre. Allein der Verbreitung nach müßte man etwa »fern« und dessen Varianten der Umgangssprache zuordnen. Und auch mit dem zweiten Kriterium, der geringeren oder stärkeren Tendenz zum analytischen Sprachbau, hat es seine Schwierigkeiten. Das ergibt sich aus einer späteren Arbeit über die Wortkarten 'dies Jahr' und 'voriges Jahr', die Georg Stötzel[243] auf Anregung von L. E. Schmitt und P. v. Polenz durchgeführt hat. Er sieht sich auf der einen Seite genötigt, die auf den Karten zutagetretende Schichtung als nicht identisch mit der im wirklichen Gebrauch zu beobachtenden Schichtung anzusehen, da etwa der Typus *voriges Jahr* durchaus dem Mundartgebrauch entsprechen kann. Er hilft sich damit, daß er die Schichtungsbezeichnungen (einem Vorschlage W. Foerstes folgend) nun »herkunftsmäßig« verstanden wissen will. Auf der anderen Seite weist er aber nach, daß auch der Typus *fern* herkunftsmäßig eine rational durchschaubare analytische Fügung mit *jar* gewesen sein muß. Damit wird das Kriterium der rationalen Durchschaubarkeit problematisch. So scheint nichts recht Greifbares von der soziologischen Betrachtung der Sprachkarte zu bleiben. Dennoch bleibt der Eindruck, daß alle genannten Momente, das Beeinflußtsein von der Schriftsprache und der Vorstufencharakter zur Schriftsprache, der Geltungsbereich und der Grad der Rationalität, nicht von der Hand zu weisen sind. Nur läßt sich allein aus mundartgeographischem Material über deren Zusammenhang nichts Klares ermitteln. Es ist deshalb nicht verwunderlich, daß P. v. Polenz in den letzten Jahren bemüht ist, auch von anderen Seiten an das Problem der Umgangssprache heranzugehen. Vom Problem der »Sprachnormung und Sprachentwicklung im neueren Deutsch« her stößt er in einem 1964 erschienen Aufsatz (in: Der Deutschunterricht 16, 1964, H. 4 S. 67–91) auf das Problem der Umgangssprache zu.

[242] Auf die in diesem Aufsatz enthaltene Charakterisierung der Umgangssprache als regionale Hochsprache soll nicht weiter eingegangen werden. Sie ist schon von Cordes (Pretzel-Festschrift S. 344) als widersprüchlich zum sonstigen Sprachgebrauch bei v. Polenz und als eher zu weiteren Mißverständnissen führende Formulierung abgelehnt worden.
[243] Stötzel, Georg: Die Bezeichnungen zeitlicher Nähe in der deutschen Wortgeographie von »dies Jahr« und »voriges Jahr«. Marburg 1963. – Vgl. dazu meine Besprechung im Jahrbuch des Vereins für niederdeutsche Sprachforschung 88, 1965 S. 161–164.

Hier wird Umgangssprache nicht im Kontrast zur Mundart gesehen, sondern zur Normsprache, der hochdeutschen Hochsprache, die v. Polenz als durch »gelehrte Sprachnormung« des 17. und 18. Jhs. nach »schreibsprachlichem Grundsatz« ausgebildete »aristokratische« Sprachform kennzeichnet. Er weist auf deren »preziöse Stiltendenz« hin, die den Gebrauch alltäglicher, bewährter Wörter und Wendungen verhindert. Weiter schildert er die Lage so:

> Im Affekt, in der Freude wie im Schmerz, sind wir oft Sprach-los, wenn wir uns auf die hohe Stilebene der traditionellen Schriftsprache beschränken und unsere Muttersprache, die tägliche Umgangssprache, glauben verleugnen zu müssen oder sie gar verlernt haben. Ein gewisser Teil unserer Sprachnormen stammt jedenfalls aus gesellschaftlichen Gruppenbildungen und Situationen, die heute für die Spracherziehung nicht mehr unbedingt verbindlich sein müssen. Wenn wir jeden Einfluß der Alltagssprache auf die Sprachentwicklung zu verhindern suchen, mit Schlagwörtern wie »Vulgarisierung« oder »Slang«, dann lassen wir die deutsche Sprache zu einer lebensfernen Bildungssprache erstarren, die ihre museale Schönheit bewahrt, aber den Anforderungen der modernen Welt nicht mehr gewachsen ist. (Polenz, Sprachnormung, S. 74)

Die moderne Sprachsituation sieht er folgendermaßen:

> Im modernen Großstadtleben, im Zeitalter des Schnellverkehrs und der unbegrenzten Freizügigkeit ist nicht mehr die Orts- und Landschaftsgebundenheit das wichtigste Kennzeichen der »Volkssprache«. Wenn »Volkssprache« überhaupt ein fruchtbares Kriterium für die Sprachwertung sein darf, dann nur deshalb, weil sie als reine Form der natürlichen Sprechsprache der Schreibsprache gegenübersteht. Die Forderung Hildebrands[244] hat nur dann noch heute einen Sinn, wenn wir unsere alltägliche Sprechsprache, die *Umgangssprache*, als »Volkssprache« anerkennen. (Polenz, Sprachnormung, S. 75)

Damit hat v. Polenz den sprachgeographischen Standpunkt also ausdrücklich aufgegeben. Weder das Regionale noch das Rationale erscheint als charakteristisch für die Umgangssprache. Wichtig sind der sprechsprachliche Charakter, wie bei Wunderlich, sind stilistische Fragen, die in der vorliegenden Arbeit erst an späterer Stelle (Abschn. 10) zur Sprache kommen sollen, und im Zusammenhang damit soziologische Aspekte, die sonst bevorzugt im Zusammenhang mit Fragen der Mundartforschung gesehen werden, also näher zum vorliegenden Kapitel gehören.

Diese verschiedenartigen Vorstöße zum Problem der Umgangssprache ergeben ein vielfach widerspruchsvolles Bild.[245] Dennoch drängt sich die Vermutung auf, daß ein Zusammenhang zwischen diesen verschiedenen

---

[244] »Das Hochdeutsch ... soll ... gelehrt werden ... im engsten Anschluß an die in der Klasse vorfindliche Volkssprache oder Haussprache.« Hildebrand, Sprachunterricht, S. 8.

[245] In den neuesten Arbeiten von P. v. Polenz erscheint der Begriff »Umgangssprache« in weiteren Abschattierungen, nämlich im Sinne von »allgemein verständliche Sprache«, von »private Sprache« (P. v. Polenz: Zur Quellenwahl für Dokumentation und Erforschung der deutschen Sprache der Gegenwart. In: Sprache der Gegenwart Bd.1, 1967 S. 367 u. 373) und im Sinne von »unterschichtliche Sprache« (P. v. Polenz: Sprachkritik und sprachwissenschaftliche Methodik. In: Sprache der Gegenwart Bd.2, 1968 S. 162 u. 177).

Aspekten bestehen müsse, denn es finden sich gewisse Grundbegriffe (Alltags- und Haussprache, Volkssprache, Landschaftssprache, Hochsprache als »gehobene« Sprache u. a.) unter verschiedenen Aspekten wieder. Bemerkenswert ist, daß eine am Anfang dieser Arbeit im Hinblick auf das gesamte Problemgebiet der Umgangssprache getroffene Feststellung hier im Hinblick auf einen einzigen Verfasser gegeben ist. Die einzelnen Beobachtungen sind teils so widersprüchlich, daß von verschiedenen Gegenständen die Rede zu sein scheint. Ein umgreifender Überblick, in dem sich die Widersprüche aufzulösen vermöchten, ist bei v. Polenz noch nicht greifbar. Für einen solchen Überblick scheinen mir allerdings die Hinweise auf die Art einer normsetzenden soziologischen Gruppe besonders wichtig. Diese Hinweise machen deutlich, inwiefern die Aufgabe, für die eine Norm geschaffen ist (die Sprachprogrammatik, auf die Apel hinweist), und das psychische Leitbild, dem die Gruppe folgt, den Stil der Normierung prägen und damit auch den Systemcharakter der normierten Sprachform bestimmen. Solchen Zusammenhängen wird späterhin besondere Aufmerksamkeit geschenkt werden müssen.

An dieser Stelle sind zunächst noch weitere Auseinandersetzungen mit dem Problem der Umgangssprache zu berücksichtigen, die von der Mundartforschung ausgehen, und zwar sind dabei als erste noch einige Leipziger Arbeiten zu nennen, die parallel zu v. Polenz' Arbeit über die Altenburger Sprachlandschaft konzipiert worden sind. Es sind die Arbeiten von Rudolf Große über »Die meißnische Sprachlandschaft«,[246] die von Helmut Protze über »Das Westlausitzische und Ostmeißnische«[247] und die von Günter Bellmann »Mundart und Umgangssprache in der Oberlausitz«.[248] Allen diesen Arbeiten ist gemeinsam, daß sie nicht auf die Umgangssprache zielen, sondern auf die Mundart. Aber keine kann die Umgangssprache unberücksichtigt lassen, schon um ihre Erscheinungen aus der Mundartbetrachtung ausschließen zu können. Aus jeder dieser Arbeiten geht hervor, wie schwierig es wegen des immer weiter um sich greifenden Gebrauchs »der Umgangssprache« gewesen ist, zuverlässige Mundartsprecher zu ermitteln. So heißt es bei Rudolf Große:

> In Landschaften, in denen die Umgangssprache schon weithin herrscht, ist man
> ... auf die Bereiche des sprachlichen Lebens gewiesen, auf die sich die Mundart
> zurückgezogen hat. So wurden bei den Aufnahmen im Untersuchungsgebiet immer ältere Personen aufgesucht; ... Daß dabei die Städte ausgelassen wurden,
> erklärt sich aus dem Gesagten. Alle Orte des bearbeiteten Bereiches abzufragen
> ..., wäre nicht möglich gewesen.... Zudem wäre es illusorisch, eine genaue Grenze von Ort zu Ort auffinden zu wollen, weil die meisten Formen nicht mehr im

---

[246] Große Rudolf: Die meißnische Sprachlandschaft. Dialektgeographische Untersuchung zur Obersächsischen Sprache und Siedlungsgeschichte. Halle 1955 (= Mitteldeutsche Studien 15).

[247] Protze, Helmut: Das Westlausitzische und Ostmeißnische. Halle 1958 (= Mitteldeutsche Studien 20).

[248] Bellmann, Günter: Mundart und Umgangssprache in der Oberlausitz. Marburg 1961 (= Deutsche Dialektgeographie 62).

234

täglichen Gebrauch erscheinen und deshalb das einzige sichere Urteilsvermögen, das Sprachrichtigkeitsgefühl, stark beeinträchtigt ist. (Große, Meißnisch, S. XIV)

Und Protze schreibt:

Gewährsleute waren hauptsächlich ältere, 50–75jährige Personen, daneben auch Personen mittleren Alters, die auf Grund guten Sprachbeobachtungsvermögens oft noch frühere Lautformen kannten als manche Alte, die ihre Mundart zwar sicherer, aber nur unbewußt sprachen und daher meist nicht hochsprachliche Worte in die Mundart übertragen konnten. (Protze, Westlausitzisch, S. XIII)

Schließlich erklärt Bellmann:

Bei der Aufnahme wurde danach gestrebt, die Sprache der ältesten heute noch greifbaren Schicht eines jeden Ortes zu erfassen. Darum war Bedingung, daß die Gewährsleute im Aufnahmeort gebürtig, möglichst ortsfest und nicht jünger als 70 Jahre sein sollten. (Bellmann, Oberlausitz, S. 6)

So ist es bei jeder dieser Arbeiten naheliegend und zum Teil sogar notwendig, über die unter der Bezeichnung »Umgangssprache« eingeordneten überwiegend gebrauchten Sprachformen nähere Aussagen zu machen.

Bei Große findet sich folgender, größtenteils gesperrt gedruckter Satz, auf den ich schon oben in der Zusammenfassung zum Thema »Umgangssprache als Problem der Grammatik« (Abschn. 7.10) kurz verwiesen habe:

Auf der Stufe der Mundart trägt die Sprachgemeinschaft ihre Norm in sich; mit der Umgangssprache dagegen strebt sie nach einem extremen Ziel der Sprachrichtigkeit, der schriftsprachlichen Form, was unzählige Möglichkeiten der Realisation offenläßt. (Große, Meißnisch, S. XIV)

Hier ist eine Parallele zu den Gedanken Käthe Scheels über das Hamburger Missingsch gegeben, die oben bereits besprochen worden sind (Abschn. 7.5.2). Und auch in diesem Falle sind Bedenken anzumelden.[249] Sie drängen sich besonders auf, wenn man zwei Äußerungen Bellmanns einander gegenüberstellt. Zunächst sagt er ganz im Sinne Großes:

Die Umgangssprache hat ihren Platz zwischen der Mundart, von der sie ausgeht, und der Schriftsprache, auf die sie zustrebt. Wieweit es dem Sprecher gelingt, sich von seiner mundartlichen Ausgangsbasis zu lösen, ist abhängig von Beruf, Erziehung, Alter und vielen anderen Faktoren. (Bellmann, Oberlausitz, S. 56)

Aber in den nachfolgenden Sätzen erscheint die Schriftsprache doch nicht mehr als die allgemein angestrebte Norm; Bellmann fährt nämlich fort:

---

[249] Entsprechende Bedenken bringt auch Wolfgang Fleischer vor. Er sagt in seinem im folgenden noch zu erwähnenden Buch »Namen und Mundart im Raum von Dresden«: »Man darf sich nicht – wie das meist getan wird – mit der Feststellung begnügen: Der Sprecher der US strebt nach absolutem Anschluß an die Schriftsprache als ideellem Ziel. Auch die US schafft ihre Sprachgemeinschaft, deren Zwang jeder Sprecher unterliegt.« (Bd. 1 S. 157).

Schon daraus ist ersichtlich, daß es zwischen den Polen Mundart und Schriftsprache eine große Zahl sprachlicher Realisationsmöglichkeiten gibt, die dadurch ins Unendliche wächst, daß ein jeder Sprecher je nach Gesprächspartner
Thema und Stimmung ständig variierend einmal der Mundart und einmal der
Schriftsprache näherstehen kann. (Bellmann, Oberlausitz, S. 56)[250]

Und etwas später heißt es:

Andererseits wird auch der sogenannte Gebildete auf dem Lande, sobald er nach
seinem Dienst in den Bereich des privaten Lebens zurückkehrt, von der Schriftsprache zur bequemeren Umgangssprache übergehen. (Bellmann, Oberlausitz,
S. 57)

Das sieht nicht so aus, als gäbe es innerhalb der hier behandelten Umgangssprache keinerlei Norm. Man muß vielmehr schließen, daß es in ihr mehrere Normen gibt, deren Geltung funktional und soziologisch bestimmt ist.
Sonst wäre es nicht denkbar, daß ein Sprecher, dem es »gelingt«, die angestrebte Norm zu erreichen, in bestimmten Situationen dennoch zu anderen Formen greift. Der Gebrauch umgangssprachlicher Formen ist also
doch nicht so regellos, wie es von der Mundartforschung aus gesehen auf
den ersten Blick erscheint, nur lassen sich die Regeln nicht so bequem erfassen und jedenfalls nicht mit Hilfe von Sprachmaterial, das mit dem Ziel
gesammelt ist, möglichst unverfälschte Bauernmundart zu erhalten, es sei
denn, daß die Sprachverhältnisse eines Gebietes so beschaffen sind, daß
keine deutsche Mundart faßbar ist, weil sie entweder ausgestorben oder
– in Gebieten mit fremdsprachiger Mundart – nie vorhanden gewesen ist.
In solchen Fällen ist dann der Glücksfall gegeben, daß sich *eine* Umgangssprache in der Art wie eine Mundart erfassen läßt. Interessant wird dann
im Zusammenhang mit den vorher erwähnten Problemen, wie weit sich
der funktionale und soziologische Geltungsbereich der jeweils erfaßten
Sprachform erstreckt. Ansätze zu solchen Feststellungen sind vorhanden,
so z. B. bei Bellmann über den Gebrauch des Neulausitzischen, bei Fleischer (Namen und Mundart im Raum von Dresden) und bei Rosenkranz
und Spangenberg in ihren »Sprachsoziologischen Studien in Thüringen«;
auch die schon früher besprochene Arbeit des Große-Schülers Baumgärtner über die Umgangssprache in Leipzig zeigt Entsprechendes. Gemeinsam ist diesen Ausführungen, daß jedesmal eine »Umgangssprache«
benannte Sprachform als Sprachform einer bestimmten Bevölkerungs-
gruppe und oft auch als Sprachform eines bestimmten Funktionsbereiches (Haussprache, Verkehrssprache u. a.) dargestellt wird. Allerdings
ist das, was jeweils Umgangssprache genannt wird, nicht bei allen Verfassern gleichartig und auch im Gebrauch eines Verfassers nicht immer ein-

---

[250] Auf das Vorhandensein einer situationsgebundenen »Sprachstufung« weist Bellmann besonders in einem früheren Aufsatz hin: Bellmann, Günter: Mundart – Schriftsprache – Umgangssprache. Eine Betrachtung zur soziologischen Sprachschichtung an der Grenze des oberlausitzischen Mundartgebietes. In: Beiträge z. Gesch. d. dt. Spr. u. Literatur, 79, Sonderband,
Halle 1957, S. 168–181, besonders S. 180f.

deutig. Charakteristisch hierfür sind die Feststellungen über das Wesen der Umgangssprache, die Rosenkranz trifft. In ihnen wird »die« Umgangssprache stilistisch, räumlich, soziologisch, nach dem Verhältnis zum Derben, nach der Struktur der sie tragenden Sprachgemeinschaften, nach der Variationsbreite in der Lautgebung und der Variationsbreite in der Wortwahl gekennzeichnet.

1. Die Umgangssprache ist stilistisch Volkssprache in dem Sinne, wie Will den Begriff faßt: sie zeigt die einfache enumerative Redeweise durch Bindung zahlreicher Hauptsätze mit »und da ...«, die Armut an abstrakten Begriffen, die starke Affektbezogenheit, den bildhaften Ausdruck wie die Mundart. Ihr fehlt die vorwiegend logische Bestimmtheit der Schriftsprache. Damit kommt sie der geistigen Haltung des Mundartsprechers entgegen, was die Übernahme wesentlich erleichtert.
2. Die Umgangssprache ist räumlich gesehen Verkehrssprache eines mehr oder minder ausgedehnten Gebiets. Sie meidet deshalb in Wortschatz und Lautstand alle Formen von kleinräumiger Geltung, die die Verständigung erschweren.
3. Die Umgangssprache ist soziologisch eine Sprache städtischer Herkunft; denn auch die Gesellschaftsstruktur ländlicher Industriegebiete steht dem städtischen Vorbild näher als der Landgemeinde. Sie meidet deshalb alles, was als grob bäurisch empfunden wird. Da der bäuerliche Fachwortschatz der Umgangssprache naturgemäß fremd ist, entzieht sich dieser Bereich der Mundart ihrem Einfluß.
4. Der Umgangssprache fehlt die Naivität gegenüber dem Derben; während die Mundart derbe Ausdrücke unbefangen verwendet, zieht die Umgangssprache Umschreibungen wie Armleuchter, Scheibenhonig vor. Wo dagegen in der Umgangssprache solche als anstößig empfundene Derbheiten bewußt angewendet werden, beginnt der Bereich der »Gossensprache« oder »Rinnsteinsprache«, einer besonders in Großstädten heimischen Stilform der Umgangssprache.
5. Auch die Umgangssprache gliedert sich in Sprachgemeinschaften, die jedoch nicht wie die Ortsmundarten räumlich aufgeschlossen sind, sondern bestimmte soziale Schichten größerer Räume umfassen. Hierbei kommt es zur räumlichen Überdeckung mehrerer umgangssprachlicher Schichten, d. h. zur Überkreuzung mehrerer Sprachgemeinschaften. Diese umgangssprachlichen Schichten unterscheiden sich nach dem Grad der Annäherung an die Schriftsprache, sind aber wesensmäßig gleichartige Sprachgebilde.
6. In der Lautgebung ist die Umgangssprache gekennzeichnet durch die Variationsbreite, die dem Sprecher erlaubt, sich in gewissen Grenzen auf den Gesprächspartner einzustellen, ohne dabei nach oben und unten die von der Sprachgemeinschaft gesetzten Grenzen zu überschreiten.
7. Die Umgangssprache bildet das Sammelbecken des Wortschatzes ihres Geltungsbereichs sowie der benachbarten sozialen Sprachschichten. In den großen Städten und Industriegebieten kommt Wortgut verschiedener Herkunft zusammen und wird synonym verwendet, so daß auch in der Wortwahl da eine Variationsbreite herrscht, wo in der Mundart eine feste Bezeichnung verbindlich ist. Diese reiche Synonymik entspricht der geistigen Regsamkeit ihrer Träger. (Rosenkranz, Thüringen, S. 21f.)

Diese im einzelnen sehr aufschlußreichen Feststellungen erlauben keine eindeutige Abgrenzung des Sprachtyps »Umgangssprache« gegenüber anderen Sprachtypen. Vielmehr müßte die Abgrenzung je nach Gesichtspunkt anders verlaufen, und so ist nicht gesichert, daß immer von demselben Gegenstand die Rede ist, wenn das Wort »Umgangssprache« gebraucht wird. Deshalb lassen sich auch die Äußerungen der verschiedenen Autoren nicht ohne weiteres zueinander in Beziehung setzen. Aber eines wird dennoch deutlich, wenn man diese Untersuchungen nebeneinander hält: Ähnliche Sprachformen (also z. B. Varianten der »Obersächsischen Umgangssprache« im Sinne Beckers) haben in verschiedenen Gegenden verschiedene Funktionsbereiche, in denen sie gebräuchlich sind. Man darf also nicht überall ein gleichartiges »Schichtmodell« annehmen. Und das wiederum bedeutet, daß man die Umgangssprache nicht in der Weise als eine Sprachebene oder Sprachschicht auffassen darf, wie es bei der Mundart noch vertretbar erscheint. Der Gegenstand der Umgangssprache zwingt zu einer mehr soziologischen als geographischen Betrachtung, zwingt dazu, in der Richtung weiterzuarbeiten, in der Heinrich Grund 30 Jahre früher begonnen hat, ohne entsprechende Nachfolge zu finden. Da in den letzten Jahrzehnten Mundartuntersuchungen ohne Berücksichtigung der Umgangssprache kaum noch möglich sind, wenden sich nun auch Vertreter der dialektgeographischen Schule verstärkt soziologischen Problemen zu. So heißt es in dem 1965 herausgegebenen Bericht über die Mundartforschung im obersächsischen Raum:

> Das Industriegebiet um Karl-Marx-Stadt (Chemnitz) ließ die Frage nach der sprachsoziologischen Schichtung in den Mittelpunkt der Arbeit von G. Bergmann treten. Dabei konnte er den stufen- und schichtenweisen Abbau einer Mundart in einem dialektgeographischen Übergangsgebiet nachweisen. (In: Berichte über Dialektforschungen in der DDR S. 19)[251]

Eine ähnliche Wendung haben die vom »Deutschen Sprachatlas« ausgehenden Forschungen unter der Initiative des früher in Leipzig wirkenden L. E. Schmitt genommen.[252] Die Aufgabe der einseitig geographisch orientierten Ausrichtung ist schon an einer Umbenennung des Instituts in »Forschungsinstitut für deutsche Sprache (Deutscher Sprachatlas)« erkennbar. In diesem Zusammenhang hat sich das Institut auch dem Problem »Sprache und Technik« zugewandt. L. E. Schmitt schreibt darüber im »Wissenschaftlichen Jahresbericht 1964«:

[251] Vgl. Bergmann, Günther: Das Vorerzgebirgische. Mundart und Umgangssprache im Industriegebiet Karl-Marx-Stadt -- Zwickau, Halle 1965 (= Mitteldeutsche Studien, Bd. 27). Er kommt dabei an mundartlichen Merkmalen nicht zu einer Aufteilung in sechs Schichten, warnt aber vor einem »allzu formalistischen Handhaben dieser Aufstellung«, denn »jeder Sprecher hat sich letzten Endes sein eigenes Sprechsystem aufgebaut, hat sich aus den zur Verfügung stehenden Möglichkeiten die ihm gemäßen Formen ausgewählt« (S. 171).
[252] Auch für die österreichische Mundartforschung gilt Entsprechendes. Anreger ist hier vor allem Eberhard Kranzmeyer (vgl. seinen Aufsatz: Hochsprache und Mundarten in den österreichischen Landschaften. In: Sprachwissenschaft (= Wirkendes Wort, Sammelband I), S. 115–122). Seinen Intentionen folgt Bruno F. Steinbruckner in der Arbeit »Stadtsprache und Mundart. Eine sprachsoziologische Studie« (In: Muttersprache 78, 1968, S. 302–311). Dieser untersucht die heutigen Verhältnisse in Linz und arbeitet dabei mit ähnlichen »Schichten« wie schon H. Grund: Linzer Verkehrsmundart - Linzer Verkehrssprache - gehobene Verkehrssprache oder Umgangssprache - Hochsprache. Diese letzte gilt allerdings nicht als in Linz gebräuchliche Sprache, sondern es ist die » . . . besonders von der gehobenen Verkehrssprache ... angestrebte Hochsprache, die man in Rundfunk und Fernsehen zu hören bekommt.«

Sprache und Technik.
Unter diesem Kurztitel faßt das Forschungsinstitut für deutsche Sprache seine Bemühungen um die Erforschung der Sprache der heutigen Industriegesellschaft zusammen. Das Phänomen ist zu komplex, um in einem kulturkritischen Essay oder in einigen Wortschatzuntersuchungen erschöpft zu werden. Die sprachwissenschaftliche Erforschung der heutigen Sprache erfordert ein umfangreiches Rüstzeug. – Am Forschungsinstitut für deutsche Sprache werden nebeneinander theoretische Vorarbeiten und empirische Untersuchungen vorgenommen.
Die Vorarbeiten umfassen:
1. die Sammlung und Sichtung vorliegender zerstreuter Einzelbeobachtungen;
2. die linguistische Aufnahme und Analyse der Fachsprachen der Naturwissenschaften und der Technologie, insbesondere Chemie und Physik;
3. Einbeziehung von Forschungsergebnissen der Anthropologie, Soziologie, Psychologie und Statistik;
4. die Entwicklung neuer Methoden, die in der Praxis erprobt und modifiziert werden müssen.
Unter anderem sind zur Entwicklung geeigneter Methoden empirische Untersuchungen in Zentren der Industrie (zunächst Farbwerke Hoechst und VW-Werke Wolfsburg, s. unten) vorgenommen worden, die zur Zeit ausgewertet werden. Die ersten Teilergebnisse liegen in Form einiger Veröffentlichungen von Angehörigen des Instituts vor. Geplant ist die Erarbeitung methodisch sicherer Grundlagen und die exakte Fixierung und Analyse der Sprachwirklichkeit, hauptsächlich in Industriegebieten. (Schmitt, Forschungsinstitut, S. 65f.)

Der in diesem Programm abgesteckte Forschungsbereich ist in gewisser Hinsicht weiter als derjenige, der in der vorliegenden Arbeit berücksichtigt wird, da auch Fachterminologien und Abkürzungssprache berücksichtigt werden, in anderer Hinsicht enger, da nicht alle als Umgangssprache benannten Erscheinungen einbezogen sind. Aber es wird unter diesem Gesichtspunkt fraglos ein Großteil von Phänomenen erfaßt, die als umgangssprachlich bezeichnet werden. Wesentlich ist, daß umgangssprachliche Erscheinungen nicht mehr als störende Momente am Rande des Untersuchungsbereiches erscheinen, sondern selbst in den Mittelpunkt gerückt sind.
Bisher galt weitgehend die Auffassung K. Haags:

Die Städte, auch kleine Landstädtchen, bilden Neuinseln, die wie Löcher im Lautgewebe sitzen. Es geht nicht an, sie auf der Karte darzustellen. (Haag, Sprachwandel, S. 34)

Nun wendet sich Friedhelm Debus in seinem Aufsatz »Zwischen Mundart und Hochsprache, ein Beitrag zur Stadtsprache – Stadtmundart«[253] entschlossen von dieser Auffassung ab und untersucht an Hand des Sprachatlas-Materials den stadtsprachlichen Einfluß im »Lautgewebe der Landschaft« zunächst am Kölner, Kasseler und Marburger Raum, in einem späteren Aufsatz[254] an der Gegend von Frankfurt, Mainz, Wiesbaden

[253] Zeitschr. f. Mundartforschg. 29, 1962 S. 1–42.
[254] »Stadtsprachliche Ausstrahlung und Sprachbewegung gegen Ende des 19. Jahrhunderts« in: Marburger Universitätsbund, Jahrbuch 1963 S. 17–68.

und Darmstadt. Er tut das mit »mikroskopischer Methode«, d. h. er begnügt sich nicht mit der Interpretation von Isoglossen, sondern prüft die einzelnen Fragebogenbelege und berücksichtigt dabei, wer den Fragebogen ausgefüllt hat und auf welche Weise er es getan hat. Mit den Materialien des Sprachatlas-Archivs vergleicht er alles erreichbare Material, das zu anderer Zeit über den gleichen Gegenstand gesammelt worden ist. Dabei kommt er zu Ergebnissen wie diesem:

> Die Strahlungskraft der Stadt(sprache) äußert sich im näheren Wirkungsbereich der Stadt in der direkten Übernahme der stadtsprachlichen Form, im weiteren Bereich jedoch in einer indirekten Wirkungstendenz auf die Hochsprache hin. (Debus, Mundart und Hochsprache, S. 13)

Er stellt fest, daß Intensität und Reichweite des stadtsprachlichen Einflusses im Bereich verschiedener Städte durchaus unterschiedlich sein können. Am Beispiel der rheinischen Gutturalisierung weist er darauf hin, daß die vordringenden Formen »nicht immer der Hoch- bzw. der Umgangssprache« entsprechen.[255] Über die Grenzen seines Verfahrens ist er sich im klaren. Die Beschränkung auf Lauterscheinungen sieht er zwar als methodisch vorteilhaft an, weiß aber, daß er dabei nur einen Teil des Geschehens erfaßt. So münden seine Ausführungen in die Forderung nach neuen Untersuchungen. Näher sagt er dazu:

> Die geforderten Untersuchungen haben es nicht mit einer einheitlichen Sprachform zu tun. Die Stadtsprache ist äußerst vielschichtig. Im Stadtbereich mit der Stadtma. bzw. den Maa. der eingemeindeten Orte einerseits und der sog. Umgangssprache bzw. Hochsprache andererseits sind Sprachmischungen sehr mannigfaltig und oft starken individuellen Differenzierungen unterworfen. Diese Mannigfaltigkeit gilt es festzuhalten und darzustellen. Die Verhältnisse sind bei den einzelnen Städten zudem verschieden gelagert. Gleiche äußere Bedingungen zeitigen je nach Landschaft und Mentalität der Bewohner doch nicht dieselben Ergebnisse. (Debus, Mundart und Hochsprache, S. 42f.)

Debus versucht hier durch eine Verfeinerung der dialektgeographischen Methoden[256] über den engen Rahmen der Dialektgeographie mit ihrer Ausrichtung auf die »echte« Mundart hinauszukommen.[257] Andere Arbei-

---

[255] Ähnliches äußert Hermann Bausinger an einem Beispiel aus dem oberschwäbischen Raum. (Vgl. Bausinger, Gesprochene Sprache, S. 297).

[256] Auf die Grenzen des mit dieser Methodik Erreichbaren weist Werner Veith in seinem Aufsatz »Die Stadt-Umland-Forschung als Gebiet der Sprachsoziologie« hin (in: Muttersprache 77, 1967, S. 157–162). Er hebt die Leistung von Debus hervor, nicht nur sprachliche Gegensätze zwischen Stadt und Umland festgestellt, sondern auch Bewegungen erfaßt und kartographisch sichtbar gemacht zu haben. Doch er merkt an, daß diese Bewegungen »sich sämtlich auf die soziale Unterschicht der jeweiligen Siedlung beziehen« (S. 158), diese seien aber nicht völlig miteinander vergleichbar. Nämlich: »Innerhalb der sozialen Stratigraphie stellt die städtische Grundschicht das dar, was auf dem Lande bereits zur oberen Mittel- bis Oberschicht gerechnet werden muß, also genau zu der Schicht zählt, die auch auf dem Lande größte Beweglichkeit und alle Tendenzen zur Hochsprache aufweist, wenn nicht sogar eine hochsprachlich gefärbte Umgangssprache spricht. Der sprachliche Gegensatz Stadt-Umland wird durch diese Faktoren weitgehend auf den sprachlichen Gegensatz unterschiedlicher Sozialschichten reduziert, wie er auch innerhalb einer Siedlung häufig anzutreffen ist«. S. 161).

[257] Über das Verhältnis von Stadtsprache und Mundart in der Schweiz vgl. Baumgartner, Hein-

ten suchen radikaler nach neuen Wegen. Der Aspekt, unter dem das geschieht, ist allerdings z. T. dennoch stark von der Blickrichtung der Dialektgeographie geprägt. Eine der von Schmitt erwähnten Veröffentlichungen, in denen vorläufige Ergebnisse vorgelegt werden, trägt den Titel »Die Industrielandschaft – ein neues Forschungsgebiet der Sprachwissenschaft« und stellt damit einen geographischen Gesichtspunkt in den Vordergrund. Der Inhalt ist allerdings wesentlich vielseitiger, als die Überschrift vermuten läßt. Der Verfasser, Dieter Möhn,[258] verharrt nicht in den engen Bahnen einer Forschungsrichtung, er ist sich durchaus der »vielgestalteten Problematik« bewußt und bemüht sich intensiv unter Berücksichtigung der Bezüge seines Problems zu anderen Wissenschaften um eine der Sache angemessene Neuorientierung. Er betont:

Mehr denn je wird die Sprache als seismographisches Organ von zahlreichen Faktoren beeinflußt; deshalb sind geographische, soziologische und psychologische Verfahrensweisen unerläßlich. (Möhn, Industrielandschaft, S. 342)

Sehr beachtenswert ist auch sein neues Durchdenken des Begriffes »Umgangssprache« im Anschluß an Ausführungen Theodor Litts:

Der Begriff des Umgangs erhielt aber durch Th. Litt eine neue Füllung. Gegenüber der objektiven Welt der Technik bedeutet Umgang für ihn »jene Weise der Verbundenheit, deren Innigkeit der Mensch am eindrucksvollsten in einer bestimmten Dimension seines Lebens und Erlebens erfährt: in der Begegnung mit seinesgleichen. Und dieses Mit- und Füreinandersein ist nicht bloß wechselseitige Kenntnisnahme: Es ist der Austausch von Wirkungen und Gegenwirkungen, in dessen spannungsreichen Abwandlungen sich das Verhältnis vom Ich und Du erst profiliert.« Nach dieser Definition ist einleuchtend, daß die Umgangssprache nicht eindeutig sein kann; neben der individuellen Artung des einzelnen wird die Sprache entscheidend durch die Eigenart der Gruppe, deren Mitglied der Sprecher jeweils ist, bestimmt. Diese Mitgliedschaft in mehreren Gruppen ist in ihrem heutigen Umfange erst durch eine soziale Nivellierung ermöglicht worden. (Möhn, Industrielandschaft, S. 314f.)

Dennoch finden sich auch im Inhalt noch Reste von Auffassungen, die der Mundartforschung entstammen und ungeprüft übernommen wurden, so wenn Möhn schreibt:

... darüber hinaus war erst eine genaue Fixierung und Erforschung von Mundart und Hochsprache erforderlich, ehe man sich den Zwischenschichten – es sind zahlreiche vorhanden – zuwenden konnte. Erst wenn zwei Elemente in ihrer Struktur bekannt sind, lassen sich auch ihre Verbindungen analysieren. (Möhn, Industrielandschaft, S. 309)

---

rich: Stadtmundart. Stadt- und Landmundart. Beiträge zur bernischen Mundartgeographie. Bern 1940. Auch in dieser Arbeit ist, wie in so vielen mundartgeographischen, die Rede von einer »Umgangssprache, die sich aus Elementen der Schriftsprache und der Mundart zusammensetzt«. (S. 16 u. a.).

[258] Möhn, Dieter: Die Industrielandschaft – ein neues Forschungsgebiet der Sprachwissenschaft. In: Marburger Universitätsbund. Jahrbuch 1963, S. 303–343.

In diesem Absatz ist die Auffassung, die übrigen Spracherscheinungen seien »Zwischenschichten« zwischen Mundart und Hochsprache und als »Verbindungen« zwischen diesen Elementen zu definieren, stillschweigende Voraussetzung. Die erwähnten sprachgeschichtlichen Untersuchungen von H. Moser über »Mittlere Sprachschichten als Quellen der deutschen Hochsprache« und Darstellungen von P. v. Polenz, der in ähnlicher Weise die Umgangssprache als Vorstufe der Hochsprache wertet (s. o.), lassen diese Grundannahme jedoch als fragwürdig erscheinen.

Die zweite bisher vorliegende Arbeit auf dem Forschungsgebiet »Sprache und Technik« bleibt wesentlich stärker als die eben genannte auf die am Gegenstand der Dialektgeographie erarbeiteten Gesichtspunkte und Verfahrensweisen beschränkt. Es handelt sich dabei um eine »Sprachsoziologische Untersuchung über den Einfluß der Stadtsprache auf mundartsprechende Arbeiter« von Else Hofmann.[259] Als Ziel wird dabei genannt:

> Inwieweit die Veränderungen des Lautsystems der Mundart von Nauborn durch den Einfluß der Stadt, die industrielle Entwicklung und den sozialen Wandlungsprozeß bedingt ist, soll im einzelnen nachgewiesen werden. (Hofmann, Stadtsprache, S. 204)

Entsprechend wird das Untersuchungsmaterial durch Abfragen der (von der Verfasserin ergänzten) Wenker-Sätze beschafft. Neu ist lediglich die zusätzliche Ermittlung soziologischer Daten, wie sie schon 30 Jahre früher H. Grund an seinem ähnlich gearteten Untersuchungsort vorgenommen hat. (Diese Arbeit war der Verfasserin offenbar nicht bekannt.) Der Begriff »Umgangssprache« erscheint bei E. Hofmann in einem sehr eingegrenzten Sinn als »Umgangssprache der in den Industriebetrieben von Leitz und Buderus arbeitenden Wetzlarer.« Zum Problem der Umgangssprache kann E. Hofmann allerdings kaum etwas Neues beitragen, denn die genannte Umgangssprache ist für sie nicht der eigentliche Untersuchungsgegenstand; sie fragt vielmehr nach deren Einfluß auf die Mundart. Dabei wertet sie aus den Wetzlarer Betrieben stammende Neuerungen in der Mundart als umgangssprachlich und umgeht auf diese Weise eine Wesensbestimmung der Umgangssprache.

Es ist noch notwendig, auf zwei führende Vertreter der dialektgeographischen Forschung in Marburg hinzuweisen, die schon vor der Übernahme des Marburger Instituts durch L. E. Schmitt Beiträge zum Thema »Umgangssprache« geleistet haben, nämlich Bernhard Martin und Walther Mitzka.

Bernhard Martin hat in einer Reihe von Bänden des von E. Keyser herausgegebenen Deutschen Städtebuchs[260] innerhalb der Artikel über die

---

[259] Hofmann, Else: Sprachsoziologische Untersuchung über den Einfluß der Stadtsprache auf mundartsprechende Arbeiter. In: Marburger Universitätsbund. Jahrbuch 1963, S. 201–281.
[260] Erich Keyser, Hrsg. Deutsches Städtebuch, Handbuch städtischer Geschichte, Stuttgart 1952 ff. – Beiträge von B. Martin in: Niedersächsisches Städtebuch 1952, Rheinisches Städ-

einzelnen Städte den Abschnitt »Sprache« verfaßt. Unter »Sprache« soll dabei die »Umgangssprache, Amtssprache« verstanden werden. (Gliederung der Beiträge des Hessischen Städtebuchs a. a. O. S. 25) In den einzelnen Abschnitten zur Sprache der Städte tauchen diese beiden Begriffe allerdings nur gelegentlich auf, dagegen erscheint ziemlich regelmäßig der Begriff »Mundart«, wie z. B. in diesem kurzen Artikel im Hessischen Städtebuch:

> Lich, Kr. Gießen ... Die Mundart von L. liegt im Wetterauischen, spricht Brourer »Bruder«, Eis »Eis«, Flaasch »Fleisch«, naut »nichts«, Weanter »Winter«. (Deutsches Städtebuch – Hessisches Städtebuch S. 311)

Auch in dem folgenden Beispiel aus dem Niedersächsischen Städtebuch ist von der Mundart die Rede:

> Meppen, Kr. Meppen ... M. ist wie Haselünne und Lingen im westlichen Teil des Niedersächs. gelegen, dessen Kennzeichen i »ihr«, je »euch« und »maken« (gegen nördl. måken) ist. Es hält wie sein Kreisgebiet an der ererbten Mundart fest. (Deutsches Städtebuch – Niedersächsisches Städtebuch, S. 236f.)

In diesem Falle ist die Mundart eine niederdeutsche Mundart. Sie setzt sich also sehr deutlich gegen die hochdeutsche Schriftsprache ab, so daß keine stufenweise Annäherung an die Schriftsprache möglich ist, sondern klar zwischen hochdeutscher und niederdeutscher Laut- und Formenstruktur entschieden werden muß. Deshalb ist an solchen Orten besonders leicht festzustellen, ob »Mundart« oder etwas anderes gesprochen wird. Nach den vorstehenden Angaben müßte man in Meppen durchgängig niederdeutsch sprechen hören. Sie entsprechen aber nicht der Realität zur Zeit der Herausgabe der Niedersächsischen Städtebuchs, wie ich sie an Ort und Stelle mit eigenen Ohren vernommen habe, und durchaus zuverlässig habe ich erfahren, daß auch in den zwei Jahrzehnten vorher nur von wenigen Familien die niederdeutsche Mundart als normale oder vorherrschende Sprachform benutzt worden ist, während ein Großteil der Bevölkerung diese Mundart nicht einmal beherrscht. Die wirklichen Verhältnisse ähneln also eher denen, die Martin für die hessische Stadt Bebra beschreibt:

> Bebra, Kr. Rotenburg a. d. Fulda ... Der junge Industrie(Bahn-)ort B. hat noch eine dünne Schicht Alteingesessener, die an der alten herkömmlichen Mundart festhalten; sie geben der Ortssprache aber nicht mehr das Gepräge. Die alte Mundart gehörte zur Fulda-Mundart, sprach Iis »Eis«, Peffer »Pfeffer«, Wing »Wein«, Fleesch »Fleisch«, Brudder »Bruder«, nihn Kiewe »neun Kühe«. (Deutsches Städtebuch – Hessisches Städtebuch, S. 59)

Aber auch hier, wo die Mundart ausdrücklich als nicht mehr für den Ort typisch charakterisiert wird, beschreibt Martin diese »alte herkömmliche« Sprachform. Selbst bei Hannover verfährt er auf diese Weise. Da heißt es im Anschluß an Hinweise auf die Geschichte der Amtssprache:

---

tebuch 1956, Hessisches Städtebuch 1957, Badisches Städtebuch 1959, Städtebuch Rheinland-Pfalz Saarland 1964.

> Die Mundart ist in H. so gut wie ausgestorben; nur wenige alte Leute können
> sie noch sprechen; sie gehörte zur mik-Mundart des Raumes Goslar-Braun-
> schweig-Wolfenbüttel (mit Gänse, sī »sei« und »bin«). (Deutsches Städtebuch
> Niedersächsisches Städtebuch, S. 172)

Vom Hannoveraner Hochdeutsch, das von manchen als »mustergültiges«
Hochdeutsch angesehen wird, das aber doch so viel lokale Eigenart aufzuweisen hat, daß es z. B. von Hermann Löns in Zeitungsbeiträgen parodiert
werden konnte, ist nichts erwähnt. Dabei hätte diese Sprachform eher das
Recht, als Sprache der Stadt angesprochen zu werden. Sie wäre es auch,
die man annähernd als eine Parallele zur obersächsischen Umgangssprache im Sinne Beckers ansehen könnte. Im Deutschen Städtebuch wird eine
solche Sprachform kaum berücksichtigt. Nur bei einzelnen Großstädten
kommt auch sie zur Sprache, wie in dem Artikel über Frankfurt am Main:

> Die Mundart von F. zeigt ein Doppelgesicht. Einerseits wahrt eine gewisse
> Schicht in den in die ursprüngliche Stadt eingemeindeten Teilen (Bockenheim,
> Rödelheim, Höchst usw.) die Mundart treu, andererseits nimmt die Großstadt
> umgangssprachliche Formen auf, die der Schriftsprache näher stehen, aber
> einen großen Einfluß auf die engere und weitere Umgebung ausüben. Die ältere
> Schicht sprach Brourer, Flaasch, heute Bruder, Fleisch. (Deutsches Städtebuch
> Hessisches Städtebuch, S. 135)

Hier erscheint immerhin die Großstadt als sprachlich wirksames Zentrum,
das mit schriftnäheren, doch offenbar nicht schriftsprachlichen Formen in
die Umgebung wirkt. Damit wird also »Umgangssprache« in der Tat ähnlich gebraucht wie in den Arbeiten der Leipziger Schule. Aber ein anderer
Artikel zeigt ein etwas anderes Bild:

> Kassel, kreisfreie Stadt ... K. hat nicht wie viele andere Großstädte auflösend
> auf die Mundarten der Umgegend gewirkt, weil sich eine alteingesessene Schicht
> von Bürgern die Mundart erhielt. Trotzdem hebt sich diese durch schriftdeut-
> sche Einflüsse ab, wirkt im Sinne einer mdt. Umgangssprache. Der k.er Dialekt,
> seit dem 18. Jh., besonders seit dem Kgr. Westfalen, von französischen Sprach-
> brocken durchsetzt, war noch vor der Mitte des 19. Jh. auch die Sprache der
> Gebildeten und wurde z. B. auch im Hause Wilhelm Grimms als Umgangs-
> sprache gesprochen. Als eigenständiges Idiom wurde er nach 1866, besonders
> aber nach 1945 infolge der starken Zuwanderung aus den Gebieten östlich der
> Elbe in Bestand und Lautgebung stark verändert. Er ist heute nicht mehr die
> Sprache der Gebildeten, aber doch noch in weiten Volksschichten verbreitet.
> (Deutsches Städtebuch - Hessisches Städtebuch, S. 278)

In diesem Artikel wird das Wort »Umgangssprache« zweimal, aber nicht
in gleichem Sinn gebraucht. Im ersten Fall ist damit — wie bei Frankfurt —
eine im Vergleich zur Mundart schriftnähere Form gemeint, die jedoch
nicht - wie oft in anderen Fällen - als Gebietssprache fungiert, sondern
Ortssprache ist. Im zweiten Fall ist von der Umgangssprache im Haus die
Rede, und was dort als Umgangssprache gebraucht wird, gilt gleichzeitig
als Kasseler Dialekt. »Umgangssprache« bezeichnet in diesem Falle also
die Funktion, nicht den Sprachtyp. Noch zweierlei mehr ist an diesem Ab-

schnitt auffällig: Er beschränkt sich nicht auf die Feststellung von Laut-
eigentümlichkeiten, sondern weist auf ein (jedenfalls zeitweiliges) Charakteristikum des Wortschatzes, die französischen Sprachbrocken, hin und
vermerkt die im Verlauf der Zeit wechselnde Bindung eines Sprachtyps
an »Volksschichten«. Man kann vielleicht sagen, daß erst an dieser Stelle
wirklich von einer Stadtsprache die Rede ist, während es in den vorher
zitierten Beispielen eher um die Mundart des umliegenden Landes geht.
Insgesamt gesehen enthüllen die Artikel im Deutschen Städtebuch, wie
schwierig, ja wie unmöglich es ist, von den Ergebnissen der Mundartforschung her, auf die sich Martin hat stützen müssen, Entscheidendes über
Stadtsprachen und Umgangssprachen auszusagen.[261] Der Abschnitt über
Kassel zeigt, daß man sich auf die Gleichung Umgangssprache = Regionalsprache nicht verlassen kann, daß es mit der Untersuchung des Lautstandes nicht getan ist, und vor allem, daß es notwendig ist, Gebrauchsart
und Gebrauchsort eines Sprachtyps zu bestimmen, wenn man überhaupt
Ordnung in die Darstellung bringen will.

Bernhard Martins Beitrag zum Thema Umgangssprache macht die
Schwierigkeiten deutlich, die sich ergeben, wenn man diesem Thema mit
dem Rüstzeug der Mundartforschung gerecht werden will. Die Beiträge
Walther Mitzkas sind anderer Art. Sie haben ihren Ursprung in der Mundartforschung, weisen aber über deren traditionellen Rahmen hinaus.

Walther Mitzka hat im Rahmen seiner Mundartforschungen mehrfach
Auffassungen geäußert, ohne die manche der oben erwähnten Arbeiten
gar nicht denkbar wären. Von grundlegender Bedeutung für Forschungen im umgangssprachlichen Bereich ist seine Beobachtung, daß manche
Sprachveränderungen nicht auf Sprachströmungen beruhen, sondern auf
der Wirkung des sprachlichen Mehrwerts, die zur Folge haben kann, daß
sich minder angesehene Bevölkerungsteile der Sprachform angesehene-
rer Personenkreise anschließen. Mitzka führt seine Auffassung gegen die
Ausschließlichkeit der Lehre von den Sprachströmungen im Bereich der
Mundarten ins Feld:

> Für manche Gebiete ist aber weiterhin zu fragen, ob nicht statt eines kulturel-
> len, also auch sprachlichen Überdruckes von außen her das neue Gebiet von
> sich aus sich angeschlossen hat. Ist jene Übermacht nicht anzunehmen, so kommt
> es auf den Willen zum *Anschluß* an, ist dieser Wille nicht da, so kann eine Sprach-
> strömung zu Ende laufen, weil drüben der Anschluß ausbleibt. Jedenfalls ist au-
> ßer der von fernherkommenden Sprachströmung die Entscheidung der an-
> schließenden Gruppe wesentlich. Eine Sprachströmung kann allerdings über-
> mächtig sein oder einen Anschluß erzwingen. (Mitzka, Mundarten, S. 18f.)

---

[261] In dem 1964 erschienenen Band des Deutschen Städtebuchs »Städtebuch Rheinland-Pfalz
Saarland« findet sich auf S. 13 ein Hinweis, der offenbar vor falschen Erwartungen in dieser
Richtung warnen soll: »Die Angaben wurden durch Prof. Dr. Bernhard Martin nach dem
Deutschen Sprachatlas bearbeitet und betreffen die Zeit um 1880.« Allerdings weist Martin
selbst gelegentlich auf »heute« und »nach 1945« hin (s. o.).

Mit dieser Deutung ist beispielsweise ein Schlüssel zum Verständnis der Ausbreitung von Stadtsprachen in das umliegende Land gegeben, die umgekehrt zu der vom Land in die Stadt gerichteten Bevölkerungsbewegung verläuft. Dabei ist allerdings zu beachten, daß Mitzka selbst nicht überall, wo sprachlicher Anschluß zu beobachten ist, einen sprachlichen Mehrwert dafür verantwortlich macht.[262] Von entscheidender Bedeutung ist die Blickwendung, die Mitzka mit der Einführung des Begriffs »Anschluß« in der Betrachtung der Sprachbewegungen vollzogen hat.[263] Hier erscheint nicht die Sprache als der aktive Teil, sondern der Sprachträger, und damit dürfte das wirkliche Sprachgeschehen weit angemessener erfaßt sein, als wenn man von sprachlichen Stoßkeilen u. ä. spricht. – Neben diesen indirekten Beiträgen zur Umgangssprache-Forschung hat Mitzka auch Beiträge zum Thema selbst geliefert. Sein Studienführer »Deutsche Mundarten« (Heidelberg: Winter 1943) enthält einen eigenen Abschnitt »Mundart, Umgangs- und Schriftsprachen in alter und neuer Zeit«. Darin heißt es:

> Mundart und Schriftsprache beeinflussen sich gegenseitig. Auf breiter Fläche gibt es keine unvermischte Mundart oder unvermischte Schriftsprache. Von der höchsten Form der Hochsprache mit ihrer vorschriftsmäßigen Schreibung und Aussprache über die *Schriftsprache* als Durchschnittsnorm (ehedem *Hauptsprache*), die vieldeutige *Gemeinsprache*, die wenig bekannte *Umgangssprache* zu *Dialekt* und *Mundart* führen mancherlei Zwischenstufen persönlicher, beruflicher und landschaftlicher Art. (Mitzka, Mundarten, S. 88)

Über landschaftlich gebundene Unterschiede von Umgangssprachen versucht Mitzka im folgenden einen Überblick zu geben. Dabei vermerkt er allerdings immer wieder, daß es an gründlichen Untersuchungen fehle. So sagt er über die *bairische Umgangssprache*:

> Worin solche mundartliche Umgangssprache eigenständig ist, welches also ihre Merkmale sind, das ist bisher im Zusammenhang noch für keine dieser in der Mitte zwischen Hochsprache und Ortsmundart stehenden Spracharten untersucht worden. Es sind nur Anfänge im Wortschatz, kaum in Syntax, Formen- oder gar Lautlehre vorhanden. Vor allem käme es auf die Erfassung der sog. *konstitutiven* Faktoren wie Betonung, Sprechmelodie, Artikulationsgrundlage, etwa Neigung zu Palatisierung oder Nasalierung an. Schon die Mundart in ein und demselben Dorf ist nicht einheitlich, da auch eingeborene Sprecher verschiedene Altersschicht und eine verschiedene Mischung mit hochsprachlichem Gut vertreten können. Noch verwickelter ist die *Umgangssprache* der Mittelschicht. Nicht nur der einzelne Sprecher hat seine eigene Auseinandersetzung mit der Sprechsprache durchgemacht, sie ändert sich auch mit seiner Entwicklung immer weiter. (Mitzka, Mundarten, S. 96)

Beim *Honoratiorenschwäbisch* äußert er:

---

[262] Mitzka, Hessisch, besonders S. 81.
[263] Vgl. die obengenannten Arbeiten von F. Debus, außerdem Heike, Zur Phonologie der Stadtkölner Mundart DDG 57. Darüber hinaus spielt dieser Gedanke in fast allen neueren Marburger, Leipziger und Jenaer Arbeiten zur Mundartforschung eine Rolle.

In diesem Begriff steckt schon die Festlegung der gesellschaftlichen Herkunft, nämlich des führenden Bürgertums der Landeshauptstadt. Der Ausdruck ist auch außerhalb des Schwäbischen wohlbekannt. Auch der Nichtsprachwissenschaftler hört heraus, wenn jemand *schwäbelt*. Er kann es sogar nachmachen. Aber eine philologische Darstellung auch dieser landschaftlichen Umgangssprache ist nicht vorhanden. Die Forschung hat vorläufig noch überreichlich mit der Verarbeitung der Grundmundarten zu tun. (Mitzka, Mundarten, S. 97)

Hier treten neben dem Herausstellen der Umgangssprache als Forschungsaufgabe auch Gesichtspunkte für die Erforschung hervor. So wäre die Annahme zu prüfen, daß sich landschaftliche Umgangssprachen vor allem durch ihre konstitutiven Faktoren manifestierten. Von dieser Annahme aus erhebt sich eine grundsätzliche Frage: Liegen vielleicht die eigenständigen Merkmale, die eine Sprachschicht (oder wie immer man so einen Sprachbereich nennen mag) als Einheit erscheinen lassen, von Fall zu Fall auf einem anderen Merkmalsgebiet? Wären auf diese Weise die unklaren Abgrenzungen dieser »Schichten« zueinander zu erklären? Das sind Fragen, die vorläufig noch völlig offen sind.

Während die eben genannten Arbeiten deutlich über die Dialektgeographie hinausweisen, bleibt Franz J. Beranek in der geographischen Betrachtungsweise befangen. Er schreibt in seinem programmatischen Aufsatz »Die Umgangssprache und ihre Erforschung«:

Die Umgangssprache stellt im Sprachleben eine durchaus selbständige, der Mundart völlig ebenbürtige Größe dar. Ihr Leben unterliegt genau den gleichen Gesetzen wie das der Mundart, ohne jedoch im einzelnen mit dieser Hand in Hand zu gehen. Sie erheischt daher eine der bisherigen Erforschung der Mundarten völlig gleichlaufende Behandlung. ... Ebenso wie die heutige Mundartforschung auf beschreibende Ortsgrammatiken ... nicht verzichten kann, so ist auch für die Erforschung der Umgangssprache die Gewinnung möglichst zahlreicher und vollständiger, d. h. Laut-, Formen-, Satz- und Wortlehre umfassender *Einzeldarstellungen* der Umgangssprache der größeren und kleineren städtischen Mittelpunkte fürs erste das dringendste Erfordernis. Sie sind, wenn nur einmal der Blick der Forschung auf sie gelenkt ist, unschwer zu erarbeiten und bieten dem Forscher kaum größere Schwierigkeiten als die bisherigen Mundartmonographien. Durch eingefügte gelegentliche Ausblicke auf die Übereinstimmungen und Unterschiede in der umgangssprachlichen Sprechweise anderer Städte der engeren und weiteren Nachbarschaft können bereits diese punkthaften Darstellungen den Raumgedanken berücksichtigen und zu der auch hier anzustrebenden geographischen Betrachtungsweise, zur *Umgangssprachgeographie* hinüberleiten. (Beranek, Umgangssprache, S. 69f.)

Seine weitergehende Forderung ist folgerichtig die, neben dem heute »Deutscher Sprachatlas« genannten Atlas der deutschen Mundarten einen Atlas der deutschen Umgangssprache aufzubauen, damit sie zusammen als höhere Einheit »den wirklichen 'Deutschen Sprachatlas' ergeben, der nicht nur der waagrecht-räumlichen, sondern, wenn man so sagen darf, auch der lotrecht-sozialen Gliederung unserer Muttersprache gerecht werden wird.« Die vorher besprochenen Arbeiten lassen allerdings die Verhältnisse verwickelter erscheinen, als Beranek sie sieht. Dennoch kann er

15 Jahre nach seinem Aufsatz als »exemplarisches« Beispiel für umgangssprachgeographische Arbeit erste Karten für einen »Atlas der sudetendeutschen Umgangssprache« vorlegen (im Rahmen seines Vortrags »Die sudetendeutsche Umgangssprache« auf dem 2. Internationalen Dialektologenkongreß, Marburg/L. am 9.9.1965).[264] Genaugenommen handelt es sich jedoch nur um die Auswahl einzelner großräumig verteilter Spracheigenheiten vor allem des Wortschatzes und weniger der Lautlehre (Verteilung pf/f) oder der Formenlehre (Apokope), die aber kaum ausreichen, einen eigenen Sprachraum zu konstituieren. So bleibt als Wichtigstes der Hinweis auf die »sog. 'konstitutiven Faktoren', die im eigentlichen Sinne das einigende Band zwischen Mundart und Umgangssprache einer Landschaft darstellen.« (Zitiert nach der vor Beginn des Kongresses herausgegebenen Zusammenfassung der vorgesehenen Vorträge, Sektion X S. 1). Diese von den vorgetragenen Untersuchungen nicht erfaßten Faktoren scheinen auch im Hinblick auf den folgenden Satz die wesentlichen zu sein:

> Gegenüber den nach 1945 im Munde ihrer weit verstreut lebenden Sprecher rasch dahinschwindenden Einzelmundarten ist die dauerhaftere Umgangssprache ihrer Heimat zum eigentlichen sprachlichen Band der exilierten Sudetendeutschen geworden, durch das sich diese mitunter noch sehr deutlich von den Einheimischen abheben. (Beranek, Sudetendeutsch, Zusammenfassung, S. 2)

Ein für die Klärung des Problems der Umgangssprache bedeutender Beitrag kann nach dem Obengesagten von einer Weiterführung oder Ausdehnung dieser Untersuchungen kaum erwartet werden.

Die aus dialektgeographischen Schulen hervorgegangenen Arbeiten zur Umgangssprache zeigen immer wieder, daß die als Umgangssprache bezeichneten Spracherscheinungen nur ausnahmsweise mit den für die Erforschung der Bauernmundarten entwickelten Methoden zufriedenstellend erfaßt werden können. Es gelingt am ehesten da, wo eine im Verhältnis zur früheren Mundart als Umgangssprache erscheinende Sprachform deren soziologische Funktion, nämlich die der Bauernmundart, übernimmt. Die Schwierigkeiten beginnen, wenn man in eine »darüberliegende Schicht« vorzustoßen sucht. Es stellt sich immer wieder heraus, daß keine saubere waagerechte Schichtung vorhanden ist, daß diese Schichtung vielmehr von Gegend zu Gegend unterschiedlich sein kann (vgl. besonders Rosenkranz) und daß die für verschiedene »Schichten« bezeichnenden und deshalb relevanten Spracheigenheiten nicht mit den für die Sprachgeographie wichtigsten Sprachmerkmalen übereinstimmen müssen. (Vgl. besonders Mitzka!) Den größten Fortschritt für eine Klärung umgangssprachlicher Probleme versprechen gerade jene Arbeiten, die sich am meisten von dialektgeographischen Traditionen freimachen. (Vgl. besonders die von D. Möhn in Angriff genommenen Forschungen!)

---

[264] Der Text des Vortrags ist veröffentlicht in: Verhandlungen des zweiten internationalen Dialektologenkongresses Marburg/Lahn 5.–10. September 1965 Bd. I (Zschr. für Mundartforschung Beiheft N.F. 3) Wiesbaden 1967, S. 71–75.

8.6 Beiträge der schwäbischen Mundartforschung zum Problem der Umgangssprache (H. Moser und U. Engel)

Stärker, als es die Arbeiten der dialektgeographischen Schule zu tun pflegen, bezieht Hugo Moser volkskundliches Gedankengut in seine Sprachbetrachtung ein. Das wird besonders in seinem Aufsatz «'Umgangssprache' – Überlegungen zu ihren Formen und ihrer Stellung im Sprachganzen« deutlich. (Zeitschr. f. Mundartforschg. 27. 1960, S. 215–232) In dieser Darstellung setzt er nicht mehr wie in seinem früheren Aufsatz (»Mundart und Hochsprache«, in: Deutschunterricht 8, 1956, H. 2 S. 36–61) die Mundart als Gegenpol zur Hochsprache an, sondern stellt Hochsprache und Volkssprache einander gegenüber. Er verwendet hiermit einen Begriff, der im wesentlichen durch Friedrich Maurer sein Gepräge bekommen hat. Moser verweist auf Maurer (»Umgangssprache« S. 215 Anm. 3); auch inhaltlich ist dieser Anschluß deutlich. Bei Maurer heißt es in seinem Aufsatz über die »Volkssprache als Teil der Volkskunde«:

> Volkssprache im Sinne dieser Ausführungen meint nicht ohne weiteres Sprache des ganzen deutschen Volks; »Volk« in dem Begriff »Volkssprache« ist nicht gleichzusetzen mit »Nation«, sondern mit gewissen Schichten der Nation, mit ihren noch gemeinschaftsmäßig gebundenen Teilen, d. h. in der Hauptsache den unteren Schichten der Nation. Volkssprache wäre daher in erster Linie das, was wir gewöhnlich »Mundart« nennen. (Maurer, Volkssprache, S. 23)

Moser schreibt:

> Unter Mundart verstehen wir die Grundschicht einer Volkssprache – nicht bloß die Sprache der sozialen Grundschichten, da sich ja auch Mittel- und Oberschichten der Mundart bedienen können. Es ist die volkssprachliche Sicht, zu der auch Berufssprachen und Namen gehören. ... Wie jede sprachliche Schicht ist auch die volkssprachliche eine Abstraktion. In der Wirklichkeit tritt sie uns im Deutschen wie in jeder voll ausgebauten Sprache zunächst entgegen als eine Fülle von Gruppensprachen innerhalb der sozialen Grundschichten. Die Gruppen sind landschaftlicher und sozialer Art: Es sind Familien- und Ortsgemeinschaften, Großgruppen wie Landschaften, Stämme, aber auch Berufsgruppen mit ihren Fachsprachen (Bauern, Hirten und Schäfer, Handwerker usw.). Sie alle gehören zur sozialen Grundschicht. Während aber die soziale Schicht sich nicht durch ein Gemeinschaftsbewußtsein verbunden fühlt, sind die Gruppen, also auch die Sprachgruppen, durch ein Wir-Bewußtsein, ein mehr oder weniger ausgeprägtes Sonderbewußtsein verknüpft. ... Die Volkssprache erscheint als Grundschicht nicht nur sprachsoziologisch im Aufbau der Vollsprache, sondern auch sprachpsychologisch in den dem Einzelnen zur Verfügung stehenden sprachlichen Mitteln und Sehweisen ... Daß sie landschaftlich-horizontal stark gegliedert ist, weiß man längst ... Neuerdings wird vertikale Gliederung stärker beachtet ... Dazu tritt eine stilistische Stufung. Man kann sie kennzeichnen mit gehobener Mundart (in feierlicher Mundartrede, Volkserzählungen, Sprichwörtern, Volksliedern und sonstiger auch individueller Volksdichtung), Alltagsmundart (die durchaus überwiegt) und vulgärer Gossenmundart. (Moser, »Umgangssprache«, S. 215–217)

Die vom Volkskundlichen her bestimmte Blickrichtung läßt sogleich auf die Bedeutung der sprachtragenden Gruppen aufmerksam werden, und sie erfordert von vornherein eine Betrachtung der Sprache unter verschiedenen Fragestellungen, nach verschiedenen Ordnungskategorien. Damit ist ein Ausgangspunkt gegeben, der von der sprachgeographisch orientierten Forschungsrichtung erst mühsam erarbeitet werden müßte. Allerdings ergibt sich auch bei der Anknüpfung an die Volkskunde eine charakteristische Gefahr: Von ihr aus wird der Blick bevorzugt auf die alten Traditionen gelenkt, und der Begriff der »Grundschicht« bleibt problematisch, wie es der Volksbegriff bleibt. Sowohl mit dem Wort »Volk« als auch mit dem Wort »Grundschicht« wird von vornherein die Vorstellung des Echten verbunden (vgl. die »noch gemeinschaftsgebundenen Teile« der Nation), und damit ist bereits ein Urteil in die Voraussetzungen übernommen, und es sind schon Bahnen der Interpretation vorgezeichnet, ehe eine Untersuchung vorgenommen ist. Dieser Umstand bestimmt auch z. T. die folgenden Ausführungen Mosers, in denen er dem Begriff »Umgangssprache« gerecht zu werden sucht:

> Der Begriff der Umgangssprache ist schwer zu fassen, da diese im Spannungsfeld zweier Pole steht, der Volkssprache und der Hochsprache. Im Grunde bezeichnet man damit verschiedene Sprachformen.
> *Erhöhte Volkssprache.* Einerseits ist Umgangssprache die in der Richtung zur Hochsprache gestaltlich, besonders lautlich und flexivisch erhöhte Volkssprache. (Moser, »Umgangssprache«, S. 219).
> Auch die Umgangssprache zeigt stilistische Stufen: Formen gehobener Sprache, der Alltags- und der Gossensprache ...
> *Alltagssprache:* ... Die Alltagssprache steht der inneren Form nach, auch wenn sie in Hochlautung verwirklicht wird, der Umgangssprache am nächsten, mit der sie, wo eine solche besteht, meist zusammenfällt. (S. 222) ... Unter Alltagssprache wird eine wesentlich von der Satzgestalt her geprägte Sprachform verstanden, die sich entsprechend dem oben Gesagten in umgangs- und hochsprachlicher, partiell auch in mundartlicher Lautform verwirklichen kann und nicht mit bestimmten sozialen Gruppen verknüpft ist; wohl aber ist sie an soziale Schichten gebunden, nämlich an die mittleren und oberen. (Moser, »Umgangssprache«, S. 223)
> *Slang.* ... Slang (was ursprünglich die saloppe Sprechweise in guter Gesellschaft bedeutet) ... wird zu Unrecht oft von der Alltagssprache nicht geschieden, wenngleich die Grenze fließend ist. Er ist gekennzeichnet durch zahlreiche, allerdings schon oft klischeehaft gewordene Umschreibungen anschaulicher und auffallender Art, namentlich auch durch Kraft- und Tabuwörter. Er übertreibt das schon bei der Alltagssprache charakterisierte Spiel mit der Sprache, das zu einem scherzhaft-frechen Jonglieren mit sprachlichen Erscheinungen wird und dessen Wirkung weithin auf dem Moment der Überraschung beruht. (Moser, »Umgangssprache«, S. 225f.)
> *Gossensprache* – Schließlich gibt es eine vulgäre Form der »Umgangssprache«, die im Deutschen noch wenig erforscht ist und für die sich der Ausdruck Gossensprache anbietet. Sie bewegt sich auf der Ebene von Wörtern wie *Fresse*, *Scheiße*, usw.; charakteristisch ist, daß viele Tabuausdrücke, auch erotischer Art, hier offen verwendet werden. Auch sie ist nicht gruppengebunden und kann in alle sozialen Schichten reichen. Sie hat viel mit dem französischen *Argot* gemein, kennt jedoch nicht so zahlreiche verhüllende Ausdrücke wie jenes. (Moser, »Umgangssprache«, S. 227)

Hier hat Moser einen recht heterogenen Katalog von Spracherscheinungen zusammengestellt. Man kann zweifeln, ob man sie alle zwischen die für die volkskundliche Betrachtungsweise relevanten Pole »Volkssprache« und »Hochsprache« einordnen darf. Zumindest »Slang« und »Gossensprache« werden unter Aspekten charakterisiert, die bei der Begriffsbestimmung der Polarität Volkssprache / Hochsprache nicht in Frage gekommen sind. Man könnte vielleicht sagen, daß sie selbst Gegenpole zur Hochsprache darstellten, und zwar in anderer Weise, als die »Volkssprache« es tut. Allerdings bekommt »Hochsprache« bei einer solchen Gegenüberstellung einen jeweils etwas veränderten Sinn. Als Gegenpol zum Jargon würde »Hochsprache« etwa den Sinn von »ernsthafter« oder »seriöser Sprache« erhalten, als Gegenpol von »Gossensprache« den von »anständiger Sprache«. Es handelt sich also gar nicht um Sprachformen, die als vergleichbare Größen nebeneinandergestellt werden könnten, sondern um verschiedene Aspekte des Gegenstandes »Gesamtsprache«. Auch der Ausdruck »stilistische Stufen« spiegelt die Einheitlichkeit des Gesichtspunktes nur vor. Wenn man bei »Alltagssprache«, »Slang« und »Gossensprache« das Bild der Stufe verwenden will, dann muß man sagen, es handele sich um Stufen in verschiedenen Treppen. Kennzeichnend ist, daß Moser bei den verschiedenen von ihm herausgestellten Sprachformen ganz unterschiedlicher Kriterien bedarf, um sie zu charakterisieren: Die »erhöhte Volkssprache« charakterisiert er nach Laut und Flexion, die »Alltagssprache« nach der Syntax, den »Jargon« nach der Haltung der Sprecher, die »Gossensprache« nach der Wortwahl. – Es ist nun schon eingangs darauf hingewiesen worden, daß Moser grundsätzlich erkannt hat, daß im »umgangssprachlichen« Bereich verschiedene Ordnungskategorien beachtet werden müssen. Die vorstehenden Überlegungen zeigen aber, daß diese Erkenntnis nicht in dem Maße berücksichtigt worden ist, wie es der Untersuchungsgegenstand offenbar erfordert. Deshalb kann auch das Ordnungsschema, mit dessen Hilfe die Umgangssprache am Schluß des Aufsatzes in das Gefüge der Gesamtsprache gestellt werden soll, nicht voll befriedigen. Wenn unter dem Ordnungsgesichtspunkt A »Sozial-vertikale Schichtung«

    I. »Volkssprache = Grundsprache«

    II. »Zwischenschicht Umgangssprache: Erhöhte Volkssprache, Gesunkene Hochsprache (Halbmundart)«

    III. »Hochsprache, Schrift- (hist. auch Schreib-)sprache, Hochlautung; beides Einheitssprache«

übereinandergeordnet werden, dann ist zu bemerken, daß die Zuordnung zu soziologischen Gruppen, aus denen sich ja nach den einleitenden Ausführungen Mosers eine jede sprachliche Schicht erst zusammensetzt, nicht recht gelingen will, vor allem weil die gewählten Ausdrücke trotz der vorangegangenen Darlegungen mehrdeutig bleiben. Die erklärenden Beiworte »Grundsprache« zu »Volkssprache« und »Einheitssprache« zu »Hochsprache« haben mit soziologischer Schichtung nicht viel zu tun. Und so kann man sich unter der »Zwischenschicht« wenig Präzises vorstellen. Die sozial-vertikale Schichtung scheint auch nicht grundsätzlich genug von der »räumlich-horizontalen Gliederung« (»B«) unterschieden zu sein, in der

>Gemeinsprache«

»Umgangssprachen«

»Mundarten«

untereinandergeordnet sind. Außerdem ist in dieser zuletzt genannten Sparte der räumliche Gesichtspunkt gar nicht durchgängig maßgebend. Mit »Mundart« kann nicht nur »kleinräumige Sprache« und mit »Umgangssprache« nicht nur »großräumige Sprache« gemeint sein, wenn unter den Mundarten auch »Großmundarten« und unter den Umgangssprachen auch »örtliche Umgangssprachen« aufgezählt werden.[265]

So sind in Mosers Darlegungen zwar mancherlei Gesichtspunkte zu finden, die Beachtung verdienen und erfordern, aber seine Gliederung der Gesichtspunkte ist in der vorliegenden Form noch nicht zu verwenden. Die richtige Erkenntnis, daß verschiedene Aspekte der Sprachbetrachtung nebeneinanderzustellen sind, bedarf noch sorgfältiger methodischer Überlegungen, ehe sie für die Forschung förderlich werden kann.

Die Schwierigkeit, eine angemessene Ordnung für die angesprochenen Spracherscheinungen zu finden, beruht in dem besprochenen Aufsatz Mosers zum wesentlichen Teil darauf, daß hier mehrere Phänomene zueinander in Beziehung gesetzt werden sollen, über die noch wenig Klarheit herrscht, weil es noch an den betreffenden Einzelforschungen fehlt, und daraus erklären sich auch die Unstimmigkeiten innerhalb der einzelnen Betrachtungsbereiche. Die »Folgerungen für die Forschung«, die Moser aus seinen Überlegungen zieht, bestehen dementsprechend zunächst in der Forderung, zu den Einzelfragen Näheres zu ermitteln. Er schreibt:

> Einmal geht es darum, die Sprachgeographie auf die Landschaftssprachen im weiteren Sinn auszurichten, also nicht mehr bloß auf die (immer schwerer faßbaren) Mundarträume ... Außerdem sollte aber eine inhaltsbezogene Forschung den Wesenszügen der Alltagssprache, des Slangs und der Gossensprache nachgehen und eine sprachsoziologische diese gleichzeitig in ihrer Verknüpfung mit sozialen Schichten und Gruppierungen darstellen. Vor allem sollte auch die Alltagssprache in ihrem Verhältnis zur Hochsprache untersucht werden; beide beeinflussen sich ja in zunehmendem Maße wechselseitig, auch wenn die Alltagssprache zum Teil als bewußte Reaktion auf die Hochsprache zu verstehen ist. (Moser, »Umgangssprache«, S. 231)

Auf dem hier vorgezeichneten Wege versucht ein Schüler Mosers, Ulrich Engel, weiterzugehen. Er hat sich schon früher in seiner 1954 erschienenen Dissertation (Ulrich Engel, Mundart und Umgangssprache in Würt-

---

[265] Eine ähnliche Durchdringung verschiedener Gesichtspunkte findet sich auch in Mosers Ausführungen in der »Deutschen Philologie im Aufriß« Bd. 1 (Moser, Ältere Zeit), Sp. 624, die schon bei der Besprechung von Mosers Arbeiten zur Sprachgeschichte (Abschn. 6.5) zitiert worden sind.

temberg, Beiträge zur Sprachsoziologie der Gegenwart. Diss. Tübingen masch.) mit dem Thema »Umgangssprache« befaßt und dort die nach ihrer Lautgestalt gestaffelten »Schichten« der »Bauernsprache«, der »Bürgersprache« und der »Honoratiorensprache« für seinen württembergischen Untersuchungsbereich unterschieden. In zwei Aufsätzen in der Zeitschrift »Muttersprache« greift er die Gliederungsprobleme der Gesamtsprache erneut auf (Ulrich Engel, Schwäbische Mundart und Umgangssprache, in: Muttersprache 72, 1962, S. 257–261, und Ulrich Engel, Sprachkreise, Sprachschichten, Stilbereiche. Zur Gliederung der Alltagssprache, in: Muttersprache 72, 1962, S. 298–307). Allerdings tut er das nicht in dem von Moser geforderten Sinn. Die Unstimmigkeiten bei seiner bisherigen soziologischen Zuordnung zu »Schichten« der Bevölkerung bringen ihn dazu, den soziologischen Aspekt als Gliederungsgesichtspunkt fallenzulassen, ihn als unrichtig anzusehen und die von ihm beobachteten Sprachformen rein nach der räumlichen Verbreitung zu benennen. Er unterscheidet nun »Mundart« (bisher: Bauernsprache), »provinzielle Umgangssprache« (bisher: Bürgersprache) ... und die »württembergische Umgangssprache« (bisher: Honoratiorensprache). Damit ist er, wenigstens was die Umgangssprache angeht, zu einer abstrakten räumlichen Betrachtung gekommen, wie sie nicht einmal die früheste obersächsische Dialektgeographie vertreten hat. Er vollzieht diese Schwenkung in so radikaler Form, daß seine Darstellung nun geradezu als das Muster schematisch-räumlicher Betrachtungsweise erscheint, als das sie auch in der Einleitung der vorliegenden Arbeit benutzt worden ist. Die Bedeutung der sprachtragenden Gruppen bleibt für die Umgangssprache unberücksichtigt. Aber für die Mundart wird sie stark hervorgehoben, allerdings in so gefühlsbetonter Weise (»Eine lebendige, überschaubare und beständige Gemeinschaft«), daß hier eher ein Rückfall, in diesem Fall in eine romantisierende Form der Volkskunde, zu beobachten ist als ein Fortschritt zu soziologischer Betrachtung, wie sie von Moser gefordert wird. Den Schichtungsbegriff will Engel für die Bezeichnung des »geistigen Ranges« der Sprache vorbehalten, die er nach dem Grundsatz beurteilen will: »Je mehr Entscheidungen eine Sprache von ihrem Träger verlangt, desto geistiger ist sie.«[266] Auch damit ist er recht einseitig. Zudem ergibt sich aus den hier aufgeführten Darlegungen und den übrigen Beobachtungen, die Engel noch hinzufügt, kein umgreifendes Bild sprachlicher Zusammenhänge,[267] wie sie in der Wirklich-

---

[266] Nach diesem Kriterium müßte die von J. Grimm wegen ihrer Vielfalt in der grammatischen Gestalt bewunderte Sprache unserer Voreltern den höchsten geistigen Rang beanspruchen, während die von Philosophen erarbeiteten Kalkülsprachen, bei denen mit möglichst wenigen Symbolen exakte Aussagen erstrebt werden, an niedrigster Stelle rangieren müßten.

[267] In einer neuen Untersuchung bemüht sich Engel, dem Problem der »Alltagssprache« von anderer Seite beizukommen; sein Thema ist: Satzbaupläne in der Alltagssprache (in: Sprache der Gegenwart 1, 1967, S. 55–73). Hier stellt er »alltagssprachliche Texte« (Professorendisput, Sprechstundengespräche, mundartliche Gespräche) »schriftlichen Texten« (Zeitungstexten) gegenüber. Ich bin auf diese Arbeit schon im Abschnitt 7.6 kurz eingegangen.

keit vorhanden sind und wie sie durch Wahl der jeweils angemessenen Sprachform von den Mitgliedern einer Sprachgemeinschaft gehandhabt werden. Seine Gliederungsversuche sind offenbar noch zu grob, und die Zusammenhänge zwischen den verschiedenen Gliederungsgesichtspunkten sind zu wenig berücksichtigt, als daß er mit seinem Entwurf der Sprachwirklichkeit gerecht werden könnte.

8.7   Beiträge gruppensprachlicher und volkskundlicher Forschung zum Problem der Umgangssprache

Es ist schon oben darauf hingewiesen worden, daß die sprachsoziologische Betrachtungsweise bis vor wenigen Jahren fast ausschließlich im Zusammenhang mit der Mundartforschung in die Sprachwissenschaft Eingang gefunden hat. Dabei wurde angedeutet, daß auf diesem Wege der Fortschritt zu einer wirklich soziologischen Betrachtung nur schwer gelingt, und die anschließenden Besprechungen dürften diese Behauptung bestätigt haben. Sie dürften darüber hinaus gezeigt haben, daß eine wirklich sprachsoziologische Betrachtung zur Klärung der Probleme der Umgangssprache unerläßlich ist, und deshalb müssen Arbeiten, die sich um eine solche Sicht bemühen, im vorliegenden Zusammenhang wichtig sein, selbst wenn in ihnen nicht von »Umgangssprache« die Rede ist, sondern von »Gruppensprache« oder »Mundart«.

8.7.1   Hugo Steger

»Gruppensprachen« ist der Titel eines Aufsatzes, den Hugo Steger 1964 in der Zeitschrift für Mundartforschung veröffentlicht hat (Hugo Steger, Gruppensprachen, Zeitschrift für Mundartforschung 31, 1964, A. 125–138). Der Untertitel lautet: »Ein methodisches Problem der inhaltsbezogenen Sprachbetrachtung«. Mit den meist formbezogenen Aspekten der Mundartforschung hat dieser Aufsatz also nicht viel zu tun. Immerhin kommt das Wort »Umgangssprache« vor, und zwar in z. B. folgendem Zusammenhang:

> Die zahlreichen, großteils genau bekannten Einzelakte, situationsbedingt zumeist, die zur Ausbildung der Gruppensprache führten, zeigen ... [die Unwahrscheinlichkeit, daß dem Ganzen eine bewußte Absicht zugrundeliegt] ebenso deutlich wie die literarischen Einflüsse ... und die Beobachtung, daß die anfänglich diffuseren Ansätze zur Sonderung von der Umgangssprache gerade von den später hinzugekommenen Sprechern gestrafft und konzentriert wurden ... (Steger, Gruppensprachen, S. 134)

Das Adjektiv »umgangssprachlich« wird beispielsweise folgendermaßen gebraucht:

Ist man bereit, die vorgeführte Leistung der Gruppensprache so zu bewerten, wie wir es taten, dann enthüllt sie sich nun als Antisprache. Sie gewinnt ihren Reiz, jedenfalls anfänglich, aus der Kontrastwirkung zur umgangssprachlichen Bedeutung. (Steger, Gruppensprachen, S. 136)

In diesen Zitaten erscheint die Umgangssprache als Repräsentant einer anerkannten Norm.[268] Jedenfalls ist sie nicht Untersuchungsgegenstand, und so scheinen für den Untersuchungsgegenstand »Gruppensprache« ermittelte Ergebnisse für das Problem der Umgangssprache bedeutungslos zu sein. Dennoch ist es nicht so, und das wird auch aus einigen Ausführungen am Schluß des Aufsatzes deutlich, in denen die vorher als »Umgangssprache« benannte Spracherscheinung anders – und differenzierter – gekennzeichnet wird: Dort heißt es nämlich, man könnte einwenden,

... eine isolierte Gruppensprache sage noch lange nichts über Wandlungen des gesamten Sprachgefüges einer Hochsprache aus ... Durch die Sanktionen der übrigen Gruppen oder wenigstens der Führungsgruppen der Gesamtgesellschaft, welche die sprachliche Norm als soziale Norm verteidigen, könne sie umgebogen, ja ausgelöscht werden. (Steger, Gruppensprachen, S. 137)

Daran anschließend wird gefragt, ob sich nicht im sprachlichen Verhalten anderer Gruppen, über das wir noch wenig wüßten, ähnliche Entwicklungen anbahnten wie in der untersuchten. Und endlich heißt es:

Soweit man sehen kann, wirken immerhin seit einigen Jahrzehnten in manchen Bereichen unserer Kultur und nicht zuletzt in der Dichtung Tendenzen genau in der Richtung, die auch unsere Gruppensprache zu nehmen scheint. (Steger, Gruppensprachen, S. 137)

Hier erscheint nun der vorher »Umgangssprache« genannte Bereich als ein Teilgefüge in einem Gesamtgefüge von Gruppensprachen, in das auch die untersuchte gestellt ist als Sprache einer Untergruppe, die mit gewissen Gruppensprachen eine gemeinsame Tendenz hat, während zu den Tendenzen anderer Gruppensprachen eine Spannung besteht. – Dieses von der soziologischen Forschung her einleuchtende Bild verdient Beachtung. Wenn Steger schließlich sagt:

Ich meine deshalb, daß uns erst die Beschreibung und Analyse zahlreicher Gruppensprachen in allen sozialen Schichten, von Familien angefangen über Vereine, Bürogemeinschaften, Jugendgruppen und studentische Verbindungen, Zeitungsredaktionen, Parteiführungsgruppen und literarischen Zirkeln hier eine exakte Antwort bringen kann ... (Steger, Gruppensprachen, S. 137)

so müßte diese Aussage entsprechend auch für die Erforschung der Umgangssprache gelten, wenigsten wenn man diese Spracherscheinung als sprachzoziologisches Phänomen ansieht. Und nach allem bisher Dargestellten kann wohl kaum Zweifel bestehen, daß die sprachsoziologische

---

[268] Wie meistenteils in der Mundartforschung und auch in der grammatischen Darstellung ist Umgangssprache hier »das andere«, das, was gerade nicht untersucht wird. In diesem Falle stellt sie allerdings eine Norm dar, von der man sich absetzt, während sie in den beiden anderen Fällen als Normabweichung erscheint.

Betrachtung eine angemessene Betrachtungsweise für »die Umgangssprache« ist. Die Ergebnisse der Untersuchung *einer* Gruppensprache können danach aufschlußreich für die Erforschung der Umgangssprache sein, sofern man diese als ein Gefüge von Gruppensprachen auffaßt. Deshalb sind einige Beobachtungen Stegers bemerkenswert, so diese:

> Wir erkennen damit sogleich deutlich, daß die Gruppe nur in den Bereichen sprachlich aktiv wird, an denen sie als Gruppe gemeinsam handelnd beteiligt ist. Der übrige Bereich (Urlaub, privates Gespräch zwischen zwei Gruppenangehörigen) verbleibt in der Form konventioneller Sprachmuster. (Steger, Gruppensprachen, S. 137)

Das ist eine Feststellung, die wichtig sein muß für das Verhältnis verschiedener Gruppensprachen zueinander. Es ist denkbar, daß verschiedene Gruppen auf verschiedene sprachliche Eigenheiten achten,[269] die eine auf die Lautung, die andere etwa auf den Wortgebrauch, und somit gar nicht in direkter Opposition zueinander stehen. Im vorliegenden Falle ist nicht einmal eine rein sprachlich faßbare Kategorie für den Charakter der Gruppensprache entscheidend, sondern eine außersprachliche, die sich u. a. innersprachlich auswirkt:

> Es besteht aber die Forderung, daß in keinem sprachlichen Ausdruck, in welcher Sprache er erfolgt, die Haltungsnorm verletzt wird, die selbst wiederum ihre reinste Formulierung in der Gruppensprache gefunden hat. (Steger, Gruppensprachen, S. 136)

Im Zusammenhang damit heißt es:

> Die Einhaltung dieser hier andeutend gekennzeichneten Norm innerhalb der Gruppensprache wird kontrolliert und zieht Sanktionen nach sich, indem etwa peinliches Schweigen bei einem Verstoß einsetzt. (Steger, Gruppensprachen, S. 136)

Man könnte aus diesen Äußerungen bereits methodische Ansätze zu weiterführenden Untersuchungen ableiten. Es wäre bei verschiedenen Gruppensprachen festzustellen, welche Spracherscheinungen jeweils für die Gruppensprache relevant sind. Dabei müßten die Sanktionen der Gruppenmitglieder bei Verstößen den Hinweis auf diese Erscheinungen geben. Ferner müßten die gruppensprachlichen Charakteristika verschiedener miteinander in Kontakt stehender Gruppen in ihrer Wechselwirkung gesehen werden, so daß es möglich wird, allmählich von der Betrachtung einer Teilstruktur im Gefüge einer Gesamtsprache zu komplexeren Strukturen fortzuschreiten.[270] Einen Ansatz zur Beobachtung solcher Wechsel-

---

[269] Vgl. neuerdings Bausinger in Sprache der Gegenwart Bd. 1, 1967 S. 296f., wo er im Hinblick auf die älteren Umgangssprachen sagt, es habe den Anschein, »daß die Normierung gar nicht immer den gesamten Sprachbestand betraf«. Vgl. dazu auch Ischreyt, Sprache und Technik, der hervorhebt, daß selbst institutionelle Normung nicht um »Freizonen« oder »normfreie Räume« herumkommen wird (S. 115) und daß dementsprechend Vollnorm einer Sprache nie erreicht werden könne (S. 136).

[270] Steger sucht in neueren Veröffentlichungen einen anderen, ja geradezu den umgekehrten Weg: Er sucht mit Hilfe angenommener Faktoren den Gesamtkomplex »gesprochene Spra-

wirkungen hat Steger bereits selbst gemacht, indem er das Eindringen charakteristischer Worte der Gruppensprache in andere Sprachgruppen verzeichnet hat.

8.7.2   C. Witting

Unabhängig von Steger hat C. Witting, Uppsala, vorgeschlagen, experimentell solche Erscheinungen hervorzurufen, wie sie Steger in freier Entwicklung beobachtet hat:

> Ein Experiment mit vom Experimentator eingeführten Innovationen wird beschrieben. Diese Innovationen, »Wort-Tauben« genannt, sollen neugeprägte (und nützliche) Wörter oder Phrasen sein, die etwa wie ringmarkierte Vögel an bestimmten Orten und zu einer bestimmten Zeit abgesandt werden, d. h. von Helfern des Experimentators in Gespräche mit ausgewählten Gliedern der Dialektgemeinschaft unauffällig hineingebracht werden. Die weitere spontane Verbreitung der Innovationen unter den übrigen Gliedern wird studiert. Günstigenfalls läßt sich ein sprachsoziometrisches Muster feststellen.[271]

Solche Experimente können sicher Aufschlüsse über Zusammenhänge zwischen Gruppensprachen ergeben, die für eine Zuordnung verschiedener umgangssprachlicher Erscheinungen wichtig sein können. Allerdings erscheint es zweifelhaft, ob es förderlich ist, in der Feststellung eines sprachsoziometrischen Musters von vornherein das angemessene Ziel der Untersuchung zu sehen. Es ist zu fragen, ob nicht gerade in der Anfangsphase sprachsoziologischer Forschung ein weniger schematisiertes Beobachten weiterführt. Daß es bedenklich sein kann, zu früh mit schematisierten, etwa statistischen Verfahrensweisen zu arbeiten, zeigt ein anderer Vorschlag Wittings, der darauf hinausläuft, daß in einem repräsentativen Querschnitt der Bevölkerung der persönliche dialektale Index nach dem »Vorhandensein gewisser ausgewählter Dialektkriterien« festgestellt wird und auf Grund des so gewonnenen Zahlenmaterials statistische Untersuchungen angestellt werden, die dann gesicherte Aussagen über Mundart, Umgangssprache und Hochsprache ermöglichen sollen. Die im Verlauf der vorliegenden Arbeit aufgeführten Darstellungen dürften aber schon gezeigt haben, daß der in Frage stehende Untersuchungsgegenstand zu komplex ist, um in einer Indexzahl ausreichend erfaßt werden zu können. Deshalb müssen auch die besten statistischen Ergebnisse, die mit diesem Material arbeiten, problematisch sein.

che« zu segmentieren und hofft auf diese Weise zu Beschreibungseinheiten zu kommen. Siehe Abschnitt 7.7.3 der vorliegenden Arbeit.

[271] Zweiter Internationaler Dialektologen-Kongreß Marburg/L. 5.–10. 9. 1965. Vorgesehene Vorträge. Sektion V S. 6. – Witting hat seine hier gegebene Zusammenfassung unter die Überschrift »Probabilistisches zur Dialektologie« gestellt. Für den Vortrag selbst hat er den Titel geändert in: »Methoden zur Erforschung einer Sprachgemeinschaft.« Der vollständige Text des Vortrages ist abgedruckt in: Verhandlungen des zweiten internationalen Dialektologenkongresses Marburg/L. 5.–10. September 1965 Bd.II. (= Zs. f. Maf. Beiheft N.F. 4) Wiesbaden 1967, S. 878–888.

8.7.3 Rudolf Schwarzenbach

Aufmerksamkeit für die gruppensprachliche Betrachtungsweise verdient auch ein Untersuchungsansatz, den Rudolf Schwarzenbach, Zürich, programmatisch entwickelt hat. Er umreißt in seinem Aufruf[272] zur Mithilfe bei der Sammlung sprachlichen Materials sein Vorhaben folgendermaßen:

> Wenn unseren deutschen Nachbarn bei einer Reise in unserm Land und bei der Begegnung mit Eidgenossen unser »Schwitzerdütsch«, wie sie dann sagen, immer wieder ganz besonders auffällt, so wird deutlich, wie ausgeprägt unsere Sonderstellung ist, wie sehr die Dialekte dem Deutschschweizer zum Abzeichen seiner Art und Herkunft geworden sind. Es ist, als wolle er seine sprachliche Grenze gegen Norden haben.
> Andererseits unterliegt das Schweizerdeutsche in weiten Teilen unseres Landes bedeutsamen *inneren* Wandlungen. Sind seine Dialekte der Herkunft nach Sprachen kleiner, geschlossener Gemeinschaften, seien sie bäuerlich oder städtisch, einem Dorf oder einem Quartier eigen gewesen, so ist heute eine Zeit der Begegnung und Vermischung im Zeichen der Freizügigkeit und der Heiraten weit über den Kirchturmbann hinaus. Auch die veränderte Sachkultur, die Arbeit im Büro und in der Fabrik stellen ganz andere Anforderungen an das Instrument der Alltagssprache, welches unsere Mundart sein will.
> So erscheint es als lohnende Aufgabe, dem Spiel an Bedingungen und Kräften nachzugehen, denen das Schweizerdeutsche gegenwärtig untersteht, zu beobachten wie es in unser Sprachleben eingefügt ist und unseren Alltag begleitet.
> Innerhalb dieses weitgespannten Rahmens allerdings muss sich eine Darstellung ganz gehörig beschränken und bemüht sein, an wenigen Mustern möglichst viel und möglichst Gültiges zu zeigen. Das hat mich dazu bestimmt, als Beobachtungsfeld für Detailuntersuchungen eine einzige, allerdings reich strukturierte Gemeinde zu wählen – das Industrie- und Bauerndorf Wädiswil – und die Ergebnisse weiter gespannter Fragestellungen daran anzuschließen.
> Bei der Wahl der einzelnen Themen bin ich bestrebt, jenen Fällen auf die Spur zu kommen, wo die Bedingungen einfach und unverflochten sind, Ursache und Folge sich säuberlich trennen lassen – wenn es dem Beobachter des Sprachlebens überhaupt gelänge, je einmal ohne einschneidende Vereinfachungen zu seinem Ziel zu kommen. Eine Zusammenstellung auf der folgenden Seite mag zeigen, wo zu suchen ich mich entschlossen habe, zu welchen Fragen ich bestrebt bin, Material zu sammeln und auszuwerten. (Schwarzenbach, Aufruf zur Mithilfe, S. 1)

Nach dieser allgemeinen Einleitung führt Schwarzenbach Gruppen von Unterthemen auf, die er zu behandeln gedenkt. Im vorliegenden Zusammenhang ist vor allem seine III. Themengruppe »Soziologie des Schweizerdeutschen« wichtig. Sie enthält folgende Themen:

> Das Wesen einer geschlossenen dörflichen Sprachgemeinschaft (Ortsmonographien der schweizerdeutschen Dialektforschung; sprachliche Ortsneckereien; Untersuchung einer Gemeinde mit Lokaldialekt)

---

[272] Schwarzenbach, Rudolf: Zur Stellung der Mundart im Sprachleben der deutschen Schweiz [Aufruf zur Mithilfe bei der Sammlung sprachlichen Materials, maschinenschriftlich vervielfältigt; Schwarzenbach (Zürich)) 1963].

Dialektbildende und dialekttragende Gruppen in einer »offenen« Gemeinde: Familie, Schulklasse, Jugendgruppe, Arbeitsplatz, Verein (- als Antwort auf die Frage: wo bilden wir unsere sprachliche Persönlichkeit, wer beeinflußt sie?)
Ein- und mehrmundartige Deutschschweizer:
a) Statistische Erhebung in einem Quartier der Gemeinde Wädenswil über die Verteilung der verschiedenen »zugewanderten« Dialekte.
b) In welchem Alter, unter welchen Bedingungen wechselt ein Deutschschweizer seinen Dialekt?
c) Welche Umstände führen zu einem Dialektwechsel, welche zur Fähigkeit, zwei und mehr Dialekte nebeneinander zu sprechen? (aufgewiesen an einer Reihe typischer Fälle) (Schwarzenbach, Aufruf zur Mithilfe, S. 3)

Auffallend ist, daß großenteils auf die gleichen Gruppen als Sprachträger hingewiesen wird wie in dem Aufsatz von Steger. Darüberhinaus ist wichtig, daß diese Gruppen an *einem* Ort untersucht werden sollen, so daß der sprachliche Zusammenhang zwischen den Gruppen beobachtet werden kann. Sowohl für die Auffindung sprachtragender Personenkreise als auch für das Erkennen des Verhältnisses zwischen verschiedenen sprachtragenden Kreisen kann die Beobachtung eines Dialektwechsels bei einer Person entscheidende Hinweise geben.

Interessanterweise wird auch in diesem Aufruf nicht von Umgangssprache als Untersuchungsgegenstand gesprochen. »Umgangssprache« wird nur für »hochdeutsche Umgangssprache« gebraucht, von der sich das Schweizerdeutsch absetzt. Aber es geht hier wiederum um einen Gegenstand, der von anderem Standpunkt aus gern als Umgangssprache bezeichnet wird, während er einen anderen Namen bekommt, wenn er nicht Randerscheinung, sondern selbst Untersuchungsgegenstand ist. Sachlich gesehen werden in diesem Programm manche Fragen angefaßt, die sonst gern als »umgangssprachlich« ausgeklammert werden. Der Entwurf Schwarzenbachs[273] läßt erkennen, daß von der Sprachsoziologie am ehe-

---

[273] Inzwischen liegt die umfang- und inhaltreiche Arbeit vor, die auf Grund dieses Programmes entstanden ist: Schwarzenbach, Rudolf: Die Stellung der Mundart in der deutschsprachigen Schweiz. Studien zum Sprachbrauch der Gegenwart. Frauenfeld 1969 (= Beiträge zur schweizerdeutschen Mundartforschung Band XVII). Allerdings sind dabei gerade die im Zusammenhang mit dem Problemkreis »Umgangssprache« interessierenden Ziele in sprachsoziologischer Richtung zurückgesteckt worden. Offenbar übersteigt der ursprüngliche Plan die Kraft und die methodischen Möglichkeiten eines einzelnen. Schwarzenbach schreibt: »Die allgemeinen und die besonderen Probleme des Zusammenlebens der Dialekte gehören zum Thema der *Languages in Contact*, dem Uriel Weinreich ein Buch gewidmet hat. Seine Einsichten würden sich auf binnenschweizerischen Dialektkontakt weithin glatt übertragen lassen. Vorversuche überzeugen mich indes, dass dieses Arbeitsfeld so ergiebig und so vielschichtig ist, dass wohl einmal in einer besonderen Arbeit darüber gehandelt werden sollte« (S. 84). Schwarzenbach äußert dementsprechend seine Beobachtungen zu diesem Komplex mit Vorbehalt. Seine betreffenden Ausführungen haben den Charakter einer Kasuistik, in der das Sprachverhalten einzelner Personen in bestimmter Umgebung und Funktion beschrieben und in seinen Ursachen untersucht wird. Zu einer systematischen Darstellung sprachtragender Kreise kommt es nicht. Schwierigkeiten bereitet u. a. der Umstand, daß die sprachtragenden Gruppen gegenüber dialektbedingten Abweichungen heute offenbar toleranter sind als früher, so daß auch das Verhältnis zur Mundart »weniger mehr von unbewußt empfangenen Traditionen und von einer verbindlichen sozialen Kontrolle als in wachsendem Maße von Reflexionen geleitet« wird (S. 95). Schwarzenbach kommt zu dem Schluß: »Je individueller indes die Triebkräfte wirken, um so schwieriger wird es, Verhaltensgrup-

sten jene Erscheinungen erfaßbar sein müßten, die aus der Sicht der Mundartforschung als umgangssprachlich gelten.

8.7.4   Hermann Bausinger

Forderungen, die in die gleiche Richtung zielen wie der Entwurf Schwarzenbachs, erstrebt neuerdings auch Hermann Bausinger. Sie kommen bezeichnenderweise von einem Forscher, für den Mundartkunde und Volkskunde eng verbunden sind, der nicht nur über mundartliche Sprache, sondern auch über mundartliche Dichtung arbeitet und für den die Volkskunde nicht bei den alten Traditionen des Bauernstandes aufhört, sondern auch die Großstadt und die Welt der modernen Technik umfaßt. Bausinger schreibt in einem Aufsatz, auf den schon im Zusammenhang mit grammatischen Problemen verwiesen worden ist (vgl. Abschn. 7.10), angesichts der Tatsache, daß Ortsmundarten heute kaum noch eindeutig faßbar sind:

> Gerade weil die örtlichen Horizonte auch in sprachlicher Hinsicht zerfallen sind, sollte *der einzelne Ort* den Ansatzpunkt für sprachliche Untersuchungen liefern ... dort müßten heute umfangreichere und von vornherein differenzierte Erhebungen ansetzen, die möglichst viele Sprecher in möglichst vielen sprachlichen Situationen zu erfassen suchen. Erforderlich ist eine neue Art von Ortsmonographien.[274]

Weil die einzelnen Äußerungen nicht ohne Schwierigkeiten einer Sprachform zugeordnet werden können, verlangt Bausinger möglichst genaue Angaben über die Biographie des Sprechers, über den Gesprächspartner und über die Gesprächssituation; denn durch derartige Angaben wird die *Rolle* des Sprechers greifbar, durch die Bausinger die Wahl der Sprachform bedingt sieht. Weiter führt er aus:

---

pen zu bilden oder eine Typologie aufzustellen. Einer künftigen Zusammenarbeit der Mundartforscher mit dem Soziologen und dem Sozialpsychologen warten hier dankbare Aufgaben« (S. 95). – Im terminologischen Gebrauch des Wortes »Umgangssprache« zeigt die Arbeit einige Varianten gegenüber dem Entwurf. So wird mit Bezug auf die schweizerdeutschen Mundarten gesagt: »So einheitlich die Kleidung geworden ist, so einheitlich scheint die Umgangssprache zu werden (S. 112), wobei »Umgangssprache« entweder als Anwendungsart der Mundarten oder als eigene Sprachform interpretierbar ist. An anderer Stelle heißt es: »Die Beispiele vom Bundesrat und dem Arbeiter, vom Professor und dem Studenten, die sich in derselben mundartlichen Umgangssprache unterhalten, sind Legion und stehen auch in jahrhundertealter Tradition« (S. 109). Damit wird das Wort »Umgangssprache« sichtlich zur Bezeichnung einer Sprachform (oder wenigstens einer Funktionsvariante einer Sprachform) verwendet, die gleichzeitig als »mundartlich« charakterisiert wird. – Eingehende Überlegungen widmet Schwarzenbach übrigens dem Terminus »Sprachform« (S. 9ff.). Er kommt dabei zu einem ähnlich weiten Gebrauch des Begriffs, wie ich ihn für die vorliegende Arbeit gewählt habe, weil bei der Unfestigkeit sprachlicher Traditionen in der Gegenwart »die *kleine Gruppe*, ja der *Einzelne* ... mehr und mehr in den Mittelpunkt der Betrachtung« treten (S. 11) und deshalb nicht nur mit fest in sich geschlossenen Sprachformen gerechnet werden kann.
[274] Bausinger, Gesprochene Sprache, S. 310.

260

... die angenommene Sprachrolle ... ist durch einen Komplex von Determinanten charakterisiert, die zwar nicht kausal voneinander abhängig sind, sich aber gegenseitig bedingen.[275]

Dabei beobachtet er, daß sich die verschiedenen Determinanten in unterschiedlicher Weise auf gewisse Seiten des Sprachlichen auswirken:

Für die Lautform ist der räumliche Aspekt beherrschend ... Für die Wortwahl ist primär die Intention entscheiden ... Der Stil hat sein Orientierungszentrum im Psychologischen.[276]

Die einzelnen »Rollen-Determinanten« sucht Bausinger in eine Übersicht zu bringen:

räumlich	sozial	psycholog.	funktional	intentional
lokal	familiär	affektiv	instrumental	zuhanden
überlokal (benachbart)	bekannt (»mittlere Distanz«)			
		sachlich	berichtend	fachlich
		emotional	erzählend	kommunikativ
regional	distanziert			
(national)	fremd	reflexiv	diskutierend	kulturell

Das ist nun gewiß kein Fächerwerk, in das sich jede sprachliche Äußerung einpassen ließe, und das soll es auch keinesfalls sein. Aber eines ist doch aufschlußreich: Sollte man diese Tabelle erweitern, indem man eine Spalte anfügt, in der »Mundart« und »Schriftsprache« vorhanden sind, so gäbe es nicht die geringste Frage, daß »Mundart« oben und »Schriftsprache« unten stehen müßte. Daran wird deutlich, was Bausinger meint, wenn er sagt, daß die Determinanten »sich gegenseitig bedingen«. Aber wie steht es damit, wenn man »Umgangssprache« in das Mittelfeld setzte, wie es naheliegt, wenn man »Umgangssprache« mit Bausinger und den meisten Mundartforschern als »Zwischenbereich« oder als »Zwitter« zwischen Mundart und Hochsprache betrachtet?[277] Es gibt dabei Schwierigkeiten, denn manche Erscheinungen, die von seiten der Mundartforschung als umgangssprachlich bezeichnet werden (z. B. das Hamburger »Missingsch«), müssen genau wie mundartlicher Sprachgebrauch der oberen Reihe von Determinanten zugerechnet werden, und überhaupt zeigt sich, daß eine gegenseitige Bedingtheit im Mittelfeld weit weniger auf der Hand liegt als in der oberen und unteren Reihe. Nur unter räumlichem und sozialem

---

[275] Bausinger, Gesprochene Sprache, S. 310f.
[276] Bausinger, Gesprochene Sprache, S. 311.
[277] Vgl. Bausinger, Gesprochene Sprache, S. 304 und 302.

Aspekt findet sich so etwas wie eine Stufung, die übrigen lassen sich nicht in eine Skala einordnen. Das Bild der Schichtung von Mundart, Umgangssprache und Schriftsprache, das unausgesprochen oder ausgesprochen für die meisten Mundartforscher maßgeblich ist, zerfällt bei der Berücksichtigung der hier aufgeführten Determinanten. Nur für die Extreme läßt sich ein Idealtypus schaffen. So verwundert es nicht, daß Bausinger sagt: Unter dem Aspekt der Norm rücken Mundart und Hochsprache zusammen ...[278]

Wenn man dieser Auffassung zustimmt, muß es verfehlt erscheinen, den übrigen Sprachbrauch als eine Folge von Zwischenstufen anzusehen und zu versuchen, von den bekannten festen Punkten aus diese Stufen zu konstruieren, wie es bei der Definition der Umgangssprache als »Zwischenform« praktisch geschieht; man konstruiert dann an der Wirklichkeit vorbei.

Bausinger sieht zwei Möglichkeiten, der Sprachwirklichkeit gerecht zu werden:

> Entweder jede einzelne Äußerung muß aufs sorgfältigste *interpretiert* werden, oder aber eine so große Anzahl von Belegen muß zugrunde gelegt werden, daß *quantifizierende* statistische Methoden eine verläßliche Faktorenanalyse ermöglichen.[279]

Es scheint allerdings nicht leicht, für den an zweiter Stelle genannten Weg das geeignete Material zu gewinnen, denn Bausinger ist überzeugt, daß

> ... in Wirklichkeit das Sprechen jeweils von einer komplizierten Mischung außersprachlicher Daten beeinflußt wird und der einzelne Sprecher diesen außersprachlichen Daten keineswegs fest zugeordnet werden kann.[280]

Es wäre also nicht nur Sprachmaterial zu speichern, das den Anspruch erheben könnte, repräsentativ zu sein, sondern es müßten zugleich sämtliche möglicherweise für die sprachliche Äußerung mitbestimmenden außersprachlichen Determinanten erfaßt werden.[281] Diese müßten erst erkannt sein. Das Erkennen ist aber vorerst kaum anders als auf intuitivem Wege möglich, also auf dem der Interpretation. Deshalb wird der an erster Stelle genannten Möglichkeit der Interpretation einzelner Äußerungen zunächst die größere Aktualität beigemessen werden müssen.

Obgleich Bausinger bei der Einführung des Begriffs »Umgangssprache« in seine Darstellung vom terminologischen Gebrauch der Mundartforschung ausgeht, führen ihn seine weiteren Ausführungen im Hinblick auf den ins Auge gefaßten Problembereich ziemlich weit von der Mundartforschung ab. So kommt er zu dem Schluß,

---

[278] Bausinger, Gesprochene Sprache, S. 302.
[279] Bausinger, Gesprochene Sprache, S. 310.
[280] Bausinger, Gesprochene Sprache, S. 311f.
[281] Wie schwer es ist, derartiges Material zu erhalten, gerade wenn es sich um im Umgange üblichen Sprachgebrauch handelt, zeigt die Arbeit von Heinz Zimmermann (vgl. Abschn. 7.6 vorliegender Arbeit)

... daß die herkömmlichen Methoden der Auswertung in diesem komplexen Bezirk nicht ausreichen. Es hat den Anschein, daß für die Erforschung gesprochener Sprache die traditionelle Mundartforschung nur ein Partner unter anderen sein kann, und daß daneben oft von überraschender Seite Hilfe erwartet werden darf: So ist etwa manches Ergebnis der Zweisprachigkeitsforschung auch auf die normalen Sprachverhältnisse übertragbar, ... und manche ordnende Sichtung gesprochener Sprache ist schon in Untersuchungen zur dramatischen Rede vorweggenommen worden.[282]

8.7.5   Lutz Röhrich

Überraschende Hilfe kann auch aus Bausingers ureigenem Fachbereich, dem der Volkskunde, kommen. Dafür möchte ich noch abschließend ein Beispiel aus neuerer Zeit anführen, nämlich das Buch »Gebärde - Metapher - Parodie« von Lutz Röhrich.[283] Wenn er sagt: «... das gesprochene Wort ist oft undenkbar ohne die begleitende Gebärde«,[284] so läßt sich schon von vornherein ein naher Bezug zum vorher besprochenen Problembereich vermuten. Deutlicher noch wird der Zusammenhang, wenn man sich vergegenwärtigt, daß solche Begleitgebärden - sofern sie nicht ausdruckspsychologisch verstanden werden müssen - »gemeinschaftsgebunden und kulturell bedingt«[285] sind und daß man hier geographische Grenzen wie in der Mundartforschung feststellen kann.[286] Es ist einleuchtend, daß derartiger brauchtümlicher Kollektivbesitz - man denke nur an die von Röhrich besprochenen Bejahungs- und Verneinungsgebärden - die sprachliche Äußerung mit determiniert. Noch verwickelter wird der Zusammenhang bei Berücksichtigung der Tatsache, daß es auch »Redensarten als Kontext zur Gebärdensprache« und »Sprachgebärden statt Gebärdensprache« gibt.[287] Wie notwendig es sein kann, den sprachlich nicht realisierten »Horizont« einer Sprachgemeinschaft[288] zu berücksichtigen, machen besonders Röhrichs Ausführungen über die Metapher deutlich, z. B. über verhüllende Wendungen in Bereichen, für die im Rahmen eines bestimmten Sprachbrauches eine direkte Bezeichnung nicht schicklich ist. (Tod, Sexus u.a.)[289]

---

[282] Bausinger a.a.O. S. 312.
[283] Röhrich, Lutz: Gebärde - Metapher - Parodie, Studien zur Sprache der Volksdichtung (= Wirkendes Wort. Schriftenreihe. Band 4) Düsseldorf 1967.
[284] Röhrich, Gebärde, S. 9.
[285] Röhrich, Gebärde, S. 12.
[286] Röhrich, Gebärde, S. 14.
[287] Röhrich, Gebärde, S. 33.
[288] Vgl. Brinkmann, Syntax der Rede, S. 78 und die Besprechung in Abschnitt 7.6 der vorliegenden Arbeit
[289] In Röhrich, Gebärde, wird S. 45 eine Reihe von Formulierungen aufgeführt, die »die heutige Volkssprache (Umgangssprache und Mundarten)« gegenüber »den oberschichtlichen Formulierungen kennt«. Auf die Vermeidung direkter Bezeichnungen für sexuelle Vorgänge in den »Sprachgepflogenheiten der Umgangssprache« wird S. 64 hingewiesen.

Die Verhältnisse werden recht kompliziert, wenn man von der traditionellen Mundartforschung, die sich auf das Bauerntum, auf mustergültige Sprache und den Lautstand konzentriert, zu anderen nicht hochsprachlichen – also »umgangssprachlichen« – Sprachbereichen übergeht.

8.8   Zusammenfassung: Umgangssprache als Problem der Mundartforschung – Umgangssprache als Sprachform »zwischen Hochsprache und Mundarten«

Der vorstehende Teil der Darstellung ist sehr ungleichmäßig ausgefallen. Teils habe ich einzelne Arbeiten oder auch nur einzelne Gedankengänge aus Arbeiten interpretiert, weil sonst wichtige Aspekte nicht berücksichtigt worden wären, und teils ganze Gruppen von Arbeiten summarisch behandelt, weil ich sonst ins Uferlose geraten wäre. Trotz dieser ungleichmäßigen Behandlung ist der summarisch bearbeitete Abschnitt über die Umgangssprache unter dem Blickwinkel der Dialektgeographie weitaus am umfangreichsten ausgefallen, während die Ausführungen über Ansätze zu sprachsoziologischer Forschung, bei denen ich mehr ins einzelne gegangen bin, einen geringeren Umfang haben.

In diesem Verhältnis spiegelt sich die Forschungslage zur Zeit der Abfassung der vorliegenden Arbeit wider. In keiner Richtung der germanistischen Forschung ist so viel von »Umgangssprache« die Rede wie in der Dialektgeographie. Das hat ganz offensichtlich die Neigung gefördert, Umgangssprache in erster Linie als sprachgeographisches Problem zu sehen und »Umgangssprache« mit »Landschaftssprache« gleichzusetzen, wie es mit besonderem Nachdruck U. Engel tut. Praktisch werden allerdings in der Regel mehrere Aspekte zugleich berücksichtigt. Das hängt damit zusammen, daß in der Mundartforschung nach Möglichkeit mit der Zweiteilung der Gesamtsprache in Mundarten und Schriftsprache (oder Hochsprache) gearbeitet worden ist. Erst wo sich diese Aufteilung als nicht ausreichend erwiesen hat, ist man dazu gekommen, »ein Drittes« anzunehmen, das »zwischen« den beiden ersten Bereichen liegt, und dieses hat man als »Umgangssprache« bezeichnet. Nun bilden aber »Mundart« und »Schriftsprache« nicht nur unter *einem* Aspekt Gegensätze, und so ist es naheliegend, daß auch das »Zwischending« unter entsprechend verschiedenen Aspekten angesehen wird. In der Tat ist das bei den meisten Autoren zu beobachten.

In der Gegenüberstellung von »Mundart« und »Schriftsprache« ist zunächst einmal der Gegensatz *»mündliche Sprache – schriftliche Sprache«* enthalten. Dieser Gesichtspunkt steht bei fast allen Arbeiten zumindest im Hintergrund. Hübner erklärt, daß die »dritte Sprachform« im »Zusammenhang mit der Schriftsprache« entstanden sei, Becker benutzt das Verhältnis zur Schrift sogar zur Definition und sagt, »Umgangssprache« sei

»Sprache nach der Schrift«, und seinem Gebrauch folgen die Leipziger Arbeiten, aber auch andere Untersuchungen der dialektgeographischen Schule. Auch wenn B. Martin von »schriftdeutschen Einflüssen« spricht, die »im Sinne einer ... Umgangssprache« wirkten, dürfte konkret an das Vorbild der in Schriftform vorliegenden Sprache gedacht sein.

Dennoch wird die Gegenüberstellung von mündlicher und schriftlicher Sprache, die von seiten der Grammatik stärker hervorgehoben wird, von der Mundartforschung nicht in den Vordergrund gestellt. Hier wird vielmehr die Polarität *Ortssprache – Gemeinsprache* betont. Es liegt nahe, der »Zwischenform« den Charakter einer »Landschaftssprache« zuzuerkennen. Dieser Gedanke ist schon bei Viëtor zu finden, der vermutet, die Umgangssprache von Nassau gelte noch über »die Grenzen des nassauer Landes« hinaus für den Raum »des alten Rheinfranken«. Die Hauptrolle spielt dieser Gesichtspunkt bei Becker und in den ihm folgenden Arbeiten der Leipziger Schule, wo die »obersächsische Umgangssprache« als »Provinzialsprache (Landschaftssprache, Gegendsprache)« charakterisiert wird. Bei v. Polenz wird räumliche Verbreitung einer Bezeichnung auf der Wortatlaskarte sogar zum Kriterium dafür, diese Bezeichnung der »regionalen Umgangssprache« und damit der »Mittelschicht« zuzuweisen. Auch bei Rosenkranz, Mitzka, Beranek und Moser wird »Umgangssprache« vor allem als »Landschaftssprache« verstanden, und Engel will in späteren Arbeiten nur noch diesen Gesichtspunkt gelten lassen.

In seiner Dissertation hat sich Engel jedoch noch einer anderen Gegenüberstellung bzw. »Schichtung« bedient: Bauernsprache – Bürgersprache Honoratiorensprache. Auch die hier enthaltene Unterscheidung von *Bauernsprache* und *Bürgersprache*, die häufig gleichgesetzt wird mit der Unterscheidung von *ländlicher Sprache* und *Stadtsprache* findet sich wiederholt in den besprochenen Arbeiten, in ähnlicher Weise wie bei Engel schon bei Grund, der die bäuerliche und die bürgerliche Bevölkerung nur eines Ortes ins Auge faßt; bei Hübner, Becker und Rosenkranz ist der Gegensatz Land / Stadt stärker hervorgehoben. Unter diesem Aspekt wird die »Mittelstellung« der »Umgangssprache« allerdings selten betont, aber es wird doch auf die Sprache regionaler Hauptstädte wie Leipzig (Bekker), Stuttgart (Engel) oder Darmstadt (Grund) hingewiesen. (Auf Abweichungen hauptstädtischer Sprachform gegenüber der hochsprachlichen Tendenz macht dagegen Debus vor allem am Beispiel Kölns aufmerksam.)

Neben den bisher genannten Gegenüberstellungen spielt noch die schon für die Entstehungszeit des Wortes »Umgangssprache« wichtige Polarität von *Volkssprache* und *Gebildetensprache* eine größere Rolle in der Literatur zur Mundartforschung, wobei unter »Volk« die von hochsprachlicher Bildung Unberührten verstanden werden und die »Gebildeten« als Träger der Hochsprache, während den Sprechern der Umgangssprache eine Stellung dazwischen eingeräumt wird. Entsprechendes findet sich bei Viëtor und seinem Rezensenten Heinzel, bei Hübner, Grund und Moser, aber auch anderweitig. In einem Aufsatz von Walther Niekerken wird sogar versucht, verschiedene Stufen der Umgangssprache auf verschiedene Stufen der Schulbildung zurückzuführen.[290]

Weitere Polaritäten sind hier und da berücksichtigt, treten aber weniger deutlich hervor. Zum Teil stehen sie zu vorher genannten in mehr oder weniger enger Beziehung, so die Polarität *niedere Sprache – hohe Sprache*, die schon von F. L. Jahn betont wird, bei Grimms Urteil über die Mundart mitspielt und nun auch von Viëtor, Grund und v. Polenz beachtet worden ist. »Umgangssprache« ist dann eine Sprache von mittlerer Höhe. Die Einstufung als »hoch« oder »nieder« geschieht dabei vielfach nach dem Grad der Bildung. Gelegentlich wird das Verhältnis von Mundart und Schriftsprache auch als eines von *gefühlsbetonter Sprache* zu *rational betonter Sprache* verstanden. Bei Hübner ist das angedeutet, bei v. Polenz und Rosenkranz deutlicher gesagt. Die »Umgangssprache« wird dabei wieder in der Zwischenstellung gesehen. Mit den eben Genannten nahe verwandt ist die Gegenüberstellung *konkrete Sprache – abstrakte Sprache*, die von Rosenkranz berücksichtigt wird, sowie die Polarität *intime Sprache – unpersönliche Sprache*, auf die Viëtor, v. Polenz und Rosenkranz zu sprechen kommen und endlich *synthetische Sprache – analytische Sprache* (v. Polenz). Auch in diesen Fällen erscheint die Umgangssprache zwischen die beiden Pole gestellt. Bei einer letzten Gegenüberstellung steht die »Umgangssprache« allerdings nicht mehr zwischen Mundart und Hochsprache, nämlich bei der von *echter Sprache* und *verfälschter (gemischter) Sprache*. Wo dieser Gesichtspunkt berücksichtigt wird, wie bei Becker, Bretschneider und Bausinger, gelten sowohl Mundart als auch Hochsprache als »echt«, während die Umgangssprache als »unecht« daneben steht.

»Mundart« und »Hochsprache« stellen in den besprochenen Arbeiten Idealtypen dar. Im gedachten idealen Fall, der in der Regel ins Auge gefaßt wird, ist Mundart zugleich mündliche Sprache, Ortssprache, Bauernsprache, Volkssprache sowie ungebildete, niedere, gefühlsbetonte, konkrete, intime und synthetische Sprache, und ebenso ist die Hochsprache dem Idealtypus nach in allen Stücken der Gegenpol. Die Beziehungen sind also denkbar einfach. Die »Umgangssprache« wird aber als außerhalb der Idealtypen liegend gedacht, und damit werden die Verhältnisse kompliziert. Das beginnt schon, wenn im obersächsischen Raum festgestellt wird, daß die »obersächsische Umgangssprache« die alten Ortsmundarten z. T. völlig verdrängt hat. Dann ist diese »Landschaftssprache« praktisch zu-

---

[290] Niekerken, Walther: Zu den Problemen der Zweisprachigkeit im niederdeutschen Raum (mit besonderer Berücksichtigung des Nordniedersächsischen). In: Jahrb. d. Vereins f. nd. Sprachforschung 76, 1953, S. 64–76, besonders S. 67. Ders: Von den Grenzen der niederdeutschen Sprache. In: Hart warr nich mööd, Festschrift für Christian Boeck, Hamburg-Wellingsbüttel 1960, S. 214–222, besonders S. 216.

gleich Ortssprache sowie auch Sprache unter Familienmitgliedern usw. Andererseits braucht »erhöhte Volkssprache« nicht unbedingt in Richtung auf die lautliche und flexivische Gestalt der Hochsprache entwickelt zu sein. Man denke nur an Mundartdichtung, die sich oft bemüht, den Mundarttypus reiner zu verkörpern als der tägliche Gebrauch. Noch widerspruchsvoller wirkt die (im Rahmen der besprochenen Arbeiten zur Mundartforschung nicht erwähnte) Erscheinung der »Landsersprache« der Weltkriege, die keineswegs als Fachsprache zu werten ist; es ist kaum Zweifel möglich, daß sie als »niedere« und »nicht gebildete« Sprachform einzustufen ist; aber sie ist dennoch Gemeinsprache in demselben Sinne wie die von Pilch beschriebene »hochdeutsche Umgangssprache« der Gebildeten.

Durch die Definition der Umgangssprache als Sprache zwischen Mundart und Hochsprache gibt es eine Fülle von Verwirrungen. Das ihr zugrundeliegende Denkschema, daß sich jede sprachliche Erscheinung in eine kontinuierliche Stufenabfolge zwischen Grundschicht und Oberschicht bzw. zwischen die Pole »Mundart« und »Hochsprache (Schriftsprache)« einordnen lasse, erweist sich als ungeeignet für die Erfassung der Sprachwirklichkeit, genauer gesagt: es läßt sich nur anwenden, wenn der Blick konsequent auf nur einen Aspekt eingeschränkt wird und dieser Aspekt graduelle Einstufungen zuläßt.

Als einfachstes Mittel gegen die terminologische Verwirrung bietet sich die Einschränkung auf einen solchen Aspekt an. Das hat Engel versucht, indem er nur noch das Kriterium der räumlichen Verbreitung gelten lassen will. Von anderer Seite wird die Forderung erhoben, »Umgangssprache« nur noch als »technischen Begriff« zu verwenden, mit dem nichts als die lautliche Stellung zur hochsprachlichen Norm und einer Mundart bezeichnet wird.[291] Doch wird bei dieser Art des Vorgehens jeweils ein Gliederungsversuch der Gesamtsprache, dessen Angemessenheit nicht gesichert ist, zur Grundlage einer Definition gemacht. Weiter ist auffällig, daß das Kriterium »im Umgange gebräuchlich« bei derartigen Definitionsversuchen keine Rolle mehr spielt, also der Gesichtspunkt entfällt, der überall außerhalb der Mundartforschung und großenteils auch noch innerhalb dieses Forschungsbereiches als maßgeblich hervorgetreten ist. So

---

[291] Diese Auffassung hat z. B. R. E. Keller in seinem Vortrag über »Lautliche Probleme der deutschen Umgangssprache« vertreten, den er am 16.6.1966 an der Kieler Universität gehalten hat. (Vgl. dazu: Keller, Rudolf Ernst, Some Problems of German Umgangssprache. In: Trans. of the Philological Soc. (London) 1966, S. 88–106). Bei der von ihm vorgestellten »Umgangssprache« handelt es sich übrigens um die Sprechweise (den »Idiolekt«) eines einzelnen Münchner Sprechers, deren Lautstand mit den Angaben in Kufners »Struktureller Grammatik der Münchner Stadtmundart« im Hinblick auf Abweichungen in Richtung auf die Hochsprache verglichen wird. Mir scheint ein Vergleich auf so verschiedene Art gewonnener Sprachzeugnisse recht fragwürdig, und es scheint mir auch fragwürdig, das eine Zeugnis als »Mundart«, das andere als »Umgangssprache« zu bezeichnen. – Eine ähnliche Auffassung wie bei Keller liegt den im Abschnitt 8.7 besprochenen Ausführungen Wittings zugrunde, der Sprachstufen durch einen »dialektalen Index« zu erfassen hofft.

helfen derartige Definitionsversuche nicht zu einer Klärung, sondern sie steigern die Verwirrung.

Für den terminologischen Gebrauch des Wortes »Umgangssprache« im Rahmen der Mundartforschung sind die Definitionen von »Umgangssprache« als »Landschaftssprache« und als »dem Lautstand nach zwischen der hochsprachlichen Norm und einer Mundart stehende Sprachform« aufschlußreich, da in ihnen Begriffsfassungen eine feste Form bekommen haben, die auch sonst beim Gebrauch des Wortes eine Rolle spielen. Es zeigt sich, daß sich im Rahmen der Mundartforschung eine Bedeutungsverschiebung ergeben hat. Verständlich ist diese nur dadurch, daß es in der Mundartforschung Brauch geworden ist, vorzugsweise nicht-mundartliche im Umgange gesprochene Sprache als »Umgangssprache« zu bezeichnen. Da nun zwischen den Mundarten und den nach diesem Prinzip als »Umgangssprache« bezeichneten Sprachformen kein Unterschied in der charakteristischen Anwendungsart besteht (denn beide sind fast ausschließlich im persönlichen Umgange gebräuchlich), aber eine Abgrenzung des Idealtyps »Mundart« gegen diesen anderweitigen Gebrauch gewünscht wird, müssen andere Kriterien herangezogen werden, und dazu sind vor allem solche des Lautstandes geeignet, die sich als hochsprachlicher Einfluß nachweisen lassen.

Es zeigt sich, daß die Abgrenzung von Mundart und Umgangssprache, die in der Mundartforschung, aber auch darüber hinaus, üblich geworden ist, wissenschaftsgeschichtlich bedingt ist, daß sie entstanden ist aus der Wertschätzung der von äußeren Einflüssen ungestörten Sprachformen und daß die Anordnung »der« Umgangssprache zwischen Mundarten und Schriftsprache wesentlich von einem schematischen Denken bestimmt ist, nach dem alle Sprachformen, die weder durch Ursprünglichkeit (wie die Mundarten) noch durch literarischen Rang (wie die Schriftsprache) geadelt erscheinen, außerhalb des Interesses bleiben.

Mit den vorstehenden Ausführungen über den Begriff der Umgangssprache in der Mundartforschung ist zum Teil schon gesagt, wie es um die Sicht des Problems »Umgangssprache« von dieser Forschungsrichtung her bestellt ist. Denn für die Mundart, verstanden als Bauernmundart, herrschen viel einfachere Untersuchungsbedingungen als für nicht-mundartliche Umgangssprachen. Wenigstens herrschten sie bis in unser Jahrhundert hinein. Hier war der sprachtragende Personenkreis an einen Ort gebunden, von anderen deutlich genug gesondert, in sich kaum gegliedert und sein Sprachgebrauch verhältnismäßig wenig nach Situationen unterschieden. Diese Eingrenzung verschafft eine Homogenität des Materials, wie sie sonst nur noch in der normierten Hochsprache zu finden ist. Außerhalb dieser Bereiche, also bei den restlichen Gebrauchsweisen, die aus der Sicht der Mundartforschung gern als »Umgangssprache« zusammengefaßt werden, ist mit Bedingungen zu rechnen, die um ein Vielfaches komplizierter sind als in der Mundartforschung. Deshalb reicht das methodische Rüstzeug und reichen die Denkschemata der Mundartforschung für die »Umgangssprachenforschung« in diesem Sinne nicht aus. Verwendet man sie trotzdem, so kommt man leicht zu falschen oder schiefen Ergebnissen. Wenn man den Problemen der Umgangssprache beikommen will, muß man die Vorstellungen der Mundartforschung überwinden. So ist es nicht verwunderlich, daß unter den besprochenen Arbeiten diejenigen am meisten zu einer Klärung beitragen, die sich am weitesten von der traditionellen Konzeption der Mundartforschung entfernen. Besonders Anknüpfungen an soziologische und gruppenpsychologische Forschungen dürften hier von Bedeutung sein. Bemühungen um Ortsmonographien neuer Art, in denen unterschiedlicher Sprachgebrauch am selben Ort verzeichnet wird, sind wesentliche Schritte in diese Richtung (vgl. Grund, Schwarzenbach, Bausinger). Dabei erweist sich schon, daß der geographisch umschriebene Geltungsbereich nur ein sekundäres Kennzeichen ist, das sich nur bei ortsfesten Personenkreisen verwenden läßt. Primär entscheidend ist immer die Personengruppe, in der der Sprachgebrauch üblich ist. So kommt es nicht darauf an, Ortsbrauch, sondern Gruppenbrauch zu beschreiben (unter diesem Gesichtspunkt hat die Arbeit von Steger über Gruppensprachen Bedeutung). Daneben ist – wie schon Grund zeigt – das Verhältnis dieser Gruppen zueinander wichtig. Außerdem ist zu beachten, daß eine Person nicht allein *einer* sprachlichen Gruppe angehören muß, sondern in *verschiedenen* Gruppen – durch den Gruppenzweck und die Partner determiniert – sich unterschiedlicher Sprache bedienen kann (vgl. Möhn, Bausinger). Aus dieser Sicht müßten dann etwa auch Landschaftssprachen als Großgruppensprachen gefaßt und nach den sprachtragenden Personenkreisen und Anwendungszwekken bestimmt werden. Einen Weg, auf die Spur derartiger Gruppensprachen zu kommen, deutet Bausinger an: Man könnte den unterschiedlichen Sprachgebrauch einzelner Personen in verschiedenen Situationen beachten, ihre sprachlichen »Rollen« ermitteln.[292] Von den Partnern und dem Sprachzweck aus ließe sich auf den Personenkreis schließen, in dem dieser Sprachbrauch üblich ist, und wie weit er reicht (etwa dieses Vorgehen ist bei Viëtor intendiert und bei Baumgärtner in der Arbeit über die Leipziger Umgangssprache praktiziert). Die so ermittelten Gebrauchsweisen müßten dann noch in Relation zueinander gesehen werden. Dazu könnten – lägen erst die verschiedenen Varianten des Sprachgebrauchs abgegrenzt, und in genügend großer Zahl beschrieben, vor – Methoden der Faktorenanalyse eingesetzt werden, wie Bausinger es als wünschenswert herausstellt. Es dürfte allerdings noch ein weiter Weg bis zu diesem Ziel sein. Bis dahin wird man sich mit der zweiten von Bausinger angedeuteten Möglichkeit begnügen müssen: jede sprachliche Äußerung nach dem

---

[292] Helmut Gipper weist (in: Gipper, Bausteine, S. 465) darauf hin, daß in Japan Versuche in dieser Richtung unternommen wurden, aber wegen der »automatisch einsetzenden Befangenheit der Versuchspersonen« noch nicht befriedigend verlaufen seien.

für die Wahl dieser Sprachform bestimmenden außersprachlichen Determinanten möglichst genau zu interpretieren.

9.1   Die geistesgeschichtlichen Grundlagen der Wortforschung

In der Wortforschung im Rahmen der Germanistik hat wiederum – wie
in der sprachhistorischen Forschung – Jacob Grimm die Wege gewiesen,
die für die folgende Zeit als die allein richtigen angesehen worden sind.
Wiederum ist seine Einstellung für »umgangssprachliche« Fragen nicht
günstig gewesen. Das gilt insbesondere für die Lexikographie. Probleme,
die man gemeinhin als »umgangssprachlich« bezeichnet, kommen bei der
Art, in der Jacob Grimm die Aufgabe eines wissenschaftlichen Wörterbuches ansieht, nicht in Betracht. Über den Zweck eines Wörterbuches sagt
er im Vorwort zum »Deutschen Wörterbuch« das er gemeinsam mit seinem Bruder Wilhelm begründet hat:

> Es soll ein heiligtum der sprache gründen, ihren ganzen schatz bewahren ... und
> wird ein hehres denkmal des volks, dessen vergangenheit und gegenwart in ihm
> sich verknüpfen. (Jacob und Wilhelm Grimm, Deutsches Wörterbuch, Erster
> Band A – Biermolke, Leipzig S. Hirzel 1854 S. XII)

Dieser »ganze Schatz« der Sprache ist für die Grimms aber im wesentlichen in der Literatursprache gegeben. Das wird aus den folgenden zusam-
menfassenden Sätzen deutlich:

> Es ist gesagt worden, dasz das wörterbuch sich über die gesamte hochdeutsche
> schriftsprache von der mitte des fünfzehnten jahrhunderts an bis auf heute ...
> erstrecken solle. (Grimm, DWB Bd. I S. XXXIV)

Und etwas später heißt es genauer:

> Es kam darauf an, in jedem jahrhundert die mächtigsten und gewaltigsten zeu-
> gen der sprache zu erfassen und wenigstens ihre grösten werke in das wörter-
> buch einzutragen. Keisersberg, Luther, Hans Sachs, Fischart, Göthe waren noch
> in keinem nur einigermaszen ... ausgezogen worden ... den vollen gebrauch von
> Göthes schriften sicherten glücklicherweise die sorgfältigsten vorkehrungen,
> und besser ist, dasz aus andern vieles als aus ihm weniges abgehe. (Grimm, DWB
> Bd. I S. XXXV f.)

Alltägliche und provinzielle Ausdrücke hatten in einem solchen Wörterbuch keinen Platz, sofern sie nicht durch den Gebrauch in der Literatur

geadelt oder ihrer ehrwürdigen Geschichte wegen beachtenswert erschienen. Es zeigt sich darin, daß die Grimms weit mehr in der Tradition der sprachprogrammatisch auswählenden Wörterbücher nach dem Muster des Wörterbuchs der Académie Française gestanden haben, als es ihnen bei ihrer erklärten Gegenstellung gegen diese Tradition bewußt sein konnte. Daß das Grimmsche Wörterbuch mit seiner Beschränkung auf den literarisch legitimierten Gebrauch eine Lücke offenläßt, hat schon einer der Fortsetzer dieses Werkes, Gustav Roethe, aufgezeigt, und zwar in dem Zitat, das gleich im Anfang der vorliegenden Arbeit herausgestellt worden ist.

Aber noch in einer weiteren Hinsicht hat sich die Autorität Jacob Grimms als forschungshemmend für umgangssprachliche Fragen erwiesen, nämlich in seiner Polemik gegen die wertende Kennzeichnung von Worten, wie sie Adelung in seinem Wörterbuch vorgenommen hatte. Gegen ihn sagt Jacob Grimm:

> ... das erste gebot eines wörterbuchs, die unparteiische zulassung und pflege aller ausdrücke muste einer falschen ansicht weichen, die Adelung von der natur unserer schriftsprache faszt hatte ... aus dem erhabenen sinke die sprache in das edle, aus dem edlen in das trauliche, dann aber in das niedrige und pöbelhafte herab; das pöbelhafte liege tief unter dem horizont des sprachforschers, der das niedrige nur dem komischen zu gefallen beachte: dessen habe in der ersten hitze das wörterbuch noch zu viel aufgenommen. (Grimm DWB Bd. I S. XXIII)

Später geht er nochmals auf diese Frage ein:

> Die sprache überhaupt in eine erhabne, edle, trauliche, niedrige und pöbelhafte zu unterscheiden taugt nicht, und Adelung hat damit vielen wörtern falsche gewichte angehängt ... seine definition von liebchen lautet z. b. »ein nur noch in niedrigen sprecharten übliches wort eine geliebte person zu bezeichnen, welche man auszer der ehe liebet.« der mann soll also aufhören seine frau liebchen zu heiszen ... (Grimm DWB Bd. I S. XXXII)

Zwar kann man Jacob Grimm beipflichten, wenn er sagt, daß der den Beruf eines Sprachforschers verleugne, der gewisse Wörter so niedrig finde, daß sie kaum angeführt zu werden verdienten. Aber auf der anderen Seite geht nun Grimm so weit, daß er es überhaupt vermeidet, die »Höhe« eines Ausdrucks zu ermitteln. Dieser Verzicht muß manchen Benutzern des Wörterbuches als Mangel erscheinen, nämlich denen, die sich darin Auskunft suchen wollen, ob sie mit dem Gebrauch eines Wortes auch keinen Anstoß erregen werden.

Dieser in der sprachlichen Praxis auf die Dauer unübersehbare Mangel ist es, der schließlich dazu geführt hat, daß sich einige Arbeiten auf dem Gebiet der Wortforschung doch wieder der Wertung der Worte zugewendet haben.

Die hauptsächlichen Werke der wissenschaftlichen Wortforschung stehen jedoch auch heute noch in der Grimmschen Tradition. Die Autoren, die sich näher mit Worten befassen, die als »umgangssprachlich« eingestuft zu werden pflegen, sind oft Außenseiter, die zwar meist Sprachwissenschaftler, zum mindesten Sprachlehrer, sind, aber häufig nicht aus der Schule der germanistischen Wortforschung stammen. Sie sind meist aus praktischer Erfahrung zu ihrer Beschäftigung mit »umgangssprachlichem« Wortgut gekommen, beispielsweise aus der Erfahrung heraus, daß mancher im täglichen Umgange übliche Sprachgebrauch nicht im Wörterbuch verzeichnet war (Genthe, Küpper), oder aus der Beobachtung heraus, daß es im deutschen Sprachgebiet auch im nicht-mundartlichen Gebrauch manche regional unterschiedlich verwendete Wörter gibt (Kretschmer). Der zuletzt genannte Weg zum Problembereich der Umgangssprache trifft sich mit einem anderen, der von der Mundartforschung herkommt, von der Wortgeographie der Mundarten. Die in diesen Rahmen gehörigen Arbeiten sind schon in einem der vorhergehenden Abschnitte (8.5) besprochen worden, deshalb genügt an dieser Stelle ein Hinweis. Auf Grund der Beobachtungen von Außenseitern der germanistischen Wortforschung und Befunden aus anderen Forschungsrichtungen der Germanistik wird zwar alsbald versucht, auch innerhalb der germanistischen Wortforschung zu einem Programm umgangssprachlicher Wortforschung zu kommen (Schirmer), aber dieser Versuch bleibt in Anfängen stecken. Einige der neuesten Wörterbucherscheinungen bemühen sich allerdings, die hier angesprochenen Probleme im Rahmen der Gesamtsprache zu bewältigen (Klappenbach / Steinitz, Duden-Synonymwörterbuch).

Die maßgeblichen Vertreter der Wortforschung verfolgen in der ersten Hälfte des 20. Jahrhunderts andere Ziele, bei denen aus verschiedenen Gründen das Problem der Umgangssprache am Rande bleibt. Das gilt vor allem für die herkömmliche Bedeutungsforschung (Semasiologie), die die Entwicklung der Wortbedeutungen zu klären trachtet. Es handelt sich also um eine geschichtliche Betrachtung des Wortschatzes. In Richtung auf sonst umgangssprachlich genannte Erscheinungen weisen hier lediglich Formulierungen wie »Aufsteigen« und »Absinken« von Wortgut, oder »Bedeutungsverbesserung« und »Bedeutungsverschlechterung«. Die geringe Berücksichtigung »umgangssprachlicher« Probleme im Rahmen der Wortgeschichte erklärt sich aus Feststellungen, die in der vorliegenden Arbeit bereits im Kapitel über Sprachgeschichte gemacht worden sind: Als historisches Material liegen nur literarische Zeugnisse vor, während Umgangssprache überwiegend als Kontrasterscheinung der Literatursprache aufgefaßt wird. Für wortgeschichtliche Untersuchungen zur Umgangssprache fehlt also entsprechendes Material.[293] Anders könnte das bei

---

[293] Nur für die neueste Zeit, d. h. für die Gegenwart als jüngste Phase der Geschichte, steht entsprechendes Material zur Verfügung. Das gilt hier wie ähnlich schon bei H. Paul (vgl. Abschn. 6.2). So hat auch Ernst Schwarz in seiner »Kurzen deutschen Wortgeschichte« (Darmstadt 1967) ein Kapitel mit dem Titel »Der Wortschatz der deutschen Umgangssprache und seine Verschiedenheiten« eingefügt, das sich fast ausschließlich auf die neueste Zeit bezieht. Er referiert dabei im wesentlichen Arbeiten, die in der vorliegenden Arbeit im folgenden besprochen werden (Kretschmer 9.3, Schirmer 9.4, Küpper 9.6, Steinitz/Klappenbach 9.7.1), sowie einige Arbeiten aus der Sonderreihe der Duden-Beiträge »Die Besonder-

der Wortfeldforschung sein. Es erscheint deshalb angebracht zu prüfen, weshalb die Frage der Umgangssprache auch in diesem Forschungsgebiet im allgemeinen nicht auftaucht. Guten Aufschluß über diese Frage kann man erhalten, wenn man unter entsprechendem Blickwinkel jenes Werk untersucht, das die Wortfeldforschung begründet hat: »Der deutsche Wortschatz im Sinnbezirk des Verstandes. Die Geschichte eines sprachlichen Feldes« von Jost Trier. Hier ist in dem einleitenden Kapitel »Über Wort- und Begriffsfelder« von der Ganzheit der den Begriffsbezirk überlagernden Wortdecke, des lückenlosen Zeichenmantels« (Trier, Wortschatz, S. 2)[294] die Rede. Trier hat sich also für eine ausgesprochen einschichtige Betrachtungsweise entschieden. Es herrscht bei ihm die Grundannahme von der Einheitlichkeit des untersuchten Sprachmaterials, wie sie auch de Saussure annimmt, um einen Sprachausschnitt als synchronisches System untersuchen zu können. Und in der Tat beruft sich Jost Trier auf de Saussure (vgl. Trier, Wortschatz, S. 4 und S. 11). Die Einschichtigkeit der Betrachtung wird von ihm noch besonders betont, indem er sagt:

> Und der Sprachbetrachter, der diesen Dingen nachgehen will, hat zunächst gar nichts anderes zu tun, als dieser in der waagerechten Ebene des reinen sprachlichen Seins sich abspielenden Arbeit [d. h. der Anwendung des Systems im Begriffsfeld] nachzuspüren und auf diese Weise die sprachlich-begriffliche Gliederung eines oder des anderen Begriffsfeldes in einem bestimmten Zeitpunkt festzuhalten. (Trier, Wortschatz, S. 10)

Trier sieht jedoch selbst, daß auf diese Weise nur kleine Ausschnitte aus der Sprachwirklichkeit ganz angemessen erfaßt werden können.

> Doch ... wird stets deutlich bleiben müssen .. daß die unantastbare Wirklichkeit des Feldes sich nur im Einzelwerk befindet. (Trier, Wortschatz, S. 14 f.)

---

heiten der deutschen Schriftsprache im Ausland«, auf die ich nicht näher eingehe, weil es sich ausdrücklich um »Schriftsprache« handelt. Ich verzichte deshalb auf eine eingehendere Behandlung des Buches von Schwarz.

[294] Neuerdings werden Einwände insbesondere gegen die Vorstellung der »Lückenlosigkeit der Wortdecke« erhoben, so von Klaus Baumgärtner in dem Aufsatz »Die Struktur des Bedeutungsfeldes« (in: Sprache der Gegenwart 1, Düsseldorf 1967, S. 165–197, vgl. besonders S. 166 und 196), der mit Methoden semantischer Analyse, die auf der Mengenlehre aufbauen, »zwei Typen der Lückenhaftigkeit im Bedeutungsfeld« herausarbeitet, und von anderer Warte auch durch Birgit Stolt (»Lexikalische Lücken« in kindlichem Sprachempfinden. In: Muttersprache 78, 1968, S. 161–174) auf Grund kindlicher Versuche, Wörter zu bilden, die von der Struktur des Wortfeldes her eigentlich vorhanden sein müßten, von der Sprachgemeinschaft aber nicht anerkannt, sondern durch analytische Phrasen ersetzt werden. – Eine Mehrschichtigkeit des Sprachgebrauchs wird von J. Trier übrigens in anderem Zusammenhang durchaus anerkannt. So gibt er in einem kürzlich erschienenen Aufsatz (»Unsicherheiten im heutigen Deutsch«. In: Sprache der Gegenwart 2, Düsseldorf 1968, S. 11–27, besonders S. 27) zu bedenken, »daß man sich eine Sprachgemeinschaft nicht allzu einheitlich vorstellen darf. Sie ist ein sehr vielschichtiges Gebilde ...« – In einer seiner letzten Veröffentlichungen modifiziert Trier selbst seine alte Konzeption. Vgl. Trier, Jost: Altes und Neues vom sprachlichen Feld. Duden Beiträge H. 34, Mannheim 1968. Er ersetzt hier die Vorstellung eines lückenlosen Zeichenmantels durch ein Interferenzmodell.

Aber noch in diesem Rahmen ist eine gewisse Einseitigkeit festzustellen; wenn Trier sagt:

> *Weise* wäre in heutiger Sprache etwas ganz anderes, wenn *klug, gescheit, gerissen, schlau, gewitzigt* und viele andere nicht neben ihm stünden (Trier, Wortschatz, S. 8),

so versteht er die Unterschiede rein begrifflich-definitorisch. Stilistische Unterschiede sind (was ihm schon Seidler vorhält) von ihm nicht berücksichtigt worden, und auch soziologische Zuordnungen des Sprachgebrauchs, die sicher ihr Recht hätten (»weise« und »gerissen« wird man nur selten in demselben Text beisammen finden), sind nicht berücksichtigt.

In ähnlicher Weise wie für Trier gilt die Einschränkung der Betrachtung auf einen bestimmten Ausschnitt der Sprache für Leo Weisgerber und seine Schule. Weisgerber geht es darum, »das Weltbild der Sprache, das unbewußt in der Sprachgemeinschaft als ganzer lebt, bewußt zu machen«.[295] Dabei mißt er der Erforschung des Wortfeldes große Bedeutung bei: »Mit der Wortfeldforschung wird nun die Sprachwissenschaft an die echten Mittelpunkte ihrer Arbeit herangeführt«.[296] Nun wird zwar bei Weisgerber und seinen Schülern die Einschichtigkeit des Wortfeldes nicht in der Weise betont wie bei Trier, aber dennoch bleibt das anderweitig »Umgangssprache« Genannte allgemein außer acht, denn die »langue«, auf die diese Forschungsrichtung zielt, ist nicht die Sprachkompetenz eines einzelnen, auch nicht der Sprachgebrauch einer konkret vorzufindenden Sprechergemeinschaft, sondern ein über allem Einzelgebrauch stehendes »soziales Objektivgebilde«, das vor allem durch die »geistigen Erzeugnisse der Sprachmächtigen« repräsentiert erscheint. Im Umgange üblicher Sprachgebrauch muß erst zu diesem Inbegriff der Sprache emporgeläutert werden, wie in den folgenden Worten des Weisgerber-Schülers H. Gipper deutlich wird:

> Der muttersprachliche Unterricht in der Schule gewinnt in diesem Zusammenhang eine ungeahnte Bedeutung, hat er doch die Aufgabe, den engen Kreis der durch Familie und Spielgemeinschaft bedingten Sprache zu erweitern, unter Umständen auch zu korrigieren und das muttersprachliche Weltbild zu voller Entfaltung gelangen zu lassen.[297]

In diesem Satz ist (neben Gedanken des erklärten Vorbildes W. v. Humboldt) die auf Herders Ideen ruhende Vorstellung J. Grimms vom »unermüdlich schaffenden Sprachgeist« lebendig, dessen »unsichtbares Walten« die »Dichter und Schriftsteller« (mit Gipper gesagt: die »Sprachmächtigen«) vernehmen.[298] Zugleich ist damit die Konzentration auf jenen

---

[295] Weisgerber, Leo: Sprachwissenschaftliche Methodenlehre. In: Deutsche Philologie im Aufriß, hrsg. v. Wolfgang Stammler, I. Band, 2. Aufl. Berlin 1957, Spalte 1–38, Zitat Sp. 16.
[296] Weisgerber, Methodenlehre, Sp. 17.
[297] Gipper, Bausteine S. 464.
[298] Vgl. Abschnitt 5.2 bzw. J. Grimms Vorrede zur 1. Aufl. der »Deutschen Grammatik« von 1819.

Ausschnitt aus der Sprache begründet, der von der Sprachprogrammatik der humanistischen Tradition, von der »ars bene dicendi« geprägt ist. Die Sprache wird – etwas zugespitzt gesagt – als ein vom Menschen, von den Situationen und von den Sachen losgelöst existierendes »organisches Gefüge« verstanden, dessen »geistige Gliederung« erfaßt werden soll. Das »Verhältnis der Wortfelder zu den Sachbereichen« soll, so fordert Weisgerber ,[299] erst nachträglich geklärt werden.

Neuerdings wird versucht, den von Trier und Weisgerber entwickelten Feldbegriff z. T. mit Rückgriff auf ältere Ansätze bei Porzig,[300] vor allem aber im Anschluß an moderne Bemühungen um Fragen der Semantik, die im anglo-amerikanischen Bereich aufgekommen sind,[301] neu zu durchdenken. Aber so sehr sich diese Arbeiten von den vorher genannten auch methodisch unterscheiden, etwas haben sie doch mit diesen gemeinsam: Sie zielen auf eine repräsentative Form der Sprache, auf das Deutsche schlechthin, das nun in Anlehnung an englischen Sprachgebrauch als Standard-Deutsch bezeichnet wird. Probleme, die anderweitig als umgangssprachlich bezeichnet werden, tauchen nur am Rande auf. So bezeichnet etwa K. Baumgärtner in seinem Aufsatz über »Die Struktur des Bedeutungsfeldes« mit einem Seitenblick auf seine Arbeit über die Umgangssprache von Leipzig die Klärung der Frage, inwieweit einer semantischen Analyse »stilistische oder gar sprachgeographische Markierungen mitgegeben werden sollen«, als eine weiterführende Aufgabe,[302] und B. Engelen weist in einer kurzen Darlegung über »Semantische Komponentenanalyse und Stilbetrachtung« darauf hin, daß neben der Denotation, der Grundbedeutung eines Wortes, insbesondere bei stilistischen Fragen auch Konnotationen zu beachten seien. Als Beispiel führt er an, daß das Verb *pfeifen auf* im Gegensatz zu *verzichten auf* die Konnotationen »umgangssprachlich bis vulgär, patzig, betont unvornehm« habe.[303] Fast durchgängig bleibt es bei Seitenblicken, wenn vom Standpunkt der im engeren Sinne wissenschaftlichen Wortforschung aus »Umgangssprachliches« ins Auge gefaßt wird. Insgesamt gesehen erscheint die Klage begründet, die Wolfgang Müller neuerdings erhebt, daß die Wortforschung »sich ... nur gelegentlich einige besonders schmackhafte semantische oder syntagmatische Bonbons als Studienobjekt auswählte« und sich nicht der »auf die Praxis gerichteten Aufgabe in systematischer Weise« annehme.[304]

---

[299] Weisgerber; Methodenlehre, Sp. 18.
[300] Porzig, Walter, Wesenhafte Bedeutungsbeziehungen. In: Beiträge z. Gesch. d. dt. Spr. u. Literatur. Begründet v. Paul u. Braune 58, 1934, S. 70–97.
[301] Insbesondere: Katz, J. J., Fodor, J.A.: The Structure of a Semantic Theory. In: Fodor/Katz: The Structure of Language. 1964, S. 479–518.
[302] Baumgärtner, Klaus: Die Struktur des Bedeutungsfeldes. In: Sprache der Gegenwart 1, 1967, S. 165–204, Zitat S. 190.
[303] Engelen, Bernhard: Semantische Komponentenanalyse und Stilbetrachtung. In: Muttersprache 78, 1968, S. 250–256, Zitat S. 256 Anm.
[304] Müller, Wolfgang: Gedanken zur Lexikographie. In: Muttersprache 79, 1969, S. 33.

Sobald jedoch die Sprachpraxis näher in Betracht kommt, tauchen »umgangssprachliche« Probleme auf. Das gilt auch für die mehr auf praktische Anwendung gerichteten Bemühungen, die der Wortfeldforschung näherstehen als die übliche Lexikographie. Es sind das jene Arbeiten, die vom Vorbild des »Thesaurus of English Words and Phrases« von P. M. Roget ausgehen und sich bemühen, den deutschen Wortschatz insgesamt nach Sachgruppen zu gliedern und zu erfassen. Die Überlegungen über die Anwendungsmöglichkeiten des so aufbereiteten Materials in der Sprachwirklichkeit zwingen dazu, auf die eingeschränkte Zulässigkeit mancher Wörter zu verweisen, und das geschieht z. T. mit dem Terminus »Umgangssprache«. Derartige Arbeiten werden deshalb näher zu besprechen sein. (Dornseiff, Wehrle / Eggers).

Noch ein weiterer, von Außenseitern der Wortforschung beschrittener Weg führt von der Sprachpraxis in den Problembereich der Umgangssprache: die sprachstatistische Wortforschung. Sie geht aus von dem Häufigkeitswörterbuch der deutschen Sprache von Kaeding, das ursprünglich der Praxis des Kurzschriftschreibens dienen sollte. Aus Weiterentwicklungen ergeben sich Aspekte für »umgangssprachliche« Probleme der Wortforschung (H. Meier), und gleiches gilt für einen Versuch, Untersuchungen über Worthäufigkeiten für die Phonetik nutzbar zu machen (Wängler). Auch diese Arbeiten gilt es näher zu prüfen.

Im Rahmen der Wortforschung kommt am ehesten das Thema »Umgangssprache« in das Blickfeld, wenn von »Praxis« oder von »Stil« die Rede ist, und aufgegriffen wird dieses Thema am ehesten von Autoren, die nicht Vertreter der wissenschaftlichen Wortforschung sind.

9.2   »Slang« als nicht schriftgemäßer Anteil am Wortbestand der Umgangssprache (Arnold Genthe)

Die erste Sammlung solcher Ausdrucksweisen, die heute gern »umgangssprachlich« genannt werden, hat Arnold Genthe im Jahre 1892 unter dem Titel »Deutsches Slang. Eine Sammlung familiärer Ausdrücke und Redensarten« herausgegeben. Über den Anlaß zu dieser Sammlung sagt er folgendes:

Ich habe beobachtet, daß der Ausländer, der sich mit der Erlernung unserer Sprache beschäftigt, auch wenn er schon über einen großen Vokabelschatz verfügt, in der Unterhaltung mit uns oft auf Wörter und Wendungen stößt, die ihm in der angewandten Bedeutung oder von vornherein nicht verständlich sind – eben unsere im täglichen Verkehr so häufig gebrauchten Slang-Ausdrücke. Er fragt sein Wörterbuch um Rat, doch dieses läßt ihn in den meisten Fällen im Stich. – Diesem Mangel wenigstens in etwas abzuhelfen, das ist die praktische Aufgabe vorliegender Sammlung. (Genthe, Slang, S. VIII)

Das entscheidende Kriterium für die hier gesammelten Ausdrucksweisen ist demnach, daß sie nicht im Wörterbuch stehen, aber dennoch üblich sind, oder mit Genthes Worten:

> Die vorliegende Sammlung enthält familiäre, nicht schriftgemäße, aber von den gebildeten Klassen in der zwanglosen Unterhaltung allgemein gebrauchte deutsche Ausdrücke und Redensarten, die man unter keiner anderen gemeinsamen Bezeichnung zusammenfassen konnte als dem englischen Worte »Slang«. (Genthe, Slang, S. VII)

Es handelt sich also nicht um ein vollständiges Wörterbuch. Die Sammlung läßt sich eher einem Idiotikon vergleichen: Sie sammelt das Sondergut eines bestimmten Bereiches. Doch geht es in diesem Fall nicht um einen regional, sondern um einen funktional bestimmten Bereich. Der Slang ist nur ein Teil der Umgangssprache, wie aus dem folgenden Satz Genthes auch klar zu entnehmen ist:

> Da unser Blick über alltägliche Dinge leicht hinweg sieht, so kommt bei einer so alltäglichen Sache wie der Umgangssprache es den meisten gar nicht zum Bewußtsein, wie außerordentlich viel nicht schriftgemäße, familiäre Ausdrücke wir verwenden. (Genthe, Slang, S. XIII)

Die ganze Umgangssprache, so wie sie hier verstanden ist, wäre also erst erfaßt, wenn die in der zwanglosen Unterhaltung gebräuchlichen nicht schriftgemäßen mit den zugleich im Schriftverkehr und in der Unterhaltung üblichen Ausdrücken zusammengenommen würden. Dabei würde aber nicht der gesamte schriftgemäße Wortschatz in Frage kommen. Manche nur auf dem Papier übliche Wendung müßte ausgeschieden werden. Ein vollständiges Wörterbuch der Umgangssprache ließe sich nach der von Genthe vertretenen Auffassung durchaus denken. Genauer besehen könnte die zum Wörterbuch ausgebaute Sammlung Genthes jedoch nur eine bestimmte Umgangssprache betreffen, nämlich die der zwanglosen Unterhaltung in den gebildeten Klassen. Diese Bestimmung erinnert an die Adelungs. Aber ein wichtiger Unterschied ist zu verzeichnen, bei Adelung handelt es sich um »gesellschaftlichen« Umgang, also eine offiziellere Form, während hier eher der Bezirk des »Traulichen« erfaßt ist. Den Bezirk des »Niedrigen« hat auch Genthe vermieden, allerdings nicht einem Prinzip, sondern der praktischen Brauchbarkeit seiner Sammlung zuliebe. Er sagt:

> Um dieselbe möglichst weiten Kreisen zugänglich zu machen, sind alle obscönen und anstößigen Ausdrücke gemieden worden, die nicht fehlen dürften in einer rein wissenschaftlichen Sammlung, die das gesamte Gebiet des deutschen Slangs umfaßte. (Genthe, Slang, S. IX)

Die hier nicht aufgenommenen Ausdrücke sind zugleich diejenigen, »die in der Unterhaltung der gebildeten Gesellschaft nicht vorkommen«. Genthe erfaßt also einen sozial und funktional begrenzten Ausschnitt aus der Gesamtsprache. Für den Slang, d. h. den Sonderwortschatz dieses Berei-

278

ches, hat er einige Charakteristika beobachtet, die mit der hier vorzufindenden Funktion der Sprache zusammenhängen. Es handelt sich teils
um Ausdrücke, »die zur Erzielung größerer Anschaulichkeit der Rede gebraucht werden«, teils um solche, »die ihre Anwendung dem Mangel geistiger Anspannung des Redenden verdanken«. Ferner finden sich »Neubildungen, die nur eine absichtliche Verdrehung von Schriftworten sind«,
weiter »onomatopoetische Ausdrücke« und auch »ganz willkürlich erfun-
dene Ausdrücke«. Schließlich weist er darauf hin, »daß slangartig auch die
einfachen Nachlässigkeiten in der Aussprache sind, wie wir sie uns täglich
zu Schulden kommen lassen«.

Die hier vertretene Ansicht von der Umgangssprache verträgt sich
recht gut mit der, die in den meisten der besprochenen grammatischen
Arbeiten zu beobachten ist. Auch für Genthe ist die Abweichung vom
Schriftgebrauch das entscheidende Kriterium. Weniger gut ist seine Auffassung mit Darstellungen aus dem Gebiet der Mundartforschung auf
einen Nenner zu bringen, denn regionales Wortgut kommt für ihn nicht
in Betracht. Direkte Verbindungen zwischen dem terminologischen Gebrauch in dialektologischen Arbeiten und bei Genthe sind nicht zu finden.
Wenn trotzdem Zusammenhänge vorhanden sind, dann können sie erst
beim Überblick über ein größeres Gefüge sprachlicher Gebrauchsweisen
erfaßt werden.

9.3   »Umgangssprache« als regional unterschiedlicher Sprach-
       gebrauch im Anwendungsbereich des täglichen Lebens (Paul
       Kretschmer)

Der klassische Philologe und Indogermanist Paul Kretschmer, der mit seinem Buch »Wortgeographie der hochdeutschen Umgangssprache« mehr
noch als Hermann Wunderlich den Begriff »Umgangssprache« in die wissenschaftliche Diskussion gebracht hat, ist nicht, wie Genthe, durch die
Beobachtung von Sprachschwierigkeiten anderer, sondern durch eigene
Erfahrungen dazu gebracht worden, sich diesem Thema zuzuwenden. Es
sind Erfahrungen, die er als von Berlin nach Wien gekommener Akade-
miker gemacht hat. Er erzählt als Beispiel den Fall, daß ein Berliner, der
in Wien eine »Mütze« kaufen wolle und dabei erkläre, daß er die bunten
nicht liebe, erfahren müsse, daß der Verkäufer ihm mit anderen Begriffen
antworte, ihn gewissermaßen richtigstelle, indem er von »färbigen Kap-
pen« statt von »bunten Mützen« spreche und die Wendung »etwas nicht
lieben« durch eine Umschreibung mit »gefallen« wiedergebe. Solche Beobachtungen haben ihn veranlaßt, derartige, im Gebrauch landschaftlich
begrenzte, Begriffe zu sammeln und diese Sammlung in dem obengenannten Buch vorzulegen. In der Einleitung äußert er seine Auffassung über
das Wesen der Umgangssprache:

Für den Begriff der Umgangssprache ist zweierlei wesentlich, erstens, daß sie nur im *mündlichen* Gebrauch lebt, und zweitens, daß sie die Gemeinsprache der *Gebildeten* ist: durch diese Eigenschaft sondert sie sich von den Volksmundarten, durch jene von der Schriftsprache ab. Diese Abgrenzung ist aber keine schroffe: Die Umgangssprache der Gebildeten ist nicht ganz gleichmäßig, sondern stuft sich je nach den Situationen, in denen gesprochen wird, einigermaßen ab. Man kann etwa drei Stufen unterscheiden, die ungefähr den von Adelung angenommenen drei Klassen, der edlen Sprechart, des gemeinen Lebens und der niedrigen Sprechart entsprechen:
1. Die erste Stufe bildet die im öffentlichen Leben, bei öffentlichen Gelegenheiten gebrauchte Sprachform, die sogen. *Vortragssprache* ... Ihre Ausdrucksweise nähert sich der Schriftsprache an bis zur völligen Deckung.
2. Die zweite Stufe bildet die Sprechform des geschäftlichen und gesellschaftlichen Verkehrs, die *Verkehrssprache*.
3. Die dritte Stufe ist die in der Familie, im intimen Kreise gebrauchte Sprache, die man als *familiäre Sprache* bezeichnen mag. Sie nähert sich häufig der Mundart mehr oder weniger an und kann schließlich ganz mit ihr zusammenfallen. (Kretschmer, Wortgeographie, S. 10)

In diesem Bild der Verhältnisse, das der klassische Philologe Kretschmer zeichnet, ist sichtlich die Lehre der »genera dicendi« lebendig. Deutlich zeichnen sich »genus altus«, »genus mediocre« und »genus humile« ab, und der Tradition der genera-Lehre gemäß sind auch in Kretschmers Dreiteilung mehrere Einteilungsschemata zusammengeflossen (vgl. Abschnitt 3.1): moralische Einteilung (edel – gemein – niedrig) steht neben einer regionalen (Gemeinsprache – Verkehrssprache – Mundart), neben einer nach dem Grad des persönlichen Kontaktes (öffentliche Gelegenheiten – gesellschaftlicher Verkehr – intimer Kreis) und einer nach Anwendungszwecken (Vortragssprache – geschäftliche Sprache – familiäre Sprache). Auch die Alternative schriftlich – mündlich spielt mit, wenn auch nicht in genauer Zuordnung zu den drei Stufen.

Für Kretschmer repräsentiert nicht jede der drei Stufen mit gleichem Recht den Typus »Umgangssprache«. Er sagt dazu:

Im allgemeinen kann *die im gesellschaftlichen Verkehr gesprochene Sprache* als *die hochdeutsche Umgangssprache im engeren Sinne* bezeichnet werden: Sie steht in der Mitte zwischen der gezierten Sprache des Vortrags und der Halbmundart des Volkes. (Kretschmer, Wortgeographie, S. 11)

Die eigentliche »Umgangssprache« wird danach von der zweiten Stufe repräsentiert.[305] Sieht man jedoch daraufhin den hauptsächlichen Themenkreis der gesammelten umgangssprachlichen Worte an, so ist recht wenig von Bildung und der gepflegten Atmosphäre gesellschaftlichen Verkehrs zu bemerken. Das gesammelte Wortgut macht vielmehr einen recht alltäglichen Eindruck. Das wird übrigens auch von Kretschmer selbst gelegentlich festgestellt:

[305] Zu den obengenannten Einteilungsgrundsätzen kommt hier noch ein ästhetischer nach der »Zier«, dem »ornatus«. Bedenklich ist an dieser Formulierung, daß der Umgangssprache eine »Zwischenstellung« zwischen gezierter Vortragssprache und Mundart gegeben wird. Denn damit werden stilistische, soziologische und regionale Gesichtspunkte in die Betrachtung einbezogen, ohne daß sie klar genug zu trennen wären.

280

Daß die Hauptmasse der geographisch verschiedenen Bezeichnungen auf Begriffe des täglichen Lebens entfällt, lehrt die folgende *Übersicht...* (Kretschmer, Wortgeographie, S. 38)

Und in der Tat wird diese Feststellung durch die Übersicht selbst eindrucksvoll illustriert. Das lassen schon die Hauptüberschriften erkennen: »Haus und Haushalt«, »Kleider«, »Speisen«, »Kinderspiele und Verwandtes«, »Grüße«, »Straße«, »Gewerbe und Zubehör«, »Körperteile«, »Krankheiten, Tod«, »Alter«, »Zeit«, »Wetter«, »Tiere«, »Pflanzen«. – Sollte man diese Sachbereiche einer der drei vorher genannten Sprachstufen zuordnen, so würde man sicher auf die dritte kommen, die »familiäre«, nicht aber auf die zweite der »Umgangssprache im engeren Sinne«.

Außer den bisher genannten sind noch drei weitere mit Hauptüberschriften versehene Abteilungen in Kretschmers Übersicht. Sie lauten: »Eigenschaftswörter«, »Tätigkeiten«, »Adverbia«, lassen sich dem Wortinhalt nach also nicht einer »Stufe« zuordnen, weil sie zu allgemein sind. Erst die Betrachtung der jeweils darunter aufgeführten Wörter läßt erkennen, in welchem Sinne hier von umgangssprachlichem Wortgut die Rede ist: Unter »Eigenschaftswörter« steht: »hell, ausverschämt, dreist, schwer von Begriffen, häßlich (in moralischem Sinn)«, unter »Tätigkeiten«: »kucken, fühlen, pfeifen, spucken, schnauben, kneifen, unterfassen, schütteln, hauen, aufheben, achtgeben, aufmucken, triezen, trödeln, sich bemühen, schmuggeln«, unter Adverbia: »bloß, nicht mehr, rein raus, mit Absicht, schön schmecken (riechen)«. – Es handelt sich augenscheinlich um eine Auswahl, die eine gewisse Verwandtschaft mit der Genthes hat, um Ausdrücke, die dem »Slang« zuneigen, also wiederum eher dem Familiären als dem Gesellschaftlichen.[306]

Kretschmer gibt noch folgenden Kommentar zu seiner Übersicht:

Daß ein großer Teil dieser Fälle in das Gebiet des Haushalts und der materiellen Lebensbedürfnisse gehört, beruht offenbar zum Teil darauf, daß gerade auf diesem Gebiet die einheitliche Schriftsprache am wenigsten einwirken und Einheitlichkeit der Bezeichnungen zu Wege bringen kann, weil die im *ganzen* deutschen Sprachgebiet gelesene Literatur sich auf einem anderen Gebiete bewegt und wenig Veranlassung hat, die Begriffe, die im täglichen Leben eine große Rolle spielen, zu erwähnen. (Kretschmer, Wortgeographie, S. 41)

---

[306] Beobachtungen über ähnliche Zusammenhänge zwischen räumlicher Geltungsweite eines Wortes und Zugehörigkeit zu einem bestimmten Lebensbereich teilt neuerdings Edda Schrader mit: »Die wortgeographischen Erscheinungen der [schwäbisch-bairisch-fränkischen] Dreimundartenecke zeigen die Ausdifferenzierung einer ganz bestimmten Wortschicht, der des inneren soziologischen Kreises der Familie. Verkehrswörter auf den Karten 'Mohrrübe', 'Schwengel' und 'Backtrog', die nächst größere Wortschicht also, zeigen bereits ein anderes Bild; ihre Verbreitung ist sehr viel großflächiger ...« Die Untersuchung bezieht sich zwar auf Mundarten, aber es wird darauf hingewiesen, daß viele der geographischen Distributionen »darüber hinaus in der landschaftlichen Verkehrssprache oder in der überregionalen hochdeutsch bestimmten Umgangssprache gebräuchlich sind.« (Schrader, Edda: Sprachsoziologische Aspekte der deutschen Wortgeographie. In: Zeitschr. f. Mundartforschg. 34, 1967, S. 124–135. Zitate S. 134f. und S. 124).

Mir scheint, man muß diese Gedanken noch einen Schritt weiterführen und fragen, weshalb die Literatur sich »auf einem anderen Gebiete bewegt«. Man wird auf die Antwort stoßen: Weil nur das als literaturfähig gilt, was einem gebildeten Menschen ansteht. Dem Gebildeten gilt (oder zum mindesten: galt) das Alltägliche vielfach schon als niedrig. Hier ist das klassisch-humanistische Bildungsideal mit seiner Ablehnung des »Banausischen« wirksam. Die Gebildeten begeben sich danach außerhalb ihres ureigenen Bereiches, wenn sie sich auf die Gebiete begeben, auf denen Kretschmer seine Worte gesammelt hat. Dieser Tatbestand läßt sich auch an der eingangs geschilderten Situation des Mützenkaufs ablesen. Hier bestimmt nicht der gebildete Professor den Sprachgebrauch, sondern der Verkäufer. Der Professor befindet sich in einer anderen soziologischen Gruppe als der der Gebildeten und muß sich nun deren Sprachgebrauch anpassen.

Was Kretschmer sammelt, gehört demnach gerade nicht zur gebildeten Umgangssprache. Er untersucht etwas anderes, als er zu untersuchen vermeint; im wesentlichen ist es die »familiäre« Sprache, allerdings nicht die ganze. Wie Genthe erfaßt er nur einen Ausschnitt. Genthe und Kretschmer ergänzen sich gewissermaßen: Genthe erfaßt nur, was an familiären Ausdrücken im deutschen Sprachgebiet allgemein verbreitet ist, Kretschmer das regional Unterschiedene.

9.4 »Umgangssprache« als nach Personenkreis und Situation differenzierter Sprachgebrauch (Alfred Schirmer)

Den Versuch einer Zusammenfassung der bis dahin unternommenen Bemühungen um die Umgangssprache macht Alfred Schirmer in einem 1921 erschienenen Aufsatz.[307] Mit Hilfe dieses Überblicks bemüht er sich, eine tragfähige Basis für weitere Forschungen zu finden. Er prüft die Erforschung der Umgangssprache unter verschiedenen Gesichtspunkten. Dabei stellt er fest: »Am wenigsten erforscht ist die *lautliche* Eigenart der Umgangssprache« und vermerkt dazu, daß erst eingehende Einzeluntersuchungen der Sprechweise in den einzelnen Städten und Landschaften mit sorgfältiger Beachtung der Unterschiede in den einzelnen Bevölkerungsschichten gemacht werden müßten, ehe man zu genaueren Aussagen kommen könne. Auch von der *Flexion* der Umgangssprache sagt er, sie sei »nicht so hinreichend erforscht, daß man abschließend über sie berichten könnte«. Hier weist er vor allem auf die Tendenz zu »starker Vereinfachung« hin. »Besonders deutlich«, schreibt Schirmer, »zeigt die Umgangssprache ihre Eigenart in *syntaktischer* Hinsicht«. Dazu verweist er auf Wunderlich, der »die wichtigsten Gesetze der gesprochenen Sprache auf-

---

[307] Schirmer, Alfred: Die deutsche Umgangssprache. Stand und Ziele ihrer Erforschung. In: Germanisch Romanische Monatsschrift 9, 1921, S. 42–53.

gezeigt« habe. Endlich erklärt er: »Am deutlichsten erkennbar sind die *lexikalischen* Eigenheiten der Umgangssprache«. Dabei bezieht er sich auf Unterscheidungen in Wörterbüchern und Stilistiken, die die Stilhöhe betreffen, fährt aber etwas später mit Hinweis auf Kretschmer fort: »Die Hauptabweichung der Umgangssprache von der Schriftsprache ist zunächst eine geographische«. Anschließend beklagt er, daß die »gesellschaftliche Mannigfaltigkeit« der Umgangssprache weniger untersucht sei als die landschaftlichen Verschiedenheiten. An dieser Stelle sieht Schirmer den Ansatzpunkt für weitere Forschungen. Er fordert:

> Es handelt sich also darum, für das ganze deutsche Sprachgebiet diejenigen Ausdrücke und Redewendungen zu sammeln, die von den einzelnen Gesellschaftsschichten und Altersstufen, den verschiedenen Ständen und Berufen ... an Stelle der schriftsprachlichen Bezeichnungen gebraucht werden. Dabei ist neben dem sozialen Element das psychologische zu beachten, das je nach der Situation der Rede, der Stimmung des Sprechers usw. die Wahl des Ausdrucks beeinflußt, also der Gefühlston, der zu der sachlichen Bedeutung des Wortes hinzukommt. (Schirmer, Umgangssprache, S. 50)

Kurz darauf hebt er diesen letzten Gesichtspunkt noch einmal durch den mit Beispielen belegten Hinweis hervor, wie genau in der Umgangssprache »die Wahl des Wortes nach Herkunft, Alter und Stand des Sprechers, nach Milieu und Stimmung der Rede differenziert« werde.

Er selbst versucht bereits, seiner hier erhobenen Forderung nachzukommen. Das geht aus der zu diesem Abschnitt gemachten Anmerkung hervor:

> Ich beabsichtige, in einem Wörterbuch das umfangreiche Material, das mir hilfsbereite Sammler zu diesem Teilgebiet des Wortschatzes zur Verfügung gestellt haben, geordnet und kritisch bearbeitet herauszugeben. Einen Fragebogen sende ich weiteren Helfern gern zu. (Schirmer, Umgangssprache, S. 50, Anm. 1)

Dieses Wörterbuch ist nicht erschienen. Das ist bedauerlich. Denn hier hatte sich ein Forscher an die Arbeit gemacht, der Einsicht in die Vielfalt der zu beachtenden Gesichtspunkte hatte. Allerdings ist zu vermuten, daß gerade darum die Arbeit steckengeblieben ist. Der Inhalt seiner einleitenden Forschungsübersicht, die oben summarisch wiedergegeben worden ist, legt diese Vermutung nahe: Die einzelnen besprochenen Arbeiten erfassen immer nur einen Teil des Gesamtzusammenhanges und vielfach einen, der sich mit dem in anderen Arbeiten erfaßten kaum berührt. Zudem wird der jeweilige Teil noch nach unterschiedlichen Fragestellungen untersucht. Diese Lückenhaftigkeit des Gesamtbildes kann wohl kaum durch die Angaben aus einer einmaligen Fragebogenaktion überwunden werden, und so mußten die sicheren Handhaben für eine »Ordnung« und »kritische Bearbeitung« fehlen.

Daß dieser Forschungsansatz nicht zum Ziel gekommen ist, beweist nicht, daß er verfehlt gewesen wäre. Vielmehr hat es eher den Anschein, als sei er lediglich verfrüht gewesen. Auch heute scheint mir ein Wörterbuch, wie es Schirmer vorgeschwebt hat, noch nicht erreichbar zu sein. Aber es bleibt ein wichtiges Ziel.

9.5 »Umgangssprache« als Bezeichnung für einen nur von Kennern ohne Gefahr anwendbaren Wortbestand

9.5.1 Franz Dornseiff

Im Anschluß an den »Thesaurus of English Words and Phrases« von Peter Mark Roget, der 1852 zum ersten Mal veröffentlicht worden ist, sind mehrfach Versuche gemacht worden, den deutschen Wortschatz nach Begriffs- oder Sachgruppen, statt dem Alphabet folgend, zu erfassen. Eine solche Zusammenordnung sich sachlich nahestehender Begriffe läßt schon auf den ersten Blick erkennen, daß die Gebrauchsmöglichkeiten der zum gleichen Sachgebiet gehörigen Worte oft recht unterschiedlich sind. Deshalb liegt es für die Herausgeber solcher Sammlungen nahe, auf derartige Unterschiede des Gebrauchswertes hinzuweisen. Dabei bedienen sie sich u. a. des Begriffs »Umgangssprache«. Hier sei auf die Positionen eingegangen, die die beiden heute gebräuchlichen Werke dieser Richtung beziehen. Das erste ist das 1959 in fünfter Auflage erschienene Buch von Franz Dornseiff »Der deutsche Wortschatz nach Sachgruppen«. Über seine Absicht schreibt er im Vorwort zur ersten Auflage (1933):

> Für Einzelbegriffe sollte nun möglichst alles aufgeführt werden: Gottseliges, Schnoddriges, Bäurisches, Fremdwörter, Papierenes, Menschlich-Allzumenschliches, Derbes, was Snobs sagen, die Backfische, Soldaten, Schüler, Kunden (rotwelsch), Seeleute, Studenten, Gelehrte, Jäger, Börsianer, Pfarrer, die Zeitungen, wie sich der Gebildete ausdrückt im alltäglichen Verkehr, im Honoratiorendeutsch, in der gehobenen Literatursprache. Kurz, was tatsächlich gesagt wird, nicht nur, was gesagt werden sollte, also viel Umgangssprache neben der Schriftsprache. Man wird hier vieles gedruckt finden, was man nur mündlich gewohnt ist. (Dornseiff, Wortschatz, 5. Aufl. S. 5)

Hier ist »Umgangssprache« zwar nicht ausdrücklich definiert, aber durch den Textzusammenhang doch deutlich bestimmt, allerdings nicht auf eine, sondern gleich auf dreierlei Art. Erstens repräsentiert sie das, was zwar nicht gesagt werden soll, aber doch gesagt wird, zweitens das, was man nicht druckt, sondern nur mündlich gewohnt ist, und drittens wird mit diesem Begriff anscheinend manches von dem zusammengefaßt, was vorher als zu einer bestimmten Personengruppe gehörig charakterisiert worden ist.

Die verschiedenwertigen Wörter werden unter den Nummern der einzelnen Sachgruppen alphabetisch aufgeführt. Deshalb sieht sich Dornseiff genötigt, folgendermaßen zu warnen:

Allerdings sei bemerkt, daß nur wer die deutsche Sprache durchaus beherrscht, hier gefahrlos schöpfen kann. Die Zeichnungsmittel verschiedener Stilhöhe sind ohne Erläuterung nebeneinander aufgeführt. Angesicht, Antlitz, Fresse, Gesicht usw. stehen friedlich zusammen. Ausländern, die unberaten hier Ausdrücke holen, aber auch Inländern, die hier schnell ein effektvolles Wort erhaschen wollen, kann ich gegen mancherlei Unglücksfälle keine Gewähr leisten. Wer genau wissen will, welche Bedeutung oder welche Bedeutungen ein bestimmtes deutsches Wort heute hat, muß nach wie vor in den bekannten alphabetischen Wörterbüchern nachschlagen. (Dornseiff, Wortschatz, S. 5)

Dieser letzte Hinweis wird allerdings einen Ausländer kaum trösten können, denn sicher wird er am dringendsten bei solchen Ausdrücken einer Auskunft über den Gebrauchswert bedürfen, die »man nur mündlich gewohnt ist« und die infolgedessen in den gängigen Wörterbüchern fehlen. Wieder zeigt, wie bei Genthe, der Blick auf den Ausländer, der die deutsche Sprache erlernt, daß hier eine Lücke in der Beschreibung der Sprache klafft. Es gibt in diesem Bereich ganz offenbar Regeln, die von den Trägern der Sprache beachtet werden und deren Nichtbeachtung von der sprachtragenden Gruppe so sehr geahndet wird, daß Dornseiff in diesem Zusammenhang von »Unglücksfällen« sprechen kann. Es wäre dringend, diese Lücke durch entsprechende Kennzeichnungen zu schließen. Darüber ist sich auch Dornseiff grundsätzlich im klaren. Doch er findet keinen Weg zur Lösung dieser Frage. Dazu schreibt er im Vorwort zur 3. Auflage (1943):

Innerhalb der einzelnen Nummern nach Ausdruckshöhe zu gliedern, habe ich von Anfang an erwogen. Es läßt sich nicht durchführen. (Dornseiff, Wortschatz, 5. Aufl. S. 11)

Diese Resignation gilt aber wohl nur im Hinblick auf den Rahmen dieser Veröffentlichung. In der Einleitung zu seinem Buch wird deutlich, daß Dornseiff etwas Weitergehendes fordert. Er nennt es »pluralistische Stilistik«. Dazu sagt er:

Diese pluralistische Stilistik wird erst möglich, wenn man vom Inhalt, vom Begriff ausgeht. [Dornseiff tritt in diesen Ausführungen für den Vorrang der Bezeichnungslehre vor der Bedeutungslehre ein]. Denn sie will Fragen beantworten wie diese: Was sagen die verschiedenen Menschen für das und das? Wie drücken sich z. B. die Schüler aus? Wie die alten Leute? ... Wie heißt ein Begriff, wie wird ein Gedanke ausgedrückt in gehobener Sprache, in druckfähiger Schriftsprache, in der Umgangssprache, im Slang? (S. 55)

Diese Fragen bleiben bei Dornseiff offen, die einzelnen Begriffe bleiben ungeklärt. Aber es ist deutlich, daß eine Antwort auf diese Fragen, die eine Klärung der Begriffe zur Voraussetzung hat, Entscheidendes über das Problem der Umgangssprache aussagen müßte. Sicher kann das von Dornseiff zusammengetragene Wortgut dabei behilflich sein, diese Fragen zu klären. Es bietet das Material, dessen Gebrauchswert ermittelt werden muß.

Das zweite hier zu besprechende Buch trägt den Titel »Deutscher Wortschatz«. Es ist die zwölfte Auflage einer deutschen Bearbeitung von Rogets »Thesaurus of English Words and Phrases«, die ursprünglich vor acht Jahrzehnten von A. Schlessing besorgt, später von Hugo Wehrle stark umgestaltet und nun von Hans Eggers »völlig neu bearbeitet« worden ist. Das Buch empfiehlt sich im Untertitel als ein »Wegweiser zum treffenden Ausdruck«. Diese Zweckbestimmung bedingt einige Unterschiede zu Dornseiffs Buch. So wird in den einzelnen Begriffsbereichen keine Vollständigkeit erstrebt, d. h. nicht alle Gruppen von Sprachträgern werden berücksichtigt. Bei den aufgenommenen Wörtern wird aber der Versuch gemacht, ihren Platz im Begriffsbereich näher zu bezeichnen. Dazu schreibt Eggers in seinen »Grundsätzen der Neubearbeitung«:

> Innerhalb der Synonymenreihen hielten wir die alphabetische Anordnung, wie sie z. B. Dornseiff bevorzugt, für unbefriedigend. Wir haben vielmehr die *Reihen nach inhaltlichen Gesichtspunkten* aufgebaut. Je nach den Bedingungen, die sich von Fall zu Fall ergeben, rücken wir vom Allgemeinen zum Besonderen vor oder verfahren umgekehrt; oft führt auch der Weg vom abstrakten zum farbig volkstümlichen Ausdruck. Überall war das aufzunehmende Wortgut sorgfältig auszuwählen. Vollständigkeit wurde, wie schon gesagt, nicht angestrebt. Vor allem wurde aus den Fach- und Berufssprachen nur das aufgenommen, was für den allgemeinen Sprachgebrauch von einiger Bedeutung ist. Überhaupt haben wir den allgemeinen Gebrauch zur Richtschnur unserer Auswahl gemacht.
> Dabei haben wir uns erstmalig um eine *Scheidung des schrift- und hochsprachlichen Wortschatzes von umgangssprachlichen und mundartlichen Wörtern* bemüht. Bei dem gegenwärtigen Zustand unserer deutschen Sprache, da Umgangssprachliches in ständig steigendem Maße in den schriftlichen Sprachgebrauch eindringt, ist eine solche Trennung freilich nur schwer vorzunehmen, und konservative Beurteiler werden vielleicht gegen unsere Bemühungen einwenden, daß noch viel mehr Wortgut durch ein Sternchen als umgangssprachlich hätte bezeichnet werden sollen. (Wehrle / Eggers, Wortschatz, S. XIf.)

Was unter »Umgangssprache« zu verstehen sei, wird nicht gesagt. Es läßt sich aber zum Teil aus dem Artikel 560 »Sprache« entnehmen. Dort steht das Wort in folgender Reihe:

> Spracheinheit. Einheitssprache. Gemeinsprache. Schriftsprache. Literatursprache. Hochsprache. Bühnensprache. Standardsprache. Verkehrssprache. Umgangssprache. Vulgärsprache. (Wehrle / Eggers, Wortschatz, S. 191)

»Umgangssprache« steht hier also nicht, wie nach dem ersten Zitat zu vermuten wäre, zwischen Schriftsprache und Mundart, sondern in der Nachbarschaft der Vulgärsprache. Der Stern bei einem Wort, der es als »umgangssprachlich« einstuft (s. o.), erweist sich als ein Warnzeichen, das darauf deutet, daß dieses Wort nicht schriftgemäß ist. Die Kennzeichnung ist eine Art Vorbeugung gegen die »Unglücksfälle«, auf die Dornseiff anspielt.[308] Es wird also nur angegeben, wohin dieses Wort nicht unbedingt

---

[308] In seinem vorher besprochenen Aufsatz in »Studium Generale« 1962 (Eggers, Syntax) ge-

gehört. Wo es seinen eigentlichen Platz hat, bleibt offen. Bemerkenswert ist noch, daß Eggers selbst auf die Subjektivität seines Maßstabs bei der Zuordnung zur Umgangssprache hinweist und daß er sich dabei als tolerant gegenüber umgangssprachlichen Einflüssen einschätzt. Er müßte danach neben den ausdrücklich gekennzeichneten, also schriftsprachlich auch von ihm nicht geduldeten, eine Reihe anderer Wörter angeben können, von denen er wohl weiß, daß sie von anderen nicht geduldet werden. Das Bewußtsein sich vollziehender Sprachgeschichte, das von manchem Sprachforscher rundweg geleugnet wird, ist in diesem Zusammenhang deutlich greifbar. Das Parteiergreifen für eine im Flusse befindliche Entwicklung oder das Bekenntnis zur Tradition bestimmen hier die Entscheidung über die sprachliche Zuordnung mit. Die Entscheidungen über solche Zuordnungen zum »schriftgemäßen« oder »nicht schriftgemäßen (umgangssprachlichen) Gebrauch« müßten demnach in verschiedenen Personengruppen verschieden ausfallen. Das ist ein erschwerender Gesichtspunkt, der bei einer Untersuchung dieser Fragen unbedingt beachtet werden müßte.

9.6   »Umgangssprache« als nicht schriftfähiges Sprachgut (Heinz Küpper)

Im Jahre 1955 ist ein Buch erschienen, das mit seinem Titel den Anspruch erhebt, ein »Wörterbuch der deutschen Umgangssprache« zu sein. Es ist zu prüfen, ob der Verfasser dieses Buches, Heinz Küpper, erreicht hat, was Schirmer nicht hat erreichen können. Mit anderen Worten: Es ist zu prüfen, ob es gelungen ist, eine klare Vorstellung davon zu entwickeln, was in diesem Buch unter Umgangssprache zu verstehen ist, und ob diese Konzeption sich als geeignet erwiesen hat, die Auswahl der Stichworte des Wörterbuches zu bestimmen. Um die genannte Grundkonzeption zu ermitteln, erscheint es zunächst angebracht, die beiden kurzen Abhandlungen des Wörterbuchverfassers »Die Lebensbedingungen der deutschen Umgangssprache« und »Vom Stil der deutschen Umgangssprache« zu befragen, die er im Rahmen seines Lexikons veröffentlicht hat.[309] In der ersten dieser Abhandlungen reiht Küpper sein Wörterbuch an eine Folge von 11 Vorgängern, unter denen sich auch die in der vorliegenden Arbeit besprochene Sammlung »Deutsches Slang« von Genthe befindet. Von diesen Vorgängern sagt Küpper das Folgende:

---

braucht Eggers »Umgangssprache« in anderem Sinn: dort meint er damit »den gesamten Bereich des mündlichen Sprachgebrauchs«. Im Unterschied zu den hier besprochenen Ausführungen vermeidet er dort die Bezeichnung von Schichtungen. (Vgl. Abschn. 7.7.1).

[309] Zuerst im 1. Band der 1. Aufl., 1955, S. 9–17 und 19–28, später im 3. Band, 1964, S. 7–14 und 16–25.

... Auch haben die meisten der genannten Bücher nur geringen Umfang: Gewöhnlich ist die Zahl der Stichwörter auf tausend oder weniger beschränkt. Ferner besitzen die Verfasser keine einheitliche Vorstellung von denen, die die Sprache sprechen. Zuweilen gilt ihnen als Sprechender das Volk, nämlich die Mittel- und Unterschicht; in anderen Fällen bildet das gemeinsame Merkmal der Ausdrücke die angebliche Volkstümlichkeit oder gar der Begriff »der Deutsche«, als welcher doch auch der Mundartsprecher und der Sprecher der Hochsprache zu gelten hat. In anderen Sammlungen werden nur stilistische Besonderheiten zusammengetragen, etwa die Schimpfwörter oder scherzhafte Wendungen. Wieder andere richten ihr Augenmerk ausschließlich auf den Slang. Noch nachteiliger wird die Begriffsverwirrung, wenn die Umgangssprache mit dem Alltagsdeutsch gleichgesetzt wird. (Küpper, Umgangssprache, 3. Bd. S. 7)

Demgegenüber versucht Küpper, den Begriff »Umgangssprache« besser zu fassen. Dazu schreibt er u. a.:

Die Umgangssprache ist eine Zwischenform zwischen Hochsprache und Mundart ... Die Umgangssprache ist ihrem Wesen nach mündliches Verständigungsmittel, also Sprechsprache ... Trotz sehr zahlreicher Anleihen aus der Mundart ist die Umgangssprache weder eine Mundart noch eine Halbmundart; denn die Umgangssprache strebt Allgemeingültigkeit an ... Die Deutschen, die Umgangssprache sprechen, stammen vorzugsweise aus Mittelstädten, Großstädten und Industriebezirken. Es ist eine Menschenschicht, bei der alle Berufe, alle Klassen, alle Altersstufen und beide Geschlechter, auch alle geistige Leistungs- und Minderleistungsfähigkeit und ebenfalls alle sprachlandschaftlichen Gebundenheiten zusammentreffen und über alle Unterschiede hinweg zu einer allgemeinverbindlichen Ausgleichsprache naturnotwendig gedrängt werden ... Die innere und äußere Form der Umgangssprache nimmt durch den unablässigen Zu- und Abgang der Sprechenden ihren Weg in sämtliche Sprachlandschaften ... Die festen Zellen von Kaserne und Schule sind die wichtigsten soziologischen Gebilde, in denen aus der Berührung von Menschen verschiedenster beruflicher, ständischer und sozialer Zugehörigkeit ein sprachlicher Ausgleichsvorgang erwächst. (Küpper, Umgangssprache, 3. Bd. S. 8–12)

Diese Darstellung weist einige Widersprüche in sich auf. Wenn hochsprachlicher und mundartlicher Wortschatz einander gegenübergestellt werden, dann sollte man erwarten, daß sich diese beiden Gruppen nach ihrer landschaftlichen Gebundenheit unterscheiden, und man müßte annehmen, daß der zwischen Mundart und Hochsprache gestellten Umgangssprache eine zwischen der engen räumlichen Gebundenheit der Mundart und der gesamträumlichen Geltung der Hochsprache liegende großräumige Geltung zukäme. Hier aber ist von »allgemeinverbindlicher«, also gesamträumlicher, Ausgleichsprache die Rede. Es wird von *einer* »Menschenschicht« als Träger der Umgangssprache gesprochen, die sich aus *allen* Schichten zusammensetzt. Noch widerspruchsvoller wird das Bild, wenn man Äußerungen des folgenden Abschnittes »Vom Stil der deutschen Umgangssprache« hinzuzieht. Zwar werden auch hier zunächst »Allgemeinverbindlichkeit« und »Gemeinverständlichkeit« als »Hauptzweck« der Umgangssprache bezeichnet. Aber nachdem eine Reihe typischer Redewendungen besprochen ist, heißt es:

288

Derlei Verschnörkelungen verleihen dem Wortschatz der Umgangssprache einen unverständlichen Charakter. Der Sprachlaie weiß nicht, wie er solche Wendungen aufzufassen hat. (Küpper, Umgangssprache, 3. Bd. S. 21)

Es ist schwer zu sehen, wie Gemeinverständlichkeit als Hauptzweck und unverständlicher Charakter des Wortschatzes auf einen Nenner gebracht werden können.

Diese Darstellungen vermögen also nicht in der wünschenswerten Klarheit anzugeben, was in diesem Buch unter Umgangssprache verstanden werden soll.

Etwas mehr Auskunft gibt die dem zweiten Bande vorangestellte Einleitung »Geschichte dieses Buches«. Da steht als Anlaß zur Beschäftigung mit dem Stoff das Folgende:

Im Jahre 1937 erteilte ich an der Universität Köln Deutschunterricht für die ausländischen Studierenden. Eines schönen Tages fragte mich ein junger Franzose, was »saudumm« bedeute: Er habe das Wort von seiner Zimmervermieterin gehört, es aber in keinem Wörterbuch gefunden. (Küpper, Umgangssprache, 2. Bd. S. 9)

Es ist also der gleiche Ausgangspunkt gegeben wie bei Genthe. Und hier liegt auch der Schlüssel für die Auswahl der aufgenommenen Begriffe. Küpper sucht wie Genthe »Deutsch, wie es nicht im Wörterbuch steht«.[310] Allerdings legt er sich nicht die Beschränkung auf wie Genthe, sondern er sucht auch das Anstößige zu erfassen, und so erfüllt er eine Forderung, die Genthe für eine wissenschaftliche Sammlung erhoben hat. Die Küppersche Sammlung erfaßt also das, was Genthe als Slang bezeichnet hat: das Sondergut des mündlichen Sprachgebrauchs.[311] Noch genauer gesagt: Es enthält Sprachgut, das nicht (oder wenigstens nicht unbestritten) als schriftfähig gilt. Diese negative Formulierung trifft deshalb besser, weil das Auswahlprinzip negativ ist: denn es geht um jenes Wortgut, das nicht dem Sprachbereich zugehört, an dem die Wörterbücher orientiert sind. Die Gründe für eine Ablehnung von Sprachgut im schriftlichen Sprachgebrauch können jedoch recht unterschiedlich sein. Es erscheint deshalb nicht angängig, aus der Gemeinsamkeit der Unzulässigkeit im Schriftgebrauch weitere Gemeinsamkeiten des nach diesem Kriterium erfaßten Wortgutes anzunehmen, und es ist bedenklich, dieses Gut ohne weiteres einem einheitlichen Sprachbereich zuzuweisen. Das aber tut Küpper,

---

[310] Mit diesem Titel charakterisiert Ernst Johann ein 1962 erschienenes Buch, in dem er im wesentlichen Material aus dem Küpperschen Wörterbuch verwertet.

[311] Ein englisches Slang-Wörterbuch grenzt den erfaßten Bereich übrigens ähnlich ab, wie schon dessen vollständiger Titel erkennen läßt: Patridge, Eric »A Dictionary of Slang and Unconventional English / Colloquialisms and Catch-phrases / Solecisms and Catachreses Nicknames / Vulgarisms and such Americanisms as have been naturalized«. Die Zuordnung zu bestimmten Sprachbereichen ist im Englischen aber offenbar leichter. Patridge kann über den Anteil der verschiedenen Varianten irregulären Sprachgebrauchs am Inhalt seines Lexikons sogar prozentuale Angaben machen: »Slang and Cant ... 50% / Colloquialisms ... 35% / Solecisms and Catachreses ... 6 1/2% / Catch-phrases ... 6 1/2% / Nicknames ... 1 1/2% / Vulgarisms ... 1/2%« (Preface S. V).

wenn er mit Bezug darauf von »Umgangssprache« spricht und gar im dritten Band ein »Wörterbuch Hochdeutsch – Umgangsdeutsch« anlegt. Zugespitzt könnte man sagen, das »Wörterbuch der Umgangssprache« von Küpper sei weder ein Wörterbuch – denn es ist wie die Sammlung Genthes eher einem Idiotikon zu vergleichen – noch repräsentiere es *die* Umgangssprache; denn es repräsentiert gar keine einheitliche Sprachform, sondern stellt eine Sammlung verschiedenartiger nicht schriftgemäßer Spracherscheinungen dar.

Damit ist nicht gesagt, daß diese Veröffentlichung überhaupt verfehlt wäre. Es ist lediglich verfehlt, in ihr ein Wörterbuch »der« Umgangssprache zu sehen. Tut man dies, so kommt man zu falschen Schlüssen, wie ihnen selbst ein Beurteiler vom Range Fernand Mossés erlegen ist,[312] wenn er in einer Besprechung des »Küpper« sagt:

> On retire de la lecture d'un pareil ouvrage le sentiment que l'humanité est infiniment plus préoccupée de ce qui est laid, mesquin, sale, que de ce qui est noble ou beau. (Etudes Germaniques 11, 1956, S. 155)

Der einzige Schluß, der vorderhand zulässig ist, ist der, daß das Häßliche, Armselige und Schmutzige im schriftlichen Sprachgebrauch gemieden wird. Unter welchen Umständen es in irgendeiner Form und an irgendeinem Ort des mündlichen Sprachgebrauchs üblich ist, muß noch näher bestimmt werden. Tatsächlich bietet Küpper nähere Bestimmungen dieser Art. Es finden sich Hinweise auf Altersgruppierungen: kindersprachlich, jugendsprachlich, Halbwüchsigendeutsch; weiter gibt er Hinweise auf Berufsgruppen und andere ähnliche Gruppen, wie schülersprachlich, studentisch, polizeisprachlich, soldatensprachlich, marinesprachlich, dirnensprachlich. Schließlich sind – ungeachtet der in der zugehörigen Abhandlung versicherten räumlichen Ungebundenheit der Umgangssprache – Hinweise auf landschaftliches Sondergut vorhanden, wie norddeutsch, mitteldeutsch, rheinisch, österreichisch. Aber diese näheren Bestimmungen werden nicht durchgängig gegeben. So steht z. B. bei »Bemme«, das auch heute kaum wesentlich über den ostmitteldeutschen Bereich vorgedrungen sein dürfte, keinerlei Angabe des Geltungsbereiches. Dies ist nur eins von etlichen Beispielen, die ebensowenig unbegrenzt gebräuchlich und genauso ohne Angabe des Geltungsbereiches aufgeführt sind.

Aufschlußreich ist es, sich zu überlegen, welchen Dienst dieses Wörterbuch Ausländern wie denen, die den Anstoß zur Sammlung gegeben ha-

---

[312] Zu ähnlichen Fehlschlüssen kommt Hans Magnus Enzensberger in seiner ausführlichen Besprechung des zweiten Bandes von Heinz Küppers »Wörterbuch der deutschen Umgangssprache« (In: Der Spiegel, Nr. 14/1963, S. 84f.). Vgl. dazu die Kritik an dieser Besprechung, die Peter v. Polenz im Rahmen seines Aufsatzes »Sprachkritik und sprachwissenschaftliche Methodik« leistet (in: Sprache der Gegenwart 2, 1968, S. 165–179). – Als fachkundige Besprechungen der Küpperschen Wörterbuchbände seien die von Wolfgang Müller in Muttersprache 73, 1963, S. 313ff.; 75, 1965, S. 317 und 79, 1969, S. 39ff. genannt, sowie die von Ruth Klappenbach (»Heinz Küpper, Wörterbuch der deutschen Umgangssprache Bd. I-IV«) in: Zeitschr. f. Mundartforschg. 55, 1968, S. 92–96.

ben, leisten könnte. Den angemessenen Gebrauch umgangssprachlicher Elemente werden sie daraus gewiß nicht lernen können. Wer sich »unberaten hier Ausdrücke holen« möchte, wird ebensowenig wie bei der Sammlung Dornseiffs vor »mancherlei Unglücksfällen« sicher sein.[313] In anderer Hinsicht vermag es allerdings zu helfen, wie Mossé in seiner Besprechung hervorhebt:

Pour la lecture des ouvrages contemporains, ce livre sera néanmoins d'un grand secours. (Etudes Germaniques 11, 1956, S. 155).

Das Buch bringt also viel und wichtiges Material aus Sprachbereichen, die – von unterschiedlichen Gesichtspunkten aus – als umgangssprachlich bezeichnet zu werden pflegen. Die für den praktischen Gebrauch notwendigen näheren Angaben fehlen aber weithin. Die Schwierigkeit, die schon Dornseiff nicht hatte bewältigen können und die möglicherweise das Vorhaben Schirmers einer kritischen Ausgabe solchen Materials verhindert hat, ist auch von Küpper nicht aus dem Wege geräumt worden. Und so bleibt die Frage offen, was für Sprachzusammenhänge sich unter der Bezeichnung Umgangssprache verbergen. Aber für die Beantwortung dieser Frage bleibt das Buch dennoch wichtig. Zu Recht nennt Wolfgang Müller diese Veröffentlichung ein »mutiges Wörterbuch« (Muttersprache 73, 1963, S. 315). Es ist wichtig, daß erst einmal ein Versuch da ist, der verbessert werden kann. Eine wesentliche Verbesserung ist bereits in der dritten Auflage festzustellen: Es sind jetzt gründlichere Literaturangaben beigegeben, so daß es möglich wird, nähere Zusammenhänge des jeweiligen Wortgebrauchs zu ermitteln.

9.7 »Umgangssprache« als Teil des Gesamtwortschatzes in Wörterbüchern der deutschen Gegenwartssprache

9.7.1 Ruth Klappenbach / Wolfgang Steinitz

Was der Sammlung von Küpper vornehmlich fehlt, ist eine angemessene Gliederung des erfaßten Wortschatzes. Um eine solche Gliederung ist nun das seit 1961 im Erscheinen begriffene »Wörterbuch der deutschen Gegenwartssprache«, das von Ruth Klappenbach und Wolfgang Steinitz im Namen der Deutschen Akademie der Wissenschaften zu Berlin herausgegeben wird, besonders bemüht. Davon legt ein kurz vor Erscheinen der ersten Lieferung veröffentlichter Aufsatz von Ruth Klappenbach Zeugnis

---

[313] In seiner neuesten Veröffentlichung »Handliches Wörterbuch der deutschen Alltagssprache«, Hamburg und Düsseldorf 1968, schließt Heinz Küpper – ähnlich wie vor ihm schon Genthe – die niederen und obszönen Wörter aus. Er vermindert dadurch die Gefahr von »Unglücksfällen«, vermeidet sie jedoch nicht. Der Informationswert wird durch dieses Verfahren stark herabgesetzt. Vgl. dazu: Wolfgang Müller: Gedanken zur Lexikographie. In: Muttersprache 79, 1969, S. 33–42, besonders S. 41f.

ab. (Ruth Klappenbach, Gliederung des deutschen Wortschatzes der Gegenwart, in: Der Deutschunterricht 12, 1960, H. 5 S. 29–45) Im Unterschied zur Küpperschen Konzeption wird hier *alles* Wortgut der Gegenwartssprache berücksichtigt und nicht nur das eines Ausschnittes. Der Ausgangspunkt, den Ruth Klappenbach wählt, um ihre Gliederung zu entwickeln, ist literarisch. Sie benutzt zwei Texte von Thomas Mann (aus »Unruhe und frühes Leid« und aus »Lotte in Weimar«) und sucht darin »Wörter und Wendungen« auf, »die aus dem normalen gegenwärtigen Deutsch durch irgendeine Eigenschaft herausfallen«. Die so gewonnenen Ausdrücke charakterisiert sie als »umgangssprachlich«, »gehoben«, »scherzhaft«, »spöttisch«, »veraltet« oder »regional«. Dazu führt sie näher das Folgende aus:

> Aus allen Kennzeichnungen, die wir einzelnen Wörtern und Wendungen gegeben haben, fällt als bedeutungsvollste Charakterisierung die *umgangssprachliche* heraus. ... Diese Umgangssprache ist aber ein sehr schillerndes Gebilde ... die selbst aus verschiedenen Schichten besteht und noch genauerer Erforschung bedarf. Bisher wurde sie meist der Mundart und der Hoch- oder Schriftsprache gegenübergestellt, von ihnen begrenzt und ihr gegenseitiges Verhältnis bestimmt. In unserer Untersuchung aber soll die Mundart ganz unberücksichtigt bleiben, wir wollen uns nur mit dem Sprachgebilde befassen, das als Einheits- oder Allgemeinsprache im ganzen deutschen Sprachraum gilt. Wir fragen: Wohin gehört der umgangssprachliche Wortschatz im Gesamtwortschatz des gegenwärtigen Deutsch, und wie ist er zusammengesetzt? (Klappenbach, Gliederung, S. 31)

Anschließend wird dann die Umgangssprache in die »Stilsphären« des Gesamtwortschatzes eingeordnet. Ihre Erscheinungen werden nicht als an einen bestimmten Raum, auch nicht als an eine bestimmte Personengruppe gebunden betrachtet, sondern sie werden zu einer bestimmten Gestaltungsart, zu einer Sprachhaltung in Beziehung gesetzt.

Die Stilsphären hat Ruth Klappenbach in einem Schema dargestellt. Darin wird die obere Sphäre als »gehoben« bezeichnet und innerhalb dieser Sphäre der höchste Abschnitt als »dichterisch«. Unter der »gehobenen« ist die »normalsprachliche Wortschicht« angeordnet. Zu ihr heißt es:

> Sie enthält den größten Prozentsatz aller Wörter und Redewendungen, die von allen gebildeten deutschsprechenden Menschen im öffentlichen Leben schriftlich und mündlich gebraucht werden. Die Wörter dieser Schicht sind normalerweise ohne Gefühlswert und können in jeder Situation ohne Bedenken verwendet werden. Sie haben rein kommunikative Funktion, sind im ganzen Sprachraum gleichmäßig verbreitet und bilden das Fundament der Sprache. (Klappenbach, Gliederung, S. 31f.)

Die Umgangssprache reicht nach diesem Schema mit ihrem höheren Teil in den unteren Bereich der normalsprachlichen Wortschicht hinein. Der größere Teil der Umgangssprache aber wird – mit der näheren Bezeichnung »salopp umgangssprachlich« – unterhalb der Normalsprache angeordnet. Dazu lauten die näheren Erläuterungen so:

Die schmalere *umgangssprachliche* Schicht ist eine Variante der Normalsprache, die typisch für die mündliche Rede ist. Wörter und Redewendungen dieser
Schicht können auch schriftlich gebraucht werden, sie drücken aber dann eine
gewisse Vertraulichkeit aus ... Aus der Überlagerung von normalsprachlicher
und umgangssprachlicher Schicht wird ersichtlich, daß eine naheliegende Trennung in schriftliche und mündliche Rede für den Wortschatz nicht gegeben ist
... (Klappenbach, Gliederung, S. 33)
Der Hauptteil der Umgangssprache liegt unterhalb der schriftlichen und mündlichen Normalsprache und soll *salopp-umgangssprachlich* genannt werden. Es ist
dies eine breite Schicht, die viele in ihrem stilistischen Wert recht unterschiedliche Wörter und Redewendungen in sich vereint, denen allen aber folgende Eigenschaften eigen sind: eine gewisse Nachlässigkeit – daher die Kennzeichnung salopp – ... und Betonung des Gefühlsgehalts ... Dazu kommt meist noch
reiche Bildhaftigkeit, durch die sich die Redewendungen von den nüchternen
Ausdrücken der normalsprachlichen Schicht unterscheiden. (Klappenbach, Gliederung, S. 33)

Unter die salopp-umgangssprachliche Schicht wird noch die der «*vulgären* Wörter und Redewendungen» verlegt, »die wohl im alltäglichen Leben begegnen, aber als anstößig empfunden werden«. Ausdrücklich wird
hier vermerkt, daß die Herausgeber des Wörterbuches der deutschen Gegenwartssprache manche Wörter aus dem Wörterbuch der deutschen
Umgangssprache von Heinz Küpper der vulgären Schicht zuweisen möchten. Im Vorwort zum 1. Band des Wörterbuchs (Neue Fassung 1964) ist
eine weitere Einschränkung gegenüber Küpper zu erkennen. Da heißt es:

Obszöne Wörter, die zur vulgären Schicht gehören, sind im Wörterbuch nicht
berücksichtigt. (Wörterbuch der deutschen Gegenwartssprache, Bd. 1 S. 012)

An dieser Stelle findet sich übrigens noch der Hinweis, daß die Verwendung der salopp-umgangssprachlichen Wortschicht im öffentlichen Leben
leicht anstößig wirken würde. Danach erscheint die stilistische Einordnung als eine Art Gradmesser der Anstößigkeit bezogen auf den Nullwert
der Normalsprache. Der Begriff der »Normalsprache« hat dabei die entscheidende Funktion für die sprachliche Einstufung, er hat der Funktion
nach eine ähnliche Bedeutung wie bei Adelung der Begriff der »Sprache
des gesellschaftlichen Umgangs«. Inhaltlich sind diese Begriffe allerdings
keineswegs gleichzusetzen. Bei Adelung dient die im persönlichen Umgang eines vornehmen Kreises übliche Sprachform als Richtpunkt, hier
die unpersönliche Sprache des öffentlichen Verkehrs. Spielt im ersten Falle die Höflichkeit eine zentrale Rolle, so ist im zweiten die Sachlichkeit
entscheidend. Und doch wollen beide »die deutsche Sprache der bildungstragenden Schicht der Gegenwart« repräsentieren.

Aber es ist eine andere Gegenwart, und es liegen andere Vorstellungen
von »Bildung« und von der sie tragenden Schicht vor. (Im Vorwort zum
Wörterbuch der deutschen Gegenwartssprache wird folgendermaßen definiert [Bd. 1 S. 04].»Unter der bildungstragenden Schicht sind die in Wissenschaft und Kunst, in Technik, Wirtschaft und Verwaltung, in den ge-

sellschaftlichen Organisationen und Parteien verantwortlich tätigen Menschen verstanden, die die Sprache unseres öffentlichen Lebens sowie der schönen, wissenschaftlichen und technischen Literatur und der Presse bestimmen.«) So hat jedes der Wörterbücher seine zeitgebundene Richtschnur, dem einen dient das Vornehme dazu, dem anderen das »Normale«.

Dennoch ist der Unterschied zwischen den Wörterbüchern geringer, als man nach dem Ausgangspunkt vermuten sollte. Allerdings ist gerade der Gebrauch des Begriffs »Umgangssprache« betroffen. Ein paar kurz aufeinanderfolgende Beispiele sollen das zeigen: Bei Adelung steht unter «*Dach*« u. a. folgendes:

> Die figürlichen Ausdrücke ... einem etwas auf das Dach geben, ihm einen Schlag geben, da ist gleich Feuer im Dache, er ist gleich zornig, gehören in die niedrige Sprechart.

Bei Klappenbach / Steinitz:

> 3. *salopp* Schädeldecke des Menschen ... jmdm. etw., eins aufs D. geben (jemdn. tadeln); ... er hat gleich Feuer im D. (ist jähzornig)

Unter «*Dachtel*« steht bei Adelung:

> ... im niedrigen Scherze, eine Ohrfeige ...

Bei Klappenbach / Steinitz:

> ...*ostmitteldt. süddt. österr. umg.* Ohrfeige, leichter Schlag an den Kopf

Unter «*Dämisch*« schreibt Adelung:

> ... nicht recht bei Verstande, verrückt, albern, dumm: nur in den niedrigen und vertraulichen Sprecharten

Klappenbach / Steinitz unter «*damisch*«:

> *süddt. österr. salopp* etwas verdreht, verrückt.

Diese kurz aufeinanderfolgenden Beispiele ließen sich beliebig vermehren. Aber die Entsprechung zwischen der niedrigen Sprechart bei Adelung und der umgangssprachlichen, insbesondere der salopp-umgangssprachlichen, Wortschicht bei Klappenbach / Steinitz dürfte schon jetzt deutlich geworden sein. Der Unterschied ist also zum wesentlichen Teil terminologischer Art. Wenn Adelung von einer Sprache des Umganges spricht, so hat er eine förmliche Art des Umganges im Auge, wie sie in der »guten Gesellschaft« seiner Zeit angemessen erschien. Bei Klappenbach / Steinitz ist an eine Art des Umganges gedacht, die auf jede Förmlichkeit verzichtet. Im übrigen sind die Entsprechungen zwischen den beiden Wörterbüchern überraschend groß. Das geht bis in die Begründung der Bearbeitungsgrundsätze in den Vorreden. Man kann sagen, daß Klappenbach / Steinitz hinter Grimm zurückgehend wieder an Adelung und da-

294

mit an die Lehre von den genera dicendi der rhetorischen Tradition anknüpfen.

Bezeichnend ist, daß nun wieder auch an den Ausländer als Benutzer des Wörterbuchs gedacht wird. Besonders mit Rücksicht auf ihn sind die »stilistischen Bewertungen« beigefügt. (Vgl. Vorwort zum Wörterbuch der dt. Gegenwartssprache S. 03) Es handelt sich dabei um Warnungen. Das wird zwar nicht wie bei Adelung gesagt, aber die Art der Hinweise läßt das erkennen. Es wird vermerkt, was *nicht* normalsprachlich ist, und es wird auch darauf hingewiesen, in welcher Richtung die Abweichung liegt. In welchem Zusammenhang das mit Warnung versehene Wort angebracht ist, kann allerdings nicht so genau bezeichnet werden, daß man durch die Angabe vor den »mancherlei Unglücksfällen« ganz sicher wäre, vor denen Dornseiff warnt. Die Charakterisierung der bei Klappenbach / Steinitz umgangssprachlich genannten Erscheinungen ist also immer noch im wesentlichen negativ.

Wie die vorstehenden Ausführungen erkennen lassen, wird das Problem der Umgangssprache im »Wörterbuch der deutschen Gegenwartssprache« hauptsächlich als eine Frage des Stils aufgefaßt. Für eine andere Seite des Problems ist der Vergleich des Gebrauchs von »Umgangssprache« bei Klappenbach / Steinitz mit dem bei Paul Kretschmer aufschlußreich. Ruth Klappenbach weist in ihrem Aufsatz anerkennend auf Kretschmers Buch hin. Aber sie vermeidet hier den Begriff »Umgangssprache« und spricht von landschaftlichen Unterschieden, die von ihr entweder mit der allgemeinen Bezeichnung »landschaftlich« charakterisiert oder einer bestimmten Landschaft zugeordnet werden. Dabei ist es jedoch nicht so, daß das von Kretschmer gesammelte landschaftliche Sondergut nach Klappenbachs Auffassung der Stilschicht »Umgangssprache« zuzuordnen wäre. Nach den im »Wörterbuch der deutschen Gegenwartssprache« angewendeten Grundsätzen der stilistischen Einstufung müßten die Begriffe Kretschmers vielmehr fast durchweg als »normalsprachlich« und nicht als »umgangssprachlich« gelten. – Ob es Beziehungen zwischen landschaftlichen Eigenarten und stilistischen Einordnungen gibt, kann nach den Darlegungen von Klappenbach und Steinitz nicht entschieden werden.

9.7.2. Paul Grebe / Wolfgang Müller

Mit dem vorgenannten Wörterbuch der deutschen Gegenwartssprache zeigt der Band 8 aus der Reihe »Der große Duden«, der den Untertitel »Sinnverwandte Wörter, ein vergleichendes Synonymwörterbuch« trägt, terminologisch manche auffallende Übereinstimmungen. Das ist wohl nicht ganz zufällig, denn Wolfgang Müller, der neben dem Leiter der Dudenredaktion, Paul Grebe, als Herausgeber verantwortlich zeichnet, ist nach Auskunft des Mitarbeiterverzeichnisses bis 1961 am »Wörterbuch der deutschen Gegenwartssprache« tätig gewesen. Übereinstimmend wird in den beiden Nachschlagewerken der Begriff »normalsprachlich« als Ausgangspunkt benutzt; mit »umgangssprachlich«, »salopp« und »vulgär« werden Abweichungen in Richtung auf niedrigere Ebenen bezeichnet, während sich »gehoben« und »dichterisch« als Kennzeichnungen höherer Stilschichten finden. Aber es sind auch Unterschiede festzustellen, die zu denken geben. So ist im Duden-Band die von Ruth Klappenbach entwickelte klare Schichtenordnung aufgegeben. In eine Gruppe sind nun »Stilschichten und Stilvarianten« zusammengeordnet, und es wird darauf verzichtet anzuzeigen, welcher in dieser Gruppe aufgeführte Begriff eine Schicht, welcher eine Variante darstellen soll. Zwischen den auch im Wörterbuch der deutschen Gegenwartssprache gebräuchlichen Termini »dichterisch« und »gehoben« steht z. B. der folgende dort nicht vorkommende Begriff:

»*bildungssprachlich*« (z. B. interpretieren): gebildete oder eine gewisse Kenntnis voraussetzende Ausdrucksweise; bedeutet keine positive Wertung, sondern nur Zuordnung; hier handelt es sich um die Fremdwörter, die weder einer besonderen Fachsprache noch der Alltags- oder Umgangssprache angehören. (Duden, Synonymwörterbuch, S. 10)

Und gleich unter »gehoben« steht das im Wörterbuch der deutschen Gegenwartssprache ebenfalls fehlende

Amtsdeutsch (z. B. erstellen): behördliche, steif-offizielle und unpersönliche Ausdrucksweise. (Duden, Synonymwörterbuch, S. 10)

Hier handelt es sich nun offensichtlich nicht um »Schichten«, die über oder unter der »Normalsprache« eingeordnet werden könnten, eher schon um Funktionsbereiche; aber auch diese Charakterisierung kann nicht ganz befriedigen, denn »bildungssprachlich« ist ja nicht eindeutig einem Funktionsbereich zugeordnet. Es ist eher negativ bestimmt als nicht der Alltags- oder Umgangssprache und nicht einer besonderen Fachsprache zugehörig. Man könnte die Eigenart dieses Begriffs in gewisser Hinsicht eher mit der des Begriffs »landschaftlich« vergleichen. Es wird damit jeweils vermerkt, daß der so gekennzeichnete Begriff nicht überall gebräuchlich ist, und es wird auch angedeutet, welcher Art die Einschränkung im Gebrauch ist, aber auf eine genauere Angabe der – im einen Fall räumlichen, im anderen funktionalen – Gültigkeitsgrenzen wird verzichtet. So handelt es sich beim Wort »bildungssprachlich« weder um die Angabe einer Stilschicht noch um die eines Funktionsbereiches, sondern um eine Verlegenheitsbezeichnung für einen praktisch wünschenswerten Hinweis, der in einem Schichtenmodell nicht recht unterzubringen ist. Auch eine Einordnung unter den »Nuancierungen« oder »Stilfärbungen«, wie »gespreizt«, »scherzhaft«, »abwartend« oder »verhüllend«, die bei Grebe und Müller ebenso als eine zweite Gruppe stilistischer Angaben aufgeführt werden wie bei Klappenbach und Steinitz,[314] wäre nicht überzeugender. Das übersichtliche Schema einer Einteilung nach Schichten und Nuancierungen (Färbungen) des Stils erweist sich damit als zu eng, um überall brauchbar zu sein. Grebe und Müller haben sich mit dem Begriff »Variante« geholfen, um beweglicher sein zu können; aber mit diesem Begriff sind keine Erklärungen darüber gegeben, wie die benannten Spracherscheinungen zusammengehören. Mit dem vieldeutigen Wort ist lediglich eine Handhabe gewonnen, auch schlecht Einzuordnendes unterzubringen.

Festzuhalten bleibt, daß Grebe und Müller ebenso wie Klappenbach und Steinitz die »Umgangssprache« als stilistisches Phänomen betrachten. Die Bezeichnung »landschaftlich« hat hier wie dort mit »umgangssprachlich« nichts zu tun, sondern bedeutet eine Kennzeichnung unter ganz anderem Gesichtspunkt, nämlich unter »Zeitliche und räumliche Angaben«. Allerdings zeigt die Wörterbuchpraxis doch wieder einen gewissen Zusammenhang. Denn unter den einzelnen Stichworten erscheinen Hinweise auf landschaftliche Gebundenheiten und Zuordnungen zu einer umgangssprachlichen Stilschicht auffallend häufig kombiniert. Das stützt die Annahme, daß zwischen regionaler Begrenzung der Gültigkeit und Zugehörigkeit zu einem Stilbereich indirekte Verknüpfungen bestehen könnten, deren Aufdeckung zur Erklärung und Einordnung mancher umgangssprachlicher Phänomene helfen könnte.

9.8   »Umgangssprache« in sprachstatistischer Wortforschung

9.8.1   Helmut Meier

Zwei Veröffentlichungen der letzten Jahre suchen mit Hilfe der Untersuchung von Worthäufigkeiten das Wissen von der Sprache zu fördern. Davon ist die eine ausdrücklich der Umgangssprache gewidmet, nämlich das »Rangwörterbuch hochdeutscher Umgangssprache« des Phonetikers Hans Heinrich Wängler. Aber auch das andere, umfangreichere Werk »Deutsche Sprachstatistik« von Helmut Meier enthält Äußerungen zur Umgangssprache. Ich will diese auch thematisch breiter angelegte Arbeit zuerst besprechen.

Meier betont, daß für ihn die Umgangssprache eine besondere Rolle spiele, auch wenn er sich darum bemüht, »keine wesentliche Sprachschicht zu übersehen«. (S. 2) Gleich im Anfang formuliert er folgendermaßen:

> ... neben der zwar bevorzugten allgemeinen Umgangssprache mußten die herkömmlichen und neueren Sondersprachen ... gebührend beachtet werden. (Meier, Sprachstatistik, S. 2)

---

[314] Der Begriff »Nuance« wird von Klappenbach und Steinitz in der Neufassung des Vorwortes zum 1. Bd. des Wörterbuches der deutschen Gegenwartssprache (1964) allerdings aufgegeben (vgl. S. 012).

Hier versteht er unter Umgangssprache offenbar den allgemein verbreiteten Sprachbesitz gegenüber dem gruppengebundenen.

In der Rückschau zum V. Kapitel erklärt er noch einmal:

> Im übrigen glaubt der Verfasser den Forderungen der Sprachwissenschaftler nach sorgfältiger Beachtung der von der Sprachwissenschaft lange vernachlässigten Umgangssprache der Gegenwart nachgekommen zu sein, so weit das in seinen Kräften stand. (Meier, Sprachstatistik, S. 184)

Zu diesem Satz verweist er in einer Anmerkung auf die Forderungen von F. J. Beranek, der – wie oben dargestellt – unter Umgangssprache eine landschaftliche Sprachform versteht.

Ein anderes Mal findet sich zwar im Register unter »Umgangssprache« die Seitenzahl 294; auf der Seite selbst aber findet sich dieser Terminus nicht, stattdessen werden die Termini Alltagssprache, Allgemeinsprache, mündliches Gespräch gebraucht, und zwar sind diese Begriffe synonym gemeint, sie bezeichnen denselben Gegenstand und variieren lediglich aus stilistischen Gründen. Auf S. 273 steht »Vulgärsprache« als ein weiteres Synonym für Umgangssprache. Es ist dabei bemerkenswert, daß auch das letztgenannte Synonym denselben Gegenstand betrifft wie die vorher genannte Synonymgruppe: In allen diesen Fällen ist ein Text aus Dialogszenen des Films »In jenen Tagen« gemeint, der als Beispiel für die Sprechsprache verschiedenen Gruppen von Schriftsprache gegenübergestellt wird. Bemerkenswert ist diese Feststellung deshalb, weil sie erkennen läßt, daß die betreffenden Termini im konkreten Fall gemeinsam anwendbar sein können, obgleich sie sich nicht miteinander vertragen, wenn man sie jeweils, wie es oft geschieht, als Definitionen von »Umgangssprache« auffaßt. Dieser Umstand wirft Licht auf die Gründe, die es vereiteln, eine angemessene Definition für »Umgangssprache« zu finden. Es scheint ein Überschneidungsgebiet verschiedener Definitionen zu geben, in dem sich »typische« Umgangssprache manifestiert. Außerhalb dieses Überschneidungsgebietes beginnt der Streit um die Definition. Meier umgeht die Definitionsschwierigkeit, weil er sich an das Typische hält.

Was Meier an Hand des obengenannten Materials statistisch untersucht, sind »Lautnachbarungen«; d. h. die Häufigkeit der im Text unmittelbar aufeinanderfolgenden Lautkombinationen wird von ihm ermittelt und den entsprechenden Häufigkeiten in schriftsprachlichen Texten gegenübergestellt. Seine wesentlichen Ergebnisse sind diese:

> Wer etwa im Hinblick auf Lässigkeit und Bequemlichkeit der Spontansprache damit gerechnet hat, daß die Zahl der von ihr benutzten Lautnachbarungen erheblich hinter derjenigen von der Schriftsprache verwendeten zurückbleiben würde, sieht sich getäuscht ... Denn ... das sind nur rund 5 % weniger. (Meier, Sprachstatistik, S. 274)

Auch die Häufigkeit der einzelnen Lautfolgen ist meist ähnlich, allerdings mit folgenden Ausnahmen:

298

Ein Blick auf die Kurventafeln verrät aber gewichtige Abweichungen im einzelnen, die zu einem Teil auf Stilformen und Stoffwahl zurückzuführen sind. Das gilt z. B. von der Lautfolge »i-ćh«, die infolge der Gespräche in ich-Form auf fast das Doppelte in der mündlichen Sprache (315) ansteigt gegenüber den klassischen Texten (166). Die Folge »ſɪ« kommt in der klassischen Prosa nur 24 mal vor, im Gespräch mit seinem häufigen »Sie« und »sie« dagegen 77 mal. (Meier, Sprachstatistik, S. 274)

In diesen Zahlen spiegeln sich funktionale Unterschiede. Strukturelle Unterschiede gehen aus ihnen nicht hervor. Die Häufigkeitsunterschiede auf lautlichem Gebiet beruhen auf unterschiedlicher Wortwahl und nicht auf unterschiedlicher Lautstruktur. So mag es berechtigt sein, diese Erscheinungen im Kapitel über Wortforschung zu besprechen.

Meier kommt jedoch nicht nur in dem obengenannten Zusammenhang zum Thema Umgangssprache. Eindeutiger zur Wortforschung gehören seine Untersuchungen über »Wortweite« oder »Wortenge« von Texten. Gemeint sind damit Untersuchungen über den Anteil häufiger und seltener Wörter an verschiedenen Texten. Dabei wendet sich Meier gegen das Vorurteil, daß dichterische Texte unbedingt wortweite Texte sein müßten. Er zeigt, daß der »schlichte Stil« (Schneider), wie ihn Goethe in den »Maximen und Reflexionen« anwendet, wortenge ist, d. h. hauptsächlich Wörter aus den drei ersten von zwölf Häufigkeitsstufen enthält, und er unterbaut dieses statistisch erfaßbare Streben zum »einfachen Wort« wenige Seiten später mit Dichterworten, die sich zur Sprache des Alltags bekennen. Die Seite mit Dichterzitaten zum Lob des einfachen Worts (154) ist im Register wiederum unter »Umgangssprache« aufgeführt. Ergänzend sei noch hinzugefügt, daß die Verwandtschaft des »schlichten Stils« und des »gesprochenen Stils« an Hand der Verteilung häufiger und seltener Wörter in dem von Meier entwickelten »Häufigkeitsspektrum« herausgestellt wird. Auch hier zeigt sich also die Überkreuzung verschiedener Aspekte, die im Zusammenhang mit dem Begriff »Umgangssprache« genannt zu werden pflegen, an demselben Untersuchungsgegenstand.

In den vorstehenden Fällen kann man noch die Auffassung vertreten, daß der Nachteil ungenauer Bestimmung des Untersuchungsgegenstandes aufgewogen werde durch den Aufweis von Zusammenhängen unter den verschiedenen Aspekten, die Beachtung verdienen.

Schwierig wird es, wenn Meier an anderer Stelle erklärt, daß Umgangssprache auch wortweit sein könne:

In der allgemeinen Umgangssprache genügt oft schon ein leichter Schuß von Witz, ein hauchdünner Anflug von Spott und Ironie, um die spontan gesprochenen Texte in der nachträglichen Analyse mit den unverkennbaren Merkmalen wortreicher Sprachäußerungen erscheinen zu lassen. (Meier, Sprachstatistik, S. 116)

Hier kommen die verschiedenen Aspekte nicht mehr überein. Deshalb ist die Frage, was denn bei Meier eigentlich unter »Umgangssprache« verstanden sein soll, nicht mehr zu umgehen. Ist sie eine Stilform (schlichter Stil), eine Anwendungsart (gesprochene Sprache) oder ein Funktionsbereich (Alltagssprache)? – Die Frage bleibt ungeklärt, selbst wenn man zugesteht, daß die Anwendungsart überall im Spiel ist. Das Bild wird zusätzlich dadurch verwirrt, daß in Meiers Buch noch ein weiterer Gebrauch des Wortes »Umgangssprache« außer den bisher genannten zu finden ist. An einer Stelle nimmt Meier nämlich Küppers Wörterbuch – das ja, wie oben gezeigt, gar kein repräsentatives, sondern nur ein Besonderheiten aufzeichnendes Wörterbuch ist – als Repräsentanten der Umgangssprache. Die im »Küpper« verzeichneten Stichwörter benutzt er als Grundlage statistischer Erhebungen und ermittelt so

Zechen und Rausch
Dummheit
Prügel und Ohrfeigen
Zurechtweisungen
Geschwätzigkeit
Körperteile

als die »ersten sechs Leitwörter[315] der Umgangssprache« (S. 46). Nach der Besprechung der Küpperschen Arbeit (Abschn. 9.6) erübrigt sich hier eine besondere Stellungnahme.

9.8.2   Hans Heinrich Wängler

Wängler sagt in seinem »Rangwörterbuch hochdeutscher Umgangssprache« (1963) bestimmter, was er unter Umgangssprache verstehen will:

> Wir haben hier unter »Umgangssprache« die ungezwungene Unterhaltung verstanden. Die deutlich mundartlich gebundene Sprechweise blieb ebenso unberücksichtigt wie nachlässiges Sprechen einerseits bzw. der feierliche Vortrag andererseits. (Wängler, Rangwörterbuch, S. 8)

Über das von ihm verwendete Material schreibt er – unmittelbar an die vorstehenden Sätze anschließend – folgendes:

> Aus diesem großen, näher gekennzeichneten Bereich wurden, weit überwiegend im norddeutschen Raum, von vielen Personen verschiedenen Alters 80 266 gesprochene Wörter - fast immer ohne Wissen des Sprechers - aufgenommen, transkribiert und verzettelt. Dabei blieb die Geschlossenheit eines Satzganzen immer selbstverständliche Forderung. (Wängler, Rangwörterbuch, S. 8)

Die Wortformen, die in diesem Korpus zehnmal oder häufiger vorkommen, sind in einer Liste nach ihrer Häufigkeit geordnet worden. Neben dieser Liste »U« (»U bedeutet stets Umgangssprechen, Unterhaltung«) hat Wängler noch eine Liste »Z« aufgestellt. Diese Liste bezieht sich »auf Material, das aus Zeitungen und Unterhaltungszeitschriften gewonnen

---

[315] Gemeint sind Themenbereiche.

wurde«. Das Material für beide Listen hat zusammengenommen die Grundlage für eine weitere Liste mit der Überschrift »Gesamthäufigkeit« (U und Z) abgegeben.

Ob das Material aus Zeitungen und Zeitschriften eine Variante der Umgangssprache darstellen soll, wofür die Einordnung unter den Gesamttitel »Rangwörterbuch hochdeutscher Umgangssprache« spricht, oder ob es als etwas anderes neben die durch das »Umgangssprechen« repräsentierte eigentliche Umgangssprache gestellt werden soll, ist nirgends gesagt. Es ist offenbar darauf verzichtet worden, diese Frage zu klären, weil sie für den praktischen Zweck der Veröffentlichung nicht unbedingt notwendig ist. Einen praktischen Zweck verfolgt nämlich diese wie schon manche der früher genannten Veröffentlichungen zur Grammatik oder zur Wortkunde der Umgangssprache, und zwar heißt es gleich im Anfang der Vorbemerkungen, es sei »zuerst an eine praktische Hilfe gedacht worden, z. B. für den Deutschunterricht für Ausländer« (Wängler, Rangwörterbuch, S. 7). Von diesem Zweck aus läßt sich genauer bestimmen, worauf die Sammlung abzielt. Es geht darum, den hauptsächlichen Wortschatz der (um mit Meier zu sprechen) »wortengen« Texte zu ermitteln, die im alltäglichen Gebrauch der Gegenwart in einem deutschen Sprachgebiet in erster Linie begegnen. Was Wängler vor allem an diesen Wörtern interessiert, ist ihre phonetische Gestalt. Sein Buch soll also – beispielsweise den Ausländer – mit der Sprechwirklichkeit im Deutschen konfrontieren, die sich von den »Forderungen im Sinne einer deutschen Hochsprache (Hochlautung)« entfernt. Insofern gehört diese Veröffentlichung nicht in den Rahmen der Wortforschung, es handelt sich, wie Wängler auch hervorhebt, um »eine phonetische Arbeit«. Sie ist aber doch nicht nur das, und zwar gerade dank der Gegenüberstellung von Umgangssprechen und Zeitungstext. Manche Wörter haben in diesen beiden Reihen einen sehr unterschiedlichen Häufigkeitsrang. Dieser Unterschied läßt sich nicht überall unmittelbar aus der Funktion des persönlichen Gesprächs oder der schriftlichen Mitteilung ableiten (wie es bei den von Meier erwähnten Lautfolgen ſī und i-ćh möglich ist), sondern er weist darauf hin, daß es in jedem Bereich Wörter gibt, die aus anderen als diesen funktionalen Gründen bevorzugt oder gemieden werden. Zum Teil beruht das sichtlich auf einem sachlichen Zusammenhang zwischen Funktion und Gegenstand der sachlichen Aussage. So kommen z. B. die Wortformen *Angeklagte*, *Anzeige, Fahrer, Gefängnis, Gericht, Polizei, Tat, Täter, Unfall* öfters in dem der Liste »Z« zugrundeliegenden Korpus vor, während sie im Korpus »U« nur ganz vereinzelt oder gar nicht vorhanden sind. Es ist wohl nicht unvorsichtig zu behaupten, daß hier das Zeitungsthema »Aus dem Gerichtssaal« zur Häufigkeit in der Liste »Z« führt, und es ist wohl der Schluß zulässig, daß man über dieses Thema mehr zu lesen als zu sprechen pflegt. Ähnlich ist es bei der folgenden Reihe: *Bevölkerung, Bundesregierung, Bundeswehr, Dienst, Frieden, Heimat, Mauer, Sicherheit, Sow-*

jetunion, Staaten, Stimme, vereinigten, USA, Volk, einer Reihe, deren Häufigkeit sichtlich auf dem politischen Teil der Zeitungen beruht.[316] Bei den im Umgangssprechen häufiger als in den Zeitungen und Zeitschriften verzeichneten Wörtern lassen sich keine so deutlichen Bedingtheiten durch Sachbereiche erkennen. Gewiß kann man die Wörter der folgenden Reihe noch mit mehr oder weniger Sicherheit im Bereich des Haushaltes und der alltäglichen Gegebenheiten einordnen: *anziehen, beiden, Bett, Blumen, Buch/Bücher, Hose, Hunger, Kaffee, Milch, schlafen, schmeckt, Schokolade, schreib/schreibe/schreiben/schreibst, waschen, Zettel, Zimmer.* Hier findet man etwa den gleichen Sachbereich, der bei Kretschmer die Hauptrolle spielt, ohne daß bei den oben aufgeführten Begriffen von wesentlichen landschaftlichen Unterschieden des Gebrauches die Rede sein könnte. Das ist immerhin eine Beobachtung, die mit einiger Vorsicht zur Annahme gewisser Zusammenhänge berechtigt. Doch in manchen anderen Fällen könnte man schon zu bedenklicheren Schlüssen kommen, wenn man gewisse Worthäufigkeiten auswerten wollte, ohne den Kontext zu kennen, in dem sie vorkommen. So wäre es wohl bei den folgenden Wörtern: *Gott, natürlich, Ordnung, ruhig.* Alle diese Wörter sind im Umgangssprechen wesentlich häufiger als in den Zeitungstexten verzeichnet worden. Aber es wäre sicherlich falsch, dem Umgangssprechen eine größere Affinität zu den entsprechenden Inhalten zuzuerkennen, denn »Gott« dürfte hauptsächlich als Interjektion, »natürlich« als Bestätigungsfloskel, »Ordnung« in der Formel »in Ordnung«, und »ruhig« in abgeschwächter Bedeutung als zu »gern« synonymes Adverb gebraucht sein. Das von Wängler vorgelegte Material ergibt also für die Zusammenhänge zwischen Funktions- und Sachbereichen nur vorläufige, nicht immer genügend gesicherte Hinweise. Dennoch sind es Hinweise, die Beachtung verdienen und vielleicht zu genauerer Erforschung anregen können.

Weitere Hinweise ergeben sich in Richtung auf Zusammenhänge zwischen Funktions- und Stilbereich. So finden sich in der Liste »U« öfter die Wortformen *bloß, doll, dran, drauf, drin, gell, gucke/gucken, hole/holen, Kerl, kriege/kriegen/kriegt, mal, prima*, während sie in den bearbeiteten Zeitungstexten sehr selten oder gar nicht auftauchen. Es handelt sich um Ausdrücke, die nicht als schriftgemäß gelten, ohne daß diese Einschätzung von der Funktion her zwingend begründet wäre. Eher ist schon die folgende stilistisch als »schriftlich« charakterisierbare Reihe funktional bedingt: *bereits, gegenüber, innerhalb, jedoch, obwohl, zunächst.* Hier geht es jeweils um genauere Abstufungen einer Aussage, die normalerweise der schriftlichen Formulierung vorbehalten bleiben. Zu grammatischen Häu-

---

[316] Die Einordnung von »Mauer« und »vereinigten« in diese Reihe beruht allerdings lediglich auf Annahmen meinerseits, nämlich im ersten Fall auf der Annahme, daß mit »Mauer« in der Mehrzahl der verzeichneten Fälle die 1961 errichtete Sperrmauer in Berlin gemeint sei, im zweiten Fall auf der Annahme, daß »vereinigten« hauptsächlich als Attribut zu »Staaten« gebraucht sei.

figkeitsunterschieden läßt sich noch weniger Deutliches ablesen. Immerhin ist zu bemerken, daß die Genitive *deren* und *ihres* sowie die Präterita *nahm, saß, stand* in den gedruckten Texten merklich häufiger zu finden sind als in den gesprochenen.

Wie schon gesagt, sind alle diese Beobachtungen an einem Material gemacht worden, das nicht zum Zwecke der Wortforschung gesammelt worden ist. Darauf ist zurückzuführen, daß es sich für diese Aufgabe als begrenzt geeignet erweist. Aber so viel ist deutlich: Aus ähnlichen Gegenüberstellungen muß sich für die Umgangssprachenforschung relevantes Material gewinnen lassen. Sicher wäre es dabei vorteilhaft, die Funktionsbereiche noch mehr zu differenzieren.

9.9   Zusammenfassung: Umgangssprache als Problem der Wortforschung – Umgangssprache als nur bedingt zum Gebrauch zugelassener Wortbestand

Bei den aufgeführten Beiträgen der Wortforschung zum Problem der Umgangssprache fällt noch mehr als bei anderen Forschungsbereichen auf, daß jeweils andere Aspekte der Sprachforschung mit in den Blick kommen. Bei Kretschmer sind es geographische Gesichtspunkte, die als entscheidend herausgestellt werden; es stehen aber soziologische daneben. Bei Dornseiff und Wehrle / Eggers treten stilistische Fragen hervor, die dann auch bei weiteren besprochenen Werken eine, wenn nicht gar die entscheidende Rolle spielen. Bei den sprachstatistischen Arbeiten ist außerdem die Beachtung phonetischer Fragen zu verzeichnen.

In allen diesen Fällen zeigt sich wiederum, daß mehrere Faktoren zusammenzuwirken pflegen, wenn eine Spracherscheinung als »Umgangssprache« charakterisiert werden soll. Von der Bedeutungsseite des Wortes »Umgangssprache« her gesehen heißt das: In der Bedeutung des Wortes »Umgangssprache« sind verschiedene Komponenten zusammengefaßt. Demnach erschiene es nicht abwegig, das Wort »Umgangssprache« einer Komponentenanalyse zu unterziehen, wie sie in der modernen semantischen Forschung vorgeschlagen wird. Jedoch stellen sich der konsequenten Anwendung der in diesem Zusammenhang erarbeiteten Prinzipien beim Wort »Umgangssprache« einige Hindernisse in den Weg, deren Bewältigung erst in einem wesentlich fortgeschritteneren Stadium dieser Forschungsrichtung erwartet werden kann. Bei den Analysen, die mir bisher bekannt geworden sind, handelt es sich um einfache Wörter, deren Gebrauch im Rahmen der gesamten Sprachgemeinschaft ziemlich einheitlich ist. »Umgangssprache« ist aber eine Wortzusammensetzung, im Grunde sogar eine syntaktische Fügung (vgl. Abschn. 2), bei der nicht einmal die Teile einheitlich verstanden werden und bei der außerdem damit zu rechnen ist, daß es sich häufig um eine elliptische Ausdrucksweise handelt, bei der ein Attribut fortgefallen ist (Sprache des gesellschaftlichen Umganges, Sprache des vertrauten Umganges, Sprache des gewöhnlichen Umganges usw.). Eine zufriedenstellende Komponentenanalyse ließe sich bestenfalls für jeweils einen Autor durchführen, aber auch dabei wird sich nicht überall die wünschenswerte Sicherheit gewinnen lassen.

Betrachtet man die im Rahmen der Wortforschung gebräuchlichen Bedeutungen des Wortes »Umgangssprache« auf ihre Komponenten hin, so ergibt sich ein ähnliches Bild wie in den anderen Forschungsrichtungen: Es gibt manche Komponenten, auf die man beim Vergleich von Autor zu Autor immer wieder trifft, aber keine, die bei allen mit absoluter Sicherheit vorkommen müßte. Mit Wittgenstein gesagt heißt das: die mit »Umgangssprache« bezeichneten Tatbestände haben »Familienähnlichkeit.«

Allerdings gibt es doch eine Komponente, die *fast* überall beteiligt ist, wenn im Rahmen der Wortforschung von »Umgangssprache« die Rede ist: Es wird in den meisten Fällen ausdrücklich gesagt, es handle sich um im mündlichen Gebrauch übliche Sprache, wobei häufig insbesondere der nicht schriftgemäße Teil des mündlichen Gebrauchs ins Auge gefaßt wird. Nur in der »Kurzen deutschen Wortgeschichte« von Ernst Schwarz (die in der Einleitung zum vorliegenden Kapitel, 9.1, erwähnt, aber nicht näher besprochen worden ist) finde ich, daß eindeutig auch landschaftliche Schriftsprache als Umgangssprache eingestuft wird. Aber auch in diesem Fall, der terminologisch von der Bedeutungsverschiebung beeinflußt ist, die sich im Rahmen der Mundartforschung vollzogen hat (vgl. Abschn. 8.8), ist eine Abweichung vom Standard der als vorbildlich geltenden Schriftsprache zu verzeichnen.

Die Schriftsprache als anerkannte Norm der deutschen Sprache bildet in allen besprochenen Fällen den Bezugspunkt. Einigkeit besteht auch darin, daß die als »Umgangssprache« bezeichneten Erscheinungen keinem »gehobenen« Gebrauch im Vergleich zur Normalform der Schriftsprache angehören. Unterschiedlich sind die jeweils erfaßten Richtungen und Grade der Abweichung; und davon ist abhängig, welche Komponenten dem Begriff »Umgangssprache« im Einzelfall zuzuordnen sind. Landschaftliche Abweichungen treten bei Kretschmer als wesentlich hervor, bei Küpper und bei Meier werden sie unter anderem erwähnt, aber Klappenbach / Steinitz und Grebe / Müller gebrauchen andere Termini für landschaftsgebundenen Gebrauch, und Wängler schließt Landschaftliches ausdrücklich aus; bei den übrigen Autoren spielt der Gesichtspunkt des Landschaftlichen höchstens am Rande eine Rolle. In dieser Hinsicht verhält es sich also in der Wortforschung anders als in der Mundartforschung. Dagegen werden in der Wortforschung vor allem solche Erscheinungen als umgangssprachlich bezeichnet, die im Schriftgebrauch aus diesem oder jenem Grunde als »anstößig« gelten (vgl. besonders Genthe, Dornseiff, Wehrle / Eggers, Küpper, Klappenbach). Zum Teil wird der so verstandenen Umgangssprache Zwanglosigkeit oder Nachlässigkeit zugeschrieben

304

(Genthe, Meier, Wängler, Klappenbach – wobei Wängler zwischen Zwanglosigkeit und Nachlässigkeit unterscheidet und letztere aus seinem »umgangssprachlichen« Korpus ausscheidet). Nicht völlig sind von den vorgenannten Fällen jene zu trennen, in denen »Umgangssprache« als durch
ihren familiären, vertraulichen Charakter (Genthe, Kretschmer, Klappenbach) oder auch schon allein durch größeren Gefühlsgehalt (Klappenbach) von der Normsprache unterschieden erscheint. Vielfach wird »Umgangssprache« als »niedrigere Ebene« der Sprache eingestuft
(Kretschmer, Klappenbach, Grebe / Müller, Meier), was aber nicht unbedingt soziologisch gemeint ist, denn mehrfach wird der als umgangssprachlich bezeichnete Gebrauch der »gebildeten Klasse« zugeordnet (Genthe,
Kretschmer, Dornseiff) und vulgärer oder obszöner Gebrauch wird wiederholt ausdrücklich von der Betrachtung ausgeschlossen (Genthe,
Dornseiff, Wehrle / Eggers, Klappenbach / Steinitz), während er andererseits einen beträchtlichen Teil einer Sammlung ausmachen kann (Küpper).
Als Zuordnung zu einem niedrigeren Bereich ist es wohl auch zu verstehen, wenn »Umgangssprache« als »alltägliche Sache« verstanden wird
(Genthe, Dornseiff, Meier). Auch wenn sie als »einfache Sprache« identifiziert wird, paßt es noch einigermaßen in den obenstehenden Zusammenhang (Meier). Andere Gesichtspunkte kommen ins Spiel, wenn Küpper
»die« Umgangssprache gelegentlich als »städtische« Sprache bezeichnet
(dabei besteht Beeinflussung von der Mundartforschung her) und wenn
derselbe Autor »der« Umgangssprache eine Tendenz zur Allgemeingültigkeit zuspricht oder Meier »Umgangssprache« mit »Allgemeinsprache«
identifiziert. Auch hier ist der regionale Aspekt der Mundartforschung
wirksam, nur daß in diesen Fällen ein »niedriger« Sprachgebrauch mit Allgemeingültigkeit zusammengebracht wird, was dem üblichen Denkschema widerspricht.

Auch wenn die obenstehende Zusammenstellung vereinfacht, indem sie
mancherlei bei näherer Betrachtung unterschiedlich Erscheinendes zusammenfaßt, läßt sie doch einiges von der begrifflichen Buntheit auf diesem
Gebiet erkennen. Es treten aber auch sachliche und begriffliche Zusammenhänge hervor. Zum sachlichen Zusammenhang sei daran erinnert, daß
bei Meier die Termini »Umgangssprache«, »Alltagssprache«, »Allgemeinsprache«, »mündliches Gespräch« und »Vulgärsprache« auf ein und
denselben Text angewendet werden können. Als begrifflicher Zusammenhang ist hervorzuheben, daß »Umgangssprache« in allen Fällen als in irgendeiner Weise »unter« der Standardsprache liegend gedacht ist (auch
wenn bei Kretschmer und Klappenbach ein Teil der Umgangssprache in
den Bereich der Standardsprache hineinreicht, so liegt doch der übrige
Teil »darunter«). Jenseits der Standardsprache ist jeweils eine »höhere«
Sprachform zu denken, was in einigen Fällen (wie bei Kretschmer und
Klappenbach) gesagt wird, in anderen zu erschließen ist. Als »unter« der
Umgangssprache liegend werden mehrfach noch die »vulgäre Sprache«

oder die »obszönen Worte« ausgeschlossen. Damit tritt ein altbekanntes Einteilungsschema hervor: das der »genera dicendi« in der mittelalterlichen Vereinfachung und Vereinheitlichung (vgl. Abschn. 3.1), und zwar in jener Fassung, in der das »genus medium« mit der »ars recte dicendi« identifiziert wird, mit der Standardsprache.[317] Über dieser Norm wird eine »hohe« Sprachform gesehen (vgl. »genus altiloquum« u. ä.), unterhalb eine »niedere« Sprachform (vgl. »genus humile«), bei dem man jedoch vielfach bemüht ist, »vulgäre Elemente« (vgl. »verba sordida et obscoena«) auszuschließen. Ausgangspunkt der Betrachtung ist der »richtige« Gebrauch in der Standardsprache. Alles, was in diesem Rahmen (der – wie im ersten Teil dieser Arbeit gezeigt – unter Mithilfe der genera-Lehre geschaffen worden ist) als nicht korrekt erscheint, wird als »niedrig« eingestuft. Häufig wird »umgangssprachlich« in der Wortforschung völlig sinngleich mit »niedrig« im obigen Sinne gebraucht. Es bedeutet dann nur eine Warnung vor dem Gebrauch im Rahmen der Standardsprache. Sofern man sich an diesen weitgehend durch allgemein anerkannte Regeln bestimmten Gebrauch (also eine Art »lingua regulata«) hält, genügt die Warnung. Wer das »Umgangssprachliche« meidet, verhält sich korrekt. Schwierig wird es, wenn man sich bemüht, die vom Standpunkt der Standardsprache als Fehler (»vitia«) erscheinenden Gebrauchsweisen in den ihnen angemessenen Zusammenhang einzuordnen, d. h. wenn man sich auf das in diesem Sinne umgangssprachliche Gebiet selbst begibt. Hier ist es notwendig, das vom Standpunkt der allgemein anerkannten Regel summarisch Zusammengefaßte aufzulösen. Im Grunde ist es in jedem Fall nötig zu wissen: Wer spricht in welcher Situation, wem gegenüber und zu welchem Zweck? Nichts folgt dabei bewußt einer Regel (insofern »lingua irregulata«), sondern alles ist Brauch bestimmter Gruppen, dem sich der einzelne fügen muß (insofern sind doch Regeln vorhanden, und zwar in einer schwer faßbaren Fülle). Die besprochenen Arbeiten stellen Versuche dar, diesen Bereich verschiedener, als Gruppenbrauch verstehbarer Varianten des Deutschen, die sich teils nahestehen und vielfach überschneiden, teils aber auch gegensätzlich sind, zu erfassen und zu gliedern. Doch geschieht es durchweg vom Standpunkt der Norm aus. Keiner wird dem »umgangssprachlichen« Bereich von seiner eigenen Ebene aus gerecht; praktisch gesagt: allgemein vermögen die Arbeiten nicht zu sagen, in welchem Zusammenhang die erfaßten Wörter gebraucht werden können, ohne Anstoß zu erregen.[318] Das Problem der Umgangssprache im Wortverständnis dieser Arbeiten ist noch komplizierter gelagert, als die Uneinheitlichkeit im terminologischen Gebrauch auf den ersten Blick vermuten läßt.

---

[317] Hier trifft sich die Perspektive der Wortforschung mit der Sichtweise moderner grammatischer Bemühungen; denn auch der Maßstab der Grammatikalität ist fast ausnahmslos auf diese Norm bezogen.

[318] Eine Ausnahme macht darin die Arbeit Kretschmers, in der sich Angaben über Region, Personenkreis und Lebensbereich finden.

Es genügt nicht, jeden Gebrauch für sich allein zu betrachten oder den Gesamtbereich nach nur einem Kriterium zu durchmustern. Die teilweise Konvergenz der Gesichtspunkte (wie sie vor allem bei der Kennzeichnung desselben Textes nach verschiedenen Kriterien bei Meier zutagetritt) und die Relation des einzelnen Sprachbrauches zu anderem Sprachbrauch sind zu berücksichtigen (z. B. ist mancher Brauch als Kontrast zum anerkannten Muster zu verstehen). Es sind situations- und gruppenbezogene Untersuchungen notwendig, um den von seiten der Wortforschung als umgangssprachlich betrachteten Bereich angemessen erfassen zu können.

9.9.1 Exkurs: Von der Exaktheit der »Umgangssprache« (Bernhard Hassenstein)

Im Anschluß an die Besprechung von Arbeiten zur germanistischen Wortforschung möchte ich noch auf eine Wortuntersuchung eingehen, die mir wertvolle Hinweise zu enthalten scheint, sowohl was den Begriff als auch was das Problem der Umgangssprache angeht. Der Autor dieser Ausführungen, B. Hassenstein, ist kein Germanist, nicht einmal Sprachwissenschaftler. Er ist Zoologe und hat sich von dieser Wissenschaft aus den Forschungsmöglichkeiten der Kybernetik zugewendet. Sein Vortrag,[319] den ich im folgenden besprechen will, gilt einem terminologischen Problem dieses Wissenschaftszweiges. Danach scheint vorerst keine Beziehung zu sprachwissenschaftlichen Problemen vorhanden zu sein. Tatsächlich sind aber zweierlei Beziehungen vorhanden, die im vorliegenden Zusammenhang Aufmerksamkeit verdienen. Die erste läßt sich schon aus dem Titel des Vortrages entnehmen. Er lautet: »Die Informationsbegriffe der Umgangssprache und der Wissenschaft«. Die Gegenüberstellung einer umgangssprachlichen und einer wissenschaftssprachlichen Erscheinung bietet einen direkten Beitrag zum Thema. Die zweite Beziehung ist indirekt. Sie beruht darauf, daß die Kybernetik einen Wissenschaftszweig darstellt, der sich als »eine Brücke zwischen den Wissenschaften« versteht[320] und der auch für die Sprachwissenschaft im engsten Sinne zunehmende Bedeutung erhält. Die modernen Bemühungen um die Grammatik sind ohne sie nicht zu denken.[321] Deshalb fällt auch von Hassensteins Ausführungen

---

[319] Hassenstein, Bernhard: Die Informationsbegriffe der Umgangssprache und der Wissenschaft. Festvortrag zur Eröffnung der Kieler Universitätstage 1965; gehalten am 18. 1. 1965.

[320] Vgl. den Titel des von Helmar Frank herausgegebenen Buches »Kybernetik, Brücke zwischen den Wissenschaften« 5. Aufl. Darmstadt 1965, das auch zwei Beiträge von B. Hassenstein enthält.

[321] Wolfram Wilss spricht z. B. von der »außerordentlich dynamischen und produktiven Richtung der Sprachwissenschaft, die unter der Bezeichnung 'Sprachstrukturalismus' oder 'Computer-Linguistik' bekannt geworden ist« (in »Automatische Sprachübersetzung. Forschungsstand und linguistische Problematik«, Sprache im technischen Zeitalter 11, 1964, S. 853).

her ein Licht auf das Verhältnis dieser sprachwissenschaftlichen Richtung zum Phänomenkomplex »Umgangssprache«.

Ich will versuchen, die für mein Thema wichtigen Gedankengänge aus Hassensteins Vortrag hier kurz zusammenzufassen:

Den wissenschaftlichen Informationsbegriff hat Shannon in seinem Werk »Informationstheorie« geprägt. Die Frage ist nun: Hat die Umgangssprache einen anderen Informationsbegriff, oder ist der Informationsbegriff in der Umgangssprache nur unklar und unbestimmt?

In der Tat gibt es zwei Informationsbegriffe. Und die Umgangssprache ist durchaus nicht unklar. Ihrem Informationsbegriff entspricht ein neuer Begriff aus der Wissenschaft sogar ziemlich genau, der der Transinformation. Daß die Umgangssprache präzise ist, beweisen die Schriftsteller. Wäre sie es nicht, dann hätten die Dichter nicht so genau ausdrücken können, was sie mitzuteilen hatten. Aber es handelt sich um eine andere Art der Präzision als in den Naturwissenschaften. Es gibt hier keine Definitionen. Stattdessen ist das Zentrum eines Begriffs, sein Schwerpunkt, festgelegt.

Nach umgangssprachlichem Begriff findet Information statt, wenn Tatbestände durch (sprachliche) Zeichen repräsentiert sind und auf nicht informierte Empfänger übertragen werden.

Die Naturwissenschaft verlangt zahlenmäßige Faßbarkeit. »Information« muß also durch eine Maßvorschrift definiert werden. Man hat sich darauf geeinigt, als Elementarquantum die Entscheidung zwischen zwei Möglichkeiten zu wählen. Nach dieser Grundeinheit lassen sich auch Informationssysteme mit mehr als zwei Entscheidungsmöglichkeiten bewerten. Der Informationsgehalt eines Zeichens hängt von der Zahl der im System vorhandenen Zeichen und der Häufigkeit des Zeichens im System ab. Er ist danach mit Seltenheit und Wahrscheinlichkeit verknüpft. Damit ist der Informationsbegriff an ein mathematisches System angeschlossen, an die Wahrscheinlichkeitslehre, und ist deren Formeln zugänglich.

Nur in einem Punkt berührt sich dieser Informationsbegriff mit dem umgangssprachlichen. Er ist enthalten im Attribut »vorher nicht informiert« auf der Seite des Empfängers. Die zahlenmäßige Wahrscheinlichkeit spielt beim umgangssprachlichen Informationsbegriff keine Rolle.

Aus diesem Referat läßt sich entnehmen, was Hassenstein unter »Umgangssprache« versteht. Die Bedeutung von »Umgangssprache« wird in diesem Fall am besten vom Gegenpol her erfaßt. Gegenbegriff ist zunächst »Wissenschaft«, dann genauer »Naturwissenschaft«, und endlich wird es klar, daß es die Forderungen der Mathematik sind, denen sich die Sprache »der Wissenschaft« fügen muß. Was sich diesen Forderungen nicht fügt, ist demgegenüber Umgangssprache. Sie ist also wieder einmal negativ, diesmal als nicht-wissenschaftlich definiert. Die Sprache der Schriftsteller und Dichter wird ihr ausdrücklich zugerechnet. Bemerkenswert ist, daß ihr eine eigene Form der Exaktheit zugesprochen wird, in der die Zentren der Begriffe und nicht die Grenzen bezeichnet werden. Sicher ist diese Exaktheit nicht überall im Bereich außerhalb der »exakten Wissenschaften« zu finden, so daß das Urteil, »die« Umgangssprache sei exakt, überspitzt erscheint. Immerhin gibt es – wie der Hinweis auf Schriftsteller und Dichter zeigt – eine solche Exaktheit im nichtmathematischen

Sinn, deren Bedeutung im umgangssprachlichen Bereich festgestellt zu werden verdient.

Neben diesen direkten Aussagen zum Thema Umgangssprache ergeben sich aus Hassensteins Darlegungen mittelbare Folgerungen für die wissenschaftliche Erforschung der Umgangssprache, und zwar betreffen sie die Eignung der Informationstheorie für diese Fragen. Haben die Tendenzen zur Mathematisierung der Grammatik im gegenwärtigen Zeitpunkt für die Erforschung umgangssprachlicher Probleme Bedeutung? Wenn man unter Umgangssprache mit Hassenstein jede natürliche Sprache versteht, werden die meisten modernen Strukturalisten mit *ja* antworten. Klaus Baumgärtner, derselbe, der früher über die Leipziger Umgangssprache geschrieben hat,[322] schreibt z. B. über das Vorhaben der Mathematisierung der Grammatik:

> Dieser Versuch kann unternommen werden, weil wir längst über enorme Mengen sprachwissenschaftlicher Daten und Einsichten verfügen, die immer gründlichere Zusammenfassungen geradezu verlangen. Er muß unternommen werden, weil wir bei immer gründlicheren Zusammenfassungen mit einer umgangssprachlichen, nicht-formalen Beschreibungsweise einfach nicht mehr auskommen...
> Wir könnten hinzusetzen, daß die Einführung formaler Mittel zugleich Beschreibungen gestattet, die viel ökonomischer, übersichtlicher, eleganter sind als alle unvollkommen umgangssprachlichen. (Baumgärtner, Mathematisierung, S. 25f.)

Wenn Hassensteins Auffassung von der Andersartigkeit der Exaktheit in Mathematik und »Umgangssprache« zu Recht besteht, dann müssen demgegenüber jedoch Bedenken geltend gemacht werden. Es erscheint fraglich, ob ein System exakt bestimmter Schwerpunkte, als das die natürliche Sprache angesehen werden müßte, ohne wesentliche Verfälschung von einem System exakt bestimmter Grenzen repräsentiert werden kann.[323] Versuche solcher Art sind wohl vorerst nur bei schon auf andere Weise hinlänglich durchforschten Spracherscheinungen angebracht, bei denen sich durch den Zwang der Methode ergebende Verfälschungen sicherer erfassen lassen als im verfließenden Bereich, für den der Begriff

---

[322] Am Rande sei auf die gegenüber dem Gebrauch in der früheren Arbeit andersartige terminologische Verwendung von »umgangssprachlich« im folgenden Zitat hingewiesen.

[323] Hugo Steger hat 1962 die Auffassung vertreten, daß es unter Umständen wünschenswert sein kann, die Diskrepanz zwischen Umgangssprache und wissenschaftlicher Sprache durch Normierung der natürlichen Sprache zu erreichen: »Mit einer besseren, d. h. konsequenteren Sprache als der alltäglichen Hochsprache könnten tiefere, umfassendere Gedanken gefaßt werden. Medizinische Forschung und Biologie bemühen sich, auf ähnlichen Wegen wie die anderen Disziplinen in den Bau der lebendigen Natur einzudringen ... Soweit ich sehe, wächst uns hier die eigentliche Normaufgabe zu ... Mit einem Wort: vieles spricht dafür, daß sich die Hochsprache (und nur sie!) entweder den rationalen Forderungen anbequemt, oder daß das höhere menschliche Denken vollständig in die konsequenten künstlichen Sprachen auswandert.« (In: »Sprache im technischen Zeitalter« 3/1962, S. 196f.) Wenn Hassensteins Unterscheidung richtig ist, bedeutete eine solche Normierung allerdings nicht nur eine Präzisierung der Sprache, sondern die Umwandlung in ein grundsätzlich andersartiges Informationssystem. Möglicherweise sind Steger später ähnliche Bedenken gekommen, denn er erklärt 1967 (in Sprache der Gegenwart 1, S. 264), daß er diese Schlußfolgerungen teilweise nicht mehr anerkenne.

»Umgangssprache« gebräuchlich ist. Das schließt nicht aus, daß die beiden Begriffe von Exaktheit auf einer höheren Ebene doch noch auf einen Nenner gebracht werden können und daß schließlich auch ein Computer mit »umgangssprachlichen« Problemen fertig wird. Es ist gut, an die Warnung des amerikanischen Logikers Goodman zu denken: die Linguistik befinde sich etwa in dem Stadium, in dem die Physik noch mit elementarer Arithmetik auszukommen meinte. (Nach Revzin in: Word 19. 388ff. 1963) Vorerst gilt es noch bei der Klärung umgangssprachlicher Probleme einen Satz aus dem Schluß des Vortrags von B. Hassenstein zu beherzigen: »Verachtet mir die Umgangssprache nicht!«, und vor allem ist darauf zu achten, daß Begriffe, die den Schwerpunkt des Gemeinten bezeichnen, nicht durch gleichlautende definierende Begriffe ersetzt werden, die nur zum Teil mit den »umgangssprachlichen« übereinstimmen. Gar zu leicht gibt es sonst Verwechslungen, und man untersucht etwas anderes, als man eigentlich untersuchen wollte. So scheint es mir auch geraten, den »umgangssprachlichen Begriff« »Umgangssprache« nicht vorschnell durch einen »exakteren« zu ersetzen.

10.1   Die geistesgeschichtlichen Grundlagen der Stilforschung

Besonders im vorangehenden Kapitel, aber auch schon früher, ist die Auffassung hervorgetreten, daß die Umgangssprache eine Stilschicht sei. Danach wäre es zu erwarten, daß der »Umgangssprache« in der Stilforschung eine wesentliche Rolle zufallen müsse. Die Wirklichkeit sieht anders aus. Die Lehre von den »Stilschichten« oder »Stilarten« beruht – wie
gezeigt worden ist – auf der Lehre von den genera dicendi der Rhetorik,
die aus der Antike über das Mittelalter bis zu Gottscheds »Redekunst«
und Adelungs Buch »Ueber den deutschen Styl« die Leitlinie geblieben
ist, wenn auch in vielfach verwandelter Form. Aber auch in dieser Hinsicht hat sich das Urteil seit Herder und Grimm zum mindesten in den
Kreisen der Wissenschaft geändert. Mit der »lateinischen« Grammatik ist
auch die »lateinische« Rhetorik in Mißkredit geraten. An die Stelle der
Überzeugung, daß guter Stil in seinen wesentlichen Zügen lehrbar sei, ist
der Glaube getreten, daß guter Stil aus den Wesenseigentümlichkeiten der
Sprache eines Volkes erwachsen müsse, daß die Wurzeln des dieser Sprache gemäßen Stils in der eigenen Sprachvergangenheit lägen. Charakteristisch für den neuen Standpunkt ist die oben (Abschn. 6.3) zitierte Auffassung Konrad Burdachs, daß es unmöglich sei, zu einem guten deutschen Stil anzuleiten, wenn man dem Schüler nicht einige Kenntnis von
der historischen Entwicklung unserer Sprache und deren älterer Gestalt
durch Lektüre altdeutscher Denkmäler verschaffe.
  Die neuere Stilforschung – und nicht nur die des deutschen Sprachraums[324] – hat sich dieser Einstellung entsprechend von der rhetorischen
Tradition gelöst und sich der Untersuchung von Ausdrucksleistungen einzelner Sprachformen zugewandt. Wenn die alten Stilschichten heute noch
eine Rolle spielen, so geschieht das zum größeren Teil außerhalb der im
Rahmen der germanistischen Wissenschaft betriebenen Stilforschung. Diese selbst ist bestrebt, von Grund auf neu anzufangen und zu fragen, was
denn eigentlich Stil sei. Die Bemühungen um eine Antwort auf diese Fra-

---

[324] Vgl. Wolfgang Kayser, Das sprachliche Kunstwerk, Bern und München 8. Aufl. 1962, Kapitel IX, Der Stil, A. Der Begriff des Stils, S. 271ff.

ge müssen auch erkennen lassen, wie weit das Problem der Umgangssprache in das Blickfeld der neueren Stilforschung kommt.

Die Suche nach einer befriedigenden Definition des Begriffs »Stil« verläuft allerdings nicht ermutigend. So schreibt z. B. P. Beyer vor über 30 Jahren:

> Trotz gründlicher Untersuchungen über den Stilbegriff durch Utitz, Volkelt und Wallach u. a. ist völlige Klarheit, besonders hinsichtlich seiner Abgrenzung, nicht geschaffen. Jede Aesthetik, jede Kunstdisziplin, jede Stiluntersuchung arbeitet mit ihrer besonderen Definition von Stil. – (Reallexikon der dt. Literaturgeschichte hg. von P. Merker und W. Stammler, Bd. 3, 1. Aufl. 1928/29, S. 300)

In der Zwischenzeit ist aber keineswegs eine größere Klarheit erreicht worden. Stattdessen hat die Zahl von Arbeiten mit jeweils besonderen Definitionen noch zugenommen. Immerhin gibt es Versuche, Überblicke über die auf dem Gebiet sprachlicher Stilistik relevanten Hauptauffassungen zu geben, die wenigstens eine vorläufige Orientierung erlauben, so z. B. bei E. L. Kerkhoff.[325] Hier seien die von ihr zitierten Definitionen ohne den Textzusammenhang wiedergegeben.

Stil bedeutet danach

> bei *Oskar Walzel* »Sprachkunst, schlechthin«,
> bei *Wilhelm Schneider* »Darstellungsart im allgemeinen«,
> bei *Julius Petersen* »unbewußte Technik, eingeborene Gestaltungsgabe und ausgebildeter Formsinn«,
> bei *Ernst Elster* »tief innerliches Verfahren des Schaffenden«,
> bei *Wolfgang Kayser* »die Formungskräfte dieser Welt und ihre einheitliche, individuelle Struktur«,
> bei *Herbert Seidler* »die durch die Sprache erwirkte, bestimmt geartete Gemüthaftigkeit eines Sprachwerks«. (Vgl. S. 15)

Auffällig ist bei dieser Reihe geschickt ausgewählter Kurzdefinitionen (die zitierten Autoren definieren meist mehrfach in variierender Formulierung), daß sie meistenteils das sprachliche Kunstwerk und nicht die Sprache des Umgangs im Blickpunkt haben. Das gilt auch für die Definition, die Kerkhoff anschließend selbst gibt:

> Wir sehen Stil als das in den Einzelheiten eines Werkes Übereinstimmende, die Einheit in der Vielheit, welche sich bei aller Variation im einzelnen gleichbleibt. (Kerkhoff, Stilistik, S. 15)

Aber sie betont doch immer wieder in ihrer Darstellung, wenn auch meist nur in einem Nachtrag, daß das Gesagte »auch für nichtliterarische Texte« gelte. Sie kommt damit übrigens zu einem recht ähnlichen Ergebnis wie der vorher genannte P. Beyer, der schließlich sagt:

> Wir sprechen von »Stil« an solchen Gegenständen, wenn wir uns einer einheitlich wirkenden «*Wiederkehr*» von Ausdruckselementen bewußt werden, die wir als Erscheinung wohl beschreiben, als Tatsache aber nicht beweisen können. (Beyer, Stil, S. 300)

---

[325] Emmy L. Kerkhoff, Kleine deutsche Stilistik, Bern und München 1962.

Dieses Wiederkehrende kann nach Beyer durch »das Kunstwerk selbst«, durch den »Geist seines Schöpfers« bedingt sein, daneben kann Stil aber u. a. auch »als Ausdruck kollektiv-individuellen Schöpfertums mit überwiegender Gleichheit der geistigen Physiognomie« gesehen werden. Dazu erläutert er:

> Hierher gehört grundlegend der Nationalstil (z. B. der deutschen Prosa i[m] Geg[ensatz] zur französischen) oder der Zeitst[il] besser der St[il] eines Kulturkreises. (Beyer, Stil, S. 301)

An dieser Stelle ergibt sich immerhin ein gewisser Ansatz, auch solche Erscheinungen in die Betrachtung einzubeziehen, die in den vorher besprochenen Abhandlungen als umgangssprachlich bezeichnet worden sind. Das geschieht auch bei einigen der von Kerkhoff erwähnten Autoren wenigstens in der Form von Seitenblicken. Entsprechende Arbeiten sollen deshalb im folgenden berücksichtigt werden (Seidler, Kayser, Schneider). Aber im Grunde geht es der modernen Stilistik wie der alten Rhetorik vor allem um bewußt geformte Sprache, und Umgangssprache ist einmal mehr »das andere«, das gerade nicht untersucht wird, doch gelegentlich am Rande erwähnt werden muß.

Etwas mehr als die eben erwähnte Stilforschung, die sich im wesentlichen als ein Teil der Literaturwissenschaft darstellt, zielen solche Arbeiten in den Problembereich der Umgangssprache, die nicht nur Kunstwerke analysieren wollen, sondern auch auf alltäglichere Aufgaben gerichtet sind. Diese Ausrichtung ergibt sich, wenn deutsche Stilistik nicht als Stilistik der Muttersprache, sondern für Ausländer im Rahmen des Fremdsprachenunterrichts betrieben wird. Der Blick auf den Ausländer kann hier wie in der Wortforschung zur Beachtung »umgangssprachlicher« Probleme zwingen (vgl. den Abschn. über E. Riesel). In ähnlicher Weise auf praktische Fragen gerichtet sind naturgemäß jene Werke, die Deutsche zu einem guten deutschen Stil erziehen wollen. Doch ist die Verbindung solcher Werke zur germanistischen Forschung in der Regel nur schwach. Bezeichnenderweise ist der Unterricht im deutschen Aufsatz im vorigen Jahrhundert noch großenteils von Lateinlehrern wahrgenommen worden. Jedenfalls blieb er bis zu R. Hildebrand abhängig von der – vielfach mißverstandenen – antiken Rhetorik,[326] und auch danach konnte er sich kaum auf germanistische Forschung stützen. Kennzeichnend ist, daß selbst für die jüngste Zeit kein Germanist, sondern ein Mann der Wirtschaft als repräsentativer Vertreter der praktischen Stillehre zu nennen ist (L. Reiners). Es scheint mir geboten, auch seine Arbeit zu berücksichtigen.

In neuester Zeit mehren sich – analog zu Bestrebungen auf dem Gebiet der Grammatik – die Bemühungen, auch Stilistik als exakte, quantifi-

---

[326] Vgl. Bukowski, Hermann: Der Schulaufsatz und die rhetorische Sprachschulung. Diss. Masch. Kiel 1956, sowie: Bukowski, Hermann Hinrich† und Hans Georg Herrlitz: Die rhetorische Überlieferung und der deutsche Schulaufsatz. In: Paedagogica Historica V, 2/VI, 1, Gent 1965/66.

zierende Wissenschaft zu betreiben. Als Stilart wird dabei eine charakteristische Häufigkeit in der Auswahl der »sprachrichtigen« Elemente verstanden. Unter diesem Aspekt kann wiederum manches, was sonst »Umgangssprache« genannt wird, als Stilart erscheinen. Deshalb wird auch eine Arbeit dieser Art im folgenden zu besprechen sein (W. Winter).

Weiterhin wird darauf zu achten sein, ob neue Varianten im terminologischen Gebrauch des Wortes »Umgangssprache« anzutreffen sind.

10.2   »Umgangssprache« als sozial bedingte Stilerscheinung (Herbert Seidler)

Unter den neueren deutschsprachigen Autoren gilt Herbert Seidler mit seinem Buch »Allgemeine Stilistik«[327] als wesentlicher Vertreter der wissenschaftlichen Stilforschung. Er schreibt über seine in diesem Buch verwirklichte Absicht im Vorwort:

> Mein Ziel war nun, eine wissenschaftliche Grundlage für die Erforschung des Sprachkunstwerks im weitesten Sinn, also für die Literaturwissenschaft, ausschließlich von der Sprache her zu gewinnen. (Seidler, Stilistik, S. 7)

Das Ziel ist also die Literaturwissenschaft, der eigentliche Untersuchungsgegenstand aber die Sprache allgemein. Sie wird jedoch nicht als Ganzes betrachtet, sondern es ist – wie gleich im ersten Satz der Einführung betont wird – »nur vom Stil der Sprache die Rede«. Dieser wird folgendermaßen definiert:

> Stil ist die im Sprachwerk durch den Einsatz aller Sprachkräfte erwirkte Gestaltung des Menschlichen in seiner Weite und Tiefe. (Seidler, Stilistik, S. 58)

Stil manifestiert sich also nach Seidler im »Menschlichen« oder, mit seinem älteren Terminus ausgedrückt, in der »Gemüthaftigkeit« seiner Sprachäußerung. Die Erfüllung von Normvorschriften ist aber nicht geeignet, die Entfaltung des Menschlichen in der Sprache zu bewirken. Und so wendet sich Seidler konsequenterweise gegen alle Auffassungen, die das Normative als das Kennzeichnende des Stils bezeichnen, und damit gegen die Gleichsetzung von Normbegriff und Stil, die – wie er erklärt – »der Dialektik des 'guten Stils' und allen entsprechenden Lehrbüchern zugrunde gelegt« sei. Auch Reiners wirft er vor, daß dieser »schöne Form gleich angemessene Form, damit Stil gleich Darstellungsweise« setze. Ebenso stellt sich Seidler bewußt in einen Gegensatz zu den aus rhetorischer Tradition überkommenen Stilbegriffen, jedoch nicht ganz: Das Pathos des Redners läßt er als stilistisches Element gelten (S. 6). Das ändert aber nichts daran, daß die früher erwähnten Vorstellungen über Stilschichten und die Auffassung Seidlers sich recht fremd gegenüberstehen.

---

[327] Ich beziehe mich auf die 2. Aufl. 1963.

314

Dennoch gibt es gewisse Verbindungen: Die Sachdarstellung enthält nach Seidlers Definition keine Stilwerte. Daß sich im Sprachkunstwerk Stilwerte nach dieser Definition finden, braucht nicht betont zu werden; doch es gibt auch außerhalb dieses Bereiches Erscheinungen, die sich der Definition fügen. Seidler sagt selbst:

> ... besonders in der gesprochenen Sprache des Alltags sind Stilwerte eingebaut und daher erforschbar. (Seidler, Stilistik, S. 70)

Damit ist ein Sprachbereich angesprochen, der immer wieder mit dem Begriff »Umgangssprache« bezeichnet wird. Eine gewisse Entsprechung ist vor allem zur Schichteneinteilung bei Klappenbach / Steinitz zu beobachten. Die Sachdarstellung fügt sich zur gefühlsneutralen Normalsprache, die gehobene Sprache zur Sprache des Sprachkunstwerks, und die durch den »Einbau« von Stilwerten charakterisierte gesprochene Sprache des Alltags paßt zu der an der Gefühlsbeteiligung erkennbaren (saloppen) Umgangssprache. Es ist jedoch wichtig zu bemerken, daß Seidler hier keine Schichten sieht. Die Sachdarstellung steht für ihn nicht zwischen Alltagssprache und Sprachkunstwerk, sondern ist eine Erscheinung außerhalb dieser Bereiche, sie »stellt ... eine im Lauf der Sprachentwicklung erst herausdifferenzierte Form dar« (S. 41), die Seidler sogar als kulturbedrohend empfindet: »Nimmt die Sprache als Sachdarstellung in einem Kultur- (besser schon: Zivilisations–)bereich überhand, so besteht die Gefahr, daß ihre andern Kräfte, damit das Menschliche ganz verlorengehen. Besonders Dichter erleben das mitunter bitter und klagen darüber«. So erscheint die Sprache des Alltags zwar als ein Bereich, in dem Stil vorkommt, aber nicht als eine Stilschicht. Die Schichtenvorstellung ist Seidler dennoch nicht ganz fremd. Sie taucht bei ihm in dem Abschnitt über »Die sozialen Stilwerte« (S. 256ff.) auf. Allerdings ist die Schichtenordnung auch hier nicht die Grundordnung, von der er ausgeht. Er spricht zunächst von »Stil und Lebensgemeinschaften«, dann von »Stil und Bildungsgemeinschaften«. Die angesprochenen Gruppen, zu denen u. a. religiöse und beruflich bedingte Gemeinschaften (»Lebensstände«) gehören, lassen sich durchaus nicht alle in eine Folge vertikal angeordneter Schichten bringen. Aber unter den erfaßten Gruppierungen kommt er schließlich auf »Bildungs- und Gesellschaftsschichten, wobei nun das Wort Bildung mehr den Bereich zur Schau gestellter Gebildetheit meint«. Dazu sagt er dann näher:

> Das prägt sich natürlich wieder in allen Sprachbereichen aus, ist aber besonders deutlich in Wortschatz und Wortfügung und arbeitet mit an der Ausbildung der sogenannten Stilebenen. (Seidler, Stilistik, S. 263)

Bemerkenswert ist dabei, daß auch diese Erwähnung von Ebenen durch das Wort »sogenannt« eingeschränkt wird. Seidler mißt ihnen dementsprechend eine recht begrenzte Bedeutung zu. Als Beispiel für ihre Funktion wählt er die Einstellung zur natürlichen Scham:

315

Nirgends ist die sprachliche Gestaltung so sehr sozial gebunden wie in diesen Bereichen. Daher werden gerade hier die feinsten gesellschaftlichen Unterschiede der Einstellungen zu diesen Bereichen in die sprachliche Gestaltung mit eingehn und in ihr dauergeprägt werden; also deutliche Entfaltung sozialer Stilwerte: Frau und junger Mann, Preziösentum und Dirnentum, Gassenpöbel und vornehmes Menschentum, Prüderie und anständige Natürlichkeit, Zimperlichkeit und fratzenhafte Grobheit, das alles und noch andere Unterschiede finden im Sprachlichen ihren Niederschlag. (Seidler, Stilistik, S. 264)

Auffallend ist, daß ein Thema herausgegriffen worden ist, das in der Sammlung von Küpper eine zentrale Rolle spielt. Meine oben vorgebrachte Auffassung, daß in jenem Wörterbuch eher eine Zusammenstellung gesellschaftlicher Tabubereiche als eine eigenständige Sprachform erfaßt sei, findet damit eine Stütze. Allerdings verwendet auch Seidler das Wort »Umgangssprache« gerade im Zusammenhang mit den eben besprochenen »sozial bedingten Stilerscheinungen«:

So kann die Sprache das Gehaben verschiedenster Gesellschaftskreise gestalten und dadurch im Vernehmen lebendig werden lassen, z. B. Argot, leicht gefärbte Umgangssprache in vornehm tuenden Gesellschaften. Bestimmte Fremdworte prägen die Haltung reservierter Bildungs-Einbildung. (Seidler, Stilistik, S. 265)

Diese Worte sind – wie die meisten Ausführungen Seidlers – deutlich nicht auf die Spracherscheinungen für sich selbst, sondern auf deren Verwendung in Sprachkunstwerken bezogen. Deshalb bleibt vieles über die Erscheinungen selbst ungesagt. Ergänzend zum Vorstehenden ist noch zu vermerken, daß die hier erwähnten Stilwerte für Seidler nur in einer engen Gruppe von Dichtwerken, nämlich den »Dichtungen, die eindeutig auf der Gefühlshaltung einer bestimmten Gesellschaftsklasse aufbauen«, eine Rolle spielen, während sie in Dichtungen »allgemein-menschlicher, nicht gesellschaftsbezogener Haltung« nicht so in Erscheinung treten.

Im übrigen kennt auch Seidler Stilarten, aber sie sind anderer Art als die der Rhetoriker. Es handelt sich dabei nicht um Fächer, sondern um eine Reihe polarer Begriffspaare:

    I. Dichter oder flacher Stil
   II. Unmittelbarer oder enthobener Stil
  III. Schlichter oder entfalteter Stil
  IV. Harmonischer oder gespannter Stil
   V. Ruhiger oder bewegter Stil
  VI. Aufblühender oder zusammengezogener Stil

Nach diesen Kriterien können auch Texte aus dem sprachlichen Alltag beurteilt werden, die ja meistens als umgangssprachlich eingestuft werden. Aber es dürfte schon ohne eine nähere Erläuterung der oben aufgeführten Termini deutlich sein, daß verschiedene Texte aus diesem Sprachbereich nach diesen Kriterien durchaus verschieden eingeordnet werden müßten. Es ist nach Seidlers terminologischem Gebrauch keinesfalls möglich, »Umgangssprache« – wie immer man den Begriff auch definieren mag – als eine Stilart oder Stilebene zu bezeichnen.

10.3　　»Umgangssprache« als umwelt- und zweckbedingte Variante ei-
　　　　ner Sprache (Wolfgang Kayser und sein Verhältnis zur Stilauffas-
　　　　sung bei Charles Bally)

Zunächst sollte man erwarten, daß eine Veröffentlichung, die den Titel
»Das sprachliche Kunstwerk« trägt, in ihrer Blickrichtung stärker auf den
literarischen Gegenstand beschränkt sei als eine »Allgemeine Stilistik«
und daß hier deshalb weniger über »umgangssprachliche« Stilistik zu erfahren sei. Dennoch zielen einige Abschnitte in Wolfgang Kaysers so be-
titeltem Buch ausdrücklicher auf umgangssprachliche Erscheinungen, als
es das eben besprochene Buch Seidlers tut, und zwar handelt es sich dabei
nicht einmal um jene Abschnitte, in denen − einleitend zum Kapitel »Stil« −
ein Überblick über die Stilforschung unseres Jahrhunderts gegeben wird,
sondern um spätere Gedankengänge, die abgehandelt werden, nachdem
bereits der »Werkstil« als eigentlicher Untersuchungsgegenstand dieses
Buches herausgestellt worden ist. Allerdings hat Kayser die Stilauffassung, die hier den Zugang zur Umgangssprache öffnet, schon im vorgenannten Überblick über die Stilforschung erwähnt, und zwar unter dem
Titel »Stilistik der Sprachwissenschaft«. Dem so überschriebenen Abschnitt geht einer über »Veraltete Stilistik und Normative Stilistik« (d. h.
Rhetorik und Lehre vom richtigen Schreiben) vorauf, es folgt eine Stellungnahme zur These »Le Style c'est l'homme même« (betreffend die Münchner Schule und die psychoanalytische Stilistik) und endlich noch ein Abschnitt über »Stilforschung unter dem Einfluß der Kunstwissenschaft«.
Unter allen erwähnten Stillehren erscheint für Kayser die im Abschnitt
über »Stilistik der Sprachwissenschaft« aufgeführte von Charles Bally als
am fruchtbarsten für die Betrachtung eines Werkstils. Für diese sei »Umgangssprache« der entscheidende Ausgangspunkt. (Hier folge ich zunächst dem Wortgebrauch Kaysers; anschließend wird zu untersuchen
sein, was hinter der Übersetzung »Umgangssprache« bei Bally selbst
steht).
　　In seinen späteren Ausführungen stellt Kayser »Werkstil« und »Stil der
Umgangssprache« einander gegenüber. Das ist für ihn möglich, weil er
sich folgender Definition des Werkstils anschließt, die er nach Vorgang
von Herder, Goethe und K. Ph. Moritz besonders von A. W. Schlegel entwickelt und angewendet sieht:

> Der Stil eines Werkes ist die einheitliche Perzeption, unter der eine dichterische
> Welt steht; die Formungskräfte sind die Kategorien bzw. Formen der Perzep-
> tion. (Kayser, Sprachliches Kunstwerk, S. 290)

Von hier aus kommt er als grundlegend für die Einheit der Perzeption zum
Begriff der Haltung, den er als unentbehrlich für die Stilforschung hervorhebt (S. 291). Jede Sprachäußerung, die Einheit der Perzeption, also eine
einheitliche Haltung, erkennen läßt, hat nach dieser Auffassung Stil, und

so kann Kayser sagen: »Jede Sprache hat Stil« (S. 295), und daraus ist die folgende Aussage verständlich, die u. a. Seidlers Auffassung widerspricht:

> Wie die Meinung abzulehnen war, daß Stil nur Ausdruck einer menschlichen Persönlichkeit sein könne, so ist auch die noch engere abzulehnen, daß Stil nur der Ausdruck der emotionalen Seelenkräfte sein könne, wie man in jüngeren Arbeiten bereits lesen kann. (Kayser, Sprachliches Kunstwerk, S. 289)

Von diesem Standpunkt aus sieht Kayser mit Bally die Möglichkeit, Umgangssprache und dichterische Sprache in Entsprechung zueinander zu sehen:

> Bally hat mit Nachdruck die Verwandtschaft der dichterischen Sprache mit der »langue de la conversation« betont, »qui est ... l'aspect affectif de la langue usuelle«. An einem Beispiel zeigt er den Unterschied zwischen dem »langage usuel et banal« und der affektiven Sprache. Da diese affektive Umgangssprache aber aus der Literatur hergeholt ist, aus einem Drama, kann das Beispiel auch in unserem Zusammenhang dienlich sein ... (Kayser, Sprachliches Kunstwerk, S. 298)

Bally selbst macht in diesem Zitat einen Unterschied, der beim Gebrauch des deutschen Wortes »Umgangssprache« nicht gemacht zu werden pflegt. Es ist nicht ganz klar, welchen französischen Begriff Kayser hier mit »Umgangssprache« wiedergeben will. Ist es »la langue usuelle« oder deren affektiver Aspekt, »la langue de la conversation«? Dabei ist aber zu beachten, daß dies nicht alle Begriffe bei Bally sind, die im Deutschen als »Umgangssprache« übersetzbar sind und übersetzt werden. Es kommen noch »la langue parlée« und »l'expression familière« hinzu. Für Kayser ist diese Unterscheidung nicht notwendig. In dem anschließend besprochenen Beispiel treffen die genannten Momente alle zusammen. Aber auch Bally sieht diese Aspekte in engem Zusammenhang. Bei ihm heißt es:

> Nous avons vu ... qu'il faut entendre par *langue parlée* dans le sens restreint, ou *langue de la conversation*, dont on peut caractériser le côté stylistique en l'appelant *expression familière*. (Bally, Traité, S. 249)

An anderer Stelle erklärt er noch näher zur »*langue* dite *parlée* ou *langue de la conversation*«:

> ... ce mode d'expression comporte à son tour de nombreuses variétés, depuis le ton simplement *familier*, qui en est le caractère essentiel, jusqu'à la langue dite *populaire*, l'expression *vulgaire* et *l'argot* le plus grossier. (Bally, Traité, S. 225)

Mit »langue parlée« ist also nicht nur ein Funktionsbereich gekennzeichnet. Es ist gleichzeitig etwas Soziales mit erfaßt und eine Art der Fähigkeit, unmittelbar auf die Einbildungskraft des Vernehmenden zu wirken (»produire des effets par évocation«). Das unterscheidet sie von der »langue commune«, verbindet sie aber in gewissem Sinne mit der »langue dite ›écrite‹«, die sich auf entsprechende Weise, doch in anderer Richtung von der »langue commune« unterscheidet. Die »langue parlée« und die »langue écrite« sind »deux domaines opposés de l'évocation«. Darin besteht auch die von Bally betonte und von Kayser unterstrichene Verwandtschaft zwischen dichterischer Sprache und Umgangssprache. Andererseits ist hier bereits die Einteilung zu erkennen, die später von Klappenbach und Steinitz für den Aufbau ihres Schichtenmodells benutzt worden ist. Ansätze zu einer Schichtenbildung sind zwar auch bei Bally zu finden, aber er will seine Einteilung nicht zu starr verstanden wissen:

> Nous répétons que ce premier classement est fort incomplet; c'est un cadre à remplir; mais c'est dans ce cadre et autour de la langue commune que doivent être étudiées les langues des milieux et les effets par évocation. (Bally, Traité, S. 225)

Allerdings unterscheidet sich die sprachwissenschaftliche Zielsetzung Ballys schon in dem Bestreben, zu einer Einteilung zu kommen, von der (literaturwissenschaftlichen) Wolfgang Kaysers. Kayser sagt im Hinblick auf die von ihm vorgeführten Textproben:

> Noch einmal zeigt sich der Unterschied der Betrachtungsweisen: für Bally sind die Proben nur wichtig, weil sie deutlich die Mittel der affektiven Sprache zeigen und man so mit ihrer Hilfe zu einer »Vue d'ensemble sur les moyens indirects affectifs« der Sprache gelangt. Für die Erforschung des Werkstils läge das Ziel zunächst in der Ermittlung der Haltung, die hier wieder durch die personale Fixierung erleichtert ist. Und während für Bally gleichgültig ist, wie umfangreich und vollständig die herausgegriffenen Stellen sind, müßte die Analyse des Werkstils zunächst die ganze Rolle zu erfassen suchen und sie darüber hinaus als Teil des ganzen Werkes sehen. (Kayser, Sprachliches Kunstwerk, S. 299)

Für den Literaturwissenschaftler Kayser ist das literarische Werk das Bezugssystem, zu dem alle stilistischen Beobachtungen in Beziehung gesetzt werden müssen, für den Sprachwissenschaftler Bally ist es eine ganze Sprache. Aber der Unterschied ist zu einem wesentlichen Teil nur ein Unterschied des Umfangs. Kayser sagt selbst:

> Die stilistische Ausdeutung einer ganzen Sprache unterscheidet sich ... zunächst nur durch die Größe des Beobachtungsmaterials von der stilistischen Deutung eines Werkes. (Kayser, Sprachliches Kunstwerk, S. 128)

Zu dieser Auffassung hat ihn u. a. die folgende Beobachtung geführt:

> Es ist kein Zufall, daß es oft Ausländer sind, die eine Nationalsprache als Stil deuten ... Im Vergleich, der sich dem Ausländer immer aufdrängt, hebt sich das Besondere einer Sprache am deutlichsten heraus, und das Besondere verheißt die schnellsten Rückschlüsse auf den in einer Sprache waltenden Geist. (Kayser, Sprachliches Kunstwerk, S. 127)

Hiernach scheint »Stil der Sprache« sich weitgehend mit dem zu decken, was die Sprachinhaltsforschung als ihren Gegenstand faßt, wenn sie mit Schmidt-Rohr die »Sprache als Bildnerin der Völker«[328] sieht oder Leo

---

[328] So der Titel der Erstauflage des Buches, das in der zweiten Auflage den Titel »Mutter Sprache« bekommen hat.

Weisgerber nach dem »Weltbild der deutschen Sprache« fragt.[329] Kayser zieht offenbar diese Konsequenz, indem er in seinen Literaturangaben »Die innere Form des Deutschen« von H. Glinz unter der Überschrift »Stilistik der Sprachwissenschaft« einordnet. Glinz aber versteht sein Buch selbst, wie der Untertitel sagt, als »Eine neue deutsche Grammatik«, und bei Weisgerber ist das nicht viel anders. (Vgl. u. a. seinen Aufsatz »Grammatik im Kreuzfeuer« W.W. I 1950/51, S. 129–139, Wiederabdruck in »Das Ringen um eine neue deutsche Grammatik« S. 4–20.) Nach alledem erscheint es so, als könnten sich Stil einer Sprache (Stil einer »langue«) und Grammatik einer Sprache (System einer »langue«) decken. Diese Anschauung aber verträgt sich nicht mit der Auffassung vieler Strukturalisten, die Stil als eine in der »langue«, d. h. im System einer Sprache, nicht erfaßbare Erscheinung auffassen[330] und ihn der individuellen Anwendung der Sprache (»parole«) zuordnen. Bei dieser Verwirrung der Anschauungen ist es aufschlußreich, die Auffassung des de Saussure-Schülers und Mitherausgebers seines »Cours de linguistique générale«, Charles Bally, zu hören. Bei ihm sieht es folgendermaßen aus:

> Ainsi la stylistique ... ne saurait être historique ... Il faut le répéter: les moyens d'expression sont entre eux dans un état de relativité; ils ne forment pas un *ensemble* par leur nombre; mais un *système* par leur groupement et leur pénétration réciproque; les symboles linguistiques n'ont de *signification* et ne comportent d'*effet* qu'en vertu d'une réaction générale et simultanée des faits de language, qui se limitent et se définissent les uns par les autres. (Bally, Traité, S. 21f.)

Es ist kein Zweifel: Stilistik bezieht sich bei Bally nicht auf die *Realisierung* eines Sprachsystems (»parole«), sondern sie ist *Teil* eines synchronischen Systems (Bestandteil einer »langue«), und zwar eines Systems der expressiven Mittel einer Sprache (d'un idiome particulier [langue maternelle ou langue étrangère] ... d'une période déterminée de l'évolution de cet idiome), demgegenüber die Grammatik ein System der formalen Mittel einer Sprache umschreibt. Das sind beachtenswerte Gesichtspunkte. Dennoch haben sie ihre Schwäche. Sie wird klar bei dem unter anderem von Kayser gegebenen Hinweis, daß nämlich gerade Abweichungen vom Normalen (das vom System repräsentiert wird) stilistisch wirken, und zwar gerade im Sinne Ballys: Manches Wort, manche Fügung erhält erst durch eine vom Üblichen abweichende Anwendung den expressiven Gehalt, der eine stilistische Betrachtung herausfordert. Kayser weist aber auch auf die

---

[329] Vgl. den Titel seines zweibändigen Werkes »Vom Weltbild der deutschen Sprache«, Düsseldorf 1950.
[330] Vgl. als Beispiel den folgenden Schluß, den L. Kufner am Ende seiner oben (Abschn. 7.5.3) besprochenen Arbeit zieht: »Es verbleiben bei der Zusammenstellung von Äußerungen der Münchner Stadtmundart drei Gebiete, die sich einer exakten Analyse entziehen: (1) die Auslese der freien Morpheme (Wörter) eines Satzes, (2) die Besetzung von Position 1 bei Aussagesätzen (T-2), (3) die Verteilung der Druckverhältnisse und die Wahl des Intonationstyps (P-1). Wir schließen daraus, daß diese drei Fragen nicht mehr zum Untersuchungsbereich der Grammatik gehören, sondern zur Stilistik der Mundart.« (S. 106).

Problematik des Gesichtspunktes der Abweichung hin: »denn, was ist das 'Übliche'?« so fragt er, und etwas später erklärt er zu diesem Problem:

> Jeder kann an sich selbst die Erfahrung machen, daß er, wie einen anderen Wortschatz, so auch andere Satzfügungen gebraucht, je nachdem er zu den nächsten Angehörigen, zu Freunden, zu Unbekannten u. s. f. spricht oder, auch das in verschiedensten Höhenlagen, schreibt. Es kommt hier nicht auf die Zahl und die Typen der Sprachschichten an. In allen Sprachen besteht, mehr oder wenig deutlich faßbar, ein grundsätzlicher Unterschied zwischen Schriftsprache und Umgangssprache, um zwei rohe Typen herauszugreifen. (Kayser, Sprachliches Kunstwerk, S. 131)

Es scheint, dem Textzusammenhang nach, erlaubt, das als »Sprachschichten« Bezeichnete mit den »langues des milieux« bei Bally (s. o.) zu identifizieren oder mit Gruppensprachen. Stilistische Effekte können dabei durch die Übertragung von Elementen, die im einen Milieu üblich sind, in ein anderes Milieu, in dem sie nicht üblich sind, entstehen. In diesem Zusammenhang verlangen also auch soziologische Gesichtspunkte Beachtung. Bei Bally und Kayser werden wichtige Verbindungen zwischen Stil und Grammatik sowie den funktionalen Varianten einer Sprache sichtbar. Es wird klar, daß verschiedene Bedeutungsvarianten des Begriffs »Umgangssprache« für das Spannungsfeld zwischen diesen Sprachbereichen wichtig sind. Die Gedanken dieser beiden Autoren können deshalb auch für spätere Ausführungen in dieser Arbeit nützlich sein.

10.4   »Umgangssprache« als noch nicht in der »Grammatik« erstarrter Sprachgebrauch (Wilhelm Schneider)

Im vorausgehenden Abschnitt ist bereits die Frage nach der Beziehung von »Stil« und »Grammatik« zueinander als wichtig für das Problem der Umgangssprache hervorgetreten. Unter diesem Aspekt muß man von einem Werk, das den Titel »Stilistische deutsche Grammatik« trägt, weitere Aufschlüsse erwarten können. In der Tat weist das Buch dieses Titels, das Wilhelm Schneider geschrieben hat, in seinem Register eine ganze Reihe Seitenangaben unter dem Stichwort »Umgangssprache« auf. Unter keinem anderen Stichwort finden sich so viele Stellenverweise. Das ist von seiner Konzeption her allerdings nicht selbstverständlich, denn Schneider befaßt sich gar nicht mit gesamtsprachlichen Problemen, bei denen die Beschäftigung mit der Umgangssprache – wie die Arbeit Ballys zeigt – besonders naheliegt. Sein Untersuchungsfeld ist vielmehr ausschließlich die Literatur. Von seinen Sprachbeispielen sagt er:

> Sie sind mit wenigen Ausnahmen aus der deutschen Literatur seit Lessing genommen, vorzugsweise aus Schriften des 19. und 20. Jahrhunderts. Prosa und Versdichtung sind dabei ungefähr im gleichen Umfang berücksichtigt. – (Schneider, Stilistische Grammatik, S. VIII)

Selbst in diesem Rahmen geht es Schneider nicht etwa darum, Abweichungen vom Üblichen aufzuspüren, die ebenfalls gern als umgangssprachlich bezeichnet werden. Im Gegenteil: Ausgehend von dem vielzitierten Wort Leo Spitzers, daß Grammatik nichts als gefrorene Stilistik sei, erklärt er:

> Die gefrorene Stilistik wieder aufzutauen, ist der Leitgedanke dieses Buches. Daher nennt es sich Stilistische Grammatik. Wenn alle Sprachmöglichkeiten, die in der Grammatik gebucht sind, ursprünglich aus einem Ausdruckswillen hervorgegangen sind, dann muß in jeder, auch in einem scheinbar belanglosen Bindewort, ein Ausdruckswert vorhanden sein, der ausfindig gemacht werden kann. (Schneider, Stilistische Grammatik, S. VI)

Von diesem Grundgedanken ausgehend, untersucht er – der Einteilung der traditionellen Grammatik folgend – »die Stilwerte der Wortarten, der Wortstellung und des Satzes«. Dabei geht es ihm um den »Ausdruckswert«[331] als Kennzeichen für stilistische Wertigkeit. Er steht damit der Stilauffassung Ballys und Seidlers – und auch der der Münchener Schule, zu der Leo Spitzer zu zählen ist – näher als derjenigen, die L. E. Kerkhoff als die Schneiders herausstellt (»Darstellungsart im allgemeinen«). Die Grammatik ist für Schneider repräsentiert durch die dem Regelsystem einer Sprachform genau entsprechenden Äußerungen, die keine aktuelle Stilwertigkeit aufweisen. Die »Grammatik« ist also fast wie in der mittelalterlichen Rhetorik an die Stelle gerückt, die anderweitig die »Normalsprache« oder die »langue commune et usuelle« einnimmt. Wenn die Literatursprache diesem neutralen Bereich gegenüber als ein Anwendungsgebiet der Sprache gefaßt wird, in dem in der Grammatik erstarrte Stilwerte reaktiviert werden, dann könnte man – in Anlehnung an Gedanken von Bally und Seidler – die Umgangssprache demgegenüber als einen Bereich ansehen, in dem diese Stilwerte noch nicht erstarrt sind. Tatsächlich gibt es bei Schneider Beispiele, die dieser Vorstellung entsprechen, so dies:

> Es sei noch angemerkt, daß das Demonstrativpronomen, besonders *dieser*, auch lediglich Ausdruck eines gefühlshaltigen Urteils sein kann. Man trifft es vor allem vor Personennamen an. In der Umgangssprache ist seine Verwendung in diesem Sinne gang und gäbe ... (Schneider, Stilistische Grammatik, S. 171)

Als umgangssprachliche Wendung ist dazu der Ausruf »Nun sieh mal einer an! Dieser Müller!« angeführt, als literarisches Beispiel ein Satz aus Schillers Drama »Die Piccolomini«: »Dieser Illo, fürcht ich, / Denkt noch viel schlimmer als er spricht.«

Jedoch gehen die stilwertigen Abweichungen von der grammatischen Norm, die Schneider an Sprachäußerungen aus der Literatursprache einer-

---

[331] Vgl. dazu auch: Schneider, Wilhelm: Ausdruckswerte der deutschen Sprache. Leipzig und Berlin 1931, 2. Aufl. Darmstadt 1968, wo er der »Umgangssprache« und mit ihr der Mundart einen »niedrigen« Ausdruckswert zuschreibt: »Trotz dem durch Mundartforschung und Volkskunde allgemein verbreiteten Besserwissen kann sich das Sprachgefühl schlecht dagegen wehren, die Mundart und die mundartlich gefärbte Umgangssprache als Entstellungen des Hochdeutschen und als niedrig zu empfinden«. (Schneider, Ausdruckswerte, S. 163)

seits und der Umgangssprache andererseits aufweist, nicht immer in die gleiche Richtung. Das wird im folgenden deutlich:

> Wichtig ist jedoch, daß die Kasusformen, besonders der Genitiv, Seltenheitswert bekommen haben, nachdem Mundart und Umgangssprache immer mehr den Gebrauch der Präposition vorziehen und die Schriftsprache ihnen darin langsam folgt. Und wie sonst häufig im Leben und in der Sprache wird das Seltene höher geschätzt. Der Genitiv ist heute geradezu eine vornehme Kasusform. (Schneider, Stilistische Grammatik, S. 301)

Hier stehen die Umgangssprache und die Schriftsprache als Repräsentanten der stilistisch neutralen Grammatik gemeinsam einem »vornehmen« literarischen Gebrauch gegenüber.

Aber nicht nur eine in der Umgangssprache seltene und darum auffällige Erscheinung kann im literarischen Gebrauch stilwertig werden. Auch eine in umgangssprachlichem Gebrauch ganz geläufige und darum unauffällige Fügung kann in literarischem Gebrauch Stilqualität bekommen. Das zeigt das folgende Beispiel. Es geht dabei um »die Häufung des *und* in der Sprache des Kindes und des sprachlich ungeschulten Volkes.« Von ihr heißt es:

> Diese schlichte gehäufte *Und*-Verbindung, für die Polysyndeton eine zu anspruchsvolle Bezeichnung ist, begegnet im Märchen, in volkstümlichen Erzählungen und Schriften, die, bewußt im Märchen, in volkstümlichen Erzählungen und Schriften, die, bewußt oder unbewußt, gelegentlich oder durchgängig, sich auf der Ebene der Kinder- oder Umgangssprache bewegen. (Schneider, Stilistische Grammatik, S. 34)

Schneider verweist dazu auf Grimms Märchen, Hebels Schatzkästlein und Schäfers Anekdoten.

Die eben erwähnte Fügungsart wird also von Schneider als für literarischen Sprachgebrauch untypisch gefaßt, und ihr wird deshalb ein besonderer Stilwert zugesprochen. In den beiden zuletzt genannten Fällen wird die stilistische Wirkung im Grunde durch die Ausnutzung einer Spannung zwischen dem Sprachgebrauch zweier Anwendungsbereiche einer Sprache erzielt. Synchronische Beziehungen zwischen den Teilbereichen einer Sprache sind hier entscheidend. Im folgenden Beispiel geht es um ein diachronisches Phänomen, und zwar um die Annäherung der Literatursprache an die Umgangssprache:

> In der erzählenden Prosa z. B. ist von den Romanen des Barocks und Wielands über Goethe, Keller und Fontane bis zum impressionistischen Roman im allgemeinen eine Abnahme der langen Perioden zugunsten der kurzen Sätze zu beobachten, und auch der Gegenwartsroman, der weithin unter dem Einfluß der Umgangssprache steht, liebt die Kurzsätzigkeit. (Schneider, Stilistische Grammatik, S. 34f.)

In diesem Zitat zeigt sich, daß Literatursprache und Umgangssprache nicht so grundsätzlich einander gegenübergestellt werden können, wie es bei synchronischer Betrachtung moderner Verhältnisse den Anschein haben kann. Verschiedene literarische Zeitströmungen können der Umgangssprache strukturverwandt oder strukturfremd sein.[332]

Wichtig ist bei den vorstehenden Beobachtungen an Schneiders Buch, daß deutlich wird, wie Literatursprache, Umgangssprache und Normalsprache (Grammatik im Sinne Schneiders) sich in ihrer stilistischen Wirkung gegenseitig bedingen, daß also gewisse stilistische Erscheinungen nicht allein aus der Betrachtung eines dieser Bereiche als eines in sich geschlossenen Systems erfaßt werden können. Diese Feststellungen lenken den Blick auch auf die eigentlich selbstverständliche Tatsache, daß die Literatur – in einigen Epochen mehr, in anderen weniger – Sprachelemente aufnimmt, die nicht im engeren Sinne literatursprachlich zu nennen sind, so daß es nicht möglich erscheint, durch mechanische Bearbeitung von Literaturerzeugnissen »die Literatursprache« zu ermitteln. Es ist vor der Bearbeitung zu prüfen, ob die einzelnen im literarischen Text vorliegenden Sprachäußerungen als übereinstimmend mit literarischer Sprachhaltung oder als abweichend davon gemeint sind. Andererseits können literarische Werke auf Grund dieser Tatsachen auch Hinweise für die Umgangssprache ergeben. Denn das Verhältnis als umgangssprachlich erscheinender Sprachteile zur literarischen Haltung des übrigen Textes läßt sich leichter übersehen und darum besser erfassen als das Verhältnis verschiedener Spracherscheinungen im sprachlichen Alltag zueinander. Es ist – zumindest hypothetisch – anzunehmen, daß umgangssprachliche Elemente als Stilelemente in Literaturwerken nur dann richtig verstanden werden können, wenn die hier gezeichneten Verhältnisse denen der Wirklichkeit im wesentlichen entsprechen. Deshalb erscheint es erlaubt, die in Literaturwerken aufgezeichneten Beziehungen zwischen dem Sprachgebrauch in verschiedenen Lebensbereichen als Spiegelungen der Wirklichkeit zu verstehen. Allerdings darf nicht mit genauen Abbildern der Wirklichkeit gerechnet werden; denn Dichtung ist verwandelte Wirklichkeit. Darum kann erst eine Einzelinterpretation eines literarischen Werkes darüber entscheiden, in welchem Maße und in welcher Hinsicht es als Repräsentant einer wirklichen Sprachform oder eines Gefüges wirklicher Sprachformen gewertet werden kann.

---

[332] Besonders deutlich läßt sich diese Tatsache am Widerspiel und Zusammenspiel literarischer und mundartlicher Elemente in Mundartdichtungen ablesen. Vgl. U. Bichel: Volkstümliche und zeitliterarische Elemente in neuerer niederdeutscher Mundartdichtung. In: Jahrbuch des Vereins für niederdeutsche Sprachforschung 80, 1957, S. 107-130.

10,5 »Umgangssprache« als »Baumaterial des Umgangssprachstils« (Elise Riesel)

Weniger festgelegt auf die literaturwissenschaftliche Betrachtungsweise des Stils als die bisher besprochenen Werke ist Elise Riesels »Stilistik der deutschen Sprache«.[333] Sie ist im Verlag für fremdsprachige Literatur in Moskau erschienen und sichtlich mit Blick auf die Bedürfnisse russischer Studierender der deutschen Sprache und Literatur abgefaßt worden. Diese Sicht zwingt dazu, nicht allein die Literatursprache zu beachten; denn für die Deutsch lernenden Studenten ist nicht nur die Sprache der schönen Literatur, sondern auch die der Sachliteratur und die im Gespräch übliche Sprache wichtig. So steht Riesels Buch zwischen wissenschaftlicher und praktischer Stillehre. Für Fragen der Umgangssprache ist das ein äußerst günstiger Ausgangspunkt. Das erweist sich sogleich im ersten Absatz dieses Buches:

> Die Tatsache, daß die Sprache ganz verschiedenen und immer komplizierteren Sphären der menschlichen Tätigkeit als Verständigungsmittel dienen muß, führt zwangsläufig zur Vervollkommnung ihres Systems, zu einer funktionalen und expressiven Differenzierung ihrer Ausdrucksmöglichkeiten. Mit Entwicklung der Gesellschaft bilden sich zahlreiche *Verwendungsweisen* der Sprache heraus, ein weit verzweigtes Netz von Stilen, die untereinander in steter Wechselbeziehung stehen. (Riesel, Stilistik, S. 9)

Dieser umfassenden Betrachtungsweise sucht auch die anschließende Stildefinition gerecht zu werden:

> Unter Stil verstehen wir demnach die historisch veränderliche, funktional und expressiv bedingte Verwendungsweise der Sprache auf einem bestimmten Gebiet menschlicher Tätigkeit, objektiv verwirklicht durch eine zweckentsprechend ausgewählte und gesetzmäßig geordnete Gesamtheit lexischer, grammatischer und phonetischer Mittel. (Riesel, Stilistik, S. 9)

Etwas später wird Stil noch einmal kurz als »zweckmäßig gestaltete Sprache« charakterisiert (S. 11). Diese Definition geht – verglichen mit denen von P. Beyer und L. E. Kerkhoff – mehr von praktischen als von ästhetischen Gesichtspunkten aus. »Stil« ist hier wesentlich weiter gefaßt als bei allen vorher genannten Autoren. Charakteristisch ist die Betonung des Funktionalen. Diese funktionale Betrachtungsweise erlaubt die Herausstellung einer Reihe funktionaler Stile. Als solche funktionalen Stile könnte man auch die alten Stilarten der Rhetorik betrachten. Riesel geht jedoch nicht von diesen »genera dicendi« aus, die auf Verhältnissen der Antike beruhen und infolgedessen von veralteter Zweckbestimmung geprägt sind, sondern sie gewinnt ihre funktionalen Stile vor allem in Auseinandersetzung mit den Auffassungen moderner russischer Forscher. Aber auch hier

---

[333] Riesel, Elise: Stilistik der deutschen Sprache. 2. Aufl. Moskau 1959. Ich zitiere nach dieser Auflage. Inzwischen ist eine 3., leicht umgearbeitete Auflage erschienen (auf dem Titelblatt jedoch als 2., durchgesehene Auflage bezeichnet. Moskau 1963).

sind noch keine sicheren Positionen gewonnen. Über eine Diskussion in der Fachpresse in den Jahren 1954/55 berichtet sie:

> Wie die öffentliche Aussprache zeigte, gehört die Frage der Stilklassifikation zu den schwierigsten Problemen der Stilkunde. Nach dem heutigen Stand der stilistischen Forschungsarbeit läßt sich noch keine befriedigende Lösung geben (was aber durchaus nicht gegen die reale Existenz von funktionalen Stilen überhaupt spricht). (Riesel, Stilistik, S. 12)

Anschließend bietet E. Riesel ihren eigenen Entwurf, in dem sie für die neuere deutsche Sprache folgende funktionalen Stile unterscheidet:

> I. Stil des öffentlichen Verkehrs
> II. Stil der Wissenschaft
> III. Stil der Publizistik und der Presse
> IV. Stil des Alltagsverkehrs
> V. Stil der schönen Literatur

Stilistische Erscheinungen, die keine funktionale Grundlage haben, bezeichnet sie als »Stilfärbungen«. Diese werden »durch ihr Verhältnis zur literarischen Norm und durch ihren emotionalen Gehalt« gekennzeichnet. Die Norm bietet dabei die »einfach literarische Stilfärbung«, die durch »Nullexpressivität« charakterisiert ist. Darüber findet sich die »gehobene, gewählte Stilfärbung«. Über absteigende Stufung schreibt. E. Riesel:

> Die einfach-literarische Stilfärbung geht in die literarisch-umgangssprachliche über, sobald sie eine gewisse Auflockerung in der Verwendung der sprachlichen Ausdrucksmittel zuläßt. Die literarisch-umgangssprachliche Stilfärbung ist gekennzeichnet durch Vorherrschen der Alltagslexik, durch gelegentliche Entlehnung aus den Ortsdialekten.... (Riesel, Stilistik, S. 26)
> Die literarisch-umgangssprachliche Stilfärbung geht in die familiär-umgangssprachliche und vulgäre über, sobald sich in ihrer Lexik und Phraseologie die Zahl der Vulgarismen verstärkt ... Sie steht, ebenso wie die geschwollene Stilfärbung, schon außerhalb der Norm. (Riesel, Stilistik, S. 27)

Das Verhältnis der funktionalen Stile zu den Stilfärbungen bezeichnet E. Riesel mit dem Begriff »Stilnormen«:

> Die Stilnormen differenzieren also die Verwendung der allgemeinen Sprachnormen nach funktionalen und semantisch expressiven Momenten. Sie geben an, welche lexikalischen, grammatischen und phonetischen Normen zu diesem oder jenem Zeitpunkt im wissenschaftlichen Stil zulässig sind, im Stil des Amtsverkehrs, im Stil des Alltagslebens usw. usf.; sie bestimmen, welchen Spracherscheinungen zu diesem oder jenem Zeitpunkt einfach-literarische oder gehobene Stilfärbung eigen ist, welchen hingegen umgangssprachliche (vom Literarisch-Umgangssprachlichen über das Familiäre zum Groben). (Riesel, Stilistik, S. 44)

»Umgangssprachliches« ist also nicht – wie etwa bei J. H. Campe — einem Fach bzw. einem funktionalen Stil fest zugeordnet, sondern es stellt eine Stilfärbung innerhalb der funktionalen Stile dar. Allerdings besteht eine besondere Affinität zu einem dieser funktionalen Stile. An einer Stelle wird betont: »Die literarisch-umgangssprachliche Färbung ist kennzeichnend für den Stil des Alltagsverkehrs«, und später (S. 445) wird sogar angemerkt, daß der Stil des Alltagsverkehrs auch »Alltagsstil, Umgangssprachstil« genannt werde.

Dieses sind die Wesenszüge, die E. Riesel für den Alltagsstil (oder Umgangssprachstil) verzeichnet:

1. Ungezwungene, lockere Gesamthaltung beim Sprechen,
2. Emotionalität und subjektive Bewertung der Aussage,
3. Konkretheit, Bildhaftigkeit, Schlichtheit und Dynamik,
4. Hang zu Humor, Spott und Satire,
5. Hang zur Umständlichkeit einerseits und zur Kürze andererseits.

Hier, bei der Kennzeichnung des Umgangssprachstils – und nicht etwa bei der Kennzeichnung der Umgangssprache – kommt E. Riesel weitgehend mit den von H. Wunderlich herausgestellten Kennzeichen der Umgangssprache überein.[334] Im übrigen betont sie, daß »nicht etwa ... das Vorhandensein von Dialektismen in Wortschatz und Grammatik, auch nicht die Verwendung von Vulgarismen, Argotismen und Jargonismen aller Art« als ausschlaggebend für die »linguistische Charakteristik des Alltagsstils« angesehen werden könnten.

Aber »Umgangssprache« taucht noch in einem anderen Zusammenhang auf, nämlich folgendermaßen:

> Das Bindeglied zwischen der streng genormten Literatursprache und den Ortsdialekten bildet die Umgangssprache (literarische Umgangssprache und mundartlich gefärbte Umgangssprache). (Riesel, Stilistik, S. 43)

Doch auch diesen Wortgebrauch weiß E. Riesel systematisch einzugliedern. Sie schreibt »über die gegenseitige Abgrenzung der Begriffe Umgangs*sprache* und Umgangssprach*stil*«:

> Die Umgangssprache, diese zwischen Literatursprache und Dialekten stehende Erscheinungsform der Nationalsprache, bildet die real existierende Grundlage, das Baumaterial des Umgangssprachstils. Der Umgangssprachstil ist die zu bestimmten Zwecken ausgewählte und nach bestimmten Gesetzmäßigkeiten angeordnete Verwendungsweise der Umgangssprache im Alltagsverkehr. (Riesel, Stilistik, S. 446)

Von E. Riesel sind die verschiedenen Gebrauchsweisen des Wortes »Umgangssprache« und die damit bezeichneten sprachlichen Erscheinungen auf eine Art in Zusammenhang gebracht worden, die auf den ersten Blick völlig überzeugend wirkt. Aber die angegebenen Beziehungen sind nicht allgemeingültig: Es kann auch rein mundartliche Alltagssprache geben,

---

[334] Merkwürdig ist allerdings, daß E. Riesel nicht an dieser Stelle, sondern in Anmerkungen zu ihrem Begriff der mundartlich gefärbten Umgangssprache, der die Stellung *zwischen Literatursprache und Dialekt* bezeichnet, auf Wunderlich verweist, für den Umgangssprache *gesprochene Sprache* ist. Ebensowenig passend erscheint es, daß sie in demselben Zusammenhang auch Küpper heranzieht, für den die Umgangssprache im *nichtschriftfähigen Teil der Gesamtsprache* besteht.

und auch eine mundartfreie Alltagssprache ist nicht undenkbar. Allerdings zieht sich E. Riesel darauf zurück, daß es ihr nicht darauf ankomme, alle Erscheinungen zu erfassen:

> Ohne auf soziale Differenzierung in der Alltagsrede kleiner gesellschaftlicher *Sonder*schichten einzugehen, soll hier der Umgangssprachstil der großen Massen, d. h. der werktätigen deutschen Bevölkerung, besprochen werden. (Riesel, Stilistik, S. 446)

Damit ist an die Stelle einer vorurteilslosen Prüfung der sprachlich relevanten soziologischen Verhältnisse das Dogma von der Einheitlichkeit der »großen Massen der werktätigen Bevölkerung« getreten. Hier ist die wissenschaftliche Grenze E. Riesels.

Wenn der Entwurf von Elise Riesel aus den oben angegebenen Gründen auch nicht ganz befriedigen kann, so ist andererseits doch nicht zu verkennen, daß sie von gesamtsprachlichen Zusammenhängen mehr als die meisten anderen Autoren erfaßt hat. Der Umstand, daß die von ihr angesetzten Zusammenhänge zwischen der Stilfärbung »Umgangssprache«, dem »Umgangssprachstil« und der »mundartlich gefärbten Umgangssprache« keine Allgemeingültigkeit beanspruchen können, darf nicht dazu verführen, ihre Konzeption in Bausch und Bogen zu verwerfen. Es ist nicht zu verkennen, daß die aufgezeigten Bezüge mit einem gewissen Regelmaß zu beobachten sind, ohne daß sie jedoch in jedem Einzelfall vorhanden sein müßten. Danach kann man annehmen, daß das Gefüge einer Gesamtsprache zu einem Teil von typischen, aber nicht zwingend notwendigen Bezügen zwischen den Gefügeteilen geprägt ist. Mit Hilfe dieser Annahme dürfte sich manche Unklarheit im terminologischen Gebrauch des Begriffs »Umgangssprache« erklären lassen; sie gibt überdies den Hinweis, daß es notwendig sein dürfte, zwischen zwangsläufigen und nur typischen Zusammenhängen im gesamtsprachlichen Gefüge zu unterscheiden.

10.6 »Umgangssprache« als Vorbild und Gefahr für guten Stil (Ludwig Reiners)

Hauptvertreter der normativen Stilistik des Deutschen ist gegenwärtig Ludwig Reiners. Er verfolgt mit seinen Veröffentlichungen also nicht wissenschaftliche, sondern spracherzieherische Ziele. So nennt er sein umfangreiches Buch »Stilkunst« im Untertitel »Ein Lehrbuch deutscher Prosa«, seiner Stilfibel gibt er den Namen »Der sichere Weg zum guten Deutsch«; aber auch in seinem als Einleitung zum »Stilduden« abgedruckten Aufsatz »Vom deutschen Stil« geht es darum, wie man schreiben soll, nicht darum, wie geschrieben oder gesprochen wird. In diesem Zusammenhang setzt sich Reiners mit der Forderung »Schreibe, wie du sprichst!« auseinander, und dabei kommt er auf das Thema »Umgangssprache«:

Sollen die Menschen wirklich genau so schreiben, wie sie sprechen? Es kommt darauf an, wer der Sprecher ist.

Die Umgangssprache hat neben vielen Vorzügen bestimmte Schwächen: Die Formen der Wortbeugung sind bei ihr stärker abgeschliffen. Sie kennt keinen Wesfall (Genitiv); sie verschmäht die Möglichkeitsform (Konjunktiv). Sie verwendet fast nie den Bezugsatz (Relativsatz) oder ersetzt ihn gar durch das unschöne *der Mann, wo*. Sie läßt oft einzelne Worte oder Sätze weg (*Karl hat Blut gespuckt, damit du's weißt*, es fehlen dazwischen *ich sage dir's*); sie wiederholt sich oft, weil der Sprecher Zeit braucht, um seine Gedanken zu entwickeln.

Nicht diese Fehler wollen wir von der Umgangssprache erben. Wenn die Umgangssprache als Vorbild dienen soll, so meinen wir eine Sprache, die nur die Vorzüge, nicht die Schwächen des Alltagsdeutschs aufweist, eine Sprache, die stilistisch so lebendig ist wie geredetes Deutsch (Reiners, Stilkunst, S. 234f.; fast gleichlautend: Reiners, Stilfibel, S. 149).

Es wird also keineswegs eine Definition von Umgangssprache versucht. Immerhin werden zwei Charakteristika gegeben: 1. handelt es sich um Alltagssprache und 2. um gesprochene Sprache. Aus diesem nur sehr vage bezeichneten Bereich werden Sprachelemente herausgesucht, die für schriftlichen Stil gut erscheinen. Die Angaben über die Eigenart der Umgangssprache sind teils grammatischer, teils stilistischer Art. Damit ist über die stilistische Qualität der Umgangssprache noch nicht viel gesagt. Aber an anderer Stelle findet sich etwas mehr, und zwar unter der Überschrift »Stil-Schicht«, also unter dem Gesichtspunkt, der schon für die Rhetorik entscheidend war. Reiners sagt dazu:

Man kann also z.B. unterscheiden die dichterische Sprache gefühlsbetonter Prosa,
die Sprachebene der Bibel,
die Sprachschicht der Festredner und Ansprachen,
die Papiersprache der Amtsstuben,
die Sprachebene der Wissenschaft,
die Stilschicht der gepflegten Erzählung,
das Alltagsdeutsch des Umgangs,
die Sprachebene des Gassenjargons,
das Gaunerrotwelsch.
Aber diese Angaben stellen nur Beispiele dar. Oft hat auch ein einzelnes Wort einen bestimmten Beigeschmack. Die Übergänge zwischen den einzelnen Stilschichten sind unmerklich. Es wäre willkürlich und unfruchtbar, das Netz eines Systems auf dies fließende Wasser zu legen. (Reiners, Stilfibel, S. 104)

Reiners lehnt es ab, ein festes System zu konstruieren. Und obgleich er von Schichten spricht, scheint es nicht so, als wolle er mit der Anordnung der Ebenen untereinander eine Rangfolge ausdrücken. Der Wechsel im Ausdruck auch innerhalb dieser Aufstellung mag zum Teil vom Bestreben des Stilisten bestimmt sein, die Lebendigkeit über die Genauigkeit des Ausdrucks zu stellen, dennoch vermute ich, daß die Begriffsvariationen nicht ganz willkürlich eingesetzt sind. Es scheint mir bezeichnend, daß »Stilschicht« nur einmal vorkommt, nämlich bei der gepflegten Erzählung, die Reiners vor allem zu lehren sucht, während bei Festrednern und Ansprachen allgemeiner von »Sprachschicht« die Rede ist und dreimal der ebenfalls allgemeinere Begriff »Sprachebene« gebraucht wird. In dem Unterschied der Bezeichnungen scheint doch auch ein gewisser Unterschied in der Art des Bezeichneten eine Rolle zu spielen. Nicht jeder genannte Bereich hat in gleicher Weise Schichtcharakter. – Merkwürdig ist, daß Reiners trotz seiner Ablehnung, ein System von Stilschichten zu entwickeln, feststellt: »Instiktiv wählt jedermann in solchen Fällen das richtige Wort«. Es muß also im praktischen Sprachgebrauch ein solches System von Stilwertigkeiten geben, das genau funktioniert, das also – wie alles Sprachliche – erlernbar ist und deshalb auch wissenschaftlich erfaßbar sein müßte. Aber die normative Stilistik kann ebensowenig wie die normative Grammatik derartige Systemzusammenhänge erfassen. Auch sie kann nur durch den Tadel eines anderweitig üblichen Sprachgebrauchs auf die Existenz anderer »Sprachdistrikte« hinweisen und durch die Richtung des Tadels ein wenig zu deren Charakteristik beitragen.

10.7   »Umgangssprache« als nach Stilformen untergliederte Normalform der deutschen Sprache (Werner Winter)

In völlig anderer Weise als alle bisher im Rahmen der Stilforschung besprochenen Autoren nähert sich W. Winter seinem Gegenstand. Er möchte »Stilarten anders als rein intuitiv indentifizieren« und sucht deshalb nach quantitativen Methoden, die das erfassen könnten, was man intuitiv als Stilart zu bezeichnen gewohnt ist. Zudem möchte er ausschließlich mit »linguistischen Methoden« arbeiten, d. h. mit solchen, »die sich sprachliche Form und nichts als sprachliche Form zunutze machen.« Dieser Zielsetzung entsprechend ist Winters Definition abgefaßt:

> Es läßt sich sagen, daß eine Stilart gekennzeichnet ist durch eine Gruppierung wiederkehrender Selektionen, die unter nicht obligatorischen Teilen einer Sprache vorgenommen werden.[335]

Diese Definition erinnert an die P. Beyers,[336] der »Stil« als »einheitlich wirkende ’Wiederkehr’ von Ausdruckselementen« faßt. Allerdings äußert Beyer die Überzeugung, daß man Stil »als Erscheinung wohl beschreiben,

---

[335] Winter, Werner: Stil als linguistisches Problem. In: Sprache der Gegenwart 1, Düsseldorf 1967, S. 219–235; Zitat S. 223. Diese Definition stellt die Übersetzung einer eigenen Formulierung Winters aus dem Englischen dar. Diese lautet: »A style may be said to be characterized by a pattern of recurrent selections from the inventory of optional features of language« (In: Winter, Werner: Styles as dialects. In: Proceedings of the Ninth International Congress of Linguists, Cambridge, Mass., 1962, The Hague 1964, S. 324). Winter selbst gibt der englischen Formulierung den Vorzug, vor allem wegen der Schwierigkeit »pattern« adäquat zu übersetzen. – Zuerst veröffentlicht wurden Winters Untersuchungen in folgendem Aufsatz: Winter, Werner: Relative Häufigkeit syntaktischer Erscheinungen als Mittel zur Abgrenzung von Stilarten. In: Phonetica 7, 1961, S. 193–216.
[336] Vgl. das Zitat im einleitenden Abschnitt dieses Kapitels (10.1).

als Tatsache aber nicht beweisen« könne. Winter jedoch unternimmt gerade dies: die Erscheinung des Stils als Tatsache zu beweisen. Er geht davon aus, daß sich die charakteristische Wiederkehr von Selektionen als statistische Häufigkeit fassen läßt. Es kommt also eine statistische Untersuchung in Frage. Aus der Entscheidung für statistische Methoden resultieren Forderungen an das Material und an die in der Untersuchung berücksichtigten Merkmale. Winter sagt dazu:

> Welche Fragen an die Texte heranzutragen sind, läßt sich im voraus nicht sagen. In der Theorie ist es natürlich so, daß alle nichtobligatorischen Erscheinungen eine Untersuchung verdienen; Voraussetzung ist, daß die relative Häufigkeit ihres Auftretens groß genug ist. In der Praxis kommen andere Überlegungen hinzu. Es ist wichtig, daß sich eine bestimmte Fragestellung in verhältnismäßig kurzer Zeit bewältigen läßt, denn für ein weitgehend statistisches Verfahren ist es unabdingbar, daß eine große Menge Text erfaßt werden kann. (Winter, Stil S. 228f.)

Durch diese Anforderungen wird das Untersuchungsmaterial auf im weitesten Sinne literarische Texte beschränkt, denn für die Auswertung mündlichen Sprachgebrauchs stehen »Aufzeichnungen tatsächlich gesprochener Sprache« vorerst nicht in genügend großem Umfang zur Verfügung. So fällt jener Bereich für die Untersuchung aus, den Winter in seiner ersten Veröffentlichung zu diesem Thema im engeren Sinne als »umgangssprachlich« bezeichnet. Näher erläutert er:

> Erst wenn das gesamte umgangssprachliche Textgut solcher Aufnahmen wie der nicht dialektischen Teile der Sammlungen des deutschen Spracharchivs (E. Zwirner) oder des Projektes von A. Pfeffer in Umschrift vorliegt, werden Untersuchungen wirklich gesprochener Sprache sich in dem hier gewählten Umfang durchführen lassen können. (Winter, Stilarten, S. 197)[337]

Eingeschränkt wird außer dem Untersuchungsmaterial auch der Kreis der für eine Untersuchung in Frage kommenden Merkmale. So fallen z. B. lexikalische Unterschiede als Kriterien aus, weil sie »ganz allgemein nur eine äußerst geringe Texthäufigkeit haben«. Dagegen eignen sich »syntaktisch bestimmte Klassen« besonders gut für diese Art von Untersuchung.

Es ist klar, daß sich auf diesem Wege keine vollständigen Beschreibungen von Stilarten erzielen lassen und daß sich so auch kein vollständiges Verzeichnis der Unterschiede zwischen zwei Stilarten erarbeiten läßt. So weit hat Winter sein Ziel auch nicht gesteckt. Er möchte »Stilarten als Dialekte« fassen; genauer gesagt ist für ihn »eine Stilart eine Sonderform eines Sozialdialekts«. Und diese Stilarten versucht er nun analog zum Verfahren der Mundartgeographie als durch Isoglossen bzw. Isoglossenbündel getrennte Einheiten zu erweisen.

Zur Untersuchung stellt Winter bestimmte Gruppen von Texten zusammen, nämlich: Bühnenprosa, erzählende Prosa, berichtende Prosa, wissen-

---

[337] Zum Begriff der Umgangssprache bei E. Zwirner und A. Pfeffer vgl. den Abschnitt 11.4 der vorliegenden Arbeit.

schaftliche Prosa. Später werden in der erzählenden und in der berichtenden Prosa noch die Dialoge gesondert bearbeitet. An Hand dieses Materials wird nun festgestellt: 1. mit welcher Häufigkeit das Subjekt die erste Postition in »konstatierenden Hauptsätzen« einnimmt, mit welcher Häufigkeit ein Adverbiale,[338] 2. wie lang durchschnittlich die Satzabschnitte sind (d. h. praktisch, wie häufig finite Verbformen vorkommen), 3. mit welcher Häufigkeit Hauptsätze und Nebensätze festzustellen sind.

Im Vergleich der verschiedenen Textgruppen ergeben sich Frequenzgegensätze, die Winter »mit voneinander abweichenden Eigenschaften von 'Rede' und 'Schreibe' in Verbindung« bringt. Er unterscheidet sie in seinem ersten Aufsatz als »zwei Stilformen der deutschen Umgangssprache«. Dabei repräsentiert die Bühnenprosa am klarsten die »Rede« und die wissenschaftliche Prosa am klarsten die »Schreibe«. Die »Rede« eröffnet den Hauptsatz relativ häufig mit dem Subjekt, selten mit einem Adverbiale, sie bedient sich relativ zur »Schreibe« kurzer Satzabschnitte und zeigt (von Ausnahmen abgesehen, die in der Eigenart bestimmter Texte begründet sind) häufiger die Parataxe als die »Schreibe«.

Winter kommt also zu einer ähnlichen Gegenüberstellung wie schon H. Wunderlich (vgl. Abschnitt 7.3.1), verwendet aber nicht »Umgangssprache« als zentralen Terminus. »Umgangssprache« bzw. »umgangssprachlich« wird von Winter nur im Aufsatz von 1961 und dort nicht einheitlich gebraucht. Zunächst umschreibt der Terminus im Sinne der Mundartforschung »nichtdialektische« gesprochene Sprache und an späterer Stelle – wie neuerdings aus philosophischer Sicht üblich – die gesamte, d. h. Schrift und Rede umfassende, natürliche Sprache. In der neuesten Veröffentlichung wird der Terminus und damit seine Mehrdeutigkeit vermieden. Zum Begriffsgebrauch bieten Winters Arbeiten demnach nichts wesentlich Neues. Auch die einzelnen Befunde sind nicht grundsätzlich neu. Sie entsprechen in den meisten Fällen – wie Winter selbst äußert – dem, was nach intuitivem Urteil zu erwarten war; nur ist dieses Urteil nun durch quantitative Angaben objektiviert worden. Aber gerade die Möglichkeit der Quantifizierung verhilft zu neuen Aussagen über das Problem, das mit Wunderlich als das der Umgangssprache zu bezeichnen ist, und zwar vor allem durch eine Gegenüberstellung deutscher und russicher Verhältnisse zwischen Rede und Schreibe, die Winter zuerst in seinem Vortrag »Styles as Dialects« veröffentlicht hat. Fürs Russische stellt er fest:

> Der Nichtdialog der erzählenden Prosa unterliegt also den gleichen Regeln wie
> der Dialog; eine Übereinstimmung mit der wissenschaftlichen Prosa, wie sie uns
> im Deutschen begegnete, gibt es folglich nicht ... Literatursprache ist im Russi
> schen also in allen untersuchten Punkten der Sprache der 'Rede' ähnlich oder
> gleich. ... (Winter, Stil, S. 234)

---

[338] Ich weise hier lediglich auf die von Winter als ergiebig herausgestellten Kriterien hin und lasse andere unerwähnt.

Er legt zahlenmäßig nachprüfbares Material vor, das beweist, daß das Verhältnis zwischen mündlichem Sprachgebrauch und Literatursprache im Russischen recht eng ist, während im Deutschen die Literatursprache der wissenschaftlichen Schreibsprache nahesteht. Winter gibt diesem Befund eine historische Deutung:

Hier zeichnet sich ein wichtiger Gegensatz zum Deutschen ab, der greifbare geschichtliche Gründe zu haben scheint. Die Hauptquelle für die Sprache der großen Schriftsteller des 19. Jahrhunderts, angefangen mit Puschkin, ist nicht eine literarische Tradition und nicht die mündliche Tradition einer kultivierten russischsprechenden Gesellschaft , sondern die Redeweise der niederen Schichten. Herr und Frau Rat Goethe sprachen deutsch mit ihren Kindern, Sergej Puškin und seine Gattin nur französisch mit den ihren. (Winter, Stil, S. 234f.)

An dieser Stelle wird besonders deutlich, wie sehr die jeweils als Prototyp einer Nationalsprache angesehene Sprachform von den geistigen und soziologischen Verhältnissen, von den Sprachtraditionen und der Sprachprogrammatik der Entstehungszeit dieses Typus abhängig ist. Es wird weiterhin deutlich, wie fruchtbar Winters Ansatz ist, in Stilarten Sonderformen von Sozialdialekten zu sehen. Dieser Ansatz führt – obgleich die Untersuchung allein mit innersprachlichen Kriterien arbeitet, dazu, die Erscheinungen nicht nur einem unabhängigen Gebilde »Sprache« zuzuordnen, sondern sie in Zusammenhang mit den Sprachträgern, der Sprachsituation und dem Verhältnis zu benachbartem Sprachgebrauch zu sehen.

10.8 Zusammenfassung: Die Umgangssprache als Problem der Stilforschung — Umgangssprache als unliterarischer Sprachgebrauch

Die vorstehend besprochenen Arbeiten lassen erkennen, daß in der Stilforschung die von der Rhetorik überkommene Einteilung in drei Stilschichten, die außerhalb der Stilforschung noch gern zur Charakterisierung der Umgangssprache benutzt wird, weitgehend überwunden worden ist. Auffallend ist bei der neueren Stilforschung, daß sie überwiegend literaturwissenschaftlichen Zielen dienen will und deshalb das Sprachkunstwerk im Auge hat. Stil wird dann im wesentlichen verstanden als bewußt geformte Sprache, während die Umgangssprache als ungeformte (d. h. ungewählte, unbekümmerte, ungepflegte oder nachlässige) Sprache die Alternative dazu darstellt. Umgangssprache ist also auch unter dem Aspekt des Stils vielfach die »andere« sprachliche Erscheinung, die gerade nicht untersucht wird. Dennoch findet Umgangssprachliches aus dieser Perspektive eine gewisse Berücksichtigung, einerseits, weil sich auch im außerliterarischen Bereich geformte Sprache findet (vgl. vor allem Kayser, Abschn. 10,3), und andererseits, weil im sprachlichen Umgang wie im Sprachkunstwerk die Emotionalität eine wesentliche Rolle spielt, die aus dem außerkünstlerischen Schriftsprachgebrauch weitgehend verbannt ist. Dieser letzte Gesichtspunkt muß besonders dort eine Rolle spielen, wo wie bei Seidler die Emotionalität als wesentliches Kriterium für die Stilhaltigkeit einer Sprachäußerung erscheint. Gemeinsam ist den auf literaturwissenschaftliche Ziele gerichteten Stilforschungen, daß umgangssprachliche Erscheinungen nur in einer Auswahl berücksichtigt werden, nach dem Maßstab, welche Bedeutung sie jeweils im Sprachkunstwerk oder im Verhältnis zum Sprachkunstwerk haben. Nach der Eigenart der Umgangssprache und nach dem Geltungsbereich einzelner Erscheinungen innerhalb dieses Gesamtgebietes wird kaum gefragt. Wenn trotzdem gewisse Einblicke in diesen Raum geöffnet werden, so ist das vielfach ein Verdienst von Charles Bally, der an seiner »langue maternelle«, dem Französischen, einen Stilbegriff entwickelt hat, für den nicht das literarische Kunstwerk, sondern die gesprochene Sprache (»la langue parlée«) den charakteristischen Repräsentanten darstellt, so daß seine Untersuchungen ihren Schwerpunkt in einem Bereich haben, der im Deutschen als umgangssprachlich bezeichnet wird. Seine Auffassungen haben vielfach auf die deutsche Stilforschung gewirkt, und zwar auch auf die literaturwissenschaftlich orientierte. Er wird nicht nur von Kayser, sondern beispielsweise auch von Seidler häufig zitiert, und die im Rahmen der Wortforschung besprochene Sprachschichteneinteilung von Klappenbach / Steinitz ist sichtlich von ihm beeinflußt.[339] Wichtig ist die Herausstellung der gefühlsneutralen »langue commune et usuelle« als Orientierungs- und Gliederungspunkt in der Gesamtsprache, der dann bei Riesel, Klappenbach u. a. die »Normalsprache« entspricht, wichtig aber auch, daß Bally diese Sprachform nicht als den wesentlichen Repräsentanten einer »langue« ansieht, sondern stattdessen auf die »langue parlée« verweist, die zwar verschiedenerorts verschieden auftreten kann (»Langues des milieux«), jedoch so etwas wie eine Normalform in der »langue familière« hat. Sie repräsentiert die gefühlshaltige, gesprochene und ungezwungene Sprache, ist also durch das Zusammentreffen mehrerer Charakteristika gekennzeichnet. (Mundartliche Erscheinungen spielen unter diesem Aspekt keine wesentliche Rolle.) Es bleibt offen, wie weit dieser Grundtypus der »langue parlée« empirisch vorzufindende Realität und wie weit ein konstruierter Fluchtpunkt der Sprachbetrachtung ist.

In der deutschen Stilforschung löst sich E. Riesel am weitesten von der einseitigen Bindung an den literarischen Gegenstand. Beachtenswert ist

---

[339] Unter diesen Umständen scheint es mir geboten, die am Französischen gewonnenen Auffassungen Ballys mit in die Betrachtung einzubeziehen, obgleich es mir grundsätzlich ratsam erscheint, an Fremdsprachen gemachte Beobachtungen vorerst nicht zu berücksichtigen, weil nicht von vornherein feststeht, wie weit »Schichtenverhältnisse« oder funktional gebundene Varianten sich bei verschiedenen Sprachen gleichen. Im vorliegenden Fall spricht die Benutzung durch deutsche Autoren für die Übertragbarkeit, und außerdem hat Bally selbst so oft deutsche Beispiele zum Vergleich herangezogen, daß an der Vergleichbarkeit deutscher und französischer Sprachverhältnisse wenigstens für die hier in Frage kommenden Grundzüge kein Zweifel sein kann.

334

ihre zweifache Gliederung nach funktionalen Stilen einerseits und Stilfärbungen andererseits, wobei die verschiedenen Stilfärbungen innerhalb der funktionalen Stile in unterschiedlicher Weise als zulässig erscheinen, so daß eine bestimmte Stilfärbung für einen bestimmten funktionalen Stil als typisch erscheinen kann – wie die umgangssprachliche Stilfärbung für den Alltagsstil (oder Umgangssprachstil) -, während sie sich mit einem anderen funktionalen Stil entweder überhaupt nicht verträgt oder dort nur geduldet erscheint.

In der Zielsetzung der Rhetorik am nächsten ist die normative Stilistik, wie sie von L. Reiners augearbeitet worden ist. Im Unterschied zur traditionellen Rhetorik wird hier aber der Umgangssprache eine vorbildhafte Bedeutung zugesprochen, allerdings nur im Hinblick auf einen Teil ihrer Erscheinungen. Wie in der Rhetorik wird die Beachtung von Stilschichten verlangt, aber statt dreier klar untereinandergeordneter Stilarten wird ein offener Katalog gegeben, bei dem es sich streng genommen nicht um Schichten handelt, sondern – wie bei E. Riesel – um funktionale Stile ohne klare Rangstufung.

Mit Methoden, die modernen Forderungen nach Exaktheit zu entsprechen suchen, nähert sich W. Winter dem Problembereich des Stils. Er sieht Stilarten als Sonderformen sozialer Dialekte an und ermittelt analog zur Praxis der Mundartforschung, jedoch mit statistischen Methoden, »Isoglossen« zwischen Stilarten. Es gelingt ihm dabei, die Grundtypen »Rede« und »Schreibe« mit Hilfe nachprüfbarer Häufigkeitsangaben voneinander zu sondern, also im wesentlichen jene Bereiche, die zuerst Wunderlich als »Umgangssprache« und »Schriftsprache« einander gegenübergestellt hat. Ein Vergleich deutscher und russischer Verhältnisse zeigt, daß die deutsche Literatursprache mehr der »Schreibe«, die russische mehr der »Rede« nahesteht. Damit wird es augenfällig, daß es notwendig ist, derartige »Stilerscheinungen« jeweils im Zusammenhang einer bestimmten Gesamtsprache zu sehen.

11.1   Die geistesgeschichtlichen Grundlagen der phonetischen Forschung

Wie im ersten Teil der vorliegenden Arbeit (insbesondere im Abschn. 3.1)
gezeigt worden ist, spielt die im Umgange gesprochene Sprache als Korrelat zur jeweils beschriebenen, d. h. in den meisten Fällen zu der als mustergültig anerkannten Sprachform, eine gewisse Rolle, seit es überhaupt
in unserer abendländischen Überlieferung Darlegungen über Sprache gibt.
Dabei sind von Anfang an auch phonetische Gesichtspunkte berücksichtigt worden. Für die Art und Weise, in der das bis in die Neuzeit hinein
geschehen ist, ist wiederum die Sicht der rhetorischen Tradition bezeichnend und maßgebend.

In der rhetorischen Lehre kommen phonetische Fragen zur Sprache,
wenn es gilt, Verstöße gegen die Reinheit der vorbildlichen Sprachform
zu ahnden, also im Lateinischen gegen die »virtus« der »latinitas«. Solche
Verstöße werden dem »vitium« des »barbarismus« zugerechnet.[340] Ausgangspunkt der Betrachtung ist dabei immer der korrekte Schriftgebrauch, sind die »Buchstaben« (»litterae«), auf deren normgerechte Aussprache der Schüler zu achten hat, in zweiter Linie wird auch der nicht
in der Schrift ausdrückbare Barbarismus (z. B. von der Norm abweichende Lautquantität) berücksichtigt. Wie sehr unter diesem Aspekt das Verhältnis der anerkannten zum wirklichen Sprachgebrauch, d. h. speziell zu
der von den Schülern im persönlichen Umgange benutzten Sprachform,
als praktischpädagogisches Problem hervortritt, erhellt daraus, daß die
»Beobachtungen der Grammatiker über die (bei den Schülern festgestellten) Barbarismen« als »wertvolle Zeugnisse des 'Vulgärlateins'« herausgestellt werden.[341]

Der rhetorischen Tradition entsprechend werden auch späterhin phonetische Gesichtspunkte bei den Bemühungen um die »puritas« (die »pureté«, die »Reinigkeit«) der vorbildlichen Sprachform berücksichtigt, und
immer wieder fällt dabei der Blick auf im Umgange gesprochene Spra-

---

[340] Lausberg, Handbuch §§ 479–495.
[341] Lausberg, Handbuch § 479.

che. Das ist bereits bei Dantes Suche nach dem »vulgare illustre« unter den italienischen Dialekten deutlich hervorgetreten (vgl. Abschn. 3.2). Im französischen Bereich ist es selbstverständlich, daß für Vaugelas, der den tatsächlichen Gebrauch am Hofe als sprachliches Vorbild preist, die Beherrschung der Schrift nicht genügt, sondern die »bonne prononciation« als »vne partie essentielle des langues viuantes« hinzugehört.[342] Das gleiche gilt für seinen Nachfolger im deutschen Sprachbereich, Adelung, der jener »Sprache des gesellschaftlichen Umganges der obern Klassen«, die für ihn Maßstab des Hochdeutschen ist, nachrühmt, daß sie gegenüber älterem Brauch »in der Aussprache verfeinert« sei.[343] Bei G. A. Bürger spielen in dem besprochenen Aufsatz über Reimkunst phonetische Fragen eine dominierende Rolle. Es ist bemerkenswert, daß in diesem Aufsatz, in dem zum ersten Mal das Wort »Umgangssprache« erscheint, in Auseinandersetzung mit den Ausspracheregeln Adelungs auch erstmals die Termini »Achlaut« und »Ichlaut« geprägt werden.[344]

Für eine heute weit verbreitete Einstellung zu umgangssprachlichen Problemen aus phonetischer Sicht ist es wesentlich, daß in der Zeit nach Adelung nicht mehr der gesellschaftliche Umgang als Repräsentant der mustergültigen Aussprache gewertet worden ist, sondern die Bühnenaussprache. Ein Markstein in dieser Entwicklung sind Goethes »Regeln für Schauspieler« (1803). Einige bezeichnende Sätze aus den ersten Paragraphen dieser Schrift seien hier zitiert:

Dialekt
§ 1. Wenn mitten in einer tragischen Rede sich ein Provinzialismus eindrängt, so wird die schönste Dichtung verunstaltet und das Gehör des Zuschauers beleidigt ...
§ 2. Wer mit Angewohnheiten des Dialekts zu kämpfen hat, halte sich an die allgemeinen Regeln der deutschen Sprache und suche das neu Anzuübende recht scharf, ja schärfer auszusprechen, als es eigentlich sein soll ...
Aussprache
§ 3. So wie in der Musik das richtige genaue und reine Treffen jedes einzelnen Tones der Grund alles weiteren künstlerischen Vortrages ist, so ist auch in der Schauspielkunst der Grund aller höheren Rezitation und Deklamation die reine und vollständige Aussprache jedes einzelnen Worts.
§ 4. Vollständig aber ist die Aussprache, wenn kein Buchstabe eines Wortes unterdrückt wird, sondern wo alle nach ihrem wahren Werte hervorkommen.
...
§ 7. Bei den Wörtern, welche sich auf em und en endigen, muß man darauf achten, die letzte Silbe deutlich auszusprechen; denn sonst geht die Silbe verloren, indem man das e gar nicht mehr hört. Zum Beispiel: folgendem, nicht folgendm
...
§ 8. Ebenso muß man sich bei dem Buchstaben b in acht nehmen, welcher sehr leicht mit w verwechselt wird ... Zum Beispiel: Leben um Leben, nicht Lewen um Lewen.

---

[342] Vaugelas, Remarques, Préface II,5 (vgl. Abschn. 3.3).
[343] Vgl. Abschn. 2.2 und Adelung, Lehrgebäude 1. Bd. S. 82.
[344] Vgl. Abschn. 4.3 sowie Bürger, SW, S. 343 b.

§ 9. So auch das p und b, das t und d muß merklich unterschieden werden. Daher soll der Anfänger bei beiden einen großen Unterschied machen und p und t stärker aussprechen, als es eigentlich sein darf, besonders wenn er vermöge seines Dialekts sich leicht zum Gegenteil neigen sollte.

Deutlich ist die Abhängigkeit dieser programmatischen Schrift von der Tradition der Rhetorik.[345] Charakteristisch ist dabei, daß die »tragische Rede« als Prüfstein des Vorbildlichen dient und daß sowohl Dialekteigenheiten als auch allgemeine Nachlässigkeiten als Fehler gewertet werden, wobei sich nicht überall das eine vom andern trennen läßt. Die Fehler der Schauspieler werden ganz entsprechend getadelt wie die Barbarismen bei den Schülern der Rhetoren, und hier wie dort sind die im Vortrag als Fehler getadelten Erscheinungen im sprachlichen Umgange üblicher und gültiger Gebrauch. Maßstab für die Richtigkeit der Aussprache ist auch bei Goethe der »Buchstabe«. Das Programm fordert damit: Rede nach der Schrift. Im Gefolge von Goethes Bemühungen ist die Bühnensprache zum lautlichen Repräsentanten der Hochsprache geworden. Vor allem gilt das, seit im Jahre 1898 Theodor Siebs mit Vertretern der Bühne und der Germanistik eine Aussprachenorm für die Bühne festgelegt hat. Vom Standpunkt dieser Norm aus wird seither Sprecherziehung getrieben, und ihr folgen die Aussprachewörterbücher. Aus den unterschiedlichen Anforderungen der Bühne und des sprachlichen Umganges ergeben sich Schwierigkeiten auf die beispielsweise bereits H. Paul hingewiesen hat (vgl. Abschn. 6.2). Diese Schwierigkeiten bestimmen die Sicht umgangssprachlicher Probleme sowohl in Büchern zur Sprecherziehung (Winkler) als auch in Aussprachewörterbüchern. (»Siebs«, »Duden-Aussprachewörterbuch«, »Wörterbuch der deutschen Aussprache«.) Neben den normativen Bemühungen um phonetische Fragen hat sich im Laufe des 19. Jahrhunderts die eigentliche phonetische Forschung entwickelt. Sie ist auch den normativen Bestrebungen zugute gekommen: Eine zuverlässige Beschreibung der vorbildlichen Bühnenaussprache wäre ohne sie nicht möglich gewesen. Die phonetische Forschung hat sich erst allmählich von den Vorstellungen gelöst, die aus der Rhetorik überkommen waren. Charakteristisch ist, daß die Lautlehre in J. Grimms »Deutscher Grammatik« noch die Überschrift »Von den Buchstaben« trägt. In der besprochenen Arbeit von Wilhelm Viëtor über die »Rheinfränkische Umgangssprache in und um Nassau« findet sich weit konsequenter eine phonetische Beschreibung der Laute nach ihrer Artikulationsart – nicht zufällig, denn Viëtor gehört zu den Pionieren der phonetischen Forschung (vgl. Abschn. 8.2). Die am naturwissenschaftlichen Vorbild geschulte phoneti-

---

[345] Die von Goethe erhobenen Forderungen waren als Vorschriften für den Redner auch im deutschen Sprachraum und für die deutsche Sprache seit langem geläufig. So führt Irmgard Weithase in ihrem Buch »Zur Geschichte der gesprochenen deutschen Sprache« (Tübingen 1961, S. 67) eine württembergische Kirchenordnung aus dem Jahre 1559 an, die ganz ähnlich wie Goethe fordert, daß »die Syllaben deutlich« und die Wörter »vnterschidlich vnd verstentlich« ausgesprochen, »auch die letzten Syllaben im Mund nit verschlagen« werden.

338

sche Beschreibung ist im Rahmen der Germanistik vor allem der Mundartforschung zugute gekommen (Wrede spricht von der »phonetischen Epoche« der Mundartforschung. Vgl. Abschn. 8.1) Nur in wenigen Fällen hat sie sich nicht-mundartlicher im Umgange gesprochener Sprache zugewandt. Ein Beispiel ist die im Rahmen der Wortforschung besprochene Zusammenstellung in der »Umgangssprache« gesprochener Wörter nach ihrer Häufigkeit, die H. H. Wängler erarbeitet hat (vgl. Abschn. 9.8.2). Eine andere, die im folgenden besprochen werden soll, befaßt sich mit regionalen Unterschieden in der Sprechmelodie von »Umgangssprachen«.

Während sich die mittlerweile als »klassisch« bezeichnete Phonetik im wesentlichen mit der artikulatorischen Seite der Lautforschung befaßt, wendet eine neuere Forschungsrichtung der physikalischen Erscheinung der Laute ihre Aufmerksamkeit zu. Diese Forschungsrichtung, die »Phonometrie«, ist bemüht, unter Überwindung der Grenzen zwischen Naturwissenschaft und Geisteswissenschaft, aber im wesentlichen mit naturwissenschaftlichen Methoden, die wirklich gesprochene Sprache zu analysieren. Dabei kommen naturgemäß auch Spracherscheinungen in den Blick, die in bisher besprochenen Arbeiten als »Umgangssprache« bezeichnet worden sind, und auch der Terminus »Umgangssprache« ist vorhanden. So werden ebenfalls Arbeiten dieser Richtung zu besprechen sein.

11.2   »Umgangssprache« als Zwischenbereich zwischen Hochsprache, Mundart und Gossensprache (Christian Winkler)

In seinem Buch »Deutsche Sprechkunde und Sprecherziehung«[346] ist Christian Winkler darum bemüht, wissenschaftliche Grundlegung und praktische Anwendung gleichermaßen zu ihrem Recht kommen zu lassen. Auch ist es ihm angelegen, möglichst alle für seine komplexe Zielsetzung in Frage kommenden Gesichtspunkte zu berücksichtigen. Um das Phänomen, das er »Umgangssprache« nennt, zu erfassen, geht er von Aspekten der Mundartforschung und der Stilistik aus, aber in den Mittelpunkt der Betrachtung tritt schließlich die Phonetik.

Er erklärt es für falsch, die Umgangssprache allein als Zwischenglied zwischen Mundart und Hochsprache anzusehen. Das sei nur gültig, wenn man die Hochsprache lediglich als »*Gemeinsprache* . . . (Einheits-, Groß- oder Standardsprache)« ansehe. Er stellt neben die Dimension der Gemeingeltung die der Formstufe, in der die Hochsprache in anderer Funktion erscheint, nämlich als »Edel-, Bühnen-, Bildungs- oder eben rundweg ... *Hochsprache*«, und als gute Formstufe der schlechten Formstufe der Gossensprache gegenübersteht. Verschiedene Formstufen werden auch der Mundart zugesprochen. So bilden Hochsprache, Mundart und Gossen-

---

[346] Düsseldorf 1954.

sprache ein Dreieck. In das Mittelfeld dieses Dreiecks ordnet Winkler die Umgangssprache. Näher sagt er dazu:

> Kaum je einmal spricht der Deutsche reine Mundart, Hochsprache oder gar Gossensprache, sondern fast immer bewegt sich seine Rede zwischen diesen Typen: mehr oder minder gemeinsprachlich, mehr oder minder hochsprachlich. In diesem Mittelbereich der «*Umgangssprache*» bleibt alles gleitend und darum schwer faßbar. (Winkler, Sprechkunde, S. 259)

In seinen folgenden Äußerungen zum Problem behält er dann immer die Forderungen der Sprecherziehung im Auge. Der Befund darüber, wie gesprochen wird, wird im Hinblick darauf betrachtet, wie gesprochen werden soll. Dazu heißt es:

> Die Hochsprache in der Form der Bühnenaussprache wird heute für den alltäglichen Gebrauch, und d. h. eben für die Umgangssprache, allgemein abgelehnt; die »keimfreie Hochsprache«, wie sie B. v. Münchhausen spöttisch nannte, gibt es in der deutschen Sprechwirklichkeit nicht. (Winkler, Sprechkunde, S. 275)

Die Abweichungen von der Hochsprache bewegen sich in den beiden vorher genannten Dimensionen. In Richtung auf die Mundart spricht Winkler in Anlehnung an A. Bach von »gebildeter landschaftlicher Umgangssprache« und belegt das ihm Wesentliche durch Beispiele:

> Auch in hochsprachlicher Umgangssprache behält jeder Sprachraum seine Eigenart, und an diesen mundartlichen Resten erkennt man die Herkunft des Sprechers. Beim Schwaben erhält sich, wenn er zum Hochlaut übergeht, besonders lange die Entrundung der *ö* zu *e*, der *ü* zu *i*, die Unterscheidung der alten *i* und *ei* (*wäit* und *broit* = *weit und breit*), beim Westfalen die wie im Englischen verdumpften *l*-Verbindungen (*Elberfeld*). Der ganze Süden behält lange seine stimmlosen *s* und sein *–ig* (statt *–ich*). Und selbst den Hannoveraner, der immer wieder als Vorbild hingestellt wird, erkennt man, selbst wenn er das *s-t* und *s-p* ablegte, noch lange an seinen verdumpften *a*, den zu *a* gewordenen *ei* und allgemeiner Nasalierung.
> Gewöhnlich sind es nur einige wenige Forderungen der Hochsprache, die dem Mundart oder Umgangssprache Sprechenden »gegen den Strich« gehen und auf die man für die gehobene Umgangssprache, um sein Sprachgefühl zu schonen, dann verzichtet. Das gilt z. B. für die Forderung des *sp* und *st* als *schp* und *scht* im Norden oder für das *–ig* als *–ich* im Süden. Selbst wo der Lautstand schon hochsprachlich geworden ist, hört man die Herkunft des Sprechers noch lange am Tonfall seiner Rede. (Winkler, Sprechkunde, S. 276f.)

Bemühungen um normative Spracherziehung helfen hier dazu, das faktisch Vorhandene sichtbar zu machen. Wieder einmal zeigt sich, daß man nicht ohne Einschränkung sagen kann, das sprachliche Ideal, nach dem sich der Sprecher der Umgangssprache richtet, liege außerhalb der Umgangssprache. Die hochsprachliche Norm kann ihm durchaus als unpassend erscheinen.

Zur Dimension der Formstufen sagt Winkler folgendes:

> Äußerte sich der Mundartanteil der Umgangssprache vornehmlich durch landschaftlich kennzeichnenden Ersatz bestimmter Laute durch andere, so bewirkt

340

die absinkende Formstufe vor allem stärkere Kontaktwirkungen. Ihre lässigere Sprachart und ihre flüchtige Eile verschleift die Laute. Für die heutige Umgangssprache mittlerer Formstufe ist etwa bezeichnend, daß die Endungen das e verlieren und die m, n, l, r die Silbenwelle tragen. Allgemein verbreitet ist hier der Wegfall des Lauthalts: *is(t)˘tot⸗is tot* und der Ausfall des ersten von zwei verschiedenen Verschlußlauten: *gesa(g)t*. Man bindet über den Vokaleinsatz hinweg: *hat˘er* usf. Aus dem hochsprachlichen *Guten Morgen* wird so über viele Stufen (darunter etwa gutn mogŋ, nmogŋ) schließlich *moən*. Die Vielfalt dieser Stufen macht den Sprecher in Zeiten sozialer Umschichtung und gar an Orten, wo durch Zuzug fremde Mundarten einwirken, sehr unsicher, so daß, wenn hier keine klar ausgerichtete Sprachpflege eingreift, die Rede rasch zur Ludersprache abzusinken pflegt. (Winkler, Sprechkunde, S. 277f.)

Diese letzte Aussage wird – im Gegensatz zu anderen Darlegungen Winklers, die meist ausgiebig mit Literaturangaben versehen sind – leider nicht belegt. Immerhin ist der Hinweis auf größere Unsicherheit in Zeiten sozialer Umschichtung beachtenswert.[347] Er deutet auf die soziale Gebundenheit dieser Spracherscheinungen hin und darüberhinaus darauf, daß die soziale Zuordnung in verschiedenen Zeiten verschieden sicher sein kann.

Neben phonetischen Erscheinungen, die soziologisch charakterisiert sind, verweist Winkler vor allem auf die ebenso gebundene Wortwahl. Dieser Hinweis macht die Beziehung seiner Formstufen zu Stilstufen recht deutlich. Ergänzend zu Winklers Bemerkung, daß es auch in den Mundarten verschiedene Formstufen gebe, ist noch zu sagen, daß die höchsten Formstufen in der Mundart weit seltener zu beobachten sind als in der Hochsprache. Das liegt so am Tage, daß es keiner weiteren Begründung bedarf, und ebenso naheliegend scheint es mir, daß auf diesem Umstand die weithin übliche Identifikation von Mundart und niederer Formstufe beruht, die bei der Betrachtung umgangssprachlicher Probleme mancherlei Verwirrung stiftet.

Bemerkenswert bleibt, daß in der auf praktische Ziele gerichteten Arbeit Winklers der Zusammenhang verschiedener Aspekte des Problems »Umgangssprache« besser zur Geltung kommt als in allein der Forschung gewidmeten Werken. Bei der Erforschung der Umgangssprache scheint es danach mehr als bei anderen Problemen der Sprachforschung angezeigt, Sprachforschung und Sprachpraxis in engem Zusammenhang zu sehen.

---

[347] Es ist andererseits die Frage, ob die genannten Verfallserscheinungen nicht schon von jeher zu beobachten sind – neben gepflegterem Gebrauch. Jedenfalls werden die von Winkler genannten Nachlässigkeiten schon von Goethe, von Adelung und – mutatis mutandis – von den alten Rhetorikern gerügt.

11.3 »Umgangssprache« als Problem von Aussprachewörterbüchern

Im vorangehenden Abschnitt ist schon darauf hingewiesen worden, daß normative Bestrebungen geeignet sein können, die der Normierung widerstrebende Wirklichkeit sichtbar zu machen. In der Phonetik repräsentieren die Aussprachewörterbücher die normative Tendenz. Es muß deshalb aufschlußreich sein, auf welche Weise sich in ihnen das Problem der Umgangssprache stellt.

11.3.1 Der »Siebs«

Das klassische Aussprachewörterbuch der deutschen Sprache ist der »Siebs«, jenes Buch, das in den ersten Auflagen »Deutsche Bühnenaussprache« geheißen hat und später – bis zur 18. Auflage – unter dem für ein rein orthoepisches Werk unglücklichen Titel »Deutsche Hochsprache« erschienen ist.[348] Aber nicht umsonst ist der alte Name im Untertitel beibehalten worden. Das wird auch in der Einleitung zur 18. Auflage von 1961 erklärt:

> Bewußt und wohlüberlegt ist die Regelung der alten Bühnenaussprache im wesentlichen unverändert beibehalten worden, weil sie an jener Stelle gewonnen wurde, wo landschaftliche und individuelle Einschläge in der Aussprache am strengsten vermieden werden müssen und wo deutsche Sprache am reinsten gesprochen werden sollte: auf der Bühne mit ihrer sprachregelnden Wirkung. (Siebs, Hochsprache, S. 6)

Trotzdem erscheint es nicht ganz fraglos, ob wirklich die Aussprache auf der Bühne, genauer im ernsten Schauspiel und der Tragödie, zur Richtschnur gemacht werden soll:

> Die *Umgangssprache* als eine Abwandlung der Hochsprache wird im sprachlichen Leben unseres Volkes immer wichtiger. Es könnte daher als Aufgabe dieses Buches erscheinen, anstatt wie bisher von der Sprache der Bühne, jetzt von den Erfordernissen der gebildeten Umgangssprache auszugehen und die Regeln der deutschen Aussprache von ihr abzuleiten. (Siebs, Hochsprache, S. 5)

Doch die Frage, ob es angemessen sei, die »Form der Hochsprache« zu erfassen, deren sich »sehr viele Menschen« auch im persönlichen Umgang bedienen, für die »die Mundart überhaupt nicht mehr die angeborene oder angewendete Sprachform ist«, wird sehr schnell beiseitegeschoben. Es wird behauptet:

---

[348] Siebs. Deutsche Hochsprache. Bühnenaussprache. Hrsg. von Helmut de Boor und Paul Diels. 18. Aufl. Berlin 1961. Diese Auflage ist Grundlage der Besprechung. 1969 erschien eine Neuauflage mit geändertem Titel: Siebs. Deutsche Aussprache. Reine und gemäßigte Hochlautung mit Aussprachewörterbuch Hrsg. von Helmut de Boor, Hugo Moser und Christian Winkler, 19. umgearbeitete Aufl.

Aber ein solcher Versuch muß schon in den Anfängen scheitern. Denn die Umgangssprache auch der meisten Gebildeten ist gerade in ihrer Lautform mehr oder weniger stark von landschaftlichen Sonderheiten bestimmt... Doch auch abgesehen von dem mundartlichen Einschlag gestattet sich die tägliche Umgangssprache Auflockerungen und Bequemlichkeiten, die in der privaten Sphäre angemessen und anheimelnd sind, während sie in gehobener oder feierlicher Rede als störend empfunden werden. Solche Auflockerungen haben Sinn und Wert eben gerade in der Unwägbarkeit der Nuancierung. Regeln für die Umgangssprache aufzustellen, hieße in der Tat in die private Sphäre reglementierend einzugreifen, was zur Erstarrung führen müßte. (Siebs, Hochsprache, S. 5f.)

Damit scheint Umgangssprache mit privater Sprache gleichgesetzt zu sein; jedoch ist beispielsweise auch an den »unterrichtlichen Umgang« gedacht. Für ihn ist im Siebs zwar gefordert: »Das Bemühen um eine gute deutsche Aussprache muß sich stets in der Richtung auf die Hochsprache hin bewegen.« Aber: »Für den Grad der Annäherung lassen sich feste Regeln nicht aufstellen. Er wird nach Landschaften und örtlicher Lage, nach Alters- und Bildungsstufen der Schüler verschieden sein und muß dem verantwortlichen Unterscheidungsvermögen des sprachlich gebildeten Lehrers überlassen bleiben«. Für besonders wichtig ist die »Hochsprache«, also die Bühnenaussprache, im Unterricht für Ausländer erklärt worden (S. 10). Praktisch wird damit vom Ausländer verlangt, er solle »die gehobene Sprache des Verses sprechen«; denn sie ist das Leitbild der Bühnenaussprache (vgl. S. 11). Zwar wird eingeräumt, daß die »Alltags- und Umgangssprache auf der Bühne ihr Recht erworben« habe, doch der »höchsten Sprachform« wird nach wie vor die »ehrenvolle Aufgabe« zuerkannt, »Lehrmeisterin Deutschlands zu werden«. Auch die Abschnitte »Hochsprache und Rundfunk« und »Hochsprache und Post« beschränken sich darauf, die Wichtigkeit einer reinen Aussprache im Sinne der »Hochsprache« zu betonen. Zu einer Betrachtung funktionsbedingter Unterschiede dringt der »Siebs« in der hier besprochenen Auflage nicht vor.[349]

---

[349] In der in Anm. 348 aufgeführten Neuauflage des Siebs von 1969 hat man sich entschlossen, neben die »reine« Hochlautung, d. h. die Bühnenaussprache, eine »gemäßigte Hochlautung« zu stellen, »die gerade auf unsere Redelage abgestimmt ist.« Es geschieht dies u. a. mit dem Blick auf den »Deutsch lernenden Ausländer.« Über die Rücksicht auf landschaftliche Sonderheiten (z. B. den Umstand, daß eine Vokalisierung des r nicht in allen Landschaften als angemessen für den alltäglichen Sprachgebrauch unter Gebildeten angesehen wird) wird nun der Grundsatz gestellt: »Eine Ausspracheregelung muß praktikabel sein.« Es wird gesehen, daß »man um Ermessensentscheidungen offenbar nicht herumkommt«, und strebt dabei lediglich an, daß das Ergebnis »im gesamten deutschen Sprachbereich annehmbar sein« sollte. – Vgl. Winkler, Christian: Zur Frage der deutschen Hochlautung. In: Sprache der Gegenwart 1, 1967, S. 313–328.

11.3.2 Das »Aussprachewörterbuch« der Duden-Reihe

Etwas stärker als im »Siebs« von 1961 werden funktionsbedingte Unterschiede in dem 1962 erschienenen Aussprache-Wörterbuch der Dudenreihe[350] berücksichtigt. Zwar heißt es auch hier:

> Angesichts des auch heute noch bestehenden Widerspruchs zwischen Kunst und Nichtkunst einerseits und zwischen Ideal und Wirklichkeit andererseits erschien es uns gut, im Wörterverzeichnis an der Bühnenhochlautung festzuhalten. (Duden-Aussprache, S. 27)

Es kommt jedoch noch ein Nachsatz:

> Wir werden aber am Ende dieses Abschnittes einiges über eine gemäßigte Hochlautung bemerken. (Duden-Aussprache, S. 27)

An der betreffenden Stelle heißt es dann, daß die neuzeitliche Entwicklung es nahelege, »neben die Bühnenhochlautung eine gemäßigte Hochlautung zu stellen«, die »durch verminderte Deutlichkeit und größere Toleranz gekennzeichnet« sei. Die in der anschließenden Tabelle aufgeführten Angaben gehen in die Richtung, die schon Hermann Paul für die Umgangssprache gefordert hat: Es wird auf Übersteigerungen verzichtet – etwa in der Artikulation von Endsilben und in der Behauchung von Konsonanten –, die nur in ihrer funktionalen Bindung an die Bühne ihr Recht haben, nur beim Sprechen über die Rampe hinweg, das auch in der letzten Reihe noch verstanden werden soll, Übersteigerungen also, deren Ursprung auf der Funktion der Bühnensprache beruht und die deshalb in anderen Zusammenhängen unangemessen erscheinen.

Im Duden-Aussprachewörterbuch ist aber neben der Bühnenhochlautung nicht nur die »gemäßigte Hochlautung« vermerkt, sondern es sind noch zwei weitere Varianten der Aussprache aufgeführt, die unter der Überschrift »Nichthochlautung« zusammengefaßt werden, nämlich:

> 1. die Umgangslautung, die weniger deutlich und schriftnahe ist als die Hochlautung, 2. die Überlautung, die deutlicher und schriftnäher ist als die Hochlautung. (Duden-Aussprache, S. 42)

Die zweite Form, die im wesentlichen nur beim Diktieren eine Rolle spielt, kann hier unberücksichtigt bleiben. Wichtig ist aber die Umgangslautung, unter der zweifellos die phonetische Seite der Umgangssprache zu verstehen ist. Sie wird folgendermaßen beschrieben:

> Die Umgangslautung herrscht in der gewöhnlichen Unterhaltung zu Hause, auf der Straße und im Betrieb vor. Sie eignet sich für sprachlich und inhaltlich weniger anspruchsvolle Texte. Meist bedient man sich ihrer auch, wenn man sich an die breiten Schichten wendet, wie dies gelegentlich im Fernsehen, im Film und im Rundfunk geschieht. Die Umgangslautung ist gegenüber der Hochlau-

---

[350] Duden. Aussprachewörterbuch. Bearb. von Max Mangold und der Dudenredaktion unter Leitung von Paul Grebe. Mannheim 1962.

tung durch einen schwer übersehbaren Reichtum an individuellen, regionalen und sozialen Abstufungen gekennzeichnet. Deshalb ist ihre erschöpfende systematische Darstellung unmöglich. Ebenso läßt sich für sie keine Norm schaffen. (Duden-Aussprache, S. 42)

Man beschränkt sich deshalb darauf, »auf häufige Erscheinungen aufmerksam zu machen«, und erklärt es für »nicht möglich, auf die z. T. beschränkte räumliche Verbreitung solcher Erscheinungen einzugehen.« In der anschließenden Aufstellung sind dementsprechend Angaben aus verschiedenen Umgangslautungen vermischt, die im wesentlichen regional unterschieden gedacht sind, also etwa den von der Mundartforschung herausgestellten regionalen Umgangssprachen entsprechen. Daneben gibt es aber auch Erscheinungen, denen eine allgemeinere Bedeutung zukommen könnte, wie etwa die »Nichtunterscheidung von [i] und [I],[e] und [ɛ] usw. in unbetonter Stellung.« Hier scheint es sich eher um Unterschiede der Formstufe im Sinne Winklers zu handeln. Bei dieser Unterschiedlichkeit des Materials lassen sich kaum Schlüsse über die Struktur von Umgangslautungen ziehen, und entsprechend fehlen Anweisungen für den praktischen Gebrauch. Das wird auch betont:

Die Tatsache, daß wir hier wesentliche Züge der Umgangslautung beschreiben, bedeutet in keiner Weise, daß wir diese Lautung zur Nachahmung empfehlen. Wir wollen umgekehrt allen jenen, die bemüht sind, Hochlautung zu sprechen, an Hand von Beispielen zeigen, welche Ausspracheformen sie vermeiden müssen. (Duden-Aussprache, S. 42)

11.3.3   Das »Wörterbuch der deutschen Aussprache« des Leipziger Bibliographischen Instituts

Das »Wörterbuch der deutschen Aussprache« des Leipziger Bibliographischen Instituts[351] gibt die Bühnenaussprache als Leitbild für die Hochlautung auf. Hier wird mit Bezug auf die aus der Bühnenpraxis erwachsenen Regeln gesagt:

Der Gegensatz zwischen diesen Regeln und der *Sprechwirklichkeit* führte zu Schwierigkeiten in der sprecherischen Praxis sowie im Ausspracheunterricht und rief demzufolge berechtigte Kritik hervor. Von den verschiedensten Seiten wurde daher eine von landschaftlicher Umgangssprache abgegrenzte *Hochlautung* gefordert, die weder *Nachlässigkeiten* gestattet noch *artikulatorische Übersteigerungen* zuläßt, weil beides den Kontakt in der sprachlichen Kommunikation stört. (Wörterbuch der deutschen Aussprache, S. 6)

---

[351] Wörterbuch der deutschen Aussprache. Herausgegeben von dem Kollektiv Dr. Eva-Maria Krech, Dr. Eduard Kurka, Dr. Helmut Stelzig, Dr. Eberhard Stock, Dr. Ursula Stötzer und Rudi Teske unter Mitwirkung von Kurt Jung-Alsen. Leiter Prof. Dr. Hans Krech (verst.). Sekretär Dr. Ursula Stötzer. Redaktion Dr. Wolfgang Ebert. Leipzig VEB Bibliographisches Institut 1964.

Die »Sprachgepflogenheiten der deutschen Bühne« zeigen – situationsbedingt – solche Übersteigerungen und erscheinen den Verfassern deshalb nicht als Maßstab für eine »Standardaussprache« geeignet. Mittelbar erkennen sie die Bühnenaussprache dennoch als Ausgangspunkt für die Hochlautung an:

> Dieser Aussprache haben sich auch die Berufssprecher des Rundfunks angeschlossen, wobei die kräftigere Lautung, die durch die großen Theatersäle bedingt war, auf die normale Spannungslage der Gesprächssituation gebracht wurde. Hauptsächlich durch die *Breitenwirkung des Rundfunks* gewann die Hochlautung *Allgemeingültigkeit*. (Wörterbuch der deutschen Aussprache, S. 11)

Ein Kriterium, das fast regelmäßig bei der Umschreibung von »Umgangssprache« auftaucht – meist in Verbindung mit anderen, gelegentlich aber auch allein – wird hier zur Bestimmung der Hochlautung oder Standardaussprache benutzt: die Gesprächssituation. Aber ein anderes häufig genanntes Kriterium der Umgangssprache wird schon vorher abgelehnt: die Landschaftsgebundenheit, und eine weitere oft als typisch angesehene Eigenart der Umgangssprache wird ebenfalls ausgeschlossen: die Nachlässigkeit. Denn die Hochlautung kommt nur für solche Sprechsituationen in Frage, »in denen die deutsche Sprache als Hochsprache formbewußt gesprochen wird, so für die Bühne, den Vortragssaal, die Schule und die freie Rede. Sie gilt je nach der Lage auch für das Gespräch«. Es wird dabei betont, daß sie nicht überall in gleicher Weise realisiert werden könne:

> Die Hochlautung weist also eine gewisse Schwankungsbreite auf; von der Sprechsituation, d. h. von den Raumverhältnissen, besonders aber von Inhalt, Form und Anlaß der Aussage hängt ab, in welcher Form sie jeweils zu realisieren ist. (Wörterbuch der deutschen Aussprache, S. 11)

Diese Auffassung von der Schwankungsbreite bedingt, daß zwischen Hochlautung und Umgangssprache keine scharfe Grenze gezogen werden kann. Das zeigt sich in dem Abschnitt über die Assimilation. Bezeichnend ist dabei, daß zwar von landschaftlicher Umgangssprache gesprochen wird, daß aber als Unterscheidungskriterium zwischen den beiden Bereichen keine landschaftsgebundenen Eigenarten genannt werden, sondern Erscheinungen, die eher als allgemein verbreitete Nachlässigkeiten zu bezeichnen sind:

> Da die Sprechweise in ihren einzelnen Elementen stets der Sprechsituation gerecht zu werden hat, muß der Sprecher gewisse Freiheiten auch in der Ausprägung seiner Artikulation haben. Solche Variationsmöglichkeiten stehen ihm in der Assimilation zur Verfügung. Ihre Art und Häufigkeit ist im Bereich der Hochlautung allerdings durch zwei Bestimmungen eingeschränkt: Sie dürfen weder die Wortverständlichkeit gefährden noch als Ganzes die Abgrenzung gegenüber der landschaftlich verschiednenen Umgangssprache übertreten.
> Aber obwohl man seit jeher Hochlautung und Umgangssprache gerade von den Assimilationen her unterscheidet, kann nicht übersehen werden, daß hier eine

lebhafte Wechselwirkung zwischen beiden Sprachebenen besteht. So haben sich einzelne Assimilationen wie die Reduktion des Endsilben-e entgegen allen Regeln, die immer wieder aufgestellt wurden, in solchem Maße bei den Berufssprechern von Bühne, Funk und Fernsehen durchgesetzt, daß sie heute nicht mehr unbeachtet bleiben können. Sie sind für die Hochlautung möglich geworden, wenn auch nicht ... verbindlich ... (Wörterbuch der deutschen Aussprache, S. 62)

An anderer Stelle – bei der Besprechung von situationsbedingten Realisierungen der Hochsprache in Rundfunk, Fernsehen und Film wird zwischen Umgangston und Umgangssprache unterschieden:

Die Sprache des klassischen Versdramas und der Umgangston eines Unterhaltungsstückes beruhen auf verschiedenen Sprachebenen, denen auch Lautung und Sprechstil angemessen sein müssen ... Die Grundsätze der Hochlautung werden auch in der Konversation mit geringeren sprachlichen Anforderungen berücksichtigt. Es wird in Übereinstimmung mit der Sprechsituation bewußt artikuliert und damit ein Abgleiten in die Umgangssprache vermieden. (Wörterbuch der deutschen Aussprache, S. 91)

Unter Umgangston ist dabei, wie es scheint, eine Stilebene, unter Umgangssprache der Verzicht auf bewußte Formung verstanden. Beides steht offensichtlich in nahem Zusammenhang, aber im speziellen Zusammenhang kann – wie hier – eine Unterscheidung notwendig sein. Praktisch scheint die geringere Formung der Lautung für die Verfasser des Aussprachwörterbuchs das Hauptkriterium für »Umgangssprache« zu sein. Das wird in den folgenden Sätzen bestätigt:

In Funk-, Fernseh- und Wochenschauinterviews aus dem täglichen Leben müssen die Reporter Kontakt zu ihren Gesprächspartnern schaffen und ihnen dabei auch in der Sprechweise entgegenkommen. Die Lautung ist weniger geformt. Die Aussprache kann der Umgangssprache oder der Mundart angenähert werden. (Wörterbuch der deutschen Aussprache, S. 91)

Es verdient beachtet zu werden, daß neben schon genannten Kriterien (geringer Formungsgrad, Landschaftsgebundenheit) noch zwei andere Gesichtspunkte berücksichtigt sind: die Beziehung zum »täglichen Leben« und (indirekt durch den Hinweis auf den Kontakt zum Gesprächspartner) die soziologische Gebundenheit.

Es muß zu denken geben, daß in Aussprachewörterbüchern um so mehr sprachwissenschaftliche Aspekte in den Blick kommen, je mehr sie von der Aufzeichnung eines Extremfalles abrücken und den Erfordernissen der Sprachwirklichkeit gerecht zu werden suchen. Deutlich zeigt sich, daß es sich nicht nur um Gradunterschiede in der Sorgfalt der phonetischen Artikulation handelt, sondern um Varianten mit eigenem Recht, die teils durch die Funktion des Sprachgebrauchs teils durch Gruppenüberlieferung bedingt sind.

Dabei ist zu beachten, daß selbst das letztgenannte Aussprachewörterbuch nicht danach strebt, alle Forderungen der Sprachrealität zu erfassen.

Auch dieses ist ausdrücklich auf Hochlautung gerichtet, auf eine möglichst einheitliche Aussprache. Es zielt also auf etwas, das werden soll. Das Vorhandene, die Sprachwirklichkeit, wird nur in Auswahl im Hinblick auf das erstrebte Ziel benutzt.

11.4 »Umgangssprache« in Programm und Praxis der phonometrischen Forschung

Man kann die Phonometrie als einen Zweig der Phonetik ansehen, allerdings nur dann, wenn man unter Phonetik allgemein eine Wissenschaft von der Aussprache versteht und nicht nur eine Aussprachelehre. Denn die Phonometrie bemüht sich darum, »nicht einen gültigen Sprachgebrauch, sondern eine wirkliche Sprechsituation wiederzugeben«.[352] Dabei muß die Aufmerksamkeit gerade den Schwankungen der Lautung gelten. Das rückt Spracherscheinungen in den Mittelpunkt der Betrachtung, die in bisher besprochenen Arbeiten vielfach als umgangssprachlich gelten. Deshalb überrascht es nicht, daß der Terminus »Umgangssprache« bei den grundlegenden Gedanken zur Phonometrie, wie sie Eberhard und Kurt Zwirner entwickelt haben, eine wichtige Rolle spielt. So heißt es z. B. in der Einleitung zu einem 1937 herausgegebenen »Lesebuch neuhochdeutscher Texte«:

> Denn auch ein und derselbe Sprecher wird in verschiedenen Situationen verschieden behauchen, verschieden phrasieren und dementsprechend Laute verschieden zusammenziehen oder überhaupt fortlassen.
> Wie groß diese – zur hochdeutschen Umgangssprache ebenso wie zur Vorlesesprache, Vortragssprache, Hochsprache oder Mundart gehörenden – Schwankungen sind, darüber ist nach über hundertjähriger Sprachforschung noch erstaunlich wenig bekannt. Und dabei zeigt doch schon flüchtiges Hinhören, daß nicht ein feststehender unwandelbarer, ein für allemal durch ein phonetisches Wörterbuch oder »bühnenhochdeutsche« Vorschriften angebbarer Sprachgebrauch das Wesen einer gesprochenen Sprache ausmachen, sondern die in ihr erlaubte d. h. in ihr übliche Grenze des Schwankens zwischen zahlreichen oft deutlich unterscheidbaren Weisen des Sprechens. (Zwirner, Lesebuch, S. 7)

Eins ist in diesem Text immerhin deutlich: Die »Umgangssprache« spielt für die Phonometrie eine Rolle; hier ist sie selbst ein Untersuchungsgegenstand. Das wird auch in einem 1962 von E. Zwirner gegebenen Überblick[353] bestätigt, in dem er darauf hinweist, daß ihm 1932 die »'Preußische Akademie der Wissenschaften' Mittel zur Aufnahme 'vollständiger Gespräche' auf Schallplatten bewilligt« habe, »wie sie – in Mundart und Umgangssprache – 'unter verschiedenen Personen wirklich geführt werden'«. (Zwirner, Spracharchiv, S. 8)

---

[352] Zwirner, Eberhard und Kurt Zwirner: Lesebuch neuhochdeutscher Texte. Berlin, 1937, S. 4.
[353] Zwirner, Eberhard: Deutsches Spracharchiv 1932–1962 Geschichte, Aufgaben und Gliederung, Bibliographie. Münster/Westfalen, Aschendorff, 1962

Weniger klar läßt sich entnehmen, was genau unter »Umgangssprache« verstanden sein soll. Der Terminus ist in eine etwas heterogene Reihe von Begriffen hineingestellt. »Vorlesesprache« und »Vortragssprache« sind funktionsbedingte Varianten der Sprache, »Hochsprache« ein Idealtyp, »Mundart« eine regional begrenzte Form, und es läßt sich nicht erkennen, zu welchem dieser Begriffe »Umgangssprache« korrespondieren soll. Auch der übrige Gebrauch des Wortes ergibt nicht die wünschenswerte Klarheit. So steht z. B. kurz vor den besprochenen Sätzen aus der Einleitung zum »Lesebuch neuhochdeutscher Texte« folgender Absatz:

Wir sagen in der hochdeutschen Umgangssprache z. B. nicht für den Satz »Das Sieb bleibt in der Küche!«: »das siph blaipth'ın der khɤçə«, sondern vielleicht: »dasiplaipthındeɒkɤçə«. (Zwirner, Lesebuch, S. 7)

Hier scheint es sich um eine funktionsbedingte Variante der Gemeinsprache zu handeln. Kein mundartlicher Anklang ist zu finden. Aber in dem genannten historischen Überblick sieht es anders aus. Da heißt es:

1960 und 1961 wurde in Ergänzung dieser Mundartaufnahmen [für die Lautbibliothek der deutschen Mundarten] durch J. Alan Pfeffer von der Buffalo-University N.Y. die landschaftlich gefärbte Umgangssprache im gesamten geschlossenen deutschen Sprachraum, also auch in Österreich, in der Schweiz und im Elsaß aufgenommen, so daß inzwischen über 6000 Tonbänder deutscher Umgangssprache und deutscher Mundarten zur Verfügung stehen ... (Zwirner, Spracharchiv, S. 10f.)

In diesem Fall ist nun »Umgangssprache« als Zwischenform zwischen Hochsprache und Mundart gesehen, wie das besonders von der Mundartforschung her geschieht. Nur eins erscheint nach dem Vorstehenden sicher zu sein: daß es sich bei der Umgangssprache um wirklich im Gespräch gesprochene Sprache handeln soll. Aber auch das ist bei der von Zwirner betriebenen Aufnahmepraxis nur mit Einschränkung zu verstehen. Das hängt mit der speziellen Zielsetzung der Phonometrie zusammen: Sie will die zu beobachtenden Variationen des Sprachgebrauchs exakt apparativ messen. Das verlangt die Verwendung hochgezüchteter Aufnahmegeräte, und daraus ergibt sich das Folgende:

Die Durchführung von Sprachaufnahmen mit derartigen Geräten hoher Qualität, die nur in einem Aufnahmewagen eingebaut für Feldforschung in Frage kommen, verlangt die Bedienung durch einen Toningenieur. (Zwirner, Spracharchiv, S. 13)

Nun leuchtet es wohl ein, daß die Situation, in der sich ein Sprecher vor dem großen Mikrophon dieses Aufnahmewagens und einem ihm bis dahin unbekannten Sprachwissenschaftler gegenüber befindet, nicht beanspruchen kann, »eine wirkliche Sprechsituation wiederzugeben«. Teilnehmer an den Aufnahmekundfahrten bestätigten mir, daß die Sprecher meist vor dem Mikrophon ins Stocken geraten, und wenn sie sich vorher ihrer selbst noch so sicher gewesen sind. Auch den Mundartaufnahmen selbst kann man es anmerken, daß sich die Sprecher meist nicht in ihrem Element fühlen.[354] So gilt ebenfalls für die Zwirnerschen Aufnahmen weitgehend das, was Zwirners Mitarbeiter Arno Ruoff über die Aufnahmen des Phonogrammarchivs der Universität Zürich sagt, wobei er vor allem an den »sprechenden Atlas« mit dem »Gespräch am Neujahrstag« denkt:

> Diese Aufnahmen sind wie in gewissem Sinn vielfach auch die der »spontanen Texte« Denkmale, aber zur Untersuchung lebendiger Sprache taugen sie wenig. (Ruoff, Arno: Wenkersätze auf Tonband? in: Sprachen - Zuordnung - Strukturen. Festgabe seiner Schüler für Eberhard Zwirner. Den Haag 1965, S. 96)

Über die Entwicklung technischer Methoden für Aufnahme und Auswertung sind die methodischen Vorüberlegungen im Hinblick auf die untersuchte Sprachform bisher zu kurz gekommen. Dieser Umstand hat sich offenbar auch in der Praxis bemerkbar gemacht und dazu geführt, den sozialen Bedingungen der Sprachäußerung eine größere Aufmerksamkeit zuzuwenden. Das läßt der Tätigkeitsbericht des Deutschen Spracharchivs über das Jahr 1964/65 erkennen. Dort heißt es über weitere Planungen der »Rothenberger Kolloquien«:

> Vorgesehen ist eine Gemeinschaftstagung mit Soziologen, da sich nach vollzogenem Übergang zur gesprochenen Sprache und damit zur sprachlichen Kommunikation zwischen Sprechern - die Berücksichtigung fach-soziologischer Aspekte für die adäquate Ausschöpfung unseres Tonbandarchivs als unerläßlich herausgestellt hat. Die starren, ahistorischen, räumlichen Metaphern (Sprachschicht, Hoch-sprache, Grund-schicht etc.), mit denen die Dialektologie auskam, solange sie allein mit Fragebogen arbeitete, lautgeschichtliche und geographische Ziele verfolgte, die Stadtsprachen kaum berücksichtigte und von der soziologischen Gliederung des Dorfes, auf die bereits Rudolf von *Raumer* hingewiesen hatte, absah, reichen für die Beurteilung von Tonbandaufnahmen freier Unterhaltungen nicht aus.
> Und zwar erweist sich die Berücksichtigung der soziologischen Forschung sowohl für die Beurteilung geltender sprachlicher Strukturen als für alle Fragen des Strukturwandels - schon wegen der Beziehung der Verkehrskreise zur soziologischen Gliederung - als notwendig. Dafür ist - den Grundsätzen unserer Arbeitsgemeinschaft entsprechend - die Befragung des Materials durch theoretische Erörterungen nicht zu erübrigen, sondern vorzubereiten, sind also allgemeine Erwägungen in eine Folge schrittweise lösbarer Aufgaben zu verwandeln. Auch damit sollen zugleich Modelle für die Behandlung lebender Sprachen geschaffen werden. (Deutsches Spracharchiv, Tätigkeitsbericht, S. 23f.)

Somit kehrt man zu einer Sicht der Zusammenhänge zurück, wie sie schon von Hermann Paul dargelegt worden ist. Wie bei ihm findet sich nun ein

---

[354] Meine Beobachtungen widersprechen in dieser Hinsicht entschieden den Aussagen von Christel Leska (Beitr. z. Gesch. d. dt. Sprache u. Literatur 87, Halle 1965, S. 436 - vgl. Abschn. 7.7.2) und Hugo Steger (Sprache der Gegenwart 1, 1967, S. 287 - vgl. Abschn. 7.7.3), daß die Sprecher von der Mikrophonbefangenheit »bald frei« würden. Aber selbst wo das geschieht, kann noch nicht gesagt werden, daß die betreffende Aufnahme völlig dem sonstigen Gesprächsgebrauch entspricht. Es bleibt Sprachgebrauch einer fremden Person gegenüber, zudem einer, die an der Sprache interessiert ist. Und so läßt sich häufig - z. B. an Selbstkorrekturen - die Tendenz nachweisen, möglichst »richtig«, d. h. einer Idealnorm entsprechend, zu reden.

Hinweis auf die Bedeutung von Verkehrskreisen und deren soziologischen Beziehungen. Ebenso ist die Bedeutung solcher Zusammenhänge für den Strukturwandel erwähnt. Damit sind gewiß entscheidend wichtige Gesichtspunkte aufgeführt. Es ist lediglich einzuwenden, daß sie nicht nur für die Auswertung des Materials wichtig sind, sondern schon für die Aufnahme. Wenn in einem Ort ein älterer Flußschiffer neben jüngeren Personen mit ortsfesten Berufen als Vertreter der »Grundschicht« aufgenommen wird, kann beispielsweise kein klares Bild über den Mundartgebrauch in gewissen Altersgruppen gewonnen werden; denn dann kann es geschehen, daß die Jüngeren die Ortsmundart getreuer repräsentieren als der Ältere, weil dieser anderen, und zwar überörtlich orientierten, Verkehrskreisen angehört.[355] Dieses Beispiel führt vor Augen, daß eine angemessene soziologische Beurteilung schon Voraussetzung für die Auswahl der Sprecher sein müßte. Das gilt besonders für komplizierte soziologische Gebilde, wie es größere Städte sind, also gerade jene, die als Hauptträger der Umgangssprache gelten. Vorläufig richten sich die soziologischen Bemühungen der phonometrischen Schule allerdings noch auf einfachere Sozialgebilde. So hat Arno Ruoff im Frühjahr 1964 »drei Orte ähnlicher Struktur (ausschließlich land- und forstwirtschaftlich tätige Bevölkerung, keine Pendler, keine Zugezogenen, kaum Einheiraten aus der Umgebung, kein Fremdenverkehr, verkehrsabgelegen und sprachlich beharrsam), die im Schwarzwald je einer im fränkischen, schwäbischen und alemannischen Sprachgebiet liegen«[356] untersucht. Er hat sich dem Idealfall zugewendet, den schon Schmeller als wünschenswert angesehen hat. Insgesamt genommen ist also in den Arbeiten der phonometrischen Forschung nicht viel mehr über die Umgangssprache zu finden als unter anderen Aspekten, obgleich hier die Umgangssprache von Anfang an als Untersuchungsgegenstand und nicht nur als störende Randerscheinung genannt wird.[357] Augenscheinlich liegt das im wesentlichen daran, daß die soziologische Grundlegung nicht ausreichend vorbereitet war. Deshalb sind bisher einfacher faßbare Spracherscheinungen bevorzugt worden,

---

[355] Vgl. Lautbibliothek der deutschen Mundarten 23/24 E. Bauer, Neckarsteinach und Darsberg, Kreis Bergstraße, 1961, S. 7, und die Besprechung von A. Ruoff in Germanistik 4, 1963, S. 27; dazu U. Bichel in »Sprachgrenzfragen, Tagungsbericht vom 3. Niederdeutschen Symposion 17.–21. April 1963 in der Grenzakademie Sankelmark«, S. 89f.

[356] Deutsches Spracharchiv. Tätigkeitsbericht über das Jahr 1964/65, Anlage 2, S. 2.

[357] In einem 1966 veröffentlichten »Perspektivplan für fünf Jahre« wird wiederum »Hoch- und Umgangssprache« als »1. Schwerpunkt« bezeichnet. Dabei sollen »die vorliegenden Aufnahmen gewöhnlicher Umgangssprache (Kenn-Nummer II, III) durch Aufnahmen gebildeter Umgangs- und Hochsprache ergänzt« werden. Unter Kenn-Nummer II sind »Sprechstunden-Patienten« gefaßt. Die Aufnahmesituation entspricht also nicht der des normalen Gesprächs (vgl. die kritischen Anmerkungen von Hennig Brinkmann in Sprache der Gegenwart 1, 1967, S. 77). Kenn-Nummer III bezeichnet die oben erwähnten Aufnahmen von J. Alan Pfeffer, die durchgeführt worden sind, um ein »Basic German« zu erarbeiten (Vgl. Zwirner, Eberhard und Helmut Richter: Deutsches Spracharchiv. Fünf-Jahre-Arbeitsprogramm Vorschläge zur Institutionalisierung. In: Gesprochene Sprache. Probleme ihrer strukturalistischen Untersuchung. Hrsg. von Eberhard Zwirner und Helmut Richter, Wiesbaden 1966, S. 98–114)

wie z. B. die Vorlesesprache in dem zitierten Lesebuch neuhochdeutscher Texte. In ähnlicher Weise soll auch die deutsche Vortragssprache (an Hand von Vorträgen führender Persönlichkeiten verschiedener Herkunft, sowohl der Landschaft als dem Sachgebiet nach) empirisch erforscht werden.[358]

Für diese Anwendungsweisen der Sprache erscheinen die bisherigen Untersuchungsmethoden durchaus angemessen. Beim Vortrag gehört das Mikrophon in unserer Zeit ja geradezu zur normalen Sprechsituation. Als scheinbar einfache Aufgabe ist dann auch die Untersuchung der Mundarten in Angriff genommen worden. Es ist oben gezeigt worden, daß die angewendeten Aufnahmemethoden bei einer solchen hauptsächlich in der Gesprächsfunktion lebendigen Sprachform fragwürdig sind. Dennoch ist zuzugeben, daß diese Aufnahmemethoden besser sind als Fragebogenerhebungen.[359] Immerhin lassen sich Meßwerte über gewisse landschaftlich unterschiedlich auftretende Lauterscheinungen ermitteln. Das mag auch bei der »landschaftlichen Umgangssprache« möglich sein. Aber bei der Beurteilung solcher Erhebungen ist Vorsicht geboten, solange nicht funktionale und soziologische Gesichtspunkte so weit in Rechnung gestellt sind, daß ihre Auswirkung gegenüber landschaftlichen Bedingtheiten zuverlässig abgeschätzt werden kann.

11.5 »Umgangssprache« als Bezeichnung für sprachmelodisch unterscheidbare Varianten der Gemeinsprache (P. Martens)

Mit einer Zielsetzung, die eine phonometrische Untersuchung nahelegen könnte, wendet sich eine Arbeit aus dem Phonetischen Institut der Universität Hamburg (aus dem auch die besprochene Arbeit von H. H. Wängler – Abschn. 9.8.2 – hervorgegangen ist) einem »umgangssprachlichen« Thema zu. Es handelt sich um die »Vergleichende Untersuchung der Sprechmelodie der Hamburger und Münchner Umgangssprache« von Peter Martens.[360] Er bemüht sich um die Lösung einer Streitfrage. Otto Bremer hatte in seiner »Deutschen Phonetik« (1893) dargelegt, daß im Norddeutschen die starkbetonte Silbe den Hochton trage, die nebenbetonte den Ebenton, die schwachbetonte den Tiefton; Eduard Sievers hatte entsprechende Beobachtungen weitergeführt und war zu dem Schluß gekom-

---

[358] Deutsches Spracharchiv. Tätigkeitsbericht, S. 10.

[359] Arno Ruoff weist darauf hin, daß bei der Aufnahme der Wenkersätze auf Band wesentliche Abweichungen von der wirklich gesprochenen Mundart auftreten. Er lehnt die Aufnahme dieser Sätze deshalb ab. Die von ihm herangezogenen Vergleiche mit dem von Wenker erhobenen Material zeigen allerdings, daß die Fehler bei einer Fragebogenaktion noch größer sind. Danach müßte er diese erst recht ablehnen. (Vgl. A. Ruoff »Wenkersätze auf Tonband?« in: Sprachen – Zuordnung – Strukturen S. 94–113).

[360] Martens, Peter: Vergleichende Untersuchung der Sprechmelodie in der Hamburger und Münchner Umgangssprache. Diss. phil. (Masch.) Hamburg 1953.

352

men, daß die Hervorhebung im Norden und in der Bühnensprache durch Erhöhung des Tones geschehe, jedoch im Süden durch Vertiefung. Die Allgemeingültigkeit dieser Beobachtung hatte der Süddeutsche Otto Behaghel auf Grund von Feststellungen über seinen eigenen Sprachgebrauch angezweifelt.[361] In dieser Frage will Martens entscheiden. Als Repräsentanten für »Nord- und Süddeutsch« wählt Martens »die hochdeutsche Umgangssprache der beiden Großstädte Hamburg und München«.

Was Martens unter »Umgangssprache« versteht, ist von seiner speziellen Aufgabestellung bestimmt, er erläutert:

> Im allgemeinen pflegt man mit »Umgangssprache« jene Sprachform zu bezeichnen, die im alltäglichen Umgang verwendet wird. Wir müssen hier aber etwas genauer unterscheiden. Mit »Umgangssprache« soll in dieser Arbeit nicht eine Formstufe gemeint sein, die zwischen formschöner Hochsprache und der Gossensprache steht, sondern jene Sprachschicht, die zwischen Mundart und Hochsprache liegt. (Martens, Umgangssprache, S. 35)

In diesem Zwischenbereich unterscheidet er drei »Hauptgruppen«:

1.) stark dialektisch gefärbte Sprechweise (Grenzt an die Mundart!),
2.) mittlere Gruppe (allgemeine Verkehrssprache),
3.) dialektfreie Sprechweise (fast »reine« Hochsprache!). (Martens, Umgangssprache, S. 35)

Diese Einteilung müßte für Hamburg eigentlich Schwierigkeiten bereiten, wenn man nämlich »Mundart« im Sinne der Mundartforschung als angestammte »Sprache ohne Schrift« faßte, denn dann wäre die Mundart Hamburgs nur durch eine Art »Sprung« ins Niederdeutsche zu erreichen, und ein »Angrenzen« könnte es nicht geben. Als »Dialekt« oder »Mundart« kann von Martens in diesem Falle nur etwa das gewertet werden, was K. Scheel als »Missingsch« bezeichnet. Die mittlere Gruppe müßte dann etwa der »norddeutschen Umgangssprache« bei K. Scheel entsprechen.

Den genannten Haupttypen (die jeweils noch in »oben« und »unten« geteilt werden, wodurch sich zeigt, daß »Mundart« als »unten« liegend gedacht ist) werden die Versuchspersonen zugeordnet: eine Gruppe von Hamburger und eine von Münchner Sprechern. Von diesen Sprechern wurden ein »Gespräch« und ein »Vortrag« auf einem Tonträger aufgenommen, genauer gesagt: der rekonstruierte Text einer Unterhaltung »aus dem Leben des Alltags« (über einen Elektromotor für Fahrräder) und eine als Gegenstück dazu entworfene Erläuterung des gleichen Gegenstandes waren von den Versuchspersonen zu lesen. Die Untersuchung bezieht sich also keineswegs auf eine »echte« Situation, aber für die begrenzte Zielsetzung vermag auch dieses Vorgehen Ergebnisse zu bringen. Hinsichtlich des Begriffsgebrauchs ist festzustellen, daß auch die einseitige Rede, der »Vortrag«, zur Umgangssprache gerechnet wird und daß Wert darauf gelegt wird, daß der Text »aus dem Leben des Alltags« stammt.

---

[361] Vgl. Martens, Umgangssprache, S. 19–21.

Bei der Auswertung des genannten Materials ist nach der Aussage von Martens »der einzige der hier zu beurteilenden Faktoren, der objektiv gemessen werden kann, ... die Tonhöhe«.[362] Die übrigen Faktoren, nämlich den Grad der dialektischen Färbung sowie die von den Sprechern gesetzten Haupthervorhebungen und Nebenhervorhebungen, hat Martens durch »Abhörer« bestimmen lassen. Er distanziert sich von einigen Grundsätzen der phonometrischen Forschung, indem er sagt:

> E. A. Meyer weist mit voller Berechtigung auf den fundamentalen Unterschied hin, der zwischen dem ganzheitlichen Gehörserlebnis des Alltags und einer bewußten analysierenden Beobachtung besteht.
> Insofern ist Zwirners Ansicht nicht zutreffend, daß alle Einzelheiten einer Kurve, die für die Wahrnehmung einer Sprechmelodie nicht wichtig sind, auch sprachlich keine Bedeutung hätten! (Martens, Umgangssprache, S. 49f.)

Über das Verhältnis der durch Abhörerurteile ermittelten »Dialektstufen« zu »soziologischen Schichten« vermerkt Martens:

> Daß diese Abstufung sich zwar im allgemeinen, aber *nicht ohne weiteres* mit dem Bildungsgrad der jeweiligen Sprecher deckt, geht daraus hervor, daß besonders die stärker dialektischen Sprecher verschiedenen soziologischen Schichten angehören. (Martens, Umgangssprache, S. 93)

In der zugehörigen Zusammenstellung wird die »soziologische Schicht« (bzw. der »Bildungsgrad«, was für Martens das gleiche ist) durch Berufsangaben markiert. Bei zweien der Sprecher gibt Martens den Hinweis, »daß beide *bewußt* an der stark dialektischen Färbung ihrer Umgangssprache festhalten!«[363]

Für die Problematik der Umgangssprache ist es bemerkenswert, daß Martens von einer regionalen Fragestellung ausgeht, aber bei der näheren Eingrenzung der zu beobachtenden Sprachen nicht nur auf verschiedene Dialektstufen kommt, sondern in mehr oder minder starkem Zusammenhang damit auch auf soziologische Stufen und auf Bildungsgrade. Außerdem scheint es ihm notwendig, die Äußerungsformen der »Unterhaltung« und des »Vortrags« zu unterscheiden, und es ist ihm wichtig, den Bezug zum »Leben des Alltags« herzustellen. Er betont zwar einleitend, daß mit »Umgangssprache« in seiner Arbeit keine »Formstufe« gemeint ist, dennoch scheint es mir, daß der Gedanke an Formstufen mitspielt, wenn bei den Hauptgruppen der Umgangssprache von »oben« und »unten« die Rede ist. Es treffen also hier recht viele der Gesichtspunkte zusammen, die in verschiedenen Arbeiten zum Problem der Umgangssprache eine Rolle spielen.

In der Tat spielen manche dieser Gesichtspunkte nicht nur bei der Abgrenzung der Themenstellung, sondern auch bei der Formulierung der Ergebnisse eine Rolle.

---

[362] Martens, Umgangssprache, S. 49.
[363] Martens, Umgangssprache S. 94.

354

Das Hauptergebnis der Arbeit ist, »daß sich der grundlegende Unterschied zwischen dem Hamburgischen und dem Münchnerischen beim ersten Hauptschema der Sinnverteilung am klarsten erkennen läßt«, d. h. wenn in einer Sprecheinheit zunächst eine Nebenhervorhebung und nachfolgend die Haupthervorhebung auftritt. »Die Hoch- bzw. Tieflage der Haupthervorhebung im Verhältnis zur vorangehenden Nebenhervorhebung stellt also das wesentliche Kriterium für die Unterscheidung der Sprechmelodie des Hamburgischen und Münchnerischen dar.«[364]

Insoweit wird also die Beobachtung von Sievers über die regionale Verteilung der Sprechmelodietypen bestätigt. Aber auch der Einwand Behaghels findet eine Erklärung, und zwar mit Hilfe der Zuordnung zu den »Dialektstufen«. Martens stellt fest:

Wir finden also, außer dem eindeutigen Unterschied in den typischen Sprechmelodien des Hamburgischen und Münchnerischen, daß die Annäherung an das Melodisierungssystem des jeweils anderen Mundartgebietes in erster Linie bei dialektfreieren Sprechern anzutreffen sei. (Martens, Umgangssprache, S. 276)

Über Behaghel aber hat Martens in Erfahrung gebracht, daß er sich stets um reine Hochsprache bemüht habe.

Die letztgenannte Beobachtung scheint mir besonders interessant, denn sie könnte so zu deuten sein, daß hier gemeinsprachliche Tendenzen faßbar sind, die nicht von der Schrift her und nicht von Aussprachewörterbüchern geregelt sind. Sie werden danach realisiert durch Angleichung an sprachliche Eigenheiten aus anderen Teilen des Sprachraumes, wobei man wohl voraussetzen muß, daß der Gebrauch, dem man sich annähert, für den Sprecher einen sprachlichen Mehrwert repräsentiert. So erscheinen auch hier bei einem offenbar nicht bewußten Sprachverhalten wie so oft das Streben nach sprachlicher Höhe und das gemeinsprachliche Streben gekoppelt. Ein weiteres interessantes Nebenergebnis von Martens ist, daß sich die sprechmelodischen Unterschiede der Hamburger und der Münchner »Umgangssprache« im »Vortrag« nicht so deutlich unterscheiden wie in der »Unterhaltung«, da sich »der Einfluß der übergeordneten Gesamtkurve einer abschließenden, bzw. weiterweisenden Sprecheinheit, sowohl im Hamburgischen als auch im Münchnerischen sehr viel stärker auswirkt als bei der Unterhaltung«.[365] Damit ist wiederum ein Hinweis darauf gegeben, daß einseitige Rede und Gespräch nicht als ein und dieselbe Sache betrachtet werden dürfen. Martens kommt zu dem Schluß:

Schon aus diesem Grunde ist im allgemeinen eine Unterhaltung, selbst bei festgelegten Texten wie in der vorliegenden Untersuchung, einem Vortrag vorzuziehen. (Martens, Umgangssprache, S. 280)

Die Intention von Martens zielt also auf »im Umgange gesprochene Sprache« im ursprünglichen Sinn.

---

[364] Martens, Umgangssprache, S. 274f.
[365] Martens, Umgangssprache, S. 280.

355

11.6 Zusammenfassung: »Umgangssprache« als Problem der phonetischen Sprachbetrachtung – »Umgangssprache« als Sprache mit niederer Formstufe und als Sprachform mit Mundartfärbung

Mehr als in anderen Abschnitten wird unter phonetischem Aspekt deutlich, wie die verschiedenen Gesichtspunkte, unter denen das Problem der Umgangssprache auftaucht, zueinander in Beziehung stehen. Das ist besonders bei Winkler augenfällig, der diese Beziehungen in ein Dreiecksverhältnis zu ordnen sucht, in dem die Hochsprache einerseits der Mundart und andererseits der Gossensprache gegenübersteht. Den Nachteil dieser Konstruktion, in deren Mittelfeld die Umgangssprache eingeordnet ist, hat schon Winkler selbst gesehen. Er besteht darin, daß der Begriff »Hochsprache« hier ein Doppelgesicht trägt und einerseits »Edelsprache«, andererseits »Gemeinsprache« bezeichnet. Das Schema ist offenbar zu einfach, um allen wesentlichen Gesichtspunkten gerecht werden zu können.

Bemerkenswert ist, daß sogar die Aussprachewörterbücher mit ihrer normativen Zielsetzung auf eine Reihe umgangssprachlich erscheinender Aspekte eingehen. Verschiedene Erscheinungen, die vom Standpunkt einzelner Forschungsrichtungen als »umgangssprachlich« bezeichnet und mehr oder weniger isoliert betrachtet worden sind, geraten dabei in einen engeren Zusammenhang. In erster Linie ist für die Frage der Ausspracheregelung der funktionale Aspekt wichtig, unter dem »Umgangssprache« als Sprache des Gesprächs und als Alltagssprache von der Bühnenaussprache unterschieden ist. In Verbindung damit treten aber auch landschaftliche und soziologische Aspekte unter der Bezeichnung »Umgangssprache« hervor. Diese Gesichtspunkte spielen eine um so größere Rolle, je mehr das Aussprachewörterbuch darum bemüht ist, sich den Erfordernissen des praktischen Gebrauchs anzupassen.

Noch weit stärker läßt sich eine Durchdringung der verschiedenen sprachwissenschaftlichen Aspekte in den Arbeiten der phonometrischen Schule und in der Dissertation von Martens beobachten. Die Vielfalt der Aspekte ist in der phonometrischen Forschung noch größer, als sie in der vorstehenden Besprechung zum Ausdruck kommen konnte. So ist von der ausgedehnten Auseinandersetzung mit der Phonologie und dem Strukturalismus nicht gesprochen, weil in ihr – soweit ich sehe – nicht von Umgangssprache die Rede ist. Das bedeutet jedoch nicht, daß die betreffenden Untersuchungen für den Problemkreis der Umgangssprache unergiebig sein müssen. Aber in der vorliegenden Arbeit ist der methodische Ausgangspunkt der Wortgebrauch »Umgangssprache« in der Sprachwissenschaft, und an diesen Ansatz gilt es sich zu halten, wenn die Gefahr voreiliger Schlüsse vermieden werden soll. Im übrigen beschränkt sich die Phonometrie nicht einmal auf Beziehungen zu anderen Zweigen der Sprachwissenschaft. Sie steht auch mit einer Reihe anderer Wissenschaften in Beziehung. Ein Buch, das die Forschungsergebnisse zusammenfaßt, müßte nach dem heutigen Stand der Dinge, »eine heterogene Sammlung von Arbeiten zur deutschen Dialektologie, Experimentalphonetik, Grammatik, Orientalistik, Psychologie-Neurologie, Romanistik und Sprachstatistik werden«.[366] In allen diesen Untersuchungsgebieten dürfte mancherlei an Ergebnissen zu finden sein, was auch für Fragen der Umgangssprache relevant ist. Die Schwierigkeit ist jedoch, daß es sich um eine »heterogene Sammlung« handelt. Die Phonometrie ist – bei aller erkenntnistheoretischen Bemühung um grundlegende Einzelfragen – noch nicht zu einer Klärung grundlegender Zusammenhänge vorgedrungen. Und gerade diese Zusammenhänge scheinen für Probleme der Umgangssprache besonders wichtig zu sein.

An manchen Beispielen phonometrischer Forschung wird gerade im Hinblick auf »umgangssprachliche« Fragen deutlich, daß das Streben nach Exaktheit in eine andere Art von Unexaktheit ausmünden kann, nämlich insofern, als das Streben nach eindeutiger und nachprüfbarer Bezeichnung des Untersuchungsgegenstandes sowie nach möglichst genauer Meßbarkeit der Ergebnisse dazu führen kann, daß einer möglichst einfachen Definition oder Einordnung (etwa: »Grundschicht«) der Vorrang gegeben wird vor einer differenzierten Analyse der für das reale Sprachverhalten maßgeblichen Determinanten (weil das derzeitige methodische Rüstzeug keine Handhabe für die exakte Durchführung solcher Analyse bietet) und daß zwar den technischen Aufnahmebedingungen große Aufmerksamkeit geschenkt wird, nicht aber den kaum exakt genug faßbaren sozialpsychologischen Auswirkungen der Aufnahmesituation. Die bisherige Darstellung hat nun gezeigt, daß von Umgangssprache in vielen Fällen gerade dann die Rede ist, wenn durch Gruppenzugehörigkeit und Sprechsituation bedingte Varianten des Sprachgebrauchs zu beachten sind. Wenn es sich aber bei »Umgangssprachen« um gruppenbezogene Sprachformen handelt, werden diese Sprachformen dem Partnerzwang folgend auch nur Gruppenmitgliedern gegenüber in ihrer eigentlichen Form produziert. In Gesprächen mit Außenstehenden aufgenommene Sprachformen können nicht als repräsentativ gelten. Zu annähernd richtigen Ergebnissen wird man am ehesten in solchen Gruppen kommen, die so isoliert leben, daß sich für den Verkehr mit Außenstehenden keine eigene Sprachform eingebürgert hat, wie es der Fall bei isolierten Mundarten ist, die es aber praktisch heute nicht mehr gibt; am schlechtesten ist das Ergebnis dort, wo die Gruppenmitglieder die in der Gruppe gebräuchliche Sprachform selbst gering einschätzen (z.B. »Missingsch«). Man erhält zwar beim Abfragen eine Art Gruppensprache, aber nicht die der primären Gruppe, die man wünscht, sondern eine Form von sekundärer Gruppensprache. Die zutreffendsten Ergebnisse sind bei Aufnahmen von Gebildetensprachen zu erwarten, weil die Aufnehmenden allgemein Gebildete sind, und entspre-

---

[366] Zueignung. In: Sprachen, Zuordnung, Strukturen. Festgabe seiner Schüler für Eberhard Zwirner. Den Haag 1965 (Seite ohne Zahlenangabe).

chend als Gruppenglieder anerkannt werden. In fast allen anderen Fällen sind Abweichungen in Richtung auf die als Bildungssprache ausgeprägte Gemeinsprache (»Normalsprache«) zu erwarten.

Zugegeben: Die eben entwickelten Darlegungen beruhen allein auf Beobachtung und Intuition, sie können nicht beanspruchen, bewiesene Wahrheit zu sein. Doch muß dann auch zugegeben werden, daß die Annahme, das Ergebnis phonometrischer Untersuchungen entspreche der Sprachwirklichkeit, ebenfalls auf Intuition beruht.

Auf welche Weise schwer meßbare und schwer analysierbare Tatbestände, wie sie vielfach im Problembereich der Umgangssprache eine Rolle spielen, trotz mangelnder Analyse der Erscheinungen selbst in eine nachprüfbare Beschreibung einbezogen werden können, zeigt im Prinzip die zuletzt besprochene Arbeit von Martens: Er läßt komplex bedingte Erscheinungen in einer Sprachäußerung (Hervorhebungen, Dialektstufe) durch »Abhörer«[367] ermitteln. Dies Vorgehen ist für seine Fragestellung überzeugend, weil auch in der Sprachwirklichkeit das sprachliche Gegenüber die Hervorhebungen werten und sprachsoziologisch sein Verhältnis zum Partner einschätzen muß. Eine Analyse der bei diesen Urteilen wirksamen Sprachelemente ist durchaus eine Aufgabe, deren Lösung mit Hilfe exakter Methoden denkbar ist. Aber im vorliegenden Fall ist nicht die Begründung, sondern die Existenz des Urteils wichtig.

Eine Beobachtung in der Arbeit von Martens verdient noch besondere Hervorhebung, nämlich die, daß manche um reine Hochsprache bemühte Sprecher dazu neigen, sich an den sprechmelodischen Typus des anderen sprachlichen Großraumes anzulehnen, also süddeutsche Sprecher an den norddeutschen Typus und umgekehrt. Darin zeigt sich, daß es wichtig ist, derartigen Sprachgebrauch nicht für sich allein, sondern in Relation zu anderweitigem Gebrauch zu sehen und dabei nicht nur die sprachliche Gruppenzugehörigkeit des Sprechers zu berücksichtigen, sondern auch sein Verhältnis zu dieser Gruppe, ob er im sprachlichen Umgange seine Zugehörigkeit betonen oder verschleiern möchte.

---

[367] Die Methode, durch das Urteil von Abhörern zu einem Ergebnis zu kommen, wird neuerdings auch von Helmut Richter, einem der aktivsten Vertreter der phonometrischen Forschung, angewandt. Er befaßt sich wie Martens mit einem Problem der Sprechmelodie, doch nicht mit geographischen Varianten, sondern mit den für Bejahung und Verneinung bezeichnenden Stimmführungen. Charakteristisch für Richter ist es, daß er sich ein Thema gewählt hat, das sich mit exakten mathematischen Verfahrensweisen bearbeiten läßt: er verarbeitet sein Material mit Hilfe der Faktorenanalyse. (Richter, Helmut: Zur Intonation der Bejahung und Verneinung im Hochdeutschen. Ein Anwendungsbeispiel der statistischen Faktorenanalyse. In: Sprache der Gegenwart 1, 1967, S. 329–362).

12.   Problem und Begriff der Umgangssprache in übergreifenden Darstellungen im Rahmen der germanistischen Wissenschaft

12.1   Die Problematik übergreifender Darstellungen in der gegenwärtigen geistesgeschichtlichen Situation der Wissenschaft

In den bisher besprochenen Arbeiten über Probleme, die im Rahmen der
germanistischen Forschung als Probleme der Umgangssprache aufgefaßt
worden sind, ist es immer wieder als notwendig erschienen und auch immer wieder versucht worden, in die Sichtweise der eigenen Forschungsrichtung auch Sichtweiseen anderer Forschungsrichtungen einzubeziehen. Mit gutem Recht hätten einige dieser Untersuchungen als »übergrei-
fende Darstellungen« in den folgenden Abschnitten berücksichtigt werden können. Das gilt schon für die Darstellung Hermann Pauls, aber bei
ihm ist die Betrachtungsweise so charakteristisch von der sprachhistorischen Richtung bestimmt, daß sie von diesem Gesichtspunkt aus eingeschätzt werden muß. In anderer Weise hat sich Schirmer um den Zusammenhang umgangssprachlicher Forschung bemüht, nämlich durch Zusammenstellung bis dahin vorhandener Literatur. Doch die aufgeführten
Aspekte bleiben kaum verbunden nebeneinander stehen, und das eigene
Bemühen Schirmers ist thematisch begrenzt; es zielt auf die Wortforschung. So ist sein Aufsatz wohl angemessener am dementsprechenden
Ort behandelt worden. Wesentlich weitergehend sind die Versuche zur
Zusammenschau umgangssprachlicher Aspekte, die Hugo Moser und sein
Schüler Ulrich Engel unternommen haben. Aber ihr Bemühen schwenkt
endlich – besonders in den späteren Arbeiten Ulrich Engels – in die Betrachtungsweise der Mundartforschung ein und schien mir deshalb eher
in jenen Abschnitt zu gehören. Umgekehrt löst sich Peter v. Polenz mehr
und mehr von der dialektgeographischen Fragestellung, von der er ausgegangen ist; er ist jedoch auf diesem Wege noch nicht zu einer übergreifenden Darstellung gekommen. Bei Winkler ist wiederum das Bestreben zur
Zusammenschau deutlich; dennoch bestimmt der Gegenstand seines Buches, die Sprecherziehung, eine Dominanz des phonetischen Aspekts.
    Es ist offenbar nicht leicht, von der Bindung an die Sicht einer For-
schungsrichtung loszukommen. Seinen Grund hat das zu einem wesentli-

chen Teil in den geistes- und wissenschaftsgeschichtlichen Voraussetzungen, auf denen die einzelnen Forschungsrichtungen beruhen. Charakteristisch ist es, daß häufig die Vertreter einer bestimmten Forschungsrichtung die Überzeugung äußern, nur diese Richtung repräsentiere die eigentliche Germanistik bzw. die eigentliche Sprachwissenschaft. Schon bei J. Grimm ist das so, der nur historische Beschäftigung mit der Sprache als wissenschaftlich anerkennt,[368] und diese Auffassung wird mit gleicher Entschiedenheit noch von Hermann Paul vertreten.[369] Die Anhänger de Saussures bekennen sich mit gleicher Deutlichkeit zur Synchronie und verweisen die geschichtliche Betrachtung in das Vorfeld der Sprachwissenschaft.[370] Wie sehr die Mundartforschung sich als Zentrum der Wissenschaft von der deutschen Sprache eingeschätzt hat, ist daran zu erkennen, daß der Atlas deutscher Mundarten als »Deutscher Sprachatlas« bezeichnet worden ist.[371] Weisgerber meint wiederum, daß die Sprachwissenschaft mit der Wortfeldforschung an die echten Mittelpunkte ihrer Arbeit herangeführt worden sei.[372] In der Stilforschung wird gern Spitzers Wort, Grammatik sei gefrorene Stilistik, zitiert[373] und damit die Stilistik der Grammatik übergeordnet. Manche Vertreter moderner Wissenschaftstheorie schließlich möchten nur noch mit Hilfe mathematisierter Methoden durchgeführte Untersuchungen als wissenschaftlich anerkennen.[374]

Die teils mehr von einer Weltanschauung, teils mehr vom Gegenstand, teils mehr von den Möglichkeiten einer Methode bedingten Sichtweisen sind so unterschiedlich, daß sie sich nicht ohne weiteres aufeinander beziehen lassen. Die meisten Versuche zu übergreifender Darstellung bleiben infolgedessen doch der Sichtweise verpflichtet, die der wissenschaftlichen Herkunft des Autors entspricht. Im allgemeinen habe ich deshalb Arbeiten, die im wesentlichen vom Standpunkt einer Forschungsrichtung aus zu übergreifender Sicht zu kommen suchen, im Rahmen dieser Forschungsrichtung behandelt.

Im folgenden möchte ich nun einige Arbeiten besprechen, für die mir das Streben nach einer Gesamtschau charakteristischer zu sein scheint als die Bindung an einen bestimmten Aspekt.

---

[368] Vgl. die Abschnitte 5.2, 6.1 und 7.1 dieser Arbeit.
[369] Vgl. Abschn. 6.2.
[370] Vgl. Abschn. 7.1.
[371] Vgl. Abschn. 8.5.
[372] Vgl. Abschn. 9.1.
[373] Vgl. Abschn. 10.4.
[374] Vgl. Abschn. 7.1 und Abschn. 7.10.

12.2 »Umgangssprache« als Sprachform zwischen Schriftsprache und Mundarten (Walter Henzen)

Unter den Bemühungen um eine Zusammenschau all jener Spracherscheinungen, in deren Mitte die Umgangssprache gestellt zu werden
pflegt, ist das Buch von Walter Henzen »Schriftsprache und Mundarten«[375] an erster Stelle zu nennen. Gerhard Cordes bescheinigt ihm in einer Rezension der ersten Auflage »einen Standpunkt, der ... den verschiedenen Methoden gerecht zu werden vermag.« Im einzelnen charakterisiert er folgendermaßen:

> Das Buch bringt bewußt wenig Neues, bietet vielmehr eine kritische Zusammen-
> fassung der Forschungen, und das mit einer Literaturkenntnis, die staunen macht
> ... Wir dürfen sagen, daß zu solcher Zusammenfassung geradezu ein Zwang vor-
> lag. (Deutsche Literaturzeitung 1939, Sp. 1308)

Die Zielsetzung dieses Buches ähnelt also in gewisser Weise derjenigen
der hier vorgelegten Arbeit. Aber es gibt wesentliche Unterschiede. Der
wichtigste ist der, daß Henzen von Schriftsprache und Mundart ausgeht
und dazwischen auf die Umgangssprache stößt, während hier Problem und
Begriff der Umgangssprache in den Mittelpunkt gestellt werden. Es wird
sich noch zeigen, inwiefern dieser Unterschied entscheidend ist. Zunächst
sei dargestellt, auf welche Weise Henzen die Umgangssprache faßt. Der
folgende Absatz, den ich zum Teil schon in der Einleitung zur vorliegenden Arbeit zitiert habe, zeigt, daß er ihr eine große Bedeutung zuweist:

> Betrachtet man die Dinge aber unvoreingenommen, so muß man feststellen, daß
> für gewöhnlich von den hundert und mehr Millionen Deutschen kaum ein Drittel
> Mundart, sozusagen niemand die Schrift- oder Hochsprache und alle übrigen die-
> se Zwischenstufe sprechen. Wir nennen sie heute mit einem von H. Wunderlich
> eingebürgerten, von P. Kretschmer, A. Schirmer u. a. befestigten Namen die Um-
> gangssprache. (Henzen, Schriftsprache und Mundarten, S. 19f.)

Die Auffassungen der genannten und anderer Autoren sucht er durch kritische Betrachtung zu modifizieren und in Einklang zu bringen. Auf diese
Weise entwickelt er eine Darstellung über den Zusammenhang verschiedener Sprachbereiche zueinander. Allerdings lehnt er es ab, die Verhältnisse schematisch darzustellen. Er bemängelt an derartigen Versuchen:

> Solche Konstruktionen nehmen sich sehr schön aus, es haftet ihnen in der Regel
> nur der eine Fehler an, daß die darin zum Dogma erhobenen Unterschiede sich
> in der Wirklichkeit nicht bewähren. (Henzen, Schriftsprache und Mundarten,
> S. 14)

Henzen hält sich deshalb an eine Darstellung in Worten:

> Die Umgangssprache ist am leichtesten zu umschreiben, aber am schwersten zu
> beschreiben. Sie hat zwei unklare Grenzflächen und keinen festen Pol. Sie stuft

---

[375] 1. Aufl. Zürich und Leipzig 1938, 2. Aufl. Bern 1954. Ich zitiere nach der 2. Auflage.

sich nach Gegenden ab wie die Mundart und zugleich nach dem Bildungsrang der Sprecher wie die Schriftsprache. In Oberdeutschland wird die Umgangssprache, nach Form und Gehalt, durch die obd. Mundarten bestimmt, in Mitteldeutschland durch die md., in Niederdeutschland durch die nd. Zieht man den verschiedenen Geltungsbereich mit in Betracht, so tritt sie hier auf als Amts- und öffentliche Verkehrssprache, dort als Geschäfts- und Gesellschaftssprache und – sofern nicht mehr eigentliche Mundart gilt – sogar als die Sprache der Familie (Haussprache). So pendelt sie zwischen zwei Extremen hin und her, geht vom schwäbischen Honoratiorendeutsch zum eisigen Repräsentationsdeutsch des Kurfürstendamms, der schriftsprachlichen Norm sich stets nähernd, ohne sie je zu erreichen. Es ist somit klar, daß wir *mehrere Umgangssprachen* anzusetzen haben, auch wenn wir kollektiv von *der* Umgangssprache reden, deren Hauptform wohl am konkretesten von Frings als mündliche Durchschnittssprache (= Verkehrssprache einer Landschaft) bezeichnet worden ist ... Nicht einmal die sogenannte höhere Umgangssprache der Gebildeten stellt eine verhältnismäßig einheitliche Form dar, so sehr sie sich lautlich oder sonstwie an die Schriftsprache anlehnen mag. Im Gegenteil: gerade sie ist mit ihren hundert Aspekten das Variabelste das man sich denken kann, ein wahres Chamäleon ... (Henzen, Schriftsprache und Mundarten, S. 21)

In diesem Abschnitt zeigt es sich deutlich, wie berechtigt, wie notwendig es ist, daß sich Henzen vom schematischen Denken löst und der realistischen Beobachtung Raum gibt. So kommt nicht nur eine Fülle von Aspekten zu Wort, sondern es werden auch Verknüpfungen sichtbar, die bei schematisch gesteuerter Spekulation nicht erkannt würden. Vor allem erscheint mir die Beobachtung wichtig, daß formal ähnliche Sprachformen in verschiedenen Gegenden verschiedene Funktionen haben können, womit verschiedene soziologische Bezüge verknüpft sind. Allerdings läßt sich Henzen nicht darauf ein, diese Zusammenhänge näher zu analysieren. Ihm ist *ein* Aspekt wichtiger als die anderen. Das ist schon in dem vorstehenden Abschnitt erkennbar, und im Grunde ergibt er sich schon aus dem Titel des Buches: Es handelt sich um den Aspekt der Dialektgeographie, der die Umgangssprache zwischen Mundarten und Schriftsprache stellt. Am gegebenen Ort ist bereits dargestellt worden, daß es sich hierbei nicht um echte Gegenpole handelt und daß schon deshalb die Umgangssprache nicht als Zwischenstufe angesehen werden kann. Man könnte sagen, daß die Anordnung »Schriftsprache – Umgangssprache – Mundart« zu jenen Konstruktionen gehört, die sich zwar sehr schön ausnehmen, denen aber nur der eine Fehler anhaftet, »daß die darin zum Dogma erhobenen Unterschiede sich in der Wirklichkeit nicht bewähren«. Genauer muß man wohl sagen, sie bewähren sich nur für einen Teil der Wirklichkeit. Im vorliegenden Fall sind die Unterscheidungen nur für die Betrachtung der Laute brauchbar. Hier erweist sich, daß Henzen doch noch zu stark an die Dialektgeographie, von der er herkommt, gebunden ist. Das zeigt sich etwa in der folgenden Aussage:

Umgangssprache fängt dort an, wo die Mundart keine Einspritzungen mehr verträgt, wo sich hoch- oder schriftsprachliche Züge der bodenständigen Sprachschicht nicht mehr assimilieren, und sich infolgedessen eine neue Sprachschicht abhebt; hier ist Schriftsprache auf Mundart aufgepfropft. (Henzen, Schriftsprache und Mundarten, S. 24)[376]

Allerdings schränkt Henzen die Gültigkeit dieser Grenzbestimmung sogleich ein:

Solche Formeln lassen sich jedoch nur ganz im allgemeinen oder aus glücklich liegenden Einzelfällen ableiten. In der großen Wirklichkeit verhalten sich die Dinge, wie ebenfalls noch zu zeigen sein wird, nicht so einfach. (Henzen, Schriftsprache und Mundarten, S. 24)

Dennoch erscheint ihm der folgende Satz gesichert:

Eine gesetzmäßige Konstante in der Erscheinungen Flucht vermögen wir zwar auch in der Umgangssprache zu erkennen, keinen Pol freilich, aber eine einheitliche Richtung: Die Tendenz von der Mundart weg der Schriftsprache zu, gründend auf dem allgemein menschlichen Trieb nach oben. (Henzen, Schriftsprache und Mundarten, S. 23)

Das sind Aussagen, wie sie schon an anderen Stellen der vorliegenden Arbeit kritisiert worden sind. Eine erneute grundsätzliche Kritik erübrigt sich deshalb. Für Henzens Buch ist wichtig festzustellen, daß sich die Konzeption, nach der die Umgangssprache eine Sprachform zwischen Schriftsprache und Mundart darstellt, mit anderen Aussagen desselben Buches schlecht verträgt wie der, daß

... in der Schweiz die Mundart noch die allgemeine Umgangssprache bildet. (Henzen, Schriftsprache und Mundarten, S. 20, ähnlich S. 191)

An dieser Stelle bezeichnet »Umgangssprache« keine eigene Sprachform, sondern eine Funktion einer (mundartlichen!) Sprachform.[377] Auch der folgende Satz repräsentiert den funktionalen Aspekt, der sich mit dem formalen der Lautlehre keineswegs durchgängig verträgt:

Die Umgangssprache ist jeden Augenblick Umgang mit dem gegenwärtigen Anderen.(Henzen, Schriftsprache und Mundarten, S. 23)

Besonders lehrreich ist Henzens Besprechung des in der Nachfolge von Genthes »Deutsches Slang« geschriebenen Buches »Alltagsdeutsch« von R. Kron. Da heißt es:

Umgangssprache sowohl wie Halbmundart beruhen nicht einfach auf fortgesetzter gleichmäßiger Vermischung von Mundart und Schriftsprache, sondern sie bil-

---

[376] Mit dieser Formulierung lehnt sich Henzen, wie er in einer Fußnote auf S. 23 anmerkt, an H. Becker an.

[377] In ähnlicher Weise benutzt B. Boesch – ebenfalls bei einer Beschreibung der Sprachverhältnisse in der deutschen Schweiz – das Wort »Umgangssprache« teils als Bezeichnung einer Sprachform teils als Funktionsbezeichnung: »Umgangssprache als Zwischenschicht im Sinne eines besonderen Sprachkörpers gibt es kaum; wohl versehen die von allen Teilen der Bevölkerung gesprochenen Mundarten die Funktion der regionalen Umgangssprache, sie sind aber selbst keine solche: sie besitzen noch die dialektische Bindung an den mehr oder minder fest umrissenen landschaftlichen Raum.« (Boesch, Bruno: Sprachpflege in der Schweiz. In: Sprache der Gegenwart 2, 1968, S. 220).

den in jedem Einzelfall auch das Ergebnis einer oft jahrhundertealten eigenen Entwicklung. Nach R. Kron verdankt die alltäglich gesprochene Sprache ihre Abweichungen von der schriftsprachlichen Norm dem Drang nach drastischem, sinnbildlichem Ausdruck ... und schließlich der Übernahme von berufssprachlichen und Slangwörtern so sehr, daß Kron ... an die Mundart als Nährquelle der Umgangssprache und Halbmundart kaum zu denken scheint. Jedenfalls ist es falsch, in Betrachtung sprachlicher Zwischenstufen einfach von Verderbnis der Mundart, bzw. der Schriftsprache zu reden. (Henzen, Schriftsprache und Mundarten, S. 208)

Bei diesem Gedankengang hat Henzen nicht berücksichtigt, daß es sich um mindestens zwei verschiedene Aspekte der Sprache handelt, die nicht unbedingt zusammengehören. Während er hauptsächlich Ortssprache und Gemeinsprache als Pole im Auge hat, sind es bei Kron etwa offizielle und vertrauliche Sprachform. Daß diese und ähnliche Aspekte nicht klar voneinander geschieden sind und deshalb nicht in ihrer inneren Beziehung zueinander dargestellt werden können, daran krankt auch Henzens Darstellung noch. So kommt es z. B., daß Beobachtungen wie die Mathilde Hains, daß sich »Schichten« zwischen Mundart und Schriftsprache in dem Dorf Ulfa (Oberhessen) nicht nach Sozialschichten, sondern nach Sprechsituationen scheiden, wohl aufgeführt, aber kaum ausgewertet werden (vgl. Henzen, Schriftsprache und Mundarten, S. 209). Henzen sieht selbst sehr wohl, daß das Problem der Umgangssprache mit seiner Darstellung nicht bewältigt ist. Er ist der Auffassung, daß wir noch zu wenig von der Umgangssprache wüßten; er vertritt sogar die Ansicht, daß wir noch nicht einmal wüßten, wie gering unser Wissen sei. Das zeigt seine folgende Erklärung:

Es wird früher oder später die Forderung an uns herantreten, die Umgangssprache an den Hörnern zu fassen und sie methodisch nach den einzelnen Kapiteln der Grammatik zu charakterisieren. Da wird sich offenbaren, wie wenig wir immer noch über ihr Wesen unterrichtet sind, wie sehr die bisherigen, allgemein gehaltenen Ausführungen über den Sachverhalt gelegentlich aneinander vorbeireden ... Die Beherrschung des ganzen Problems übersteigt wohl das Fassungsvermögen eines Einzelnen. (Henzen, Schriftsprache und Mundarten, S. 22)

Dennoch wird wohl ein einzelner das Problem in seiner Gesamtheit, wenn auch nicht beherrschen, so doch überblicken müssen, ehe es in sinnvoller Weise möglich ist, »nach Gesichtspunkten die Arbeit aufzuteilen«, wie Henzen es fordert. Sonst wäre damit zu rechnen, daß die unter verschiedenen Gesichtspunkten arbeitenden Gruppen weiterhin aneinander vorbeireden.

Wenn heute ein einzelner nicht völlig daran verzagen muß, das Problem der Umgangssprache wenigstens in wesentlichen Grundzügen zu erfassen, so ist das zum Teil gerade ein Verdienst von Henzens Buch. Dazu dient die Fülle seines Materials, und dazu verhilft vor allem die realistische Art der Betrachtungsweise, die sich nicht davor scheut, Widersprüchliches nebeneinander stehen zu lassen. Es gilt, die Widersprüche nicht einem System zuliebe zu verdecken, sondern eine Ordnung zu finden, in der sie sich auflösen.

12.3 »Umgangssprache« als Gegenpol zur »Hochsprache« im Rahmen einer mehrdimensionalen Betrachtung (Walter Porzig)

Bei Walter Porzig wird das Problem der Umgangssprache in seinem Buch »Das Wunder der Sprache«[378] recht eingehend gewürdigt. Dieses Buch trägt den Untertitel »Probleme, Methoden und Ergebnisse der modernen Sprachwissenschaft«. Sein Thema ist also denkbar weit gefaßt, und in der Tat sind die verschiedenen Aspekte der Sprachwissenschaft in einer größeren Breite berücksichtigt, als man es in einem einzigen Buch und bei einem einzigen Verfasser gewohnt ist. Das muß nach dem Befund der bisherigen Betrachtungen eine günstige Voraussetzung für die Erfassung der Vielfalt umgangssprachlicher Probleme sein.

Aufschlußreich für die Schwierigkeit der Einordnung umgangssprachlicher Erscheinungen ist es nun, daß Porzig in den beiden Auflagen seines Buches einen ganz unterschiedlichen terminologischen Gebrauch von dem Wort »Umgangssprache« macht. Zunächst möchte ich seine Darstellung der ersten Auflage betrachten. Im 5. Kapitel, »Die Sprachgemeinschaft«, gibt es einen eigenen Abschnitt mit der Überschrift »Umgangssprache und Hochsprache«. Hier findet sich folgende Charakterisierung:

> Die *Umgangssprache* ist also, wie ihr Name sagt, diejenige Sprachform, die im alltäglichen Umgang der Menschen untereinander angewendet wird. Sie ist gewissermaßen ein Gerät, eines unter vielen, das dazu hilft, den Ablauf des täglichen Lebens zu erleichtern oder zu ermöglichen. In diesem Zusammenhang erfüllt sie nun zwei Aufgaben. Erstens dient sie der unmittelbaren Verständigung in praktischen Lebenslagen ... Zweitens dient die Umgangssprache noch einem ganz anderen Zweck. Der Mensch hat gerade im täglichen Leben ein starkes Bedürfnis, sein Gemüt zu erleichtern, ... Daher ist diese Sprache gekennzeichnet durch Kraftausdrücke. (Porzig, Wunder der Sprache, 1. Aufl. S. 189f.)

Die Umgangssprache wird in dieser Auflage also funktional charakterisiert, und es werden einzelne inhaltliche Angaben gemacht, die mit der Funktion zusammenhängen. Aus einer Gegenüberstellung zum funktionalen Gegenpol ergeben sich weitere Gesichtspunkte, auf Grund deren Porzig dann eine Abgrenzung gegen andere Sprachformen versucht:

> Der Umgangssprache entgegengesetzt ist nun eine Form der Sprache, bei der diese durchaus selbständig und selbstgenügsam, ohne Mithilfe einer vorgegebenen Lage einen Sachverhalt erfassen und übermitteln soll. Eine solche Form braucht man erstens, wenn man schriftliche Aufzeichnungen machen will, denn diese sollen ja gerade von der bestimmten Lage unabhängig sein. Man hat diese Sprachform daher häufig Schriftsprache genannt. Aber das ist zu eng ... Man

---

[378] Porzig, Walter: Das Wunder der Sprache, Probleme, Methoden und Ergebnisse der modernen Sprachwissenschaft. Bern 1. Aufl. 1950, 2. Aufl. 1957.

wendet sie vielmehr überhaupt an, wenn man etwas abseits der alltäglichen Praxis des Lebens ausdrücken will, also jedenfalls ... in der Literatur. So heißt sie auch Literatursprache. Aber es gibt Verwendungen der Sprachform, die auch nicht Literatur sind. So wird eine Gerichtsverhandlung von allen Beteiligten ... soweit sie dazu in der Lage sind ... in dieser Sprachform geführt ... Und selbst innerhalb der Familie wird man sich bei ernsten Auseinandersetzungen ihrer bedienen. Der beste Name für sie dürfte deshalb *Hochsprache* sein, weil sie eine Sprachform ist, die Zwecken dient, die höher sind als die Aufgaben des alltäglichen Lebens ...

Die Hochsprache sagt also viel mehr als die Umgangssprache, und aus diesem Grunde ist sie die gegebene Sprachform der Dichtung. Es sind durchaus dieselben Menschen, die sowohl über die Umgangssprache als auch über die Hochsprache verfügen. Es ist eine der merkwürdigsten Erscheinungen im Leben der Sprache, mit welcher Sicherheit die Unterscheidung von Hochsprache und Umgangssprache von allen Sprechenden beobachtet wird.

Man darf also den Unterschied von Hochsprache und Umgangssprache keinesfalls gleichsetzen dem von Sprache der Gebildeten und der Ungebildeten. Denn es ist ein Ausnahmefall, wenn jemand außer der Sprache seiner Klasse auch noch die einer anderen beherrscht, und jedenfalls wird er im gewöhnlichen Leben nicht zwischen ihnen wechseln. Aber auch mit dem Unterschied zwischen Mundart und Reichssprache deckt sich der von Umgangssprache und Hochsprache nicht. Es gibt innerhalb der Mundart eine Hochsprache – schon die Mundartdichtung beweist es ... Andererseits hat die Reichssprache neben der hochsprachlichen auch eine umgangssprachliche Form, die namentlich dort *unentbehrlich* ist, wo die Mundart im täglichen Leben nicht mehr gesprochen wird. (Porzig, Wunder der Sprache, 1. Aufl. S. 191–193)

Das sind Unterscheidungen, die näherer Betrachtung wert sind. Aber das Bild ist mit ihnen noch nicht einmal vollständig. Porzig trifft weitere Untergliederungen des Sprachgesamts und sagt schließlich in einer Anmerkung:

Die hier vorgetragene Gliederung des Sprachraums in mehrere Dimensionen als Dialekt und Reichssprache, Klassensprachen, Umgangssprache und Hochsprache, Fachsprachen, Sondersprache und Gemeinsprache erlaubt ein klareres Bild der verwickelten Verhältnisse zu geben als der Versuch, die meisten dieser Sprachformen auf nur einer Stufenleiter von der niedrigsten Form des Slang bis zur gehobenen Sprache der Dichtung unterzubringen. (Porzig, Wunder der Sprache, 1. Aufl. S. 385 Anm. 21)[379]

Dieser Aussage muß ich in Anbetracht der bisherigen Beobachtungen zustimmen. Gerade die Verflochtenheit der Verhältnisse erfordert eine besonders sorgfältige Scheidung der in ihr vorhandenen Komponenten. Es bleibt jedoch zu fragen, ob der vorgelegte Entwurf befriedigen kann. Ein

---

[379] Mit dieser Gliederung nach Dimensionen folgt Porzig (z. T. bis in den terminologischen Gebrauch hinein) einem Entwurf von M. H. Jellinek, den dieser mehrfach vorgetragen hat, so im Anz. f. dt. Altertum 49, 1930, S. 170, noch einmal in derselben Zeitschrift Jg. 54, 1935, S. 27, im folgenden Jahr dann in Streitberg/Michels/Jellinek: Die Erforschung der indogermanischen Sprachen II, Germanisch 1. Allgemeiner Teil und Lautlehre S. 186f. und endlich daneben in dem bereits erwähnten Brief, den J. B. Hofmann von ihm erhalten und im Anhang zur 2. Auflage seines Buches über die lateinische Umgangssprache besprochen hat. Auch der nachfolgend zu besprechende Aufsatz von G. Cordes wählt den Entwurf Jellineks als Ausgangspunkt.

Prüfstein dafür, ob eine Gliederungskonzeption genügt, muß die Frage sein, ob unter einem Gliederungsgesichtspunkt wirklich nur eine Komponente erfaßt ist. Deshalb will ich jetzt Porzigs Begriffspaar »Umgangssprache – Hochsprache« auf diese Weise prüfen. »Umgangssprache«, so habe ich vorher festgestellt, ist als eine funktionale Sprachform gefaßt. Porzig verwendet offenbar sehr bewußt den Begriff »Sprachform« und nicht den Begriff »Sprache«. Es ist keine nach den Regeln der Grammatik beschreibbare Sprache gemeint, sondern eine Anwendungsart einer Sprache, und zwar die des persönlichen Umgangs. Als korrespondierender Begriff wäre die Bezeichung einer anderen Anwendungsart zu erwarten. Es könnten auch mehrere sein, und es ist nicht gesagt, daß sie in eine Rangfolge gehören müßten. Bei Porzig taucht nun zwar ein Begriff auf, der eine Anwendungsart bezeichnet: Schriftsprache. Aber er wird als spezifischer Gegenbegriff zu Umgangssprache verworfen. Es werden andere neben die Schriftsprache gestellt. Bei ihnen handelt es sich nicht mehr im gleichen Sinn um funktionale Begriffe wie bei »Schriftsprache«. Nicht mehr die Anwendungsart, sondern der Anwendungsgegenstand wird bezeichnet: die Literatur, die Gerichtsverhandlung, die ernste Auseinandersetzung innerhalb der Familie. In diese Reihe würde etwa das vertraute Gespräch passen, jedoch nicht die Umgangsfunktion der Sprache. Porzig verwendet nun für die von ihm als gleichartig nebeneinandergestellten Begriffe den Oberbegriff Hochsprache. Er tut es mit dem Blick auf die höheren Zwecke. Damit kommt noch ein neuer Gesichtspunkt ins Spiel; denn es geht nicht mehr um die Gegenstandsbezogenheit der Sprache, sondern um deren Höhenlage. Man könnte hier Winklers Terminus der Edelsprache verwenden, deren Gegenpol die unedle Sprache wäre.

Damit sind drei verschiedene Komponenten in die Gegenüberstellung Umgangssprache – Hochsprache verquickt. Allerdings scheinen sie so eng miteinander verflochten zu sein, daß sie meistenteils schwer voneinander zu trennen sind. Bemerkenswert ist, daß Porzig die räumliche Komponente aus diesem Geflecht herauslöst, die zu den vorgenannten Komponenten ebenfalls in deutlicher Beziehung steht. Denn im persönlichen Gespräch über einen vertrauten Gegenstand, dem kein hoher Wert zugemessen wird, pflegt mehr Mundartliches zu begegnen als in schriftlicher Äußerung über einen offiziellen Gegenstand großer Bedeutung. Als Gegenpol zur Mundart erscheint stattdessen (nach der Terminologie der ersten Auflage) die »Reichssprache«.

Für den Normalfall kann man jedenfalls ein Zusammentreffen dieser Komponenten annehmen. Aber Porzig zeigt am Beispiel der Mundartdichtung, daß dieser Zusammenhang nicht zwingend ist. In ähnlicher Weise sind auch die vorher erwähnten Verflechtungen nicht zwingend. Man denke nur an die Sprache moderner Literatur, die durchaus nicht eindeutig der edlen Hochsprache zuzuordnen ist.

In der zweiten Auflage des hier besprochenen Buches ergibt sich gerade im Hinblick auf die im vorliegenden Zusammenhang wichtigen Termini ein stark geändertes Bild. Fast überall, wo in der ersten Auflage »Umgangssprache« verwendet wird, steht in der zweiten »Alltagssprache«. Nun ist also nicht mehr die Funktion, sondern der Gegenstand der Sprachäußerung (das Alltägliche) namengebend. Der sonstige Text ist bis auf einige gleich zu nennende Termini nicht verändert. Es handelt sich also nicht um eine grundsätzlich neue Sicht des Problems, sondern es ist nur eine terminologische Revision gemeint. Diese terminologische Änderung läßt sich am besten an der Überarbeitung jener Anmerkung erkennen, in der Porzig seine Gliederung nach mehreren Dimensionen rechtfertigt: Hier spricht er in der zweiten Auflage von:

... Dialekt und Gemeinsprache, Schichtensprachen, Alltagssprache und Hochsprache, Fachsprachen und Sondersprachen ... (Porzig, Wunder der Sprache, 2. Aufl. S. 387 Anm. 2)

An die Stelle der »Reichssprache« ist die »Gemeinsprache« getreten. Damit folgt Porzig einem weiter verbreiteten terminologischen Gebrauch, der in diesem Fall auch weniger mißverständlich sein dürfte, weil »Reichssprache« – im Gegensatz zum skandinavischen riksmål – einen zu stark politischen Beiklang hat. »Gemeinsprache« als Gegenpol von »Sondersprache« ist verschwunden. Statt »Klassensprache« wird jetzt »Schichtensprache« gebraucht. Damit ist ein veralteter oder – wenn man ihn in marxistischem Sinne auffaßt – mißverständlicher Begriff durch einen üblichen ersetzt. Leider beruht aber auch die Bezeichnung »Schicht« – wie oben dargestellt – auf überholten soziologischen Vorstellungen. Deshalb ist diese terminologische Änderung keine wesentliche Besserung. Der Begriff »Umgangssprache« ist in dieser Aufstellung verschwunden. Doch fehlt er in der Neuauflage nicht ganz: Er findet sich nun dort, wo Porzig von der Bildung von Gemeinsprachen (1. Aufl. Reichssprachen) innerhalb »landschaftlicher Staatsbildungen« spricht, die auch noch bestehen bleiben, »nachdem eine wirkliche Gemeinsprache (1. Aufl. Reichssprache) für das ganze Staatsgebiet gilt«. Über das Verhältnis dieser landschaftlichen Gemeinsprachen zur »wirklichen Gemeinsprache« sagt er:

Sie bilden einen Übergang zwischen dieser und den örtliche Mundarten.

Dieser Satz steht in beiden Auflagen (1. Aufl. S. 174, 2. Aufl. S. 227). In der zweiten ist nun noch einer hinzugefügt:

Im Deutschen verwendet man für diese Mittelstufen zwischen Mundart und Gemeinsprache den Ausdruck *Umgangssprache*.

Eine Anmerkung zu diesem Zusatz verweist auf das von mir vorher besprochene Buch Walter Henzens. Porzig hat sich hier dem dialektgeographischen terminologischen Gebrauch gebeugt. Aber genau besehen meint er doch nicht dasselbe wie Henzen, er meint nicht die eine Skala bildenden Zwischenstufen, deren sich 90% der Sprecher bedienen, sondern ganz bestimmte Sprachgebilde, die landschaftlich vorhanden sein können, aber nicht vorhanden sein müssen.[380] Damit tritt die Möglichkeit neuer Mißverständnisse auf. Wenn man daneben die Bedenken in Rechnung stellt, die grundsätzlich gegen den terminologischen Gebrauch von »Umgangssprache« in der Dialektgeographie erhoben werden müssen, so kann der veränderte terminologische Gebrauch der 2. Auflage nicht als Fortschritt bezeichnet werden.

Wichtig bleibt aber die Betrachtung nach verschiedenen Dimensionen, die als Anhaltspunkt für eine Gesamtbetrachtung genommen werden kann, auch wenn sie noch nicht so differenziert ist, wie der Gegenstand es erfordert. Wichtig bleiben darüber hinaus viele Einzelaussagen Porzigs über sprachliche Zusammenhänge, denen jedoch an dieser Stelle nicht nachgegangen werden kann.

12.4   Die Auflösung des Begriffs »Umgangssprache« in einem mehr-dimensionalen Denkmodell (Gerhard Cordes)

In seinem Aufsatz »Zur Terminologie des Begriffs 'Umgangssprache'« hat G. Cordes[381] den auch schon von W. Porzig verwendeten Gedanken M. H. Jellineks aufgenommen, daß eine Betrachtung nach verschiedenen Dimensionen notwendig sei. Er führt ihn konsequent weiter, indem er für die Termini, die für umgangssprachliche Probleme wichtig sind, eine dreidimensionale Figur erarbeitet, in der die verschiedenen Termini ihren Platz finden. Den Einwänden Henzens gegen solche figürlichen Darstellungen begegnet er mit der Feststellung, daß eine Zeichnung noch kein Dogma darzustellen brauche, sondern zur Klärung der Vorstellungen beitragen könne. Dabei zeigt sich, daß der Versuch figürlicher Darstellung zu terminologischer Klarheit zwingt und daß sich deshalb Verschwommenheiten und Inkonsequenzen leichter enthüllen als bei der rein verbalen Umschreibung, bei der sich unkontrollierte Vorurteile einschleichen können. Selbstverständlich muß darauf geachtet werden, daß solche Darstellungen nur Hilfsmittel zur Erfassung der Wirklichkeit sein dürfen. Wenn zwischen Modell und Wirklichkeit Unstimmigkeiten auftreten, muß das Modell geändert werden; es darf nicht umgekehrt gefordert werden, daß die Wirklichkeit sich der Logik des Modells füge. Cordes gebraucht das graphische Modell in dem hier beschriebenen Sinn als ein Hilfsmittel. Das zeigt sich schon darin, daß er zunächst von einem einfachen Modell mit

---

[380] In einem Aufsatz mit dem Titel »Hochsprache – Umgangssprache – Mundart« erklärt Egon Kühebacher z. B., daß in Südtirol im Unterschied zu den angrenzenden österreichischen Gebieten keine landschaftliche Umgangssprache vorhanden sei. Er fordert deshalb die Pflege einer oberdeutschen Umgangssprache, als deren Träger er »die bairisch-österreichische Gemeinschaft« bezeichnet, für die Südtiroler Schulen. (In: Muttersprache 77, 1967, S. 13–23)
[381] In: Festgabe für Ulrich Pretzel, hrsg. von W. Simon u. a., Berlin 1963, S. 338–354.

den Achsen »geschriebene Sprache – gesprochene Sprache« und »Gemeinsprache – Ortssprache« ausgeht und es dann auf Grund von Befunden umgangssprachlicher Forschung zum dreidimensionalen Modell ausbaut. Dieses soll, dem Thema des Aufsatzes entsprechend, der *Terminologie* des Begriffs »Umgangssprache« dienen. Dementsprechend wird es in Auseinandersetzung mit dem terminologischen Gebrauch anderer Forscher erarbeitet. Aber es ergibt sich aus der Sache, daß der Versuch einer Begriffsordnung zugleich den Versuch einer *Ordnung der Phänomene* einschließt. Eine Beschränkung auf das Terminologische wäre nur möglich, wenn über den Gegenstand, der benannt werden soll, Einigkeit bestände. Das ist jedoch bei der Umgangssprache keineswegs der Fall. Sie bietet sich ja nicht einmal als ein in sich geschlossenes Sachgebiet dar, sondern als ein Feld, das fürs erste nur dadurch umgrenzt ist, daß es jenseits seines Bereiches Spracherscheinungen gibt, die entschieden als nicht-umgangssprachlich bezeichnet werden. So zwingt der Versuch, ein terminologisches Modell der Umgangssprache zu schaffen, dazu, ein Modell der Gesamtsprache zu entwerfen. Das tut Cordes. (Es ist bemerkenswert, daß in diesem Entwurf der Terminus »Umgangssprache« gar nicht vorkommt.) Er steuert damit auf ein Ziel zu, das sich auch meine ausführlichere Arbeit gesetzt hat. Darum gilt es nun zu prüfen, wie weit das hier vorgelegte Modell in der Lage ist, die an Hand der bisherigen Besprechungen gewonnenen Befunde dieser Arbeit zu erfassen.

Der zweite Entwurf von Cordes, der das Ergebnis seiner Überlegungen darstellt, sieht folgendermaßen aus:

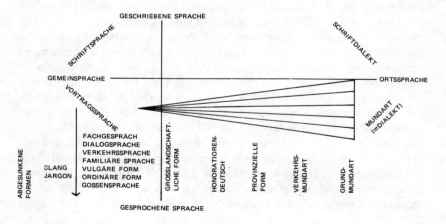

(Festgabe Pretzel S. 352)

Dieses Modell stellt, wie erwähnt, eine Erweiterung des ersten Entwurfs dar. Das Koordinatenkreuz des Grundmodells ist in einer vertikalen Ebene zu denken. An der senkrechten Achse ist oben die geschriebene

370

Sprache und als Gegenpol unten die gesprochene Sprache angeordnet. Das ist eine Gegenüberstellung, wie sie seit H. Wunderlich häufig für die Unterscheidung von Umgangssprache und Schriftsprache in Anspruch genommen worden ist.

Ich möchte zunächst noch einmal auf die Eigenart dieser Polarität eingehen, um dabei zu prüfen, wie weit sie sich zur Darstellung mittels einer Achse innerhalb eines Koordinatensystems eignet. Anschließend werde ich mit den anderen Polaritäten entsprechend verfahren.

Es ist kein Zweifel, daß die Gegenüberstellung von geschriebener und gesprochener Sprache für umgangssprachliche Fragen wesentlich ist. Eine andere Frage ist es, wie weit die Anordnung in einer Achse eines Koordinatensystems die Wirklichkeit wiederzugeben vermag. Die Anordnung auf einer solchen Achse setzt voraus, daß sich zwischen den beiden extremen Polen eine kontinuierliche Reihe von Zwischenstufen auftragen läßt. »Geschrieben« und »gesprochen« ist aber – wenn man sich streng an die funktionale Betrachtung hält – eine Alternative, bei der es theoretisch keine Zwischenstufen geben kann. Die Praxis zeigt, daß dennoch welche vorhanden sind. Es gibt schriftnahe gesprochene Sprache und redenahe geschriebene Sprache. Aber bei dem, was hier als »schriftnah« oder »redenah« bezeichnet wird, handelt es sich nicht nur um Spracherscheinungen, die unbedingt mit der Schriftlichkeit oder Mündlichkeit verknüpft sind, sondern vor allem um solche Erscheinungen, die erst mittelbar damit zusammenhängen, wie die persönliche Anrede oder eine stärkere Neigung zur Nebenordnung in der gesprochenen Sprache gegenüber unpersönlicher Ausdrucksweise und Neigung zu Unterordnung in der geschriebenen Sprache oder auch die meistenteils größere Sorgfalt in der auf Dauer berechneten geschriebenen Sprache gegenüber der eher zur Nachlässigkeit tendierenden gesprochenen Sprache. Es erweist sich, daß sich unter der Alternative »geschrieben – gesprochen« eine Reihe von Polaritäten verbirgt. Dabei sind diese Polaritäten nicht linear voneinander abhängig. Man kann für sie deshalb keine gemeinsame Gradskala benutzen. Lessings Prosa kann z. B. (vgl. Reiners) als Musterbeispiel redenaher geschriebener Sprache gelten. In diesem Falle besteht die Nähe zur Rede im wesentlichen im persönlichen Ton (Anrede, Frage u. ä.) und in der Übersichtlichkeit der Satzfügung. Insofern wäre sie nahe an die gesprochene Sprache zu setzen. Ganz anders aber in der Sorgfalt. Da muß man Lessings Prosa einen kaum zu übertreffenden Grad zuerkennen. Man müßte sie danach an den Endpunkt des Achsenschenkels »geschriebene Sprache« setzen. Texte, die das umgekehrte Bild zeigen, also weitgehende Unpersönlichkeit, aber geringe Sorgfalt, sind allenthalben zu finden. Übrigens ist anzunehmen, daß schriftliche Texte, die sich auf halbem Wege dem Redetypischen nähern, und gesprochene Äußerungen, die sich auf halbem Wege dem Schrifttypischen nähern, ein unterschiedliches Mischungsverhältnis redetypischer und schrifttypischer Elemente aufweisen, denn einige der Erscheinungen sind so sehr funktionsgebunden, daß sie auch bei großer Annäherung an den Gegenpol beachtet werden müssen. Ein Beispiel dafür wäre etwa der Zwang, bei schriftlichen Äußerungen die Betonung durch graphische Hervorhebung oder vom Normalen abweichende Stellung oder durch hinzugefügte Wörter zu ersetzen. Die Gegenüberstellung »geschriebene Sprache – gesprochene Sprache« läßt sich also nicht in der Weise auf eine Achse innerhalb eines Koordinatensystems übertragen, daß jeder Sprachäußerung ein Wert zugeordnet werden könnte. Es liegt eine Gruppe ursächlich verwandter, aber nicht strikt voneinander abhängiger Polaritäten vor. Die schematische Gegenüberstellung kann dementsprechend nur vorläufiger Orientierung dienen.

In die waagerechte Achse des senkrecht stehenden Koordinatenkreuzes ist das zweite Gegensatzpaar »Gemeinsprache – Ortssprache« gesetzt. Dabei geht es um die Bezeichnung der »Reichweite der jeweiligen Sprachform«. Das ist ein Wert, der sich grundsätzlich zahlenmäßig erfassen lassen müßte. Aber auch hier gibt es praktische Schwierigkeiten. Sie zeigen sich, wenn man von dem »ideellen Gegensatz« Gemeinsprache – Ortssprache zu den konkreten Erscheinungen zwischen Mundart (als gesprochene Ortssprache zwischen »gesprochener Sprache« und »Ortssprache« angeordnet) und Vortragssprache (als gesprochene Form der Gemeinsprache zwischen »Gemeinsprache« und »gesprochene Sprache« gestellt) übergeht. Das Dreieck, in dem diese Sprachformen erfaßt sind, ist als zur Ebene des Koordinatenkreuzes senkrecht stehend, also in horizontaler Ebene gedacht. Der damit graphisch dargestellte Grundgedanke ist der, daß einer Vielzahl von Mundarten, die als Ortssprachen gefaßt sind und demnach eine durch die Ortsgröße bedingte geringe Reichweite haben, eine einzige Form gegenübersteht, die Gesamtgeltung hat. Dazwischen steht eine Reihe von Zwischenstufen, deren Zahl mit zunehmender Reichweite geringer wird. Hier sind die in ihrer Übersichtlichkeit bestechenden Gedanken von H. Moser und U. Engel aufgenommen. Aber Cordes zeigt Bedenken gegen zu schematische Vorstellungen:

> Bewußt ist auf eine Querteilung des Dreiecks verzichtet, weil eine feste Abgrenzung unmöglich ist, auch die Regionsbezeichnungen sind zufällig, wie die Literatur sie bot. Es muß auch darauf aufmerksam gemacht werden, daß für Norddeutschland und die deutschsprachige Schweiz einige Zwischenformen (etwa die Verkehrsmundart und das Honoratiorendeutsch) wegfallen. (Cordes, Umgangssprache, S. 352)

Die Bedenken steigen noch, wenn man die aus der Literatur übernommenen »Regionsbezeichnungen« näher prüft.[382] Da ist zunächst der Begriff »Grundmundart«. Gemeint ist zweifellos jene Sprachform, die Gegenstand der Mundartforschung ist, also jene, die möglichst ohne äußere Be-

---

[382] Neuerdings weist auch H. Bausinger darauf hin, daß sich in dem von Cordes entworfenen Schema der »konkretisierende Terminus 'Honoratiorensprache'« zwischen »überwiegend räumlich bestimmte Termini schiebt.« (Sprache der Gegenwart 1, 1967, S. 295).

einflussung eine urtümliche Sprachtradition wahrt. Schon Schmeller hat diese Sprachform in möglichst abgelegenen rein land- und forstwirtschaftlich bestimmten Orten gesucht, und A. Ruoff verfährt auch heute so. Anderweitig müssen mühsam Menschen gesucht werden, die die Tradition in ausreichendem Maße wahren. Man findet sie vielfach nur noch unter den ältesten Personen und oftmals gar nicht mehr (vgl. besonders die Leipziger Arbeiten). »Grundmundart« darf deshalb nicht unbedingt mit »Ortssprache« gleichgesetzt werden. Beim Begriff »Grundmundart« ist sprachgeschichtliche Sicht mit jener volkskundlichen Blickweise verbunden, bei der »Volk« den überlieferte Ordnungen bewahrenden Teil der Bevölkerung ausmacht. Die Beziehung zu regionaler Begrenzung ergibt sich erst mittelbar. Es ist nicht gesagt, daß die so erfaßte Sprachform die im Ort allgemein übliche ist. Auch über die Funktion, in der sie gebraucht wird, ist nichts gesagt.

Von der Funktion geht aber die Bezeichnung der nächsten, der »Verkehrssprache«, aus. Beobachtungen über gewisse Vereinheitlichungstendenzen örtlicher Sprachunterschiede im zwischenörtlichen Verkehr haben zur Bildung dieses Begriffs geführt. Solche Sprachformen können in bestimmten Berufskreisen üblich werden. (Vgl. den im Abschnitt 11.4 erwähnten Neckarsteinacher Flußschiffer als Gewährsmann für das von E. Bauer bearbeitete Heft 23/24 der Lautbibliothek deutscher Mundarten.) Es kann sich etwa um eine Art »Marktsprache« handeln. Dabei ist allerdings nicht gesagt, daß diese funktional gebundenen Sprachformen derselben Nationalsprache angehören müssen. Im deutsch-dänischen Grenzbereich war es in Emil Noldes Jugend möglich, daß die Haussprache (er selbst schreibt »Umgangssprache«) Plattdänisch, die »Verkehrs- oder Marktsprache« Plattdeutsch, die (von der Schulsprache repräsentierte) Hochsprache Hochdeutsch und die Sprache des Religionsunterrichts Hochdänisch waren.[383] Heute sind die Verhältnisse etwas unübersichtlicher, aber nicht grundsätzlich anders.

Bei der Begriffsbildung für den Terminus des nächstgrößeren Bereiches »provinzielle Form« herrscht der Gedanke an durch politische Raumbildungen bedingten Sprachgebrauch vor, beim folgenden, dem »Honoratiorendeutsch«, ist ein soziologischer Gesichtspunkt bestimmend, dann bei »großlandschaftlicher Form« ein geographischer und endlich bei »Vortragssprache« ein funktionaler. Es sind also nicht nur Bezeichnungsunterschiede bei den aus der Literatur übernommenen Begriffen für Zwischenformen vorhanden, sondern auch wesentliche Unterschiede des Aspekts, die teils auf besonderen Sprachverhältnissen in bestimmten Landschaften, teils auf der besonderen Interessenrichtung der verschiedenen Forscher beruhen. Was man gern als gestufte Zwischenformen des Dreiecks sehen möchte, erweist sich als ein – wie Cordes gezeigt hat – regional unter-

[383] Siehe Nolde, Emil: Das eigene Leben. Die Zeit der Jugend 1867–1902. 2. Aufl. Flensburg 1949, S. 49.

schiedlich ausgebildetes Beziehungsgefüge von Sprachformen, bei dem die umgekehrte Proportion von Zahl der Formen und Größe des Geltungsbereichs nur als eine Faustregel gelten kann. Dabei ist noch nicht einmal auf die Schwierigkeit eingegangen, die sich ergibt, wenn man »eine« Sprachform abgrenzen will. Der Deutsche Sprachatlas zeigt, wie schwierig, ja unmöglich das schon bei nur zweidimensionaler Betrachtung ist.

Von der gesprochenen Form der Gemeinsprache, der »Vortragssprache«, läßt Cordes eine weitere Achse ausgehen, für die das dreidimensionale Modell im Grunde schon nicht mehr ausreicht; sie führt senkrecht nach unten, darf aber keineswegs als in einer Ebene liegend mit der Polarität »geschriebene Sprache – gesprochene Sprache« betrachtet werden. Hier sucht Cordes jene Erscheinungen einzufangen, die von Genthe, Küpper u. a. als Umgangssprache verstanden werden, aber auch etwas höhere Formen, wie sie etwa Kretschmer ins Auge faßt. Cordes erklärt zu der Reihe von Begriffen, die er auf dieser Achse aufgetragen hat:

> Ganz besonders ist auch bei den abgesunkenen Formen zu betonen, daß eine »Schichtung« unmöglich ist: die beliebige Siebenzahl ist nicht zufällig gewählt, sie soll vielmehr andeuten, daß der Vergleich mit dem Regenbogen vielleicht besser den Sachverhalt trifft, in dem sich die sieben scheinbar abgegrenzten Farben nur dem oberflächlich optischen Eindruck darbieten. (Cordes, Umgangssprache, S. 352f.)

Nach dem Ergebnis und dem Vergleich der Besprechungen Kretschmers und Küppers ist aber die Frage, ob das hier dargestellte kontinuierliche Absinken die Tatbestände ausreichend erfaßt. Es hat sich gezeigt, daß nicht nur unterschiedliche Höhenlagen, sondern auch andersartige Untersuchungsgegenstände vorliegen. Und etwas Entsprechendes ergibt sich genau besehen schon aus der Reihe der hier aufgeführten Begriffe. Da bezeichnen »Vortragssprache«, »Fachgespräch«, »Dialogsprache« und »Verkehrssprache« Anwendungsweisen der Sprache, die jeweils besondere funktionale Anforderungen stellen. Ein Unterschied in der »Höhenlage« ergibt sich sekundär. Die Situation des Vortrags läßt in der Regel die sorgfältigste Planung zu, in Fachgespräch und Dialogsprache ist die Sorgfalt durch Mangel an Zeit beeinträchtigt; in der Verkehrssprache geht es meist um weniger differenzierte Gegenstände, die nicht so viel Sorgfalt erfordern. Bis hierher wird (nicht nur in diesem Schema, sondern ebenso in anderen Darstellungen) das Nachlassen der Sorgfalt als Kriterium für das Absinken der Sprachhöhe genommen. In gewissem Sinn kann man das auch noch bei der familiären Sprache sagen, da die Verständigung unter vertrauten Personen am wenigsten sprachlicher Sorgfalt bedarf. Aber der Begriff familiäre Sprache ist schon doppelgesichtig. Er bildet eine Klammer zu den folgenden Begriffen: vulgäre Form, ordinäre Form, Gossensprache. Familiäre Sprache kann nämlich durch die ihr eigene Vertraulichkeit bei offizielleren Gelegenheiten anstößig wirken, und die folgenden Begriffe sind gekennzeichnet durch die zunehmende Anstößigkeit. Hier wirkt also ein anderes Kriterium. Diesen Formen gegenüber ist es überdies fragwürdig, von »abgesunkenen« Formen zu sprechen; denn diese Anstößigkeiten sind nie »oben« gewesen, d. h. haben nie in edlerer Sprachform Heimatrecht gehabt (man denke dabei nur an die Ausdrücke aus der Gaunersprache und ähnliches Wortgut, das im »Küpper« in Fülle zu finden ist!).

Cordes hebt selbst hervor, daß nicht alle Gesichtspunkte in seinem Entwurf erfaßt seien. So ist das bei Jellinek aufgeführte Begriffspaar »Kunstsprache – kunstlose Sprache« nicht berücksichtigt. Aber auch bei den erfaßten Gesichtspunkten zeigt die nähere Prüfung, daß dieser Entwurf für eine vollständige Sonderung der in Frage kommenden Aspekte und eine genauere Erfassung der Zusammenhänge unter ihnen noch nicht ausreicht. Selbst dieses Bild der Gesamtsprache, das differenzierteste, das bisher vorgelegt worden ist, erweist sich als zu einfach, um mit ihm die Phänomene so scharf voneinander scheiden zu können, daß es möglich wird, terminologische Verwechslungen zu vermeiden.

12.5 Zusammenfassung: »Umgangssprache« als Problem übergreifender Darstellungen im Rahmen der germanistischen Wissenschaft

Bei der Betrachtung der übergreifenden Darstellungen umgangssprachlicher Probleme wird ein Faktum, auf das in der Einleitung zu dieser Arbeit bereits hingewiesen worden ist, besonders deutlich: Es muß sehr verschiedenartiges und sehr verschieden durchforschtes Material zusammengebracht werden, wenn man einen Gesamtüberblick über »die Umgangssprache« gewinnen will. Weiter erweist sich, daß nicht nur »Umgangssprache« ein schillernder Begriff ist, sondern daß auch die mit ihr in Zusammenhang gebrachten Begriffe vielgesichtig sind und unter verschienem Aspekt anderes bedeuten. Außerdem wird klar, daß es für eine angemessene Ordnung umgangssprachlicher Phänomene nicht ausreicht, eine Skala von Zwischenstufen zwischen zwei Extremen zu ermitteln. Mehrere Dimensionen bzw. Polaritäten müssen berücksichtigt werden.[384] Unter den

[384] Gustav Korlén spricht neuerdings (in einem öffentlichen Vortrag »Führt die Teilung Deutschland zur Sprachspaltung?«, abgedruckt in: Sprache der Gegenwart 1, 1967, S. 36–54) auch von »politisch bedingten« Schichten. Er sagt, eine »Sprache aller Deutschen« habe es nie gegeben, sondern »nur soziologisch und politisch bedingte und gestufte Sprachschichten, die mit der herkömmlichen Dreiteilung in Mundart, Umgangssprache und Hochsprache nur höchst unzulänglich umschrieben sind.« Gleich darauf bezeichnet er es als »nicht weiter verwunderlich«, daß es heute »eine spezifisch ostdeutsche Sprachschicht« gebe. Was er hier »Schicht« nennt, identifiziert er jedoch anschließend mit dem, was Betz »eine ostdeutsche Sondersprache« nennt. Sie unterscheidet sich vom Westen im wesentlichen durch einen Sonderwortschatz auf gewissen Gebieten der Politik und Wirtschaft, und damit zeigt sich, daß es im Grunde gar nicht um eine »Schicht« des Deutschen geht, nicht primär um ein nationalsprachliches Problem, sondern um die Terminologie einer Weltanschauungsrichtung (vgl. dazu die Besprechung des Verfassers über Ernst G. Riemschneider: Veränderungen der deutschen Sprache in der sowjetisch besetzten Zone seit 1945, Düsseldorf 1963.

auf die Umgangssprache angewendeten polaren Begriffspaaren erweist sich besonders das von Henzen verteidigte Paar »Schriftsprache« und »Mundart« als ungeeignet für die Erfassung umgangssprachlicher Erscheinungen. Das mußte schon bei Betrachtungen der Umgangssprache aus der Richtung der Mundartforschung festgestellt werden. Bei umfassender Betrachtung verstärken sich die Bedenken hinsichtlich dieser Polarität. Wenn man sich auf die Lautformen beschränkt, wie es in der Mundartforschung großenteils der Fall ist, sind die Schwierigkeiten allerdings noch gering gegenüber denen, die sich nun ergeben. Es hat sich gezeigt, daß nicht einmal ein dreidimensionales Koordinatensystem, wie Cordes es entworfen hat, ausreicht, die relevanten Zusammenhänge zu erfassen.

Als besondere Gefahr bei Gliederungsversuchen hat sich immer wieder die erwiesen, daß verschiedene in einem Begriff zusammengefaßte Gesichtspunkte als Einheit betrachtet werden, obgleich die Komponenten nicht notwendig zusammengehören (Beispiel: »familiäre Sprache« umfaßt »nachlässige Sprache« und »vertrauliche Sprache«). Im Zusammenhang damit steht die Gefahr, daß zu verschiedenen Aspekten gehörige Begriffe auf derselben Achse angeordnet werden (Beispiel: »Verkehrsmundart« »Honoratiorendeutsch«). Jedoch muß beachtet werden, daß die hier jeweils in einem Begriff verquickten Aspekte auch in der Wirklichkeit eng zusammengehören. Es ist bezeichnend, daß in der Darstellung Porzigs die Funktion des Umganges mit dem Kennzeichen des Alltäglichen so fest verbunden ist, daß der Terminus »Umgangssprache« in der 2. Auflage durch den Terminus »Alltagssprache« ersetzt werden kann, ohne daß sich am Kontext etwas ändert.

Auffällig ist ferner, daß es in keiner der drei besprochenen Darstellungen versucht wird, den als »Umgangssprache« bezeichneten Komplex als einen Bereich eindeutig isolierbarer Sprachformen zu fassen, wie die Hochsprache oder Mundarten sie repräsentieren. Vor allem bei Cordes wird es deutlich, daß der Versuch, die als »umgangssprachlich« bezeichneten Erscheinungen in einen Zusammenhang zu bringen, dazu führt, ein die Gesamtsprache umfassendes Modell zu entwerfen. Aber auch dies besprochene Modell erweist sich als noch zu einfach. Man müßte also, wollte man dem Problembereich »Umgangssprache« in umfassender Weise gerecht werden, ein die Gesamtsprache umfassendes Denkmodell finden, in dem die verschiedenen Aspekte der Spracherscheinungen klarer als bisher voneinander getrennt werden, in dem aber die Zusammenhänge zwischen diesen Aspekten um so stärker herausgearbeitet werden. Es muß genauer, beweglicher und verflochtener sein als die bisher vorgelegten.

In: Zschr. f. Ostforschung 15, 1966, S. 348–350). Übrigens gebraucht Korlén den Terminus »Umgangssprache« durchaus unterschiedlich: im obigen Zitat im Sinne einer »Schicht« (S. 39), dann als eine Gebrauchsweise der Sprache, die durch die »Teenagersprache« repräsentiert werden kann (S. 44), dann als allgemeinen Gebrauch gegenüber dem Behördendeutsch (S. 48) und endlich wohl im Sinne des nicht ganz Salonfähigen im Hinblick auf die Schriften von Günter Grass (S. 53).

13.   Ergebnisse: Der Zusammenhang zwischen den verschiedenen
       Aspekten des Problems und den verschiedenen Gebrauchswei-
       sen des Begriffs »Umgangssprache«

In den vorstehenden Kapiteln habe ich versucht zu ermitteln, welcher Begriff in Arbeiten aus den verschiedenen Forschungsrichtungen der Germanistik jeweils hinter dem Terminus »Umgangssprache« steht, d. h. welches Signifikat jeweils zum Signifikanten »Umgangssprache« gehört. Dabei habe ich keine Vollständigkeit in der Erfassung in Frage kommender
Arbeiten anstreben können. Das wäre vielleicht möglich gewesen bei einer Beschränkung auf solche Arbeiten, in denen »Umgangssprache« ausdrücklich zum Untersuchungsgegenstand gerechnet wird. Aber im Hinblick auf die Frage nach den mit diesem Terminus in Zusammenhang stehenden Forschungsproblemen scheint es mir wichtig, gerade auch solche
Arbeiten zu berücksichtigen, in denen das Wort »Umgangssprache« zur
Bezeichnung wesentlicher Tatbestände gebraucht wird, ohne daß über den
Gebrauch des Wortes vorher Rechenschaft abgelegt worden wäre; denn
gerade der häufige Gebrauch des »vorwissenschaftlichen« Begriffs »Umgangssprache« im Rahmen germanistischer Arbeiten hatte es als notwendig erscheinen lassen zu klären, welche Probleme mit diesem Begriffsgebrauch verbunden sind. Arbeiten solcher Art aber gibt es in unüberseh-
barer Fülle. Es vergeht kaum eine Woche, in der mir nicht einer oder mehrere Aufsätze dieser Art neu zu Gesicht kommen. Deshalb konnte ich mich
lediglich bemühen, die verschiedenen Aspekte, unter denen in germanistischen Arbeiten versucht wird, sprachliche Tatbestände mit dem Begriff
»Umgangssprache« zu erfassen, wenn nicht vollständig, so doch repräsentativ zu berücksichtigen.
    Wie nach den in der Einleitung gebotenen Zitaten von vornherein zu
erwarten war, hat sich gezeigt, daß es keinen einheitlichen Begriff »Umgangssprache« gibt. Für die lexikographische Praxis wäre es zweckmäßig,
mehrere »Bedeutungen« von »Umgangssprache« zu unterscheiden, etwa:
Umgangssprache 1 - im persönlichen Umgange gebräuchliche Sprache;
Umgangssprache 2 - alltägliche Sprache; Umgangssprache 3 - landschaftliche Sprache; Umgangssprache 4 - natürliche Sprache (im Gegensatz zur
formalisierten Sprache). Damit wären zwar nicht alle Varianten genau erfaßt, aber in den besprochenen Kontexten wird es im allgemeinen möglich sein, den Terminus »Umgangssprache« durch eine der obigen Beschreibungen zu ersetzen. Allerdings ist es dabei nicht immer leicht zu ent-

scheiden, welche der Umschreibungen im Einzelfall angemessen ist. Wenn etwa Hermann Paul sagt:

> ... in der Regel ist die dem Einzelnen zunächst als Muster dienende Umgangssprache schon durch ein Zusammenwirken der eigentlichen Normalsprache mit dem heimischen Dialekt gestaltet,[385]

so läßt sich »Umgangssprache« in diesem Kontext durch alle vier Beschreibungen ersetzen, ohne daß sich der Sinn der Aussage änderte. In vielen anderen Fällen ist es ähnlich. Das heißt, daß in diesen Fällen die in den obigen Umschreibungen enthaltenen Bedeutungskomponenten jeweils insgesamt im Begriff »Umgangssprache« zusammengefaßt bzw. zusammengeflossen sind. Dabei sei angemerkt, daß die einzelnen Umschreibungen wiederum mehrere Bedeutungskomponenten enthalten können. Damit bestätigt sich die eingangs (Abschn. 1.2) geäußerte Auffassung, daß »Umgangssprache« mit K. Bühlers Terminus als ein synchytischer Begriff aufzufassen sei. Jedenfalls gilt das für die überwiegende Zahl der besprochenen Arbeiten. In manchen Fällen ist allerdings versucht worden, im Interesse einer exakten Aussage nur eine Komponente herauszuheben und diese allein für den Terminus gelten zu lassen (z. B. U. Engel, der in neueren Veröffentlichungen den Terminus »Umgangssprache« nur noch zur Bezeichnung der räumlichen Verbreitung verwendet; vgl. Abschn. 8,6), und in anderen ist nur eine begrenzte Gruppe von Komponenten in den Blick genommen, während manche, die für andere Autoren von Belang sind, außer Acht bleiben. So ergibt sich zwar kein für alle Autoren maßgeblicher »Bedeutungskern« des Wortes Umgangssprache, aber jede in der Literatur vorkommende Begriffsfassung hat ähnliche (d. h. in einem Großteil der Bedeutungskomponenten übereinstimmende) Begriffsfassungen anderer Autoren neben sich. Durch Vermittlung entsprechender Zwischenstufen stehen dann auch widersprüchliche Begriffsfassungen in mittelbarem Zusammenhang (»Umgangssprache« als Sprache der guten Gesellschaft oder der Gebildeten gegenüber »Umgangssprache« als ungebildeter, nicht gesellschaftsfähiger Sprache).Mit Wittgenstein gesprochen heißt das: Die mit »Umgangssprache« bezeichneten Gegebenheiten »bilden eine Familie«. Von »der Umgangssprache« schlechthin kann demnach nur in etwa dem Sinne die Rede sein, wie man von »dem Spiel« schlechthin sprechen kann.[386] Ebenso kann nicht vom »Problem der Umgangssprache« gesprochen werden in dem Sinne, als gäbe es nur ein Problem, auf das diese Benennung angewendet würde, vielmehr ergibt sich das Bild eines Problemkomplexes, anders gesagt: Auch die »umgangssprachlichen« Probleme bilden eine Familie. Im Rahmen der Besprechungen drückt sich das so aus, daß nicht einzelne Fragestellungen isoliert in Erscheinung treten, sondern in Verbindung mit anderen, und zwar so, daß

---

[385] Prinzipien der Sprachgeschichte § 293, Vgl. Abschn. 6.2.
[386] Vgl. Wittgenstein, Untersuchungen, §§ 66 und 67 und Abschn. 7.10 der vorliegenden Arbeit.

unter dem Aspekt der einen Forschungsrichtung eine Frage als Randproblem erscheint, die unter dem einer anderen in den Mittelpunkt tritt. So sind in der Stilforschung naturgemäß Fragen der Stilhöhe in den Mittelpunkt gerückt, aber damit verknüpft erscheint z. B. die Frage regionalen Sprachgebrauchs (vgl. besonders Riesel, Abschn. 10.5). Für die Grammatik kommt es vor allem auf die Frage der Grammatikalität an, aber stilistische Probleme treten offen oder versteckt hervor, gerade wo es um »Umgangssprache« geht (vgl. Abschn. 7.4.2, 7.7.1 u. a.).

Einige Gesichtspunkte gibt es dabei, die in allen Forschungsrichtungen und in fast allen besprochenen Arbeiten eine Rolle spielen: Fast überall ist im persönlichen Gespräch gebräuchliche Sprache gemeint, wenn von Umgangssprache die Rede ist, fast überall ist es Sprache, die in bezug zu bestimmten Situationen beurteilt werden muß, und fast überall werden die als »Umgangssprache« bezeichneten Erscheinungen als Brauch einer bestimmten Personengruppe verstanden. Und noch etwas ist auffallend häufig festzustellen: Von Umgangssprache wird unter den verschiedenen Aspekten gerade dann gesprochen, wenn Verschiebungen in den Gewohnheiten des Sprachgebrauchs auftreten, sei es, daß eine grammatische Norm sich wandelt, sei es, daß neue stilistische Elemente in die Literatur eindringen, sei es, daß echte Mundarttradition verfälscht wird. Diese zunächst oberflächlich gesehenen Gemeinsamkeiten bieten einen Ansatzpunkt zu prüfen, wie weit hinter den Gemeinsamkeiten des terminologischen Gebrauchs Zusammenhänge in der Problemlage vorhanden sind. Deshalb sollen die Einzelbefunde aus den Besprechungen unter den genannten Gesichtspunkten noch einmal zusammenfassend betrachtet werden.

13.1 Die Aktualisierung des Problems der Umgangssprache durch Verschiebungen im Gefüge einer Gesamtsprache

Im ersten Teil der vorliegenden Arbeit habe ich dargestellt, daß die Prägung des Wortes »Umgangssprache« mit einer Aktualisierung des Problems der im Umgange gesprochenen Sprache zusammenhängt, und zwar in der Weise, daß das Bemühen um eine mustergültige Form des Deutschen dazu geführt hat, den im persönlichen Umgange bestimmter Personenkreise üblichen Sprachgebrauch als vorbildlich oder als nichtvorbildlich für das intendierte Sprachmuster herauszustellen. Es ist weiter gezeigt worden, daß das Verhältnis der verschiedenen in der Wirklichkeit vorzufindenden Sprachgebräuche zu einer festgelegten oder festzulegenden Regelform seit Beginn der abendländischen Tradition eine Rolle gespielt hat, wenn es darum ging, eine Schriftsprache für einen größeren Geltungsbereich zu schaffen. Dabei wurde jeweils eine Auswahl aus dem Gebräuchlichen vorgenommen. In jedem Falle war eine Sprachprogrammatik wirksam, nach der die Leitlinien für die Auswahl gebildet wurden. Von großem Einfluß waren in dieser Hinsicht die Lehren der antiken Grammatik und Rhetorik, insbesondere in ihrer mittelalterlichen Ausprägung, die u. a. mit der vereinfachten Lehre von den »genera dicendi« ein handliches Schema für die Beurteilung dessen bot, was als richtiger und angemessener Sprachgebrauch zu gelten habe. Die Maßstäbe dieser Tradition, die durch den humanistischen Geist der italienischen Renaissance und das höfische Ideal des guten Geschmacks in der französischen Klassik weitergeformt worden sind, haben auch weitgehend die Prägung jenes Sprachtyps bestimmt, der fortan als »langue« das Deutsche schlechthin repräsentiert hat. Die bewußt sprachprogrammatische Ausbildung dieses Sprachtyps ist späterhin modifiziert und auch verschleiert worden durch die romantische Vorstellung eines Sprachgeistes, der mehr sein soll als eine vom sprachlichen Tun der Menschen abhängige Größe, nämlich ein Organismus für sich, dessen Wirken der Dichter als sprachmächtiger Repräsentant seines Volkes erlauschen kann.

Mit der allgemeinen Anerkennung der durch die Weimarer Klassik repräsentierten Sprachform trat das Interesse an Problemen der im Umgange gesprochenen Sprache zurück. Probleme dieses Bereiches begegnen fortan nicht mehr als zentrale Fragen im Rahmen gelehrter Abhandlungen über die deutsche Sprache, sie begegnen vielmehr wieder als Randfragen einzelner Forschungsrichtungen. In sprachgeschichtlicher Forschung tritt das Problem im Umgange gesprochener Sprache und mit ihm der Terminus »Umgangssprache« einerseits bei der Betrachtung von Entwicklungstendenzen der Gegenwartssprache hervor, und zwar z. T. im Zusammenhang mit einer sprachprogrammatischen Intention: mit der Forderung nach einer »umgangssprachlichen Norm« der deutschen Gemeinsprache neben der »schriftsprachlichen Norm« (H. Paul, vgl. Abschn. 6.2) und z. T. im Hinblick auf Veränderung der geltenden Schriftnorm durch Einflüsse verschiedenartiger im Umgange üblichen Sprachgebräuche (vgl. Mackensen, Abschn. 6.6, und Langen, Abschn. 6.7). Andererseits begegnet »Umgangssprache« in sprachgeschichtlichen Darstellungen als hypothetisch angenommener mündlicher Sprachgebrauch bestimmter Gesellschaftskreise, der als Grundlage für eine repräsentative literarische Form der Sprache vorauszusetzen ist (vgl. insbesondere Burdach, Abschn. 6.3, und Moser, Abschn. 6.5). In jedem Falle geht es um eine Änderung der Verhältnisse zwischen Gebrauchsformen und einer repräsentativen Form der Sprache: um die Herausbildung oder die Änderung einer Norm.

Die letzte Feststellung gilt nicht nur für sprachgeschichtliche Arbeiten, die umgangssprachliche Fragen berücksichtigen, sondern auch für eine Reihe grammatischer Darlegungen, insbesondere solche, die nicht nur untersuchen, sondern auch der Sprachpflege dienen wollen (vgl. vor allem Abschn. 7.2 und Abschn. 7.4.3), d. h. für Fälle, in denen eine Norm propagiert, verteidigt oder modifiziert werden soll gegenüber andersartigem Gebrauch. Auch in diesen Fällen wendet sich das Interesse einem im Umgange üblichen Sprachgebrauch zu, weil sich im Verhältnis zwischen verschiedenen Gebrauchsvarianten einer Sprache etwas ändert oder ändern soll.

Neben den genannten finden sich Arbeiten mit umgekehrter Blickrichtung, nämlich solche, die sich mit Sprachformen befassen, die im Rahmen des Deutschen als Gesamtsprache nicht als vorbildlich gelten, wie die »Leipziger Umgangssprache« oder das »Hamburger Missingsch« (vgl. Abschn. 7.5.1 und Abschn. 7.5.2), aber auch für diese ist der Gesichtspunkt der Entwicklung relevant, da im ganzen eine Tendenz zur Annäherung an die hochsprachliche Norm zu beobachten ist.

Für die Mundartforschung sind Wandlungen des Sprachgebrauchs der letztgenannten Art so wichtig, daß sie in neueren Arbeiten kaum unberücksichtigt bleiben können, obgleich sie in der Regel als nicht in den Untersuchungsbereich gehörig betrachtet werden. Beobachtet wird hier »Verfall« der Mundarten durch den Einfluß anderer im Umgange üblicher Sprachformen, die — meist wegen ihrer Abhängigkeit von der Schriftnorm — nicht zu den Mundarten gerechnet und allein als »Umgangssprachen« bezeichnet werden.

Für die Wortforschung wird die Frage der Umgangssprache in ähnlicher Weise wie in der grammatischen Forschung im Zusammenhang mit der Frage der anerkannten Norm akut, und zwar stets in dem Sinne, daß bisher als nicht schriftfähig geltendes, also auf den Gebrauch im persönlichen Umgang beschränktes, Wortgut in der Literatur erscheint, teils in dem Sinne, daß der Wortschatz der anerkannten Norm sich als nicht ausreichend für die sprachliche Bewältigung aller Lebensbereiche erweist.

Auch für die Stilforschung wird »Umgangssprache« ein aktuelles Problem durch eine veränderte Wertung der Norm. Literatursprache wird in neueren Arbeiten nicht mehr mit der klassischen Norm identifiziert, vielmehr sucht das literarische Werk zwischen der Normalsprache und anderen, teils im Umgange gebräuchlichen, Sprachformen nach seiner Gestalt. (Diese Auffassung findet sich am deutlichsten bei Seidler, Abschn. 10.2.) Gewisse Züge »der Umgangssprache« werden auch von der angewandten Stilistik herangezogen, in der Absicht, den Normalgebrauch zu bessern (vgl. Reiners, Abschn. 10.6).

Im Bereich der Phonetik wird die Frage der Umgangssprache vor allem deshalb aktuell, weil offenbar ein Bedürfnis nach einer zur Unterhaltung geeigneten Form der Gemeinsprache besteht und die Aussprachewörterbücher sich bemühen, dieses Bedürfnis zu befriedigen.

Für alle berücksichtigten Forschungsbrereiche ist also festzustellen, daß das Thema der Umgangssprache durch beobachtbare oder intendierte Änderungen des Gebrauchs aktuell wird, daß also ein diachronischer Aspekt wesentlich ist, und zwar spielt dabei immer das Verhältnis der für die Gesamtsprache als maßgeblich anerkannten Norm zu anderweitigen Gebrauchsweisen eine Rolle. Jeweils kommt mehr als nur ein Sprachgebrauch, oft die Gesamtsprache mit allen Varianten in den Blick.

Auffallend und bemerkenswert ist es in diesem Zusammenhang daß das Thema »Umgangssprache« in den verschiednen Richtungen der germanistischen Forschung in den letzten Jahrzehnten zunehmend beachtet worden ist. Ich sehe in diesem Umstand einen Hinweis darauf, daß sich in unserer Zeit stärkere Verschiebungen im Gefüge unserer Gesamtsprache ergeben als etwa im voraufgehenden Jahrhundert. Wenn in den letzten Jahren die Themen »Sprachnorm, Sprachpflege, Sprachkritik«,[387] die lange von der wissenschaftlichen Beschäftigung mit der Sprache ausgenommen waren, mehr und mehr in den Vordergrund treten, so ist das nur eine andere Seite desselben Zusammenhanges, der auch zur stärkeren Beachtung »umgangssprachlicher« Gesichtspunkte führt. In welchem Maße diese Thematik selbst außerhalb der germanistischen Forschung aktuell ist, zeigt beispielsweise ein Hinweis von Karl Korn, dem Verfasser des Buches »Sprache in der verwalteten Welt«.[388] Er sagt:

> Die Leute im Land schreiben dem Zeitungsredakteur zu kaum einem Sachgebiet des allgemeinen kulturellen Teils so viel und so passioniert Leserbriefe wie zu den Sprachanalysen. Es scheint so etwas wie eine durch unseren Sprachzustand verursachte Unruhe zu geben.[389]

Es ist bezeichnend, daß in derartigen Analysen und Leserzuschriften das Wort »Umgangssprache« eine erhebliche Rolle spielt.[390]

13.2   Die Bedeutung der Gesprächsfunktion

Ein weiterer im Rahmen aller berücksichtigten Forschungsrichtungen hervortretender Gesichtspunkt ist der, daß »Umgangssprache« mit der Gesprächsfunktion in Beziehung gebracht wird, anders gesagt: mit der Funktion des sprachlichen Umganges. So sagt Henzen (Abschn. 12.2) in seinem Standardwerk über »Schriftsprache und Mundarten«: »Die Umgangssprache ist jeden Augenblick Umgang mit dem gegenwärtigen Anderen«. Insofern hat sich die in der Entstehungszeit des Wortes vorhandene Bedeutung erhalten. Allerdings gilt das nicht überall ohne Einschränkung.

In der sprachgeschichtlichen Forschung wird der Gesprächscharakter stark betont. »Umgangssprache« ist hier mündlich in der Wechselrede mit

---

[387] Vgl. die Veröffentlichung »Sprachnorm, Sprachpflege, Sprachkritik« (= Sprache der Gegenwart 2) Düsseldorf 1968.
[388] Olten und Freiburg 1959, Erweiterte Ausgabe (dtv 79) München 1962
[389] Korn, Karl: Sprachkritik ohne Sprachwissenschaft? In: Sprache der Gegenwart 2, Düsseldorf 1968, S. 135–158. Zitat S. 151.
[390] Vgl. dazu etwa die originalen Sprachglossen und Zuschriften, sowie auch die Zitate aus anderen Zeitungen und Zeitschriften, die in der Zeitschrift »Der Sprachdienst« (Hrsg. von der Gesellschaft für deutsche Sprache) abgedruckt werden.

einem Partner gebrauchte Sprache. Diese »gewöhnliche Sprechtätigkeit« ist für Hermann Paul (Abschn. 6.2) das eigentlich bewegende Element in der Sprache, und die in bestimmten Personenkreisen im Gespräch üblichen »Umgangssprachen« bilden für Hugo Moser (Abschn. 6.5) die Grundlage für die literarisch überlieferten Sprachformen. Zu beachten ist dabei, daß »Umgangssprache« in diesem Zusammenhang in zwei unterschiedlichen Bedeutungen gebraucht werden kann, nämlich einerseits als Bezeichnung für eine Art der Sprach*anwendung* – eine Sprachform wird »als Umgangssprache« benutzt – und andererseits als Bezeichnung für eine Sprach*form*, deren Gebrauch in der Gesprächsfunktion üblich ist. Häufig fließen beide Bedeutungen ineinander: es ist zugleich im Umgange gebräuchliche und im Umgange gebrauchte Sprache gemeint.

Auch im Rahmen der grammatischen Forschung wird der Gesprächsfunktion besondere Aufmerksamkeit geschenkt, vor allem gilt das für die Untersuchung Zimmermanns über das »spontane Gespräch« (Abschn. 7.6), aber auch schon für die Arbeit Wunderlichs (Abschn. 3.1), dessen ganze Darstellung sich primär auf die Beobachtung von Spracherscheinungen in der Gesprächssituation bezieht, auch wenn er seine Beispiele nicht unmittelbar aus dem mündlichen Gebrauch schöpft, sondern seinen Beobachtungen Entsprechendes in der Literatur aufsucht. Alle Eigenarten der Syntax, die er schildert, beruhen darauf, daß der sprachliche Ausdruck als antwortendes Verhalten auf einen Partner formuliert wird. Das gilt ebenso für den »verschwenderischen Zug«, der auf dem Mangel an Zeit für sorgfältige Formulierung beruht, wie für den »sparsamen Zug«, der sich die Gegenwart des Partners zunutze macht, die eine Kontrolle darüber erlaubt, ob das Gemeinte verstanden ist. Auch die in der Schrift nicht wiederzugebenden lautlichen Eigenheiten der Sprache, deren Informationsgehalt in der Schrift durch andere, vor allem syntaktische, Mittel wiedergegeben werden muß, berücksichtigt Wunderlich dabei. Er beschränkt sich nicht zufällig auf die Syntax. denn die Funktion des Gesprächs (und damit die des Umgangs) wirkt sich gerade auf die Syntax aus, und zwar so sehr, daß sich in verschiedenen Sprachen gleichartige Erscheinungen beobachten lassen. Das ist am Beispiel von Hofmanns Buch (Abschn. 7.3.2) über die lateinische Umgangssprache gezeigt worden.

Andere grammatische Arbeiten beziehen sich weniger direkt auf die Gesprächsfunktion als die Untersuchungen Zimmermanns und Wunderlichs. So faßt die Duden-Grammatik (Abschn. 7.4.2) einem verbreiteten Wortgebrauch entsprechend unter »Umgangssprache« solche Erscheinungen zusammen, die im Gespräch unbeanstandet vorkommen, während sie im Schriftgebrauch als unkorrekt gelten. Dabei ist wiederum nicht immer zu unterscheiden, ob die Abweichung von der Musterform der Sprache den Bedingungen der Anwendung zuzuschreiben oder einer abweichenden Sprachform zuzuordnen sind. Sprachformen, die nur im Gespräch gebräuchlich sind, sind naturgemäß von der Eigenart der Gesprächsfunktion geprägt. Daß sich dabei eindeutig grammatisch unterschiedene Sprachformen für Schrift und Gespräch bilden können, zeigt das Beispiel des Schwedischen (vgl. Abschn. 7.8), wo gemeinsprachliche Schriftsprache und gemeinsprachliche Umgangssprache in einer bestimmten Entwicklungsphase der Gesamtsprache klar voneinander absetzbar sind. Weniger übersichtlich sind die Verhältnisse des Deutschen, weil hier die Unterscheidung zwischen im Gespräch und in der Schrift üblicher Sprache zu sehr mit dem Unterschied zwischen Gemeinsprache und regionaler Sprache verknüpft ist (vgl. die Abschnitte 7.5.1, 7.5.2, 7.5.3 und 7.9). Auffallend ist, daß Wunderlich einen großen Teil seiner Beispiele für »Umgangssprache« aus deutscher Mundartliteratur bezieht. Er findet dort die von ihm auf intuitivem Wege ermittelten Eigenarten umgangssprachlicher Satzfügung noch in der literarischen Verwendung, wogegen die Hochsprache als durch die Schriftlichkeit geprägt erscheint. Damit erscheint der Gesichtspunkt der Gesprächsfunktion nicht nur mit der Gegenüberstellung von Gemeinsprache und Ortssprache (also dem Thema der Mundartforschung) verknüpft, sondern auch mit stilistischen Fragen, nämlich der Unterscheidung jener Stilformen, die Winter (Abschn. 10.7) mit Hilfe statistischer Verfahren als »Rede und Schreibe« voneinander abhebt. – Anzumerken ist noch, daß der z. T. als Ersatzbegriff für »Umgangssprache« eingeführte Terminus »gesprochene Sprache« (vgl. die Abschnitte 7.7.2 und 7.7.3) sich nicht völlig mit dem deckt, was oben als durch die Gesprächsfunktion geprägte Sprache umschrieben worden ist; »gesprochene Sprache« ist ein weiter gefaßter Begriff, der auch die einseitige Rede umfaßt.

Nach den obenstehenden Ausführungen über den Zusammenhang zwischen Gesprächsfunktion und mundartlicher Sprachform konnte man auf den ersten Blick annehmen, daß die Berücksichtigung der Gesprächsfunktion für die Mundartforschung eine gewichtige Rolle spielen müsse. Das ist jedoch nicht so. Daß die Mundarten nur in Ausnahmefällen in der Schrift oder im Vortrag zugänglich und also fast ausschließlich im Gespräch vorhanden sind, ist zwar allen Bearbeitern klar, aber es ist eine »Selbstverständlichkeit«, die keine weitere Aufmerksamkeit zu verdienen scheint und für das Hauptthema der Mundartforschung, die Lautlehre, in der Tat von geringer Bedeutung ist. Festzuhalten bleibt aber, daß die Mundarten, sofern man »Umgangssprache« als von der Gesprächsfunktion geprägte Sprachform versteht (wie es weitgehend außerhalb der Mundartforschung geschieht), als reinste Ausprägungen des umgangssprachlichen Typus gelten müssen.

Für die Wortforschung ist »Umgangssprache« in den meisten Fällen »nicht schriftfähiges Wortgut«. Einige Autoren beziehen sich dabei ausdrücklich auf den Gebrauch »in der Unterhaltung« (Genthe, Abschn. 9.2, Wängler, Abschn. 9.8.2), auf die »im gesellschaftlichen Verkehr gesprochene Sprache« (Kretschmer, Abschn. 9.3). Aber auch wenn etwas weniger genau gesagt wird, »die Umgangssprache ist ihrem Wesen nach mündliches Verständigungsmittel« (Küpper, Abschn. 9.6), oder wenn sie als »typisch für die mündliche Rede« bezeichnet wird (Klappenbach, Abschn. 9.7.1), ist zweifellos nicht an Vortrag oder Erzählung, sondern an das Gespräch gedacht. So ist »Umgangssprache« auch für die Wortforschung in der Gesprächsfunktion gebräuchliche Sprache. Allerdings ist zu bemerken, daß unter diesem Aspekt nicht so sehr die unmittelbaren funktionalen Bedingungen interessieren wie aus der Sicht der Grammatik, vielmehr ist hier meistenteils das vertraute Verhältnis zwischen den Sprechern, das für die Gesprächssituation vorausgesetzt wird, das bestimmende Moment, das die Anwendung von Wörtern erlaubt, die man in offiziellerem Sprachgebrauch vermeiden würde. Die Frage der Gesprächsfunktion steht dabei also in engem Zusammenhang mit Fragen des gesellschaftlichen Kontakts und des Stils.

Auch der – im allgemeinen auf das literarische Werk gerichteten – Stilforschung kommt es nicht in erster Linie auf die Gesprächsfunktion an, wenn von »Umgangssprache« die Rede ist, aber es ist doch im Gespräch gebrauchte und im Gespräch gebräuchliche Sprache gemeint, wenn die »leicht gefärbte Umgangssprache in vornehm tuenden Gesellschaften« angeführt wird (Seidler, Abschn. 10.2) oder »Umgangssprache« als Übersetzung für das französische »langue de la conversation« gebraucht wird (Kayser, Abschn. 10.3), und ebenso ist es, wenn »Umgangssprachstil« mit »Stil des Alltags*verkehrs*« gleichgesetzt wird (Riesel, Abschn. 10.5). Betont bezieht sich allerdings der stilistische Lehrmeister Reiners auf die Gesprächsfunktion, wenn er von »Vorzügen« der »Umgangssprache« spricht, die dem Schriftgebrauch »als Vorbild« dienen können.

Für den phonetischen Aspekt tritt im Zusammenhang mit dem Terminus »Umgangssprache« die Gesprächsfunktion wieder ganz in den Vordergrund. Für alle Aussprachewörterbücher ist die Frage akut, ob neben die Bühnenaussprache eine für das Gespräch geeignete gemeinsprachliche Norm gestellt werden soll, und in diesem Sinne ist von »Umgangssprache« oder »Umgangslautung« die Rede (Abschn. 11.3). Auch für den Begründer der phonometrischen Forschung, E. Zwirner, ist die Gesprächsfunktion als Kennzeichen der Umgangssprache entscheidend, wie daran deutlich wird, daß er sie von der Vortragssprache und der Vorlesesprache unterscheidet (Abschn. 11.4).

P. Martens faßt zwar zunächst »Gespräch« und »Vortrag« unter der Bezeichnung »Umgangssprache« zusammen, aber zum Schluß stellt er fest, daß selbst ein simuliertes Gespräch für seine Frage nach der landschaftlich unterschiedenen Sprechmelodie der Umgangssprache ein typischeres Ergebnis zeitigt als ein Vortrag.

»Umgangssprache« wird also in allen Forschungsrichtungen als Bezeichnung für die Sprache des Gesprächs gebraucht. Dabei sind jedoch wiederum differierende Bedeutungen zu unterscheiden, die allerdings eng aufeinander bezogen sind: 1. ist das Sprechen im persönlichen Umgange gemeint (eine Funktion der Sprache), 2. der allgemeine Typus der im Gespräch gebrauchten Sprache (eine Funktionsvariante im Rahmen einzelner Sprachformen), 3. eine bestimmte vorwiegend oder ausschließlich im Gespräch gebräuchliche Sprachform (vom Funktionstypus geprägte Sprachform). In den letztgenannten im Umgange gebräuchlichen Sprachformen sind nun gewisse direkt oder indirekt funktionsbedingte Gemeinsamkeiten grammatischer, stilistischer und phonetischer Art zu beobachten, wobei vielfach noch eine regionale Abhängigkeit zu erkennen ist. Diese Erscheinungen sind es zu einem wesentlichen Teil, die im Rahmen der germanistischen Forschung als Probleme der Umgangssprache angesprochen werden.

13.3 Die Bedeutung der Situationsbezogenheit

Mit der Feststellung, daß von der Gesprächsfunktion abhängige Spracherscheinungen einen wesentlichen Teil dessen ausmachen, was innerhalb der germanistischen Forschung dem Themenbereich der Umgangssprache zugerechnet wird, ist bereits etwas weiteres gesagt: umgangssprachliche Probleme in diesem Sinne beschränken sich nicht auf den Problembereich, der als eigentlicher Gegenstand der Sprachwissenschaft gilt, sie betreffen nicht nur die »langue«, sondern auch und vor allem die »parole«, nicht nur die grammatische Kompetenz des Sprechers, sondern vor allem die Sprachverwendung. Wenn »Umgangssprache« als »Sprache im Gespräch« zu verstehen ist – und diese Auffassung liegt wie gezeigt dem terminologischen Gebrauch von »Umgangssprache« weithin zugrunde – dann handelt es sich um Sprachgebrauch in bestimmter Situation. »Umgangssprache« kommt demnach zum großen Teil, vielleicht sogar zum größten Teil, mit dem überein, was Leska (Abschn. 7.7.2) als »situationsentlastete Rede« bezeichnet und wegen methodischer Schwierigkeiten aus ihrer Untersuchung ausklammert. Jedenfalls ist festzustellen, daß der Gesichtspunkt der Situationsbezogenheit einen weiteren gemeinsamen Zug im Bild der Umgangssprache aus der Sicht der verschiedenen Forschungsrichtungen darstellt.

In einigen Arbeiten wird der Umstand beachtet, daß sich die Kommunikation in der Situation des »Umgangs mit dem gegenwärtigen Andern« nicht auf den Austausch sprachlicher Äußerungen beschränkt. Wunderlich (Abschn. 7.3.1) erklärt bereits, auch die Umgangssprache spreche zum Auge, »aber nicht mit Wortsymbolen, sondern mit Geberden«. Bei Lutz Röhrich (Abschn. 8.7.5) tritt die Verschränkung zwischen im Umgange gebräuchlicher Sprache und Gebärdensprache ebenfalls deutlich hervor. Besondere Beachtung verdient in dieser Hinsicht die Arbeit Heinz Zimmermanns (vgl. Abschn. 7.6), die mit der »methodischen Forderung nach frei gesprochenem Text« (Steger, vgl. Abschn. 7.7.3) weit entschiedener Ernst gemacht hat als jede andere Untersuchung, die bislang erschienen ist. Schon im Vorausblick auf diese Arbeit seines Schülers weist Heinz Rupp[391] darauf hin, daß in freier Unterhaltung aufgenommene Texte überhaupt nur verständlich seien für jemanden, der bei der Unterhaltung zugegen gewesen ist, und in Zimmermanns Arbeit selbst ist es bezeichnend, daß z. T. längere Schilderungen des mit der Unterhaltung einhergehenden äußeren Geschehens zur Erläuterung des sprachlichen Kontextes notwendig sind. Daran wird klar, welches Gewicht im Problembereich der im Umgange gesprochenen Sprache jenen Erscheinungen zukommt, die in neueren Arbeiten unter der Bezeichnung »Situationskontext« zusammengefaßt werden.

Unter diesen Terminus werden dabei allgemein nicht nur die außersprachlichen Kommunikationsmittel eingeordnet, es kann damit ein ganzer Lebensbereich gemeint sein, wie etwa von den in der dialektgeographischen Forschung erfaßten Sprachformen insgesamt gesagt werden kann: »Als Situationskontext dient gewöhnlich die bäuerliche Welt«.[392] In einem entsprechenden komplexen Sinne spielt die Frage des Situationskontextes in vielen Arbeiten über Probleme der Umgangssprache eine ausschlaggebende Rolle, allerdings nicht in dem Sinne, daß für den gesamten Problembereich nur *ein* maßgeblicher Situationskontext herausgestellt werden könnte, wie es im Hinblick auf den Forschungsgegenstand der Mundartforschung möglich ist. Wo von »Umgangssprache« die Rede ist, wird im Gegenteil betont, daß eine Schwankungsbreite oder eine Variabilität des Sprachgebrauches zu beobachten sei. Dabei handelt es sich nicht um freie Varianten, sondern um differenzierten Gebrauch »je nach Situation der Rede« (Schirmer, Abschn. 9.4) oder »je nach Gesprächspartner, Thema und Stimmung« (Bellmann, Abschn. 8.5), und zwar dreht es sich dabei großenteils um unterschiedlichen Sprachgebrauch derselben Person: »Derselbe Gebildete spricht anders, wenn er einen wissenschaftlichen Vortrag oder eine Festrede hält, anders in beruflichem, geschäftlichem, gesellschaftlichem Verkehr, wieder anders in privatem, intimem Kreise« (Hübner, Abschn. 8.3).[393] Gerade auf diese Variabilität zielt auch Möhn (Abschn. 8.5), wenn er die Sprache als ein »seismographisches Organ« bezeichnet, »das von zahlreichen Faktoren beeinflußt« wird.

Aus der Fülle der Situationen, die für den Sprachgebrauch von Belang sein können, sind im Hinblick auf das Problem der Umgangssprache einige hervorzuheben, da sie in der entsprechenden Literatur bevorzugt berücksichtigt werden. Schon von Adelung (Abschn. 2.2) wird eine bestimmte Situation als Maßstab für die von ihm schriebene Sprachform gewählt:

---

[391] Rupp, Heinz: Gesprochenes und geschriebenes Deutsch. Wirkendes Wort 15, 1965, S. 19–29.

[392] Hugo Steger in dem in Abschn. 7.7.3 besprochenen Aufsatz »Gesprochene Sprache«, Sprache der Gegenwart 1, S. 278.

[393] Weitere Hinweise auf derartigen situationsbedingten Wechsel des Sprachgebrauchs finden sich u. a. bei Grund, Abschn. 8.4, Rosenkranz, Abschn. 8.5, Steger, Abschn. 8.7.1, Schwarzenbach, Abschn. 8.7.3, Bausinger, Abschn. 8.7.4, Kayser, Abschn. 10.3, Cordes, Abschn. 12.3.

die des gesellschaftlichen Umgangs. Im Anschluß an Adelung spielt dieser Gesichtspunkt bei anderen Autoren, wie Wieland (Abschn. 4.2), Campe (Abschn. 4.4) und Jahn (Abschn. 4.5), eine – wenn auch nicht immer durchgängig beachtete – Rolle, und noch Kretschmer (Abschn. 9.3) schließt sich ausdrücklich an Adelung an, wenn er »die im gesellschaftlichen Verkehr gesprochene Sprache als die hochdeutsche Umgangssprache im engeren Sinne« bezeichnet. Wunderlich (Abschn. 7.3.1) verweist auf den »geselligen Verkehr«. Ebenfalls auf gesellschaftlichen Verkehr, aber auf deutlich andere Gesellschaftskreise zielt Grund (Abschn. 8.4), wenn er schildert, wie die »stärkere Abhebung der bürgerlichen Sprachschicht von der bäuerlichen« mit dem aufblühenden »gesellschaftlichen Leben« in Bürgercasino, Gesangsvereinen und Turnvereinen zusammenhängt. Bei P. v. Polenz (Abschn. 8.5) wird der Gesichtspunkt der gesellschaftlichen Situation des Sprachverkehrs mit einem historischen Aspekt verknüpft, wenn er darauf hinweist, daß »ein gewisser Teil unserer Sprachnormen … aus gesellschaftlichen Gruppenbildungen und Situationen« stamme, die heute nicht mehr unbedingt verbindlich sein müßten. Diese Formulierung macht besonders augenfällig, wie die Frage nach der Situation des gesellschaftlichen Umganges mit Fragen des soziologischen Aufbaus einer größeren Gesellschaft verbunden ist. Die Veränderungen im Gefüge einer Gesamtsprache, die – wie oben (Abschn. 13.1) gezeigt – eine Aktualisierung des Problems der Umgangssprache bedingen, erscheinen hier bezogen auf soziologische Veränderungen.

Der Vergleich zwischen den Arbeiten, in denen »Umgangssprache« als »Sprache in der Situation des gesellschaftlichen Umganges« verstanden wird, macht deutlich, daß dabei eine Vielzahl gesellschaftlicher Situationen unterschieden werden muß, sowohl nach soziologischen als auch nach historischen Gesichtspunkten.

Noch häufiger als die Charakterisierung einer »Umgangssprache« durch die »gesellschaftliche« Situation begegnet in der Literatur ein Hinweis auf »alltägliche« Situationen. In dieser Hinsicht macht bereits Gottsched (Abschn. 2.1) mit seiner Formulierung »tägliche Sprache des Umgangs« den Anfang. Wunderlich (Abschn. 7.3.1) will in seinem Buch über die »Umgangssprache« die »Fügungen des täglichen Lebens« beschreiben, auch wenn er seine Beispiele aus der Literatur wählt. Ebenso wird für Hofmann (Abschn. 7.3.2) die Umgangssprache durch »Wendungen der Alltagsrede« repräsentiert. Die Duden-Redaktion nennt sowohl in ihrer Grammatik (Abschn. 7.4.2) als auch im Synonym-Wörterbuch (Abschn. 9.7.2) die »Alltags- und Umgangssprache« als eine Einheit. Zimmermann (Abschn. 7.6) möchte »ein möglichst wirklichkeitsgetreues Bild des Alltagsgespräches« erhalten. Eggers (Abschn. 7.7.1) sagt, die Umgangssprache sei »die ganz allgemeine Sprache unseres täglichen Alltags«. Für Moser (Abschn. 8.6) steht die Umgangssprache als »besonders lautlich und flexivisch erhöhte Volkssprache« der »stilistischen Stufe« der »Alltagssprache« am nächsten.

Genthe (Abschn. 9.2) nennt die Umgangssprache eine »alltägliche Sache«, Riesel (Abschn. 10.5) setzt »Stil des Alltagsverkehrs« und »Umgangssprachstil« gleich, Reiners (Abschn. 10.6) »Umgangssprache« und »Alltagsdeutsch«, und so ließe sich die Reihe fast beliebig fortsetzen. In manchen Fällen werden Angaben über den Sprachgebrauch gemacht, die sich als genauere Hinweise auf die sprachlich bestimmenden alltäglichen Situationen verstehen lassen. Wie schon bei Campe (Abschn. 4.4) ist z. B. bei Kretschmer (Abschn. 9.3) und bei Frings (Abschn. 8.5) die Geschäftssprache der Umgangssprache zugerechnet worden. Kufner (Abschn. 7.5.3) unterscheidet die Sprache im dörflichen Elternhaus und in der städtischen Fabrik, wobei er auf Rückwirkungen der in der Fabrik gebräuchlichen Sprache auf die des Elternhauses hinweist. Baumgärtner (Abschn. 7.5.1) berichtet, daß die Sprache der Leipziger Metallarbeiter am Arbeitsplatz die gleiche ist wie »die Verkehrssprache und namentlich die Haussprache ganz allgemein des Industriearbeiters«. In anderen Fällen wird die häusliche Sprache stärker unterschieden gesehen von dem außer Haus üblichen Sprachgebrauch, wobei häufig in Anlehnung an die französische Formulierung »discours familier« (die dem lateinischen »sermo cotidianus« oder »sermo vulgaris« entspricht)[394] von »familiärer Sprache« die Rede ist (vgl. Abschn. 9.3, Cordes, Abschn. 12.4 u. a.). Sie wird dann verstanden als Sprache der »privaten Sphäre« (Siebs, Abschn. 11.3.1.). Es ist jener Anwendungsbereich, den das Duden-Aussprachewörterbuch als denjenigen bezeichnet, der »in der gewöhnlichen Unterhaltung zu Hause, auf der Straße und im Betrieb« vorherrscht, wobei zur Charakteristik dieses Bereiches angegeben wird, daß er »gegenüber der Hochlautung durch einen schwer übersehbaren Reichtum an individuellen, regionalen und sozialen Abstufungen gekennzeichnet« sei.

Auch der Gesichtspunkt des Alltäglichen bedingt nach alledem wie der des Gesellschaftlichen eine Berücksichtigung der Personenkreise, in denen jeweils der sprachliche »Umgang« stattfindet, mit aller sprachlichen und außersprachlichen Überlieferung, die von diesem Kreis getragen wird. So verbindet sich der Gesichtspunkt der Situationsgebundenheit des Sprachgebrauchs, die als Charakteristikum der Umgangssprache angesehen wird, mit dem der Gruppengebundenheit.

---

[394] Vgl. Lausberg, Handbuch 1246, Stichwort »familier«.

13.4　Die Bedeutung der Gruppenbezogenheit

Ist die Funktion des sprachlichen Umganges, d. h. die Gesprächsfunktion mit wenigen Ausnahmen der gemeinsame Ausgangspunkt für die Sicht der Probleme, die in der germanistischen Forschung als »umgangssprachliche« bezeichnet werden, so stellt die auf den Personenkreis bezogene Betrachtung den Kernpunkt dar. Darauf deutet in den obigen Ausführungen bereits vieles hin, und eine Prüfung des vorgelegten Materials bestätigt, daß die Bezogenheit auf einen jeweils bestimmten Personenkreis ein weiteres und wohl das wichtigste gemeinsame Kennzeichen ist, das von allen Forschungsrichtungen aus jenen Erscheinungen zugesprochen wird, die im Einzelfall als »umgangssprachlich« gelten. Gewiß wird dieses Kennzeichen nicht in allen Arbeiten ausdrücklich hervorgehoben, aber die Bezogenheit auf eine bestimmte Sprechergruppe ist dann allgemein als eine stillschweigende, oft als selbstverständlich erachtete Voraussetzung zu erschließen.

In der Mehrzahl der Fälle wird jedoch ein Eingehen auf die sprachtragende Gruppe als notwendig erachtet. In ausgeprägter Form ist das bereits bei der Diskussion über die Frage »Was ist Hochdeutsch?« zwischen Adelung (Abschn. 2.2) und Wieland (Abschn. 4.2) zu beobachten, wo Wieland einmal – die Kriterien Adelungs zusammenfassend – von »der täglichen Gesellschafts-Sprache der Personen von Erziehung und feinerer Lebensart im südlichen Chursachsen« spricht. Im Anschluß an Adelung ist dann häufig von der »Sprache des Umganges« oder der »Umgangssprache« in den »obern Klassen« die Rede. Bürger (Abschn. 4.3) spricht von den »höhern gebildeten Volks-Classen des nördlichen Deutschlands«, Jahn (Abschn. 4.5) von der »Umgangssprache des ersten deutschen Standes«, Viëtor (Abschn. 8.2) von der »Sprache der besseren Stände in engeren Kreisen«, und noch Genthe (Abschn. 9.2) verweist auf den Sprachgebrauch in »den gebildeten Klassen«. In neuerer Zeit wird immer seltener versucht, die im persönlichen Umgange übliche Ausprägung des Neuhochdeutschen um die es in allen vorgenannten Fällen geht, durch die Nennung eines sozialen Standes oder einer Gesellschaftsklasse zu charakterisieren. Stattdessen wird mehr und mehr das von Anfang an maßgeblich beteiligte Kriterium der »Bildung« benutzt, um eine sprachtragende Gruppe aus dem Gesamt deutschsprechender Gruppen herauszuheben. In diesem Sinne spricht etwa Kretschmer (Abschn. 9.3) von der »Gemeinsprache der Gebildeten«. In mehr umschriebener Form findet sich eine ähnliche Ausgrenzung bei Pilch (Absch. 7.9), wenn dieser vor einem deutschen akademischen Auditorium erläutert, er meine mit der »hochdeutschen Umgangssprache« jene »natürliche Sprache, in der wir alle uns täglich unterhalten, in der wir Kolleg lesen, Prüfungen abnehmen und mit Behörden verkehren«. In allen diesen Fällen dreht es sich – wie in den vielen anderen, in denen die »Gebildetensprache« der »Volkssprache« gegenübergestellt wird – um die im Gespräch übliche Variante der neuhochdeutschen Gemeinsprache, die um 1800 noch stark ständisch gebunden erscheint, aber mit der Auflösung des »Bildungsprivilegs«, der mehr und mehr fortschreitenden »Demokratisierung der Bildung« zum Gemeingut geworden ist. Die Trägergruppe sind nun »die Gebildeten«, wobei die Erfahrung lehrt, daß die Beherrschung dieser Sprachform als ein ausschlaggebendes Kriterium dafür dient, daß jemand der Wir-Gruppe der Gebildeten zugerechnet wird. Die Sprachform dieser Großgruppe ist keineswegs einheitlich, sondern sie weist u. a. regionale Varianten auf (vgl. z. B. die eben genannten Arbeiten von Kretschmer und Pilch), die im Rahmen der Großgruppe geduldet werden. Derartige Varianten werden in einer Vielzahl von Arbeiten unter der Bezeichnung »Umgangssprache« gefaßt und abgehandelt; besonders sind es solche Varianten, die der Toleranzgrenze nahestehen. Entscheidend ist dabei, ob die betreffenden Sprachformen noch als Varianten einer im Prinzip als einheitlich angesehenen Umgangssprache der Gebildeten anerkannt werden oder ob man sie der Gegengruppe, dem »Volk«, zurechnet. Das »gemeinschaftliche Panier« (vgl. Wieland, Abschn. 4.2), dem die Gruppe der Gebildeten folgt, ist dabei zweifellos die Schrift. Praktisch wird das Vorhandensein von Varianten so lange als quantité négligeable betrachtet, als diese noch als Realisierungen der Schriftnorm interpretiert werden können. Mit anderen Worten: Die Großgruppe der Gebildeten besitzt eine an der Schrift orientierte Idealnorm, und aus diesem Grunde läßt sich »die« Sprache der Gebildeten als geschlossenes System beschreiben, und sie ist es, die in den Grammatiken als das Deutsche schlechthin gilt. So weit sich mündlicher Gebrauch von diesem Standard entfernt, sind das geduldete Abweichungen (vgl. die von Pilch, Abschn. 7.9, beschriebenen regionalen Varianten). Sie existieren als Gebrauchsnormen,[395] die in bestimmten Untergruppen von Gebildeten im persönlichen Umgange üblich sind, u. U. sogar gepflegt werden (vgl. Steger, Abschn. 8.7.1).

Aber wenn in der germanistischen Forschung die Gruppengebundenheit als ein Kennzeichen von »Umgangssprache« erscheint, handelt es sich nicht immer um Varianten der Gebildetensprache. Im Gegenteil: In neueren Arbeiten wird diesem Bereich seltener die Aufmerksamkeit zugewandt als jenem, dessen sprachliches Erscheinungsbild vom idealen Typus der Gebildetensprache abweicht. Als Gegentyp zur »Gebildetensprache« gilt die »Volkssprache« (Vgl. z. B. v. Polenz, Abschn. 8.5), womit sich eine

---

[395] Eine mit der Unterscheidung zwischen Idealnorm und Gebrauchsnorm in nahem Zusammenhang stehende Gegenüberstellung findet sich in dem besprochenen Aufsatz von H. Pilch (Abschn. 7.9). Er stellt auf die eine Seite »die einheitliche Sprache L«, die in der linguistischen Strukturtheorie vorausgesetzt wird, »obwohl diese Voraussetzung sachlich nicht zutrifft«, und auf die andere Seite die »wirkliche vielschichtige Sprache«. Diese Gegenüberstellung setzt er gleich mit der von E. Coseriu getroffenen Unterscheidung zwischen »langue fonctionnelle« und »langue historique«, wobei bezeichnenderweise die Kennzeichnungen »vielschichtig« und »historisch« austauschbar erscheinen.

Einteilung der Gesamtsprache zeigt, wie sie schon bei Quintilian zu beobachten ist, bei dem der »consensus eruditorum« dem »sermo vulgaris«
gegenübersteht (vgl. Abschn. 3.1). Doch ist »das Volk« in diesem Sinne keine soziologische Einheit wie »die Gebildeten«. Wenn im Bereich des
»Volkes« Gruppen genannt werden, so umfassen sie einen kleineren Personenkreis. Es sind die »untern Schichten« einer Stadt (Baumgärtner,
Abschn. 7.5.1), es ist die »dünne Schicht der Staatsbeamten« oder die
Schicht der »Arbeiter« in einem Dorf (Becker, Abschn. 8.5), oder es werden »die Bürger« eines Ortes (Grund, Abschn. 8.4), einer Landschaft (Engel, Abschn. 8.6), z. T. auch die Bürger überhaupt (vgl. Bürger-Classe bei
Schmeller, Abschn. 8.1) zusammengefaßt. Alle diese Gruppen – ob es nun
echte Wir-Gruppen oder nur statistische Gruppen sind – gehören in den
Rahmen dessen, was vom Standpunkt der Gebildeten zum »Volk« gerechnet wird.[396] Dennoch wird nicht in erster Linie an diese Gruppen gedacht,
wenn in sprachlicher Hinsicht schlechthin vom »Volk« gesprochen wird.
Als Inbegriff des Volkes gelten vielmehr vor allem »die Bauern« (vgl. besonders die Arbeiten zur Mundartforschung Kap. 8). Erst neuerdings versteht man darunter eher die »großen Massen, d. h. der werktätigen deutschen Bevölkerung« (Riesel, Abschn. 10.5). Aber auch die Sprache im
Zentralbereich dessen, was jeweils als »Volk« angesehen wird, wird in keinem Falle als eine Einheit verstanden. Wenn von »der Bauernsprache«
oder »der Mundart« gesprochen wird (was weithin als gleichbedeutend
verstanden wird), so ist auch damit keine solche Einheit gemeint wie der
Idealtyp der Gebildetensprache, sondern man gebraucht eine Kollektiv-
bezeichnung für eine große Anzahl sich ähnelnder Sprachformen, von denen sich nur für jede einzelne, aber nicht für die Gesamtheit ein Idealtyp
erarbeiten läßt. Weit schwieriger noch liegen die Verhältnisse, wenn keine
so einheitliche soziologische Basis gegeben ist wie bei den Bauern. Dann
kommt man nicht umhin, auf »soziale Differenzierungen« wenigstens zu
verweisen, und entsprechende Äußerungen finden sich in den besprochenen Arbeiten in großer Zahl. So heißt es, die Umgangssprache sei »in sich
sehr vielfältig geschichtet, nicht nur nach dem sozialen Rang derer, die
sie sprechen, sondern sogar bei jedem einzelnen Sprecher« (Eggers,
Abschn. 7.7.1), sie unterscheidet sich nach »den einzelnen Gesellschaftsschichten und Altersstufen, den verschiedenen Ständen und Berufen«
(Schirmer, Abschn. 9.4). Selbst für einen einzigen Ort werden »viele Unterschiede sowohl geographischer als auch sozialer Art« erwähnt (Kufner,
Abschn. 7.5.3), oder es ist von einer »sozial stark gegliederten Gemeinschaft« die Rede (Grund, Abschn. 8.4). Für bestimmte Gebrauchsweisen

---

[396] Genau besehen kann auch dies nur mit Einschränkung gesagt werden: Der »Bildungsbür-
ger« ist heute der hauptsächliche Repräsentant der Gruppe der »Gebildeten«. Die Grenze
zwischen dem »Volk« und den »Gebildeten« variiert – nicht nur mit der Wandlung der sozialen Verhältnisse und der Bildungsmöglichkeiten, sondern auch mit dem Bildungsbegriff
des jeweiligen Autors, d. h. praktisch von Veröffentlichung zu Veröffentlichung.

werden »die festen Zellen von Kaserne und Schule« als « die wichtigsten soziologischen Gebilde« bezeichnet, »in denen aus der Berührung. von Menschen verschiedenster beruflicher ständischer und sozialer Zugehörigkeit ein sprachlicher Ausgleichsvorgang erwächst« (Küpper, Abschn. 9.6); es werden »die Sprache und das Gehaben verschiedenster Gesellschaftskreise« im Zusammenhang mit der Umgangssprache genannt (Seidler, Abschn. 10.2), oder es wird auf den »schwer übersehbaren Reichtum an individuellen, regionalen und sozialen Abstufungen« (Duden-Aussprachewörterbuch, Abschn. 11.3.2) verwiesen. Der Hinweis auf die Vielfalt der Erscheinungen bei dem Sprachgebrauch, der im Umgange üblich ist, aber nicht der Gebildetensprache zugerechnet wird, gehört – unabhängig vom Blickwinkel der jeweiligen Betrachtung – zu den Feststellungen, die immer wieder getroffen werden.[397] Auffällig ist dabei, daß keineswegs überall eine Sprachform als zu einer Person fest zugehörig betrachtet wird, wie es im Hinblick auf die Mundarten meist geschieht. Es wird stattdessen von der »Mitgliedschaft« der Sprecher »in mehreren Gruppen« gesprochen, die »in ihrem heutigen Umfange erst durch eine soziale Nivellierung ermöglicht worden« sei (Möhn, Abschn. 8.5). Für neu entstehende Gruppensprachen wird festgestellt, »daß die Gruppe nur in den Bereichen sprachlich aktiv wird, an denen sie als handelnd beteiligt ist« (Steger, Abschn. 8.7.2). So ist es auch zu verstehen, daß »die kleine Gruppe, ja der Einzelne ... mehr und mehr in den Mittelpunkt der Betrachtung treten« (Schwarzenbach, Abschn. 8.7.4). Um »Kontakt zu ihren Gesprächspartnern schaffen« zu können, müssen etwa Reporter, die sich sonst um reine Hochsprache bemühen, gegebenenfalls deren »Sprechweise entgegenkommen« (Wörterb. d. dt. Ausspr., Leipzig, Abschn. 11.3.3). Es bestätigt sich immer wieder, daß sich die als »Umgangssprache« bezeichneten Sprachformen, wie schon Wunderlich (Abschn. 7.3.1) sagt, im allgemeinen »an kleine Verkehrskreise« wenden, in denen dann der einzelne seine »Rolle« übernimmt (vgl. Bausinger, Abschn. 8.7.4).

Es zeigt sich, daß sich die verschiedenen Äußerungen über Umgangssprache recht gut ineinanderfügen, wenn man den jeweiligen Gruppenbezug berücksichtigt und dabei besonders den Gruppen mit unmittelbarem persönlichen Kontakt seine Aufmerksamkeit schenkt. Man kann die Bedeutung der Kreise unmittelbaren persönlichen Kontaktes für die Umgangssprache, ja für die Sprache allgemein, kaum überschätzen. Es sei daran erinnert, daß nur in der mündlichen Äußerung alle Sprachmittel eingesetzt werden können. Man kann deshalb sagen: Solche Kreise sind überhaupt der Ort, an dem sich Sprache in ihrer vollen Funktion ereignet.

Die Art von Personenkreisen, die hier in den Mittelpunkt des Interesses rückt, hat nicht nur für die Sprache Bedeutung, sondern für alle Funktionen menschlichen Zusammenlebens. Es handelt sich um die soziologische

---

[397] Vgl. außer den eben zitierten Arbeiten z. B. Mackensen, Abschn. 6.6; Bellmann, Abschn. 8.5; Debus, Abschn. 8.5; Mitzka, Abschn. 8.5; Dornseiff, Abschn. 9.5.1; Henzen, Abschn. 12.2.

Kleingruppe. Die umgangssprachliche Problematik zwingt also zur Wahl desselben Ausgangspunktes, der in den letzten Jahrzehnten auch von der Soziologie und insbesondere von der Sozialpsychologie als der wesentliche erkannt worden ist. Ohne Frage wird die weitere Sprachforschung gut daran tun, sich der neueren soziologischen und sozialpsychologischen Forschung zu bedienen.

Für das Problem der vorliegenden Arbeit gilt es zunächst festzustellen: Die soziologische Kleingruppe ist die Grundeinheit für die Betrachtung der Umgangssprache, denn die Funktion des Umganges ist an eine solche primäre Gruppe gebunden. Der Zweck, zu dem die Gruppe zusammenkommt, und die Gruppenüberlieferung (der Gruppenbrauch) bestimmen das, was man im weitesten Sinne »Situationskontext« nennt. Von der Grundeinheit der Kleingruppe aus lassen sich die Zusammenhänge zwischen umgangssprachlichen Phänomenen entwickeln, wie sie unter verschiedenen Gesichtspunkten beobachtet worden sind. Es ist möglich, die Aussagen der besprochenen heterogenen Darlegungen auf diesen Punkt zu beziehen, und auf diese Weise muß sich ein Bezugssystem entwickeln lassen, in dem jeder Beobachtung ihr Ort zugewiesen, ein Stellenwert gegeben werden kann.

Ehe das jedoch geschehen kann, sind noch einige Vorüberlegungen über das Wesen einer Gruppe notwendig. Eine wesentliche Stütze stellen hierfür die Ergebnisse der seit den 30er Jahren vor allem in den USA gepflegten Kleingruppenforschung dar.[398] Hier seien deshalb diejenigen Grundbegriffe und Grunderkenntnisse dieser Forschungsrichtung referiert, die im vorliegenden Zusammenhang wichtig sind.

Die untersuchten sozialen Gebilde werden in neueren Arbeiten meist »kleine Gruppen« (small groups) genannt; dieser Begriff wird um seiner Neutralität und Sachlichkeit willen den älteren Begriffen »Primärgruppe« und »Intimgruppe« vorgezogen. »Primärgruppe« ist als Begriff etwas fragwürdig, weil sich primäre Gruppen, d. h. solche mit unmittelbarem persönlichem Kontakt, nicht reinlich von Sekundärgruppen unterscheiden lassen, denen man nicht mit gleicher Unbedingtheit zugehört. Immerhin ist der Gesichtspunkt unmittelbarer und mittelbarer Gruppenzugehörigkeit auch sprachlich nicht ganz unwichtig. Er soll deshalb – wenn auch mit einiger Vorsicht – im Auge behalten werden. Ähnlich ist es mit der Betrachtungsweise, die zur Begriffsprägung »Intimgruppe« geführt hat. Hier ist ein Hinweis auf den Unterschied zwischen Umgangsformen innerhalb von »Intimgruppen« gegenüber solchen innerhalb nicht so intimer Gruppen gegeben. Der Charakter dieser Umgangsformen wird sich auch sprachlich

---

[398] Wichtig sind in diesem Zusammenhang Arbeiten von J. L. Moreno, P. Schilder, K. Lewin und M. Sherif. In Deutschland hat vor allem P. R. Hofstätter (der ein Schüler Karl Bühlers ist und sieben Jahre in den USA gearbeitet hat) auf dieser Grundlage weitergebaut. Ich beziehe mich hier im wesentlichen auf seine Veröffentlichungen »Gruppendynamik. Kritik der Massenpsychologie«, Hamburg 1957 und »Einführung in die Sozialpsychologie«, Stuttgart 1963.

niederschlagen. Er darf deshalb nicht unberücksichtigt bleiben. Aber es ist ratsam, den Begriff »Intimgruppe« nur dort zu verwenden, wo der Charakter des Intimen deutlich in Erscheinung tritt.

Die Beobachtung sich neu entwickelnder Kleingruppen hat erkennen lassen, was die Gruppe von einer bloßen Ansammlung von Personen unterscheidet. Es ist die Herausbildung eines Wir-Bewußtseins, dem gegenüber andere Gruppen als »Ihr« empfunden werden. Das Gruppenbewußtsein wird vor allem dadurch gestärkt, daß sich genaue Vorstellungen darüber ausbilden, was die Eigenart der Gruppe ausmacht (Autostereotyp) und was demgegenüber »die anderen« kennzeichnet (Heterostereotyp). P. R. Hofstätter nennt solche gruppeneigenen Setzungen, die in einer Gruppe schließlich als »Selbstverständlichkeiten« überliefert werden, »Gruppenleistungen vom Typus des Bestimmens«. Er unterscheidet diese Art der Gruppenleistung von einer anderen, die er dem »Typus des Findens« zuordnet. Von einer solchen ist etwa die Rede, wenn eine Gruppe in gemeinsamer Arbeit einem Naturgesetz auf die Spur kommt. Wichtig ist nun, daß Leistungen vom Typus des Bestimmens von den Gruppenmitgliedern nicht mehr als solche empfunden werden, wenn sie zur »Selbstverständlichkeit« geworden sind. Wichtig ist das für den vorliegenden Zusammenhang, weil auch die Sprache hierher gehört. Hofstätter nennt sie sogar »die wichtigste Gruppenleistung vom Typus des Bestimmens«.[399] Diese Einschätzung läßt es naheliegend erscheinen, daß die Sprache – d. h. die Umgangssprache innerhalb einer Gruppe – auch bei der Betonung der Gruppeneigenart eine hervorragende Rolle spielt. Hofstätter formuliert das so: »Es ist in erster Linie die Sprache, in der das normative Equilibrium einer jeden Gesellschaft verankert ist«.[400] Man muß danach mit so viel unterscheidbaren Umgangssprachen rechnen, wie es unterscheidbare Gruppen gibt.

Mit der Unterscheidbarkeit von Gruppen steht es allerdings nicht überall so günstig wie in den meist zur Untersuchung herangezogenen Kleingruppen. Größtenteils sind in der Wirklichkeit des täglichen Lebens komplizierte Verhältnisse gegeben. Deshalb gilt es, weiteres zu beachten, insbesondere einen Tatbestand, auf den schon in einzelnen neuen Arbeiten zum Thema »Umgangssprache« hingewiesen worden ist (vgl. besonders Möhn, Abschn. 8.5 und Bausinger, Abschn. 8.7.4): »Gruppe« ist nicht identisch mit den Personen, die zu einer Gruppe gehören. Nicht jede Person ist in jeder Lebensäußerung Glied derselben Gruppe. So etwas läßt sich nur denken, wenn eine Primärgruppe isoliert von anderen ihr Dasein fristet. Normalerweise gehört aber eine Person mehreren Gruppen an. So gehört schon ein Kind nicht nur einer Familie an, sondern auch einer Spiel-

---

[399] Hofstätter, Gruppendynamik, S. 70.
[400] Hofstätter, Sozialpsychologie, S. 265. Vgl. dazu auch die in einer Anmerkung zum Abschn. 8.5 dieser Arbeit zitierte Äußerung in Fleischer, Dresden: »Auch die U[mgangs-]S[prache] schafft ihre Sprachgemeinschaft.«

gemeinschaft und einer Schulklasse. Erwachsene gehören außer ihrer Familie auch Gruppen auf ihren Arbeitsplätzen an, und auch die Gruppen, in denen man seine Freizeit verbringt, müssen nicht mit der Familie identisch sein. Besonders in der modernen Großstadt, also einem für die Umgangssprache besonders wichtigen Gebiet, »fehlen im allgemeinen die geschlossenen Nachbarschaftsgruppen, ... die deutlich von anderen ebenso geschlossenen Nachbarschaftsgruppen abgegrenzt werden können. Vielmehr hat jede Familie zu einem Teil ihrer Nachbarn Beziehungen, diese haben zum Teil wieder andere Nachbarschaftsbeziehungen, so daß eher ein kontinuierliches Netz kreuz- und querlaufender Bindungen entsteht«.[401] Man könnte vielleicht sagen, daß hier statt eines klar gegliederten Gruppengefüges eine Art Gruppenkontinuum besteht, in dem sich die Grenzen der Gruppierungen vielfältig überschneiden.

Wenn nun die Gruppe als Ort der Umgangssprache erkannt ist, ergibt sich aus dieser eben aufgeführten Feststellung eine wesentliche Konsequenz: Es kann nicht sinnvoll sein, die Umgangssprache *eines Menschen* festzustellen. Der einzelne muß der Gruppenüberlieferung folgen, muß sich dem Autostereotyp der Gruppe anpassen, wenn er als Gruppenglied gelten will. Darin erweist sich, daß nicht der Einzelmensch der Träger einer Sprachform ist, sondern die jeweilige Gruppe. Und wenn ein Mensch verschiedenen Gruppen angehören kann, dann ist er – jeweils als Gruppenglied – Träger verschiedener Sprachformen. Diese Erkenntnis ist keineswegs neu. Sie drängt sich vor allem auf, wenn man Probleme der Zwei- und Mehrsprachigkeit betrachtet[402] (der »Partnerzwang« in der Wahl der Sprache ist hier der auffälligste Gesichtspunkt).

Andererseits ist zu berücksichtigen, daß auch die Gruppe als kleinste sprachtragende Einheit kein homogenes Gebilde ist. In jeder Gruppe gibt es führende Mitglieder, die – wie schon Steger an seiner Kleingruppe beobachtet hat – auch sprachlich bestimmend sind. Dennoch können diese nicht ohne weiteres als Repräsentanten der Gruppe genommen werden, denn die Gruppe folgt den Anregungen der führenden Mitglieder nicht bedingungslos, sie übernimmt im Prinzip nur, was dem »Gruppengeist«, d. h. der Gruppenüberlieferung, entspricht. So besteht ein Wechselverhältnis (»Reziprozität«) zwischen Gruppenführung und Gruppe.

---

[401] Bahrdt, Hans Paul: Wege zur Soziologie, München 1966, S. 60f.

[402] Vgl. Braun, Maximilian: Beobachtungen zur Frage der Mehrsprachigkeit. In: Göttingische Gelehrte Anzeigen 109, 1937, Nr. 4 S. 115–130. / Elwert Theodor: Das zweisprachige Individuum. In: Akad. d. Wiss. u. Lt., geistes- u. sozialwiss. Kl. 1959, Nr. 6, Mainz/Wiesbaden 1959, S. 343, der noch auf die gleichzeitig wechselnde Haltung aufmerksam macht und damit auf ein augenfälliges Anzeichen für eine veränderte Gruppensituation, für die Übernahme einer anderen Rolle hinweist. / Oksaar, Els: Sprachkontakte und Mehrsprachigkeit. In: Mare Balticum, Zeitschrift der Ostseegesellschaft 1968, S. 33–39. / – Es sei auch daran erinnert, daß H. Bausinger in seinem in Abschn. 8.7.5 besprochenen Aufsatz darauf hinweist, daß »manches Ergebnis der Zweisprachigkeitsforschung auch auf die normalen Sprachverhältnisse übertragbar« sei. Sehr häufig und sehr deutlich kann man den Wechsel von einer Gruppensprache in eine andere – bei unverändertem Personenkreis – im niederdeutschen Raum beobachten, wo er oft durch den Übergang vom Hochdeutschen zum Plattdeutschen klar erkennbar wird.

Kann so schon die Kleingruppe nicht unbedingt als Einheit angesehen werden, so ist das erst recht nicht bei einer Großgruppe möglich. Hier können Untergruppen bestimmte Funktionen im Gruppengesamt übernehmen. Das gilt auch für sprachliche Leistungen. Hofstätter schreibt dazu:

Arbeitsteilige Großgruppen schaffen sich in der Regel auch Spezialorgane zur Wahrnehmung ihrer Sprachleistungen, ihre »Literatur« nämlich, in der von einer Generation zur andern Neueinstellungen erfolgen. Der »junge Dichter« unserer schematischen Vorstellung trägt eben dadurch zur Sprachleistung seiner Nation bei, daß er sich einer Aussageweise bedient, die nicht ganz den überkommenen Normen und ihren epigonalen Wahrern gemäß ist. (Hofstätter, Gruppendynamik, S. 70)

Es gilt also jeweils zu beachten: 1. den Zweck, um dessentwillen sprachlicher Umgang gepflegt wird, 2. die sprachtragende Gruppe, 3. das Verhältnis der die Gruppe bildenden Personen zur Gruppe, 4. das Verhältnis der jeweiligen Gruppe zu anderen Gruppen, 5. die Dynamik innerhalb einer Gruppe bzw. eines Gruppengesamts. – Außer diesen gruppenbezogenen Gesichtspunkten muß bei den einzelnen Sprachäußerungen die Beziehung zur Funktion des Umganges berücksichtigt werden.

Auf diese Grundvorstellungen lassen sich die Ergebnisse aller besprochenen Forschungen beziehen. Allerdings müssen dabei – wie es in den kritischen Besprechungen geschehen ist – manche verzerrten Perspektiven zurechtgerückt werden. Damit zeigt sich, daß die im Rahmen der germanistischen Forschung als »umgangssprachlich« bezeichneten Erscheinungen nicht nur den Namen gemeinsam haben, sondern trotz aller Widersprüche, die bei unmittelbarem Vergleich von Forschungsrichtung zu Forschungsrichtung und von Arbeit zu Arbeit zutage treten, zusammenhängen und einen Problemkreis bilden. Die sprachtragenden Gruppen sind die gegebenen Einheiten, aus denen sich das Bild eines Sprachgesamts zusammenfügt, das die in der germanistischen Forschung als »Umgangssprache« bezeichneten Erscheinungen umfaßt. Die Sprache der Kleingruppe muß der kleinste Baustein in dem Denkmodell sein, in dem alle umgangssprachlichen Erscheinungen ihren Platz finden können.

13.5   Der komplexe Charakter des Problembereichs »Umgangssprache«

Wenn ich eben festgestellt habe, daß die in der germanistischen Forschung als »umgangssprachlich« bezeichneten Probleme sich zu einem Problemkreis zusammenschließen, so ist das keineswegs so zu verstehen, als könnte nun der Problemkreis »Umgangssprache« als ein dritter Bereich neben »Hochsprache« oder »Schriftsprache« und »Mundart« gestellt werden. Vielmehr ist es so, daß der Problembereich »Umgangssprache« in die der Hochsprache und der Mundarten hinübergreift. Den Problembereich der Umgangssprache erfassen heißt praktisch, die Gesamtsprache umreißen, wobei nur zwei Bereiche ausgesondert werden, in denen insofern spezielle Bedingungen herrschen, als dort die außersprachlichen Bedingungen der Sprachverwendung bei der Beschreibung der Spracherscheinungen vernachlässigt werden können, weil es eine von der Gebrauchssituation unabhängige Norm dieser Sprachformen gibt, nämlich Mundarten und Schriftsprache. Die auf diese Weise ausgesonderten Bereiche müssen dennoch berücksichtigt werden, da sie als Orientierungspunkte eine entscheidende Rolle spielen. Der Problembereich »Umgangssprache« ist also in Vergleich zum Problembereich der Mundarten oder der Schriftsprache ein sehr komplexer Bereich, nicht nur, weil sehr viele Varianten zu beachten sind, sondern auch weil neben die eigentlich linguistischen Themen eine Reihe von Problemen tritt, die nicht die Sprachwissenschaft im engen Sinne betreffen, sondern Fragen der Sprachverwendung. Die umgangssprachlichen Probleme, die im Rahmen der germanistischen Forschung zutage getreten sind, bilden, so ist gesagt worden, einen Problemkreis, eine »Familie«, und es ist eben ergänzend behauptet worden, daß diese Problemfamilie das Deutsche als Gesamtsprache betrifft. Wenn das so ist und wenn angenommen werden darf, daß die vom Standpunkt einzelner Forschungsrichtungen entworfenen Bilder »umgangssprachlicher« Tatbestände unter den jeweils gegebenen Bedingungen richtig gesehen worden sind, so müßten sich diese Bilder in ein umfassendes Bild der Gesamtsprache einfügen oder zu einem solchen Gesamtbild vereinigen lassen. Da meine Untersuchung darauf bedacht gewesen ist, den jeweiligen Untersuchungsgegenstand der besprochenen Arbeiten zu identifizieren, müßte sich gerade von hier aus ein Ansatzpunkt für den Entwurf eines Gesamtbildes ergeben. Und in der Tat ergeben sich aus den vorher aufgezeigten Gemeinsamkeiten in der Problemsicht verschiedener Forschungsrichtungen schon wesentliche Grundlinien für eine Gesamtskizze. Nur wenige Züge fehlen zu einem Gesamtentwurf. Dieser kann naturgemäß nur hypothetischer Art sein; denn schon die Grundlagen, auf die er sich stützt, sind zum wesentlichen Teil hypothetischer Art; vielfach handelt es sich nicht einmal um ausdrücklich formulierte Hypothesen, sondern um stillschweigend gemachte Voraussetzungen.

Das Unternehmen, Problem und Begriff der Umgangssprache in der germanistischen Forschung zu analysieren, mündet also aus in die Forderung, das Deutsche als Gesamtsprache zu erfassen, und als Beitrag zur Erfüllung dieser Forderung bietet sich die Möglichkeit zum Entwurf eines hypothetischen Gesamtbildes, das allerdings nicht den Anspruch erheben kann, gesichertes Ergebnis zu sein, sondern viel intuitive Elemente enthält und zur Überprüfung im einzelnen und im ganzen herausfordert. Ich wage den folgenden Entwurf, in dem die Befunde meiner Einzelanalysen enthalten sind und der insofern eine Zusammenfassung meiner Ergebnisse darstellt:[403]

Ich sehe die Gesamtstruktur der deutschen Sprache als ein Gefüge von Gruppensprachen[404] an, die untereinander in mannigfachen Wechselbeziehungen stehen. Grundeinheiten des Aufbaus sind die kleinsten Gruppen mit eigenem, d. h. in irgendeiner Hinsicht von anderen Gruppen unterscheidbarem Sprachgebrauch. Diese kleinsten Einheiten des Sprachbrauchs schließen sich in charakteristischer Weise zu größeren Gruppierungen zusammen. Besonders wichtig ist der Zusammenhang zwischen Gruppensprachen von gleicher phonetischer Gestalt und gleicher phonologischer Struktur. Zwischen ihnen ist der Zusammenhang so eng, daß man sie am besten als einzige Sprachform mit Funktionsvarianten faßt.

Derartige Sprachformen pflegen einen funktionalen Schwerpunkt zu haben. Bei der deutschen Gemeinsprache ist es beispielsweise die Schrift, bei den Mundarten das Gespräch. Dieser Schwerpunkt prägt das Gesicht einer solchen Sprachform. In seinem Bereich sind die Sprachmittel am besten ausgebildet, und sie werden durch häufigen Gebrauch am zuverlässigsten übermittelt. Die außerhalb des funktionalen Schwerpunkts einer Sprachform liegenden Funktionsvarianten sind mehr oder weniger an diesem Schwerpunkt orientiert. Der schwerpunktgemäße Gebrauch einer Sprachform wird als »normal« angesehen, der Gebrauch einer Funktionsvariante als eine mehr oder weniger übliche Abweichung. Es besteht die Tendenz, die Abweichung vom funktionalen Schwerpunkt so gering zu halten, wie die Anforderungen der Funktion es erlauben. Auf diese Weise lassen sich die Schriftnähe gesprochener Gemeinsprache und die Gesprächsnähe geschriebener Mundart erklären.[405]

Eine der funktionalen Varianten einer Sprachform ist die Umgangssprache. »Umgangssprache« bezeichnet also primär eine Anwendungsart einer Sprachform. Wo diese Anwendungsart den Schwerpunkt einer Sprachform ausmacht und wo dementsprechend die als normal geltende Struktur der Sprachform entscheidend von den funktionalen Kennzeichen des Umganges geprägt ist, dort kann man auch eine Sprachform mit einigem Recht als »Umgangssprache« bezeichnen. Eine Verwechslung zwi-

---

[403] Aus Gründen der Übersichtlichkeit verzichte ich dabei auf Rückverweise und weise in Anmerkungen lediglich auf ergänzende Gesichtspunkte hin.

[404] Eine ähnliche Auffassung äußert neuerdings auch P. v. Polenz: »Der Begriff 'die deutsche Sprache' ist im Grunde nur eine abstrakte Vorstellung der Summe aus verschiedenen Sprachstilen und Gruppensprachen«. (In: Sprache der Gegenwart 2, 1968, S. 181).

[405] Diese Skizze von Zusammenhängen zwischen Sprachform und funktionalem Schwerpunkt stütze ich auf die Beobachtung sprachlicher Kritiken an hochsprachlicher und an mundartlicher Dichtung. An hochsprachlicher Dichtung wird gegebenenfalls getadelt, daß etwas nicht *schrift*gemäß sei, bei mundartlicher Dichtung, daß kein Mundart*sprecher* so etwas *sage*. Auf dieser schwerpunktmäßig anderen sprachlichen Ausgangsbasis beruhen m. E. zum wesentlichen Teil die unterschiedlichen Möglichkeiten hochsprachlicher und mundartlicher Dichtung. Diesen Gedanken habe ich in einem Vortrag über »Das niederdeutsche Hörspiel« näher ausgeführt (abgedruckt in: Volks- und Hochkunst in Dichtung und Musik. Tagungsbericht eines Colloquiums, das vom 19. bis 22. Oktober 1966 am Musikwissenschaftlichen Institut der Universität des Saarlandes stattgefunden hat. Privatdruck, Kiel 1968, S. 77–84).

schen dem Funktionsbegriff »Umgangssprache« und der Bezeichung einer Sprachform als »Umgangssprache« kann vermieden werden, wenn die Sprachform durch die jeweilige sprachtragende Gruppe charakterisiert wird.[406]

Auf diese Weise läßt sich eine große Anzahl von Widersprüchen im Gebrauch des Wortes »Umgangssprache« beseitigen, denn in der Tat lassen sich die meisten in der Literatur als »Umgangssprache« bezeichneten Erscheinungen entweder als Funktionsvariante einer Sprachform verstehen oder einer Sprachform vom obengenannten Typus zurechnen.

Allerdings müssen unter diesem Gesichtspunkt auch die Mundarten zur Gruppe der Umgangssprache gerechnet werden. Ihnen kommt aber eine Sonderstellung zu, die auf ihrer besonderen Position im Gefüge der Gesamtsprache beruht: Mundarten sind jene Umgangssprachen, die von besonders geschlossenen Gruppen getragen werden, von Gruppen, deren Sprachbrauch in sehr geringem Maße von anderweitigem Sprachbrauch abhängig ist.

Derart in sich geschlossene Trägergruppen einer Sprachform sind allerdings im Gesamtsystem des heutigen Deutsch Ausnahmen. Im ganzen ist das Sprachgesamt als ein Kontinuum von Gruppensprachen anzusehen, das darauf beruht, daß die sprachtragenden Gruppen ein Gruppenkontinuum bilden, d. h. eine Einzelperson gehört allgemein nicht nur einer, sondern mehreren Gruppen an. Als Gruppenmitglied fügt sie sich dem jeweiligen sprachlichen Gruppenbrauch.

Die Gruppe ist, da sie den Sprachbrauch bestimmt, der eigentliche Sprachträger, aber sie überliefert ihre Sprache nicht als ein geschlossenes System. Das konkrete System muß vom einzelnen aufgebaut werden. Der Gruppenbrauch bestimmt die zulässige Variationsbreite. Je nach Gruppe ist dabei verschieden, bei welchen Sprachphänomenen die Einhaltung genauer Regeln gefordert und bei welchen Variationsraum gelassen wird. Das Vorhandensein eines zulässigen Spielraums begünstigt die Tendenz zu Wandlungen im Gruppenbrauch, besonders im Zusammenhang mit dem Wechsel der Führungsstruktur innerhalb einer Gruppe.

Zwei Fälle gibt es im deutschen Sprachgesamt, in denen kaum Variationsraum gelassen wird, in denen also recht genaue Gebrauchsregeln für alle sprachlichen Merkmale bestehen. Das ist auf der einen Seite die Gemeinsprache, die auch als Schriftsprache oder Hochsprache charakterisiert wird, und das sind auf der anderen Seite die Mundarten.

Die Gemeinsprache verdankt ihre weitgehende Vereinheitlichung zu einem wesentlichen Teil dem Bedürfnis nach genauen sprachlichen Vorschriften, die einen reibungslosen sprachlichen Verkehr zwischen sich fer-

---

[406] Beispiel: »Umgangssprache der Gebildeten«. Die Bezeichnung der Gruppe kann dabei, wie es häufig geschieht, auch indirekt vorgenommen werden, indem etwa der Ort bezeichnet wird, an dem sich die betreffende Gruppe befindet (»obersächsische Umgangssprache« usw.).

ner stehenden Sprachgruppen gewährleisten. Sie ist mit Hilfe einer entsprechenden Sprachprogrammatik aus dem vorhandenen Gebrauch ausgelesen und entwickelt worden.

Bei den Mundarten beruht die geringe Toleranzbreite im Sprachgebrauch auf der weitgehenden Einheitlichkeit und Geschlossenheit der sprachtragenden Kleingruppen. Gemeinsprache und Mundarten sind Sonderfälle im Sprachgesamt, in denen besonders übersichtliche Verhältnisse herrschen. Sie lassen sich deshalb am leichtesten als Sprachsysteme beschreiben. Diesem Umstand dürften sie auch ihre bevorzugte Berücksichtigung in der Sprachwissenschaft verdanken.

Im übrigen Raum des Sprachgesamts herrschen keine so übersichtlichen Verhältnisse. Trotzdem gibt es hier Regeln, die genaue Beachtung verlangen. Da diese Regeln von Umgangsvorschriften in den einzelnen Gruppen und zwischen verschiedenen Gruppen geprägt sind und entsprechend auch im Umgang realisiert werden,[407] ist es naheliegend, diesen Gesamtbereich als »Umgangssprache« zu charakterisieren.

Aber mit dieser Charakterisierung ist wenig geleistet; nicht einmal über die Stellung im Sprachgesamt ist etwas ausgesagt, denn der Gesamtbereich »Umgangssprache« ist nicht etwa generell zwischen Gemeinsprache und Mundarten anzuordnen, sondern ist teils auch außerhalb dieser Polarität zu suchen. Es lassen sich deshalb auch keine summarischen Aussagen über die Stellung der Umgangssprache im Gesamtsystem der deutschen Sprache machen. Die Aussagen müssen vielmehr immer ganz bestimmte Sprachformen betreffen. Dazu ist es vor allem wichtig, die Trägergruppe zu bestimmen. Um deren Stellung im Gruppengesamt zu ermitteln, ist das Verhältnis zu Kontaktgruppen wichtig. Es muß selbst dann berücksichtigt werden, wenn das Vorhaben sich allein darauf richtet, nur eine bestimmte Gruppensprache zu erforschen.

Herrscht anderen Gruppen gegenüber das Bewußtsein sprachlicher Minderwertigkeit, so werden die Gruppenmitglieder bei Befragungen ihre Eigenart leugnen und sich um eine Sprachform bemühen, die ihnen richtiger erscheint als der eigene Gebrauch. Bei einigen Sprachformen, wie etwa denen, die heute zumeist als »Missingsch« bezeichnet werden, ist diese Unstimmigkeit besonders deutlich. In mehr oder minder großem Maße unterscheiden sich die bewußt vertretenen Regeln (Idealnorm) aber bei allen Sprachformen von dem, was im Gebrauch als richtig genommen wird (Gebrauchsnorm). Die auf Befragen erfaßbare Idealnorm ist gepflegter als

---

[407] Mit den Vorschriften über sprachlichen Umgang sind solche über den außersprachlichen Teil des Verhaltens unlösbar verknüpft. Dafür ein von Bertolt Brecht mitgeteiltes Beispiel, in dem er über »amerikanische Umgangssprache« spricht, wobei deutlich wird, daß entsprechende »deutsche Umgangssprache« mit anderen Haltungsnormen verbunden ist. Er äußert, daß er gewisse Gedanken »mit einigem Fleiß ... vielleicht im Laufe der Zeit ... in amerikanischen Sätzen ausdrücken« könnte, und fährt dann fort: »Aber die Haltung, in der ich so etwas sagen müßte, um nicht schon durch eben die Haltung Anstoß zu erregen, werde ich niemals lernen.« (Bertolt Brecht, Gesammelte Werke, Frankfurt 1967, Bd. 20 S. 198f.)

die Gebrauchsnorm und löst die Sprache mehr als im normalen Umgang üblich aus dem übrigen Kommunikationsgesamt. Solche gepflegteren Varianten der Sprachformen spielen eine besondere Rolle beim sprachlichen Verkehr über die Grenzen der Kleingruppen (Intimgruppen) hinaus.

Am Verhältnis zwischen Gebrauchsnorm und Idealnorm muß sich auch einiges über die Stellung einer bestimmten Sprachform zum Sprachgesamt ablesen lassen. Es ist naheliegend, daß im Zwischengruppenverkehr die innerhalb der Gruppe betonten Eigenarten vermieden werden. Das Maß, in dem das geschieht, kann schon Hinweise auf die Stellung einer Gruppensprache zu anderen geben. Oft dient der Sprachbrauch einer angesehenen Gruppe – der vielfach selbst auf einem Ausgleich von Gruppensprachen beruht – als Vorbild für den Sprachbrauch im sprachlichen Umgang zwischen zwei anderen Gruppen. Darin zeigt sich, daß in der die Gesamtsprache tragenden Großgruppe Verhältnisse herrschen, die denen zwischen den Gruppenmitgliedern einer Kleingruppe ähnlich sind. Wie innerhalb einer Kleingruppe die verschiedenen Gruppenmitglieder unterschiedliches Ansehen und unterschiedliche Wirkung haben, was sich beispielsweise in einem Soziogramm sichtbar machen läßt, so verhält es sich im Gruppengesamt, das das Gesamtgefüge der deutschen Sprache trägt, mit den Untergruppen und den von ihnen getragenen Sprachformen. Auch hier läßt sich eine Führungsgruppe beobachten. Ihr Vorbild entscheidet wesentlich über die Großgruppensprache, aber wie in Kleingruppen folgt auch hier die Gesamtgruppe nicht bedingungslos dem Brauch der Führungsgruppe. Auch hier besteht ein reziprokes Verhältnis.

Gegenwärtig sind Spannungen zwischen der sprachlich führenden Gruppe und der Großgruppe zu beobachten: Als führende Sprachform im Gesamtgefüge der deutschen Sprache gilt auf Grund der Sprachprogrammatik, die zur Ausbildung der deutschen Gemeinsprache geführt hat, die Dichtersprache. Demnach müßten die Dichter die sprachlich führende Gruppe repräsentieren. Die tonangebenden Dichter unserer Zeit erstreben aber nicht die normativen Leistungen, welche die Großgruppe traditionsgemäß von ihnen erwartet. Bei ihnen zeigt sich die Neigung, die normative Tendenz aufzugeben, um die stilistischen Möglichkeiten des Gesamtsystems der Sprache nutzen zu können. Diese Tendenz kann oberflächlich als Neigung zur Einführung von »Umgangssprache« in die Dichtung verstanden werden. Es kommen aber jeweils ganz unterschiedliche Spracherscheinungen in Frage. In jedem Fall wird zwar das Verhältnis verschiedener Gruppensprachen ausgenutzt. Die Relation zwischen den Sprachformen bedingt die stilistische Wirkung. Aber keine Sprachform hat eine im Rahmen des Ganzen ein für allemal festlegende Wirkung. Der stilistische Effekt hängt davon ab, welche Gruppensprache als Ausgangspunkt und damit als Bezugspunkt gewählt wird. Der Entschluß, die Darstellungsmöglichkeiten der Gesamtsprache zu nutzen, bewirkt also, daß es so viele dichterische Sprachwelten geben kann, wie es mögliche Standpunkte im Sprachgesamt gibt, d. h. so viele, wie sprachliche Untergruppen vorhanden sind. Die Sprache moderner Dichter ist somit wenig geeignet, normative Bedürfnisse zu befriedigen.

Der Anhaltspunkt für eine gemeinsprachliche Norm wird deshalb auch heute noch weitgehend bei der Dichtersprache des 19. Jahrhunderts gesucht. Diese ist allerdings den gemeinsprachlichen Erfordernissen der sich vor allem technisch und sozial schnell verändernden Welt nicht mehr voll gewachsen. So bleibt es fraglich, ob weiterhin eine Dichtersprache das Vorbild abgeben kann für den gemeinsprachlichen Sprachbrauch der Großgruppe, die Träger des Gesamtsystems der deutschen Sprache ist. Es wäre beispielsweise denkbar, daß sich statt eines »hochsprachlichen« Vorbildes eher ein »normalsprachliches« durchsetzte. So erscheint die Gesamtsprache in unserer Zeit als ein labiles Gefüge. Diese Labilität ist ein Zeichen dafür, daß sie sich in einer Entwicklungsphase befindet, in der neben synchronischer Sprachwissenschaft diachronische und soziologische Betrachtungen nicht außer acht gelassen werden dürfen.

Soll nun abschließend noch einmal gesagt werden, wo denn in diesem Sprachgesamt »die« Umgangssprache zu finden ist, so muß man zunächst und vor allem feststellen, daß es keinen fest abgegrenzten Bezirk »Umgangssprache« gibt. Umgangssprache ist im Gesamtgefüge fast überall vorhanden. Es ist gesagt worden, daß der gesamte Raum außerhalb von Mundarten und Hochsprache mit gewissem Recht als »Umgangssprache« bezeichnet werden könne. Es ist aber andererseits darauf hingewiesen worden, daß auch Mundarten als Umgangssprachen zu bezeichnen seien, wenn man Sprachformen nach ihrem Gebrauchsschwerpunkt charakterisiert. Endlich ist gezeigt worden, daß die gemeinsprachliche Umgangssprache als eine Funktionsvariante der Hochsprache aufzufassen sei. Umgangssprache ist danach nicht als *eine* Sprachform zu fassen und nur sehr bedingt als eine Vielzahl von Sprachformen.

Am Anfang der Arbeit mag es den Anschein gehabt haben, als sei den in verschiedensten Forschungsrichtungen begegnenden umgangssprachlichen Problemen dadurch gerecht zu werden, daß man die dahinterstehenden Erscheinungen mit bewährten Methoden erfaßt, daß man sie als in sich geschlossene Sprachformen versteht, d. h. als einschichtiges System, und daß man endlich das neu erfaßte System (oder: die neu erfaßten Systeme) neben die bekannten ordnet. Im Verlauf der Arbeit hat sich gezeigt, daß es damit nicht getan ist. Die umgangssprachlichen Phänomene fordern nicht nur eine Ausweitung des Arbeitsfeldes, sondern eine Wandlung der Blickweise. Es hat sich herausgestellt, daß die Untersuchung der Funktionen des innersprachlichen Systems nicht überall ausreicht und daß es darauf ankommen kann, darüberhinaus von der Anwendungsweise abhängige Funktionsvarianten einer Sprachform und außerdem noch miteinander in Kontakt stehende Sprachformen zu erfassen.

Die Funktion des Umganges ist für die typischste, häufigste und darum wichtigste Anwendungsart der Sprache bezeichnend. Wenn sich für ein sprachliches Phänomen die Bezeichnung »Umgangssprache« aufdrängt, dann ist das in der Regel ein Zeichen dafür, daß hier die Sprache nicht mehr ohne weiteres als in sich ruhender Organismus oder als ein einheitliches, in sich geschlossenes System betrachtet werden darf, sondern daß nun System und Anwendung im Zusammenhang gesehen werden müssen. Es wird also gefordert, der Betrachtung eine neue Dimension hinzuzufügen.

14. Folgerungen: Notwendigkeit und derzeitige Möglichkeiten einer gesamtsprachlichen Forschung

Von »Umgangssprache«, so ist gezeigt worden, ist in der germanistischen Forschung besonders dann die Rede, wenn die Erfassung und Lösung eines aktuellen sprachlichen Problems bei einer Eingrenzung des Blickfeldes auf eine bestimmte Sprachform nicht möglich ist, d. h. wenn verschiedene Sprachgebräuche zueinander in Relation gesehen werden müssen, wenn die Fiktion einer bei allen Trägern der Sprache einheitlichen Struktur einer »langue« versagt. Das ist der Fall, wenn die Idealnorm einer Nationalsprache in Frage gestellt wird, wie es heute im Deutschen geschieht, und nicht nur im Deutschen. Der Problemkomplex der Umgangssprache korrespondiert mit dem Problemkomplex der Sprachnorm. Die Frage der Norm, die lange Zeit von der wissenschaftlichen Sprachbetrachtung ferngehalten worden ist, erweist sich in neuester Zeit als ein brennendes Problem. Es ist symptomatisch, daß der zweite Band der vom Institut für deutsche Sprache herausgegebenen Reihe »Sprache der Gegenwart« den Titel »Sprachnorm, Sprachpflege, Sprachkritik« erhalten hat.[408] Bezeichnend ist, daß auch im Rahmen dieses Buches (aus dem verschiedene Beiträge in der vorliegenden Arbeit bereits berücksichtigt worden sind) die Vorstellung von der Einheitlichkeit einer langue angegriffen wird. Besonders zugespitzt sagt das Pavel Trost in seiner Auseinandersetzung mit den »Prager Thesen über Sprachkultur« aus dem Jahre 1932:

> Die Sprachwissenschaft ... enthüllt das monolithische Modell der Nationalsprache als primitiv und unreal in der gegenwärtigen Welt.[409]

---

[408] Düsseldorf 1968. In der nachfolgenden Zeit ist die Diskussion um das Thema der Sprachnormen und ihres Verhältnisses zu sprachtragenden Gruppen immer lebhafter geworden. Dabei haben Forschungsansätze sehr unterschiedlicher Ausrichtung anregend gewirkt – so von Jürgen Habermas, Eugenio Coseriu, Peter von Polenz und Heinz Rupp. Verschiedene in diesem Zusammenhang entwickelte Thesen berühren sich mit einigen der unabhängig davon entstandenen Darlegungen der vorliegenden Arbeit. Vgl. dazu etwa: Jäger, Siegfried: Zum Problem der sprachlichen Norm und seiner Relevanz für die Schule. In: Muttersprache 81, 1971, S. 162–175, wobei die dort entwickelten Vorstellungen über eine sich selbst regulierende Norm einer Standardsprache allerdings unrealistisch sein dürften.

[409] Trost, Pavel: Die »Prager Thesen über Sprachkultur«. In: Sprache der Gegenwart 2, 1968, S. 211–214, Zitat S. 213. – Mit Bezug auf die englische Gegenwartssprache äußert G. Nickel eine ähnliche Auffassung: »Eine Sprache besitzt nicht nur ein System, sondern eine Vielzahl von Systemen« (Nickel, Gerhard: Aus der Arbeit der linguistischen Abteilung des Englischen Seminars. In: Christiana Albertina, Heft 4, November 1967, S. 35–37, Zitat S. 35).

Von den korrespondierenden Problemkreisen der sprachlichen Norm und des sprachlichen Umganges aus erhebt sich damit die Forderung nach gesamtsprachlicher Forschung.

Es ist jedoch nicht leicht, dieser Forderung nachzukommen. Gegenüber den Forschungen, die sich auf ein einheitliches, isoliertes und in sich geschlossenes Sprachsystem richten, wie es sich bei ungestört überlieferten Mundarten und bei normierten Hochsprachen annehmen läßt, ergeben sich erhebliche Schwierigkeiten. Sie bestehen nicht nur darin, daß nun eine Vielheit nebeneinanderstehender Systeme betrachtet werden muß, daß eine »soziolinguistische Variation«[410] zu beachten ist, sondern auch die Relation zwischen verschiedenen Gebrauchsweisen wichtig wird. So erzwingt die »Kluft zwischen geschriebener und gesprochener Sprache« Beachtung, »eine Kluft, die man erst heute eigentlich richtig zu sehen beginnt«.[411] Aber es genügt weder, die Relationen zwischen verschiedenen soziologischen Einheiten noch die zwischen Anwendungsbereichen der Sprache zu berücksichtigen. Auch wenn die Bezüge zwischen Anwendungsarten der Sprache zu bestimmten soziologischen Gruppierungen erfaßt wären, wäre noch nicht alles Notwendige getan. Es stellt sich außerdem »eine Abart der soziologischen Frage der Abhängigkeit des Einzelnen von der Gemeinschaft«; der »Behelfscharakter der Sprache« wird deutlich, mit dem zusammenhängt, »daß der Hörer das Mitgeteilte nicht genauso 'versteht', wie es der Absicht des Sprechers entsprach«.[412] Mit anderen Worten: Die Nicht-Gleichheit der Sprachsysteme in den Köpfen der Sprachträger muß berücksichtigt werden. Zudem müssen außersprachliche Mittel der Kommunikation, die mit den sprachlichen in Verbindung gebraucht werden, sowie die für die einzelnen Äußerungen maßgeblichen »Horizonte« (die sprachlich realisierbar sind, aber nicht realisiert werden) für eine vollständige Erfassung und zufriedenstellende Beschreibung der in Frage kommenden Phänomene in die Untersuchung und Darstellung einbezogen werden.

Alle Beobachtungen sprechen dafür, daß sich die Schwierigkeiten einer sachgerechten Erfassung der sprachlichen Phänomene im Rahmen einer Gesamtsprache gegenüber denen, die bei der Beschreibung bzw. Konstruktion einer einheitlichen »langue« bestehen, nicht nur summieren, sondern in weit höherem Maße steigern, vielleicht gar potenzieren. Angesichts dieser Feststellungen kann ich die optimistische Beurteilung der Forschungslage, wie sie H. Steger gibt, nicht teilen. Dieser ist der Auffas-

---

[410] Els Oksaar sagt in dem Aufsatz »Sprachnorm und moderne Linguistik«: »Man wird Modelle darlegen müssen, die der Sprachwirklichkeit angepaßt sind und auf die soziolinguistische Variation Rücksicht nehmen.« (Sprache der Gegenwart 2, Düsseldorf 1968, S. 67–78, Zitat S. 71).

[411] Heinz Rupp in dem Aufsatz »Sprache in unserer Zeit« (In: Das Problem des Fortschritts heute. Hrsg. v. Rudolf W. Meyer, Darmstadt 1969, S. 271–292, Zitat S. 289).

[412] Jean Fourquet: Inwiefern ist das Individuum frei beim Gebrauch der Sprache? (In: Sprache der Gegenwart 2, Düsseldorf 1968, S. 98–105, Zitat S. 103 und 102).

sung, daß gegenwärtig der Augenblick erreicht sei, »in dem sowohl geeignete linguistische wie auch soziologische Forschungsmethoden so weit entwickelt« seien, »daß man die Aufgabe einer wissenschaftlichen Beschreibung synchroner Sprachsysteme mit Erfolg und ohne große Umwege angehen« könne,[413] und zwar bezieht er diese Aussage gerade auf »die Erforschung des gesprochenen Deutsch«. Nach dem Bild, das sich aus der germanistischen Forschung von den Problemen des gesprochenen Deutsch und speziell des im Umgange gesprochenen Deutsch ergibt, ist die Lage auf diesem Gebiet keineswegs einfacher als etwa auf dem der mechanischen Übersetzung. Ich möchte sogar vermuten, daß die Schwierigkeiten auf dem einen und dem anderen Gebiet auf dieselben Wurzeln zurückzuführen sind. Denn die Probleme, die in der Forschung als »umgangssprachliche« Probleme erscheinen, lassen sich zu einem wesentlichen Teil als Kontextprobleme im weitesten Sinne interpretieren, und die Erfahrung der Tatsache, daß »Übersetzung vom Kontext im weitesten Sinne abhängig ist«, stellt die Weiterarbeit an der mechanischen Übersetzung vor z. Zt. unüberwindliche Schwierigkeiten. Diese Schwierigkeiten werden so hoch eingeschätzt, daß einer der Pioniere auf dem Gebiet der mechanischen Übersetzung, Yehoshua Bar-Hillel, zu dem Schluß gekommen ist, »daß die Übersetzung ... nie voll automatisierbar sein wird«.[414] Wenn man nicht nur einzelne Fortschritte in der wissenschaftlichen Erkenntnis machen, sondern sich »der praktischen Angemessenheit nähern will«, dann stößt man auf die Tatsache, daß »Bücher und Zeitschriften normalerweise für Leser geschrieben sind, die über ein gewisses Allgemeinwissen und über die Fähigkeit logisch zu schließen verfügen«,[415] und nur auf Grund eines entsprechenden Wissens ist es selbst bei schriftlichen Sprachzeugnissen möglich, Texte, die formal gesehen, grammatisch und semantisch mehrdeutig sind, aus dem Kontext dennoch eindeutig zu verstehen. Entsprechend äußert ein anderer Forscher auf dem Gebiet der mechanischen Übersetzung, Victor H. Yngve:

> Die Arbeit an der mechanischen Übersetzung ist an eine semantische Grenze gestoßen ... Uns wird die Einsicht aufgezwungen, daß wir nur dann eine adäquate maschinelle Übersetzung erzielen werden, wenn die Maschine »versteht«, was sie übersetzt, und das wird eine äußerst schwierige Aufgabe ... »verstehen« ist genau das, was ich meine ... einige von uns arbeiten unverzagt daran weiter.[416]

---

[413] Steger, Hugo: Die Erforschung des gesprochenen Deutsch. In: Christiana Albertina, Heft 4, November 1967, S. 33.

[414] Vgl. zum Vorstehenden: Baumgärtner, Klaus, Vorbemerkungen zum Artikel von Yehoshua Bar-Hillel. In: Sprache im technischen Zeitalter 23/1967, S. 208f.

[415] Bar-Hillel, Yehoshua: Die Zukunft der maschinellen Übersetzung, oder: Warum Maschinen das Übersetzen nicht erlernen. [Kompilation aus »The Future of Machine Translation« und »Why Machines Won't Learn to Translate Well« aus dem Jahr 1962; Abdruck in Bar-Hillels Sammelband »Language and Information«, 1964] In: Sprache im technischen Zeitalter 23/1967, S. 210–217, Zitat S. 216.

[416] Aus dem Aufsatz »Implications of mechanical Translation Research« (Proc. Am. Philosophical Soc. 108.275; 1964) zitiert nach: Sprache im technischen Zeitalter 23/1967, S. 228.

Bei im Umgange gesprochener Sprache spielen diese Schwierigkeiten noch eine größere Rolle, denn zum »Verstehen« muß hier in höherem Maße außersprachliches »Wissen« berücksichtigt werden. Zum Situationskontext kommt der soziale Kontext, ohne dessen Berücksichtigung der Gebraucher der Sprache nicht vor »Unglücksfällen« im Umgange mit seinen Partnern sicher ist. Schon beim Problem der mechanischen Übersetzung zeigt sich, daß sich sprachwissenschaftliche Probleme nicht völlig von Außersprachlichem isolieren lassen, wenn nicht nur wissenschaftliche Teilerkenntnis erstrebt, sondern praktische Anwendung intendiert wird. Für die Probleme der im Umgange gesprochenen Sprache gilt das in noch weit stärkerem Maße. Wenn Bausinger sagt: »Es hat den Anschein, daß für die Erforschung gesprochener Sprache die traditionelle Mundartforschung nur ein Partner unter anderen sein kann«,[417] so ist dazu zu ergänzen, daß auch die Linguistik im engeren Sinne nur einer der Partner sein kann. Zum angemessenen Verstehen, noch mehr zur angemessenen Anwendung im Umgange gesprochener Sprache ist es unvermeidlich zu berücksichtigen, wer mit wem zu welchem Zwecke umgeht, in welchem Kreis des Sprachbrauchs sich der Umgang vollzieht. Eine Erforschung der »Umgangssprache«, die den Fragestellungen gerecht werden will, wie sie in der germanistischen Forschung mit dem Terminus »Umgangssprache« verknüpft erscheinen, muß zum wesentlichen Teil Sprachbrauchforschung sein, d. h. im Grunde also in der Zielsetzung der Volkskunde näher stehen als der Linguistik. Grundsätzlich müßten alle sprachlich unterscheidbaren Personenkreise des deutschen Sprachraums, in denen Menschen miteinander Umgang haben, berücksichtigt werden.

Wenn es aber darauf ankommt, »den Umgang mit allen Classen von Menschen« zu erfassen, dann gilt noch heute, was der Freiher v. Knigge 1788 sagt:

> Es ist ein weites Feld, vollständig und gründlich zu bearbeiten, vielleicht für Einen Menschen und gewiß für meine Kräfte zu groß.[418]

Vor allem stellen sich der Anwendung exakter Methoden, wie sie von der Wissenschaftstheorie gefordert werden, bedeutende Schwierigkeiten entgegen. Sie bestehen einerseits in der Materialgewinnung, die kaum ohne Verfälschung der Untersuchungssituation und kaum in dem eigentlich erforderlichen Umfang möglich ist, andererseits sind sie begründet in den derzeit noch recht begrenzten Möglichkeiten der Datenverarbeitung. Bar-Hillel hat in seinem bereits zitierten Aufsatz gesagt:

> So lange es uns unmöglich ist, Computer zu bauen und zu programmieren, deren Anfangszustand ähnlich dem eines neugeborenen Kindes ist, laßt uns davon Abstand nehmen, Computern die Konstruktion einer Grammatik lehren zu wollen. (Bar-Hillel, Übersetzung, S. 215)

[417] Sprache der Gegenwart 1, 1967, S. 312.
[418] Knigge, Adolph Freiherr von: Über den Umgang mit Menschen, Hannover 1788, reprograph. Nachdruck Darmstadt 1967, S. II.

Wenn diese Einschätzung der Lage richtig ist (was sich z. Zt. weder exakt beweisen noch widerlegen läßt), dann wird auch die exakte Lösung der wesentlichen Probleme des umgangssprachlichen Problemkreises erst nach der Konstruktion entsprechender Computer möglich sein, und zwar später als die Programmierung des grammatischen Systems einer Hochsprache, da die »umgangssprachlichen« Probleme dazu zwingen, ein übergreifendes System zu entwerfen, das viele in Relation stehende Untersysteme umfaßt und außerdem viele außersprachliche Daten berücksichtigt, die zudem großenteils einen wertenden Charakter haben.

Nun sind führende Forscher auf dem Gebiet der Kybernetik davon überzeugt, daß es gelingen wird, »die geistigen Prozesse auf neuronale Strukturen zurückzuführen«, und vertreten die These, daß auch die »subjektiven Wertsysteme ihr Korrelat in irgendwelchen neuronalen Strukturen unseres Gehirns haben, von denen die Verhaltensnorm des Menschen bestimmt wird«.[419] Sie erwarten andererseits, daß »eines Tages die intellektuelle Leistung der Computer die Fähigkeiten des menschlichen Gehirns übersteigt«. Diese Voraussagen lassen es möglich erscheinen, zukünftig einmal ein den Ansprüchen wissenschaftlicher Exaktheit genügendes Bild von den komplexen Zusammenhängen »umgangssprachlicher« Phänomene zu erhalten. Aber diese Vorhersage ist »eine Prognose über hundert oder zweihundert Jahre«[420] oder gar für noch längere Zeiträume.

Wollte man von seiten der Sprachwissenschaft sich auf die Beschäftigung mit solchen »umgangssprachlichen« Problemen beschränken, die sich mit derzeitig verfügbaren methodischen Mitteln exakt erfassen lassen, so hieße das, den größten Teil der anstehenden aktuellen Probleme dieses Bereiches auf Jahrhunderte hinaus Dilettanten zu überlassen.

Mir scheint es für die Forschung der nächsten Zeit notwendig, auf zwei Wegen ein gemeinsames Ziel anzusteuern. Auf der einen Seite muß versucht werden, an exakten Befunden zu gewinnen, was nur zu gewinnen ist, selbst wenn dabei zunächst - u. U. mit großem Aufwand - nicht mehr erreicht werden kann, als daß vor dem intuitiven Urteil längst als selbstverständlich geltende Fakten nun nachprüfbar erwiesen werden. Auf der anderen Seite muß versucht werden, die mit intuitiver Methode vorgehende Forschung auf das Fernziel der Exaktheit einzustellen. Ein ständiges Wechselspiel zwischen dem Wagnis intuitiver Entwürfe auf Grund vorhandener Forschung und den kleinen Schritten der Einzelforschung scheint mir notwendig zu sein, selbst wenn angesichts der ungeheuren Expansion der Einzelforschung, die sich heute anbahnt, es immer weniger möglich erscheint, den eigentlich notwendigen Gesamtüberblick, der prinzipiell ein kompetentes Urteil in den Einzelbereichen erforderte, zu gewinnen.

---

[419] Karl W. Steinbuch in einem Interview für die Zeitschrift »Kosmos« (Lohberg, Rolf: Was ist Kybernetik? Interview mit Professor Dr. Steinbuch. In: Kosmos 65, 1969, S. 46–51).
[420] Steinbuch in dem genannten Kosmos-Interview.

Ein weiterer Gesichtspunkt darf nicht unberücksichtigt bleiben: Bei den Problemen »der Umgangssprache« handelt es sich nur zum Teil um Probleme der Forschung. Zu einem wesentlichen Teil handelt es sich um Probleme der Sprachprogrammatik. Diese sind es eigentlich, die das Thema »Umgangssprache« aktuell machen. Oben ist schon gesagt worden, daß das Problem der Umgangssprache ein korrespondierendes Problem zu dem der Sprachnorm darstelle. Dieses aber ist von dem der Sprachprogrammatik oder dem der Sprachplanung nicht zu trennen. Wenn nach einer gemeinsprachlichen Norm für die Umgangslautung gesucht wird, wenn nach Regeln gesucht wird, mit deren Hilfe Ausländer in der Unterhaltung besser bestehen als mit dem traditionell gelehrten Literaturdeutsch, so sind das nur zum einen Teil Fragen der Forschung, zum anderen sind es Fragen der Planung. Wenn im Hinblick auf derartige Fragen geäußert wird, »in der heutigen Zeit, da die Schriftsprache sich der gesprochenen Sprache nähert«, könne »die Kluft zwischen der idealen Norm und der Sprachwirklichkeit gewiß verringert werden«,[421] so spricht auch daraus ein Programm wie aus der Forderung, daß »veraltete Normen und Unstimmigkeiten des Sprachsystems zu überwinden« seien,[422] wie bei der Äußerung, daß »einfachere grammatische Formen erwünscht« seien,[423] und bei der Empfehlung an die Sprachkritik, »bei differierenden Sprachformen, Sprachmöglichkeiten ... zugunsten derjenigen Formen zu entscheiden, die die größere Informationsmenge und leichtere Funktionsweise ergeben«.[424] Es begegnen dabei die gleichen Probleme, wie sie seit Beginn der abendländischen Tradition die Schaffung und den Ausbau hochsprachlicher Grammatiken und der Rhetorik begleitet haben. Wenn eine moderne Darstellung dabei »eine Hierarchie der Prinzipien postuliert« und sagt: »Oberstes Gesetz sei Klarheit, an zweiter Stelle habe die Ökonomie und an dritter die Schönheit zu stehen«,[425] so klingt das wie ein Nachhall oder eine Neuaufnahme rhetorischer Forderungen. Ausgangspunkt für die Verwirklichung dieser Forderungen ist aber unvermeidlich der Gebrauch, der Usus,[426] speziell der »usus cotidianus«, von dem schon Quintilian spricht, und das Ziel ist wiederum der Gebrauch, denn die von der sprachlich führenden Gruppe entwickelten Maßstäbe müssen erst von den Mitgliedern der sprachtragenden Gruppe angenommen werden, sie müssen - nach

[421] Oksaar, Els, Sprachnorm und moderne Linguistik. In: Sprache der Gegenwart 2, 1968, S. 67-78, Zitat S. -77.
[422] Polenz, Peter von: Sprachkritik und sprachwissenschaftliche Methodik. In: Sprache der Gegenwart 2, 1968, S. 159-184, Zitat S. 184.
[423] Dam, Jan van: Fünfzig Jahre Deutschunterricht. Beobachtungen zum Sprachwandel. In: Sprache der Gegenwart 2, 1968, S. 79-87, Zitat S. 86.
[424] Betz, Werner: Möglichkeiten und Grenzen der Sprachkritik. In: Sprache im technischen Zeitalter 25/1968, S. 7-26, Zitat S. 13.
[425] Jäger, Siegfried: Sprachplanung: Valter Tauli's »Introduction to a Theory of Language Planning«. In: Muttersprache 79, 1969, S. 42-52, Zitat S. 48.
[426] Els Oksaar sagt z. B.: »Die Bedeutung der früheren Forschung als Wegweiser darf dabei nicht übersehen werden«, und erklärt daraufhin: »Schon Hermann Paul sieht den Usus als den bestimmenden Faktor bei der Norm an«. (In: Sprache der Gegenwart 2, 1968, S. 73).

dem Prinzip der Reziprozität zwischen Gruppenführung und Gruppe – mit dem vereinbar sein, was die Gruppe erwartet. Vaugelas etwa hat das Bedürfnis seiner Zeit und seines Landes mit der Ausrichtung des Sprachideals am Ideal des »gentil homme« erfüllt. Heute kommt es sicherlich auf andere Gesichtspunkte an. Es gibt Stimmen, die bemängeln, daß moderne Grammatiken »die sozialen Prestigefaktoren oder ästhetische Standpunkte« zum Ausgangspunkt wählen und stattdessen fordern: »Man muß aber unbedingt innersprachliche, strukturell begründete Überlegungen treffen«, sowie die Überzeugung äußern: »Die Impulse, die die Linguistik von der Informationstheorie erhalten hat, können für die Ausbildung der Normkriterien und die Bestimmung der Bedürfnisse der Norm von großem Gewicht sein«.[427] Das Denkmodell de Saussures vom autarken und in sich geschlossenen Sprachsystem wird hier (und nicht nur hier) zum Programm. Die Frage ist, wie weit dieses Muster vom allgemeinen Sprachgebrauch, insbesondere dem, der in der germanistischen Forschung weithin als »Umgangssprache« bezeichnet wird, als maßgebliches Vorbild anerkannt werden kann. Möglicherweise ließen sich über eine derartige Frage schon vor der Propagierung einer veränderten Norm Aufschlüsse gewinnen. Das könnte eine Aufgabe einer besonderen Form »umgangssprachlicher Forschung« sein, die sich dann zur Sprachnormierung verhielte wie eine wirtschaftswissenschaftliche Analyse zur Wirtschaftspolitik.

Jedenfalls weisen die »umgangssprachlichen Probleme« immer wieder auf die Bedeutung der »angewandten« Sprachwissenschaft, auf einen Aufgabenbereich, der in älterer Zeit vor allem von der Rhetorik wahrgenommen worden ist. Diese Aufgaben müßten auf neuer Basis bewältigt werden,[428] und zwar in einem Wechsel zwischen Sprachplanung und einem Studium des vielfältigen Gebrauchs.

Die Probleme »der Umgangssprache« sind in der vorliegenden Arbeit notgedrungen vom Standpunkt der germanistischen Forschung aus betrachtet worden. Dennoch ist deutlich geworden, daß ein Großteil der Probleme in gleicher Weise für andere Sprachen gilt, es hat sich aber, wenn auch nur beiläufig, daneben gezeigt, daß das Verhältnis zwischen den Gebrauchsweisen einer Gesamtsprache nicht in jeder Nationalsprache gleich ist. Der Vergleich zwischen den Verhältnissen innerhalb ver-

---

[427] Oksaar Els: Sprachnorm und moderne Linguistik. In: Sprache der Gegenwart 2, 1968, S. 67–78, Zitate S. 72 und 74.

[428] Bezeichnend ist, daß neuerdings wieder von Pädagogen auf den Wert Quintilians hingewiesen wird. (Bukowski, Hermann: Der Schulaufsatz und die rhetorische Sprachschulung. Diss. Masch. Kiel 1956, sowie: Bukowski, Hermann Hinrich † und Hans-Georg Herrlitz: Die rhetorische Überlieferung und der deutsche Schulaufsatz. In: Paedagogica Historica V, 2/VI, 1, 1965/66.) Auch in der Rundfunkpraxis erinnert man sich, daß Erfahrungen der alten Rhetorik eine Hilfe bieten können, wenn erreicht werden soll, daß das gesprochene Wort im Hörfunk nicht nur »abgelesene Schreibe« ist. Vgl. Schlemmer, Johannes: Über die Verständlichkeit des gesprochenen Worts im Hörfunk. In: Rundfunk und Fernsehen 16, 1968, S. 129–135.

schiedener Gesamtsprachen zeigt sich damit als eine der Aufgaben, die fernerhin zu lösen sind.

VERZEICHNIS DER ZITIERTEN LITERATUR

Ach, Analyse des Willens   Ach, Narziß: Analyse des Willens. Berlin/Wien 1935 (= Handb. d. biolog. Arbeitsmethoden, hrsg. v. Emil Abderhalden Abt. VI: Methoden der experimentellen Psychologie, Teil E)

Adelung, Lehrgebäude   Adelung, Johann Christoph: Umständliches Lehrgebäude der Deutschen Sprache, zur Erläuterung der Deutschen Sprachlehre für Schulen. Leipzig 1782

Adelung, Wörterbuch   Adelung, Johann Christoph: Grammatisch-kritisches Wörterbuch der Hochdeutschen Mundart, mit beständiger Vergleichung der übrigen Mundarten, besonders aber der Oberdeutschen. 4 Bde. Leipzig 1793–1801

Andresen, Sprachgebrauch   Andresen, Karl Gustaf: Sprachgebrauch und Sprachrichtigkeit im Deutschen. 11. Aufl. Hrsg. v. Franz Söhns. Leipzig 1923

Apel, Idee der Sprache   Apel, Karl Otto: Die Idee der Sprache in der Tradition des Humanismus von Dante bis Vico. Bonn 1963

Arens, Sprachwissenschaft   Arens, Hans: Sprachwissenschaft. Der Gang ihrer Entwicklung von der Antike bis zur Gegenwart. Freiburg/München 1955

Aristoteles, De arte poetica   Aristoteles: De arte poetica liber. Hrsg. Johannes Vahlen. Berlin 1874

Aristoteles, Poetik   Aristoteles: Poetik. Übersetzung, Einleitung und Anmerkungen v. Olof Gigon. Stuttgart 1961

Athenaeum   Athenaeum. Eine Zeitschrift von August Wilhelm Schlegel und Friedrich Schlegel. Berlin 1798. Fotomechanischer Nachdruck: Stuttgart 1960

Bach, Geschichte   Bach, Adolf: Geschichte der deutschen Sprache. 6. Aufl. Heidelberg 1956

Bahrdt, Soziologie   Bahrdt, Hans Paul: Wege zur Soziologie. [München] 1966

Bally, Traité   Bally, Charles: Traité de stylistique française. 3. Aufl. Genève (1951)

Bar-Hillel, Übersetzung   Bar-Hillel, Yehoshua: Die Zukunft der maschinellen Übersetzung, oder: Warum Maschinen das Übersetzen nicht erlernen. [Kompilation aus »The Future of Machine Translation« und »Why Machines Won't Learn to Translate Well«] In: Sprache i. techn. Zeitalter 23/1967, S. 210–217

Bauer, Neckarsteinach   Bauer, Erika: Neckarsteinach und Darsberg. Kreis Bergstraße. Göttingen 1961 (= Lautbibliothek der deutschen Mundarten 23/24)

Baumgartner, Stadtmundart   Baumgartner, Heinrich: Stadtmundart. Stadt- und Landmundart. Beiträge zur bernischen Mundartgeographie. Bern 1940

Baumgärtner, Bedeutungsfeld   Baumgärtner, Klaus: Die Struktur des Bedeutungsfeldes. In: *Sprache der Gegenwart* 1, 1967, S. 165–197

Baumgärtner, Mathematisierung   Baumgärtner, Klaus: Die Mathematisierung der Grammatik. In: Der Deutschunterricht 16, 1964, H. 4, S. 25–46

Baumgärtner, Umgangssprache   Baumgärtner, Klaus: Zur Syntax der Umgangssprache in Leipzig. Berlin 1959

Baumgärtner, Vorbemerkungen   Baumgärtner, Klaus: Vorbemerkungen zum Artikel von Yehoshua Bar-Hillel. In: Sprache i. techn. Zeitalter 23/1967, S. 208–209

Bausinger, Gesprochene Sprache   Bausinger, Hermann: Bemerkungen zu den Formen gesprochener Sprache. In: *Sprache der Gegenwart* 1, 1967, S. 292–312

Becker, Osterzgebirge   Becker, Horst: Mundart und Geschichte im Osterzgebirge. Halle 1935 (= Mitteldeutsche Studien 4)

413

Behaghel, Festvortrag   Behaghel, Otto: Geschriebenes Deutsch und gesprochenes Deutsch. Festvortrag, gehalten auf der Hauptversammlung des Deutschen Sprachvereins zu Zittau am 1. Oktober 1899. In: Otto Behaghel: Von Deutscher Sprache. Aufsätze, Vorträge und Plaudereien. Lahr in Baden 1927 [Vorher in: Beihefte zur Zeitschrift des deutschen Sprachvereins 3. Reihe, S. 213 ff.]

Behaghel, Geschichte   Behaghel, Otto: Geschichte der deutschen Sprache. 5. Aufl. Berlin 1928 (= Grundriß der germanischen Philologie 3)

Behaghel, Syntax   Behaghel, Otto: Deutsche Syntax. 4 Bde. Heidelberg 1923–1932

Bellmann, Oberlausitz   Bellmann, Günter: Mundart und Umgangssprache in der Oberlausitz. Marburg 1961 (= Deutsche Dialektgeographie 62)

Bellmann, Sprachschichtung   Bellmann, Günter: Mundart – Schriftsprache – Umgangssprache. Eine Betrachtung zur soziologischen Sprachschichtung an der Grenze des oberlausitzischen Mundartgebietes. In: Beitr. z. Gesch. d. dt. Spr. u. Literatur, Halle, 1957, S. 168–181

Beranek, Sudetendeutsch   Beranek, Franz J.: Die sudetendeutsche Umgangssprache. In: Verhandlungen des 2. Internationalen Dialektologenkongresses Marburg/Lahn 5.–10. Sept. 1965, Bd. I (= Zs. f. Mundartforschg. Beiheft N.F. 3) Wiesbaden 1967, S. 71–75. – Zusammenfassung in: Zweiter Internationaler Dialektologenkongreß Marburg/L. 5.–10.9.1965. Vorgesehene Vorträge. Sektion X, S. 1–2

Beranek, Umgangssprache   Beranek, Franz J.: Die Umgangssprache und ihre Erforschung. In: Muttersprache 1950, H. 2, S. 65–71

Bergmann, Vorerzgebirge   Bergmann, Günther: Das Vorerzgebirgische. Mundart und Umgangssprache im Industriegebiet Karl-Marx-Stadt – Zwickau, Halle 1965 (= Mitteldeutsche Studien Bd. 27)

Berichte über Dialektforschung in der DDR   Berichte über dialektologische Forschungen in der Deutschen Demokratischen Republik. Berlin 1965

Betz, Sprachkritik   Betz, Werner: Möglichkeiten und Grenzen der Sprachkritik. In: Sprache im techn. Zeitalter 25/1968, S. 7–26

Beyer, Stil   Beyer, P.: Stil. In: Reallexikon der dt. Literaturgesch. Hrsg. v. P. Merker und W. Stammler. Berlin 1928/29, 3. Bd. S. 299–302

Bibliographisches Institut, Duden   Bibliographisches Institut (Hrsg.): Geschichte und Leistung des Dudens. Mannheim/Zürich, 1968

Bichel, Niederdeutsches Hörspiel   Bichel, Ulf: Das niederdeutsche Hörspiel. In: Volks- und Hochkunst in Dichtung und Musik. Tagungsbericht eines Colloquiums, das vom 19.–22. Okt. 1966 am Musikwiss. Inst. d. Universität des Saarlandes stattgefunden hat. Privatdruck Kiel 1968, S. 77–84

Bichel, Riemschneider   Bichel, Ulf: (Besprechung:) Ernst G. Riemschneider, Veränderungen der deutschen Sprache in der sowjetisch besetzten Zone seit 1945. In: Zeitschr. f. Ostforsch. 15, 1966, S. 348–350

Bichel, Stötzel   Bichel, Ulf: (Besprechung:) Georg Stötzel, Die Bezeichnungen zeitlicher Nähe in der deutschen Wortgeographie von »dies Jahr« und »voriges Jahr«. In: Jahrb. d. Vereins f. niederdt. Sprachforschg. 88, 1965, S. 161–164

Bichel, Volkstümliche und zeitliterarische Elemente   Bichel, Ulf: Volkstümliche und zeitliterarische Elemente in neuerer niederdeutscher Mundartdichtung. In: Jahrb. d. Vereins f. niederdt. Sprachforschg. 80, 1957, S. 107–130

Bichel, Zweisprachiger Mensch   Bichel, Ulf: Der zweisprachige Mensch als Problem des Sprachgrenzraumes. In: Sprachgrenzfragen. Tagungsbericht vom 3. Niederdeutschen Symposion 17.–21. April 1963 in der Grenzakademie Sankelmark. S. 75–91

Bischoff, Mittelniederdeutsch   Bischoff, Karl: Über die Grundlagen der mittelniederdeutschen Schriftsprache. In: Jahrb. d. Vereins f. niederdt. Sprachforschg. 85, 1962, S. 9–31

Boesch, Literaturgeschichte   Boesch, Bruno (Hrsg.): Deutsche Literaturgeschichte in Grundzügen. Bern/München, 2. Aufl. 1961

Boesch, Sprachpflege Boesch, Bruno: Sprachpflege in der Schweiz. In: *Sprache der Gegenwart*, 2, 1968, S. 220-235

Boileau, L'Art poétique Boileau-Despréaux, Nicolas: L'Art poétique. Hrsg. v. E. Hoepffner, Strasbourg 1906

Borchling, ›Missingsch‹ Borchling, Conrad: Sprachcharakter und literarische Verwendung des sogenannten ›Missingsch‹. In: Wissensch. Beihefte z. Zeitschr. d. Allg. Dt. Sprachvereins, Reihe 5, Heft 37, 1916, S. 193-222

Braun, Mehrsprachigkeit Braun, Maximilian: Beobachtungen zur Frage der Mehrsprachigkeit. In: Göttingische Gelehrte Anzeigen 109, 1937, Nr. 4, S. 115-130

Brecht, GW Brecht, Bertolt: Gesammelte Werke. 20 Bde. Frankfurt 1967

Bretschneider, Mundartenkunde Bretschneider, Anneliese: Deutsche Mundartenkunde. Marburg 1934

Brinkmann, Syntax der Rede Brinkmann, Hennig: Die Syntax der Rede. In: *Sprache der Gegenwart*, 1, 1967, S. 74-94

Brinkmann, Wesen und Form Brinkmann, Hennig: Zu Wesen und Form mittelalterlicher Dichtung. Halle/Saale 1928

Brodführer, Gemeinsprache Brodführer, Eduard: Gemeinsprache. In: Trübners Deutsches Wörterbuch Bd. 3, 1939, S. 94 f.

- Buck, August *Scaliger, Poetices Libri*

Büchmann, Geflügelte Worte Büchmann. Geflügelte Worte. Neue Ausgabe. München/Zürich 1959

Bühler, Sprachtheorie Bühler, Karl: Sprachtheorie. Die Darstellungsfunktion in der Sprache. 2. Aufl. Stuttgart 1965

Bukowski, Schulaufsatz Bukowski, Hermann: Der Schulaufsatz und die rhetorische Sprachschulung. Diss. Masch. Kiel 1956

Bukowski-Herrlitz, Rhetorische Überlieferung Bukowski, Hermann Hinrich und Hans Georg Herrlitz: Die rhetorische Überlieferung und der deutsche Schulaufsatz. In: Paedagogica Historica V, 2/VI, 1, Gent 1965/66

Burdach, Einigung Burdach, Konrad: Die Einigung der neuhochdeutschen Schriftsprache. Einleitung. Das sechzehnte Jahrhundert. Halle 1884

Burdach, Goethe Burdach, Konrad: Die Sprache des jungen Goethe. In: *Burdach, Vorspiel*. Bd. 2, S. 38-60

Burdach, Unterricht Burdach, Konrad: (Besprechung:) Schriften über den deutschen Unterricht. In: Anz. f. dt. Altertum u. dt. Literatur 12, 1886, S. 134-163

Burdach, Vorspiel Burdach, Konrad: Vorspiel. Gesammelte Schriften zur Geschichte des deutschen Geistes. 2 Bde. Halle 1926

Burdach, Wissenschaft Burdach, Konrad: Die Wissenschaft von deutscher Sprache. Berlin/Leipzig 1934

Bürger, SW Bürger, Gottfried August: Bürger's Sämmtliche Werke hrsg. v. August Wilhelm Bohtz. Einzig rechtmässige Gesammt-Ausgabe in einem Bande. Göttingen 1835

Campe, Verdeutschung Campe, Joachim Heinrich: Wörterbuch zur Erklärung und Verdeutschung der unserer Sprache aufgedrungenen fremden Ausdrücke. Ein Ergänzungsband zu Adelungs Wörterbuche. 2 Bde. Braunschweig 1801

Campe, Wörterbuch Campe, Joachim Heinrich, in Verbindung mit Theodor Bernd und Johann Gottlieb Radlof: Wörterbuch der deutschen Sprache. 5 Bde. Braunschweig 1807-1812

Chomsky, Aspekte Chomsky, Noam: Aspekte der Syntax-Theorie (= Aspects of the Theory of Syntax. Aus dem Amerikanischen übers. u. hrsg. von einem Kollektiv unter der Leitung von Ewald Lang) Frankfurt 1969

Chomsky, Remarks Chomsky, Noam: Some Methodological Remarks on Generative Grammar. In: Word 17, 1961, S. 219-239

Chomsky, Syntactic Structures Chomsky, Noam: Syntactic Structures. 5. Aufl. The Hague 1965 (= Janua Linguarum 4)

Cicero, Orator Cicero, Marcus Tullius: Orator. Hrsg. v. O. Seel, Heidelberg 1952

Cordes, Henzen Cordes, Gerhard: (Besprechung:) Walter Henzen, Schriftsprache und Mundarten. Ein Überblick über ihr Verhältnis und ihre Zwischenstufen im Deutschen. Zürich und Leipzig 1938. In: Deutsche Literaturzeitung 1939 Sp. 1307–1313

Cordes, Umgangssprache Cordes, Gerhard: Zur Terminologie des Begriffs ›Umgangssprache‹. In: Festgabe für Ulrich Pretzel, Berlin 1963, S. 338–354

Dam, Deutschunterricht Dam, Jan van: Fünfzig Jahre Deutschunterricht. Beobachtungen zum Sprachwandel. In: *Sprache der Gegenwart* 2, 1968, S. 79–87

Dante, De vulgari eloquentia Dante Alighieri: De vulgari eloquentia. Ridotto miglior Lezione e commentato a Aristide Marigo (= Opere di Dante, Volume VI). Firenze 1938

Dante, Über das Dichten Dante Alighieri: Über das Dichten in der Muttersprache. Aus dem Lateinischen übersetzt und erläutert von Franz Dornseiff und Joseph Balogh. 2. Aufl. Darmstadt 1966

De Boor – Newald De Boor, Helmut und Richard Newald: Geschichte der deutschen Literatur. 5. Bd. Vom Späthumanismus zur Empfindsamkeit. 3. Aufl. München 1960. Bd. 6,1 Ende der Aufklärung und Vorbereitung der Klassik. 2. Aufl. München 1959

Debus, Mundart und Hochsprache Debus, Friedhelm: Zwischen Mundart und Hochsprache. In: Zeitschr. f. Mundartforschg. 29, 1962, S. 1–42

Debus, Stadtsprache Debus, Friedhelm: Stadtsprachliche Ausstrahlung und Sprachbewegung gegen Ende des 19. Jahrhunderts. In: Marburger Universitätsbund. Jahrb. 1963, S. 17–68

Delbrück, Indogermanische Sprachen Delbrück, Berthold: Einleitung in das Studium der indogermanischen Sprachen. Leipzig 1919

Deutsche Philologie im Aufriß Deutsche Philologie im Aufriß. Hrsg. v. Wolfgang Stammler, Bd. 1, 2. Aufl. Berlin 1957

Deutsches Spracharchiv, Tätigkeitsbericht Deutsches Spracharchiv. Tätigkeitsbericht über das Jahr 1964/65. Münster/Westf. 1965 [Maschinenschriftl. vervielf.]

Deutsches Städtebuch Deutsches Städtebuch. Handbuch städtischer Geschichte. Hrsg. v. Erich Keyser. Stuttgart 1952 ff. (Niedersächsisches Städtebuch 1952, Westfälisches Städtebuch 1954, Rheinisches Städtebuch 1956, Badisches Städtebuch 1959, Städtebuch Rheinland-Pfalz/Saarland 1964), Hessisches Städtebuch, Marburg 1964

Dornseiff, Wortschatz Dornseiff, Franz: Der deutsche Wortschatz nach Sachgruppen. 5. Aufl. Berlin 1959

Du Bellay, Deffence Du Bellay, Joachim: La Deffence et Illustration de la Langue Froncoyse. Edition critique par Henri Chamard. 2. Aufl. Paris 1961

Duden-Aussprache Duden. Aussprachewörterbuch. Bearb. v. Max Mangold und der Dudenredaktion unter Leitung von Paul Grebe. Mannheim 1962 (= Der Große Duden 6)

Duden-Etymologie Duden. Etymologie. Herkunftswörterbuch der deutschen Sprache. Bearb. v. der Dudenredaktion unter Leitung von Paul Grebe. Mannheim 1963 (= Der Große Duden 7)

Duden-Grammatik Duden. Grammatik der deutschen Gegenwartssprache. Hrsg. v. der Dudenredaktion unter Leitung von Paul Grebe. (= Der Große Duden 4) 1. Aufl. 1959, 2. Aufl. 1966

Duden-Stilwörterbuch Duden. Stilwörterbuch der deutschen Sprache. 5. Aufl. neu bearb. v. d. Dudenredaktion unter Leitung von Paul Grebe in Zusammenarb. m. Gerhart Streitberg. Mit einer Einl. über guten dt. Stil von Ludwig Reiners. Mannheim 1963 (= Der Große Duden 2)

Duden-Synonymwörterbuch Duden. Vergleichendes Synonymwörterbuch. Sinnverwandte Wörter und Wendungen. Bearb. v. Paul Grebe, Wolfgang Müller u. a. Mannheim 1964 (= Der Große Duden 8)

Dünninger, Geschichte Dünninger, Josef: Geschichte der deutschen Philologie. In: *Deutsche Philologie im Aufriß.* Sp. 83–222

Eggers, Syntax Eggers, Hans: Zur Syntax der deutschen Sprache der Gegenwart. In: Studium Generale 15, 1962, S. 49–59

– Eggers, Hans *Wehrle-Eggers*

Elwert, Zweisprachiges Individuum Elwert, Theodor W.: Das zweisprachige Individuum. Ein Selbstzeugnis. In: Akademie der Wissenschaften und Literatur. Abhandlungen der geistes- und sozialwissenschaftlichen Klasse 1959, Nr. 6, S. 265–344. Mainz/Wiesbaden 1959

Engel, Satzbaupläne Engel, Ulrich: Satzbaupläne in der Alltagssprache. In: *Sprache der Gegenwart* 1, 1967, S. 55–73

Engel, Schwäbisch Engel, Ulrich: Schwäbische Mundart und Umgangssprache. In: Muttersprache 72, 1962, S. 257–261

Engel, Sprachkreise Engel, Ulrich: Sprachkreise, Sprachschichten, Stilbereiche. In: Muttersprache 72, 1962, S. 298–307

Engelen, Komponentenanalyse Engelen, Bernhard: Semantische Komponentenanalyse und Stilbetrachtung. In: Muttersprache 78, 1968, S. 250–256

Enzensberger, Küpper Enzensberger, Hans Magnus: (Besprechung:) Heinz Küpper, Wörterbuch der deutschen Umgangssprache 2. Band. In: Der Spiegel Nr. 14/1963, S. 84 f.

Fénélon, Dialogues Fénélon, [François de]: Dialogues sur l'éloquence en général et celle de la chaire en particulier; avec une lettre à l'Académie Française. Paris 1819

Festgabe Pretzel Festgabe für Ulrich Pretzel. Hrsg. v. Werner Simon, Wolfgang Bachofer, Wolfgang Dittmann. Berlin 1963

Festschrift Wolff Festschrift für Ludwig Wolff. Zum 70. Geburtstag. Hrsg. v. Werner Schröder. Neumünster 1962

Fleischer, Dresden Fleischer, Wolfgang: Namen und Mundart im Raum von Dresden. Toponymie und Dialektologie der Kreise Dresden-Altstadt und Freital als Beitrag zur Sprach- und Siedlungsgeschichte. Berlin 1961 (= Deutsch-slavische Forschungen zur Namenkunde und Siedlungsgeschichte 11)

– Fodor, J. A. *Katz-Fodor, Semantic Theory*

Fourquet, Individuum Fourquet, Jean: Inwiefern ist das Individuum frei beim Gebrauch der Sprache? In: *Sprache der Gegenwart* 2, 1968, S. 98–105

Frank, Kybernetik Frank, Helmar (Hrsg.): Kybernetik. Brücke zwischen den Wissenschaften. 5. Aufl. Darmstadt 1965

Franke, Berliner Franke, Wilhelm: So red't der Berliner. Ein Sprachführer. 3. Aufl. Berlin 1957

Frey, Lage und Möglichkeiten Frey, Emmy: Lage und Möglichkeiten der Schul- und Volksgrammatik. In: Der Deutschunterricht 18, 1966, H. 5, S. 5–46

Frings, Grundlagen Frings, Theodor: Die Grundlagen des Meißnischen Deutsch. Ein Beitrag zur Entstehungsgeschichte der deutschen Hochsprache. Halle 1936

Frings, Sprache und Geschichte III Frings, Theodor: Sprache und Geschichte III. Mit Beiträgen von Käthe Gleißner, Rudolf Große, Helmut Protze. Halle 1956 (= Mitteldeutsche Studien 18)

Genthe, Slang Genthe, Arnold: Deutsches Slang. Eine Sammlung familiärer Ausdrücke und Redensarten. Straßburg 1892

– Geschichte und Leistung des Dudens *Bibliographisches Institut*

Gipper, Bausteine Gipper, Helmut: Bausteine zur Sprachinhaltsforschung. Neuere Sprachbetrachtung im Austausch mit Geistes- und Naturwissenschaft. Düsseldorf 1963

Glinz, Grammatik Glinz, Hans: Grammatik und Sprache. In: *Ringen um deutsche Grammatik*, 1962, S. 42–60 (Vorher in: Wirkendes Wort 9, 1959, S. 129–139)

Glinz, Innere Form Glinz, Hans: Die innere Form des Deutschen. Eine neue deutsche Grammatik. 2. Aufl. Bern 1961

Goethe, GW Goethe, Johann Wolfgang: Goethes Werke. Hamburger Ausgabe. Textkritisch durchgesehen und mit Anmerkungen versehen von Erich Trunz. Bd. I, 5. Aufl. Hamburg 1960

Gottsched, Dichtkunst Gottsched, Johann Christoph: Versuch einer Critischen Dichtkunst. 4. Aufl. Leipzig 1751 (Photomechanischer Nachdruck: Darmstadt 1962)

Gottsched, Sprachkunst Gottsched, Johann Christoph: Vollständigere und Neuerläuterte Deutsche Sprachkunst, Nach den Mustern der besten Schriftsteller des vorigen und des itzigen Jahrhunderts abgefasset. 5. Aufl. Leipzig 1762

Grebe, Duden Grebe, Paul: Geschichte und Leistung des Dudens. Veränderter Neudruck eines Aufsatzes, der unter dem gleichen Titel im Wirkenden Wort, Düsseldorf 1962, Heft 2, erschienen war. In: *Bibliographisches Institut*, Duden, S. 9–23

Grebe, Sprachnorm Grebe, Paul: Sprachnorm und Sprachwirklichkeit. In: *Sprache der Gegenwart*, 2, 1968, S. 28–44

Grimm, DWB Grimm, Jacob und Wilhelm Grimm: Deutsches Wörterbuch. Erster Band. A – Biermolke. Leipzig 1854. Elfter Band, II. Abt. Bearb. v. Victor Dollmayr u. d. Arbeitsstelle des Deutschen Wörterbuchs. Leipzig 1936

Grimm, Grammatik Grimm, Jacob: Deutsche Grammatik. 2. Aufl. Göttingen 1822

Grimm, Vorreden Grimm, Jacob: Vorreden zur Deutschen Grammatik von 1819 und 1822. Mit einem Vorwort zum Neudruck von Hugo Steger. Darmstadt 1968

Große, Meißnisch Große, Rudolf: Die meißnische Sprachlandschaft. Dialektgeographische Untersuchungen zur obersächsischen Sprache und Siedlungsgeschichte. Halle 1955 (= Mitteldeutsche Studien 15)

Große-Bergmann, Mundartforschung Große, Rudolf und Günther Bergmann: Bericht über die Mundartforschung im obersächsischen Raum (Seit 1945). In: *Berichte über Dialektforschung in der DDR*, S. 19–21

Grund, Pfungstadt Grund, Heinrich: Die Mundart von Pfungstadt und ihre sprachliche Schichtung. Bühl in Baden 1935. (Vorher Diss. Heidelberg 1931)

Grundriß der Philologie Grundriß der Germanischen Philologie. Hrsg. v. Hermann Paul. Bd. 1, 2. Aufl. Straßburg 1901

Haag, Sprachwandel Haag, Karl: Sprachwandel im Lichte der Mundartgrenzen. In: Teuthonista 6, 1929/30, S. 1–35

Hankamer, Sprache Hankamer, Paul: Die Sprache. Ihr Begriff und ihre Deutung im sechzehnten und siebzehnten Jahrhundert. Bonn 1927. Photomechanischer Nachdruck Hildesheim 1965

Hassenstein, Informationsbegriffe Hassenstein, Bernhard: Die Informationsbegriffe der Umgangssprache und der Wissenschaft. Festvortrag zur Eröffnung der Kieler Universitätstage 1965; gehalten am 18. 1. 1965

Heike, Stadtköln Heike, Georg: Zur Phonologie der Stadtkölner Mundart. Marburg 1964 (= Deutsche Dialektgeographie 57)

Heinzel, Viëtor Heinzel, Richard: (Besprechung:) Die Rheinfränkische Umgangssprache in und um Nassau von dr Wilhelm Vietor. In: Anzeiger f. dt. Altertum 2, 1876, S. 134

Henne, Meißnisch Henne, Helmut: Das Problem des Meißnischen oder »Was ist Hochdeutsch« im 18. Jahrhundert. In: Zeitschr. f. Mundartforschg. 35, 1968, S. 109–129

Henzen, Schriftsprache und Mundarten Henzen, Walter: Schriftsprache und Mundarten. Ein Überblick über ihr Verhältnis und ihre Zwischenstufen im Deutschen. 1. Aufl. Zürich u. Leipzig 1938, 2. Aufl. Bern 1954

Herder, SW Herder, Johann Gottfried: Herders Sämmtliche Werke. Hrsg. v. Bernhard Suphan. Berlin 1877

Herder, Ursprung Herder, Johann Gottfried: Über den Ursprung der Sprache. Hrsg. v. Claus Träger. Berlin 1956

- Herrlitz, Hans Georg *Bukowski-Herrlitz, Rhetorische Überlieferung*

Hildebrand, Sprachunterricht Hildebrand, Rudolf: Vom deutschen Sprachunterricht in der Schule und von deutscher Erziehung und Bildung überhaupt. 24. Aufl. Hrsg. v. Josef Prestel. Bad Heilbrunn Obb. 1950

Hofmann, Lateinische Umgangssprache Hofmann, Johann Baptist: Lateinische Umgangssprache. 2. Aufl. Heidelberg 1936

Hofmann, Stadtsprache Hofmann, Else: Sprachsoziologische Untersuchung über den Einfluß der Stadtsprache auf mundartsprechende Arbeiter. In: Marburger Universitätsbund, Jahrbuch 1963, S. 201–281

Hofmannsthal, GW Hofmannsthal, Hugo von: Gesammelte Werke in Einzelausgaben. Prosa IV. Hrsg. v. H. Steiner. Frankfurt 1955

Hofstätter, Gruppendynamik Hofstätter, Peter R.: Gruppendynamik. Kritik der Massenpsychologie. Hamburg 1957 (= Rowohlts Deutsche Enzyklopädie 38)

Hofstätter, Sozialpsychologie Hofstätter, Peter R.: Einführung in die Sozialpsychologie. Stuttgart 1963

Hübner, Kleine Schriften Hübner, Arthur: Kleine Schriften zur deutschen Philologie. Hrsg. v. Hermann Kunisch und Ulrich Pretzel. Berlin 1940

Hübner, Mundart Hübner, Arthur: Die Mundart der Heimat. Breslau 1925

Ischreyt, Sprache und Technik Ischreyt, Heinz: Studien zum Verhältnis von Sprache und Technik. Institutionelle Sprachlenkung in der Terminologie der Technik. Düsseldorf 1965 (= Sprache und Gemeinschaft. Studien Bd. 4)

Jäger, Norm Jäger, Siegfried: Zum Problem der sprachlichen Norm und seiner Relevanz für die Schule. In: Muttersprache 81, 1971, S. 162–175

Jäger, Projekte Jäger, Siegfried: Theoretische und praktische Projekte zur kompensatorischen Spracherziehung in der BRD. In: Muttersprache 81, 1971, S. 41–62

Jäger, Sprachplanung Jäger, Siegfried: Sprachplanung: Valter Tauli's »Introduction to a Theory of Language Planning«. In: Muttersprache 79, 1969, S. 42–52

Jahn, Bereicherung Jahn, Friedrich Ludwig: Bereicherung des Hochdeutschen Sprachschatzes versucht im Gebiete der Sinnverwandtschaft. Ein Nachtrag zu Adelung's und eine Nachlese zu Eberhard's Wörterbuch. Leipzig 1806 (Wiederabdruck in: Friedrich Ludwig Jahns Werke. Hrsg. v. Karl Euler, 1. Bd., Hof 1884)

Jahn Volkstum Jahn, Friedrich Ludwig: Deutsches Volkstum. Lübeck 1810. (Wiederabdruck in: Friedrich Ludwig Jahns Werke. Hrsg. v. Karl Euler, 1. Bd., Hof 1884)

Jan, Klassik Jan, Eduard von: Französische Klassik. Leipzig 1947

Jan, Literaturgeschichte Jan, Eduard von: Französische Literaturgeschichte. 6. Aufl., Heidelberg 1967

Jellinek, Alois Bernt Jellinek, Max Hermann: (Besprechung:) Alois Bernt. Die Entstehung unserer Schriftsprache. In: Anzeiger f. dt. Altertum 54, 1935, S. 25–38

Jellinek, Geschichte Jellinek, Max Hermann: Geschichte der neuhochdeutschen Grammatik von den Anfängen bis auf Adelung. Heidelberg 1913

Jellinek, Virgil Moser Jellinek, Max Hermann: (Besprechung:) Frühneuhochdeutsche Grammatik von Virgil Moser. In: Anzeiger f. dt. Altertum 49, 1930, S. 170

Johann, Deutsch Johann, Ernst: Deutsch, wie es nicht im Wörterbuch steht. Frankfurt 1962

Johannesson, Schwedisch Johannesson, Ture: Entwicklungstendenzen im heutigen Schwedisch. In: *Festschrift Wolff*, S. 93–106

Jørgensen, Dithmarsisch Jørgensen, Peter: Die dithmarsische Mundart von Klaus Groth's »Quickborn«. Kopenhagen 1934

Kainz, Sprachpsychologie Kainz, Friedrich: Psychologie der Sprache. 5 Bde. Stuttgart 1943–1965

Katz-Fodor, Semantic Theory Katz J.J. und J.A. Fodor: The Structure of a Semantic Theory. In: Fodor-Katz: The Structure of Language. Englewood Cliffs, N. J., 1964, S. 479–518

Kayser, Sprachliches Kunstwerk Kayser, Wolfgang: Das sprachliche Kunstwerk. Eine Einführung in die Literaturwissenschaft. 8. Aufl. Bern 1962

Keller, German Dialects Keller, Rudolf Ernst: German Dialects. Phonology and Morphology. With selected Texts. Manchester 1961

Keller, Problems Keller, Rudolf Ernst: Some Problems of German Umgangssprache. In: Trans. of the Philological Soc. (London) 1966, S. 88–106

Keller, Umgangssprache Keller, Rudolf Ernst: Lautliche Probleme der deutschen Umgangssprache. Vortrag, gehalten an der Kieler Universität am 16. 6. 1966

Kerkhoff, Stilistik Kerkhoff, Emmy L.: Kleine deutsche Stilistik. Bern 1962 (= DalpTaschenbücher 364)

Klappenbach, Gliederung Klappenbach, Ruth: Gliederung des deutschen Wortschatzes der Gegenwart. In: Der Deutschunterricht 12, 1960, H. 5, S. 29–45

Klappenbach, Küpper Klappenbach, Ruth: (Besprechung:) Heinz Küpper, Wörterbuch der deutschen Umgangssprache, Bd. I-IV. In: Zeitschr. f. Mundartforschg. 55, 1968, S. 92–96

- Klappenbach-Steinitz *Wörterbuch der deutschen Gegenwartssprache*

Klein, Latein und Volgare Klein, Hans Wilhelm: Latein und Volgare in Italien. Ein Beitrag zur Geschichte der italienischen Nationalsprache. München 1957

Kloss, Germanische Kultursprachen Kloss, Heinz: Die Entwicklung neuerer germanischer Kultursprachen von 1800–1950. München 1952

Knigge, Umgang Knigge, Adolph Freiherr von: Über den Umgang mit Menschen. 1. Aufl. Hannover 1788, Photomechanischer Nachdruck Darmstadt 1967. Ausg. in Auswahl: Nach der 3. Aufl. v. 1790 ausgewählt und eingeleitet von Iring Fetscher, Frankfurt 1962 (= Fischer Bücherei 434)

Kohlschmidt, Klassik Kohlschmidt, Werner: Die Klassik. In: *Boesch, Literaturgeschichte*

Kohlschmidt, Romantik Kohlschmidt, Werner: Die Romantik. In: *Boesch, Literaturgeschichte*

Korff, Geist der Goethezeit Korff, H. A.: Geist der Goethezeit. I. Teil. Sturm und Drang. 6. Aufl. Leipzig 1962. II. Teil. Klassik. 6. Aufl. Leipzig 1962. III. Teil. Frühromantik. 3. Aufl. Leipzig 1959. IV. Teil. Hochromantik. 5. Aufl. Leipzig 1962

Korlén, Sprachspaltung? Korlén, Gustav: Führt die Teilung Deutschlands zur Sprachspaltung? In: *Sprache der Gegenwart* 1, 1967, S. 36–54

Korn, Sprachkritik Korn, Karl: Sprachkritik ohne Sprachwissenschaft? In: *Sprache der Gegenwart* 2, 1968, S. 135–158

Korn, Verwaltete Welt Korn, Karl: Sprache in der verwalteten Welt. Olten und Freiburg 1959. Erweiterte Ausgabe (dtv 79) München 1962

Kranzmeyer Hochsprache und Mundarten Kranzmeyer, Eberhard: Hochsprache und Mundarten in den österreichischen Landschaften. In: Wirkendes Wort, Sammelband I: Sprachwissenschaft, Düsseldorf 1962, S. 115–122

Kretschmer, Wortgeographie Kretschmer, Paul: Wortgeographie der hochdeutschen Umgangssprache. Göttingen 1918

Kufner, München Kufner, Herbert L.: Strukturelle Grammatik der Münchner Stadtmundart. München 1961

Kühebacher, Hochsprache Kühebacher, Egon: Hochsprache – Umgangssprache – Mundart. In: Muttersprache 77, 1967, S. 13–23

420

Küpper, Alltagssprache Küpper, Heiz: Handliches Wörterbuch der deutschen Alltagssprache. Hamburg und Düsseldorf 1968

Küpper, Umgangssprache Küpper, Heinz: Wörterbuch der deutschen Umgangssprache. 1. Bd. 1. Aufl. Hamburg 1955, 3. Aufl. Hamburg 1963.2. 3d. 10 000 neue Ausdrücke von A - Z. Hamburg 1963. . Bd. Hochdeutsch-Umangsdeutsch. Gesamtstichwortverzeichnis. Hamburg 1964. 4. Bd. Berufsschelten und Verwandtes. Hamburg 1966. 5. Bd. 10 000 neue Ausdrücke von A - Z (Sachschelten). Hamburg 1967

Langen, Sprachgeschichte Langen, August: Deutsche Sprachgeschichte vom Barock bis zur Gegenwart. In: *Deutsche Philologie im Aufriß* Bd. 1, 2. Aufl. Sp. 931–1395

Lasch, Berlinisch Lasch, Agathe: »Berlinisch«. Eine Berlinische Sprachgeschichte. Berlin 1928. Reprograph. Nachdr. Essen 1967 und Darmstadt 1967

Lausberg, Handbuch Lausberg, Heinrich: Handbuch der literarischen Rhetorik. Eine Grundlegung der Literaturwissenschaft. 2 Bde. München 1960

Leibniz, Hauptschriften Leibniz, Gottfried Wilhelm: Hauptschriften zur Grundlegung der Philosophie Bd. II. Hrsg. v. Ernst Cassirer. 3. Aufl. Hamburg 1966

Leska, Gegenwartssprache Leska, Christel: Vergleichende Untersuchungen zur Syntax gesprochener und geschriebener Gegenwartssprache. In: Beitr. z. Gesch. d. dt. Spr. u. Lit. 87, Halle 1965, S. 427–464

Lindgren, Infinitiv Lindgren, Kaj B.: Methodische Probleme der Syntax des Infinitivs. In: *Sprache der Gegenwart* 1, 1967, S. 95–108

Lohberg, Kybernetik Lohberg, Rolf: Was ist Kybernetik? Interview mit Professor Dr. Steinbuch. In: Kosmos 65, 1969, S. 46–51

Mackensen, Deutsche Sprache Mackensen, Lutz: Die deutsche Sprache in unserer Zeit. Zur Sprachgeschichte des 20. Jahrhunderts. Heidelberg 1956

Marburger Universitätsbund Marburger Universitätsbund. Jahrbuch 1963. Hrsg. v. Ludwig Erich Schmitt. Bd. 2. Marburg 1963

Martens, Umgangssprache Martens, Peter: Vergleichende Untersuchung der Sprechmelodie in der Hamburger und Münchner Umgangssprache. Diss. phil. (Masch.) Hamburg 1953

Martin, Städtebuch Martin, Bernhard: (Mitarbeit an:) *Deutsches Städtebuch* [Bearbeiter der Abschnitte 7, Sprache (Umgangssprache, Amtssprache)]

Martinet, Grundzüge Martinet, André: Grundzüge der allgemeinen Sprachwissenschaft. [d. i. »Elements de linguistique générale«. Deutsch.] mit Verf. durchges. Übersetzung von Anna Fuchs. Stuttgart 1963 (= Urban-Bücher 69)

Maurer, Schriftsprache und Mundarten Maurer, Friedrich: Schriftsprache und Mundarten. In: Der Deutschunterricht 8, 1956, H. 2, S. 5–14

Maurer, Volkssprache Maurer, Friedrich: Volkssprache. Gesammelte Abhandlungen. Düsseldorf 1964. (= Beihefte z. Zeitschr. »Wirkendes Wort« 9)

Meier, Sprachstatistik Meier, Helmut: Deutsche Sprachstatistik. Bd. 1/2. Hildesheim 1964

Matthias, Sprachleben Matthias, Theodor: Sprachleben und Sprachschäden. Ein Führer durch die Schwankungen und Schwierigkeiten des Sprachgebrauchs. 3. Aufl. Leipzig 1906

Mitzka, Hessisch Mitzka, Walther: Beiträge zur hessischen Mundartforschung. Gießen 1946 (= Gießener Beitr. z. dt. Philologie 87)

Mitzka, Mundarten Mitzka, Walther: Deutsche Mundarten. Heidelberg 1943 (= Studienführer Gruppe 1 Kulturwissenschaft 24)

Möhn, Industrielandschaft Möhn, Dieter: Die Industrielandschaft – ein neues Forschungsgebiet der Sprachwissenschaft. In: *Marburger Universitätsbund. Jahrbuch 1963* S. 303–343

Moser, Ältere Zeit   Moser, Hugo: Deutsche Sprachgeschichte der älteren Zeit. In: *Deutsche Philologie im Aufriß*. 2. Aufl. 1957, Sp. 621–854

Moser, Heutiges Deutsch   Moser, Hugo: Wohin steuert das heutige Deutsch? Triebkräfte im Sprachgeschehen der Gegenwart. In: *Sprache der Gegenwart* 1, 1967, S. 15–35

Moser, Mittlere Sprachschichten   Moser, Hugo: Mittlere Sprachschichten als Quellen der deutschen Hochsprache. Eine historisch-soziologische Betrachtung. Nijmegen-Utrecht 1955

Moser, Mundart und Hochsprache   Moser, Hugo: Mundart und Hochsprache im neuzeitlichen Deutsch. In: Der Deutschunterricht 8, 1956, S. 36–61

Moser, Sprachgeschichte   Moser, Hugo: Deutsche Sprachgeschichte. Mit einer Einführung in die Fragen der Sprachbetrachtung. 2. Aufl. Stuttgart 1955. 6. Aufl. Tübingen 1969

Moser, »Umgangssprache«   Moser, Hugo: »Umgangssprache« Überlegungen zu ihren Formen und ihrer Stellung im Sprachganzen. In: Zeitschr. f. Mundartforschg. 27, 1960, S. 215–232

Mossé, Lexicographie   Mossé, Fernand: (Besprechung:) Lexicographie. In: Etudes Germaniques 11, 1956, S. 155

Motsch, Adjektiv   Motsch, Wolfgang: Studia Grammatica III. Syntax des deutschen Adjektivs. Berlin 1964

Motsch, Transformationen   Motsch, Wolfgang: Können attributive Adjektive durch Transformationen erklärt werden? In: Folia Linguistica I, 1967, S. 23–48

Müller, Küpper   Müller, Wolfgang: (Besprechung:) Heinz Küpper: Wörterbuch der deutschen Umgangssprache II. 10 000 neue Ausdrücke von A – Z. In: Muttersprache 73, 1963, S. 313–315

Müller, Lexikographie   Müller, Wolfgang: Gedanken zur Lexikographie. In: Muttersprache 79, 1969, S. 33–42

Müller, Sprachwandel   Müller, Wolfgang: Sprachwandel und Spracherfassung. In: **Bibliographisches Institut, Duden** S. 54–88

Neumann, Sprachnormung   Neumann, Günther: Sprachnormung im klassischen Latein. In: *Sprache der Gegenwart* 2, 1968, S. 88–97

Nickel, Englisches Seminar   Nickel, Gerhard: Aus der Arbeit der linguistischen Abteilung des Englischen Seminars. In: Christiana Albertina. Kieler Universitätszeitschrift, Heft 4, Nov. 1967, S. 35–37

Niekerken, Grenzen   Niekerken, Walther: Von den Grenzen der niederdeutschen Sprache. In: Hart warr nich mööd. Festschrift für Christian Boeck. Hamburg-Wellingsbüttel 1960, S. 214–222

Niekerken, Zweisprachigkeit   Niekerken, Walther: Zu den Problemen der Zweisprachigkeit im niederdeutschen Raum (mit besonderer Berücksichtigung des Nordniedersächsischen). In: Jahrb. d. Vereins f. niederdt. Sprachforschg. 76, 1953, S. 64–76

Nolde, Leben   Nolde, Emil: Das eigene Leben. Die Zeit der Jugend 1867–1902. 2. Aufl. Flensburg 1949

Oehler, Grundwortschatz   Oehler, Heinz: Grundwortschatz Deutsch. Essential German. Allemand fondamental. Stuttgart 1966

Oevermann, Schichtenspezifische Formen   Oevermann, Ulrich: Schichtenspezifische Formen des Sprachverhaltens und ihr Einfluß auf die kognitiven Prozesse. In: Roth, H. (Hrsg.): Begabung und Lernen. Stuttgart 1969

Oevermann, Sprache und Herkunft   Oevermann, Ulrich: Sprache und soziale Herkunft. Ein Beitrag zur Analyse schichtenspezifischer Sozialisationsprozesse und ihrer Bedeutung für den Schulerfolg. Berlin 1970 (= Institut für Bildungsforschung in der Max-Planck-Gesellschaft. Studien und Berichte 18) vorher Diss. Frankfurt 1967

422

Oksaar, Sprachkontakte Oksaar, Els: Sprachkontakte und Mehrsprachigkeit. In: Mare Balticum, Zeitschr. d. Ostseegesellschaft, 1968, S. 33–39

Oksaar, Sprachnorm Oksaar, Els: Sprachnorm und moderne Linguistik. In: *Sprache der Gegenwart* 2, 1968, S. 67–78

Ott, »Bon usage« Ott, Karl August: La notion du »Bon usage« dans les Remarques de Vaugelas (Cahiers de l'Association internationale des Etudes Françaises 14, 1962, S. 79–94)

Patridge, Slang Patridge, Eric: A Dictionary of Slang and Unconventional English. Colloquialisms and Catch-phrases. Solecisms and Catachreses. Nicknames. Vulgarisms and such Americanisms as have been naturilized. 2 Bde. 5. Aufl. London 1961

Paul, Geschichte Paul, Hermann: Geschichte der Germanischen Philologie. In: *Grundriß der Philologie* S. 9–158

Paul, Grammatik Paul, Hermann: Deutsche Grammatik. 5 Bde. Halle 1916–1920

Paul, Prinzipien Paul, Hermann: Prinzipien der Sprachgeschichte. Halle 1. Aufl. 1880, 5. Aufl. 1920, Studienausg. d. 8. unv. Aufl. Tübingen 1970

Paulun, Missingsch Paulun, Dirks: Missingsch. Studien in Hamburger Hochdeutsch. 4. Aufl. Hamburg o. J.

Phonetische Studien Phonetische Studien. Zeitschrift für wissenschaftliche und praktische Phonetik. Hrsg. v. Wilhelm Viëtor. Marburg 1888–1893

Pilch, Umgangssprache Pilch, Herbert: Das Lautsystem der hochdeutschen Umgangssprache. In: Zeitschr. f. Mundartforschg. 33, 1966, S. 247–266

Polenz, Altenburgisch Polenz, Peter von: Die altenburgische Sprachlandschaft. Untersuchungen zur ostthüringischen Sprach- und Siedlungsgeschichte. Tübingen 1954 (= Mitteldeutsche Forschungen Bd. 1)

Polenz, Quellenwahl Polenz, Peter von: Zur Quellenwahl für Dokumentation und Erforschung der deutschen Sprache der Gegenwart. In: *Sprache der Gegenwart* 1, 1967, S. 363–378 (Erstdruck in: Wirkendes Wort 1966, S. 3–13)

Polenz, Saussure Polenz, Peter von: Ferdinand de Saussure und die deutsche Sprachwissenschaft heute. In: Muttersprache 78, 1968, S. 152–154

Polenz, Sprachkritik Polenz, Peter von: Sprachkritik und sprachwissenschaftliche Methodik. In: *Sprache der Gegenwart* 2, 1968, S. 159–184

Polenz, Sprachnormung Polenz, Peter von: Sprachnormung und Sprachentwicklung im neueren Deutsch. In: Der Deutschunterricht 16, 1964, H. 4, S. 67–91

Polenz, »Voriges Jahr« Polenz, Peter von: Mundart, Umgangssprache und Hochsprache am Beispiel der mehrschichtigen Wortkarte ›voriges Jahr‹. In: Hessische Blätter z. Volkskunde 51/52, 1960, S. 224–234

Porzig, Bedeutungsbeziehungen Porzig, Walter: Wesenhafte Bedeutungsbeziehungen. In: Beitr. z. Gesch. d. dt. Sprache u. Literatur 58, 1934, S. 70–90

Porzig, Wunder der Sprache Porzig, Walter: Das Wunder der Sprache. Probleme, Methoden und Ergebnisse der modernen Sprachwissenschaft. 1. Aufl. Bern und München 1950, 2. Aufl. Bern 1957

Protze, Westlausitzisch Protze, Helmut: Das Westlausitzische und Ostmeißnische. Halle 1958 (= Mitteldeutsche Studien 20)

Quadlbauer, Genera dicendi Quadlbauer, Franz: Die antike Theorie der genera dicendi im lateinischen Mittelalter (= Österreichische Akademie der Wissenschaften. Philosophisch-historische Klasse. Sitzungsberichte 241. Bd., 2. Abhandlung) Wien 1962

Quintilianus, Institutio Quintilianus, Marcus Fabius: Institutio oratoria [Lat. u. Engl.] Hrsg. v. H.E. Butler. 4 Bde. (Repr.) London 1961–1966

Reiners, Deutscher Stil Reiners, Ludwig: Vom deutschen Stil. In: *Duden Stilwörterbuch*, 5. Aufl. 1963, S. 7–22

Reiners, Stilfibel Reiners, Ludwig: Der sichere Weg zum guten Deutsch. Eine Stilfibel. München 1951

Reiners, Stilkunst Reiners, Ludwig: Stilkunst. Ein Lehrbuch deutscher Prosa. 27.-32. Tsd. München 1957

Reinitzhuber, Braune Reinitzhuber, Holger: Wilhelm Braune: Althochdeutsche Grammatik. Referat, gehalten am 4. u. 12. 12. 1967 in Kiel im Rahmen des Seminars »Übungen zur strukturellen Grammatik älterer Sprachsysteme« von Prof. Dr. G. Cordes

Revzin, Jacobson Revzin, I. I.: (Besprechung:) Roman Jacobson [ed.], Structure of Language and its Mathematical Aspects. Providence, Rhode Island, 1961 (= Procedings of the Twelfth Symposium in Applied Mathematics). In: Word 19, 1963, S. 388–399

Richter, Bejahung und Verneinung Richter, Helmut: Zur Intonation der Bejahung und Verneinung im Hochdeutschen. Ein Anwendungsbeispiel der statistischen Faktorenanalyse. In: *Sprache der Gegenwart* 1, 1967, S. 329–362
- Richter, Helmut: *Zwirner-Richter, Arbeitsprogramm*

Riemschneider, Veränderungen Riemschneider, Ernst G.: Veränderungen der deutschen Sprache in der sowjetisch besetzten Zone seit 1945. Düsseldorf 1963

Riesel, Stilistik Riesel, Elise: Stilistik der deutschen Sprache. 2. Aufl. Moskau 1959 (leicht umgearbeitete Neuaufl., auf dem Titelblatt als 2. durchges. Aufl. bezeichnet, Moskau 1963)

Rigustini-Bulle, Wörterbuch Rigustini, Giuseppe und Oskar Bulle: Neues italienisch-deutsches und deutsch-italienisches Wörterbuch. 2. Aufl. Leipzig und Mailand 1897

Ringen um deutsche Grammatik Ringen, Das, um eine neue deutsche Grammatik. Aufsätze aus drei Jahrzehnten (1929–1959). Hrsg. v. Hugo Moser. Darmstadt 1962 (= Wege der Forschung 25)

Ritter, Erdkunde Ritter, Carl: Die Erdkunde im Verhältnis zur Natur und Geschichte des Menschen. 4. Teil, 2. Buch, Asien Bd. III, 2. Aufl. Berlin 1834

Roethe, Deutsche Kommission Roethe, Gustav: Die Deutsche Kommission der königlich preußischen Akademie der Wissenschaften, ihre Vorgeschichte, ihre Arbeiten, ihre Ziele. In: Neue Jahrbücher für das klassische Altertum 16, 1913, S. 37–74

Röhrich, Gebärde Röhrich, Lutz: Gebärde – Metapher – Parodie. Studien zur Sprache der Volksdichtung. Düsseldorf 1967 (= Wirkendes Wort. Schriftenreihe Bd. 4)

Rosenkranz, Thüringen Rosenkranz, Heinz: Der Sprachwandel des Industriezeitalters im Thüringer Sprachraum. In: *Sprachsoziologische Studien* S. 5–51

Rothacker, Einleitung Rothacker, Erich: Einleitung in die Geisteswissenschaften. Tübingen 1920

Ruoff, Bauer Ruoff, Arno: (Besprechung:) Bauer, Erika: Neckarsteinach und Darsberg, Kreis Bergstraße. Lautbibliothek d. dt. Maa. 23/24. In: Germanistik 4, 1963, S. 27

Ruoff, Wenkersätze Ruoff, Arno: Wenkersätze auf Tonband? In: *Sprachen – Zuordnung – Strukturen.* S. 94–113

Rupp, Gesprochenes und geschriebenes Deutsch Rupp, Heinz: Gesprochenes und geschriebenes Deutsch. In: Wirkendes Wort 15, 1965, S. 19–29

Rupp, Sprache Rupp, Heinz: Sprache in unserer Zeit. In: Das Problem des Fortschritts – heute. Hrsg. v. Rudolf W. Meyer, Darmstadt 1969, S. 271–292
- Satz und Wort im heutigen Deutsch *Sprache der Gegenwart* 1. Bd.

Saussure, Cours Saussure, Ferdinand de: Cours de linguistique générale. Publié par Charles Bally et Albert Sechehaye avec la Collaboration de Albert Riedlinger [ohne Angabe der Auflagenzahl] Paris 1965

Saussure, Grundfragen Saussure, Ferdinand de: Grundfragen der allgemeinen

Sprachwissenschaft [= Cours de linguistique générale. Deutsch]. Hrsg. v. Charles Bally, Albert Sechehaye unter Mitarbeit von Albert Riedlinger, übersetzt von Herman Lommel. Berlin und Leipzig 1931. (2. Aufl., mit Nachwort von P. v. Polenz, Berlin 1967)

Scaliger, Poetices Libri Scaliger, Julius Caesar: Poetices Libri Septem. Faksimile-Neudruck der Ausgabe von Lyon 1561 mit einer Einleitung von August Buck, Stuttgart – Bad Cannstadt 1964

Scheel, Missingsch Scheel, Käthe: Hamburger Missingsch. In: *Festgabe Pretzel*, 1963, S. 381–389

Schiller, SW Schiller, Friedrich: Sämtliche Werke. Hrsg. v. Gerhard Fricke und Herbert G. Göpfert. 5. Band: Erzählungen / Theoretische Schriften. 2. Aufl. München 1960

Schirmer, Umgangssprache Schirmer, Alfred: Die deutsche Umgangssprache. Stand und Ziele ihrer Erforschung. In: Germanisch Romanische Monatsschrift 9, 1921, S. 42–53

Schlemmer, Hörfunk Schlemmer, Johannes: Über die Verständlichkeit des gesprochenen Wortes im Hörfunk. In: Rundfunk und Fernsehen 16, 1968, S. 129–135

Schmeller, Bayern Schmeller, Johann Andreas: Die Mundarten Bayerns. Grammatisch dargestellt. München 1821, Neudr. (reprograph.) München 1929

Schmidt-Rohr, Mutter Sprache Schmidt-Rohr, Georg: Mutter Sprache. Vom Amt der Sprache bei der Volkwerdung. (1. Aufl. unter dem Titel »Die Sprache als Bildnerin der Völker« 1932) 2. Aufl. Jena 1933

Schmitt, Forschungsinstitut Schmitt, Ludwig Erich: Das Forschungsinstitut für deutsche Sprache – Deutscher Sprachatlas – an der Universität Marburg. Mit wissenschaftlichem Jahresbericht 1964 (Marburg 1965)

Schmitt, Schriftsprache Schmitt, Ludwig Erich: Untersuchungen zu Entstehung und Struktur der »Neuhochdeutschen Schriftsprache« Bd. 1, Sprachgeschichte des Thüringisch-Obersächsischen im Spätmittelalter. Köln und Graz 1966

Schneider, Ausdruckswerte Schneider, Wilhelm: Ausdruckswerte der deutschen Sprache. Leipzig und Berlin 1931, 2. Aufl. (reprograph.) Darmstadt 1968

Schneider, Stilistische Grammatik Schneider, Wilhelm: Stilistische deutsche Grammatik. Die Stilwerte der Wortarten, der Wortstellung und des Satzes. 3. Aufl. Freiburg (1963)

Schöffler, Witz Schöffler, Herbert: Kleine Geographie des deutschen Witzes. Mit einem Nachwort hrsg. v. Helmut Plessner. 6. Aufl. Göttingen 1960 (= Kleine Vandenhoek Reihe 9)

Schrader, Wortgeographie Schrader, Edda: Sprachsoziologische Aspekte der deutschen Wortgeographie. In: Zeitschr. f. Mundartforschg. 34, 1967, S. 124–135

Schroeder, Papierner Stil Schroeder, Otto: Vom papiernen Stil. 6. Aufl. Leipzig und Berlin 1906

Schützeichel, Mundart – Urkundensprache – Schriftsprache Schützeichel, Rudolf: Mundart, Urkundensprache, Schriftsprache. Studien zur Sprachgeschichte am Mittelrhein. Bonn 1960 (= Rheinisches Archiv 54)

Schwarz, Wortgeschichte Schwarz, Ernst: Kurze deutsche Wortgeschichte. Darmstadt 1967

Schwarzenbach, Aufruf zur Mithilfe Schwarzenbach, Rudolf: Zur Stellung der Mundart im Sprachleben der deutschen Schweiz. [Aufruf zur Mithilfe bei der Sammlung sprachlichen Materials. Masch. vervielf. Schwerzenbach (Zürich) 1963]

Schwarzenbach, Stellung der Mundart Schwarzenbach, Rudolf: Die Stellung der Mundart in der deutschsprachigen Schweiz. Studien zum Sprachbrauch der Gegenwart. Frauenfeld 1969 (= Beiträge zur schweizerdeutschen Mundartforschung Bd. XVII)

Seidler, Stilistik   Seidler, Herbert: Allgemeine Stilistik. 2. Aufl. Göttingen 1963
Siebs, Aussprache   Siebs. Deutsche Aussprache. Reine und gemäßigte Hochlau-
tung mit Aussprachewörterbuch. Hrsg. v. Helmut de Boor, Hugo Moser und Christian Winkler. 19. umgearb. Aufl. Berlin 1969
Siebs, Hochsprache   Siebs. Deutsche Hochsprache. Bühnenaussprache. Hrsg. v.
Helmut de Boor und Paul Diels. 18. Aufl. Berlin 1961
Sonderegger, Vorakte   Sonderegger, Stefan: Das Althochdeutsche der Vorakte
der älteren St. Galler Urkunden. Ein Beitrag zum Problem der Urkundensprache
in althochdeutscher Zeit. In: Zeitschr. f. Mundartforschg. 28, 1961, S. 251–286
Spangenberg, Thüringen   Spangenberg, Karl: Tendenzen volkssprachlicher Entwicklung in Thüringen. Studien zur Sprachschichtung. In: *Sprachsoziologische
Studien*, S. 53–85
Sprache der Gegenwart   Sprache der Gegenwart. Schriften des Instituts für Deutsche Sprache in Mannheim. Hrsg. v. Hugo Moser u. a. Düsseldorf 1967 ff.
  1. Bd.: Satz und Wort im heutigen Deutsch. Probleme und Ergebnisse neuerer
  Forschung. Jahrbuch 1965/1966. Düsseldorf 1967
  2. Bd.: Sprachnorm, Sprachpflege, Sprachkritik. Jahrbuch 1966/1967. Düsseldorf
  1968
Sprachen – Zuordnung – Strukturen   Sprachen – Zuordnung – Strukturen. Festgabe seiner Schüler für Eberhard Zwirner. Den Haag 1965
Sprache und Maschinen   Sprache und Maschinen. Computer in der Übersetzung
und in der Linguistik. (Auszüge aus dem Bericht des beratenden Ausschusses in
Fragen sprachlicher Automatisierung – Automatic Language Processing Advi-
sory Committee – im Auftrag der National Academy of Sciences und des National Research Council) In: Sprache im technischen Zeitalter 23/1967, S. 218–238
Sprachgrenzfragen   Sprachgrenzfragen. Tagungsbericht vom 3. Niederdeutschen
Symposion 17.–21. April 1963 in der Grenzakademie Sankelmark. Kiel 1963 [Ma-
schinenschriftl. vervielf.]
– Sprachnorm, Sprachpflege, Sprachkritik   *Sprache der Gegenwart* 2. Bd.
Sprachsoziologische Studien   Sprachsoziologische Studien in Thüringen. Beiträge
von Heinz Rosenkranz und Karl Spangenberg. Berlin 1963 (= Sitzungsber.
d. Sächs. Akad. d. Wissensch. zu Leipzig, Philosophisch-historische Klasse Bd. 8,
H. 3)
Steger, Gesprochene Sprache   Steger, Hugo: Gesprochene Sprache. In: *Sprache
der Gegenwart* 1, 1967, S. 259–291
Steger, Gesprochenes Deutsch   Steger, Hugo: Die Erforschung des gesprochenen
Deutsch. In: Christiana Albertina. Kieler Universitäts-Zeitschrift, H. 4, Nov. 1967,
S. 31–34
Steger, Gruppensprachen   Steger, Hugo: Gruppensprachen. Ein methodisches
Problem der inhaltsbezogenen Sprachforschung. In: Zeitschr. f. Mundartforschg.
31, 1964, S. 125–138
Steger, Sprachnorm   Steger, Hugo: Sprachnorm, Grammatik und technische Welt.
In: Sprache im technischen Zeitalter 3/1962, S. 183–198
Stegmüller, Gegenwartsphilosophie   Stegmüller, Wolfgang: Hauptströmungen der
Gegenwartsphilosophie. 3. Aufl. Stuttgart 1965
Steinbruckner, Stadtsprache   Steinbruckner, Bruno F.: Stadtsprache und Mundart.
Eine sprachsoziologische Studie. In: Muttersprache 78, 1968, S. 302–311
– Steinbuch, Karl W.   *Lohberg, Kybernetik*
Stolt, Lexikalische Lücken   Stolt, Birgit: »Lexikalische Lücken« in kindlichem
Sprachempfinden. In: Muttersprache 78, 1968, S. 161–174
Stötzel, Zeitliche Nähe   Stötzel, Georg: Die Bezeichnungen zeitlicher Nähe in der
deutschen Wortgeographie von »dies Jahr« und »voriges Jahr«. Marburg 1963
– Streicher, Jeanne   *Vaugelas, Remarques*

Streitberg-Michels-Jellinek Streitberg, Wilhelm, Viktor Michels und Max Hermann Jellinek: Die Erforschung der indogermanischen Sprachen II. Germanisch. 1. Allgemeiner Teil und Lautlehre. Berlin und Leipzig 1936 (= Grundriß der indogermanischen Sprach- u. Altertumskunde 2)

Strempel, Missingsch Strempel, Alexander: Missingsch. Eine Anregung. In: Mitteilungen aus dem Quickborn 50, 1960, S. 119–124

Sütterlin, Deutsche Sprache Sütterlin, Ludwig: Die deutsche Sprache der Gegenwart. (Ihre Laute, Wörter, Wortformen und Sätze). Ein Handbuch für Lehrer und Studierende. 5. Aufl. Leipzig 1923

Teuchert, Missingsch Teuchert, Hermann: Missingsch. In: Beitr. z. Gesch. d. dt. Sprache u. Literatur. Festschrift E. Karg-Gasterstädt. Halle 1961, S. 245–261

Treitschke, Aufsätze Treitschke, Heinrich von: Historische und politische Aufsätze. 2. Bd. 5. Aufl. Leipzig 1886

Trier, Altes und Neues Trier, Jost: Altes und Neues vom sprachlichen Feld. Mannheim 1968 (= Duden Beiträge H. 34)

Trier, Unsicherheiten Trier, Jost: Unsicherheiten im heutigen Deutsch. In: *Sprache der Gegenwart* 2, 1968, S. 11–27

Trier, Wortschatz Trier, Jost: Der deutsche Wortschatz im Sinnbezirk des Verstandes. Heidelberg 1931

Trost, Prager Thesen Trost, Pavel: Die »Prager Thesen über Sprachkultur«. In: *Sprache der Gegenwart* 2, 1968, S. 211–214

Trübners Wörterbuch Trübners Deutsches Wörterbuch. Im Auftrage der Arbeitsgemeinschaft für deutsche Wortforschung hrsg. v. Alfred Götze (ab Bd. 5 Walther Mitzka) Berlin 1939–1957

Vaugelas, Remarques Vaugelas, Claude Favre de: Remarques sur la langue Françoise (1647), Faksimileausgabe hrsg. v. Jeanne Streicher, Paris 1934

Veith, Stadt-Umland-Forschung Veith, Werner: Die Stadt-Umland-Forschung als Gebiet der Sprachsoziologie. In: Muttersprache 77, 1967, S. 157–162

Viëtor, Rheinfränkisch Viëtor, Wilhelm: Die Rheinfränkische Umgangssprache in und um Nassau. Wiesbaden 1875

— Viëtor, Wilhelm *Phonetische Studien*

Wängler, Rangwörterbuch Wängler, Hans Heinrich: Rangwörterbuch hochdeutscher Umgangssprache. Marburg 1963

Wartburg, Evolution Wartburg, W. v.: Evolution et structure de la langue française. Bern, 7. Aufl. 1962

Wehrle-Eggers, Wortschatz Wehrle-Eggers: Deutscher Wortschatz. Ein Wegweiser zum treffenden Ausdruck. 12. Aufl. völlig neu bearb. v. Hans Eggers. Stuttgart 1961

Weier, Genetiv Weier, Winfried: Der Genetiv im neuesten Deutsch. In: Muttersprache 78, 1968, S. 222–235 und 257–269

Weisgerber, Kreuzfeuer Weisgerber, Leo: Grammatik im Kreuzfeuer. In: *Ringen um deutsche Grammatik* S. 4–20 (Vorher in: Wirkendes Wort 7, 1956/57, S. 65–73, auch in: Beitr. z. Gesch. d. dt. Sprache u. Literatur (Halle) 79, 1957, S. 308–320)

Weisgerber, Methodenlehre Weisgerber, Leo: Sprachwissenschaftliche Methodenlehre. In: *Deutsche Philologie im Aufriß*, I. Bd. 2. Aufl. 1957, Sp. 1–38

Weisgerber, Weltbild Weisgerber, Leo: Vom Weltbild der deutschen Sprache. Düsseldorf 1950 (= Weisgerber: Von den Kräften der deutschen Sprache 2)

Weithase, Geschichte Weithase, Irmgard: Zur Geschichte der gesprochenen deutschen Sprache. Tübingen 1961

Wesche, Plattdeutsche Sprache Wesche, Heinrich: Die plattdeutsche Sprache in veränderter Welt. In: Bericht der 21. Bevensen-Tagung 1968, S. 12–33

Wieland, Musophili Nachtrag [Wieland, Christoph Martin]: Musophili Nachtrag zu seinem Versuche über die Frage: Was ist Hochteutsch. In: Der Teutsche Merkur vom Jahre 1783, 2. Vierteljahr S. 3–30

427

Wieland, Philomusos [Wieland, Christoph Martin]: Philomusos: Ueber die Frage: Was ist Hochteutsch? und einige damit verwandten Gegenstände. In: Der Teutsche Merkur vom Jahre 1782, 4. Vierteljahr, S. 145–170 und 193–216

Wilpert, Sachwörterbuch Wilpert, Gero von: Sachwörterbuch der Literatur. 3. Aufl. Stuttgart 1961 (= Kröners Taschenausgabe 231)

Wilss, Automatische Sprachübersetzung Wilss, Wolfram: Automatische Sprachübersetzung. Forschungsstand und linguistische Problematik. In: Sprache im technischen Zeitalter 11/1964, S. 853–876

Winkler, Hochlautung Winkler, Christian: Zur Frage der deutschen Hochlautung. In: *Sprache der Gegenwart* 1, 1967, S. 313–328

Winkler, Sprechkunde Winkler, Christian: Deutsche Sprechkunde und Sprecherziehung. Unter Mitarbeit von Erika Essen. Düsseldorf 1954

Winter, Stil Winter, Werner: Stil als linguistisches Problem. In: *Sprache der Gegenwart* 1, 1967, S. 219–235

Winter, Stilarten Winter, Werner: Relative Häufigkeit syntaktischer Erscheinungen als Mittel zur Abgrenzung von Stilarten. In: Phonetica 7, 1961, S. 193–216

Winter, Styles as dialects Winter, Werner: Styles as dialects. In: Proceedings of the Ninth International Congress of Linguistics. Cambridge, Mass., 1962, The Hague 1964, S. 324–330

Winter, Transforms Winter, Werner: Transforms without Kernels? In: Language 41, 1965, S. 484–489

Wittgenstein, Tractatus Wittgenstein, Ludwig: Tractatus logico-philosophicus. Logisch-philosophische Abhandlung. In: Wittgenstein, Ludwig: Tractatus logico-philosophicus. Tagebücher 1914–1916. Philosophische Untersuchungen. Frankfurt/M. 1960 (= Schriften [Bd. 1]) (Einzelausg. Frankfurt 1963 = edition suhrkamp 12)

Wittgenstein, Untersuchungen Wittgenstein, Ludwig: Philosophische Untersuchungen. In: Wittgenstein, Ludwig: Tractatus logico-philosophicus. Tagebücher 1914–1916. Philosophische Untersuchungen. Frankfurt/M. 1960 (= Schriften [Bd. 1])

Witting, Methoden Witting, Claes: Methoden zur Erforschung einer Sprachgemeinschaft. In: Verhandlungen d. 2. Internat. Dialektol.-Kongresses Marburg/Lahn 5.–10. Sept. 1965 Bd. II (= Zeitschr. f. Mundartforschg. Beih. N.F. 4) Wiesbaden 1967, S. 878–888. (Zusammenfassg. u. d. T. »Probabilistisches zur Dialektologie« in: Zweiter Intern. Dialektol.-Kongr., Marburg/L., 5.–10. 9. 1965. Vorges. Vorträge. Sektion V, S. 6)

Wolff, Gottsched Wolff, Eugen: Gottscheds Stellung im deutschen Bildungsleben. Kiel und Leipzig 1875

Wolff, Aufklärung Wolff, Hans M.: Die Weltanschauung der deutschen Aufklärung in geschichtlicher Sicht. München und Bern 2. Aufl. 1968

Wörterbuch der deutschen Aussprache Wörterbuch der deutschen Aussprache. Hrsg. v. dem Kollektiv Dr. Eva Maria Krech, Dr. Eduard Kurka, Dr. Helmut Stelzig, Dr. Eberhard Stock, Dr. Ursula Stötzer. Leiter Prof. Dr. Hans Krech (verst.). Leipzig 1964

Wörterbuch der deutschen Gegenwartssprache Wörterbuch der deutschen Gegenwartssprache. Hrsg. v. Ruth Klappenbach und Wolfgang Steinitz. 1. Band A – deutsch. Bearbeiter R. Klappenbach und H. Malige-Klappenbach. Berlin 1964 [Lfg. 1 ff. Berlin 1961 ff.]

Wrede, Mundartforschung Wrede, Ferdinand: Zur Entwicklungsgeschichte der deutschen Mundartforschung. In: Zeitschr. f. Dt. Mundarten 1919, S. 3–18

Wunderlich, Pragmatik Wunderlich, Dieter: Die Rolle der Pragmatik in der Linguistik. In: Der Deutschunterricht 22, 1970, H. 4, S. 5–41

Wunderlich, Satzbau Wunderlich, Hermann: Der deutsche Satzbau. 1. Aufl. Stuttgart 1892, 2. Aufl. Stuttgart 1896, 3. Aufl. besorgt von Hans Reis Bd. 1. Stuttgart und Berlin 1924

Wunderlich, Umgangsprache Wunderlich, Hermann: Unsere Umgangsprache in der Eigenart ihrer Satzfügung. Weimar und Berlin 1894

Wustmann, Sprachdummheiten Wustmann, Gustav: Allerhand Sprachdummheiten. Kleine deutsche Grammatik des Zweifelhaften, des Falschen und des Häßlichen. 2. Aufl. Leipzig 1896. 13. Aufl. Hrsg. v. Werner Schulze, Berlin 1955

Zabrocki, Sprachlabor Zabrocki, Ludwig: Das Sprachlabor im Kreuzfeuer der Meinungen. Vortrag, gehalten vor der Universitätsgesellschaft Kiel am 14. 6. 1965

Zemanek, Sprachübersetzung Zemanek, Heinz: Möglichkeiten und Grenzen der automatischen Sprachübersetzung. In: Sprache i. techn. Zeitalter 1/1961, S. 3-15

Zimmermann, Spontanes Gespräch Zimmermann, Heinz: Zu einer Typologie des spontanen Gesprächs. Syntaktische Studien zur baseldeutschen Umgangssprache. Bern 1965

Zingarelli, Vocabolario Zingarelli, Nicola: Vocabolario della lingua Italiana. Bologna, 8. Aufl. 1964

Zweiter Dialektologenkongreß Zweiter Internationaler Dialektologenkongreß Marburg/L. 5.-10. 9. 1965. Vorgesehene Vorträge. [Marburg/L. 1965, maschinenschriftl. vervielf.]

Zwirner, Lesebuch Zwirner, Eberhard und Kurt Zwirner: Lesebuch neuhochdeutscher Texte (= Phonometrische Forschungen Reihe B Bd. 4 Berlin 1937)

Zwirner, Spracharchiv Zwirner, Eberhard: Deutsches Spracharchiv 1932-1962. Geschichte. Aufgaben und Gliederung. Bibliographie. Münster (Westf.) 1962

Zwirner-Richter, Arbeitsprogramm Zwirner, Eberhard, und Helmut Richter: Deutsches Spracharchiv. Fünf-Jahre-Arbeitsprogramm. Vorschläge zur Institutionalisierung. In: Gesprochene Sprache. Probleme ihrer strukturalistischen Untersuchung. Hrsg. v. E. Zwirner und H. Richter. Wiesbaden 1966, S. 98-114

432

438

439

442

Heimat (s. *regional*) 121, 127, 212, 214, 217, 248
heimisch (s. *regional*) 378
Herausbildung (s. *sprachgeschichtlich*) 194
herkunftsmäßig (s. *sprachgeschichtlich*) 232
Heterostereotyp 395
historisch (s. *sprachgeschichtlich*) 6-8, 80, 92, 98, 111, 112, 116, 132, 133, 136, 139, 148, 164, 210, 225, 226, 311, 325, 333, 360, 388, 391
hoch (s. altiloquus, erhaben, erhöht, gehoben, genus altiloquum, genus altum, hoch, Hochform, hochgestellt, sprachliche Höhe, Höhenlage, oben, ober, Sprachhöhe, hoher Stil, stilus grandiloquus) – (vgl. *vornehm*) 3, 18-21, 37, 41, 44, 48-50, 67-70, 74, 77, 97, 109, 114, 115, 118, 120, 124, 126, 150, 151, 156, 167, 169, 180, 184, 218, 221, 223, 229, 231-233, 237, 238, 246, 250, 266, 267, 272, 280, 284, 285, 292, 296, 304, 306, 309, 321, 326, 337, 340, 341, 343, 353-355, 362, 363, 366, 367, 374, 375, 390
hochadlig (s. *vornehm*) 78
Hochdänisch (s. *Hochsprache*) 373
hochdeutsch, Hochdeutsch (vgl. *Hochsprache*) 16, 18, 21, 66, 67, 68-70, 76-78, 80, 91, 93, 94, 113, 124, 127, 132, 152, 153, 156, 166, 168, 192, 208, 213, 217-220, 222, 243, 244, 259, 271, 279-281, 290, 297, 301, 322, 337, 349, 353, 373, 388, 390
Hochdeutschland (vgl. hochdeutsch) 209
Hochform (s. *hoch*) 120
hochgestellt (s. *hoch*) 49
Hochlaut (s. *Aussprache*; *hoch*) 340
Hochlautung (s. *Aussprache*; *Hochsprache*) 69, 301, 343-348, 389
hochschwedisch (s. *Hochsprache*; vgl. schwedisch) 189
Hochsprache (s. Bühnenhochlautung, Hochdänisch, Hochlaut, Hochlautung, hochschwedisch, Hochsprache, hochsprachlich, Schrifthochdeutsch) – (vgl. hochdeutsch) 2, 9, 21, 37, 60, 64, 69, 114, 115, 117-119, 121, 127, 128, 152, 156, 157, 159, 160, 165, 166, 167, 170, 171, 173, 180, 181, 190, 204, 205, 209, 212, 216, 220, 227, 229, 230-233,

238-242, 246, 249-252, 257, 262, 264, 266, 267-269, 286, 288, 292, 301, 309, 338-351, 353, 355, 356, 358, 361, 365, 366, 367, 369, 373, 375, 381, 384, 389, 393, 397, 399, 400, 403, 406, 409
Hochsprache (s. *Hochsprache*) 2, 9, 37, 60, 115, 117, 119, 127, 128, 152, 156, 157, 159, 160, 165, 170, 171, 173, 180, 181, 190, 204, 205, 212, 216, 220, 227, 229, 231-233, 238-242, 246, 249-252, 257, 262, 264, 266, 267, 268, 286, 288, 292, 301, 338, 339, 340-343, 346-351, 353, 355, 356, 358, 361, 365-367, 369, 373, 375, 384, 393, 397, 400, 403, 406, 409
hochsprachlich (s. *Hochsprache*) 21, 64, 117, 121, 159, 166, 168, 171, 204, 226, 230, 235, 268, 286, 288, 340, 381, 399, 403, 410
hochstehend (s. *vornehm*) 80
Hof (s. *höfisch*) 54, 55, 337
höfisch (s. aulicus, Cortegiano, curialis, Hof, höfisch, Hofleute) – (vgl. *vornehm*) 18, 28, 36-39, 44, 45, 49, 54, 55, 57-59, 65, 89, 116, 123, 337, 380
höfisch (s. *höfisch*) 28, 36, 39, 44, 45, 49, 57-59, 65, 89, 116, 123, 380
Hofleute (s. *höfisch*) 18
Höhe, sprachliche (s. *hoch*) 221, 355
Höhenlage (s. *hoch*) 321, 374
höher, Höhere(s) (s. *hoch*) 3, 20, 68, 69, 118, 124, 150, 151, 169, 223, 229, 296, 306, 310, 362, 366, 367, 374, 390
Honoratiorendeutsch (s. *Honoratiorensprache*) 284, 362, 370, 372, 373, 376
Honoratiorenschwäbisch (s. *Honoratiorensprache*) 127, 218, 220, 246
Honoratiorensprache (s. Großratsdeutsch, Honoratiorendeutsch, Honoratiorenschwäbisch, Honoratiorensprache, Pfarrerdeutsch) 113, 127, 218, 220, 246, 253, 265, 284, 362, 370, 372, 373, 376
Honoratiorensprache (s. *Honoratiorensprache*) 253, 265
Horizont 178, 206, 263, 406
horizontal (s. *regional*) 225
Humanismus (s. Humanismus, humanistisch, Sprachhumanismus, Späthumanismus, Vulgärhumanismus) 28, 33, 36, 42-45, 47, 48, 51, 123, 227, 282, 380
Humanismus (s. *Humanismus*) 28, 33, 45, 47, 48, 227

448

454

Rede, gesprochene (s. *Sprachverwendung*; *Sprache, gesprochene*) 141, 180
Redekunst (s. *Rhetorik*) 18, 19, 311
redenah (s. *Sprache, gesprochene*) 371
redetypisch (s. *Sprache, gesprochene*) 371
Redner (s. *Rhetorik*) 51, 66
reflexiv (s. *vernünftig*) 261
Regel (vgl. *Regelform*) 53, 54, 56, 64, 66, 67, 71, 74, 82, 84, 86, 90, 92, 96, 143, 157, 161, 165, 168–170, 175, 185, 199, 200, 202–205, 209, 236, 285, 306, 337, 342, 343, 345, 347, 367, 400, 401, 410
Regelbereich (s. *Regelform*) 196, 201
Regelform (s. ars recte dicendi, Ausspracheregel, Ausspracheregelung, Formgesetz, Gebrauchsregel, geregelt, Gesetz, gesetzgebend, Kanonisierung, Kardinalsprache, korrekt, Korrektheit, Kunstform, lingua regulata, Musterform, orthoepisch, Regelbereich, Regelform, regelmäßig, Regelmäßigkeit, Regelsystem, Regelung, Regelwerk, Regelzwang, règle, Reglementierung, richtig, Richtigkeit, Richtlinie, Richtschnur, Sprachgesetz, Sprachmeisterregel, Sprachregel, sprachregelnd, Sprachregulierung, sprachrichtig, Sprachrichtigkeit, Sprachrichtigkeitsgefühl, verbindlich, Vorschrift, vorschriftsmäßig) – (vgl. *Idealnorm*;, Regel; *vorbildlich*) 25, 35, 38, 42, 43, 45, 53, 57, 58, 60, 61, 64, 65, 69, 71, 76, 80, 81, 84, 86, 90, 92, 108, 113, 120, 137–143, 153, 157, 159, 161, 166–170, 171, 173, 175, 177, 190, 195–199, 201–204, 209, 212, 215, 233–235, 246, 259, 306, 314, 317, 322, 336–338, 342, 350, 356, 379, 380, 383, 400, 401
Regelform (s. *Regelform*) 379
Regelgebrauch (s. *Sprachverwendung*) 202
regelhaft, Regelhaftigkeit 168, 171, 175, 176, 203
regellos, Regellosigkeit (s. *ungeregelt*) 199, 202
regelmäßig, Regelmäßigkeit (s. *Regelform*) 57, 58, 143, 195
Regelsystem (s. *Regelform*; *System*) 169, 177, 190, 197, 199, 322

Regelung (s. *Regelform*) 64, 113
Regelwerk (s. *Regelform*) 86, 195
regelwidrig (s. *vitium*) 67
Regelzwang (s. *Regelform*) 92
Region (s. *regional*) 193, 306
regional (s. Bezirk, bodenständig, dialektal, Dialektgebiet, Dialektgeographie, dialektgeographisch, Dialektismus, Gebietssprache, Gebrauchsort, Gegend, Gegendsprache, Geltungsbereich, geographisch, großflächig, großlandschaftlich, Großraum, großräumig, Großraumsprache, Heimat, heimisch, horizontal, Industriebezirk, Industriegebiet, Industrielandschaft, Industrieort, Kleingeographie, kleinräumig, Landeshauptstadt, Landschaft, landschaftlich, landschaftsgebunden, Landschaftsgebundenheit, Landschaftssprache, landschaftstypisch, Landstrich, lautgeographisch, Lautgewebe, lokal, lokalgebunden, Lokalmundart, Mundartgebiet, Mundartgeographie, Mundartraum, Ort, örtlich, Ortsbrauch, Ortsdialekt, ortsgebunden, Ortsgebundenheit, Ortsgrammatik, Ortsmonographie, Ortsmundart, Ortssprache, Provinz, Provinzialdialekt, Provinzialismus, Provinzialsprache, provinziell, Provinzstadt, Raum, raumgebunden, räumlich, Region, regional, Regionalsprache, Regionsbezeichnung, Rückzugsgebiet, Sprachgeographie, sprachgeographisch, Sprachkreis, Sprachlandschaft, sprachlandschaftlich, Sprachraum, Stadtteil, Stammdialekt, topologisch, Wortgeographie, wortgeographisch) – (vgl. *Mundart*) 3, 10, 11, 18, 20, 21, 25–27, 37, 38, 42, 45, 46, 53, 63, 67–70, 74, 76, 77, 81, 83, 90, 95, 96, 103, 107, 109, 110, 113–119, 121, 124–130, 133, 134, 136, 138, 154, 157, 160, 161, 170, 171, 174, 180, 184, 189, 191–194, 205, 208–218, 220–222, 224, 225, 228–234, 237–250, 252, 253, 260–269, 271, 273, 276, 278–283, 288, 290, 292, 295–298, 302–307, 326, 327, 331, 337, 339–343, 345–347, 349–352, 354–356, 358, 359, 362–364, 367–370, 372–374, 378, 379, 384–387, 389–392
regional (s. *regional*) 42, 63, 154, 174, 184, 192, 193, 211, 213, 214, 231–233,

460

462

464